LE LIVRE NOIR DE LA CONDITION DES CHRÉTIENS DANS LE MONDE

ISBN : 978-2-84563-652-1

Sous la direction de
Jean-Michel di Falco
Timothy Radcliffe
Andrea Riccardi

LE LIVRE NOIR DE LA CONDITION DES CHRÉTIENS DANS LE MONDE

Avec la collaboration de 70 contributeurs

Ouvrage coordonné par
Samuel Lieven

XO ÉDITIONS

Avec la contribution de

Tewfik Aclimandos, Samim Akgönül, Joseph Alichoran, John L. Allen Jr, Antoine Arjakovsky, Christophe Ayad, Luc Balbont, Naomi Baki, Marie-Françoise Baslez, Helen Berhane, Henri Burin des Roziers, Douglas Burn, Georges Casmoussa, Michel Chambon, Jean-Arnold de Clermont, Jean-François Colosimo, André Comte-Sponville, Sébastien de Courtois, Caroline Cox, Augusto D'Angelo, Philippe Demenet, Freddy Derwahl, Laurence Desjoyaux, Koenraad De Wolf, Karima Dirèche, Sébastien Fath, Samir Frangié, Marc Fromager, Gilles Gauthier, Vincent Gelot, Mario Giro, Pascal Gollnisch, Federica Guazzini, Laure Guirguis, Bernard Heyberger, Michael Kelly, Chan Kim-Kwong, Hala Kodmani, Salma Kojok, Haïm Korsia, Vincent Kundukulam, Renaud Leblond, Samuel Lieven, Dorian Malovic, Jean Meyer, Roberto Morozzo della Rocca, Christine Nayagam, David Neuhaus, Francisco Olallo, Tareq Oubrou, Lucie Peytermann, Frédéric Pichon, Domenico Quirico, Javier Darío Restrepo, Dominique Rézeau, Yann Richard, Benedict Rogers, Angelo Romano, Samir Khalil Samir, Mohammad Sammak, Lucetta Scaraffia, Rupert Shortt, Gaëtan Tamas, Marie Taurand, Henri Tincq, Michel Varton, Raúl Vera López, Jan De Volder, Hea Woo, Roberto Zuccolini.

AVERTISSEMENT

◄ **Les reportages et les témoignages sont signalés par un trait vertical en bordure de page.**

Sommaire

INTRODUCTION

LA RELIGION LA PLUS PERSÉCUTÉE

LA CONDITION DES CHRÉTIENS : FAITS ET ANALYSES

RETOUR SUR L'HISTOIRE

UNE QUESTION QUI NOUS CONCERNE TOUS

ÉTAT DES LIEUX, D'UN CONTINENT À L'AUTRE

AFRIQUE DU NORD ET PROCHE-ORIENT
VERS LA DISPARITION ?

AFRIQUE SUBSAHARIENNE
NOUVEAUX FOYERS DE TENSION INTERRELIGIEUSE

ASIE
ENTRE DÉCOMBRES TOTALITAIRES ET MONTÉE DE L'INTOLÉRANCE RELIGIEUSE

AMÉRIQUE LATINE
LE PRIX DE LA RÉSISTANCE

EUROPE ET AMÉRIQUE DU NORD
DE L'INQUIÉTUDE À L'ACTION

CONCLUSION

Introduction

Jean-Michel di Falco

Évêque de Gap et d'Embrun

Le vendredi 13 juin 2014, à la Une du quotidien barcelonais *La Vanguardia*, le pape François exprimait toute son inquiétude : « Les chrétiens persécutés sont une préoccupation qui me touche de près en tant que pasteur. Je sais beaucoup de choses sur les persécutions, qu'il ne me paraît pas prudent de raconter ici pour n'offenser personne. Mais dans certains endroits, il est interdit de posséder une bible ou d'enseigner le catéchisme ou de porter une croix... Je voudrais qu'une chose soit claire : je suis convaincu que la persécution contre les chrétiens est aujourd'hui plus forte qu'aux premiers siècles de l'Église. Ce n'est pas de l'imagination : les chiffres sont là. »

Des chiffres, le cardinal français Jean-Louis Tauran, président du conseil pontifical pour le dialogue interreligieux, en avait déjà donné en octobre 2013 lors du cinquantième anniversaire de l'encyclique *Pacem in Terris* du pape Jean XXIII. « Le nombre de chrétiens persécutés dans le monde oscille entre 100 et 150 millions d'âmes. Ce nombre, en hausse constante, fait du christianisme la religion la plus persécutée au monde. » Des chiffres encore, terrifiants, on en trouvera bien d'autres dans les pages de ce *Livre noir de la condition des chrétiens dans le monde*.

Derrière ces chiffres – et on l'oublie parfois – se cachent des vies humaines, des histoires singulières, des visages, des hommes et des femmes, des enfants et des vieillards. Derrière ces chiffres, ce sont des persécuteurs et des persécutés, des bourreaux et des victimes.

L'homme est capable du meilleur comme du pire. En notre humanité sommeille une part animale, indomptée, incontrôlable et imprévisible. Quand l'homme rompt avec les lois non écrites gravées dans son cœur, il devient l'animal le plus vil, le plus féroce, le plus sanguinaire. « *Homo homini lupus* », disait Plaute. Autrement dit, l'homme est le pire ennemi de son semblable, porté à réaliser ses intérêts au détriment d'autrui. Lorsqu'il laisse libre cours à la haine, au mépris, à l'intolérance, il devient capable de commettre attentats, tortures, tueries, guerres fratricides, génocides.

Et dans le même temps, ou avant même le fait que l'homme soit un loup pour l'homme, l'homme est une chose sacrée pour l'homme : « *Homo, sacra res homini* », dit Sénèque. Mille années-lumière peuvent bien nous séparer les uns des autres sur le plan des idées, de la morale, de la culture, rien ne pourra distendre et rompre le lien de chair et de sang existant entre nous. Même le bourreau et sa victime sont de la même chair et du même sang. C'est ce lien de chair et de sang qui permet à la victime d'appeler sans mentir son bourreau « mon ami, mon frère », comme l'écrivit dans son testament le père Christian de Chergé à Tibhirine. Le bourreau ne pourra jamais empêcher sa victime de prier pour lui, ni de lui pardonner. Ainsi de Jean-Paul II quand, en 1981, Mehmet Ali Ağca tenta de l'assassiner. Le pardon fut immédiat, dès son transfert à l'hôpital, déclara son secrétaire, le futur cardinal Stanisław Dziwisz, et alors que la vie filait entre ses doigts. Quatre jours plus tard, depuis sa chambre d'hôpital, le monde entier pouvait l'entendre dire : « Je prie pour le frère qui m'a frappé et à qui j'ai sincèrement pardonné[1]. »

Oui, le fait que l'homme soit une chose sacrée pour l'homme précède le fait qu'il puisse en être le pire prédateur. Que l'être humain tire sa dignité du seul fait qu'il est humain, ou qu'il la tire du fait d'être à l'image de Dieu, peu importe ici. « L'homme dépasse l'homme », disait Blaise Pascal. Même chez le persécuteur. Est-il un seul assassin capable de regarder sa victime droit dans les yeux ? J'en doute. Comme si le bourreau pressentait la présence de quelque chose de

1. « *Prego per il fratello che mi ha colpito, al quale ho sinceramente perdonato.* » [Sauf mention contraire, toutes les notes de bas de page sont des auteurs des articles. *N.d.E.*]

sacré jusque dans celui qu'il veut réduire à néant. La victime demeure, que son agresseur le veuille ou non, rien de moins que son semblable. Les yeux sont les fenêtres de l'âme, et l'impuissance du bourreau à regarder par ces fenêtres nous montre, au cas où nous en douterions, que même en l'être qui nous apparaît le plus abject par sa cruauté et son inhumanité, il reste une porte, une fente, une faille, par laquelle ce que nous, chrétiens, appelons « la grâce » peut entrer. La prise de conscience et la contrition sont possibles. Tous les persécuteurs ne se repentent pas. Non. Mais cela arrive. Saül de Tarse fut d'abord persécuteur de chrétiens. Il avait approuvé la lapidation d'Étienne. Il en avait été le témoin… Et cela n'empêcha en rien Saül de devenir Paul. Au contraire peut-être même. N'avait-il pas entendu Étienne sous les pierres expirer en émettant des prières semblables à celles de Jésus sur sa croix ? « Seigneur Jésus, reçois mon esprit » (Ac 7, 59), demande Étienne, « Père, entre tes mains je remets mon esprit » (Lc 23, 46), avait dit Jésus. « Seigneur, ne leur compte pas ce péché » (Ac 7, 60), supplie Étienne, « Père, pardonne-leur : ils ne savent pas ce qu'ils font » (Lc 23, 34), avait prié Jésus. La confession de foi en la divinité de Jésus s'est accompagnée chez Étienne d'une confession d'amour à l'égard de ses meurtriers. Pas de confession de foi sans confession d'amour.

La liberté de conscience et de religion

Paul est sûr de son fait. Il a entendu le Christ sur la route de Damas. Il a été aveuglé par sa présence. Va-t-il pour autant, maintenant qu'il est chrétien, imposer sa foi à ses frères israélites ? Pas du tout. Il n'impose désormais plus rien par force à quiconque. Il annonce, argumente, cherche à convaincre. C'est tout. S'il se trouve confronté au refus de la part de ses frères israélites d'accueillir l'Évangile, ce n'est pas la haine qui l'habite, ni à l'inverse l'abattement, mais une immense peine : « J'ai dans le cœur une grande tristesse, une douleur incessante » (Rm 9, 2). Cette douleur est pour lui un aiguillon pour se tourner vers les païens : « Cela ne veut pas dire que la parole de Dieu a été mise en échec, car ceux qui sont nés d'Israël ne sont pas tous Israël » (Rm 9, 6). Cet état d'esprit de saint Paul, je l'ai retrouvé auprès du cardinal Jean-Marie Lustiger : « Rien ne sert de perdre son temps et son énergie à réformer ce qui ne peut l'être lorsque les cœurs et les esprits ne sont pas prêts. Mieux vaut alors créer à côté. »

Même si tout le monde ne se convertit pas au Christ, tout homme est capable d'entendre et de suivre la voix de sa conscience. C'est l'expérience de Paul. Dans la conscience du bien et du mal se manifeste la volonté de Dieu. Pour le chrétien, tout homme, même s'il ne reconnaît aucune loi révélée, est en dialogue avec Dieu, rien que par l'écoute de sa conscience et l'obéissance à ce que lui dicte sa conscience. Sa conscience lui tient lieu de loi. Et cette loi n'est en rien contraire à l'Évangile. Elle doit être défendue. « Au fond de sa conscience, l'homme découvre la présence d'une loi qu'il ne s'est pas donnée lui-même, mais à laquelle il est tenu d'obéir. Cette voix, qui ne cesse de le presser d'aimer et d'accomplir le bien et d'éviter le mal, au moment opportun résonne dans l'intimité de son cœur: "Fais ceci, évite cela." Car c'est une loi inscrite par Dieu au cœur de l'homme; sa dignité est de lui obéir[1]. »

Cette liberté de conscience devrait être défendue en tout lieu et en tout temps. Or il n'en est rien. Dès lors qu'une religion se trouve en situation de pouvoir et d'hégémonie, la tentation est grande pour elle d'imposer sa vision à tous. C'est le contraire de l'Évangile. Et le contraire de la règle d'or éthique universelle: « Ne fais pas à autrui ce que tu n'aimerais pas que l'on te fasse. »

L'universalité du christianisme dont parle Jean-François Colosimo dans sa contribution à ce livre ne devrait rien devoir à une conversion par l'épée. Le corps se vainc, l'âme se convainc. Si le christianisme est universel, c'est qu'il entend répondre aux attentes du cœur et de l'intelligence de l'être humain, quelles que soient sa culture, sa langue, ses origines, son niveau social, son degré d'éducation.

Le martyre pour soi, oui, la persécution des autres, non

Le christianisme n'a pas été, tout au long de son histoire, la religion la plus persécutée. Il a même été du côté des persécuteurs. « Les chrétiens, et les Occidentaux en général, se sont considérés plus persécuteurs que persécutés », rappelle Andrea Riccardi, fondateur, à Rome, de la communauté de Sant'Egidio. Même s'ils ont pu être

1. Concile Vatican II, *Gaudium et Spes*, 16.

du côté des persécuteurs, le Nouveau Testament présente la persécution comme le lot – inéluctable ? – des disciples de Jésus : « Un serviteur n'est pas plus grand que son maître. Si l'on m'a persécuté, on vous persécutera, vous aussi » (Jn 15, 20). Le concile Vatican II dira la même chose, et lancera un appel à se tenir prêt même si nous tous, chrétiens, ne sommes pas persécutés : « Jésus, le Fils de Dieu, ayant manifesté son amour en donnant sa vie pour nous, personne ne peut aimer davantage qu'en donnant sa vie pour lui et pour ses frères (cf. Jn 3, 16 ; Jn 15, 13). À ce témoignage suprême d'amour rendu devant tous et surtout devant les persécuteurs, depuis la première heure, quelques-uns parmi les chrétiens ont été appelés et d'autres y seront appelés sans cesse. C'est pourquoi le martyre dans lequel le disciple est assimilé à son maître, acceptant librement la mort pour le salut du monde, et rendu semblable à lui dans l'effusion de son sang, est considéré par l'Église comme une grâce éminente et la preuve suprême de l'amour. Que si cela n'est donné qu'à un petit nombre, tous cependant doivent être prêts à confesser le Christ devant les hommes et à le suivre sur le chemin de la croix, à travers les persécutions qui ne manquent jamais à l'Église[1]. »

Ce texte n'est pas à comprendre comme un appel pour le chrétien à rechercher le martyre – ce pourrait être de la présomption – mais comme un appel à ne pas refuser de témoigner du Christ jusqu'au sang si cela venait à advenir. Ce qui ne veut pas dire non plus tout subir sans réagir. Dans *Le Mystère de la charité de Jeanne d'Arc*, Charles Péguy présente la jeune Jeannette à Domrémy confrontée au mystère du mal. Les Anglais et les Bourguignons pillent, tuent, saccagent, profanent les églises. Ils font manger de l'avoine aux chevaux sur les autels, boivent dans les calices, font ripaille avec les hosties consacrées. Jeannette n'en peut plus. Elle veut voir Mme Gervaise : « Madame Gervaise est au couvent : elle doit savoir pourquoi le bon Dieu permet qu'il y ait tant de souffrance[2]. » Une dispute (au sens étymologique de *disputatio*, de débat) s'engage alors entre elles. Pour Gervaise, il faut supporter toutes les exactions dans la prière,

1. Concile Vatican II, *Lumen Gentium*, 42.
2. Charles Péguy, *Le Mystère de la charité de Jeanne d'Arc*, in *Œuvres poétiques complètes*, La Pléiade, Gallimard, 1957, p. 390.

sans résistance. Ce à quoi Jeannette répond : « Savez-vous, madame Gervaise, que nous, qui voyons tout cela se passer sous nos yeux [...] sans rien faire à présent que des charités vaines, puisque nous ne voulons pas tuer la guerre, nous sommes les complices de tout cela ? [...] Nous aussi, nous-mêmes, nous souffletons Jésus en croix. Nous aussi, nous-mêmes, nous profanons le corps impérissable de Jésus. (Un silence.) Complice, complice, c'est comme auteur... Complice, complice, c'est pire qu'auteur, infiniment pire[1]. »

Cette complicité serait-elle la nôtre par notre silence, par notre refus d'agir ? Ci-après, Mgr Dominique Rézeau, soixante-sept ans, arrivé à Tripoli en décembre 2012, raconte : « Lors de l'assassinat récent de chrétiens égyptiens à Benghazi : les seuls à se manifester ont été les ambassadeurs de Suisse et d'Autriche. Le représentant de l'ONU s'est fendu d'un vague communiqué condamnant la violence, sans toutefois mentionner que cet acte criminel s'était exercé contre des chrétiens, et parce que chrétiens. » Pourquoi ce silence ? Les nombreux autres témoignages collectés dans ce livre ne sont pas des exceptions. Comme le déclare John Allen, spécialiste des religions au *Boston Globe*, ils sont « un symbole de l'histoire religieuse la plus urgente, et souvent la moins racontée, de ce début du XXIe siècle, à savoir "la guerre globale contre les chrétiens" ». Mais si la guerre est globale, pourquoi ce silence ?

Pourquoi ce silence dans la diffusion de faits avérés et répandus ? Pourquoi ce silence, abstraction faite même du caractère antichrétien de la persécution ? Lorsqu'elle touche des femmes, par exemple, comme le montre la contribution de Lucetta Scaraffia ? Lorsqu'elle touche des enfants ? Mais peut-être que la persécution actuelle des chrétiens n'est pas tant peu racontée que peu entendue. On rassemble des statistiques, on les étudie, on en parle. La masse impressionnante de documents et de statistiques rassemblés dans cet ouvrage le laisse bien voir. Des organisations internationales se soucient de ce qui se passe, ainsi que les diplomates. Mais qui d'autre s'en préoccupe vraiment ? Qui, dans le grand public ? Et qui, surtout, sans caricaturer ? « "Allah contre Jésus". Le raccourci est tentant »,

1. *Ibid.*, p. 418-419.

rappelle Sébastien Fath au sujet du christianisme entravé du Soudan du Sud. Les « variables économiques, culturelles, politiques et géographiques » sont à prendre en compte. Et c'est difficile.

Pour justifier notre silence, qu'on n'en appelle pas au Christ et à son invitation à ne pas résister au méchant et à tendre l'autre joue ! (cf. Mt 5, 39). Le Christ exposait la réponse à donner à une agression personnelle, pas la réponse à donner à une agression faite contre autrui, et encore moins contre toute une population, tout un peuple. « Il y a deux façons de ne pas résister au mal, disait saint Thomas d'Aquin. La première consiste à pardonner une injure personnelle. Cette manière d'agir peut contribuer à la perfection, quand elle favorise le salut d'autrui. La seconde consiste à souffrir sans impatience l'injure faite à autrui. Et cela relève de l'imperfection… » Réagir, donc, immédiatement, fortement. Mais encore faut-il, pour cela, être en situation de pouvoir résister à celui qui inflige l'injure… Le sommes-nous ? C'est bien là tout le problème. Si la force sans justice est tyrannique, la justice sans la force est à l'inverse impuissante. Sommes-nous à ce point impuissants ?

Nous avons le devoir de parler, de nous insurger. « Il n'est rien de plus indigne d'un peuple civilisé que de se laisser, sans résistance, régir par l'obscur bon plaisir d'une clique de despotes », pouvait-on lire en *incipit* du premier tract de la Rose blanche, le mouvement estudiantin de résistance à Hitler et au IIIe Reich. Appel de la culture contre la barbarie, appel d'hier qui vaut aussi pour aujourd'hui.

Appel « à la raison » pour tous

Face à la barbarie des intégrismes, certains se révoltent heureusement, avec des mots, avec l'ardeur de leur pensée, de leurs convictions, et avec comme solution la raison, la culture, le dialogue. Des éditions comme XO participent à cette indispensable réaction. Puissions-nous être entendus !

À l'initiative de l'Union des mosquées de France, une cinquantaine d'imams et d'aumôniers musulmans se sont rassemblés mercredi 18 juin 2014 pour discuter du djihad. Même si le djihad ne s'apprend pas dans les mosquées mais sur Internet, même si le discours modéré provoque la haine des apprentis djihadistes, même si les imams n'ont pas d'influence auprès de jeunes qui ne veulent pas entendre raison, du moins ces imams cherchent-ils à faire comprendre que chez eux aussi, violence et religion ne vont pas de pair.

Aux fondamentalistes religieux, de quelque religion qu'ils soient, il faudrait arriver à montrer l'inconvenance à prendre la parole de Dieu à la lettre. Qu'on croie que cette parole se trouve dans le Coran ou dans la Bible ou dans tout autre écrit « sacré », peu importe ici. Dès lors que cette parole nous apparaît arbitraire ou contradictoire, il convient de rechercher le sens derrière la lettre. C'est ce qu'avait tenté de dire le pape Benoît XVI à Ratisbonne[1], avec les réactions violentes et l'emballement médiatique que l'on sait, en citant l'argument suivant contre toute conversion par la force : « Dieu n'apprécie pas le sang, et ne pas agir selon la raison (συν λογω) [sun logô] est contraire à la nature de Dieu. » Il y a une analogie intrinsèque, un rapport indissoluble, une relation intime entre l'intelligence humaine et Dieu, qui exclut d'office toute philosophie ou toute théologie présentant une volonté, une liberté et une puissance divines contraires à la raison humaine et arbitraires. Par exemple : Dieu ne serait-il pas tenu par sa propre parole, et si tel était son vouloir l'homme devrait-il être idolâtre, comme le disait le musulman Ibn Hazm de Cordoue ? Cela heurte notre raison, on ne peut aller en ce sens. Dieu n'est-il libre que s'il peut ordonner à un homme de le haïr, comme le disait le chrétien Guillaume d'Ockham ? Cela heurte notre raison, on ne peut aller en ce sens. Dieu peut-il demander de tuer en son nom ? Cela heurte notre raison, on ne peut aller en ce sens. À la question de Marie-Françoise Baslez dans ce livre, « faut-il analyser la violence religieuse comme une caractéristique intrinsèque à toute religion (ou à certaines d'entre elles) ? », la réponse est « non » alors même que les faits peuvent laisser supposer le contraire.

À l'opposé des fondamentalistes, il faudrait arriver à montrer la nécessité d'introduire la question de Dieu dans la pensée, dans la conscience humaine. Il est nécessaire et raisonnable de s'interroger sur Dieu au moyen de la raison. Dès lors que nous excluons Dieu

1. On trouvera l'intégralité du discours par exemple en ligne : http://www.vatican.va/holy_father/benedict_xvi/speeches/2006/september/documents/hf_ben-xvi_spe_20060912_university-regensburg_fr.html

de notre champ d'investigation, nous assistons à une atrophie de la raison, à son arrogance ou à sa démission. La raison devient incapable de saisir une vérité qu'elle peut à la fois atteindre et qui la dépasse, une vérité cohérente qui donne sens à la vie. On en vient à penser qu'aucune vérité sur l'homme ne peut être trouvée, ne peut être universelle, ne peut s'imposer à tous. C'est ce qu'avait tenté de dire le pape Benoît XVI par exemple à Paris, au collège des Bernardins, à des intellectuels et à des universitaires habités par la quête et le goût de la vérité. Son propos n'était pas de parler de la vie monastique, mais, à partir de la vie monastique (le collège des Bernardins étant un ancien monastère), de remettre la question de Dieu au cœur de la réflexion humaine, de montrer la capacité de notre raison à chercher et à trouver le définitif derrière le provisoire. « Une culture purement positiviste qui renverrait dans le domaine subjectif, comme non scientifique, la question concernant Dieu, serait la capitulation de la raison, le renoncement à ses possibilités les plus élevées et donc un échec de l'humanisme[1]. »

Durant son pontificat, le pape Benoît XVI a cherché à renvoyer dos à dos ces deux arbitraires : l'arbitraire des fanatiques fondamentalistes, où seule la loi du plus fort prévaut, et l'arbitraire subjectif de notre société occidentale et de nos démocraties, où seule la loi du plus grand nombre prévaut. Mais il les a renvoyés dos à dos en offrant une solution : chercher le définitif derrière le provisoire, retrouver les liens unissant toutes choses et tout être, et travailler à renforcer ces liens. Sera-t-il entendu ?

Oserai-je le dire ici ? Ce n'est pas tant dans l'Ancien Testament que je vois des germes de violence, ni dans le Coran, ni dans l'athéisme, ni dans les systèmes politiques, que dans nos cœurs. « C'est du dedans, du cœur de l'homme, que sortent les pensées perverses : inconduites, vols, meurtres, adultères, cupidités, méchancetés, fraude, débauche, envie, diffamation, orgueil et démesure. Tout ce mal vient du dedans » (Mc 7, 21-23), disait Jésus. La persécution n'est pas ailleurs, au loin. Elle est à nos portes. Elle est chez nous. Elle est à la porte de nos

1. On trouvera l'intégralité du discours par exemple en ligne : http://www.vatican.va/holy_father/benedict_xvi/speeches/2008/september/documents/hf_ben-xvi_spe_20080912_parigi-cultura_fr.html

cœurs et de nos esprits étriqués. Nous sommes tous des persécuteurs en puissance si nous n'avons pas l'occasion d'écouter et de nous exprimer. Piques et critiques, reproches continuels ou flatteries, ton plaintif ou agressif, manipulation verbale, ironie, harcèlement, tous ces comportements visent à faire pression sur l'autre, visent à le contraindre à faire ce qu'on veut qu'il fasse, à être ce qu'on veut qu'il soit, même s'il ne le veut pas. Comment dialoguer si je ne sais pas écouter ? Comment écouter l'autre si je ne sais pas m'écouter ? Comment comprendre l'autre si je ne vois pas en quoi il est mon semblable, et en quoi il diffère de moi ? Nous n'avons aucun pouvoir sur ce qui nous arrive, mais nous avons du pouvoir sur la manière d'accueillir ce qui nous arrive... Cela dût-il être une persécution !

À l'initiative de Jacques Attali, nous venons d'être plusieurs dizaines de personnalités des mondes religieux, politique, intellectuel, économique et médiatique à signer un appel à la vigilance face à l'intégrisme religieux, publié par *L'Express*. Hichem Ben Yaïche, Malek Chebel, Roger-Pol Droit, Claude Durand, Gad Elmaleh, Théo Klein, Mohammed Moussaoui, Erik Orsenna, Michel Serfaty, Gilbert Sinoué, Smaïn, moi-même avons été parmi les signataires. Le voici :

> Inquiets et révoltés devant la montée d'une violence abjecte et lâche, usurpant la foi comme raison d'être, nous voulons rappeler ici que l'humanité est une, que la force des armes, qui n'est que la poursuite de celle des mots, n'est jamais un argument ni un chemin vers la victoire. Que ceux qui l'utilisent ne sont que des ignorants à l'égard de leurs propres religions et de leurs propres cultures. Et que cette violence peut et doit être combattue par tous les moyens légitimes, et d'abord par une lecture contemporaine des textes de nos multiples traditions, religieuses ou laïques, respectueuse de la dignité humaine, par l'éducation des hommes et des femmes, par l'action politique, par la raison, par la culture, par l'art et par l'humour.
>
> Nulle doctrine, nulle religion, nulle idéologie, nulle science, nulle culture ne peut revendiquer pour elle seule la propriété de la vérité. Nul peuple, nulle religion, nulle doctrine, nulle

science, nulle culture ne peut survivre sans respecter, écouter, partager, échanger, apprendre des autres.
Nul être humain ne peut être réduit à une seule dimension, qu'elle soit religieuse, ethnique, sexuelle, culturelle ou politique.
Nous, signataires de cet appel, croyants ou agnostiques, humains avant tout, nous constituons en réseau de vigilance et de résistance pour défendre et faire respecter ces principes.

Apprendre à être chrétien, sans syncrétisme ni radicalisme

Personne n'a l'apanage de la vérité. Personne ne peut dire : « Je suis le propriétaire de la vérité et vous, vous n'avez rien, pas même une parcelle. » Ce n'est pas du relativisme que de reconnaître cela. Comme certains chrétiens m'en accusent. Comme chrétien, et plus particulièrement comme évêque, et donc comme « veilleur », car tel est le sens du mot *episcope* en grec, j'invite mes frères et sœurs chrétiens à vivre leur foi sans syncrétisme ni radicalisme. Je leur rappelle qu'il nous arrive de maltraiter les paroles de Jésus et de réduire l'Évangile à notre petit entendement.

Si le pape François apparaît comme un homme enraciné dans la foi, il n'en est pas pour autant un distributeur de certitudes. Il n'a pas de solutions toutes faites. La force de sa parole et son autorité n'en sont pas diminuées pour autant. Il appelle les chrétiens à agir en vérité, en cohérence avec l'Évangile, et non pas en possesseurs de la vérité, ou de vérités. « Dieu, écrit-il, se rencontre dans l'aujourd'hui. [...] Bien sûr, dans ce chercher et trouver Dieu en toutes choses il reste toujours une zone d'incertitude. Elle doit exister. Si quelqu'un dit qu'il a rencontré Dieu avec une totale certitude et qu'il n'y a aucune marge d'incertitude, c'est que quelque chose ne va pas. C'est pour moi une clé importante. Si quelqu'un a la réponse à toutes les questions, c'est la preuve que Dieu n'est pas avec lui, que c'est un faux prophète qui utilise la religion à son profit. »

Avec d'autres mots, Benoît XVI disait la même chose aux chrétiens du Moyen-Orient un an plus tôt : « La vérité ne peut être connue et vécue que dans la liberté, c'est pourquoi, nous ne pouvons pas imposer la vérité à l'autre; la vérité se dévoile seulement dans la rencontre d'amour[1]. »

Les moines de Tibhirine, dont le frère Timothy Radcliffe parle aussi à la fin de ce livre, en ont porté le témoignage. Chrétiens en terre d'islam, ils ont cherché Dieu au milieu de leurs frères humains, en les aimant. Tout comme eux, nous restons des chercheurs de Dieu tout au long de notre vie, en aimant. Convaincus de notre foi, certes. Mais d'une foi qui invite à respecter celle des autres et leur quête. Tous, nous sommes en chemin. Il n'y a jamais ceux qui ont parfaitement raison d'un côté, ceux qui ont complètement tort de l'autre. Saint Maximilien Kolbe aurait dit: « Sois attentif à la part de vérité qui se cache, comme un trésor qui t'appartient, au cœur de l'erreur de l'autre. »

Comme le disait un jour un théologien, le père Bernard Sesboüé: « N'oublions jamais que nous pouvons avoir tort dans notre manière même de prétendre avoir raison[2]. » Malheur donc à moi si je n'annonçais pas l'Évangile (cf. 1 Co 9, 16), moi qui en découvre chaque jour la beauté, la profondeur, la vérité et la force! Mais attention aussi à moi dans ma manière de l'annoncer.

Cela nous amène, nous, chrétiens, à toujours revenir à ce qu'a dit et fait le Christ. De Jésus, on ne peut pas dire qu'il n'a pas assez aimé ou qu'il a mal aimé. Jésus est habité par une seule logique: celle de l'amour. Il ne nous dit qu'une seule chose: Dieu est amour. Il ne fait qu'une seule chose: nous montrer son amour. Il nous lègue un seul commandement: « Comme je vous ai aimés, vous aussi aimez-vous les uns les autres » (Jn 13, 34).

Un amour qui toujours propose, mais qui jamais n'impose.

1. Benoît XVI, Exhortation apostolique post-synodale *Ecclesia in Medio Oriente* du 14 septembre 2012, § 27.

2. Bernard Sesboüé, *Hors de l'Église pas de salut. Histoire d'une formule et problèmes d'interprétation*, Desclée de Brouwer, 2004, p. 301.

La religion
la plus persécutée

La condition des chrétiens : faits et analyses

Une guerre globale contre les chrétiens ?

John L. Allen Jr

Pour le grand vaticaniste américain, spécialiste des religions du *Boston Globe*, le christianisme est aujourd'hui la religion la plus attaquée au monde. Parmi les explications avancées par le vaticaniste américain : la démographie, mais aussi et surtout l'identification du christianisme à un Occident souvent perçu comme hostile et dominateur.

Au printemps 2014, le monde a fait la connaissance de Meriam Yahia Ibrahim Ishag, une jeune femme de vingt-sept ans condamnée à mort au Soudan après avoir été reconnue coupable d'apostasie de l'islam. Elle est née d'un père musulman qui l'a abandonnée dans la petite enfance et a été élevée dans la foi chrétienne par sa mère, éthiopienne. Selon le jugement prononcé par un tribunal islamique, Meriam Yahia Ibrahim Ishag se devait de rester fidèle à la foi de son père ; en conséquence, sa « conversion » est illégale au regard de la loi islamique, la charia, même si elle n'a jamais eu d'autre religion que chrétienne. Meriam Yahia Ibrahim Ishag a été dénoncée aux autorités après son mariage avec un chrétien, Daniel Wani. Il lui a été donné trois jours pour abjurer sa foi. Comme elle a refusé de se soumettre à ce jugement, elle a été incarcérée dans la prison pour femmes d'Omdurman, au Soudan, avec Martin, son fils de vingt mois. Elle a donné naissance à une petite fille derrière les barreaux. Les deux enfants sont citoyens américains, comme leur père.

En théorie, Meriam Yahia Ibrahim Ishag était passible, juste après son deuxième accouchement, de cent coups de fouet pour « adultère », car elle a épousé un chrétien. Si elle ne renonce pas à sa foi chrétienne dans une période de deux ans, elle sera pendue pour apostasie. Au moment où nous écrivions ces lignes, nous ne savions pas encore si ces condamnations seraient exécutées, ce cas ayant soulevé l'indignation dans le monde. Des associations de défense des droits de l'homme comme Amnesty International, des organisations de défense des libertés religieuses comme Christian Solidarity Worldwide et le Conseil œcuménique des Églises, ainsi que de nombreux Parlements et ministères des Affaires étrangères du monde entier ont appelé le Soudan à transmuer cette peine, tandis que les médias s'intéressaient surtout aux conditions de vie réservées à Meriam Yahia Ibrahim Ishag et à ses deux enfants. « Sauvez Meriam ! » est devenu un cri de ralliement partout dans le monde.

Au fil des débats, l'histoire de Meriam Yahia Ibrahim Ishag est le plus souvent qualifiée de « terrible », mais aussi d'« exceptionnelle ». Certains commentateurs mettent la donne religieuse de côté, arguant que le gouvernement soudanais utilise le prétexte de la défense de l'islam pour détourner l'attention de la communauté internationale de ses problèmes intérieurs. D'autres sont prompts à relever que l'interprétation de la charia évoquée ici n'est pas celle de nombreux juristes et intellectuels musulmans et qu'il existe un islam plus tolérant. D'autres encore voient dans cette affaire un symptôme particulièrement virulent des maladies qui gangrènent profondément le Soudan – la corruption, les tensions régionales et ethniques, les conséquences de la guerre et de la politique de purification ethnique, et le fait que plus de la moitié de la population vit sous le seuil de pauvreté.

Si toutes ces réactions méritent d'être entendues, il ne faut pas perdre de vue le fait que Meriam Yahia Ibrahim Ishag n'est en rien ce que nous appelons « l'exception qui confirme la règle ». Bien au contraire, elle est la personnification du problème religieux le plus urgent et le moins reconnu de ce début de XXIe siècle : la guerre mondiale faite aux chrétiens.

Vignettes de la guerre mondiale faite aux chrétiens

Pour étayer notre thèse, voici quelques vignettes exemplaires du type de pressions auxquelles les chrétiens sont soumis aujourd'hui en différents points de la planète.

- À Bagdad, en Irak, des islamistes ont fait irruption dans la cathédrale syriaque d'obédience catholique Notre-Dame-du-Sauveur le 31 octobre 2010, tuant les deux prêtres qui célébraient la messe et laissant derrière eux un total de 58 morts. Tout choquant qu'il fût, cet attentat était loin d'être le premier. 40 des 65 églises chrétiennes de Bagdad ont été bombardées au moins une fois depuis le début de l'invasion de l'Irak par les États-Unis en 2003. Cette campagne d'intimidation et de violence a eu des effets dévastateurs sur la communauté chrétienne d'Irak. Lors de la première guerre du Golfe, en 1991, l'Irak comptait au moins un million et demi de chrétiens. Aujourd'hui, on estime qu'ils sont tout au plus 500 000, même si de nombreux observateurs considèrent comme beaucoup plus réaliste le nombre de 150 000.
- Orissa, l'État du nord-est de l'Inde, a été le théâtre du pogrom antichrétien le plus violent de ce début de XXIe siècle. En 2008, une suite d'émeutes a entraîné la mort de 500 chrétiens, la plupart sous les coups de machettes de radicaux hindous ; des milliers de blessés et au moins 50 000 sans-abri ont été recensés. De nombreux chrétiens ont trouvé refuge dans des camps pour personnes déplacées préparés à la hâte ; certains y ont croupi plus de deux ans. On estime que, dans le même temps, 5 000 maisons de chrétiens, et 350 églises et écoles ont été détruites. Durant ce temps de terreur, une sœur catholique, Sœur Meena Barwa, a été forcée à marcher dénudée dans la rue, battue et violée. La police, favorable aux radicaux, a découragé la sœur de porter plainte et refusé d'arrêter ses agresseurs. Le pogrom d'Orissa est l'acte le plus spectaculaire d'une vaste campagne de violences faites aux chrétiens en Inde. Une enquête réalisée par un juge de la Haute Cour de justice de l'État du Karnataka en mars 2010 a montré que les chrétiens de cette région avaient subi plus d'un millier d'attentats au cours des 500 derniers jours, soit une moyenne de deux par jour.

- En Birmanie, des membres des groupes ethniques Chin et Karen, fortement chrétiens, sont considérés comme des dissidents par le régime et régulièrement emprisonnés, soumis à la torture, condamnés aux travaux forcés ou assassinés. En octobre 2010, l'armée birmane a lancé des raids héliportés sur les territoires nationaux où vivent des concentrations de chrétiens. Une source de la Force aérienne birmane a déclaré aux journalistes que la junte considérait ces régions comme des « zones noires » où les militaires avaient le droit d'attaquer et de tuer des cibles chrétiennes à vue. Malgré l'absence de chiffres précis, on estime que des milliers de chrétiens birmans ont été tués dans ce contexte.
- Au Nigeria, le mouvement islamiste Boko Haram est considéré comme responsable de près de 3 000 morts depuis 2009, dont 800 pour la seule année 2012. Ce groupuscule s'est fait une spécialité de viser des chrétiens et leurs églises ; dans certains cas, ses membres semblent déterminés à chasser tous les chrétiens du pays. En décembre 2011, des porte-parole locaux de Boko Haram ont annoncé que tous les chrétiens des États de Yobe et de Borno, dans le nord du Nigeria, avaient trois jours pour partir. Cette déclaration a été suivie d'une vague de bombardements d'églises les 5 et 6 janvier 2012 qui a entraîné la mort d'au moins 26 chrétiens et de deux campagnes de tirs où 8 chrétiens supplémentaires ont trouvé la mort. À la suite de ces tueries, des centaines de chrétiens ont fui la région, et bon nombre d'entre eux vivent depuis lors dans des camps pour personnes déplacées. On estime qu'au moins 15 chrétiens ont été égorgés par des agresseurs Boko Haram à la Noël 2012.
- La Corée du Nord est, de l'avis général, considérée comme un des pays au monde où il est le plus dangereux d'être chrétien. On estime qu'environ un quart des 200 000 à 400 000 chrétiens y vivent dans des camps de travaux forcés pour avoir refusé de célébrer le culte du leader Kim Il-sung. L'idéologie antichrétienne y est si forte que même les citoyens nord-coréens dont les grands-parents étaient chrétiens n'ont pas accès aux emplois les plus importants – cette mesure est d'autant plus absurde que la mère de Kim Il-sung elle-même était diaconesse presbytérienne. Depuis l'armistice de 1953 qui a entériné la partition de la péninsule coréenne, quelque

300 000 chrétiens nord-coréens ont tout simplement disparu et sont supposés morts.

Pour entrer ces données disparates dans un cadre statistique, signalons que le Pew Forum on Religion and Public Life de Washington D.C. a rapporté en 2012 que les chrétiens étaient victimes de l'une ou l'autre forme de harcèlement, avec ou sans l'appui des lois, dans 139 pays, soit dans près des trois quarts des sociétés humaines. C'est le groupe confessionnel le plus touché, même si les fidèles d'autres religions subissent eux aussi des menaces dans de nombreux endroits du monde. En septembre 2009, le président de la Société internationale pour les droits de l'homme, Martin Lessenthin, a estimé que 80 % des actes de persécution religieuse perpétrés dans le monde visaient des chrétiens. Dans une étude réalisée en 2011, le consortium américain START (National Consortium for the Study of Terrorism and Responses to Terrorism) a montré que le nombre d'actes terroristes perpétrés à l'encontre de chrétiens dans le monde avait connu une progression de 309 % de 2003 à 2010. Dans son rapport de 2012, la commission américaine sur les libertés religieuses dans le monde a identifié 16 pays où des actes « haineux et systématiques » sont posés à l'encontre des libertés religieuses, notamment la torture, la détention et le meurtre. Si de nombreuses communautés religieuses sont touchées par cette violence, une seule l'est dans l'ensemble de ces 16 pays : la communauté chrétienne.

On sait qu'il est difficile de récolter des chiffres précis sur le nombre de chrétiens qui sont soumis à des persécutions religieuses, d'un côté parce qu'il est malaisé de dépêcher des observateurs indépendants dans de nombreux endroits où la répression est intense, de l'autre parce que les parties en présence ont intérêt soit à gonfler les statistiques, soit à les minimiser. Todd Johnson, du Center for the Study of Global Christianity, au Gordon-Conwell Theological Seminary à South Hamilton, dans l'État du Massachusetts, considère qu'une moyenne de 100 000 chrétiens ont été tués pour des motifs religieux chaque année au cours de la dernière décennie. D'autres experts pensent que cette estimation est excessive. Selon le sociologue et théologien allemand Thomas Schirrmacher, il serait plus réaliste de parler de 7 000 chrétiens tués chaque année, un nombre considéré comme « plausible » dans l'ouvrage de Rodney Stark et Katie Corcoran publié en 2014, *Religious Hostility*. Notons que l'estimation la plus haute porterait le nombre de martyrs chrétiens à un par heure et l'estimation la plus basse à un par jour. Quels que soient les chiffres réels, il ne fait aucun doute que la communauté chrétienne est aujourd'hui celle qui fait l'objet du plus grand nombre de persécutions.

Loin de nous l'envie de minimiser les menaces faites aux autres communautés religieuses : les chrétiens n'ont pas le monopole de la souffrance. Notre intention n'est pas non plus de marquer des points dans les débats politiques qui agitent l'espace occidental. En toute logique, le fait que les chrétiens fournissent des martyrs à un rythme sans précédent ne peut avoir aucune incidence sur les débats controversés d'aujourd'hui, comme la question de la couverture de la contraception que l'administration Obama impose aux employeurs privés, y compris aux groupements religieux, dans le cadre de la réforme du système de santé. En effet, la réaction la plus cynique qu'on puisse imaginer à la situation des chrétiens dans le monde serait de transformer leur agonie en un trope rhétorique. Si la défense des chrétiens dont la vie est en danger doit accéder au rang de première priorité en termes de droits de l'homme, la compréhension des réalités de terrain ne doit être biaisée par aucun préjugé d'ordre politique ou religieux.

Les aléas de la guerre faite aux chrétiens varient ; dans leur forme extrême, il s'agit de purification religieuse destinée à les effacer purement et simplement de certaines parties de la carte. Prenons l'exemple du sud-est de la Turquie, une zone frontalière avec la Syrie qui se trouve actuellement sous contrôle kurde. Au début du XXe siècle, on y observait une communauté florissante de 500 000 chrétiens araméens qui maintenaient en vie la langue supposée parlée par le Christ. À la fin du siècle, la population araméenne chrétienne ne comptait plus que 2 500 personnes, et de nombreux observateurs pensent que son éradication totale est imminente. La plupart des chrétiens araméens ont fui les persécutions violentes et la pression quotidienne de la discrimination légale ou de fait, et vivent désormais dans la diaspora.

Nura Ardin, quatre-vingt-cinq ans, est l'un de ces Araméens en exil. Il a récemment déclaré à deux journalistes italiens que sa famille était restée dans la région tant que l'aîné de ses fils était en vie, car celui-ci avait promis à l'évêque local d'y séjourner aussi longtemps que lui. Lorsqu'ils ont eu connaissance de cette promesse, des nationalistes turcs ont attaqué la maison de cette famille une nuit de 1986 et assassiné le fils aîné. En réaction, le reste de la famille a décidé de partir.

Lorsqu'on traverse les villes et les villages fantômes du sud-est de la Turquie, ainsi que ses monastères et ses églises à l'abandon, on a le sentiment que la guerre faite aux chrétiens est pratiquement gagnée.

Pourquoi les chrétiens ?

Lorsque les Occidentaux prennent connaissance d'actes de persécution visant des chrétiens, ils ont tendance à les imputer à deux forces essentielles : soit les « guerres culturelles » en Occident qui opposent religion et morale d'une part et laïcité de l'autre, soit le « choc des civilisations » entre, d'une part, le monde occidental en général et la sphère chrétienne en particulier et, d'autre part, l'islam radical. Or, en vérité, la rivalité idéologique entre laïcité et religion n'est pas grand-chose de plus qu'une note de bas de page dans la guerre mondiale faite aux chrétiens, car elle se joue au sein des hémicycles parlementaires et sur les plateaux de télévision où l'on ne peut parler à ce propos de violence qu'au sens métaphorique. Par contre, l'islam radical est certainement le plus grand fabricant au monde de haine des chrétiens. Cela étant, s'il venait à disparaître de la planète en ce début de XXIe siècle, les chrétiens ne seraient pas pour autant en sécurité. La disparition des islamistes, par exemple, ne modifierait en rien le sort des chrétiens persécutés par l'État vietnamien ou visés par les gangs de narcotrafiquants en Amérique latine.

À entendre les experts de la discrimination perpétrée à l'égard des religions, nous distinguons quatre raisons fondamentales expliquant pourquoi les chrétiens sont ainsi sous le feu de la persécution.

En premier lieu, il y a tout simplement plus de chrétiens dans le monde que de représentants d'une autre confession. On estime leur nombre à environ 2,3 milliards en 2014. Un peu plus de la moitié d'entre eux, à savoir 1,2 milliard, sont d'obédience catholique romaine, les autres étant protestants, orthodoxes, anglicans ou membres d'une Église indépendante. Dans leur ensemble, les chrétiens représentent environ un tiers de la population mondiale. La religion la plus importante après eux est l'islam, qui regroupe 1,7 milliard de fidèles. Les proportions étant ce qu'elles sont, il est statistiquement normal que les chrétiens subissent un nombre plus important de discriminations.

En deuxième lieu, les régions où le nombre de chrétiens progresse aujourd'hui se trouvent en dehors de l'Occident ; en de nombreux endroits, cette expansion est perçue comme une menace. En Chine, par exemple, la croissance explosive de l'Église pentecôtiste depuis 1975 est souvent considérée comme dangereuse dans cet État laïc à parti unique. Dans les régions frontalières de l'Afrique subsaharienne, comme au Nigeria, où chrétiens et musulmans vivent au coude à coude, l'essor du christianisme est vécu comme une menace pour l'islam, socialement dominant. En Arabie saoudite, un afflux rapide de travailleurs chrétiens originaires de pays tels que les Philippines, la Corée et le Liban génère des tensions au sein de la communauté musulmane conservatrice qui estime devoir jouer le rôle de gardien de plusieurs sites sacrés pour l'islam. En Inde, des mouvements nationalistes politiquement influents voient souvent la montée en puissance des chrétiens comme un scénario visant à subvertir l'identité hindoue.

En troisième lieu, dans de nombreuses parties du monde, les chrétiens ne constituent pas seulement une minorité religieuse, mais aussi une minorité ethnique, linguistique et culturelle, ce qui signifie qu'ils courent deux, voire trois fois plus de risques. C'est le cas des ethnies Chin et Karen dont nous avons parlé précédemment en Birmanie ou, en Inde, de la communauté chrétienne, composée pour l'essentiel de membres de la sous-classe des Dalit, qui considèrent souvent la religion comme un ascenseur social.

Quatrièmement, et peut-être plus fondamentalement, les chrétiens, où qu'ils vivent, sont assimilés à l'Occident ; en conséquence, les anti-Européens et les anti-Américains sont parfois tentés de se venger sur eux de leurs frustrations. C'est ainsi qu'en Irak, les islamistes ont par exemple étiqueté les églises chrétiennes du pays avant-postes des « croisés », même si, en réalité, la présence chrétienne en Irak est attestée depuis bien plus longtemps que celle de l'islam. Les peuples qui ont des griefs à l'égard de l'Occident ont du mal à se défouler sur, imaginons, le consulat de l'Union européenne ou l'ambassade des États-Unis, tandis que la petite église chrétienne de quartier constitue pour eux une cible facile...

Pourquoi ce silence ?

Il y a près de vingt ans, l'essayiste américain Paul Marshall a déclaré que les persécutions de chrétiens « étaient passées pratiquement inaperçues dans le monde ». La situation a changé depuis la parution de son ouvrage devenu un classique, *Their Blood Cries Out*. Des associations d'aide et de défense ont émergé, et il arrive que des persécutions de chrétiens fassent l'objet d'articles dans de grands organes de presse comme *The Economist*, *Newsweek* ou *Commentary*. Cependant, dans l'ensemble, la guerre faite aux chrétiens demeure le secret le mieux gardé au monde. En 2011, la journaliste italienne Francesca Paci – qui écrit dans un paysage médiatique qui s'intéresse sans doute davantage aux thèmes liés au christianisme que n'importe où ailleurs, étant donné l'empreinte massive du Vatican – pouvait encore dire du sort réservé aux chrétiens persécutés en Irak, en Algérie et en Inde : « Nous ignorons trop de choses et, plus grave encore, nous feignons de ne pas voir trop de choses. »

En 2011, lors d'une conférence qui s'est tenue à Londres, le patriarche catholique de Jérusalem, Fouad Twal, a pris position au sujet de la crise à laquelle sont confrontés les chrétiens arabes au Moyen-Orient. Il a posé cette question sans ambages : « Personne n'entend-il donc notre cri ? Combien d'atrocités devrons-nous encore endurer avant que quelqu'un, quelque part, nous vienne en aide ? » Ces questions méritent qu'on y réponde.

Dans les milieux laïcs, tels que les universités, les milieux politiques et les médias, plusieurs facteurs concordent pour expliquer cette relative indifférence. D'abord, de nombreux laïcs connaissent mal la religion et peuvent même se révéler extrêmement ignorants des sujets religieux. Les observateurs parlent à ce propos d'« illettrisme religieux », notant ce paradoxe : des personnes d'une grande intelligence, capables de jongler avec le pentamètre iambique ou le langage codé informatique, ne dépassent pas le stade de la connaissance élémentaire dès qu'il s'agit de la religion. Voilà qui handicape grandement la réflexion sur l'identité des chrétiens dans le monde, leur localisation et les risques qu'ils courent.

On note également une hostilité automatique à la religion de nature institutionnelle, surtout à propos de la religion chrétienne, dans certains secteurs de la société civile – même si l'honnêteté nous contraint d'admettre que ce n'est pas le cas partout. Les personnes conditionnées pour penser ainsi ont tendance à envisager le christianisme comme un agent de répression, et non comme une victime. Dites « persécution religieuse », et les images qui viennent à leur esprit sont celles des croisades, de l'Inquisition, des guerres de Religion, de Bruno, de Savonarole, des procès des sorcières de Salem – autant de chapitres de l'histoire où le christianisme a tenu le mauvais rôle. Pour un grand nombre de personnes aujourd'hui, le christianisme se résume à une gérontocratie exclusivement masculine installée à Rome qui en impose aux nonnes progressistes des États-Unis, ou encore à une clique d'évangélistes immodérés avides d'empêcher les femmes de se choisir librement un mari et d'interdire le mariage aux homosexuels. Les victimes de la guerre mondiale faite aux chrétiens nous obligent cependant à reconsidérer ce scénario car elles sont la preuve vivante que les chrétiens ne sont pas du côté de l'oppresseur, mais de l'opprimé.

L'indifférence des médias et les préjugés des laïcs ne sont cependant pas les seuls en cause. Pour de nombreuses personnes, la guerre faite aux chrétiens se déroule simplement trop loin d'eux. Les martyrs d'aujourd'hui meurent au Sri Lanka, aux Maldives, au Soudan… autant dire des pays que de nombreux Occidentaux ne savent même pas situer sur une carte et dont ils peinent à se sentir solidaires. La guerre faite aux chrétiens est aussi d'une complexité incroyable et, partant, difficile à faire comprendre. Il n'existe pas de remède simple, comme le boycott des produits sud-africains du temps de l'apartheid. Chaque situation doit être analysée en fonction de son contexte : ce qui pourra s'avérer efficace pour lutter contre l'extrémisme bouddhiste au Bangladesh s'avérera inapproprié dans la lutte contre les narcotrafiquants en Colombie.

L'intellectuel français Régis Debray, un ancien communiste qui a combattu aux côtés de Che Guevara, avance une autre raison pour expliquer cette inertie. Selon lui, la persécution des chrétiens se trouve dans un « angle mort » : les victimes seraient « trop chrétiennes » pour intéresser la gauche et « trop étrangères » pour intéresser la droite. Faisons un pas plus loin : les politiciens occidentaux encouragent eux aussi les citoyens à avoir une vision biaisée des choses. Les conservateurs se précipitent sur le moindre acte de violence perpétré par des islamistes, mais se dérobent devant l'idée de condamner les politiques de sécurité d'Israël pour leurs effets nocifs sur les chrétiens arabes. Les libéraux glorifient les martyrs des régimes d'extrême droite en Amérique latine, mais se montrent souvent réticents à reconnaître la réalité de la haine manifestée à l'égard des chrétiens dans la bande de Gaza contrôlée par le Hamas ou le fait que les régimes de gauche prennent avant tout pour cibles les chrétiens.

Il est peut-être décevant, mais sans doute pas très surprenant, que les cercles laïcs ne se soient pas emparés du thème de la persécution des chrétiens. Ce qui est moins évident, par contre, c'est la raison pour laquelle les principaux courants chrétiens occidentaux ne l'ont pas fait non plus. Parions qu'il nous faudrait assister à un assez grand nombre de célébrations de différentes confessions chrétiennes avant d'entendre un prêche qui soit consacré à la guerre mondiale faite aux chrétiens, de trouver un groupe d'étude qui s'y intéresserait ou de lire des informations sur le sujet dans le fond d'une église. Au niveau politique et social, les églises occidentales n'ont pas encore inscrit la persécution des chrétiens au premier rang de leurs priorités, malgré leurs énormes dépenses dans des domaines pourtant controversés.

Comment expliquer ce paradoxe apparent que la plupart des chrétiens occidentaux ne sont pas sensibilisés au problème le plus incontestable qui frappe leur communauté en ce début de XXIe siècle ?

Nous avons déjà dit qu'ils n'ont jamais été eux-mêmes persécutés. Ils éprouvent généralement de l'empathie quand ils entendent une histoire comme celle de Meriam Yahia Ibrahim Ishag au Soudan, mais ils sont enclins à considérer ces situations comme exceptionnelles et à ne pas comprendre qu'elles s'inscrivent dans un schéma plus global. Nous pourrions établir un parallélisme avec le climat de déni auquel ont été confrontées de nombreuses victimes d'actes de pédophilie dans les églises chrétiennes lorsqu'elles ont commencé à parler: même les gens qui les croyaient avaient du mal à accepter l'idée que le problème existait à grande échelle.

En outre, certains courants chrétiens occidentaux, surtout dans les cercles évangélistes et pentecôtistes, mettent en avant un « Évangile de la prospérité », qui associe foi chrétienne, d'un côté, et richesse et réussite dans le monde, de l'autre. Les fidèles qui suivent ce courant sont eux-mêmes peu enclins à placer l'accent sur la souffrance des chrétiens et pensent sans doute, dans une certaine mesure, que les victimes de persécutions portent une part de responsabilité dans le sort qui leur est réservé.

Par ailleurs, les sociétés occidentales ont largement tendance à considérer que la fonction essentielle de la religion est de permettre d'accéder à la paix intérieure et à la sérénité, et cette conception a gagné maintes confessions chrétiennes. De nombreuses personnes vont en effet à la messe pour s'extraire du stress quotidien et retrouver le calme dans la prière. Or, ce n'est pas en apprenant que des islamistes versent de l'acide sulfurique sur les poignets des coptes d'Égypte, afin d'en effacer la croix qu'ils y ont tatouée pour symboliser leur ténacité, qu'ils vont trouver cette paix intérieure.

Les chrétiens sont aussi façonnés par les sociétés dans lesquelles ils vivent, et les chrétiens américains, en particulier, se montrent aussi myopes que leurs compatriotes athées ou d'autres confessions par rapport à tout ce qui concerne l'étranger. Quand un chrétien américain parle de l'Église, il entend généralement l'Église américaine. Quand il parle du clergé, il entend généralement le clergé américain, et quand il parle des laïcs, il entend généralement les laïcs américains. Parcourez les titres des livres publiés récemment par des auteurs chrétiens aux États-Unis, et que leur cœur penche à gauche, à droite ou au centre, vous verrez que leur dénominateur commun est d'avoir une imagination au ras des pâquerettes.

D'un point de vue plus pragmatique, la plupart des Églises sont des associations à but non lucratif qui doivent lutter contre un manque de moyens chronique. Payer la facture d'électricité, réparer le toit, rétribuer le pasteur ou le curé: ces considérations matérielles l'emportent souvent sur le reste. Il est déjà bien assez difficile de trouver de quoi financer des initiatives ancrées dans le local. À cela s'ajoute une certaine « lassitude de la bonne cause » parmi de nombreux fidèles : régulièrement sollicités pour soutenir le moindre effort spirituel ou humanitaire, ils en arrivent à développer une résistance à tout ce qui est censé leur faire ouvrir leur porte-monnaie.

Le « politiquement correct » à la mode chrétienne constitue peut-être un autre facteur. Durant ces dernières décennies, la plupart des confessions religieuses ont investi énormément dans le dialogue œcuménique, de sorte que les grandes religions chrétiennes considèrent comme une de leurs missions d'entretenir des relations de bon voisinage avec les fidèles d'autres religions. Cette position est bien entendu une avancée considérable par rapport aux antagonismes d'antan et à la crainte de l'autre qui était autrefois prédominante parmi les chrétiens, car elle a ouvert la porte à des alliances œcuméniques qui font avancer des causes dignes et importantes à travers le monde. Cette volonté de dialogue a cependant un effet pervers : une sorte d'« œcuméniquement correct » en vertu duquel il serait difficile de dépasser le stade de la courtoisie avec le voisin d'en face. Certains chrétiens sont réticents à parler de leur malaise par rapport au sort réservé aux Arabes de confession chrétienne en Israël, de peur de rompre les bonnes relations entre le monde chrétien et le monde juif. D'autres hésitent sans doute à s'inquiéter auprès des musulmans de l'oppression dont sont victimes les chrétiens dans les sociétés islamistes, par crainte de créer un « choc des civilisations ». Certes, nous devons nous garder d'imputer à des confessions entières la responsabilité de la guerre mondiale faite aux chrétiens, mais il n'en reste pas moins que cette timidité à mettre les problèmes réels sur la table dans le cadre du dialogue œcuménique est également un facteur qui explique pourquoi les chrétiens ne réagissent pas avec davantage de vigueur pour défendre leurs coreligionnaires.

Enfin, nous percevons une autre force à l'œuvre. Les chrétiens se présentent comme des évangélisateurs de la culture, mais, dans de nombreux cas, ils sont aussi évangélisés par la culture. Ce n'est nulle part aussi frappant que dans la façon dont de nombreux chrétiens ont introduit en fraude l'acrimonie idéologique et la division de la culture ambiante dans leurs églises. On parle généralement de polarisation, ce qui laisse entendre que les chrétiens sont soit de gauche, soit de droite. En vérité, il serait plus juste de parler de « tribalisation ».

L'observateur attentif voit en effet proliférer de multiples « tribus » au sein des confessions : les adversaires de l'avortement, les pacifistes, les traditionalistes, les néo-conservateurs, les réformateurs progressistes et les spirituels, sans parler des enclaves ethniques, etc.

Cette diversité constitue en principe un atout. Elle devient cependant un facteur de dysfonctionnement dès lors que les « tribus » cessent de se considérer comme des éléments d'une communauté religieuse et qu'elles se mettent à se voir comme des ennemis idéologiques et politiques. Elles en viennent alors à envisager l'Église comme un terrain de chasse pour leur groupe d'intérêt – pour ou contre l'ordination de femmes prêtres, par exemple, ou pour ou contre le mariage entre homosexuels – et, en corollaire, à diaboliser toute opposition. En conséquence, les chrétiens consacrent une grande part de leur énergie en querelles intestines et éprouvent de plus en plus de difficultés à se focaliser sur des thèmes qui les dépasseraient ou les transcenderaient.

Comment réagir ?

Si de nombreux chrétiens peuvent se sentir spirituellement tenus de s'intéresser au sort de leur prochain, il n'est en principe pas nécessaire de nourrir quelque conviction religieuse que ce soit pour se rendre compte que la persécution des chrétiens est une question qui relève de la défense des droits de l'homme en ce début de XXIe siècle. De la même manière qu'il n'était pas nécessaire d'être juif dans les années 1960 et 1970 pour se sentir concerné par le sort des dissidents juifs dans ce qui était alors l'Union soviétique, de la même manière aussi qu'il n'était pas nécessaire d'être noir pour sentir l'abjection du régime de l'apartheid dans l'Afrique du Sud des années 1980, il n'est pas non plus nécessaire d'être chrétien aujourd'hui pour considérer avec l'association humanitaire catholique L'Aide à l'Église en détresse que les agressions perpétrées contre des chrétiens dans le monde constituent « une catastrophe sans précédent en termes de droits de l'homme ». De nombreux experts estiment par ailleurs que la façon dont une société traite les chrétiens est un bon indice de sa façon de respecter ou non les droits de l'homme. Parce que les chrétiens vivent aujourd'hui partout dans le monde, parce qu'il s'agit en grande majorité de femmes et de non-Blancs, parce qu'ils appartiennent souvent à des catégories à risques (notamment à des minorités ethniques et linguistiques) et parce qu'ils sont fréquemment frappés de plein fouet par la libéralisation économique et politique, le sort qu'une société leur réserve constitue un test relativement fiable quant à l'approche générale qu'elle adopte vis-à-vis de la protection des minorités et du respect de la notion d'État de droit.

Dès lors, que faire ?

Commençons par observer que toute réaction à la guerre faite aux chrétiens doit se définir en concertation avec les victimes elles-mêmes : n'oublions pas que l'enfer est pavé de bonnes intentions. Les Arabes chrétiens de Palestine, par exemple, se plaignent souvent de ne pas être consultés par les groupes évangélistes qui viennent faire des déclarations dans la région. En Inde, de nombreux chrétiens ont été scandalisés lorsque des politiciens américains de premier plan se sont déclarés favorables à l'octroi d'un visa de voyage à Narendra Modi, Premier ministre de l'État du Gujerat, pour qu'il puisse se rendre aux États-Unis. Ces chrétiens indiens insistaient sur le fait que, bien que réputé farouche opposant à l'islamisme radical, Modi est aussi responsable de la loi anti-conversion adoptée en 2003 dans le Gujerat qui est fréquemment invoquée pour justifier des actes de violence à l'égard des chrétiens. L'ennemi de mon ennemi, disaient-ils, n'est pas forcément mon ami. Il est dès lors conseillé de toujours bien réfléchir avant d'agir et de solliciter l'avis de ceux qui auront à vivre avec les conséquences de nos actions.

En termes de stratégies qui s'appliquent à l'ensemble des acteurs, qu'ils soient religieux ou non, il existe nous semble-t-il trois fronts sur lesquels il est urgent de se battre. Il faut d'abord sensibiliser l'opinion publique, c'est-à-dire la rendre consciente des menaces qui pèsent sur les chrétiens et l'aider à ouvrir les yeux sur l'ampleur du problème. Il faut ensuite offrir à la fois une assistance humanitaire d'urgence dans les situations les plus difficiles, telles que le pogrom de 2008 à Orissa, et financer des programmes d'aide et de développement de longue haleine. Enfin, il faut agir sur le plan politique, en mettant en avant le fait que la défense des libertés religieuses constitue la pierre angulaire de la politique étrangère et de la diplomatie mondiale. Les défenseurs des chrétiens persécutés peuvent aussi exiger de leurs dirigeants qu'ils prennent ces considérations en compte lorsqu'ils définissent leurs choix politiques. Par exemple, ils pourraient trouver le moyen de faire davantage entendre la voix de la minorité chrétienne de Syrie dans le débat sur la politique occidentale à adopter vis-à-vis du régime d'Assad et de la guerre civile qui fait rage dans ce pays. Bon nombre de ces chrétiens de Syrie sont beaucoup moins favorables à un changement de régime qu'on ne l'est en Occident.

Il est une autre réaction pour des chrétiens, et elle est des plus naturelles : la prière. En plus de ses fruits spirituels, la prière concourt de manière importante au façonnement de la culture au sein de l'Église. Les catholiques citent volontiers ce proverbe : « *lex orandi, lex credendi* », qui signifie « la loi de la prière est la loi de la foi ». L'idée sous-jacente est que l'objet de la prière des chrétiens, et en particulier de la prière qu'ils font publiquement, façonne leur foi et leur conception du monde. Dans cette perspective, plus les chrétiens apprendront à prier au nom des victimes de persécutions, plus ils deviendront conscients de la nature de la guerre mondiale faite aux chrétiens et plus ils seront désireux de s'y opposer.

Considérons par exemple la coutume qui avait cours dans l'Église catholique d'avant Vatican II de prier à la fin de chaque messe pour la conversion de la Russie. L'objectif était de rappeler aux chrétiens que, sur le territoire russe, des gens souffraient parce qu'ils étaient croyants, et que cela préoccupait l'Église. C'était une manière de sensibiliser les fidèles à cette « Église du silence » qui se trouvait de l'autre côté du rideau de fer. Bien sûr, ce n'est pas cette prière qui a causé la chute du communisme, mais les chrétiens de Pologne et des autres pays du bloc de l'Est, soutenus par des réseaux occidentaux, ont participé au jeu de dominos qui y a mené, et il n'est pas déraisonnable de se demander si l'aide occidentale aurait été aussi forte sans la conscientisation des fidèles par la prière.

Dans le contexte actuel, la prière au nom des victimes de la guerre mondiale faite aux chrétiens pourrait avoir des répercussions semblables en termes de sensibilisation et de raffermissement des bonnes volontés. Pour accroître l'efficacité de la solidarité œcuménique et la cimenter, il serait bon que cette prière soit conçue par les différentes Églises chrétiennes et qu'elle puisse ensuite être dite par tous leurs fidèles, en privé comme dans les célébrations publiques. Il s'agirait là d'un geste symboliquement fort quant à l'engagement des Églises, qui permettrait de tirer les fruits spirituels du martyre.

Le moment est venu de rappeler cette sentence de Tertullien, l'un des premiers Pères de l'Église : « Le sang des martyrs est semence de chrétiens. » Cela reste aussi vrai au XXIe siècle que ce l'était au second, comme l'illustre l'histoire du père Fadi Jamil Haddad, un prêtre orthodoxe enlevé et tué près de Damas, en Syrie, à la fin du mois d'octobre 2012.

Fadi Jamil Haddad est né le 2 février 1969 dans une famille chrétienne à Qatana, en Syrie. En 1994, il termine ses études à l'université de Balamand. Il est ordonné prêtre de l'Église orthodoxe le 14 juillet 1995. En 1996, il commence à officier à Qatana, une ville qui comptait 15 000 habitants avant la guerre et où cohabitent chrétiens et musulmans. Il prend rapidement la défense des opprimés, quelle que soit leur confession religieuse, et est aimé pour son engagement. Il s'adresse aux sunnites, aux chiites et aux alawites de la même manière qu'aux catholiques, aux orthodoxes, aux anglicans, aux protestants et aux athées. Son tact et sa discrétion lui valent d'être souvent appelé à intervenir comme négociateur dans les affaires d'enlèvement de Syriens, au nom de leurs familles. Malgré les risques que cela fait peser sur sa sécurité et sa vie, il accepte toujours ce genre de mission et obtient souvent la libération des prisonniers. Fadi Jamil Haddad ne prend jamais parti dans le conflit politique qui secoue la Syrie, ce qui lui vaut la réputation d'être « un homme de Dieu, en qui tous ont confiance ».

Quelques jours avant sa propre mort, Fadi Jamil Haddad fait office de médiateur pour la famille d'un médecin musulman enlevé. Il entre en communication avec les ravisseurs, lesquels exigent une rançon de plus de 50 millions de livres syriennes (environ 700 000 $). Il réussit à la réduire de moitié et se rend sur le lieu de la transaction avec le beau-père du médecin. Il s'agissait d'une ruse de la part des ravisseurs : Fadi Jamil Haddad et le beau-père sont enlevés à leur tour. Les ravisseurs exigent ensuite 750 millions de livres (10,5 millions de dollars) en contrepartie de la libération des trois hommes.

Comme l'argent n'arrive pas assez vite, les ravisseurs décident de tuer Haddad pour montrer qu'ils ne plaisantent pas – ils pensent peut-être que l'Église est de toute manière la partie la moins encline à payer une rançon. Le prêtre de quarante-trois ans sera retrouvé mort assassiné d'une balle dans la tête sur une route aux abords de Drousha. D'après certaines sources, un examen du corps a révélé que Fadi Jamil Haddad a été torturé – on lui a notamment arraché les yeux de son vivant.

Cette histoire a le pouvoir de frapper les imaginations et de remuer les cœurs que n'a ni la leçon de catéchèse ni le sermon. La guerre mondiale faite aux chrétiens donne à l'Église d'aujourd'hui de plus en plus de récits de ce type racontés par des témoins directs ou par ceux qui les ont vécus et qui en ont réchappé. De nombreuses façons, le martyr est au cœur du christianisme, dépouillé de toute trace de pouvoir ou de privilège : il fait librement le choix du sacrifice pour quelque chose de plus grand que lui. Un christianisme qui porte de tels témoignages, surtout dans le cadre de la prière, se rendra plus fort et plus efficace.

Traduit de l'anglais par Emmanuèle Sandron

Né en 1965, John L. Allen Jr est journaliste, éditeur associé au quotidien américain *The Boston Globe* et correspondant de la chaîne CNN auprès du Vatican. Considéré par ses pairs comme le meilleur analyste sur le christianisme mondial et l'Église catholique, il a publié de nombreux best-sellers, dont : *The Global War on Christians: Dispatches from the Front Lines of Anti-Christian Persecution* (Image Books, 2013).

La liberté religieuse : un droit orphelin

Caroline Cox,
avec la participation de Rob Chidley

Personnalité britannique de premier plan investie dans l'action humanitaire, membre de la Chambre des lords, Caroline Cox plaide en faveur d'une prise en compte internationale accrue de l'article 18 de la Déclaration universelle des droits de l'homme, sur la liberté religieuse. Un droit toujours privé, soixante ans après sa proclamation, des conventions nécessaires à son application.

Il y a plus de 230 ans, Thomas Jefferson notait que « les pouvoirs légitimes du gouvernement s'étendent aux seuls actes qui sont préjudiciables à autrui. Mais cela ne me cause aucun préjudice que mon voisin dise qu'il y a vingt dieux, ou aucun. Cela ne me fait pas les poches, ni ne me brise la jambe. »

Plus de deux siècles se sont écoulés depuis que ces mots éminemment avisés ont été écrits, mais le problème qu'ils soulèvent n'a pas perdu en intensité ; la foi et la liberté, sujets inextricablement liés, relèvent toujours de l'actualité la plus brûlante. Lors d'une visite récente au Vatican des responsables des communautés chrétiennes menacées du Moyen-Orient, le pape François a lancé un appel pour « le droit de chacun à une vie digne et pour le respect du droit de professer librement sa foi[1]. » Le pape a prononcé ces paroles en raison des difficultés que rencontrent les communautés de croyants

1. « Pope Francis calls for full religious freedom in the Middle East », *Catholic Herald*, 21 novembre 2013.

au Moyen-Orient, contraintes de vivre dans « un environnement marqué par l'hostilité, les conflits et même une forme de persécution cachée ».

« Parfois, a-t-il dit, la Syrie, l'Irak, l'Égypte et d'autres régions de la Terre sainte versent des larmes. »

La lutte pour la liberté de religion et de conviction se poursuit. Cette contribution tente de replacer dans leur contexte les défis importants, complexes, troublants et sensibles auxquels est confronté notre monde d'aujourd'hui, décrit dans ces pages.

L'importance de la liberté de religion et de conviction

En tant que vice-présidente du groupe parlementaire « tout-parti » du Royaume-Uni sur la liberté religieuse internationale, j'ai eu le privilège d'être associée à la publication du rapport du groupe, publié en 2013, *Article 18: an Orphaned Right*[1], reflétant le profond attachement du groupe à la liberté de religion et de conviction, garantie par la Déclaration universelle des droits de l'homme (DUDH) :

> Toute personne a droit à la liberté de pensée, de conscience et de religion ; ce droit implique la liberté de changer de religion ou de conviction ainsi que la liberté de manifester sa religion ou sa conviction seul ou en commun, tant en public qu'en privé, par l'enseignement, les pratiques, le culte et l'accomplissement des rites.

Ce droit est considéré comme absolu, et personne ne devrait en être privé.

Cependant, il implique immédiatement une réserve : un équilibre doit être trouvé entre cette liberté et le danger que représentent les idéologies religieuses ou les systèmes de conviction sans retenue, qui peuvent être utilisés à mauvais escient par un groupe ou un individu pour engendrer la haine, la violence et l'intolérance envers d'autres

1. Cette contribution reprend plusieurs aspects de l'analyse et des exemples dudit rapport.

groupes ou individus, les privant de leurs droits et libertés fondamentaux.

Par conséquent, la DUDH prévoit une restriction (article 29) qui dispose que « dans l'exercice de ses droits et dans la jouissance de ses libertés, chacun n'est soumis qu'aux limitations établies par la loi exclusivement en vue d'assurer la reconnaissance et le respect des droits et libertés d'autrui et afin de satisfaire aux justes exigences de la morale, de l'ordre public et du bien-être général dans une société démocratique ».

Même avec cette précision, sans doute, la DUDH ne va pas assez loin. Par conséquent, la première clarification apportée par le groupe parlementaire a été un engagement en faveur du principe que « la liberté de religion ou de conviction requiert la protection des droits des individus, et non la protection des religions elles-mêmes [...] il n'y a rien dans l'article 18 qui permette aux États ou organisations d'agir contre des individus parce qu'ils se comporteraient d'une façon contraire à la tradition religieuse dominante. La liberté de religion ou de conviction est une liberté de rejeter toutes les religions, tout comme elle est une liberté d'embrasser n'importe quelle religion ou toutes les religions. »

Le rapport donne d'autres précisions en recensant les restrictions, aussi bien de principe que pratiques, auxquelles est soumise cette liberté fondamentale.

Une des restrictions les plus surprenantes à cette liberté est l'absence de garantie : il n'existe pas encore de convention spécifique de l'ONU traitant directement de la liberté de religion et de conviction. S'il est clair qu'une telle intention s'est déjà manifestée, rien de concret n'a été réalisé et cette initiative est en suspens depuis quarante-trois ans. Beaucoup d'autres questions relatives aux droits de l'homme font l'objet de conventions de l'ONU, comme celles portant sur les droits des femmes et des enfants, des personnes handicapées, des travailleurs migrants ou des victimes de disparitions forcées, de torture et de discrimination raciale. En revanche, la liberté de religion et de conviction a tendance à être traitée comme un droit « résiduel » : une protection est garantie seulement si elle n'est pas considérée comme un obstacle par rapport à un autre objectif. Ainsi, dans le domaine des droits de l'homme, cette liberté reste en marge : elle constitue un « droit orphelin », comme l'indique le titre du rapport parlementaire.

Cela dit, l'influence normative de l'article 18 se reflète dans le Pacte international relatif aux droits civils et politiques (PIDCP[1]) de 1966 et dans le Pacte international relatif aux droits économiques, sociaux et culturels (PIDESC) de 1966. Ensemble, ceux-ci forment la « Charte internationale des droits de l'homme ». La liberté de religion et de conviction fait également l'objet de divers instruments régionaux relatifs aux droits de l'homme tels que la Convention européenne des droits de l'homme (1950).

Mais d'autres déclarations ne clarifient ni ne protègent cette liberté particulière. Par exemple, les États peuvent se soustraire à la DUDH en adoptant une « Déclaration alternative ». C'est notamment le cas avec la problématique Déclaration du Caire sur les droits de l'homme en Islam (DCDHI, 1990) dont quarante-cinq États sont signataires et qui se fonde uniquement sur la loi islamique de la charia. Cette déclaration comprend des dispositions qui entrent par nature en conflit avec l'un des principes essentiels de l'article 18 de la DUDH : la liberté de changer de religion. (Quand elle a été présentée à la Commission des Nations Unies sur les droits de l'homme, en 1992, la DCDHI a été vivement condamnée.) De plus, les clauses de la DCDHI limitent la définition de ceux à qui les droits de l'homme s'appliquent en établissant une distinction entre les « hommes », les « personnes » et les « citoyens ».

Le livre de Marshall et Shea, *Silenced: How Apostasy and Blasphemy Codes are Choking Freedom Worldwide*[2], décrit en détail les graves restrictions à la liberté de religion et de conviction qu'entraîne dans certains pays l'application de la charia.

Un autre obstacle à une solide défense de la liberté de religion et de conviction est dû à la place que l'on accorde au problème inverse, c'est-à-dire celui de la prétendue « diffamation des religions », qui insiste sur la protection des religions contre les critiques et non pas

1. Article 18 également.
2. Paul Marshall et Nina Shea, *Silenced: How Apostasy and Blasphemy Codes are Choking Freedom Worldwide*, Oxford University Press, 2011.

sur celle des croyants en particulier. L'Organisation de la Conférence islamique a fait pression en faveur de cette proposition et a tout fait pour l'inscrire dans une convention par l'intermédiaire de ce que l'on connaît désormais sous le nom de « processus d'Istanbul[1] ». Ainsi, en dépit de l'adoption de l'article 19 de la Déclaration universelle relatif à la liberté d'opinion et d'expression[2] par l'ONU, des pressions contraires visant à restreindre la liberté de mener un débat critique se sont fait sentir.

La position ferme du groupe parlementaire est que l'ONU devrait moins chercher à limiter les droits et les libertés au nom d'une religion et davantage à promouvoir les libertés des individus en matière de religion et de conviction, conformément à sa propre DUDH.

L'article 18 envisage un monde dans lequel chacun est libre de croire, et ce, quoi qu'il veuille croire, où personne n'est soumis à la contrainte ni désavantagé en raison de ce qu'il croit ou ne croit pas. Il prévoit un monde dans lequel chacun est en mesure de chercher à suivre les préceptes de sa conscience en étant capable de vivre en accord avec ses convictions dans l'enseignement, les pratiques, le culte et l'accomplissement des rites à condition toutefois que, ce faisant, il reste respectueux des droits des autres, qui en font de même, sous la protection de l'État s'efforçant de réaliser la vision positive de l'État de droit. Il s'agit d'une vision noble de la liberté religieuse pour tous.

Néanmoins, comme ce livre le montrera, pour beaucoup, voire pour la plupart des gens dans le monde d'aujourd'hui, cette vision ne se traduit pas dans la réalité de la vie quotidienne.

1. Le processus d'Istanbul vise à l'application de la résolution 16/18 des Nations Unies relative à la lutte contre la diffamation et l'intolérance. Une position intéressante sur l'avancée de ce processus peut être consultée sur le site de l'ambassadeur du Département d'État des États-Unis en poste à Genève : http://geneva.usmission.gov/2013/07/09/statement-by-the-u-s-on-the-way-forward-with-the-istanbul-process-2/

2. « Tout individu a droit à la liberté d'opinion et d'expression, ce qui implique le droit de ne pas être inquiété pour ses opinions et celui de chercher, de recevoir et de répandre, sans considérations de frontières, les informations et les idées par quelque moyen d'expression que ce soit », DUDH, article 19, www.ohchr.org.

La réalité actuelle : exemples de violations systématiques et de persécutions

De nombreuses sources décrivent la mesure dans laquelle cette liberté fondamentale est refusée ou réduite. C'est notamment le cas du rapport de 2012 établi par le Pew Research Centre's Forum on Religions and Public Life, intitulé *The Rising Tide of Restrictions on Religion.* D'après ce rapport, sur une population mondiale de 7 milliards d'individus, les trois quarts vivent dans des pays soumis à de fortes restrictions gouvernementales en matière de religion ou de conviction, ou dans lesquels ils subissent un haut degré d'hostilité en raison de leur appartenance religieuse. Ce rapport a également permis de lancer un avertissement au sujet de cette « hostilité sociale », qui a augmenté de cinq points cette année alors qu'elle atteignait déjà un taux de 70 % un an auparavant[1].

La recherche du Pew Forum a également relevé que 39 gouvernements interdisaient officiellement certains groupes religieux et que les gouvernements de 26 pays avaient tenté d'en éliminer d'autres complètement. Dans un article[2] du *Spectator*, John L. Allen Jr a relevé la description apportée par le Pew Forum en affirmant qu'entre 2006 et 2010, les chrétiens avaient été victimes de discrimination dans 139 pays. Cet article, complet et implacable, laisse son lecteur dans l'inquiétude la plus profonde.

Le chapitre rédigé par Ziya Meral, dans le rapport *Article 18: an Orphaned Right*, dresse un aperçu analytique très utile des types de violations et restrictions de la liberté de conviction et de religion, illustré par des études de cas pertinentes. Bon nombre de ces violations semblent être à l'instigation de l'État :

- éradication intentionnelle d'un système de religion ou de conviction ;
- intimidation, discrimination et violence ;
- privation de la liberté de changer de religion ou d'en rejeter une ;
- privation de la liberté de culte, seul ou en commun ;

1. www.pewforum.org/2012/09/20/rising-tide-of-restrictions-on-religion-findings
2. « The war on Christians », John L Allen Jr., *The Spectator,* 5 octobre 2013.

- privation de la liberté d'enseigner, de promouvoir ou d'exprimer publiquement sa religion ou ses convictions ;
- privation de la liberté de conscience et de religion ;
- manquement à la protection des minorités religieuses contre la violence et la discrimination.

Le point suivant fournira quelques exemples de violations de l'article 18.

Pakistan. Les musulmans ahmadis du Pakistan ne sont pas reconnus comme musulmans et le code pénal leur interdit de se dire musulmans ou d'adhérer à des croyances islamiques. Depuis 1984, plus de 200 d'entre eux ont été tués en raison de leurs convictions religieuses, et ce, en toute impunité. Les ahmadis sont également victimes de persécution officielle de la part de l'État en Iran, en Arabie saoudite et en Indonésie.

Les chrétiens subissent aussi une intense et terrifiante persécution au Pakistan. En voici un exemple : à la suite d'une supposée dispute avec ses collègues, Asia Bibi a été accusée d'avoir insulté le prophète Mahomet et a été par la suite reconnue coupable de blasphème contre l'islam[1]. Elle a été condamnée à mort et, alors que sa peine n'a pas encore été appliquée, certains hauts fonctionnaires de l'État pakistanais qui s'étaient prononcés en sa faveur ont été assassinés. En 2011, Shahbaz Bhatti, ministre chargé des Minorités, qui était aussi de confession chrétienne, et Salman Taseer, l'ancien gouverneur de la province pakistanaise du Pendjab, ont tous deux été assassinés après avoir exprimé leur soutien à Mme Bibi et condamné les lois sur le blasphème.

Chine. Les adeptes du Falun Gong ont subi des tentatives d'éradication pendant plus de dix ans, entraînant des exécutions extrajudiciaires et judiciaires, des condamnations au travail forcé, le recours à la torture et à la « rééducation » dans des centres spécialisés. Selon le rapport 2012 de la Commission des États-Unis pour la liberté religieuse (USCRIF), les adeptes du Falun Gong représenteraient

1. « Pakistan Christian Asia Bibi in High Court over death sentence », *BosNewsLife.com*, 15 mars 2014.

la moitié des 250 000 détenus officiellement reclus dans les camps de « rééducation par le travail ».

La **Corée du Nord** est réputée pour être le régime le plus répressif en ce qui concerne les convictions religieuses. Comme les citoyens sont tenus de vouer un « culte » aux « grands leaders », d'autres formes de culte sont réprimées par des peines sévères, notamment des exécutions publiques, des emprisonnements dans des conditions terribles ou encore par le recours à la torture, souvent poussée jusqu'à la mort. Selon l'association caritative Portes ouvertes, spécialisée dans les questions de liberté religieuse, entre 50 000 et 70 000 chrétiens seraient actuellement retenus prisonniers dans des camps.

J'ai visité la Corée du Nord à trois reprises avec mon collègue parlementaire, Lord Alton of Liverpool. L'article 14 de la Constitution fondatrice de la Corée du Nord disposait à l'origine que « le citoyen [de la République populaire démocratique de Corée] jouit de la liberté de religion et de conduire des services religieux »; mais en 1972 une modification constitutionnelle a aussi doté le citoyen de la liberté « de propagande antireligieuse » (article 54), qui autorise ouvertement la persécution des pratiquants.

En **Iran**, le bahaïsme est officiellement interdit et on estime que 300 000 bahaïs du pays subissent une politique de répression organisée par l'État. La communauté bahaïe du Royaume-Uni assure que des milliers de ses coreligionnaires en Iran ont été arrêtés, interrogés et sont victimes de discrimination dans l'accès à l'emploi et à l'éducation[1]. De plus, elle fait savoir qu'au moins 200 personnes y auraient été tuées[2].

En **Égypte**, les citoyens vivant sous la stricte obédience de la charia peuvent subir de fortes pressions pour se conformer à la religion d'État. En 2008, un juge égyptien a refusé à Mohammad

1. www.bahai.org/dir/worldwide/persecution
2. www.iranhumanrights.org/2010/01/fear-executions-bahais

Hegazy le droit de faire enregistrer sa conversion au christianisme et l'a contraint à rester musulman. Il a même été rapporté qu'un officiel de la cour aurait affirmé : « Il peut croire ce qu'il veut en son for intérieur, mais sur le papier il ne peut pas se convertir[1]. »

Beaucoup de convertis risquent de subir de graves sanctions pour apostasie, voire la peine de mort. S'exprimant à la télévision égyptienne au début de l'année 2012, l'éminence grise des Frères musulmans, Youssef al-Qardaoui, a déclaré que « si l'islam n'acceptait pas que l'on tue les apostats, il aurait disparu aujourd'hui[2] ». Il défend également l'idée que l'assassinat et la crucifixion sont des réponses appropriées face au crime que constitue le fait de quitter l'islam pour une autre religion.

En **Arabie saoudite,** Amnesty International a signalé que quarante-sept personnes avaient été exécutées dans les cinq premiers mois de 2013 et que cinq hommes avaient été « décapités et crucifiés » en mai 2013. Les causes de ces atrocités ne sont pas systématiquement données et leurs sources ne sont pas toujours fiables, mais le crime d'apostasie, comme celui d'adultère ou de viol, est sanctionné par une exécution. Amnesty a observé qu'il était à craindre que le nombre des exécutions ne soit en réalité plus élevé que celui déclaré, car des exécutions secrètes et inopinées ont été signalées[3].

En décembre 2013, un juge saoudien a recommandé que Raif Badawi, déjà incarcéré, soit de nouveau traduit devant un tribunal saoudien pour répondre du crime d'apostasie. M. Badawi, qui purge actuellement une peine de sept ans de réclusion pour « insulte à l'islam », risque la peine de mort s'il est reconnu coupable[4]. Il n'a pas encore comparu devant la justice pour ces nouvelles charges.

1. « Égypt Rules Christian convert must remain legally Muslim », *Christian Post*, 3 février 2008.
2. « Top Muslim cleric says Islam would not exist if not for death of apostasy threat », posté sur YouTube, le 1er février 2013.
3. « Saudi Arabia: five beheaded and "crucified" amid "disturbing" rise in executions », Amnesty International, 21 mai 2013.
4. « Saudi blogger may face death penalty for apostasy », rt. com, 26 décembre 2013.

Indonésie. À la fin du mois de novembre 2013, la Coalition indonésienne pour la justice et la vérité (KKPK) s'est réunie pour recevoir des témoignages de personnes qui ne suivent pas les préceptes d'une des six grandes religions autorisées. Une femme a déclaré qu'elle ne pouvait pas obtenir de certificats de naissance pour ses enfants en raison de son appartenance à une religion minoritaire. Selon elle, ceux qui pratiquent une religion minoritaire ne sont pas considérés comme des citoyens ; de plus, « le gouvernement élimine de manière systématique nos croyances et notre culture[1] ».

Vietnam. Human Rights Watch signale depuis longtemps les abus dont sont victimes les membres de la minorité ethnique chrétienne, dont on confisque les biens, que l'on contraint à abjurer, que l'on accuse de mettre en péril la sécurité nationale, et qui subissent encore bien d'autres préjudices graves. En 2005, lorsque le Vietnam a adopté une grande loi sur la liberté de religion, les États-Unis l'ont rayé de sa liste de « pays suscitant des préoccupations particulières », mais un rapport présenté devant le Congrès des États-Unis en 2011 a montré que « malgré certains progrès constatés en matière d'ouverture d'église et d'enregistrements légaux de lieux de culte, le gouvernement du Vietnam a mis un terme à la plupart des réformes religieuses[2] ».

Le cas spécifique de la persécution des chrétiens : la religion traditionnelle la plus persécutée au monde

Selon Baroness Warsi, premier membre du cabinet du Royaume-Uni chargé des Affaires religieuses et des Communautés, « un chrétien sur dix évolue dans un environnement minoritaire et un grand nombre de ceux qui se trouvent dans une telle situation à travers le monde sont persécutés ». La ministre a également décrit comment ces minorités religieuses étaient souvent considérées comme des « cibles légitimes ».

1. « Religious minorities suffer from state persecution », *The Jakarta Post*, 29 novembre 2013.
2. « Vietnam: religious persecution intensifies, study says », *IRIN*, 31 mars 2011.

Nigeria. Douze des trente-six États du Nigeria ont adopté la charia ; neuf en ont fait la base de leur système législatif sur l'ensemble de leur juridiction, et trois l'appliquent dans des zones à majorité musulmane. On a également recensé de nombreuses attaques meurtrières à l'encontre des communautés chrétiennes dans les régions du Nord et de la « Middle Belt », comme le massacre de plus de 450 chrétiens dans le village de Dogo Na Hawa, situé dans l'État de Plateau, perpétré au cours d'une seule nuit[1]. Lors d'une de nos visites dans l'État de Kano, un représentant de l'Église a décrit la situation comme « une tentative de nettoyage religieux ».

Les problèmes que rencontraient les chrétiens du Nigeria se sont aggravés avec l'essor du groupe d'islamistes intégristes Boko Haram, dont le nom, dans la langue locale haoussa, signifie « l'éducation occidentale non inspirée du Coran est proscrite ». Le groupe a annoncé son intention de « poursuivre la guerre » jusqu'à ce qu'il soit « parvenu à instaurer un État islamique au Nigeria[2] ». Le groupe a notamment incendié un village de 300 habitations dans l'État de Borno, et certains de ses membres, très lourdement armés, ont attaqué une église de l'État d'Adamawa, causant la mort de près d'une centaine de personnes[3].

Leur porte-parole, Abou Qaqa, a fait savoir que les attentats perpétrés par le groupe avaient été conçus pour forcer les chrétiens à « se convertir à l'islam ou à ne plus jamais éprouver la paix de l'esprit[4] ». Boko Haram a également pris pour cible les musulmans qui ne leur apportent pas leur soutien.

Soudan. Les groupes terroristes ne sont pas les seuls à persécuter les chrétiens ; les gouvernements eux-mêmes s'en prennent également à eux. Un cas grandement sous-estimé est celui de la minorité chrétienne du Soudan, qui, pour l'essentiel, vivait en paix avec les musulmans locaux et les croyants traditionnels de la région des monts Nouba et de l'État du Nil Bleu. Le président El-Béchir,

1. « Nigerians bury massacre victims », Al-Jazira, 10 mars 2010.
2. Abubakar Shekau, chef de Boko Haram, 3 mars 2013.
3. « Gunmen kill worshippers at Nigeria church », Al-Jazira, 28 janvier 2014.
4. « Nigeria's Boko Haram bombed Kaduna churches », BBC, 18 juin 2012.

inculpé par la Cour pénale internationale (CPI), a déclaré son intention de « faire de la république du Soudan une nation islamique, arabe et unifiée » et traduit son engagement par des actes en organisant un nettoyage ethno-religieux d'une ampleur comparable à celle d'un génocide. Dans l'État du Nil Bleu et dans les monts Nouba situés dans l'État du Kordofan du Sud, j'ai été témoin d'un bombardement aérien soutenu qui visait des civils et qui a contraint un demi-million de personnes à fuir leur maison pour chercher refuge dans des grottes infestées de serpents, au bord des rivières ou sous les arbres ; parmi elles, plusieurs centaines sont mortes de faim ou de maladies liées à la malnutrition.

Des milliers de chrétiens qui vivent à Khartoum ou dans d'autres régions du Soudan ont également été contraints à l'exil et les organisations d'aide chrétiennes ont été expulsées du pays. Malgré cela, le gouvernement soudanais a pu continuer de bafouer les droits de l'homme de manière systématique et flagrante, en toute impunité.

L'évolution au Moyen-Orient

Elizabeth Dias a écrit dans l'édition du mois de novembre 2013 du *Time Magazine* que les populations chrétiennes du Moyen-Orient « connaissaient une hémorragie », citant l'arrestation de centaines de chrétiens en Iran, et notamment celle du pasteur américain Saeed Abedini, qui est sous les verrous depuis plus d'un an[1].

À la mi-février 2014, le représentant du Vatican, Mgr Francis Assisi Chullikatt, a fait état devant un sous-comité de la Chambre des représentants des États-Unis des « persécutions flagrantes et généralisées » dont sont victimes les chrétiens au Moyen-Orient. Selon l'archevêque, il était clair que le principal motif de ces attaques n'était pas l'origine ethnique : « Que les victimes soient arabes ou non importe peu. Aucun chrétien n'est à l'abri [...] la communauté des Arabes de confession chrétienne, petite par le nombre mais

1. « Baroness Sayeeda Warsi addresses crisis of Christian "hemorrhaging" », *Time*, 17 novembre 2013.

significative, est devenue la cible d'un harcèlement constant en raison seulement des convictions religieuses de ses membres. »

Ce n'est pas une crise récente, provoquée par la tourmente de la guerre civile syrienne ou le Printemps arabe, même si les souffrances endurées ont franchi un nouveau palier avec l'intensification de la guerre en Syrie. Dès janvier 2011, Habib Malik écrivait, dans la revue *Defining Ideas*, de l'Université Stanford, que les populations chrétiennes du Moyen-Orient entraient « dans la phase terminale de leur déclin régional ».

En 1948, les chrétiens représentaient un cinquième de la population de Jérusalem ; aujourd'hui, ils ne sont plus que 2 %. Pendant des siècles, les chrétiens ont constitué plus de 80 % de la population de Bethléem ; mais aujourd'hui, ils représentent à peine un tiers et leur nombre est en diminution. En 1943, au moment de son indépendance, le Liban était un pays à majorité chrétienne, mais après trente ans de guerre et d'occupation étrangère, les chrétiens du Liban ne représentent désormais plus qu'environ un tiers de la population et la tendance actuelle est à la contraction démographique[1].

Habib Malik écrit sans équivoque sur la cause majeure de ce déclin :

> Le nœud du problème, pour ces chrétiens autochtones, réside dans la résurgence du fanatisme religieux, très précisément islamique ou, autrement dit, de l'islamisme. Ce phénomène a reçu des noms variés : fondamentalisme, extrémisme militant, islamisme, djihadisme, islam politique, islam radical, salafisme, et d'autres encore ; mais au fond, pour les non-musulmans, tous ces termes reviennent au même, à savoir : à l'intolérance, à l'hostilité, et à la violence.

Les faits prouvent que la résolution du Conseil des droits de l'homme sur le traitement réservé aux minorités n'est pas, à elle seule, suffisante : elle doit être portée par une volonté politique visant à la faire respecter. Malheureusement, cette volonté semble faire défaut. M. Malik a dressé un bilan assez sombre des raisons expliquant cela, en mentionnant « l'indifférence occidentale » qui privilégie « les intérêts éco-

1. Habib Malik, « The future of Christians in the Middle East », *Defining Ideas*, 7 janvier 2011.

nomiques, politiques et sécuritaires » par rapport aux communautés « marginalisées » et autres considérations « négligeables ».

Aperçu mondial

Au Royaume-Uni, le 3 décembre 2013, la Chambre des communes a débattu de la persécution des chrétiens à travers le monde. Jim Shannon, membre du Parlement représentant Strangford, a affirmé que « quelque part sur Terre, un chrétien [était] tué toutes les onze minutes, en raison de sa foi », en précisant que « le christianisme [était] la religion la plus persécutée au monde »[1]. Il a ajouté :

> Cent mille chrétiens seront massacrés cette année en raison de leurs convictions. Deux cents millions de chrétiens seront persécutés en raison de leur foi. Un milliard et demi de chrétiens vivent dans ce qui peut être considéré comme un environnement dangereux. Cela montre la gravité de la situation des chrétiens persécutés.

Il a également donné des exemples d'emprisonnements injustifiables de chrétiens en Corée du Nord et en Érythrée, de très mauvais traitements des minorités chrétiennes au Soudan et en Somalie, de la persécution des majorités chrétiennes par des groupes radicaux au Kenya, en Ouganda et en Tanzanie, d'actes de persécution perpétrés par des extrémistes islamistes au Mali, en Éthiopie et au Niger, de bombardements autorisés par le gouvernement ciblant des groupes ethniques chrétiens en Birmanie.

Même si ce débat a constitué une heureuse initiative qui a permis de reconnaître la persécution des chrétiens dans le monde comme une réalité, s'il ne se traduit pas par des actes, il ne fonde pas une volonté politique. Cinq mois auparavant, Lord Sacks, alors grand rabbin du Royaume-Uni, avait dit au journal *The Telegraph* que les attaques continues contre les croyants chrétiens et leurs églises représentaient « l'équivalent religieux de la purification ethnique[2] » et étaient commises « dans une quasi-indifférence ».

1. « Persecution of Christians », *Hansard*, 3 décembre 2013.
2. « The almost unremarked tragedy of Christians persecuted in the Middle East », *The Telegraph*, 25 août 2013.

« Le canari dans une mine de charbon »

En février 2014, en plus de Mgr Francis Chullikatt, sept autres personnes sont venues témoigner devant le sous-comité de la Chambre des représentants des États-Unis. Parmi elles se trouvait M. Elliott Abrams, membre de la Commission américaine sur la liberté de religion dans le monde, qui a lancé un terrible avertissement :

> Comme c'est souvent le droit que l'on supprime en premier, la liberté religieuse est un peu comme le canari dans une mine de charbon : elle nous avertit que d'autres libertés nous seront bientôt ôtées [...] Défendre la liberté religieuse dans le monde, ce n'est pas seulement une obligation légale ou morale : c'est une nécessité pratique[1].

M. Abrams a raison de demander que l'on agisse contre la privation généralisée de ce droit fondamental non seulement pour défendre ce droit en tant que tel mais aussi parce que cette privation en annonce d'autres. La complexité de la politique internationale laisserait entendre qu'il faudrait trouver des solutions adaptées à chacun des 139 États où sévit la persécution religieuse, mais une avancée concrète doit être faite et nous ne pouvons pas reculer devant l'ampleur de la tâche à accomplir.

Quelques recommandations pour la défense de la liberté de religion et de conviction

Le rapport *Article 18: an Orphaned Right* a dressé une liste de dix recommandations principales. Certaines concernent spécifiquement le gouvernement britannique, mais elles peuvent tout aussi bien s'appliquer à d'autres pays engagés dans la défense de la liberté de religion et de conviction.

1. Tel que mentionné dans : « Religion Freedom commission: consider sanctions to end Christian persecution », *UK Copts*, Meredith Somers, 15 février 2014.

- L'ONU devrait engager à temps plein un rapporteur spécial sur la liberté de religion ou de conviction, et veiller à ce que l'article 18 soit défendu en tout lieu et constamment.
- Les signataires de la Déclaration universelle des droits de l'homme devraient, en vertu de l'article 18, prévoir et appliquer des sanctions contre les États qui prennent pour cible ou sapent la liberté de religion et de conviction.
- Le gouvernement britannique devrait renforcer les pouvoirs des observateurs des droits de l'homme, ouvrir de nouveaux bureaux, engager de nouveaux agents, et notamment, créer, au même grade que celui des ambassadeurs, un nouveau poste dont la mission serait de défendre la liberté de religion ou de conviction.
- Le gouvernement britannique devrait augmenter les ressources du ministère des Affaires étrangères et du Commonwealth en ce qui concerne le suivi et l'évaluation de la liberté de religion dans le monde entier.
- Le département britannique pour le développement international et les agences d'aide gouvernementales d'autres pays démocratiques devraient définir la liberté de religion et de conviction comme une priorité dans leurs travaux, et veiller à ce que, lorsque l'aide est fournie ou les contrats attribués à l'étranger, les bénéficiaires soient bien des organisations de la société civile ou des programmes gouvernementaux crédibles et fiables en matière de liberté de religion ou de conviction.

J'ai eu le privilège de voir comment l'Église, persécutée, a répondu à la violence et à la haine, dans de nombreux endroits, et je me sens toujours emplie d'humilité et inspirée par le courage, la dignité et l'absence de toute expression du désir de vengeance dont elle fait preuve. J'ai marché à travers d'innombrables églises détruites, trébuchant sur les décombres de briques calcinées, d'éclats de verre, de croix et de crucifix brûlés et de bibles saccagées, au Soudan, au Nigeria, en Inde, en Indonésie et sur l'ancienne terre arménienne du Haut-Karabakh.

À l'une de ces occasions, il y a plusieurs années de cela, dans l'État d'Odisha, dans le nord de l'Inde, cette pensée m'est venue : « J'ai fait cela trop souvent. Il n'y a pas d'autre religion traditionnelle dans le monde qui ait subi une telle destruction systématique et généralisée de ses lieux saints que le christianisme. Oui, vraiment, les pierres doivent crier. »

C'est à ce moment qu'est née l'idée du livre, coécrit avec Benedict Rogers : *The Very Stones Cry out. The Persecuted Church : Pain, Passion and Praise*[1].

Nous avons constaté qu'en effet les pierres criaient ; mais pour appeler au culte. Souvent, quelques heures après une attaque, les chrétiens retournent sur leur lieu de culte au milieu des ruines de leur église. Les églises sont détruites, mais l'Église vit, l'Église croît et l'Église aime. Jamais nous n'avons entendu de la part des chrétiens que nous avons rencontrés et qui ont été victimes de persécution le moindre discours de vengeance ni vu se dessiner le moindre projet d'acte de représailles.

Néanmoins, nous, qui avons le privilège de vivre libres, avons le devoir de parler au nom de ceux qui sont privés de liberté : les citoyens des pays libres, pour qui la Déclaration universelle a un sens, doivent élever leur voix contre toute violation des droits de l'homme. Si nous ne le faisons pas, alors, les pierres crieront encore, avec raison, en guise de reproche.

Traduit de l'anglais par Nicolas Chieusse

Née en 1937, membre de la Chambre des lords, **Baroness Caroline Cox** a consacré l'essentiel de sa carrière à l'action humanitaire. Fondatrice de l'organisation Humanitarian Aid Relief Trust (HART), elle s'investit principalement auprès des populations persécutées ou marginalisées en Birmanie, au Nigeria, au Soudan et dans le Haut-Karabakh (Transcaucasie).

1. Caroline Cox et Benedict Rogers, *The Very Stones Cry out. The Persecuted Church: Pain, Passion and Praise*, Continuum, 2011.

Loin du « martyre de désespoir »

Marie-Françoise Baslez

Pour Marie-Françoise Baslez, les chrétiens n'ont jamais recherché le martyre pour lui-même. Et s'ils payaient, depuis les origines, ce que l'historienne appelle le « martyre de construction », autrement dit leur engagement dans le monde? Entretien avec cette spécialiste du christianisme sous l'Antiquité.

Qu'entend-on par « persécution » ?

Ce sont les chrétiens qui ont inventé le terme de « persécution » ou plutôt qui ont donné un nouveau sens à un verbe – *diôkein* en grec, *persecutio* en latin – qui appartenait au vocabulaire du procès et désignait une poursuite judiciaire. Il devint dans le langage chrétien synonyme de poursuite injuste et cruelle. Par ailleurs, c'est l'histoire même du christianisme antique qui a généré réflexion et débats sur le phénomène de la violence religieuse, non seulement à cause de l'élaboration d'une théologie du martyre, mais aussi à cause du retournement de situation, quand les chrétiens, de persécutés, sont devenus persécuteurs à partir du moment où le christianisme est devenu religion d'État, au IVe siècle.

Cette notion de martyrs est-elle au cœur de la religion chrétienne ?

Toutes les victimes d'une répression ne font pas des martyrs. La mort n'apparaît jamais comme le témoignage exclusif de l'être chrétien. Il est rare que les textes chrétiens évoquent la récompense assurée à celui qui accepte de mourir, comme le fait le Livre des martyrs d'Israël (ou Livre des Maccabées) et comme l'espèrent aujourd'hui certains combattants du djihad. La nécessité du martyre et son urgence sont débattues dès les origines du christianisme. Comme le ressent Paul, alors en prison, dans sa lettre aux Philippiens, les chrétiens étaient peut-être « tiraillés » entre une certaine attraction pour le martyre, qui les réunirait immédiatement au Christ, et le devoir de continuer la mission et d'agir en ce monde.

C'est cet engagement au monde qui l'a emporté ?

Dans la pastorale des grands évêques du IIe et du IIIe siècle, le martyre ne doit pas être recherché pour lui-même, car il y a d'autres formes de témoignage chrétien : se dévouer auprès des malades et des mourants pendant une épidémie ; vivre dans l'ascèse, ce « martyre secret » ; plus tard, la présence priante et secourable des moines fonctionne, elle aussi, comme un substitut au martyre. L'exemple de référence est fourni par la figure de Polycarpe, évêque de Smyrne au milieu du IIe siècle, un « martyr selon l'Évangile », qui a fui la persécution aussi longtemps qu'il l'a pu en se réfugiant à la campagne et en passant de maison en maison, mais qui, une fois arrêté, a accepté sereinement la mort en manifestant sa constance dans la foi. Telle fut aussi la conduite de Cyprien de Carthage, bien que ses fidèles ne l'aient pas tous compris. Déjà, dans sa première lettre aux Corinthiens, Paul établissait le primat du témoignage par l'amour fraternel et l'entraide sur celui de la mort spectacle, « livré aux flammes ». D'autres écrivirent que la mort n'était que le témoignage d'un instant, alors qu'une vie tout entière devait manifester la foi du croyant. Si le martyr est une figure clé du christianisme des origines, il ne suffisait donc pas de vouloir mourir et de donner sa vie pour faire un martyr. Le témoignage du martyre, au sens chrétien du terme, n'est pas l'exposition, ni le sacrifice d'un individu. C'était la communauté qui reconnaissait le martyr à la valeur significative qu'on pouvait donner à ses paroles et à son comportement dans sa vie et dans l'épreuve. Dès l'origine, le christianisme a développé une relation à trois termes – Dieu, le croyant et l'autre (c'est l'*agapè* chrétienne) –, où la responsabilité mutuelle dans le Christ apparaissait comme un rempart contre tout héroïsme quelque peu narcissique et toute glorification personnelle, ce qui était l'archétype du saint païen.

La persécution est-elle la conséquence d'un prosélytisme ?

Si les chrétiens des premiers siècles ne recherchaient pas la mort, le soupçon ou même le grief de fanatisme ne cessent de peser sur le christianisme et, plus systématiquement, sur les monothéismes. Cette vision des choses, chez nos contemporains, procède souvent d'un amalgame, bien artificiel et bien anachronique, entre kamikazes japonais de la dernière guerre, combattants actuels du djihad, martyrs et moines-guerriers de la tradition chrétienne, ce qui postule l'idée de « religions meurtrières ». Croire en un seul dieu à l'exclusion de tous les autres plaçait et continue de placer les communautés juives, chrétiennes et islamiques dans une situation particulière au sein d'États qui érigeaient ou qui érigent le pluralisme religieux en principe. Tout monothéisme, par essence exclusif, ne saurait qu'être intolérant, chercher à convertir et faire du prosélytisme, mot tellement connoté péjorativement qu'on en est venu à inventer la catégorie de « prosélytisme passif », pour rendre compte d'une mission agissant par rayonnement, sans donner prise au moindre soupçon de militantisme agressif. S'ajoute à tout cela, chez nos contemporains, le refus, somme toute récent, de prendre en compte l'efficience particulière de la mort volontaire, acceptée et non subie, dans la défense d'une cause. Notre monde cherche à sauver la vie à tout prix, alors que d'autres cultures pensent vaincre la mort par la mort, la mort-exploit permettant seule de devenir immortel dans la mémoire collective.

On est loin, chez les premiers chrétiens, du « martyre de désespoir »...

Aller au martyre par désespoir relève de la logique de petits groupes religieux, très minoritaires et repliés sur eux-mêmes, n'ayant rien à attendre d'un monde qui les méprise et plaçant toute leur espérance dans l'après-mort. Il est vrai que, dans la Bible, la théologie du martyre s'est construite sur celle de la rétribution réservée après la mort au juste et à l'impie, à chacun selon ses mérites. Mais les premiers groupes chrétiens ne vivaient pas à l'écart du monde, tendus dans la seule attente d'une fin des temps et d'un retour du Christ qu'ils espéraient tout proches. Contrairement aux sectes intransigeantes auxquelles on les compare parfois, ils ne voulaient pas la destruction du monde et ne cherchaient pas à détruire l'ordre établi, dont

Paul, le premier, avait validé la finalité éthique : l'État, comme la communauté chrétienne, concourt au bien commun et au « vivre ensemble », en permettant d'éviter, justement, toute dérive sectaire.

Le persécuté qui devient persécuteur, est-ce une loi de l'histoire ?

Des historiens de la violence religieuse, surtout des historiens américains depuis le choc du 11 septembre 2001, n'hésitent pas à comparer les *suicide-bombers* du Hamas palestinien à la « violence terroriste » des chrétiens d'Afrique au IVe siècle ou la démolition pierre par pierre d'une mosquée par des hindous avec celle des temples païens par des moines organisés en bandes aux IVe et Ve siècles. Le basculement du christianisme antique n'a jamais cessé, en effet, d'interroger. Persécutés pendant trois siècles – par intermittence, puis systématiquement –, en se refusant à toute agressivité et en réclamant la tolérance pour tous (ce qui prit effet dans l'édit de Milan en 313), comment les chrétiens ont-ils pu devenir si vite persécuteurs, dès qu'ils ont eu l'appui du pouvoir impérial, en réprimant d'abord la dissidence chrétienne, dès 325, au lendemain du concile de Nicée, en développant ensuite une législation discriminatoire envers les non-chrétiens, en s'en prenant enfin aux édifices cultuels des juifs et des païens, voire parfois à leurs personnes ? Ce basculement a souvent été présenté comme un schéma répétitif dans l'histoire du christianisme, de l'islam et même du bouddhisme, parce qu'il est supposé logique. Comme l'écrivait Hannah Arendt : « Le danger de la violence [...] sera toujours que ses moyens l'emportent sur ses fins [...] La pratique de la violence change le monde, mais le changement le plus probable est celui d'un monde plus violent. » Le djihad contemporain porte-t-il donc encore la mémoire des croisades ? Au-delà de la question des représailles, cette construction interprétative se fonde sur la conviction que l'on passe facilement de « mourir pour Dieu » à « tuer pour Dieu », si la violence religieuse est un trait inhérent à la religion elle-même, justifiée au nom du salut des âmes.

Ce schéma est-il aussi répétitif qu'on le prétend ?

Quand il s'agit des violences imputées aux chrétiens aux IVe et Ve siècles, l'histoire laisse ouverte la question de la cause première et de la nature exacte des dégradations des édifices païens qu'elle constate :

catastrophe naturelle ? Abandon spontané ? Destruction délibérée ? Les destructions signalées dans les sources sont souvent le fait de bandes à part et l'imprécision numérique est telle qu'on ne peut conclure à un mouvement de grande ampleur. Surtout, il y a parfois contradiction entre une disparition qui tient à la vétusté de l'édifice et un discours qui l'attribue à l'action destructrice des moines, ce qui doit nous inciter à dissocier l'histoire des représentations de celle des événements et à ne pas installer trop précipitamment la violence religieuse en témoignage de foi : la violence, en effet, a connu un grand succès depuis l'Antiquité en tant que thème littéraire, ce qui a peut-être conduit à surévaluer le phénomène jusqu'à une date assez récente. Ce discours veut illustrer la progression du christianisme et la conversion du monde antique en construisant un schéma qui est en réalité théologique : puisque Dieu avait donné la victoire à Constantin, l'empire était providentiel et devait donc donner à l'Église tous les moyens de partir à la conquête des âmes. À terme, la disparition du paganisme et des hérésies était inéluctable. Dans cette perspective, l'effondrement d'un temple apparaissait comme un châtiment divin, dont des croyants zélés revendiquaient ensuite la responsabilité et la gloire, quand bien même il avait été provoqué par un tremblement de terre. En réalité, ce ne sont pas les religions qui sont en elles-mêmes pacifiques ou violentes, mais leurs adeptes qui, en position dominante, socialement et politiquement, peuvent les utiliser pour affirmer leur supériorité et acculer ainsi les autres à les suivre ou à vivre dans l'insécurité. Une même religion peut ainsi passer d'un comportement pacifique à des pratiques discriminatoires et même à l'action violente selon les époques et les lieux. Et vice versa. Ce fut le cas du christianisme au cours des diverses périodes de son histoire.

Quel est le rôle des États dans l'établissement des conditions d'une coexistence religieuse ?

Quand le pouvoir politique veut imposer la religion des gouvernants, l'État peut recourir à une législation coercitive ou discriminatoire et même utiliser la force publique contre ceux qui ne rentrent pas dans le cadre de la religion officielle et qui apparaissent facilement comme des dissidents. La manière dont les autorités répriment et sanctionnent les actes des particuliers est par ailleurs déterminante du climat de violence religieuse tolérée dans la société. L'État peut être, suivant les cas, protecteur ou persécuteur des minorités religieuses, ce qui oblige à dissocier le religieux du politique, ou la violence religieuse de la violence sociale quand on étudie les persécutions. Il est évident que la séparation du religieux et du politique, qui fonde les régimes modernes de laïcité, apparaît comme une garantie. Totalement inconnu des États antiques, le principe est énoncé pour la première fois dans l'Évangile à travers la célèbre formule « rendre à César ce qui est à César et à Dieu ce qui est à Dieu » ou encore « mon royaume n'est pas de ce monde ».

Finalement, quand peut-on parler de persécution ?

Pour identifier une persécution, l'approche historienne est certainement nécessaire, tant les définitions sont imprécises. Dans le langage courant, depuis les origines, le terme exprime le ressenti des victimes – celui d'« injustice » et de « cruauté », notions qui ne sous-entendent pas les mêmes réalités au cours des âges et suivant les cultures. Au premier degré, les témoignages de persécution veulent susciter la compassion, encore que ce ne fut pas l'objet, on l'a vu, des plus anciens récits de martyres chrétiens. Mais, de la compassion, il faut passer à la compréhension, et c'est toute la démarche de l'historien. Définir la persécution en droit n'est pas plus facile. La référence aux droits de l'homme, qui représentent une norme universelle et supranationale, conduit à reconnaître comme persécution l'impossibilité de vivre publiquement sa religion ou ses convictions dans un État ou une société gérés selon d'autres normes légales. Ce sont les droits de l'homme qui déterminent la liberté religieuse non pas seulement par la liberté de culte, individuelle et collective, mais aussi par la liberté de conscience, comme un droit de la personne, notion que les chrétiens ont été les premiers à faire émerger dans l'épreuve des persécutions au IIIe siècle. Cependant, le droit international moderne ne donne toujours pas de la persécution une définition conceptuelle précise, cette flexibilité permettant d'ailleurs une acception évolutive et contextualisée. Le juriste comme l'historien évitent le jugement global. Il est encore plus difficile d'identifier les persécutions locales, qui ont toujours une apparence de légalité, c'est-à-dire d'apprécier le caractère injuste, cruel et « persistant » d'une répression, le troisième critère retenu aujourd'hui, faisant intervenir l'acharnement et la volonté d'anéantissement. L'historien propose une analyse critique de la documentation disponible en utilisant le point de vue officiel ou celui des agresseurs aussi bien que le témoignage des victimes. Le travail est complexe, car il faut se séparer de tout ce qui est émotionnel sur un pareil sujet pour ne pas se limiter à des jugements de valeur et pour tenter de comprendre les acteurs des événements, sans oublier les acteurs sociaux et politiques, que les sources laissent souvent dans l'ombre. La mise en série des témoignages y aide. Il faut laisser parler les faits. Il faut les analyser dans toute leur complexité.

Les persécutions religieuses se produisent-elles dans des contextes particuliers ?

Une persécution est souvent le produit d'une crise. Dans l'Empire romain, les premières persécutions générales de chrétiens, à partir du milieu du IIIe siècle, répondent à la menace des Barbares aux frontières, à une résurgence de l'identité vieux-romain et au besoin de créer ce qu'on appellerait aujourd'hui l'union nationale autour des dieux ancestraux. À cela s'ajoute l'effet presque immédiat d'une réforme constitutionnelle décisive : en 212, la citoyenneté romaine est accordée à tous les sujets libres de l'empire. Il n'existe plus qu'une seule communauté politique, et le religieux n'étant jamais que l'expression du politique, plus qu'une seule communauté religieuse. Sacrifier aux dieux de Rome devient alors un devoir civique pour tous.

Au fond, l'historien mesure le degré de persécution par rapport aux pratiques de coercition et de répression d'un État…

C'est exact. Récemment des historiens ont tenté de définir les persécutions des juifs dans l'Antiquité en identifiant « le point qui sépare le justifiable de l'injustifiable, l'opposition légitime de celle qui ne l'est pas[1] », notions qui recoupent celles d'« injustice et de cruauté persistantes » retenues aujourd'hui par les juristes. Il n'est pas toujours facile d'apprécier l'injustice par rapport aux normes du

1. J. Cohen, « Anti-semitism in Antiquity: the problem of definition », *in* David Berger éd., *History and Hate: The Dimension of Anti-Semitism*, Philadelphie, 1986, p. 46.

droit car, dans les affaires religieuses, l'autorité répressive associe en général deux chefs d'accusation: l'un, objectif, qui relève du droit criminel et l'autre, plus interprétatif, de nature religieuse. Prototype pour les chrétiens du Juste persécuté, Socrate fut condamné pour avoir corrompu la jeunesse, autant que pour avoir négligé les dieux de sa cité. La corruption de la jeunesse est un chef d'accusation récurrent qui a visé de nombreux intellectuels chrétiens comme Polycarpe ou Apollonios. Il est aujourd'hui utilisé au Pakistan contre des maîtres d'école chrétiens. Les juristes parviennent quand même à identifier des « lois persécutrices » non pas parce qu'elles sont illégales, mais parce que leurs conséquences, prévisibles ou escomptées, aboutissent à moyen terme à la disparition d'une minorité. Plus aisé est de dégager des faits exceptionnels dans l'arsenal ordinaire de répression militaire ou policière. On conclut naturellement à une persécution quand on vise spécifiquement des occasions ou des lieux symboliques, tels que des synagogues, des églises ou des mosquées. De Thomas Becket à Mgr Romero[1], l'exécution d'un archevêque dans son église, revêtu des ornements sacerdotaux, ne signifie pas la même chose que la mort d'un prêtre ou d'un militant engagés lors d'une manifestation.

À propos des chrétiens, vous évoquez souvent un « martyre de construction ». Qu'entendez-vous par cette expression ?

Comme je l'ai rappelé, les chrétiens persécutés n'ont pas enfermé le christianisme dans une impasse. Ils ne se sont pas bloqués dans l'attitude d'obstruction et de destruction du « martyre de désespoir ». Le « martyre de construction » est un martyre où la persécution diffuse l'image d'une Église intégrée. Le christianisme primitif présente le paradoxe d'une religion illégale, puis persécutée, qui, au lieu de disparaître, a acquis une meilleure visibilité dans la répression. À cette époque, le martyre devait démontrer que les chrétiens ne vivaient pas dans un autre monde et qu'ils ne cherchaient pas la mort. Il devait établir que les chrétiens ne voulaient pas la destruction du monde, ni la disparition de l'ordre établi. C'était d'ailleurs le

1. Thomas Becket, archevêque de Canterbury, assassiné le 29 décembre 1170. Óscar Romero, archevêque de San Salvador, assassiné le 24 mars 1980.

sens de la prière pour les autorités de l'État, instituée dans les communautés chrétiennes dès la fin du Iᵉʳ siècle. Les comportements dans l'épreuve devaient mettre en évidence l'attachement à des vérités de foi mais aussi de nouveaux modes de relations mutuelles.

Historienne, ancienne élève de l'École normale supérieure, **Marie-Françoise Baslez** est professeur émérite d'histoire des religions de l'Antiquité à l'université de Paris-Sorbonne. Spécialiste de l'histoire des persécutions, elle a publié *Les Persécutions dans l'Antiquité. Victimes, héros, martyrs* (Fayard, 2007), qui a obtenu le prix Chateaubriand 2007, et elle a dirigé l'ouvrage collectif *Chrétiens persécuteurs : destructions, exclusions, violences religieuses au IVᵉ siècle* (Albin Michel, 2014).

Plaidoyer pour un œcuménisme de paix

Jean-Arnold de Clermont

Ancien président de la Fédération protestante de France (FPF) et de la Conférence des Églises d'Europe, le pasteur Jean-Arnold de Clermont constate que les chrétiens sont les premières victimes des persécutions dans le monde. Élargissant sa réflexion aux mécanismes d'expression religieuse, il appelle les sociétés à développer le pluralisme et les religions à « garder une juste place ».

Quelles souffrances les chrétiens sont-ils prêts à supporter pour rendre témoignage au Christ sauveur ?

Étienne, Pierre, Paul, Blandine, les suppliciés « protestants » dont Jean Crespin fait mémoire dans son *Livre des Martyrs* en 1554, les martyrs de l'Ouganda, mis à mort sur ordre du roi Mwanga, entre 1885 et 1887, Martin Luther King…, qu'ont-ils en commun ? Tous, dans les conditions de leur temps, ont témoigné de leur foi et de l'engagement qu'elle a suscité, tous ont eu la force spirituelle de tenir plus à leurs convictions qu'à toutes autres considérations concernant leur vie physique. Mais pour quelques milliers qui nous sont connus, combien sont restés dans l'anonymat et n'ont pas moins témoigné de leur foi au point que leur entourage en a été profondément marqué, disant, dans des mots d'hier ou d'aujourd'hui, comme le capitaine romain et les soldats qui gardaient Jésus : « Il était vraiment Fils de Dieu[1]. » Car le martyr n'est martyr que parce qu'il est « témoin de sa foi ». Il nous pose la question de notre propre témoignage ; il nous

1. MT 27, 54.

contraint à nous demander comment nous-mêmes aurions réagi en pareilles circonstances.

Que faisons-nous de notre foi ? Dans notre monde occidental, mais bien au-delà aussi, marqué par l'individualisme et la volonté d'être à soi-même sa propre référence – en d'autres mots de n'avoir de dieu que soi-même –, la foi est considérée comme relevant uniquement de la sphère privée. Or la foi est beaucoup plus que cela ; elle est témoignage, service, et communion.

Que signifierait la foi chrétienne si elle restait confinée entre les murs des églises ou des foyers chrétiens ?

D'autant plus qu'elle se comprend comme service, service de Dieu (« liturgie »), mais aussi service des hommes ou (« diaconie »[1]), l'une renvoyant à l'autre et réciproquement. Étienne, le premier martyr de la foi chrétienne, était précisément désigné pour le service des veuves délaissées par les apôtres qui consacraient tout leur temps à l'annonce de l'Évangile[2]. Il est d'ailleurs le premier « confesseur », accusé à tort dans l'exercice de ses fonctions diaconales mais lapidé pour avoir témoigné de sa foi.

Et la foi est communion. Fondée sur l'écoute de la parole de Dieu, portée par son Esprit, la foi, si personnelle soit-elle, s'inscrit dans une continuité, la tradition apostolique transmise de génération en génération ; elle nécessite pareillement de se vivre dans une relation ouverte vers toutes celles et tous ceux qui la professent. Mon écoute de la parole de Dieu ne s'authentifie que dans le partage et elle n'a sa fin que dans sa proclamation et sa mise en pratique.

La foi fait du chrétien un témoin actif, une personne qui ne peut garder pour elle-même ce qu'elle a reçu, un être libre et responsable de tous ceux que l'Évangile lui confie comme frères et sœurs en humanité, aimés de Dieu et auxquels il doit manifester cet amour. Un « témoin » ! C'est le même mot que « martyr ». C'est du moins la transcription du mot en grec ancien. Qu'est-ce qui fait que le chrétien témoin devienne martyr ?

1. Dans les Églises catholique et protestante, la « diaconie » est la mise en œuvre de l'Évangile à l'égard des pauvres, comme un témoignage personnel et communautaire, et comme un service à l'égard de la personne et de la société. *[N.d.E.]*

2. Ac 6-7.

Il est facile de dire pourquoi il ne le deviendra pas. Il n'y a, en effet, guère de risque pour le chrétien d'être persécuté lorsqu'il est en symbiose avec la société dans laquelle il vit. Soit parce que celle-ci aurait fait siens les principes évangéliques… (hypothèse malgré tout assez peu probable !) ; soit, plus sûrement, parce que celui-ci se conforme à la société dans laquelle il vit. Le plus probable aussi est que cette société reste indifférente à ce dont témoignent les chrétiens ; soit encore que ceux-ci n'arrivent pas à trouver ou à se donner les moyens de se faire entendre. Une autre lecture possible est que la société où vivent ces chrétiens est devenue suffisamment pluraliste, respecte les convictions des uns et des autres, et permet leur expression et le débat démocratique qui en découle. C'est sans doute le cas de nombreuses sociétés contemporaines, mais nous ne devons pas nous cacher et leurs limites et la démission des chrétiens devant ces mêmes limites. Qu'il suffise d'évoquer par exemple la question des migrations, celle des prisons ou celle des disparités entre riches et pauvres, dans notre propre pays, respectueux du pluralisme des convictions, de l'État de droit et de la démocratie, pour en reconnaître ces limites. Comment y seraient reçus des chrétiens qui, sur ces sujets, iraient au bout de leurs convictions et, par exemple, feraient la grève de l'impôt, comme certains le firent contre le nucléaire, ou comme des objecteurs de conscience refusèrent de prendre l'uniforme militaire ? La réponse de l'État serait-elle la prison ? Interprétée inévitablement comme persécution !

Mais pourquoi le témoin de la foi devient-il, ici ou là, martyr ? Nous savons, bien sûr, combien de sociétés limitent ou refusent le pluralisme, et imposent une hégémonie politique ou religieuse. Dans ce cadre, tout témoignage chrétien qui appelle chacun à user de son droit à la libre expression de ses opinions, et à vivre en cohérence avec ses convictions, devient vite insupportable. Et tous les prétextes sont alors bons pour mettre en question la liberté de religion. On donne à une religion le statut de religion d'État ; on lui concède d'être la seule source du droit ; on impose qu'elle soit la religion du chef de l'État ; on refuse les mariages interreligieux ou on impose que la loi familiale des uns s'impose aux autres ; on refuse le droit d'association à ceux qui ne sont pas de la religion d'État ; ou plus simplement on refuse de reconnaître l'existence même du culte minoritaire et son droit à posséder un lieu de culte... l'imagination dans la discrimination est sans limites. Qu'il suffise alors à un chrétien de vouloir manifester ses convictions, faire valoir ses droits, et la persécution ou le martyre approchent à grands pas.

Mais chacun sait que cela ne se limite pas à des cas individuels, et notre époque voit se développer en Afrique, au Moyen-Orient, en Asie, des lieux de persécutions systématiques. De multiples causes peuvent être invoquées : je pense à la complicité des chrétiens avec le pouvoir en place, complicité qui se retourne contre eux le jour où ce pouvoir s'effondre ; je pense aux conflits ethniques, ou politiques, dans lesquels les chrétiens sont impliqués ; je pense à la confusion du religieux et du politique, s'instrumentalisant l'un l'autre. Quoi qu'il en soit, tout semble cependant confirmer que les chrétiens sont aux premières lignes des victimes de persécutions dans le monde.

Aux premières lignes, mais pas seuls. Ce serait une grave erreur de faire de mes propos un plaidoyer corporatiste en faveur de la seule défense des chrétiens. Tout d'abord, parce que, ici ou là, ils sont autant persécuteurs que persécutés. Mais plus encore, s'ils sont victimes, ils le sont parmi bien d'autres, victimes de l'intolérance et du refus du pluralisme. L'épuration religieuse est multiforme, touchant pratiquement toutes les familles religieuses.

Il faut se demander pourquoi. J'avancerai deux raisons principales.

Tout d'abord, la difficulté qu'ont les religions à garder leur juste place. Dans la pluralité qui caractérise la famille humaine – origines, histoires, convictions, mémoires... –, la capacité à construire des sociétés pluralistes, c'est-à-dire fondées sur le respect de la diversité et la volonté de trouver à la dépasser dans la recherche du vivre ensemble, est sans doute handicapée par une fausse idée de la religion. Elle est trop souvent perçue ou vécue comme contrainte plutôt que libération, obligation plutôt qu'offre ; en termes chrétiens, loi plutôt que grâce. Il en est de même pour des convictions philosophiques ou politiques, mais à la différence de celles-ci, les convictions religieuses prétendent se référer à un absolu qu'elles nomment « Dieu ». Trop souvent les religions font l'économie d'une approche critique de leur propre origine, révélée certes, mais toujours dans une histoire, dans des contextes qui doivent être analysés. Ainsi leurs textes fondateurs s'inscrivent dans une histoire de la pensée humaine avec laquelle le

Dieu auquel ces textes se réfèrent est en dialogue. Seul le dialogue respectueux de la foi avec la société, dans sa diversité de sources et d'expériences, rend compte avec authenticité de sa source divine.

Par ailleurs, les religions ne peuvent prétendre être les colonnes vertébrales des sociétés humaines. Pas plus que les religieux ne doivent en être les dirigeants. Sauf à construire des régimes totalitaires ! Bien au contraire, toute société doit être fondée sur le principe d'offrir à chacun de ses membres une pleine citoyenneté, c'est-à-dire la pleine participation à toute la vie de la cité, qu'elle soit politique, culturelle, sociale, intellectuelle, et religieuse. Chacun avec la totalité de ses qualités et de ses aspirations. Cette participation implique le respect des autres citoyens, le respect des règles communes, la recherche permanente donc évolutive d'un projet commun. C'est dans ce cadre seulement qu'à mes yeux la foi peut et doit s'exprimer. Elle n'a alors aucune prétention totalitaire mais elle accepte le débat et la critique ; elle est offerte comme l'expression d'une volonté transcendante au service de tous.

Cette volonté « œcuménique », au sens le plus large de ce terme, est celle d'une certaine humilité religieuse et tout autant de son expression sereine pour le bien commun. Lorsque les sociétés la rendent possible, elles évitent de susciter un « œcuménisme du sang » et permettent que fleurisse un « œcuménisme de la paix ».

Jean-Arnold de Clermont, né à Paris en 1941, pasteur retraité de l'Église protestante unie de France, a été président de la Fédération protestante de France et de la Conférence des Églises européennes. Il assure aujourd'hui la présidence du Service protestant de mission Défap, la vice-présidence de l'Observatoire Pharos, et la vice-présidence de deux associations d'entraide aux gens du voyage.

Femmes et chrétiennes : violées, humiliées, lapidées...

Lucetta Scaraffia

Historienne, féministe, éditorialiste de renom et collaboratrice à *L'Osservatore romano*, Lucetta Scaraffia a eu accès à des témoignages et des statistiques sur la vie des congrégations féminines dans les zones de conflit en Afrique. Elle montre comment le corps de la femme, surtout lorsqu'il est consacré, devient un lieu de persécution à travers l'arme répandue du viol. L'historienne décrit également les nombreuses humiliations publiques et conversions forcées endurées par des chrétiennes au Pakistan.

Au Congo, une réalité quotidienne qui ne laisse aucun répit aux femmes

Pascasia Munguhashire est née dans la zone de Ngweshe, dans les environs de Bukavu, en 1985. Avec la guerre, sa famille était partie pour Bukavu où Pascasia a commencé à fréquenter l'école d'alphabétisation. C'était en 2001. Après la retraite du 4 avril organisée par l'école en vue des fêtes de Pâques, Pascasia exprima le désir de rentrer dans son village pour rendre visite à sa tante.

Elle partit avec son frère aîné mais des coups de feu les obligèrent à se séparer en cours de route. Quand Pascasia arriva au village, les habitants avaient fui dans la forêt. Quelques personnes seulement commençaient à revenir. Quatre de ses amies l'accompagnèrent chez sa tante.

Pascasia sortit alors chercher des légumes afin de préparer à manger pour son frère et ceux qui allaient rentrer. Les militaires qui rôdaient dans le village la suivirent chez elle et s'emparèrent d'elle avec l'intention de la violenter devant ses amies. Comme elle résistait, ils la blessèrent deux fois aux mains avec un couteau : « Tuez-moi, dit Pascasia, mais je ne céderai pas. » Un militaire lui tira dessus à deux reprises, à la poitrine. Incapables de se défendre, ses amies furent violentées.

Ce dramatique événement terminé, Pascasia continua de préparer à manger comme si de rien n'était, tandis que le sang commençait à couler le long de son corps. Arriva alors l'une de ses sœurs. Celle-ci lui demanda pourquoi elle restait là, avec tous ces soldats dehors. « Regarde ce qu'ils m'ont fait parce que j'ai refusé », lui répondit Pascasia. Sentant ses forces l'abandonner, elle demanda la couronne du rosaire, pria et dit à sa sœur : « Demande à papa de me pardonner, parce que je suis venue ici sans sa permission. Demande à tous ceux que j'ai offensés de me pardonner. Moi, je pardonne à tous ceux qui m'ont offensée. » Avant de terminer son rosaire, Pascasia s'éteignit. C'était le 8 avril 2003. Elle avait à peine dix-huit ans.

Cette histoire a été racontée par Teresa Caffi, une missionnaire xaviérienne qui passe une grande partie de son temps au Congo, d'où elle rapporte les incalculables épisodes d'une guerre intestine qui multiplie les violences faites aux femmes. Dès lors que nombre de ces femmes sont chrétiennes et que les soldats qui les persécutent, eux, ne le sont pas, ces violences prennent souvent la forme d'une persécution religieuse, comme dans cet épisode.

Dans le rapport de près de 600 pages que le Haut-Commissariat aux droits de l'homme de l'ONU a publié en 2010 – *Rapport du projet Mapping concernant les plus graves violations des droits de l'homme et du droit international commises entre mars 1993 et juin 2003 sur le territoire de la République démocratique du Congo* –, les violences faites aux femmes constituent la grande majorité des cas. Dans les faits, cette violence a été une réalité quotidienne qui n'a laissé aucun répit aux Congolaises. Si certaines femmes ont été violées sur la base de préjugés ethniques, de nombreuses violences ont été motivées par des pratiques rituelles fondées sur des superstitions et des croyances locales et censées rendre les hommes invincibles ou neutraliser le pouvoir des femmes. Le cas congolais est l'un des nombreux exemples où la persécution antichrétienne frappe les femmes de façon spécifique – à savoir la violence sexuelle.

Pakistan : violences et conversions forcées, une pratique commune

Au Pakistan, « des épisodes de violence et d'abus sur les jeunes femmes chrétiennes sont à l'ordre du jour », estime l'Agence Fides. Et d'ajouter : « Les plus retentissants ne sont que la partie émergée de l'iceberg. » Même si l'exemple du Pakistan est sans aucun doute l'un des plus dramatiques dans la mesure où la tension avec les musulmans a atteint les limites de l'insoutenable, signalons cependant que la présence dans le pays d'une série d'ONG (dont la Legal Evangelical Association Development) et d'associations chrétiennes œuvrant à la protection des persécutés garantit une certaine diffusion des informations. Selon l'ONG pakistanaise Alliance Against Sexual Harassment ont été enregistrés 1052 assassinats commis sur des femmes, 71 cas de viol suivi d'un homicide, 352 viols, 265 viols en réunion, 1452 cas de torture et 1198 séquestrations. On sait par ailleurs que 91 % des femmes contraintes de devenir employées de maison chez des musulmans aisés pour raisons financières avouent avoir subi des abus ou des violences sexuelles. Une situation dramatique qui semble s'aggraver : en 2010, l'ONG de Karachi War Against Rape a déclaré que la moyenne d'âge des victimes violées est passée de dix-huit à treize ans en l'espace d'un an. La même année, le rapport annuel de la Human Rights Commission a dénoncé 2903 violences faites aux femmes (soit 8 par jour), auxquelles s'ajoutent les innombrables violences non déclarées – dans les campagnes, notamment.

Derrière la violence et le meurtre se trouvent souvent des tentatives d'intimidation, le refus d'une demande en mariage faite par un musulman ou bien la volonté de réduire la jeune femme en esclavage ou de la faire basculer dans la prostitution.

Si les jeunes chrétiennes sont particulièrement vulnérables, c'est parce qu'elles appartiennent à une minorité religieuse qui n'est pas protégée par la loi mais aussi parce qu'elles ont entrepris sous l'impulsion de leur communauté un processus d'émancipation, si timide soit-il.

Là où arrive l'Évangile survient pour les femmes la possibilité de suivre des cours d'alphabétisation et, par conséquent, d'avoir une autre image d'elles-mêmes comme de leurs droits. Voilà ce que raconte sur le site de l'Assemblée évangélique pentecôtiste de Seriate Cristiana Romeo au cours de son interview une jeune Pakistanaise, restée anonyme pour raisons de sécurité. Cette dernière, qui suit les cours d'alphabétisation du programme ALIVE, sponsorisé par l'association Porte aperte en collaboration avec les églises locales du Pakistan (environ 80 000 chrétiennes analphabètes en auraient bénéficié), a décidé de résister en dépit des menaces permanentes de son pasteur et de son époux : « Nous sommes sorties des ténèbres désormais, explique la jeune femme. L'Évangile nous a sauvées de cette condition. » Toujours est-il que son mari, violent et alcoolique, et ses parents voient d'un très mauvais œil cette nouvelle activité.

Selon le CLAAS (Centre for Legal Aid Assistance and Settlement), les séquestrations et les violences sexuelles dont sont victimes les jeunes chrétiennes (généralement dans le cadre de conversions ou de mariages forcés) sont en hausse constante dans le pays. Reste qu'il est difficile pour elles d'obtenir justice, toutes étant pauvres et de confession chrétienne.

Grâce aux efforts de l'Agence Fides, de la Commission pour la justice et la paix ainsi que de la Commission pour les femmes présentes dans les diocèses pakistanais pour rendre compte de la situation, plusieurs épisodes de violence sont parvenus jusqu'à nous.

Les agressions sont en effet innombrables. En 2010, l'Agence Fides a rapporté l'histoire de Lubna Masih, douze ans, violentée et tuée alors qu'elle était sortie acheter du lait par un groupe de cinq musulmans qui l'ont forcée à monter dans leur voiture. Amenée au cimetière de Dhoke Elahi Baksh à Rawalpindi, la jeune enfant a été abusée puis tuée. Son corps, lui, fut abandonné sur place. Terrorisés, ses parents, de confession chrétienne, n'ont pas eu le courage de porter plainte.

Trois ans plus tard, dans le village de Roday, une adolescente chrétienne de quinze ans a été violentée par deux musulmans – des notables locaux – armés de pistolet. Abandonnée en plein milieu de la rue, inconsciente, la jeune fille réussit finalement à rentrer chez elle. Le père a tenté de dénoncer le viol mais les agents de police ont refusé de le prendre en considération ; c'est uniquement grâce à l'aide de l'Église anglicane du Pakistan et à l'évêque Irfan Jamil que celui-ci a pu porter plainte. Depuis, la famille vit dans la terreur, toujours sous la menace.

Un autre cas de violence a, lui, été jugé exceptionnel par l'Église locale : en 2011, Mariah Manisha, une adolescente catholique de Faisalabad, fut tuée par un musulman qui, souhaitant l'épouser, l'avait séquestrée. Le prêtre du village où vivait Mariah raconta que « la jeune fille a résisté, mais n'a pas voulu se convertir à l'islam ni épouser l'homme, qui l'a tuée ». Elle est maintenant appelée « martyre de la foi ».

Kiran Nayyar, une adolescente catholique de treize ans originaire de Faisalabad, qui travaillait comme domestique chez un riche propriétaire foncier musulman, a, elle, été violée par un jeune homme qui travaillait comme chauffeur pour cette famille. Tombée enceinte, elle a porté plainte contre son agresseur, appuyée par le diocèse. L'Église locale a pour sa part pris soin d'elle, malgré la crainte de représailles. De fait, la situation des femmes employées comme domestiques chez de riches musulmans est particulièrement critique. Nombre d'entre elles sont violées, forcées de se convertir à l'islam et d'épouser un musulman.

Précisons cependant que dans bien des cas, le viol précède la séquestration et la conversion forcée, parfois obtenue en menaçant de mort la famille de la victime. En 2013, Saba Waris, une chrétienne de treize ans originaire de Jameelabad, restée quelques instants seule chez elle, a été enlevée par un musulman de trente-deux ans. Celui-ci la convertit contre son gré et l'oblige à devenir sa femme. Assistée par la Human Rights Focus Pakistan, la famille ose porter plainte, mais l'homme disparaît sans laisser de traces.

« Des centaines d'affaires de ce genre se produisent chaque année. Cela fait des années que l'Église pakistanaise les dénonce en invoquant le respect des droits fondamentaux », explique une religieuse catholique de Faisalabad (qui restera anonyme pour raisons de sécurité) qui s'efforce de recueillir et de cacher les jeunes femmes qui parviennent à fuir. D'où son combat pour « améliorer la condition sociale des jeunes filles qui vivent dans des situations spécifiques d'asservissement et de pauvreté à travers l'instruction et la formation professionnelles ». Paradoxalement, c'est pour ces raisons qu'elles sont aujourd'hui la cible de la violence des traditionalistes islamiques.

« Les conversions forcées à l'islam sont devenues une pratique commune au Pakistan, explique Shazia George, activiste chrétienne. La cause principale de cette augmentation réside dans un système légal qui n'apporte aucun appui aux minorités. » De fait, les proches de Fouzia Bibi n'ont reçu aucun soutien de la part de la police. En janvier 2014, cette adolescente de quinze ans originaire du village de Roday, près de Kasur, a été enlevée, emprisonnée et abusée sexuellement par deux musulmans, des personnages influents de la région qui aujourd'hui menacent sa famille pour qu'elle retire sa plainte.

Le corps des femmes devient le lieu symbolique de la crise et du conflit entre les communautés chrétiennes et les communautés islamiques. En 2013, les femmes de la famille d'un chrétien, Shoukat Masih, accusé d'avoir laissé son bétail empiéter sur le terrain d'un grand propriétaire musulman, ont été passées à tabac puis traînées jusqu'au marché de Pattoki, où elles ont été déshabillées, insultées et humiliées publiquement. Bien que les victimes aient porté plainte, personne n'a été arrêté.

« C'est un épisode extrêmement grave. Pour notre culture, pour notre tradition, c'est le pire que l'on puisse faire à une femme. S'il s'agissait de moi, je préférerais être tuée plutôt que de subir une telle humiliation, une telle injure à ma dignité personnelle », estime Tahira Abdullah, une musulmane qui lutte pour les droits des minorités religieuses.

Le corps des religieuses comme lieu symbolique des conflits

Si la violence sexuelle doit donc être considérée comme l'une des façons dont sont persécutés les chrétiens dans le monde, elle l'est *a fortiori* quand elle est exercée contre les religieuses. Nier la spécificité de la vie religieuse – à savoir le vœu de chasteté – est un signe clair de persécution. Sans compter que ses conséquences peuvent être encore plus dévastatrices. Si les femmes violentées doivent, quoi qu'il en soit, affronter les préjugés de leurs familles comme ceux de la société où elles vivent, celles-ci ne voient pas toujours leur vie virer au cauchemar. Ce qui n'est pas le cas des religieuses tombées enceintes à la suite de leur viol : ces dernières sont souvent contraintes d'abandonner la vie monastique, une vie qu'elles avaient librement choisie et qu'elles affrontaient dans la très grande majorité des cas avec courage et détermination. Pour elles, la violence finit par conditionner toute leur existence.

Hélas, ces épisodes ne sont en rien des exceptions : ils se sont produits dans différents endroits du monde, y compris près de nous, comme pendant les guerres qui ont ravagé l'ex-Yougoslavie. On en a pourtant peu parlé – voire pas du tout. Pas de quoi s'en étonner pour autant, le problème des violences faites aux femmes étant systématiquement traité de cette façon. À titre d'exemple, l'enquête de l'ONU sur le Congo évoquée plus haut dort actuellement dans un tiroir, après avoir été rapidement oubliée. De fait, tout se passe comme si ces phénomènes étaient pour ainsi dire un mal nécessaire, une pratique appelée à perdurer et à laquelle il n'est donc pas nécessaire de prêter trop d'attention.

Ce silence, les femmes en sont en partie responsables : elles ont en effet toujours été les premières à vouloir oublier, par peur d'en payer encore plus dramatiquement le prix – en étant rejetées de leur communauté d'origine, par exemple. Le raisonnement vaut également pour les religieuses : en l'absence de conséquences visibles, comme une grossesse, la violence est tue pour leur permettre de poursuivre plus facilement leur existence, leur mission. Pour leur éviter de devenir l'objet d'une curiosité morbide, de ragots.

Reste que les communautés religieuses rechignent à faire part du nombre de religieuses forcées à abandonner leur mission après leur accouchement, d'autant que certaines d'entre elles, après avoir fait adopter leur enfant, retournent à la vie monastique. Chaque fois que j'ai été confrontée à des communautés religieuses que je savais frappées par ce genre d'épisodes, on m'a invariablement répondu : « Par bonheur, nous n'avons jamais connu pareils cas. »

Les violences faites aux religieuses sont de toute évidence un sujet si délicat et si scabreux qu'il faut généralement un relent de scandale pour que les journaux s'y intéressent. En atteste l'un des rares épisodes connus, survenu en Bosnie au mois de juin 1992 – un cas de « nettoyage ethnique » impliquant les religieuses du couvent des Adoratrices du Sang du Christ de Nova Topola : « Dans la nuit du

16 au 17 juin – raconte le directeur de l'association bosniaque Caritas, Mgr Milenco Anicic, dans un entretien à l'hebdomadaire *Famiglia Cristiana* – des soldats de la formation rebelle serbe Les Aigles blancs sont entrés dans le couvent. Ils avaient entre leurs mains la liste des vingt-cinq religieuses présentes. Ils ont choisi les deux plus jeunes novices, les ont forcées à se déshabiller puis les ont enlevées pendant cinq heures. Une autre religieuse a été passée à tabac. Ils ont quitté le couvent à l'aube, après l'avoir saccagé. » Interviewée par les journaux de l'époque, la porte-parole des religieuses auprès du Saint-Siège a cependant tenu à préciser qu'aucune de ses 238 consœurs de Bosnie n'avaient subi de violences sexuelles. Même si l'on savait désormais que certaines étaient tombées enceintes.

Dans son article publié dans le *Corriere della Sera*, le 14 mars 1993, le journaliste Bruno Bartoloni conclura : « Ce type de violences n'est pas limité à l'ex-Yougoslavie. De l'époque de la Révolution française jusqu'à la guerre civile espagnole, les cas de religieuses victimes de viols ont intégré le martyrologe de l'Église. Mais les communautés religieuses ont presque toujours réussi à protéger les "enfants de la violence" en leur évitant d'être placés sous les feux des projecteurs. »

Si les violences de Nova Topola ont été portées à la connaissance de l'opinion publique, ce n'est pas parce que les horreurs perpétrées là-bas ont été dénoncées (on a toujours peu parlé des violences en Bosnie – qui étaient pourtant loin d'être quantité négligeable) mais parce qu'on a porté d'innombrables accusations contre l'Église tout en répandant de fausses informations ayant trait aux grands sujets d'actualité du moment, l'avortement et la contraception.

Le débat a en effet éclaté lorsque le pape Jean-Paul II, s'adressant aux femmes violentées en Bosnie, a dit :

> Il faut en particulier que les pasteurs et tous les fidèles responsables de la pastorale familiale prennent urgemment en charge la situation des mères, des femmes et des jeunes filles qui, victimes des manifestations de haine raciale ou de désir brutal, ont subi des violences. Ces créatures, qui ont été l'objet d'un aussi grave outrage, doivent pouvoir trouver dans la communauté le soutien de la compréhension et de la solidarité. Même dans une situation aussi douloureuse, il faudra

> les aider à faire la distinction entre un acte d'une violence méprisable, que leur ont fait subir des hommes dont la raison et la conscience se sont égarées, et la réalité de nouveaux êtres humains qui ont malgré tout vu le jour. Images de Dieu, ces nouvelles créatures devront être respectées et aimées de la même façon que n'importe quel autre membre de la famille humaine.
> Il faudra en tout cas répéter avec la plus grande clarté que le nouveau-né, n'ayant aucune responsabilité dans cet événement abject, est innocent et ne peut pas, pour cette raison, en aucune façon être considéré comme un agresseur.
> Toute la communauté devra donc se resserrer autour de ces femmes si douloureusement outragées et de leurs proches pour les aider à transformer cet acte de violence en un acte d'amour et d'accueil. L'Évangile nous rappelle qu'on ne doit pas réagir à la violence par la violence (cf. Mt 5, 38-41). À la barbarie de la haine et du racisme l'on doit répondre par la force de l'amour et de la solidarité. Aux chrétiens de Rome, persécutés par un pouvoir hostile, l'Apôtre Paul ne recommandait-il pas : « Ne rendez à personne le mal pour le mal ; ayez à cœur de faire le bien devant tous les hommes. [...] Ne vous laissez pas vaincre par le mal, mais soyez vainqueur du mal par le bien.

En résumé, le pape refusait aux femmes abusées la possibilité d'avorter du fruit de la violence.

Ont alors commencé à circuler des rumeurs affirmant qu'au contraire les religieuses étaient autorisées à avorter. Des rumeurs qui semblaient confirmées par un témoin digne de foi, un vieux moine capucin de Reggio d'Émilie, Aldo Bergamaschi, qui reprochait au pape d'avoir condamné l'avortement pour les laïques alors qu'il l'aurait autorisé pour les religieuses violentées.

Des démentis formels ont dû être apportés par le porte-parole du Vatican pour mettre un terme à cette rumeur pernicieuse. Reste que l'insinuation en a attiré d'autres : qu'on autorisait les religieuses vivant dans les lieux à risques à utiliser des contraceptifs, considérés, dans ce cas, comme un remède d'urgence. D'ailleurs, comme l'affirmaient de nombreux « théologiens restés anonymes », l'interdiction des contraceptions ne concernaient que les couples mariés, le cas des religieuses étant différent.

Cette nouvelle hypothèse fut, elle aussi, démentie par les autorités romaines. En substance, on ne mentionnait les religieuses que dans le seul but d'attaquer la position de l'Église sur l'avortement et les contraceptifs – et en aucun cas par pitié pour le destin dramatique de ces pauvres femmes.

Dans ce climat explosif attisé par les polémiques a alors commencé à circuler une lettre signée par Lucj Vetrusc, déclarant être l'une des religieuses abusées. Vetrusc, dans ce courrier adressé à sa supérieure, raconte son viol, dit qu'elle a accouché d'un jeune garçon dont elle a désormais l'intention de s'occuper mais affirme qu'elle poursuivra sa mission religieuse au cours de sa nouvelle vie – surtout en prêchant le pardon et la réconciliation. La lettre a fini par être rapportée dans son intégralité par différents magazines catholiques, y compris à l'étranger. Bien souvent cette publication est accompagnée d'autres informations comme le futur voyage à Rome de l'ex-religieuse afin d'être reçue par le pape.

En réalité, Lucj Vetrusc n'a jamais existé. Cette lettre était un faux, rédigé comme une sorte d'exercice de style littéraire par un ecclésiastique de Padoue, Adolfo Centran, ancien directeur du journal du diocèse, *La Difesa del popolo*, qui affirma l'avoir écrite et diffusée pour lancer un message contre la guerre.

De quoi apporter une nouvelle preuve de la désinformation qui entoure ces affaires.

Une autre raison qui pousse l'Église à tenir secrètes ces violences est la dure réalité de certaines zones du monde, à commencer par l'Afrique, où ce sont parfois les prêtres qui abusent des religieuses. En cas de grossesse, celles-ci n'ont, là encore, pas d'autre choix que d'abandonner la vie religieuse. Une situation qu'a dénoncée, en 2001, l'influent magazine catholique américain *National Catholic Reporter* en publiant le rapport que sœur Marie McDonald, supérieure générale des Missionnaires de Notre-Dame d'Afrique, a envoyé trois ans plus tôt à un groupe de délégués de l'Union des supérieurs généraux (regroupant les congrégations masculines), de l'Union internationale des supérieures générales (regroupant les congrégations féminines) et de la Congrégation vaticane pour les institutions de vie consacrée et les sociétés de vie apostolique qui s'occupaient de la question. À cette occasion, le Vatican a, pour la première fois, pris publiquement acte du problème, même s'il en a limité la portée.

Étant donné la gravité des faits, il n'y a absolument rien d'étonnant à ce que ce type d'informations soit le premier – et pour ainsi dire le seul – à être référencé sur les moteurs de recherche dès lors qu'on souhaite obtenir des informations sur la violence sexuelle à l'égard des religieuses. Mais ne nous y trompons pas : l'écran de fumée de la désinformation ne fait que cacher une réalité douloureuse et taboue, une forme de martyre qui a frappé les chrétiennes dès les premiers siècles. En effet, les païens, abasourdis par le nombre croissant de jeunes chrétiennes qui choisissaient la virginité, avaient commencé, vers la fin du IIIe siècle, à leur faire subir des persécutions qui prenaient la forme de violences sexuelles ou d'une obligation à se prostituer dans les lupanars. Il s'agissait là d'un type de martyre spécifique, réservé aux femmes vouées au Seigneur (jamais aux hommes). Néanmoins, bien qu'étant mentionné dans les premiers martyrologes chrétiens, ce phénomène n'était pas suffisant en soi pour accorder le titre de sainte à la victime. Preuve en est le cas célèbre entre tous d'Agnès : c'est uniquement parce qu'elle a été tuée après avoir été exposée nue dans un lupanar qu'Agnès a été vénérée comme martyre.

Une fois la période des persécutions révolue, la violence faite aux femmes consacrées est progressivement devenue de plus en plus rare dans les terres chrétiennes. Elle n'est réapparue qu'à l'époque contemporaine, quand les révolutions et les invasions ont entraîné l'expulsion des religieuses vivant dans des monastères de clôture. Néanmoins, cette menace a surtout refait surface – et constitue hélas un danger réel aujourd'hui encore – pour les religieuses missionnaires, notamment pour celles qui vivent dans des zones de guerre interreligieuse et ethnique, comme durant le conflit dans les Balkans. Autant d'épisodes sur lesquels plane encore une sensation de malaise et de honte qui, il y a encore quelques dizaines d'années, empêchait de considérer les femmes violées comme des victimes jusque dans nos sociétés, comme si l'ombre de la faute, de la connivence avec leur violeur, tombait toujours sur elles. Si, dans les milieux laïcs, le féminisme s'est mobilisé pour abattre ce préjugé – qui poussait de nombreuses femmes à ne pas dénoncer ce qu'elles avaient subi –, cette opinion a également tardé à disparaître du monde catholique.

Espérons que ces affaires soient connues et que leurs victimes soient aidées et considérées, pour cette raison, comme des témoins – c'est-à-dire des martyrs – de la foi. Elles le méritent.

Traduit de l'italien par Marc Lesage

Historienne, professeur à l'université de Rome La Sapienza, Lucetta Scaraffia a consacré l'essentiel de ses recherches à l'histoire des femmes et du christianisme, en particulier à la religiosité féminine. Éditorialiste invitée dans les principaux quotidiens italiens (*Corriere della Sera, Sole 24 Ore, Il Messaggero…*), elle collabore également à *L'Osservatore romano* où elle coordonne depuis mai 2012 un supplément mensuel – *Donne, Chiesa, Mondo* – consacré aux femmes dans l'Église.

Retour sur l'histoire

Petite géopolitique du christianisme

Jean-François Colosimo

Qui sont les chrétiens? Comment se sont-ils déployés sur la planète en deux mille ans d'histoire? Philosophe et théologien, Jean-François Colosimo identifie trois étapes dans l'expansion du christianisme: la Méditerranée au Ier millénaire, l'Atlantique à l'ère moderne et, aujourd'hui, le Pacifique...

« Allez donc, faites de toutes les nations des disciples » (Mt 28, 19): c'est le Christ lui-même, avant son Ascension, qui donne ce commandement aux apôtres alors que l'Esprit-Saint, qui descend sur eux lors de la Pentecôte, leur fait annoncer à « l'ensemble des pays qui sont sous le ciel » (Ac 2, 1-11) la « bonne nouvelle » en vertu de laquelle « il n'y a plus ni Juif ni Grec, ni esclave ni maître, ni homme ni femme » (Ga 3, 28). Dès l'origine, le christianisme rompt avec le cadre des religions traditionnelles en affirmant son universalité: la profession de foi en l'incarnation de Dieu, sa mort et sa résurrection, constitue le pivot de l'histoire, elle s'adresse à l'entière humanité et doit être propagée aux confins du monde. Tout chrétien est ainsi un converti qui, de témoin, devient à son tour missionnaire. Tout peuple, toute culture, à l'instar de chaque individu, appelle également un baptême. L'Évangile, en ce sens, ne se distingue pas de l'évangélisation, au point que le Nouveau Testament est constitué pour moitié des Actes des Apôtres et des Épîtres de Paul qui livrent la chronologie et la topographie du développement immédiat, hors de son berceau, de l'Église naissante.

Deux mille ans plus tard, les chrétiens sont présents sur tous les continents et forment le premier groupe religieux à l'échelle planétaire par la prépondérance de leur nombre (ils sont 2,2 milliards sur 6,9 milliards, soit 32 %), par l'étendue de leur distribution (ils sont majoritaires dans 157 pays sur 230, soit 68 %), par l'équilibre de leur répartition (24 % d'entre eux sont en Europe, 24 % en Amérique latine, 23 % en Afrique subsaharienne, 13 % en Amérique du Nord, 13 % en Asie, 3 % en Océanie) et par la concentration de leur représentation (12 % d'orthodoxes, 50 % de catholiques, 37 % de protestants, 1 % de cultes disparates). Ces chiffres, tels qu'arrêtés en 2010, sont certes à pondérer au regard des évolutions générales, entre autres démographiques, mais aussi des mutations sur le moyen terme, voire des renversements récents qu'ils traduisent au sein même du christianisme. Entre 1900 et aujourd'hui, les chrétiens africains se sont ainsi multipliés par soixante-dix, passant de 7 à 515 millions. Le réservoir qu'offre la Chine reste en grande partie inexploité, mais les chrétiens qui y sont 67 millions, soit seulement 5 % de la population chinoise, comptent déjà pour 3,1 % de la totalité des chrétiens dans le monde et l'emportent désormais en masse sur plusieurs nations européennes, naguère dominantes. Enfin, l'exode des chrétiens du Proche-Orient, dont la proportion a continûment baissé depuis la Seconde Guerre mondiale, chutant de 20 % à 7 % dans l'ensemble du monde arabe, mais plus brutalement de 10 % à 0,5 % en Irak, a pris cette dernière décennie un tour alarmant, questionnant la permanence de la présence chrétienne sur les lieux natifs du christianisme.

Ce tableau signale cependant un mouvement d'expansion continu qui a procédé par vagues concentriques, chacune d'elles incluant et dépassant la précédente, selon une dynamique de progression qui n'a cessé de perdurer alors que son centre de gravité a plusieurs fois basculé. D'un point de vue spatial, trois nœuds de civilisation correspondant aux trois bassins maritimes majeurs qui sont aussi bien carrefours d'échanges, ordonnent ce mouvement : ce sont successivement la Méditerranée, l'Atlantique, le Pacifique. D'un point de vue séquentiel, il peut être divisé en trois grandes périodes : la romanité, l'Occident, les nouveaux mondes, dont aucune, toutefois, n'est parfaitement étanche aux autres. Chacun de ces nœuds et chacune de ces périodes connaissent en effet des tensions contradictoires, à l'intérieur, et des poussées récurrentes, à l'extérieur, qui finissent par se superposer : d'une part, la division entre les grandes confessions historiques, qui sont aussi au nombre de trois, à savoir l'orthodoxie, le catholicisme, le protestantisme, tend à la formation d'entités territoriales homogènes en Europe, mais cette division se retrouve aussi hors de l'Europe, où leurs efforts missionnaires sont concurrents ; d'autre part, la rencontre du christianisme avec l'Afrique et l'Asie s'opère dès les premiers siècles, même si elle ne prend tout son essor que tardivement. Pour finir, l'histoire ecclésiastique, dont le ressort est avant tout théologique, et l'histoire globale, dont le moteur est résolument politique, entretiennent un rapport ambivalent, comme le montre le croisement entre le temps des missions et l'ère des colonisations. L'essai de description qui suit n'entend pas se substituer à l'une ou l'autre de ces approches : il s'attache à restituer, dans l'ordre géopolitique, comment le christianisme s'est étendu parallèlement au processus de la mondialisation dont il a été et demeure le principal vecteur, sa réussite même conditionnant, en ce début de IIIe millénaire, les menaces qui peuvent peser sur son avenir.

De l'Orient à la Méditerranée

Une religion orientale devenue impériale

Les missions de Paul déterminent la première histoire et géographie globale du christianisme. Le récit qu'en donne Luc en confirme le tracé et le programme. Le premier, Paul, est un rabbin pharisien converti sur le chemin de Damas où il s'est rendu pour réprimer les disciples de Jésus. Le second, Luc, qui se veut l'évangéliste des Gentils, des non-Juifs, et qui est lui-même vraisemblablement païen d'origine, consigne que ces mêmes disciples ont été appelés pour la première fois « chrétiens » à Antioche (Ac 24, 14). Tous deux attestent ainsi, indirectement, que la communauté primitive de Jérusalem a essaimé, dès les années 30, hors de la Galilée et de la Judée pour gagner la Syrie voisine. Le génie propre de Paul sera de vouloir établir cette prédication en traversant les mers. Ses divers voyages, au cours de la décennie 40-60, suivront l'arc de l'Est méditerranéen qui court le long des côtes de l'Asie Mineure, passe par Athènes et va jusqu'à Rome où il subira le martyre vers 64-68.

L'Église primitive n'a pas encore rompu avec le judaïsme, mais s'en est déjà émancipée. Elle s'inscrit dans l'orbe de l'empire, mais s'en voit rejetée. La nouveauté de son messianisme et de son universalisme, mais aussi la rapidité de sa diffusion, la place en conflit avec l'un et l'autre. Dès les débuts du IIe siècle, l'ensemble de l'œcoumène, du « monde habité » dans la représentation romaine, est touché. L'important réseau de communications terrestres et maritimes seconde cette expansion qui fait du christianisme un phénomène d'abord urbain. La mission se répand le long du Nil, s'étend au ponant de la *Mare Nostrum* en englobant la péninsule Ibérique et le nord de l'Afrique, gagne les rivages de l'Atlantique et de la mer du Nord par les Gaules et les contreforts du Caucase par la mer Noire. Elle prend appui sur la fixation du canon des Écritures et la formalisation de la doctrine au regard de déviations sectaires ou de mouvements rivaux comme la gnose qu'accompagne une importante littérature en syriaque, en grec et en latin, soit les principales langues véhiculaires du moment. La rupture avec la Synagogue grandit au fur et à mesure que monte la revendication auprès du Capitole.

Cette affirmation identitaire alliant croissance rapide et diversité culturelle suscite l'hostilité du pouvoir, qui la conçoit comme la formation d'un État dans l'État. De surcroît, en désacralisant la cosmologie païenne, en dérogeant au syncrétisme ambiant, en refusant le culte césarien et en contestant la hiérarchisation sociale, les chrétiens se désignent en ennemis de Rome et de sa religion civile. Les vagues de persécutions, constantes depuis le Ier siècle, s'amplifient pour devenir massives au IIIe siècle avant que la conversion personnelle de Constantin et la proclamation de l'édit de tolérance de Milan, en 313, viennent mettre un terme à cette confrontation que scellera l'octroi du statut de religion officielle par Théodose en 380. L'adhésion spirituelle de l'empire à l'Église et la conformation administrative de l'Église à l'empire vont désormais aller de pair.

Devenu impérial, le christianisme n'en reste pas moins oriental, comme le montre le système de la pentarchie, des cinq patriarcats de fondation apostolique et à vocation politique : Rome, forte de son prestige et de son cosmopolitisme, garde l'exercice d'une primauté entre égaux, mais le déplacement de la capitale à Constantinople, à la confluence de l'Europe et du Levant, l'ouverture d'Alexandrie sur l'Afrique et d'Antioche sur l'Asie, la promotion de Jérusalem en lieu de pèlerinage renouvellent et renforcent ce caractère originel. C'est en Orient qu'apparaissent les premières grandes écoles de catéchèse et d'exégèse, que naît le mouvement monastique en réaction au risque d'un affadissement de la foi, que se développe le culte de l'icône et que se tiennent les premiers grands conciles destinés à définir le dogme. Ainsi se dessine la première civilisation chrétienne, d'essence orientale, tandis que dans le même temps l'Occident doit faire face aux invasions barbares.

Premières fractures aux frontières

Alors que l'empire a voulu assurer son unité théologico-politique en adoptant l'Évangile, les débats doctrinaux entre chrétiens aggravent ses tensions intérieures. Inhérente au christianisme depuis ses débuts comme signe de la communion universelle qu'il postule, la conciliarité donne lieu à la première forme institutionnelle de concertation internationale. La convocation par les empereurs d'évêques venus de tous les horizons du « monde connu » a pour but définir la foi « catholique », valant pour tous, en tant que règle unanime permettant de distinguer l'orthodoxie de l'hérésie. Pour autant, les « hérétiques » s'effaceront lorsqu'ils découleront d'une pure mouvance intellectuelle, mais cristalliseront des dissidences durables lorsqu'ils relèveront de communautés culturelles.

En 325 et 381, les conciles œcuméniques de Nicée I et Constantinople I (aujourd'hui respectivement Iznik et Istanbul en Turquie) formulent le symbole de foi, le *Credo*, qui est demeuré commun depuis aux Églises historiques. L'arianisme, cette négation de la divinité du Christ et donc de la Trinité qu'ils combattent, finira par disparaître. Les deux conciles suivants, Éphèse en 431 et Chalcédoine en 451 (pareillement tenus sur le territoire turc actuel), provoquent au contraire deux scissions majeures qui perdurent jusqu'à ce jour. Ils consacrent l'antagonisme entre Alexandrie dont l'hellénisme conditionne l'insistance sur la ferveur mystique, l'exégèse allégorique, la divinité du Christ, et Antioche dont le sémitisme explique la préférence pour l'engagement social, l'exégèse littérale, l'humanité de Jésus.

En définissant Marie comme *Theotokos*, « mère de Dieu », Éphèse confirme l'intuition alexandrine et condamne l'approche antiochienne portée par Nestorius. Les chrétiens de Perse, l'empire rival de Rome, à la position incommode, en profitent pour rompre et se constituent en Église assyrienne (dites « des deux conciles » ou péjorativement « nestorienne »). Vingt ans plus tard, en actant que le Christ est « une personne en deux natures », Chalcédoine apparaît contredire Alexandrie au bénéfice d'Antioche, ce qui entraîne le départ des chrétientés d'Égypte, de Syrie, d'Arménie que suivront leurs implantations en Abyssinie et en Inde, aboutissant de la sorte à la formation des Églises copte, syriaque, arménienne, éthiopienne, malabare et malankare (dite « des trois conciles » ou péjorativement « monophysites », c'est-à-dire professant une seule nature). Dans les deux cas, ce sont les limes de l'empire qui se détachent du centre pour des raisons théologiques, mais aussi linguistiques et politiques. La conciliation à laquelle s'essaie Constantinople II en 553 échoue tandis que sous le coup des incursions perses, avares et bientôt arabes, la séparation devient définitive, vouant à un cheminement historique solitaire et difficile ces entités regroupées sous l'intitulé d'« Églises orthodoxes orientales ».

Sur la même période, les invasions barbares dans la partie occidentale de l'empire, qui aboutissent aux sacs de Rome en 410, 455 et 546, annoncent une autre division. La perte de l'Illyrie (les Balkans) isole l'Est de l'Ouest où l'unité politique et l'unité religieuse connaissent un croisement de courbes : l'éclatement en une multitude de royaumes mal assurés redouble le rôle centralisateur de la papauté, qui érige le latin en langue commune pour pallier l'effondrement de la culture classique. Le pouvoir juridictionnel et disciplinaire du siège romain, et plus généralement de l'épiscopat, grandit tandis que le monachisme se constitue en ordres, remplit une fonction cruciale de bâtisseur et d'éducateur, endosse les nouvelles formes de piété dérivées des coutumes des arrivants. Alors que l'Orient va s'attacher à la survivance de la romanité impériale, se dessinent au cœur de l'Europe continentale les prémices de l'Empire carolingien. C'est ainsi une forme neuve de civilisation qui émerge, appelée à servir de matrice à ce que l'on nommera l'Occident chrétien.

Avancées et revers au Sud

En dépit des fractures qui le traversent, le christianisme connaît un processus d'évangélisation continu. L'Orient pousse naturellement à l'Est, européen ou asiatique, et au Sud, africain ou indien. L'Occident poursuit, de son côté, sa course vers l'Atlantique et le nord. Avec des réussites inégales, la globalité de l'expansion est donc précoce, de même que la rencontre avec des cultures et des civilisations qui ne relèvent pas du modèle initial, judéo-hellénique, et du cadre premier, romain et impérial.

Les Églises orthodoxes orientales jouent ici un rôle pivot, leur enclavement même les inclinant à rechercher de nouveaux horizons. Premier peuple à s'être converti collectivement vers l'an 300, les Arméniens, installés au Caucase, font de leur diaspora à la jointure des mondes byzantin et persan un axe d'influence qui restera prégnant jusqu'au début du XXe siècle. Originaires eux-mêmes de Perse, les Assyriens pénètrent en Asie en empruntant les routes de la soie : ils sont présents au Kerala dès le IIIe siècle, en Chine au milieu du Ve siècle et dans le sud-est du continent quelques décennies plus tard, mais les invasions mongoles du XIIe siècle ne laisseront subsister de cette percée considérable que leur implantation en Inde. Les coptes et les syriaques convergent dans leurs efforts missionnaires en direction de la mer Rouge, donnant lieu à un christianisme yéménite, vite disparu, mais aussi à un christianisme éthiopien autrement durable, le premier et longtemps le seul du continent africain.

On assiste à un véritable baptême des peuples qui ne se limite pas à l'adoption d'une foi exigeante ou à l'entrée dans une communion solidaire, mais qui s'accompagne aussi d'une forte diversification des expressions culturelles. Il en ressort une abondante créativité littéraire, artistique et liturgique que stimule et accélère le christianisme. Développant ses missions dans les langues locales, Constantinople contribue ainsi, à l'entour du Ve siècle, à la formation de l'arabité par l'évangélisation des populations nomades du Golan et du Sinaï ainsi que des oasis de la péninsule qui leur confère, entre autres, un alphabet. Au même moment, Rome, de son côté, qui insiste sur la primauté de la langue latine, poursuit la christianisation des tribus barbares stabilisées sur le continent, dont les Goths, les Francs, les Saxons, les Lombards, mais aussi avance en Germanie et entame sa pénétration au nord, auprès des Scandinaves, via la Frise (les actuels Pays-Bas), à partir du VIIe siècle, ayant entre-temps évangélisé les îles Britanniques, grâce à la vigueur civilisatrice des moines celtes de l'Hibernie (l'Irlande).

En sept siècles, le christianisme a subverti l'Empire romain, absorbé la fin de l'Antiquité méditerranéenne et s'est propagé à l'Extrême-Orient comme à l'Extrême-Occident. L'Église, sortie des catacombes et assumant désormais la Cité, a, de son côté, enregistré la séparation progressive de ses marches orientales, l'altération récurrente des vagues barbares, la rupture grandissante entre Grecs et Latins. Ce sont des chrétiens divisés qui, au tournant des VIIe-VIIIe siècles, voient poindre un islam conquérant. Issus de l'Arabie, les disciples de Mahomet s'emparent rapidement du Levant et de l'Égypte, de la Perse et du Caucase, du Maghreb et de l'Hispanie, instaurant de la sorte un cordon circulaire aux périphéries du premier bassin de l'expansion chrétienne, sur le même pourtour méditerranéen, mais au nom d'un universalisme concurrent.

De l'Europe à l'Atlantique

L'Est et l'Ouest face à face

L'émergence de l'islam se solde par la perte d'indépendance de plusieurs territoires. Momentanée en Espagne, où elle suscite immédiatement le mouvement de Reconquista qui aboutira en 1492, elle est définitive au Levant, où les chrétientés orientales portées par les patriarcats d'Alexandrie, d'Antioche et de Jérusalem, perdureront sous divers jougs jusqu'à aujourd'hui. En Afrique du Nord, cas unique, l'illustre Église de Carthage disparaît en quelques siècles, fragilisée par son caractère peu urbain et très disséminé. Néanmoins, la dynamique de la conquête musulmane est rapidement endiguée. Les Constantinopolitains repoussent les Arabes en 678 et réussissent, au cours du siècle suivant, à consolider leurs frontières orientales. Les Francs arrêtent leur progression à Poitiers en 732 et les contiennent au sud. Ce sont les Slaves, nouveaux occupants des Balkans, présents de la mer Noire à la mer Blanche, qui vont précipiter la confrontation entre l'Empire byzantin, entraîné dans l'hellénisation de son héritage romain, et l'Empire carolingien, soucieux de latiniser sa part barbare.

L'éloignement culturel entre l'Orient et l'Occident chrétiens s'est creusé jusqu'à devenir un fossé théologique, la querelle dogmatique sur le Saint-Esprit et la dispute disciplinaire sur les ordres et les sacrements se nourrissant d'anathèmes réciproques. Mais la cassure est aussi politique en ce qu'elle tient à la revendication contradictoire de l'héritage impérial. La compétition se tend au fur et à mesure que Rome se distancie de Constantinople pour se rapprocher d'Aix-la-Chapelle. Elle devient frontale lorsque, au VIIIe siècle les missionnaires byzantins et francs se disputent la Pannonie (la région danubienne autour de l'actuelle Hongrie). Une ligne de fracture correspondant aux deux sphères d'influence, courant de Riga à Split, va décider du sort des deux Europe qui, à ce jour, ne sont toujours pas réconciliées. Au IXe siècle, cette crise entre l'Ouest et l'Est trouve une solution intermittente. Le divorce est promulgué lors des excommunications réciproques de 1054. Il est consommé lorsque la quatrième croisade aboutit, en 1204, au sac de Constantinople alors que l'Empire byzantin a commencé de fondre sous la pression turque. L'hostilité entre Grecs et Latins, au bénéfice de la suprématie grandissante des seconds, préfigure ainsi l'opposition confessionnelle entre les Églises orthodoxe et catholique. De surcroît, la symphonie des pouvoirs entre l'empereur et le patriarche qui prévaut en Orient suscite une culture politique distincte de celle qui va s'imposer en Occident.

Dans le monde latin, la renaissance carolingienne dessine un territoire appelé à constituer le noyau de toute construction européenne (correspondant aujourd'hui à la France, au Benelux, à l'Allemagne, au nord de l'Italie et au nord de l'Espagne). Elle marque cependant un redressement politique plus qu'un renouveau religieux. Ce dernier ne commence véritablement qu'au Xe siècle, après l'effondrement de l'Empire franc et à la suite d'une période de décadence ecclésiastique qui n'épargne pas Rome. Cluny s'impose alors comme la cheville ouvrière d'une régénération monastique qui est aussi culturelle et dont les deux mille prieurés finiront par quadriller cet espace. Au siècle suivant, la réforme grégorienne parachève ce mouvement en mettant hors la loi les pratiques déviantes du clergé de même que l'intervention des féodaux dans les nominations épiscopales. En réservant aux seuls cardinaux l'élection pontificale, elle opère une recentralisation des pouvoirs au bénéfice du siège romain et affirme ainsi la suprématie du spirituel sur le temporel qu'illustre, lors de la querelle des investitures, la reddition à Canossa, en 1077, du Saint Empire romain germanique. Au prix d'une forte cléricalisation et judiciarisation, elle impose la papauté comme le référent de la *christianitas* qui supplante l'*imperium*.

La conscience de l'identité consolidée à l'intérieur tend naturellement à vouloir se vérifier à l'extérieur. Elle conduit, en 1095, à l'appel à la première croisade lancé par Urbain II. Entre pèlerinage armé et expédition militaire, entreprise de libération des Lieux saints et lutte finale contre l'infidèle, les huit vagues de départ en guerre sainte, sur deux siècles, mêleront espérances millénaristes et motifs opportunistes. Leur bilan sera plus que mitigé. Les croisades renforceront l'inimitié des musulmans, encourageront la défiance des juifs, et confirmeront le ressentiment des chrétiens orientaux dont le sort ressortira aggravé. Avec ce double mouvement de régénération et de belligérance, l'ère de la chrétienté occidentale est néanmoins actée.

Centralité de l'Occident

La multiplication des ordres illustre la fécondité spirituelle du Moyen Âge latin à son apogée, aux XIIe et XIIIe siècles. Qu'ils soient contemplatifs, comme les camaldules, les chartreux ou les cisterciens, pastoraux comme les prémontrés, militaires comme les hospitaliers, mendiants comme les franciscains ou les dominicains, leurs fondations, à la fois masculines et féminines, renouent avec l'exigence évangélique, intègrent les dérives maximalistes ou les poussées contestataires et répondent à un besoin de fraternisation démocratique. Ce sont elles qui, essaimant sur l'ensemble du continent, vont en ordonner la cartographie intellectuelle et artistique, conférant ainsi à l'Europe son caractère de deuxième civilisation chrétienne singulière dans les mentalités comme dans les paysages.

Tout l'espace urbain s'en trouve réorganisé dans une plus grande mixité entre le sacré et le profane. À la différence de la clôture monastique, le couvent reste ouvert au monde dans le cadre de ses activités éducatives ou caritatives. La théologie innovante que représente la scolastique, qui entend unir la foi et la raison en assumant l'héritage de la philosophie grecque, contribue à redéfinir la donne sociale. En inventant l'université, affranchie des limitations des écoles épiscopales, elle promeut la notion de liberté dans la recherche et le débat. En procédant sous la forme de questions disputées de manière dialectique, elle provoque une révolution dans la pensée, la logique et la représentation que systématisent les Sommes, ces encyclopédies préscientifiques dont le caractère monumental n'est pas sans évoquer les cathédrales qui leur sont contemporaines. La diffusion de ce nouveau savoir et de cette nouvelle architecture s'opère par l'implantation parallèle des studiums (des centres d'étude) et de l'art gothique, signe d'une époque qui entend concilier le particulier et l'universel. Là encore, l'élan est européen, maillant les territoires, liant en réseau des espaces communautaires transnationaux. La nouveauté tient à ce que le Nord fait désormais jeu égal avec le Sud, imprimant de la sorte un lent mais sûr mouvement d'éloignement du bassin méditerranéen.

L'équilibre de raison que recherchent les ordres entre la contemplation et l'action, de même que la pondération d'influence entre les zones méridionales et septentrionales qu'aménage le transfert des connaissances, ne se retrouvent pas, pour autant, dans l'exercice de l'autorité. Le gouvernement de l'Église connaît un tournant théocratique. Les conflits récurrents de Rome avec les empereurs, les rois, les princes, mais aussi le peuple de la Ville éternelle, culminent avec la proclamation, par Innocent III, en 1214, du pape comme « vicaire du Christ ». L'année suivante, le quatrième concile du Latran étend la notion de la croisade aux conflits intérieurs à l'Europe, édicte la nécessité de discriminer les Juifs et les Sarrasins, de réprimer les hérétiques, dont les cathares à la suite des vaudois, et crée à cette fin des tribunaux d'exception qui annoncent l'Inquisition. Se définissant comme la seule vraie souveraineté et assimilant les puissances temporelles à des vassalités soumises à son arbitrage, la papauté s'engage dans une absolutisation qui, à terme, cause une fragilisation de son autorité.

La grande diversification et l'extrême unification de l'Occident latin médiéval constituent ainsi les deux versants d'une même réalité : la profusion intellectuelle qui découle d'une forte inventivité a pour pendant une compression sociale qui vise à imposer un modèle homogène et idéalisé. Cette tension, portée à son paroxysme les siècles suivants, va entraîner un cycle de ruptures et de réactions avant de diviser l'Europe chrétienne en son mitan, entre sud et nord.

Basculement au Nord

Du XIVe au XVe siècle, les crises de toutes natures se succèdent. En 1337 débute la guerre de Cent Ans entre l'Angleterre et la France alors que, dix ans plus tard, la pandémie de peste noire cause la perte d'un tiers de la population européenne. Surtout, Rome n'est plus dans Rome : face aux revendications nationales qui fragmentent le continent et dont les Capétiens se font les porte-parole, la papauté doit renoncer à son ambition théocratique et s'exile à Avignon où elle réside de 1309 à 1377. En découle le grand schisme d'Occident qui, pendant quarante ans, de 1378 à 1417, voit se superposer papes et antipapes sur fond d'alliances réversibles avec les puissances impériales et monarchiques. L'Église affronte l'État prémoderne qui postule une distinction plus nette entre le spirituel et le temporel alors que, au sein même de l'Église, les conciles de Pise en 1409, de Constance en 1414, de Bâle en 1431, marquent une remise en cause du pouvoir pontifical.

Cette instabilité générale correspond à un déplacement des centres d'innovation vers le nord, qu'il s'agisse, au cœur du continent, du couloir économique désormais prépondérant qui court de Lübeck à Milan en empruntant le Rhin et le Rhône ou, sur la façade atlantique, des nouveaux ensembles marchands que forment les Pays-Bas et les îles Britanniques ou, sur la Baltique, la ligue hanséatique. Ce sont là également des foyers de contestation. Dans la sphère religieuse, la mystique rhénane et le courant de la dévotion moderne, né dans les Flandres, favorisent la subjectivisation de la foi contre la rationalisation du dogme. Dans la sphère sociale, la dissolution de l'ordre féodal sous l'émergence de la bourgeoisie se double des révoltes paysannes contre le servage qui secouent l'Angleterre et qui se propagent, à l'autre bout de la ligne septentrionale, aux hussites de Bohême, au nom d'un sursaut évangélique qui se confond avec un radicalisme politique. Enfin, c'est de Mayence, en monde germanique, que part la révolution Gutenberg appelée à démocratiser le savoir contre la mainmise du clergé. Le Nord condense ainsi l'avènement de l'individu qui prépare lui-même la Réforme.

Le Sud enregistre, pour sa part, l'ultime décrochage de l'Orient méditerranéen avec la prise de Constantinople par les Turcs en 1453 qui marque la fin du Moyen Âge. Les conciles d'union, menés entre Latins et Grecs à Lyon en 1274 et à Ferrare-Florence en 1439, ont échoué à restaurer l'unité ecclésiale suspendue à des accords militaires restés inefficaces. La papauté va instaurer, dès lors, une politique unilatérale de rattachement, dite péjorativement « uniate », en érigeant des Églises orientales unies à Rome (maronite, melkite, copte-catholique, ukrainienne, etc.) qui seront considérées par les Églises orthodoxes comme autant de prédations. Byzance va néanmoins survivre à Byzance grâce à ses missions auprès des Slaves qu'elle n'a cessé de renforcer, particulièrement avec l'essor transnational du mouvement monastique dit « hésychaste » qui s'épanouit au XIVe siècle et qui, contre le rationalisme qui prévaut en Occident, prône une conception radicalement mystique du christianisme. Ce mouvement suit, à partir de la république théocratique du mont Athos, une voie de diffusion courbe qui passe par les Balkans pour remonter vers Kiev et atteindre la Moscovie. Sécurisant de la sorte le barrage confessionnel qui traverse l'Europe centrale, il scelle définitivement la fracture continentale. Cette expansion vers l'est renforce indirectement le déport du centre de gravité du christianisme vers le nord. L'apparition du nouvel empire périphérique que constitue la Russie, dépositaire de l'orthodoxie, seul État orthodoxe jusqu'au XIXe siècle, et fondé à son tour sur la symphonie byzantine des pouvoirs au point de se considérer comme la troisième Rome, cause immédiatement la formation d'un front commun polonais, balte et scandinave. Ainsi, la notion d'Orient chrétien s'élargit au moment même où celle d'Occident chrétien est en voie de se restructurer.

L'Europe divisée

Cette recomposition est perceptible avec la réduction de Rome, au XVe siècle, à une puissance d'abord italienne, la papauté promouvant à la fois l'unification militaire des États pontificaux et l'explosion esthétique de la Renaissance. Elle se manifeste également, en Espagne, au même moment, par l'achèvement de la Reconquista et la formation d'une entité qui se veut d'autant plus homogène qu'elle procède à l'expulsion des musulmans et des juifs. Mais alors que le Sud se ramasse et se solidifie en territoires de latinité catholique, le Nord se distancie, s'émancipe et éclate, le siècle suivant, sous la Réforme, en territoires de germanité protestante. L'Europe septentrionale va ainsi connaître, jusqu'à l'orée du XVIIIe siècle, un cycle de guerres de Religion qui touchera le Saint Empire, le Royaume-Uni, les Pays-Bas, la France et déterminera la ligne frontière entre les deux confessions chrétiennes désormais dominantes, des temps modernes à aujourd'hui.

Les causes théologiques de la Réforme sont aussi diverses que les argumentaires qu'en donnent ses initiateurs, Luther, Zwingli, Calvin, ou encore Henri VIII d'Angleterre, et aussi multiples que les Églises historiques qui en ressortiront, luthérienne, réformée, anglicane, dont les ramifications par ailleurs iront croissantes. Le terme même de protestant indique assez la rupture qu'implique cette revendication de progrès qui se constitue néanmoins en mouvement de réaction. La redécouverte de la primauté de l'Écriture, l'absolutisation de la foi personnelle comme principe de salut, le retour à l'idéal de la communauté primitive découlent de l'opposition à la déliquescence de l'institution cléricale. Ces motifs religieux recoupent les facteurs culturels et politiques que sont la propagation de l'humanisme, le développement du capitalisme et l'exigence de démocratisation que réclament les couches populaires, mais que portent essentiellement les classes aristocratiques intermédiaires. Aussi, la passation des pouvoirs symboliques s'établit-elle en parallèle au transfert des richesses matérielles en vertu d'un double effet de sécularisation, ce terme désignant initialement l'appropriation des biens ecclésiastiques par les puissances profanes.

La Réforme participe donc des débuts de la modernité. Elle s'inscrit dans l'ère de la liberté et de l'égalité des consciences qui suit la destitution du monde ancien, qu'il s'agisse de la désacralisation des représentations cosmologiques antiques ou des hiérarchies sociales médiévales. Pour autant, elle en diverge par la priorité qu'elle accorde à l'intégrité de la révélation et de la morale, n'hésitant pas à ce titre à réprimer ses propres déviationnistes, à l'instar de la Genève calviniste, mais aussi par sa propension à mener des luttes de conquête de territoires au nom de l'émancipation des peuples. En captant sous forme de coulée en entonnoir le nord-ouest de l'Europe (Suède, Danemark, Finlande, Estonie, Lettonie, Angleterre, Écosse, Prusse, Saxe et Helvétie) où elle va néanmoins se trouver cantonnée après les coups d'arrêt que la France et l'Autriche, optant pour Rome, portent à son expansion, elle suscite la troisième forme originale de civilisation chrétienne.

La réaction catholique prend la forme de la Contre-Réforme que canonise, en 1551-1552, le concile de Trente dont les objectifs dépassent toutefois la simple opposition à la Réforme. Il s'agit de réarmer l'Église romaine comme force d'évangélisation. Ce mouvement doctrinal, liturgique et spirituel que vont illustrer la floraison de l'art baroque et le renouveau mystique dont témoignent le Carmel espagnol ou l'École française, se dote d'un outillage institutionnel et conceptuel voué à l'efficacité que portent les nouveaux ordres consacrés à l'action éducative, caritative ou missionnaire dont les jésuites sont l'exemple. À Rome, la papauté entreprend énergiquement de bâtir une administration centralisée à travers la création de congrégations qui sont autant de ministères en charge des questions religieuses, sociales, politiques et qui disposent de forts pouvoirs d'encadrement, comme celui de l'Index. Elle enjoint les monarchies catholiques de former la Sainte Ligue qui assure son flanc méditerranéen par l'écrasement des Turcs à Lépante en 1571 et sa pointe centrale par l'endiguement de l'Union protestante à la Montagne Blanche, près de Prague en 1620.

En 1648, le traité de Westphalie, qui clôt la guerre de Trente Ans, n'entérine pas moins l'existence de l'Europe protestante à côté de l'Europe catholique. L'opposition se stabilise ainsi en une partition durable, à base confessionnelle, divisant le continent en son Occident alors que l'Orient s'estompe, sombrant dans la captivité dans sa part gréco-slave et demeurant pour l'heure au seuil de l'histoire dans sa part russe. La chute de Constantinople a clos l'ère méditerranéenne, laissant le champ libre à l'ère atlantique qui s'est précisée peu à peu, mais qui va prévaloir aux temps modernes. En 1492, soit moins de quarante ans après 1453, la découverte du Nouveau Monde offre en effet un espace considérable à la concurrence évangélisatrice des christianismes européens. Tous deux se trouvent ainsi mêlés au processus plus général d'occidentalisation du monde dont la colonisation est l'autre levier, mais qui se révèle vite contradictoire à la fois dans sa nature et par son fonctionnement, car n'empêchant pas les compétitions nationales au sein d'une même confession.

Des nouveaux mondes au Pacifique

L'Amérique latine

En 1494, sur le tracé d'un méridien supposé parfait, le traité de Tordesillas divise la *Terra nullius*, le « libre territoire » qu'est le Nouveau Monde, entre l'Espagne et le Portugal. Les deux puissances catholiques, maritimes et atlantiques, viennent en fait de se partager le sous-continent de l'Amérique australe dont Christophe Colomb a ouvert la voie. Partis des Antilles, les Espagnols gagnent le sous-ensemble central de la Caraïbe (soit aujourd'hui du Guatemala au Panamá), avant de remonter au nord pour s'emparer de l'Empire aztèque (l'actuel Mexique), puis de descendre au sud, le long de la côte Pacifique (via aujourd'hui la Colombie), pour s'emparer cette fois de l'Empire inca (présentement le Pérou et le Chili). À la différence du système espagnol d'occupation des terres et de soumission des peuples, le Portugal procède selon une logique de comptoirs avant d'exploiter à son tour les nouveaux territoires découverts le long de la côte Atlantique (l'actuel Brésil).

Dès le XVIe siècle, les deux vice-royautés dessinent ainsi la conformation de l'Amérique latine en un arc hispanophone et un bloc lusophone où la colonisation se double d'une christianisation forcée, au prétexte de la bulle papale de 1508, *Universalis ecclesiae*, leur déléguant la constitution de diocèses. La violence et la cruauté de cette conquête ne sont plus à décrire, incluant l'usage des massacres de masse, l'instauration de l'esclavage, le pillage des richesses et l'imposition du baptême. Sur place et à Rome, l'Église catholique ne tarde pas à dénoncer ce détournement. Les dominicains, menés par Bartolomé de Las Casas, évêque du Chiapas (Mexique), s'engagent immédiatement en faveur du droit des Amérindiens à un libre apostolat respectueux de leur humanité, de leurs personnes et de leurs cultures qui aboutit, dès 1542, à la formation d'une conférence épiscopale indépendante des conquistadors et qui triomphe, en 1550, lors de la célèbre controverse de Valladolid. Les jésuites les suivent, d'abord au Brésil où la mission entamée par José de Anchieta en 1549 conduit cinquante ans plus tard à la création des réductions, ces communes préfiguratrices des utopies sociales, chez les Guarani (au carrefour du Paraguay, de l'Argentine, de l'Uruguay contemporains) qui deviennent ainsi le premier peuple de l'histoire entièrement alphabétisé et ayant aboli la peine de mort. Une nouvelle religiosité catholique, intégrant le fonds indien antérieur, voit ainsi peu à peu le jour, avant de s'imposer comme une dimension majeure de la latinité moderne.

La lutte initiale du missionnaire contre les tentatives d'instrumentalisation du colonisateur va scander la chronique tourmentée de l'Amérique latine en quête de sa propre émancipation. Elle prend le tour d'une confrontation interne au catholicisme lorsque, au XXe siècle, le sous-continent devient un théâtre privilégié de l'affrontement entre l'Est communiste et l'Ouest capitaliste. Héritier du passé, le partage entre une Église de l'ordre et une Église de la communion se solde par la percée de la théologie de la libération. Par-delà certaines dérives marxisantes, cette contribution originale du Nouveau Monde à l'universalisme chrétien illustre le basculement progressif du catholicisme du Nord au Sud.

L'Amérique du Nord

Un siècle après Tordesillas, l'Angleterre dispose d'une flotte suffisante pour contester l'hégémonie ibérique dans le Nouveau Monde, quitte à déporter ses colonies au septentrion. La partition européenne va être ainsi globalement et durablement reconduite entre un territoire austral uniformément catholique et un territoire boréal majoritairement protestant. Pour autant, Londres se heurte à la concurrence de plusieurs nations qui contrarient l'unification de son pré carré en Amérique du Nord, ce phénomène de diversification étant appelé à s'amplifier sous les politiques d'immigration des États-Unis et du Canada à la suite de leur indépendance.

La concurrence est tardive et lointaine avec l'Empire tsariste qui, par l'Arctique, gagne l'Alaska en 1740 et en fait une terre orthodoxe en convertissant les Aléoutes, d'où il sortira une Société russe des missions principalement active en mer Blanche et en Asie centrale. Elle est immédiate et frontale, dès le milieu du XVIe siècle, avec la France autour des bassins fluviaux du Saint-Laurent et du Mississippi et avec les Pays-Bas au centre de la côte Est. Organisés depuis Paris, les ordres missionnaires mènent un apostolat exemplaire auprès de peuples indiens tels que les Hurons, les Iroquois, les Algonquins, formant de la sorte l'îlot catholique que représente le Québec actuel, le colonialisme français se concentrant en Afrique subsaharienne et dans le Sud-Est asiatique après sa défaite face aux troupes anglaises à Montcalm en 1759. Pour partie protestante, la présence hollandaise s'efface à son tour devant la suprématie britannique, victorieuse du cycle des guerres anglo-néerlandaises entamé en 1652 et achevé en 1784, soit un an après la reconnaissance de l'indépendance des États-Unis par le traité de Versailles.

Alors que la colonisation américaine, qui se veut une décolonisation, est lestée de la traite des Noirs, abolie en 1808, et des guerres indiennes, closes en 1858, la mission aux États-Unis prend un visage singulier en raison d'une alliance inédite entre le christianisme et les Lumières. Les dissidences protestantes d'Europe, principalement puritaines, en butte à l'hostilité des confessions historiques, ont trouvé dans le Nouveau Monde une Terre promise prédestinée à se constituer en empire du Bien. L'union tolérante et prospère de la liberté et de la foi n'a pour seule limite que la primauté de l'Écriture qui, légitimant la loi et la morale communes, garantit la paix civile. Il en résulte une religion civile dont le culte va à la nation élue pour rendre ce culte : les Églises sont libres de l'État, mais l'État n'est pas libre de Dieu. Entre retrait millénariste et sortie messianique, la même sécularisation des sources bibliques justifie l'alternance de l'isolation et de l'intervention dans les relations internationales.

Dès l'indépendance, la révolution politique favorise une révolution religieuse, propice au foisonnement des formes radicales de protestantisme. Calvinistes, luthériens, anglicans sont vite débordés par les presbytériens et les méthodistes, mais aussi les quakers ou les amish, avant que ne s'imposent au fil des grands « réveils » et au cours de la ruée vers l'ouest, les baptistes, les évangéliques et les pentecôtistes. Ces derniers mouvements, qui ont pour centre la *Bible belt*, vont caractériser le christianisme américain, donnant lieu à une troisième forme originale de civilisation. Transitant entre fondamentalisme et individualisme, primitivisme et spontanéisme, piétisme et politisation, ils sont majoritaires en nombre et exercent une influence notable sur l'orthodoxie, le catholicisme, mais aussi le judaïsme américain. Forts des moyens de l'hyperpuissance, ils se distinguent, depuis la chute du mur de Berlin, par leur propension prosélyte hors des États-Unis, non sans succès au regard de leur conformité aux présupposés libéraux de la culture mondialisée.

L'Afrique

En 1491, une mission portugaise, arrivée par la côte atlantique via les îles du Cap-Vert et de São Tomé, s'établit au royaume de Kongo (présentement l'Angola, les deux Congo et le nord du Gabon), rompant ainsi la solitude de la chrétienté éthiopienne. Elle y sera intermittente, de même que les implantations voisines encouragées par Rome dans les régions que couvrent aujourd'hui le Bénin et le Mozambique ainsi qu'à Madagascar. Il faudra le milieu du XIXe siècle pour que l'évangélisation s'étende à l'échelle du continent à la faveur de la compétition politique entre les puissances coloniales mais aussi religieuse entre les ordres catholiques et les sociétés protestantes voués à la systématisation de la mission.

Cette nouvelle vague de christianisation présente un tableau complexe. Du côté catholique, Pères blancs, frères et sœurs spiritains, capucins, franciscains prennent appui sur la Sacrée Congrégation pour la propagation de la foi, fondée à Rome en 1622, qui là comme ailleurs fédère les avancées. Leur pénétration s'opère en Afrique du Nord (d'Alger vers le Niger), en Afrique de l'Ouest (de la Guinée vers le Burkina Faso et le Bénin), en Afrique centrale (du Gabon vers les Républiques du Congo et de Centrafrique) et en Afrique de l'Est, autour des Grands Lacs (Ouganda, Burundi). Les missions protestantes, européennes ou américaines, nationales ou confessionnelles, exercent leurs percées principales en Afrique australe (de l'Afrique du Sud à la Zambie), le long de la Corne de l'Afrique (de l'Égypte vers le Kenya), rivalisent avec les catholiques en Afrique centrale (autour des rives du Congo) et en Afrique de l'Est (de la Tanzanie au Rwanda).

Cette complexité de terrain est aussi théologique. Là encore, le missionnaire catholique tend à se distinguer du colonisateur, singulièrement s'il est français, afin de gagner les populations locales, mais il bute sur le problème de l'inculturation des religions traditionnelles, péjorativement ramenées à l'animisme. Le missionnaire protestant se montre pour sa part oscillant entre les extrêmes que forment le Liberia, fondé par des baptistes américains pour les esclaves affranchis afin de dénoncer le scandale de la traite, et l'Afrique du Sud, où les réformés hollandais idéologisent le calvinisme afin de justifier une ségrégation qui annonce l'apartheid. Enfin, outre les résistances tribales et les premiers martyrs, tous se confrontent uniment au prosélytisme rival de l'islam.

Pour autant, à l'instar de l'exemple précurseur de Madagascar, ce sont les Africains eux-mêmes qui vont devenir le moteur de leur évangélisation. En une ultime vague, décisive celle-là, la mission devenue endogène place le continent noir en tête de l'expansion chrétienne contemporaine et du renouvellement institutionnel et liturgique des Églises historiques, catholique, anglicane, luthérienne, mais aussi orthodoxe par le biais du patriarcat grec d'Alexandrie qui trouve là une seconde jeunesse. Cette vitalité s'exprime également par la multiplication de nouveaux cultes prophétiques ou revivalistes, sur le modèle du kimbanguisme congolais, qui insistent sur leur africanité. Le christianisme noir affirme ainsi sa singularité.

L'Asie et l'Océanie

En 1540, le jésuite François Xavier, cofondateur de la Compagnie, débarque à Goa, sur les rivages de l'océan Indien, renouant ainsi avec les missions assyriennes en Asie. En dix ans, il visite le Sri Lanka, l'Indonésie, l'archipel nippon avant que la mort ne le dérobe au seuil de la Chine. Ses successeurs s'intègrent dans l'empire du Milieu en lui apportant leurs savoirs et en adoptant ses mœurs. Ils déclinent cette politique d'assimilation du missionnaire à la culture locale plutôt que de l'autochtone à la culture occidentale en Inde, au Vietnam et au Japon, entrant ainsi dans un dialogue innovant avec les civilisations asiatiques. Leur choix déchire l'Europe au tournant du XVIIIe siècle sous couvert de la querelle des rites et est finalement condamné par Rome.

Ce coup d'arrêt, que va sceller la suspension de la Compagnie entre 1773 et 1814, est amplifié par la fermeture momentanée des pays d'Asie qui, au besoin, persécutent leurs Églises naissantes, condamnant les chrétiens à la clandestinité comme au Japon entre 1614 et 1859, ou refusant toute présence étrangère comme la Chine entre 1720 et 1865. Ailleurs, les missionnaires catholiques, mais aussi protestants, entendent se distinguer de l'emprise coloniale déguisée des États occidentaux et de leurs grandes compagnies maritimes et marchandes qui, en retour, exercent à leur encontre une profonde méfiance. C'est toute la difficulté de l'apostolat des presbytériens écossais en Inde ou des calvinistes hollandais à Djakarta.

Au mitan du XIXe siècle, la nécessité de la modernisation qui contraint l'ensemble des pays non occidentaux ainsi que la mainmise coloniale de la Grande-Bretagne sur l'Inde, de la France sur l'Indochine rouvrent, pour un temps, l'Asie à l'évangélisation. Toutes les confessions progressent, dont l'orthodoxie russe notablement au Japon. À l'exception des Philippines, où le catholicisme est devenu majoritaire dans la dépendance à la dynamique latino-américaine, l'influence ne s'exerce cependant de manière déterminante que dans les zones de progrès social et économique. La déferlante communiste partie de Chine avant de submerger le Sud-Est fait que la mission chrétienne en Asie se retrouve, à la fin du XXe siècle, dans l'état embryonnaire qui était le sien au XIXe siècle. L'exception que représente, à côté de Singapour, la Corée du Sud est néanmoins significative, mais au prix d'un effritement confessionnel que résume l'existence, aujourd'hui, de deux cents dénominations pour les 16 millions de fidèles qui forment 32 % de la population (7 % de catholiques pour 25 % de protestants).

L'Océanie offre cependant une voie de contournement maritime vers l'Asie en raison de l'agglutinement de la globalisation autour du Pacifique comme nouveau bassin d'échanges. Dans cet ensemble disparate, la christianisation est quasi totale à la suite des évangélisations du XIXe siècle, française puis espagnole, donc catholique en Polynésie française, Nouvelle-Calédonie et dans l'île de Pâques, anglaise et donc épiscopalienne ou réformée en Australie et Nouvelle-Zélande. Fait significatif cependant, le paysage confessionnel se transforme sous l'apport des évangéliques, mais aussi de mouvances marginales comme les mormons qui progressent dans les zones défavorisées telles que la Papouasie. Là aussi, le témoignage du christianisme doit d'abord faire avec l'éclatement des christianismes.

Perspectives : du XIXe siècle au IIIe millénaire

Au cours de ces cinq siècles d'expansion qui ont vu se réaliser l'universalité concrète de la mission chrétienne, l'Europe, qui a en été le moteur, a connu un cheminement inverse au point de constituer aujourd'hui le continent le plus sécularisé. Les raisons de ce déclin, proportionnel à l'essor d'une modernité qui s'est confondue avec le rejet des représentations transcendantes, sont multiples et ne dépendent pas toutes des Églises. Les hécatombes des deux guerres mondiales, les abîmes d'Auschwitz et du goulag ont provoqué une crise de confiance sans précédent de l'humanité envers elle-même. L'effacement du christianisme européen renvoie ainsi à la question de l'aspiration plus large de l'Europe à sortir de l'histoire.

À la suite du XIXe siècle qui représente un temps d'émancipation, mais aussi de diffraction des Églises sous le coup des nationalismes révolutionnaires, particulièrement dans les Balkans, l'Orient chrétien connaît au XXe siècle un recul menaçant. Dès 1915, les progressismes issus des Lumières entraînent l'exode des chrétiens de Méditerranée : les Jeunes-Turcs planifient le génocide des Arméniens et des Assyriens alors que les kémalistes expulsent les Grecs d'Anatolie en 1923 et que les nassériens chassent les « allogènes » d'Égypte en 1956. À partir de 1917, à l'Est, le communisme soviétique procède à un plan de liquidation de la religion qui cause plus de martyrs en un demi-siècle qu'en deux millénaires d'existence : la persécution s'étend, après 1945, à l'Europe de l'Est, à l'Asie et à l'Afrique où le Derg tente d'annihiler l'Église d'Éthiopie entre 1974 et 1991. Après 1948, au Levant, le conflit entre les dictatures socialistes arabes et l'État d'Israël place les chrétiens en position d'instrumentalisation ou de tiers indésirable. Le réveil des fondamentalismes, depuis 1979, et la radicalisation du « choc des civilisations », après le 11 septembre 2001, les soumet à un ostracisme qui englobe désormais la Corne de l'Afrique et l'Inde. Sorties du XXe siècle avec, au prorata, des territoires et des populations moindres qu'au XIXe siècle, les Églises orientales connaissent d'importantes diasporas aux quatre coins du monde dont la pérennité demeure incertaine alors que l'orthodoxie russe tente, depuis 1989, de réaffirmer son rôle de chef de file.

Pour avoir eu à se confronter également aux totalitarismes, le catholicisme est lui-même sujet à de fortes mutations. La convocation du concile Vatican II, en 1962, constitue un tournant. Remettant en cause son assimilation à l'Occident et à la latinité, Rome, au prix d'un *aggiornamento*, prend toute la mesure de son caractère multipolaire. La fin des papes italiens, avec le Polonais Jean-Paul II et l'Allemand Benoît XVI, annonce la consécration du Nouveau Monde en la personne de l'Argentin François. La papauté affirme son *leadership* religieux planétaire tout en prenant acte du basculement de son centre de gravité au sud, un catholique sur quatre résidant désormais en Amérique latine. Sa nouvelle frontière cruciale tient désormais à la Chine, où l'État postcommuniste oppose au Vatican une Église nationale qui lui est inféodée.

L'avènement du christianisme américain, avec la montée des États-Unis comme grande puissance après 1918 et comme hyperpuissance après 1989, marque une décrue parallèle des Églises historiques issues de la Réforme. La forte croissance externe de l'évangélisme et plus encore du pentecôtisme (1 million de fidèles en 1900, 200 millions aujourd'hui) relève pour une part de la mission classique, mais s'établit aussi, en raison de son esprit militant, au détriment des confessions traditionnelles, qu'il s'agisse des orthodoxes en Roumanie, des catholiques au Brésil ou des luthériens en France. La capacité de ce christianisme de la reconversion – sur fond d'immédiateté, d'émotion et de multiplication de communautés parfois antagoniques – à susciter une civilisation propre demeure débattue, de même que le risque de confusion qu'il entretient avec l'idéologie de la mondialisation.

Le grand acquis du XXe siècle demeure cependant l'œcuménisme, c'est-à-dire la recherche par l'ensemble des chrétiens d'une reformulation pertinente de leur unité. Ce dialogue concerne les hiérarchies, les théologiens, mais plus manifestement encore les croyants, désormais attentifs aux richesses respectives des diverses traditions. Pour autant, si les barrières cultuelles ont tendance à être relativisées, les barrières culturelles s'approfondissent entre l'Est et l'Ouest, le Nord et le Sud, particulièrement sur les questions de l'engagement politique et de la régulation morale. Le dialogue interreligieux, dont le christianisme est l'initiateur et reste le principal acteur, singulièrement au regard de l'islam et des crises qui le traversent, suit le même mouvement, au risque parfois d'un syndrome onusien.

Ce tableau induit quelques-uns des grands défis du troisième millénaire. En Afrique, où le nombre des chrétiens devrait dépasser celui des musulmans en 2020, la confrontation entre les deux religions universalistes a pris un caractère armé le long de la ligne qui fracture le continent entre le Nord et l'ensemble subsaharien tandis que le génocide du Rwanda a indirectement signalé les limites de la christianisation. L'Asie, le grand rendez-vous plusieurs fois manqué, pose radicalement la question de l'inculturation, c'est-à-dire de la traduction des concepts judéo-grecs en des schémas mentaux très dissemblables et, donc, de sa capacité à se désoccidentaliser. Au Moyen-Orient, élargi à ses marches asiatiques, l'existence même du christianisme est questionnée sous l'intolérance des fondamentalismes politico-religieux qui l'assimilent à la promotion de la société ouverte, démocratique et égalitaire que très précisément ils dénient. Si l'intensité de ce drame est patente, il n'en reste pas moins que, à l'échelle locale ou globale, les Églises sont les premières à dénoncer la confusion courante entre l'islam et l'islamisme qui en découle. De la même façon, elles récusent l'amalgame des oppressions que les chrétiens peuvent subir à travers le monde en une cause de revendication globale. Refusant toute instrumentalisation particulière, les Églises y voient au contraire le signe de la crise plus générale des identités que cause la mondialisation et préfèrent étendre leur critique à l'ensemble des déstabilisations que cette dernière entraîne.

L'expansion du christianisme est en effet indissociable de celle de la sécularisation qu'il suppose, qu'il porte, mais à laquelle on ne saurait le réduire. La dette de la mondialisation envers l'universalisme chrétien est indéniable, comme le montre l'invention du droit international ou des droits de l'homme dans les universités dominicaines à l'orée des temps modernes. Néanmoins, la conception même de l'homme diffère, selon qu'on le considère articulé à une origine et une destination qui le dépassent ou libre de s'autocréer en tant que maître de son propre destin. Par la force même de la notion d'Incarnation, il n'est pas un temps ou un lieu qui n'ait cherché à dessiner, à travers son appréhension du Jésus des Évangiles, sa dimension propre d'humanité. Vingt siècles après la passion du Christ, la singularité éminente du christianisme et la seule promesse de son avenir tiennent, comme à ses débuts, dans sa force à susciter des témoins, mot qui dans l'Église primitive se disait martyr.

Professeur à l'Institut orthodoxe Saint-Serge, président des Éditions du Cerf, Jean-François Colosimo est l'auteur, chez Fayard, d'une enquête sur les mutations théologico-politiques du monde contemporain qui compte *Dieu est américain*, *L'Apocalypse russe*, *Le Paradoxe persan* et dont le prochain volume à paraître, *Les Hommes en trop*, est consacré aux chrétiens d'Orient.

Une question qui nous concerne tous

Comme une nouvelle alliance

André Comte-Sponville

Croyant ou non-croyant, le sort des chrétiens nous concerne tous.

Je serai donc l'athée de service... Je comprends le souhait des maîtres d'œuvre de ce *Livre noir*, qui justifie la demande qu'ils me firent d'y participer : ne pas laisser aux seuls chrétiens le soin de défendre leurs frères opprimés ou menacés, montrer que le sort de ces derniers nous concerne tous, croyants ou pas, sortir des querelles proprement religieuses, ou supposées telles, enfin donner à ce combat sa vraie dimension, qui est humaine, donc aussi politique et morale, avant d'être théologique ou ecclésiale... Il fallait pour cela un athée – au moins un. Pourquoi moi ? Posez plutôt la question aux initiateurs de ce projet. Je soupçonne que leur choix doive davantage à l'amitié qu'à mes compétences, guère étendues dans ces domaines. Toujours est-il que j'ai accepté sans hésitation, ce qui ne laisse pas de me surprendre rétrospectivement quelque peu. Cette acceptation, qu'il faut bien assumer, et cet étonnement, que je voudrais comprendre, nous amènent au cœur de notre sujet.

Pourquoi s'inquiéter de la condition des chrétiens dans le monde, quand on n'est pas l'un d'entre eux ?

D'abord, bien sûr, parce qu'il s'agit d'êtres humains. Pour l'athée que je suis – mais aussi, fort heureusement, pour une proportion croissante de croyants –, cette dimension importe davantage que la religion ou l'irréligion des uns et des autres. C'est l'universalité vraie, autrement précieuse, à mes yeux, que celle de telle ou telle Église, se prétendît-elle catholique (du grec *katholikos*, « général, universel »). Montaigne, qui se savait chrétien par hasard (« nous sommes chrétiens au même titre que nous sommes ou périgourdins ou allemands[1] »), se voulait d'abord citoyen du monde, comme Socrate avant lui, et prit pour cela, vigoureusement, le parti des populations amérindiennes contre leurs très catholiques envahisseurs et bourreaux. Il avait bien sûr raison. Le même universalisme – c'est-à-dire ici le même humanisme – doit nous pousser aujourd'hui à défendre, tout aussi vigoureusement, les chrétiens victimes de discrimination ou de persécution. Que l'Église, pendant longtemps, ait fait partie des persécuteurs, nul ne l'ignore. Ce n'est pas une raison pour faire peser sur les chrétiens d'aujourd'hui les fautes ou les crimes de leurs prédécesseurs. Nul n'est coupable des péchés de ses pères. Les droits de l'homme se transmettent par la naissance ; la culpabilité, non. Les chrétiens sont d'abord des êtres humains. Cela suffit à leur donner des droits, donc à nous donner des devoirs vis-à-vis d'eux.

Cet humanisme est-il lui-même, comme on le prétend parfois, un héritage du christianisme ? Point seulement, puisqu'il est attesté dès l'Antiquité païenne, spécialement chez les stoïciens. Point toujours, puisqu'il n'empêcha ni l'Inquisition ni les guerres de Religion. Il est de bon ton, à notre époque, d'insister sur le message universaliste des Écritures, par exemple chez saint Paul : « Il n'y a plus ni Juif ni Grec, ni esclave ni homme libre, ni homme ni femme... » En oubliant que cela, dans l'Épître aux Galates, ne vaut expressément que pour ceux qui sont « baptisés dans le Christ[2] »... Les mêmes insistent volontiers, pour s'en réjouir, sur la portée laïque des Évangiles : « Rendez à César ce qui est à César, et à Dieu ce qui est à Dieu[3]... » En oubliant que l'Église, pendant des siècles, donna de cette formule une tout autre interprétation et ne cessa, jusqu'au milieu du XXe siècle, de combattre cette laïcité même dont elle se réclame aujourd'hui. L'Église n'est pas le Christ ? Certes ! Mais l'universalisme de ce dernier, pour autant qu'on en puisse reconstituer le message, n'était pas non plus si ouvert qu'on fait mine, depuis quelques décennies, de le croire. « Qui est ma

1. Montaigne, *Essais*, II, 12, p. 445 de l'édition Villey-Saulnier, PUF.
2. Ga 3, 27-28.
3. Mt 22, 21 ; Mc 12, 17 ; Lc 20, 25.

mère ? Qui sont mes frères ? » demande-t-il. Et de répondre en désignant ses disciples : « Voici ma mère et mes frères ; ce sont ceux qui écoutent la parole de Dieu et la mettent en pratique[1]. » Faut-il rappeler que le même, qui préconisait de tendre l'autre joue[2], affirmait hautement qu'il n'était pas venu « apporter la paix, mais le glaive[3] » ?

Je cite ces textes pour résister à l'irénisme ambiant, qui tend à gommer toutes les différences au nom, paradoxalement, de leur respect. Jésus, pour qui j'ai beaucoup plus que de l'estime, était tout autre chose qu'un droit-de-l'hommiste. C'est la foi qui sauve, ne cesse-t-il de répéter, et la porte est étroite… Il n'en reste pas moins que le monothéisme, dès sa version judaïque, portait en germe un universalisme au moins possible, qui deviendra de plus en plus nécessaire. S'il n'y a qu'un seul Dieu, c'est le même pour tous ; s'il est Père, nous sommes tous ses enfants, et frères au moins en cela. De là une morale, qui reste pour une bonne part la nôtre (voyez la parabole du Bon Samaritain), comme elle prolonge, à bien des égards, celles qui la précédèrent. Que sa diffusion n'allât pas sans dogmatisme, sans fanatisme parfois, l'histoire suffisamment l'enseigne. Ce n'est pas une raison pour regretter le polythéisme, qui ne fut pas non plus toujours tolérant, tant s'en faut (les premiers chrétiens en firent la cruelle expérience), ni exempt de bêtise ou de superstition. Souvenez-vous de Socrate ou d'Iphigénie. Relisez Lucrèce, plutôt que les niaiseries de nos nouveaux païens.

Où veux-je en venir ? À ceci : que l'humanisme, qui est l'horizon moral indépassable de notre temps, est une raison suffisante pour secourir tous ceux, où que ce soit et quelle qu'en soit la raison, qui sont victimes d'oppression ou de discrimination. Cela vaut pour les chrétiens comme pour les autres, ni plus ni moins, et suffirait à justifier cet ouvrage.

Il reste qu'il s'agit en l'occurrence de chrétiens, en une époque – la nôtre – où les conflits religieux, qu'on pouvait croire dépassés, reprennent une étrange et inquiétante vigueur. C'est une deuxième raison de vigilance, ou plutôt (car la vigilance n'a jamais suffi) de

1. Mt 12, 46-50 ; Mc 3, 33-35 ; Lc 8, 19-21.
2. Mt 5, 39.
3. Mt 10, 34-36.

solidarité. La liberté de conscience fait partie des droits de l'homme. C'est vrai spécialement en matière religieuse. Dieu existe-t-il ? Nul ne le sait. Quel est-il ? Les croyants mêmes, sur ce point, ne s'accordent guère. C'est pourquoi la question se pose d'y croire ou non : ce n'est pas savoir, mais croyance ou incroyance. Je l'ai dit souvent : si vous rencontrez quelqu'un qui vous dit : « Je sais que Dieu n'existe pas », ce n'est pas d'abord un athée ; c'est d'abord un imbécile. Et de même si quelqu'un vous dit : « Je sais que Dieu existe. » C'est un imbécile qui a la foi (ce que je ne lui reproche nullement) et qui, sottement, prend sa foi pour un savoir – ce qui est une double erreur, aussi bien philosophique (puisqu'il confond deux concepts différents : *croyance* et *savoir*) que théologique (puisque la foi, en tout cas en bonne théologie chrétienne, est une grâce, ce que le savoir ne saurait être). À chacun sa vérité ? Surtout pas, car alors il n'y aurait plus de vérité du tout ! Mais à chacun ses opinions, lorsque la vérité est inconnue ou inconnaissable.

Cela même, qui devrait nous rendre tous modestes et tolérants, irrite les fanatiques. Ils voudraient prouver, et ne le peuvent, et enragent de n'y point parvenir. Ils se consolent, à défaut de se calmer, en massacrant les infidèles. Montaigne encore : « C'est mettre ses conjectures à bien haut prix que d'en faire cuire un homme tout vif [1]. » On ne le ferait pas si l'on disposait d'un savoir véritable, et vérifiable. Pas de fanatisme dans les sciences exactes : on n'allume les bûchers que pour des *conjectures* en effet ; on ne massacre que par impuissance à convaincre. Les preuves ? Toutes sont douteuses, dès qu'elles touchent à la métaphysique, et d'ailleurs ne disent pas, même à les supposer valides, en quel Dieu il conviendrait de croire. Les miracles ? Toute religion a les siens, dont la véracité est plus improbable que la crédulité hallucinée des témoins ou que celle, hallucinante, des disciples. La Révélation ? Laquelle, puisqu'il y en a plusieurs, qui divergent ou s'opposent ? Aucune ne vaut que par la foi qu'elle prétend justifier et qu'elle ne saurait dès lors – sauf à tomber dans un cercle – garantir. Qu'est-ce qui nous dit que telle Révélation est plus vraie que telle autre ? C'est qu'elle vient du vrai Dieu. Qu'est-ce qui nous dit que c'est le vrai Dieu ? La Révélation… C'est le cercle

1. Montaigne, *Essais*, *op. cit.*, III, 11, p. 1032.

de la foi, qui lui interdit de valoir comme certitude. Ainsi le doute revient toujours, dont seuls les fanatiques s'effraient.

C'est pourquoi la liberté religieuse est à ce point décisive. Elle marque à la fois la grandeur de l'homme (la seule espèce animale qui se préoccupe de l'absolu) et sa faiblesse (puisque l'absolu échappe par définition à toute connaissance possible : voyez Montaigne, Hume, Kant). Défendre les chrétiens, lorsqu'ils sont menacés à cause de leur foi, ce n'est pas défendre une religion contre d'autres : c'est défendre, partout où elle est attaquée, notre commune liberté de croire ou de ne pas croire, de choisir la religion que l'on veut, donc aussi d'en changer ou de les refuser toutes. Que l'Église catholique ait longtemps combattu cette liberté qu'elle revendique aujourd'hui, ce n'est pas une raison pour refuser de soutenir ceux de ses membres qui en sont privés. Réjouissons-nous plutôt de son revirement ! Que la papauté continue de considérer l'athéisme et l'apostasie comme des péchés mortels[1], c'est un problème théologique, que je lui laisse volontiers. L'important est que l'Église reconnaisse, depuis Vatican II, que la liberté de conscience fait partie des droits de l'homme, et qu'aucune contrainte extérieure – fût-elle religieuse – ne saurait légitimement l'abolir. Sur ce point au moins (ce n'est d'ailleurs pas le seul), l'évolution est à la fois incontestable et positive. Il me semble que c'est vrai aussi, chacune avec son cheminement propre, de la plupart des Églises orthodoxes et protestantes. Et que le christianisme dès lors, à le considérer globalement, tend à devenir, à l'échelle du monde, un facteur de tolérance et de liberté plus souvent que d'oppression ou de fanatisme. Raison de plus pour défendre la liberté des chrétiens, comme nous défendrions la nôtre. La ligne de front, aujourd'hui, ne passe plus, fort heureusement, entre les croyants et les incroyants. Elle passe entre les amis et les ennemis de la liberté : entre les esprits ouverts et tolérants, qu'ils croient ou pas en Dieu, et les esprits fanatiques ou sectaires, qu'ils se réclament d'une religion (voyez l'islamisme) ou d'une idéologie prétendument laïque (voyez la Chine ou la Corée du Nord). C'est

1. Voir par exemple l'encyclique *Veritatis splendor (La splendeur de la vérité)* de Jean-Paul II, Mame-Plon, 1993, p. 109-112, § 69-70. Rappelons qu'un péché mortel est un péché « qui, si l'on meurt en cet état de péché, provoque la condamnation éternelle » (p. 109, § 69).

toujours le combat pour les Lumières qui continue, comme du temps de Voltaire ou de Diderot. Mais les adversaires ont changé.

Comment ne pas évoquer, pour finir, le tristement fameux « choc des civilisations » ? Cela me ramène à mon étonnement rétrospectif, d'avoir accepté si facilement de participer à un ouvrage pour l'objet duquel je n'ai aucune compétence particulière et à quoi ne me voue aucune attache institutionnelle. L'amitié, là encore, joua un rôle. Mais se fût-il agi de la condition des musulmans ou des bouddhistes – qui ont évidemment les mêmes droits que les chrétiens ou les athées –, aurais-je accepté si volontiers ? Sans doute pas (signer une pétition, soit, si on me l'avait demandé ; mais de là à écrire un texte...). C'est que le christianisme, pour moi, n'est pas une religion comme les autres : c'est la mienne, je veux dire celle dont je suis issu, celle à laquelle, précisément, je ne crois plus – quand l'idée de croire en l'une quelconque des autres ne m'a jamais traversé l'esprit. C'est la mienne, puisqu'elle le fut, et puisque c'est la nôtre : celle de l'Occident chrétien, comme on dit trop rapidement (le christianisme est né au Moyen-Orient, et il y a des centaines de millions de chrétiens en Asie), celle de la civilisation judéo-chrétienne, autre raccourci (la religion n'a jamais suffi à définir une civilisation), dont l'athée que je suis est pourtant plus proche que des civilisations hindoue, chinoise ou arabo-musulmane.

Se soucier du sort des chrétiens dans le monde, ce n'est pas seulement défendre les droits de l'homme en général et la liberté de conscience en particulier ; c'est aussi – pour nous, qui en faisons partie – assumer une certaine fidélité, un certain attachement à une communauté, même disparate, à une histoire, même conflictuelle, enfin à ce qu'il est convenu d'appeler une civilisation, fût-elle hétérogène, comme elles sont presque toutes, et influencée de plus en plus, du fait de la mondialisation, par toutes les autres. Comment un Européen ne se sentirait-il pas davantage de liens avec le christianisme, qui bâtit spirituellement notre continent, qu'avec toute autre religion ? Sauf la sienne ? En effet, s'il en a une et s'il n'est pas chrétien. Mais l'athée ? Aucune religion n'est la sienne ; cela ne le dispense pas d'appartenir – par son enfance, par son éducation – à une certaine civilisation. Il n'a que faire des dogmes ; il n'en est que plus sensible aux valeurs. Il ne croit en aucune transcendance ; il n'en est que plus sensible à l'histoire, qui est l'immanence dans le temps. Il est sans foi, en tout cas religieuse ; il n'en a que davantage besoin de fidélité.

Ces deux derniers mots – *foi* et *fidélité* – ont la même origine étymologique (le latin *fides*). Ils ne sont point pour autant synonymes. La foi est une croyance, qu'on a ou pas. La fidélité est plutôt une pratique, un comportement, une exigence. C'est ce qui accompagne la foi, quand on en a une, ou ce qui en reste, quand on l'a perdue : non une croyance, mais un attachement à un certain nombre de valeurs que nous avons reçues, et que nous avons dès lors à charge – si nous les jugeons pertinentes – de transmettre. Qui ne voit que la foi ne saurait y suffire, ni l'athéisme, en dispenser ?

Intellectuellement, je peux bien me sentir plus proche du bouddhisme ou du taoïsme (donc plus encore du tch'an, qui fait comme une synthèse entre les deux). Mais vais-je pour autant me raser le crâne, revêtir une robe safran, fonder un ashram en Auvergne, rêver de karma et de réincarnation ? Cela me semblerait ridicule. Je préfère creuser le sillon qui est le mien, celui d'un intellectuel occidental d'aujourd'hui, dont le cheminement reste indissociable de la religion avec laquelle j'ai rompu, certes, mais qui berça mon enfance et mon adolescence comme elle structura, pendant près de vingt siècles, la patrie spirituelle qui est la mienne – non la France, qui est ma patrie politique, mais ce que Stefan Zweig appelait si joliment et si fortement « notre patrie sacrée, l'Europe ». On dira que je m'éloigne de la condition des chrétiens dans le monde, puisque ce n'est pas en Europe, tant s'en faut, qu'ils sont le plus exposés au malheur. Soit. Mais si l'Europe fut chrétienne et le demeure, à bien des égards, tout christianisme, où que ce soit dans le monde, doit bien véhiculer, parmi d'autres, quelques-unes des valeurs dont l'Europe se réclame et qui deviennent de plus en plus – la mondialisation existe aussi pour les civilisations – ce que Gorbatchev appelait « les valeurs communes de l'humanité », que nous appelons plus couramment les droits de l'homme. Ces derniers sont-ils spécifiquement chrétiens ? Évidemment pas. Le christianisme joua-t-il un rôle dans leur émergence ? Il me semble difficile de le nier, même si ce rôle, rappelons-le, fut souvent ambivalent ou contradictoire. C'est pourquoi il n'y a pas à choisir entre l'universalisme, que j'évoquais en commençant, et l'enracinement dans une civilisation particulière : les deux peuvent et doivent aller de pair. Nul n'accède à l'universel que par la particularité d'une histoire, donc aussi d'une géographie. Se vouloir citoyen du monde, ce n'est pas être apatride. Être athée, ce n'est pas être amnésique. Devrais-je, parce que je ne crois pas en Dieu, cracher sur deux mille ans de civilisation chrétienne ? Devrais-je, parce que je ne crois pas en la résurrection du Christ, refuser de reconnaître la grandeur – morale, humaine, spirituelle – de son message ? Ce serait une vision singulièrement étroite, sectaire, sotte. Or, si je perçois cette grandeur, si j'essaie à ma façon de lui rester fidèle, au moins sur certains points (la primauté de l'amour, le souci des plus faibles, ce que Spinoza appelait « l'esprit du Christ », qui est de justice et de charité[1]), comment ne me sentirais-je pas plus spécialement concerné par le sort de ceux, fût-ce sur d'autres continents, fût-ce au nom d'une foi que je n'ai pas, qui partagent la même perception et la même fidélité ?

Méfions-nous du politiquement correct, qui voudrait que toutes les civilisations se valent, et qu'on ait toujours tort, en conséquence, de préférer l'une d'entre elles. Certains se sont offusqués de ce que Benoît XVI, dans son discours de Ratisbonne, ait osé mettre le christianisme plus haut que l'islam. Mais eût-il été pape, eût-il même été chrétien, s'il n'était en effet convaincu de cette supériorité ? Quel musulman qui ne mette l'islam plus haut que toute autre religion ? Quel athée, qui ne juge l'athéisme plus vrai ou plus vraisemblable ? C'est bien ainsi. Ne confondons pas respect de l'autre et reniement de soi. Si tout se vaut, rien ne vaut : ce n'est plus tolérance mais veulerie ; plus relativisme, mais nihilisme.

Même chose pour les civilisations. Pourquoi se vaudraient-elles toutes, et en quel sens ? Objectivement ? Encore faudrait-il qu'il y ait des valeurs objectives, ce que je ne crois pas. Du point de vue des sciences humaines ? Mais celles-ci n'ont pas à énoncer de jugements de valeur : si toutes les civilisations semblent se valoir, de leur point de vue, c'est qu'elles ne valent rien, ou que la question, pour mieux dire, ne se pose pas. Subjectivement ? Mais alors cela dépend de l'évaluation de chacun, qui a bien le droit d'en préférer certaines. La civilisation grecque, au ve ou ive siècle avant Jésus-Christ, me paraît supérieure

1. Voir par exemple, dans la correspondance de Spinoza, les lettres 43, à Jacob Osten, et 76, à Albert Burgh.

à celles qui régnaient, à la même époque, dans les mondes celte ou germanique, comme les civilisations égyptienne quelque huit siècles plus tôt, ou arabo-musulmane, quelque quinze siècles plus tard. Est-ce une faute morale que de le penser ? Une faute politique que de le dire ?

À quoi l'on objecte parfois, bien étrangement, que tous les êtres humains sont égaux en droits et en dignité. J'en suis évidemment d'accord. Mais en quoi est-ce une objection à mon propos ? Même égaux en droits et en dignité, les individus n'en sont pas moins inégaux en fait et en valeur. Est-il contraire aux droits de l'homme d'affirmer que Churchill ou de Gaulle valent mieux qu'Hitler ou Mussolini, que Nelson Mandela vaut mieux que Ben Laden ? Au nom de quoi, alors, prétendre que les droits de l'homme valent mieux que la barbarie ? Il n'en va guère autrement des civilisations. Qu'elles soient égales en droit et en dignité, on peut sans doute le penser (quoique je ne voie pas bien ce qu'est la « dignité » d'un ensemble socio-historique : je ne connais de dignités qu'individuelles). Mais cela ne dit rien sur leur égalité ou non en fait et en valeur. Objectivement, la question est indécidable (puisqu'il n'est d'évaluation que subjective). Cela n'interdit pas aux individus d'énoncer des jugements de valeur, et même c'est ce qui le rend nécessaire – puisque aucune science ne peut le faire à notre place. Je ne suis pas Dieu ; je n'ai aucun titre à prétendre décider, dans l'absolu, de la valeur de telle ou telle civilisation (c'est pourquoi je suis relativiste : tout absolutisme, dans ces domaines, me paraît illusoire et dangereux). Mais je ne suis pas non plus un traité d'anthropologie comparée, qui pourrait se contenter de la simple connaissance objective des phénomènes humains (c'est pourquoi je refuse le nihilisme du « tout se vaut »). Quelle évaluation qui ne soit subjective ? Quel sujet qui ne soit tenu d'évaluer ? Entre absolutisme et nihilisme, le relativisme trace comme une ligne de crête, qui est fidélité à ce que l'humanité – à nos yeux – a produit de meilleur. Vivre par-delà le bien et le mal ? Il faudrait être Dieu. En deçà ? Il faudrait être une bête ou un barbare. Je ne suis ni l'un ni l'autre. J'ai besoin d'agir, donc de juger, et je n'admets pas qu'on prétende me l'interdire.

Cela nous ramène-t-il au choc des civilisations ? Non pas, puisque celles-ci ne sont nullement des ensembles fermés, homogènes, immuables. Elles ne cessent au contraire d'interagir les unes avec les autres, et de plus en plus, donc de changer, d'évoluer, et aussi – c'est l'un des enjeux majeurs de la mondialisation – de converger bien souvent sur un certain nombre de principes essentiels : les droits de l'homme, précisément, dans l'émergence desquels l'Europe joua un rôle particulier mais qui sont aujourd'hui le bien commun de tous ceux qui s'en réclament, quelles que soient bien sûr leur religion, s'ils en ont une, ou la civilisation dans laquelle ils sont nés. C'est où relativisme et universalisme se rejoignent. Les droits de l'homme ne sont pas un absolu, qui serait inscrit en Dieu ou dans la nature. Ils sont eux-mêmes le produit d'une histoire, qu'il nous incombe de prolonger et d'étendre. Que l'islamisme fasse partie des forces qui s'y opposent, parfois violemment, ce n'est que trop clair. Ce n'est pas une raison pour condamner l'islam en bloc, ni pour faire de l'Occident chrétien je ne sais quelle entité homogène, qui serait porteuse du Vrai et du Bien. Ni croisade, donc, ni djihad. Ce qui interdit d'adhérer au prétendu « conflit des civilisations », c'est ce fait incontestable : il existe des démocrates musulmans, d'ailleurs de plus en plus nombreux, et des fascistes judéo-chrétiens. La ligne de front, je l'ai dit, ne passe plus entre les croyants et les incroyants. Elle ne passe pas davantage entre telle religion et telle autre. Le conflit majeur, aujourd'hui, n'oppose pas les civilisations. Il oppose tous ceux qui essaient de bâtir la civilisation mondiale dont nous avons besoin – laïque, démocratique, respectueuse des droits de l'homme – à tous ceux qui la combattent, en Orient comme en Occident, parce qu'ils ont le sentiment, point forcément à tort, que cette civilisation mondiale menace leurs petits pouvoirs, leurs petits privilèges, leurs petites traditions ou leurs petits marchés. Dans ce combat-là, où se joue le sort de l'humanité, il est essentiel de choisir son camp : non parce que toutes les civilisations se vaudraient, pernicieuse bluette (si tout se vaut, à quoi bon se battre ?), mais parce qu'une civilisation laïque, démocratique et humaniste (donc aussi féministe) vaut mieux qu'une civilisation théocratique ou totalitaire, intégriste ou nationaliste.

Dans ce conflit désormais planétaire, il me semble que beaucoup de chrétiens, de par le monde, font aujourd'hui le même choix que moi, ou que nous. C'est une raison de plus pour se soucier de leur sort, lorsqu'ils sont victimes d'oppression ou de discrimination. Ceux-là ne sont pas seulement nos frères en humanité, comme n'importe qui, ni les symboles de la liberté de conscience dont on veut les priver, ni les cousins spirituels de l'Europe. La plupart sont également, avec d'autres, nos compagnons d'armes, ou plutôt (car il faut souhaiter que les armes se taisent) nos compagnons de paix, mais vigilante et active, donc aussi nos alliés.

Les adversaires ont changé, disais-je. Il n'est pas étonnant que cela suscite comme une nouvelle alliance.

Heureux les artisans de paix, qu'ils se croient ou non fils de Dieu.

André Comte-Sponville, né en 1952, est un philosophe français, membre du Comité consultatif national d'éthique depuis 2008. Philosophe matérialiste, rationaliste et humaniste, André Comte-Sponville est un ancien élève de l'École normale supérieure de la rue d'Ulm, agrégé de philosophie, docteur *honoris causa* de l'université de Mons-Hainaut, en Belgique. Il est l'auteur de nombreux ouvrages traduits dans le monde entier. Ses philosophes de prédilection sont Épicure, les stoïciens, Montaigne et Spinoza.

Barbarie et blasphème

Tareq Oubrou
Grand imam de Bordeaux

Pour Tareq Oubrou, théologien et recteur de la grande mosquée de Bordeaux, christianisme et islam sont intimement liés par l'histoire et les textes sacrés. Si des épisodes violents ont émaillé leurs relations, les persécutions dont les minorités chrétiennes font aujourd'hui l'objet au nom de l'islam constituent une aberration sans précédent.

Aux premiers temps de l'islam, les musulmans étaient minoritaires à La Mecque. Menacée de mort, une partie de la communauté musulmane partit se réfugier en Éthiopie sur ordre du Prophète. « Allez en Éthiopie, il y a là-bas un roi chrétien juste qui défend les opprimés », leur dit-il. Mohammed ne s'était pas trompé. Le négus, le roi chrétien, les accueillit généreusement dans son pays. Cette histoire, les musulmans ne doivent pas l'oublier. Aujourd'hui, dans un Occident où les chrétiens sont majoritaires, les musulmans jouissent d'une liberté et d'une dignité que n'offrent pas la plupart des pays musulmans. Certes, l'Occident s'est fortement sécularisé ; la religion chrétienne n'y est plus aussi influente que d'autres religions ailleurs dans le monde. Mais tout de même…

Dès la naissance de l'islam, donc, la relation au christianisme était une relation privilégiée. J'en veux pour illustration le début du chapitre du Coran intitulé : « Les Romains ». Ce texte prend position en faveur des Romains chrétiens contre leur agresseur perse zoroastrien. Il annonce aux musulmans, attristés par la défaite des Romains, que ces derniers prendront bientôt leur revanche. La prophétie ne tarde pas à se réaliser, rendant la joie aux croyants musulmans. Le Coran qualifie cet événement de « victoire de Dieu », ce qui marque une véritable proximité islamo-chrétienne en dépit des différences dogmatiques soulignées dans d'autres passages.

Ce lien particulier entre christianisme et islam se décline sous des aspects théologiques encore plus fondamentaux. Dans le Coran, Jésus est désigné comme « Verbe » de Dieu (*kalimatu al-allah*), comme « Esprit », ou encore « Souffle » de Dieu (*rûhu al-allah*). Il s'est fait chair par « création » et non pas par « engendrement », contrairement à ce que professe le Credo de l'Église. Le Coran fait aussi mention du Saint-Esprit, Gabriel, qui établit le lien entre Dieu et Jésus. C'est lui qui, toujours selon le Coran, déposa ce « souffle » dans les entrailles de la Vierge Marie. Cette « Trinité » commune à l'islam et au christianisme n'est cependant pas interprétée de la même manière. Les autres dogmes chrétiens définis par les conciles successifs ne sont pas davantage reconnus par l'islam. Mais il est bien établi que pour le Coran, Jésus est le Messie attendu de l'Ancien Testament. Son nom revient vingt-cinq fois dans le Coran et celui de Marie trente et une fois, alors que le nom de Mohammed n'est cité qu'à quatre reprises !

De ce point de vue, l'islam apparaît théologiquement plus proche du christianisme que du judaïsme. Jusqu'au haut Moyen Âge, il fut même considéré par l'Église comme une secte chrétienne. Jean Damascène (v. L. 676-749), Mansour de son nom arabe, un des Pères de l'Église grecque, très critique à l'égard de l'islam bien qu'étant lui-même ministre du calife, classa l'islam parmi les hérésies chrétiennes. Toutes proportions gardées, l'islam est alors perçu comme une sorte de protestantisme radical à cause du dogme de l'Incarnation qu'il réfute. Autrement dit, à cette époque où l'Église ne considérait pas encore l'islam comme une religion à part entière, les relations islamo-chrétiennes tenaient davantage de l'œcuménisme. Il n'était pas encore question de dialogue « interreligieux ». De son côté, l'islam considère le christianisme comme une religion du Livre (*ahl al-kitâb*) fondée sur le dogme cardinal de la Révélation, même s'il ne partage pas l'interprétation théologique de celle-ci comme incarnation dans le Christ.

La « dhimmitude » et son contexte historique

Lorsque l'islam devint majoritaire et politiquement dominant sur la rive sud de la Méditerranée et au Levant, les minorités chrétiennes vécurent sous le régime de la « dhimmitude ». Théologiquement, le *dhimmi* désigne celui qui est sous la protection de Dieu et de son prophète (*fî dhimmati al-Lahi wa rasulihi*). Ce terme est progressivement devenu péjoratif à cause d'une mauvaise interprétation et d'une mauvaise pratique politique. À l'origine, il s'agissait pourtant d'attribuer au chrétien un statut, une forme de citoyenneté. Une citoyenneté certes inachevée; mais n'oublions pas que sommes au Moyen Âge et qu'il serait vain d'approcher cette période de l'histoire avec les catégories des démocraties contemporaines. Ainsi, le statut de *dhimmi* représentait plutôt une avancée en cette époque où, le plus souvent, le minoritaire n'avait aucun statut.

Rappelons qu'à l'instar du christianisme, l'islam est une religion de salut universel, missionnaire et prosélyte. Aussi est-ce grâce à leur statut de *dhimmi* que les minorités chrétiennes furent longtemps protégées des conversions forcées. Par ailleurs, je ne peux citer ici tous les passages du Coran qui interdisent la coercition en matière de foi. En voici quelques-uns: « Point de contrainte et en matière de religion » (2, 253); « Si Dieu l'avait voulu, tous les gens sur terre auraient cru [en toi]. Est-ce à toi [Mohammed] de contraindre les gens afin qu'ils croient? » (10, 99); « Il n'incombe à un prophète que le devoir de transmettre » (5, 99; 24, 54 et 29, 18). Les guerres qui ont accompagné la naissance de l'islam ont pour seul objectif de protéger la foi, non de l'imposer. Les passages du Coran qui apparaissent comme belliqueux aux yeux du non-initié sont à lire en ayant à l'esprit ce contexte historique, sous peine de sombrer dans la littéralité et la violence. Malheureusement, nous sommes aujourd'hui confrontés à des musulmans zélés et agressivement prosélytes qui se sentent plus missionnés que le Prophète lui-même! C'est là pourtant une forme de blasphème.

La tolérance dans l'islam se fonde en particulier sur ce passage du Coran : « Celui qui veut croire, qu'il croie ; celui qui ne veut pas croire, alors qu'il ne croie pas » (18, 29). Des paroles du Prophète mettent par ailleurs en garde les musulmans contre toute injustice commise à l'égard des minorités religieuses en général et des chrétiens en particulier. Il est dit qu'au jour du Jugement dernier, un musulman ayant porté préjudice à un non-musulman – notamment un chrétien – vivant en paix (*mu'âhid*) parmi les musulmans aura pour adversaire le Prophète lui-même. De même, celui qui fait couler le sang d'un *dhimmi* innocent ne verra pas le paradis. On le voit, la menace eschatologique est des plus sévères puisque le musulman risque le salut de son âme.

Reste l'impôt (*al-jizia*) auquel les minorités étaient assujetties en échange de leur protection. Cette *jizia* ne concernait que les hommes adultes capables de porter des armes. Il s'agissait d'une pratique courante et l'islam n'a fait que la reprendre. Toutefois, si un chrétien voulait participer au service militaire, il était exonéré de cet impôt en vertu de cette règle canonique : « Les musulmans versent leur sang pour protéger la nation (*Oumma*) dont les minorités font partie ; les minorités versent un impôt. » Les juristes médiévaux avaient également établi que si un ennemi s'attaque à une minorité, notamment chrétienne, tous les musulmans – hommes et femmes – se devaient de verser leur argent et leur sang pour la défendre. Le martyre musulman prend donc ici un sens universel et ne s'étend pas seulement à la défense de la religion musulmane. Il est bien entendu qu'aujourd'hui, l'État-nation et la citoyenneté rendent de facto caduque cette forme de « dhimmitude ».

La présence chrétienne en Orient, une chance pour la paix

Le respect de la religion chrétienne inscrit dans les textes de l'islam permet en partie de comprendre pourquoi les minorités chrétiennes ont pu se maintenir au fil des siècles dans les pays à majorité musulmane. Il ne s'agit pas ici de minorer les crimes et les exactions scandaleuses commises à l'égard des chrétiens ou d'autres minorités. Mais dans l'histoire des musulmans, tout ne s'explique pas par la religion. De même qu'on ne peut réduire l'histoire des chrétiens à l'enseignement des Évangiles ou aux croisades. Chrétiens comme musulmans, nous sommes avant tout confrontés à une violence universelle qui, lorsqu'elle n'est pas perpétrée au nom de la religion, trouve toute sorte d'alibis : préjugés, racisme, appât du gain… De ce point de vue, les minorités ethniques et religieuses ont presque toujours été l'instrument des pouvoirs politiques.

Il a toutefois fallu attendre le XXIe siècle pour assister au comble de l'aberration commis au nom de l'islam. Armés jusqu'aux dents, des groupes se revendiquant de l'islam s'adonnent à une barbarie et une sauvagerie inouïes à l'encontre de la communauté chrétienne d'Irak, sous le regard d'une communauté internationale complice par son inaction. Ces chrétiens, attaqués et humiliés, ont pourtant contribué à l'édification de la civilisation arabo-musulmane dont ces intégristes sont les héritiers indignes et les traîtres. Et l'on croit rêver en entendant ces mercenaires déclarer la restauration du califat ! Ce système politico-religieux appartient désormais au passé, à une histoire musulmane résiliée, abrogée par la modernité. Ce que ces terroristes ignorent, c'est que ces chrétiens qu'ils persécutent ont vécu sous le califat pendant des siècles sans être inquiétés. Comment ne pas soupçonner que cette terreur organisée participe d'un processus géopolitique plus vaste ? Nous assistons en effet à une véritable reconfiguration politico-ethnico-religieuse de la région, essentiellement dictée par un nouveau partage des richesses et où la religion musulmane n'est qu'un élément de mobilisation. Les idéologies du siècle dernier ne faisant plus recette, restait la religion pour produire des kamikazes. Ce mauvais film a commencé avec la « croisade » de Georges Bush en Irak et s'est poursuivi avec les Printemps arabes. Un Printemps qui, en Syrie, a mal tourné. Qu'avons-nous fait pour prévenir cette catastrophe ?

Accorder massivement le droit d'asile aux minorités chrétiennes persécutées n'est pourtant pas la solution. Les responsables d'Église sont les premiers à s'y opposer. Ce serait, en effet, donner raison aux fanatiques qui s'appliquent à détruire toutes les passerelles entre cultures et religions. Le « choc des civilisations » que le politologue américain Samuel Huntington avait théorisé il y a vingt ans, les mercenaires de l'État islamique font tout pour le provoquer sous nos yeux. Évitons le piège qu'ils tendent à l'humanité. Vider l'Orient de ses chrétiens priverait le monde arabo-musulman d'une richesse humaine inestimable. La présence chrétienne en Orient est une chance pour la paix. Comme l'est la présence musulmane en Occident.

Tareq Oubrou est le grand imam de Bordeaux. Ses recherches en théologie et en anthropologie portent sur l'articulation entre tradition musulmane, pratique religieuse et sécularisation. Auteur de plusieurs ouvrages, parmi lesquels *Profession imam* (Albin Michel) et *Un imam en colère* (Bayard), il a présidé l'association « Imams de France ».

L'Appel de Paris

Comme Tareq Oubrou, de nombreux responsables musulmans se sont émus de la condition des chrétiens au Moyen-Orient. Le 9 septembre 2014, à la grande mosquée de Paris, Dalil Boubakeur, recteur et président du Conseil français du culte musulman (CFCM), a proclamé solennellement l'Appel de Paris, le « cri d'urgence contre une violence absolument intolérable et incompatible avec l'islam ».

« Les signataires de l'Appel de Paris se sont retrouvés en ce moment particulier de l'histoire de l'humanité où le monde assiste à une flambée inégalée d'extrémisme et de violence au Moyen-Orient instrumentalisant l'islam comme étendard.

Des barbares sont en train de perpétrer les pires crimes contre l'humanité et menacent actuellement les populations mais aussi la stabilité et la paix entre les peuples de toute la région.

Les signataires dénoncent sans ambiguïté les actes terroristes qui constituent des crimes contre l'humanité et déclarent solennellement que ces groupes, leurs soutiens et leurs recrues ne peuvent se prévaloir de l'islam. Ces agissements d'un autre âge, tout comme les appels inconsidérés au djihad et les campagnes d'endoctrinement des jeunes ne sont fidèles ni aux enseignements ni aux valeurs de l'islam.

Les signataires prennent à témoin la communauté musulmane pour demander à tous les responsables politiques de redoubler de vigilance face aux menées subversives qui ciblent les jeunes musulmans d'Europe, particulièrement les plus fragiles d'entre eux.

Les signataires tiennent à réaffirmer leur soutien aux frères chrétiens d'Orient, pour la plupart arabes, ainsi que pour toutes les autres minorités de la région, qui sont victimes actuellement d'une grave campagne destructrice menée par ces groupes terroristes menaçant leur existence même.

Ils affirment sans ambiguïté le droit inaliénable de leurs frères chrétiens d'Orient, une des plus anciennes composantes de cette région, à rester et à vivre sur leur terre dans la dignité et la sécurité et pratiquer leur foi en toute liberté, comme cela a toujours été. Cette Terre Sainte, berceau de civilisation, où les trois religions monothéistes ont coexisté depuis des siècles. Il y va de l'avenir de la région.

Comment imaginer un Moyen-Orient amputé d'une partie de son identité qui a contribué à son épanouissement civilisationnel ? C'est pourquoi les signataires appellent à la prise de conscience du drame vécu actuellement par les chrétiens en Orient. »

« Tu ne resteras pas insensible face au sang de ton prochain »

Haïm Korsia

Grand rabbin de France

Élu grand rabbin de France en juin 2014, Haïm Korsia évoque le déferlement de haine dont sont victimes les chrétiens et appelle à une réaction fraternelle. Comme lorsque des juifs ou des musulmans sont agressés, dit-il, le silence devient complicité.

Il aura fallu que la situation des chrétiens d'Orient se dégrade très significativement cet été pour que les médias et les politiques – restés trop longtemps silencieux – s'y intéressent enfin.

La précarité de leurs conditions de vie et les menaces pesant sur leur existence même suite à l'expansion de l'État islamique nous rappellent malheureusement que d'aucuns dans le monde ne respectent ni ne tolèrent la libre détermination de conscience et de religion de tout un chacun, pourtant érigée comme principe fondamental de la plupart de nos grandes démocraties d'aujourd'hui.

Alors que la présence des chrétiens d'Orient est l'une des dernières garanties de la diversité religieuse de cette région centrale pour l'histoire des religions, le christianisme est en proie à un rejet subi partout dans le monde, soit parce qu'il est chrétien, soit juste en tant que religion : du Nigeria, où la minorité chrétienne est régulièrement persécutée par le groupe terroriste Boko Haram, à l'Asie, comme au Bangladesh par exemple, où des villages et des séminaires catholiques ont été la cible de violentes attaques, ou en Corée du Nord…

Ces déferlements de haine sont insupportables. Ils le sont d'autant plus que leurs auteurs les commettent au nom d'une religion ou, comme en Corée du Nord, au nom d'un totalitarisme qui nie l'humanité.

S'il est du ressort de la société dans son ensemble de se mobiliser contre toute atteinte au judaïsme – comme cela a été formulé par les responsables des grandes institutions juives et les pouvoirs publics à la suite des dramatiques incidents survenus aux abords de synagogues en région parisienne en juillet 2014 –, nous devons tous faire entendre notre voix contre les agressions inacceptables dont sont victimes les autres religions, et plus encore, leurs fidèles. Nous ne devons donc pas accepter en silence que nos frères chrétiens soient persécutés.

Les maximes des Pères, texte du Talmud sur l'étique juive, affirment : « Si je ne suis pas pour moi, qui le sera ? Mais quand je suis pour moi, que suis-je ? » Cette injonction à s'occuper de soi-même, à se prendre en charge, à s'assumer, est immédiatement pondérée par l'obligation de ne pas être ethno-centré, tourné uniquement sur soi-même. Voilà pourquoi, dans un monde idéal, lorsque des chrétiens sont persécutés, ce devrait être aux autres religions de les défendre. Lorsque des musulmans sont attaqués, ce devrait être à nous de nous dresser en rempart ; et lorsque des juifs sont agressés, c'est aux autres de s'indigner. L'essentiel est de ne jamais être de silencieux complices. Aussi, lorsque des chrétiens sont bafoués dans leur droit humain de par le monde, nous devons être concernés, réagir, et produire encore plus de solidarité.

J'ai été particulièrement ému par la démarche de mon ami le P. Pascal Gollnisch, directeur de l'Œuvre d'Orient et doublement au service des chrétiens d'Orient. Il y a quelques mois, il m'a alerté à propos de la tombe abandonnée du prophète juif Nahum. Cette tombe est située dans la plaine de Ninive, au cœur du village chrétien d'Alqosh qui a récemment été vidé de ses habitants par les djihadistes de l'État islamique (EI). Il m'expliquait l'urgence de réhabiliter la synagogue d'Alqosh qui abrite le tombeau. Depuis le départ des derniers juifs en 1948, ce sont les chrétiens qui ont protégé la synagogue et la tombe.

Le père Gollnisch me fit parvenir des photos de ce site magnifique, comme un appel à l'aider à préserver ce haut lieu de présence juive.

Quelle grandeur d'âme, dans un endroit où les chrétiens sont régulièrement torturés, humiliés et massacrés, parce que chrétiens, d'avoir encore la force de protéger la seule synagogue, témoin d'une histoire féconde et hélas révolue. Au début de l'été, avec la chute de Mossoul (la Ninive de la Bible), c'est le cœur même de la prophétie de Nahum qui se trouvait accompli. Ce dernier avait annoncé la destruction de la ville si ses habitants ne se repentaient pas. Jonas l'avait alors sauvée en acceptant de leur parler, afin de leur faire entendre raison. Jonas, dont la tombe vient d'être détruite par les djihadistes juste après leur conquête de Mossoul…

Il est douloureux, il est vrai, de constater que les juifs ont déjà totalement ou presque disparu de cette région du monde, berceau de l'humanité.

Où sont les communautés juives si vivantes d'Alep, de Beyrouth, d'Alexandrie, du Caire, ou de Tripoli ? Où sont les maisons d'études de Naardéa et de Poumpédita en Irak ? Où est le judaïsme florissant d'Ispahan et de Téhéran ? Dans notre mémoire.

Défendre les chrétiens d'Orient et les Yazidis, c'est aussi garder et perpétuer la mémoire des juifs qui n'y sont plus, que personne n'a su défendre, sauf peut-être la France. Les chrétiens d'Orient, parce que chassés, tués, décimés, persécutés, exilés, expérimentent la condition des juifs qui vivaient avec eux et qu'ils ont vus partir de chez eux.

« Tu ne resteras pas insensible face au sang de ton prochain » (Lv 19, 16). C'est cette injonction que nous devons entendre à propos de tous ceux qui souffrent dans le monde, et, en particulier, des chrétiens d'Orient, pour lesquels la France a une longue tradition de protection.

Engager nos consciences à ne jamais être indifférent, à porter assistance à notre prochain et nous ouvrir à l'Autre, c'est garantir la pérennité de notre devise nationale: « Liberté, égalité, fraternité ». Car cette fraternité n'est pas réservée à nos frères, mais à tous ceux qui, par l'attention que nous leur porterons, le deviendront.

Élu grand rabbin de France le 22 juin 2014, ancien aumônier général israélite des armées, Haïm Korsia est docteur en histoire contemporaine, titulaire d'un MBA de la Reims Management School. Il a publié de nombreux ouvrages, dont une biographie du grand rabbin Jacob Kaplan en 2006, *Être juif et français: Jacob Kaplan, le rabbin de la République*, aux éditions Privé.

État des lieux,
d'un continent
à l'autre

Martyrs au XXIe siècle

Andrea Riccardi

Historien, fondateur de la communauté de Sant'Egidio

Si paradoxal que cela puisse paraître, l'Occident n'a guère eu conscience du martyre des chrétiens dans le monde contemporain. Si cette idée peine aujourd'hui encore à s'affirmer, c'est qu'en réalité la culture occidentale a nourri un véritable sentiment de culpabilité alimenté par les responsabilités des chrétiens et les violences qu'ils ont perpétrées au cours de leur longue histoire – sur l'Ancien Continent comme dans d'autres régions. Nous pensons, par exemple, aux tristes épisodes de la conquête de l'Amérique ou du colonialisme qui ont conduit les chrétiens (et les Occidentaux en général) à se considérer davantage comme des persécuteurs que comme des persécutés. Au final, ce sentiment a occulté une réalité importante de l'histoire contemporaine, une réalité qui traverse notre siècle et celui qui l'a précédé : la persécution des chrétiens. L'évoquer ne veut pas dire effacer le souvenir des crimes commis par les chrétiens au nom du christianisme. C'est une tout autre histoire. Une histoire qui concerne au premier chef le passé des chrétiens européens.

Les chrétiens subissent aujourd'hui, dans d'innombrables parties du monde, une véritable persécution qu'il convient d'affronter en toute objectivité. C'est surtout hors d'Occident, dans ces régions qu'on aurait autrefois appelées le « tiers-monde », qu'ils sont victimes de discriminations et d'agressions. Précisons que le christianisme contemporain n'est pas une réalité essentiellement occidentale avec quelques prolongements dans le sud de la planète : il est devenu de plus en plus (et le phénomène ne date pas d'hier) une religion dont le barycentre se déplace vers le sud. Cette persécution est donc le fruit du caractère « méridional » de ce christianisme qui vit dans des pays dangereux où les communautés chrétiennes sont en minorité par rapport à celles issues d'autres traditions religieuses. En 2002, le chercheur britannique Philip Jenkins remarquait justement : « Le XXe siècle a clairement été le dernier où les Blancs ont dominé l'Église catholique : l'Europe n'est tout simplement pas l'Église. L'Amérique latine l'est peut-être[1]. » En 2025, les catholiques (pour se limiter à la plus grande Église chrétienne) seront à 60 % africains et sud-américains. Occulter et sous-estimer la persécution que les chrétiens connaissent aujourd'hui revient à attester (au mieux) le sentiment de culpabilité du christianisme occidental mais ne fait pas objectivement état de la réalité actuelle de cette religion – dans le sud de la planète notamment.

La persécution est l'une des caractéristiques de ce « nouveau » christianisme. Ce n'est pas la seule. Néanmoins, l'implantation « méridionale » des communautés chrétiennes ne suffit pas à expliquer pourquoi les fidèles de l'Évangile constituent aujourd'hui la religion la plus tourmentée au monde. Ces dernières années (et en particulier après le 11 septembre 2001), on a parlé du martyre des chrétiens comme le fruit de l'affrontement religieux et civilisationnel entre le christianisme et l'Occident, d'une part, et le monde musulman, d'autre part. Une interprétation influencée par les thèses sur le choc de civilisations que Samuel Huntington a tirées d'une tradition culturelle occidentale pour en faire une clé

1. P. Jenkins, *The Next Christendom. The Coming of Global Christianity*, Oxford University Press, 2002.

de lecture de l'histoire contemporaine[1]. Dans ce contexte, le conflit entre monde chrétien et monde musulman occupe donc une place centrale et apparaît comme une inévitable dérive de l'histoire d'un monde globalisé en proie à des dynamiques conflictuelles. Ce qui expliquerait la persécution des chrétiens dans les pays musulmans. Cependant, comme l'a rappelé le journaliste libanais Ghassan Tuéni, un important témoin des événements du Moyen-Orient, les premières victimes de la violence musulmane de mouvance radicale n'ont pas été les chrétiens mais bien les musulmans eux-mêmes, considérés comme un obstacle à la réalisation de l'État islamique[2]. Bien que l'Occident leur prête généralement peu d'attention, les victimes musulmanes du fondamentalisme sont une réalité dramatiquement développée. La discrimination et la souffrance des chrétiens n'est donc pas la conséquence naturelle d'un choc de civilisations mais quelque chose d'autrement plus complexe.

De fait, la persécution des chrétiens ne se prête pas à des réductions simplistes et à des instrumentalisations idéologiques. Bien des fois on a parlé de persécution à propos des expressions d'anticléricalisme et d'antichristianisme dans les sociétés occidentales marquées par l'héritage chrétien. Il s'agit pourtant d'un phénomène aux antipodes de ce que subissent les chrétiens persécutés dans tant d'endroits du monde. Dans *Le Christianisme en accusation*[3] (un ouvrage de référence), René Rémond (dont les analyses nuancées font de lui un historien de premier plan) a d'ailleurs écrit au sujet de l'Église et de ses difficultés dans le monde moderne, en France et en Occident :

> La société évolue, et [l'Église] donne une image d'immobilisme, de fixité intangible. On la soupçonne de vouloir faire obstacle au moindre changement [...]. Pour dire la chose en deux mots, l'Église restera toujours une éternelle,

1. S. Huntington, *Le Choc des civilisations*, Odile Jacob, 2000. Voir également A. Giovagnoli, *E Globalizzazione Storia*, Laterza, 2003. Je renvoie également à mon analyse sur la question : A. Riccardi, *Convivere*, Laterza, 2006.
2. G. Tuéni, *Enterrer la haine et la vengeance. Un destin libanais*, Albin Michel, 2009.
3. R. Rémond, *Le Christianisme en accusation*, Albin Michel, 2005.

> une irréductible antimoderne. Car pour nos contemporains, pour l'opinion et les médias qui la reflètent, la libération des mœurs constitue le principal critère de modernité.

Ainsi, dans certaines situations, conclut Rémond, le christianisme devient presque un « bouc émissaire »: « Dans le même temps, en l'espace de quelques années, celui-ci est devenu minoritaire, affaibli. Et l'opinion publique lui ferait payer le fait d'avoir été dominant dans le passé... » Reste qu'il s'agit là de phénomènes dont les caractéristiques sont sans commune mesure avec ce que vivent ces chrétiens discriminés, expulsés, contraints de quitter leur vie ou condamnés à mener une vie exclusivement spirituelle (voire à y renoncer), mais aussi – ne l'oublions pas ! – emprisonnés et tués. La voilà, l'histoire de la persécution des chrétiens à l'ère contemporaine. Pour cette raison, l'ensemble des difficultés rencontrées par le christianisme ne saurait être mis sur le même plan ou vu comme le fruit d'un projet malveillant.

En conséquence, cette persécution se doit d'être étudiée avec attention et (surtout) replacée dans le contexte social, politique et religieux où elle voit le jour. Il importe en effet de comprendre les intentions et les comportements des persécuteurs ou des régimes qui font œuvre de discrimination. Le but de cet ouvrage n'est pas de fonder l'une ou l'autre thèse ni de donner au victimisme chrétien des arguments qui seraient utilisés à des fins de propagande dans les pays occidentaux. Il s'agit plutôt de reparcourir les différents phénomènes de persécution dont les chrétiens sont aujourd'hui l'objet afin de comprendre les motivations, les comportements et les intérêts des persécuteurs au-delà de la réalité des souffrances et des restrictions infligées. Même si le martyre n'est pas une nouveauté dans l'histoire deux fois millénaire de la chrétienté, ses manifestations récentes possèdent une singularité et une ampleur qu'il faut envisager autrement et le plus précisément possible. L'étude de la persécution des chrétiens fait apparaître un phénomène historique d'envergure (bien que diversifié) sur lequel devraient se pencher avec la plus grande attention l'ensemble des acteurs nationaux et internationaux, l'Église mais aussi l'opinion publique, quelle que soit son orientation religieuse.

Le siècle du martyre

À la faveur des nombreuses études et recherches qui lui sont consacrées[1], le phénomène de persécution des chrétiens commence actuellement à émerger dans toute son ampleur. Ce n'est d'ailleurs que dans la dernière décennie du XXe siècle qu'il est peu à peu sorti de l'oubli – un grand mérite revenant d'ailleurs à Jean-Paul II, le pape qui venait de Pologne, un pays durement marqué par l'occupation nazie et la dictature communiste. Le souverain pontife, qui avait le sentiment d'être un contemporain des martyrs, a saisi la nécessité d'être le témoin de ces tragédies[2] – et en particulier de celle du christianisme dont les régimes communistes, qui le considéraient comme un obstacle à leur contrôle totalitaire et à la réalisation de leurs modèles sociaux, souhaitaient débarrasser la société.

Jean-Paul II a également été profondément touché par le terrible destin du judaïsme durant la Seconde Guerre mondiale. Évoquant la Shoah lors d'un entretien avec le pape, l'écrivain français André Frossard demanda : « Donc, Saint-Père, il y aurait 6 millions de saints en plus ? » Ce à quoi le souverain pontife aurait immédiatement répondu : « Oui[3]. » De fait, pour Karol Wojtyła, le XXe siècle a été le siècle du martyre au sens le plus large du mot.

L'idée qu'il se faisait de la chose dépassait d'ailleurs les catégories classiques employées par l'Église catholique pour définir les martyrs. Si certains martyrs étaient reconnus par l'Église au terme d'un processus de béatification ou de canonisation en bonne et due forme, il existait aussi des martyrs morts pour la foi que le catholicisme n'avait pas reconnus – et qui étaient pourtant légion. C'est ce monde dont Jean-Paul II souhaitait faire entendre la voix. Le pape avait la conviction inébranlable que les persécutions subies par les chrétiens au XXe siècle étaient aussi graves que celles des premiers siècles du christianisme. Aux individus morts en martyrs venaient désormais s'ajouter des peuples entiers. Durant la Seconde Guerre mondiale, plus de 6 millions de Polonais furent victimes de la

1. Je me permets de citer, entre autres, mon ouvrage *Ils sont morts pour leur foi. La persécution des chrétiens au XXe siècle*, Plon, 2002.
2. A. Riccardi, *Jean-Paul II. La biographie*, Parole et silence, 2011.
3. A. Frossard, *Portrait de Jean-Paul II*, Robert Laffont, 1988.

violence hitlérienne qui entendait mener à bien un projet d'anéantissement physique et spirituel de cette nation. Au moins 22 % de la population était mort. Cela étant, la vision que le pape avait du martyre ne se limitait pas à l'Europe et aux totalitarismes.

Jean-Paul II désirait en effet sortir de l'oubli le souvenir des chrétiens de tous pays morts en martyrs au cours du XXᵉ siècle. Il en fit d'ailleurs un objectif spécifique du grand jubilé de l'an 2000 et chargea une commission *ad hoc* de rassembler le plus d'informations possible sur la question et de composer un catalogue avec les noms des « nouveaux martyrs ». Dans le document préparatoire à l'événement, *Tertio Millennio Adveniente*, le pape affirma avec force : « Au terme du IIᵉ millénaire, l'Église est à nouveau devenue une Église de martyrs[1]. » Son opération a en partie réussi, notamment au sein du monde chrétien, aujourd'hui plus conscient de ce phénomène, mais n'a pas été couronnée de succès sur le front de l'opinion occidentale. Pour Jean-Paul II, le souvenir du martyre devait s'affirmer au sein de l'Église catholique ; reste qu'il ne concernait pas seulement les catholiques, mais bien l'ensemble des communautés chrétiennes : certains martyrs étaient orthodoxes, évangéliques ou anglicans.

Le 7 mai 2000, dans le cadre des célébrations du grand jubilé qui marqua le passage au IIIᵉ millénaire, Jean-Paul II présida une cérémonie solennelle en leur mémoire : « Les martyrs, déclara-t-il en cette occasion, nos frères et sœurs dans la foi à qui nous rendons aujourd'hui hommage avec gratitude et vénération, constituent une grande fresque de l'humanité chrétienne du XXᵉ siècle. » Le défi était de raviver le souvenir des martyrs par-delà l'oubli de l'histoire et les manipulations : « Plusieurs de ces noms nous sont inconnus ; certains ont été souillés par leurs persécuteurs qui ont cherché à ajouter au martyre l'ignominie ; d'autres ont été dissimulés par leurs bourreaux », ajouta le pape. Jean-Paul II était conscient qu'ignorer la persécution et oublier les martyrs était avant tout un manque de solidarité envers les chrétiens qui souf-

1. Jean-Paul II, *Tertio Millennio Adveniente. Lettre apostolique du souverain pontife Jean-Paul II à l'épiscopat, au clergé et aux fidèles sur la préparation du jubilé de l'an 2000*, Cité du Vatican, 1994.

fraient (ce qui aggravait d'ailleurs leur difficile condition), mais aussi un problème dramatique pour la conscience chrétienne et la conscience citoyenne.

C'est dans cette perspective mémorielle (assortie d'une dimension religieuse) qu'ont été inaugurés différents lieux voués au souvenir des nouveaux martyrs du XXᵉ siècle, à l'image de la basilique de San Bartolomeo all'Isola de Rome, réalisée par la communauté de Sant'Egidio. Il était en effet nécessaire de rappeler à quel point le XXᵉ siècle était celui du martyre. Jean-Paul II était convaincu qu'il existait un œcuménisme des martyrs capable de mettre en lumière l'unité des chrétiens à travers leurs souffrances communes, au-delà des différences confessionnelles. De fait, les chrétiens ont souvent souffert ensemble, aux mêmes endroits, par la main des mêmes persécuteurs, lesquels ne poursuivaient qu'un seul but : faire table rase du christianisme. En montrant comment l'évocation des martyrs issus des différentes traditions chrétiennes révélait un « œcuménisme de la souffrance », le pape François a développé la réflexion de Jean-Paul II. N'a-t-il d'ailleurs pas déclaré au patriarche copte Tawadros[1], témoin en Égypte du défi complexe lancé par l'islam fondamentaliste à l'importante minorité chrétienne du pays :

> De même que le sang des martyrs a été source de force et de fertilité pour l'Église, partager les souffrances quotidiennes peut devenir un efficace instrument d'unité. Et cela est vrai, d'une certaine façon, y compris dans le cadre plus vaste de la société et des rapports entre chrétiens et non-chrétiens : de cette souffrance commune peuvent en effet naître, avec l'aide de Dieu, le pardon, la réconciliation et la paix[2].

Parallèlement à la publication de nombreuses études consacrées à ces problématiques ainsi qu'à certaines figures de chrétiens vic-

1. Également appelé Théodore II d'Alexandrie. *[N.d.E.]*
2. Discours du Saint-Père François au patriarche copte Tawadros, 10 mai 2013, consultable sur www.vatican.va

times de persécutions[1], l'Église catholique et les autres Églises chrétiennes ont, comme nous l'avons vu, manifesté une prise de conscience et une sensibilité accrues à l'égard de la persécution des chrétiens – signe qu'elles commencent à considérer le martyre comme une réalité contemporaine. À titre d'exemple, l'Église russe s'est attachée à étudier le sort des innombrables chrétiens victimes de la période soviétique. Certains ont même été canonisés, à commencer par le patriarche de toutes les Russies, Tikhon, mort en 1925 dans des circonstances jamais éclaircies[2]. Dans le même temps, l'Église catholique a procédé à la béatification de plusieurs martyrs du XXe siècle comme Franz Jägerstätter (tué par les nazis pour avoir refusé de servir dans l'armée allemande pendant la guerre), les catholiques grecs éliminés par les Soviétiques ou bien encore l'archevêque arménien Mgr Maloyan, assassiné au cours du massacre des Arméniens et des chrétiens en 1915. Mais ce ne sont là que quelques exemples[3].

En 2008, Benoît XVI s'est rendu en pèlerinage à la basilique romaine de San Bartolomeo all'Isola pour se souvenir de ces nouveaux martyrs « qui peuvent, a-t-il dit, humainement apparaître comme les vaincus de l'histoire ». Il a ensuite jeté un regard sur l'actualité du christianisme et reconnu à quel point les chrétiens souffrent aujourd'hui encore : « Le XXIe siècle, a conclu le souverain pontife, s'est ouvert lui aussi sous le signe du martyre. Lorsque les chrétiens sont un véritable ferment, la lumière et le sel de la terre, ils deviennent à leur tour, comme ce fut le cas pour Jésus, un objet de persécution ; comme lui, ils sont un "signe de contradiction[4]". » Ce faisant, Benoît XVI a établi une continuité entre le « siècle des martyrs » et le XXIe siècle. Loin de prendre fin avec

1. Voir entre autres : D. Rance, *Ils ont voulu tuer Dieu. Albanie : la persécution contre l'Église catholique (1944-1991)*, Aide à l'Église en détresse, 1996 ; *id.*, *Prier 15 jours avec les martyrs chrétiens du XXe siècle*, Nouvelle Cité, 2004 ; F. Cardini, *Cristiani perseguitati e persecutori*, Salerno, 2011 ; T. Grimaux, *Le Livre noir des nouvelles persécutions antichrétiennes*, Favre, 2007.

2. S. Averincev, B. Bobrinskoy, Kirill di Smolensk, *La Notte della chiesa russa*, Qaqajon, 2000 ; M. Skarovskij, *La Croce e il potere. La Chiesa russa sotto Stalin e Chruščëv*, La casa di Matriona, 2003 ; M. Donadeo, *Preghiere a S. Andrej Rubliov e ad altri santi russi canonizzati dal Patriarcato di Mosca dal 1977 al 1993*, Marietti, 1995.

3. C. Zucconi, *Cristo o Hitler? Vita del beato Franz Jägerstätter*, San Paolo Edizioni, 2008 ; E. Putz, *Franz Jägerstätter. Un contadino contro Hitler*, Berti, 2000 ; M. Impagliazzo, *Una finestra sul massacro. Documenti inediti sulla strage degli armeni (1915-1916)*, A. Guerini, 2000.

4. Communauté de Sant'Egidio, *Benedetto XVI a San Bartolomeo all'Isola Tiberina*, Leonardo International, 2010, p. 48.

la chute du communisme, les persécutions dont sont victimes les chrétiens ont perduré sous des formes aussi inédites que les causes qui les motivent.

Au siècle dernier, l'univers concentrationnaire conçu par les régimes totalitaires a représenté le lieu par excellence (si l'on peut dire) de la persécution des chrétiens – mais pas seulement. Des croyants ont également péri dans le cadre de l'engagement missionnaire sur tous les continents. Ils ont subi des attaques à caractère religieux dans le monde musulman mais aussi en Asie, dans des pays majoritairement bouddhistes et hindouistes. Si de nombreux actes de persécution sont survenus au Mexique, pays laïc et anticlérical, tout comme au cours de la guerre civile en Espagne, l'Afrique indépendante a été le théâtre de nombreux assassinats touchant des missionnaires et des chrétiens, sans parler des affrontements ethniques au Rwanda et au Burundi. Le XXe siècle a également eu ses martyrs de la justice, qui se sont opposés à la violence et aux abus, au pouvoir envahissant des mafias et aux actes de terrorisme[1]. Malgré tout, une question demeure : pourquoi des chrétiens meurent-ils encore au XXIe siècle ?

Pour répondre à cette question, il convient de reparcourir les nombreux épisodes de persécution qui montrent en quelle mesure le XXIe siècle constitue un nouveau chapitre dans l'histoire du martyre des chrétiens. Tel est le projet de cet ouvrage où sont rassemblés des études consacrées aux minorités chrétiennes persécutées ou aux figures de chrétiens ayant subi des violences, sans oublier quelques témoignages particuliers. Il s'agit là d'une recherche dépourvue de la moindre intention apologétique ou polémique : celle-ci n'a d'autre vocation que de souligner l'ampleur du phénomène, qui ne saurait être négligée. Dans les faits, les années 2000 se sont immédiatement ouvertes sur différents cas de martyres comme le meurtre, en 2005, du prêtre romain Andrea Santoro en

1. A. Riccardi, *Ils sont morts pour leur foi...*, *op. cit.*, p. 403 *sqq*.

Turquie, à Trébizonde, dans des circonstances obscures[1]. Après lui, un évêque catholique et trois protestants ont subi le même sort tragique, tout comme le célèbre journaliste arménien Hrant Dink (qui évoquait dans ses écrits le massacre de son peuple lors de la Première Guerre mondiale – une réalité occultée en grande partie par l'historiographie turque – tout en indiquant courageusement un chemin de réconciliation entre Turcs et Arméniens[2]).

Pourquoi ces chrétiens sont-ils assassinés ? Pourquoi le siècle post-idéologique dans lequel nous vivons voit-il perdurer la persécution des chrétiens ? Entre humanité et engagement, ces figures représentent une autre façon de vivre et d'interagir avec les autres qui est jugée inacceptable par le fanatisme tout-puissant comme par les intérêts qui visent à contrôler la société de façon occulte. Le chrétien n'est pas idéologique : il n'accepte pas la logique du conflit, il cherche des espaces de dialogue et de coexistence, éduque les jeunes générations à vivre de façon responsable et ne collabore pas avec les pouvoirs criminels ou répressifs. Malgré sa faiblesse politique ou sa condition de minorité, même s'il n'emploie aucune force armée, il n'en représente pas moins une menace. Son humanité et sa liberté font même de lui un témoin à charge contre l'idéologie ou le pouvoir arbitraire. C'est pour cette raison qu'on l'éloigne, qu'on le fait taire, qu'on l'élimine brutalement. Telle est l'histoire des innombrables chrétiens morts en ce début de XXIe siècle qui, bien souvent, même s'ils étaient menacés, n'ont pas abandonné leur lieu de vie ou leur travail. À leurs yeux, préserver leur vie a moins d'importance que d'être au service des autres.

Cette histoire, c'est celle d'Annalena Tonelli, une bénévole italienne assassinée en 2003 : « Le peuple, a-t-elle écrit au sujet de la situation en Somalie, où elle a travaillé, est impuissant face à ces milliers de jeunes armés, assoiffés de vengeance, de sang, de pillage et de violence pour se procurer de la drogue, du *qat* et de l'argent pour faire les quatre cents coups. » Plusieurs figures de missionnaires, comme celle d'Annalena Tonelli, ont illustré un mode de vie sans commune

1. A. D'Angelo, *Don Andrea Santoro. Un prete tra Roma e l'Oriente*, San Paolo Edizioni, 2006 ; A. Santoro, *Lettere dalla Turchia*, Città Nuova, 2006.
2. H. Dink, *Être arménien en Turquie*, Fradet, 2007 ; *id.*, *Deux peuples proches, deux voisins lointains*, Actes Sud, 2009.

mesure avec celui (violent et dégradé) qui avait cours en Somalie ou sur d'autres scènes de conflit: « Notre mission sur terre est de faire vivre, a-t-elle d'ailleurs observé. Et la vie n'est sûrement pas la condamnation, le *jus belli*, l'accusation, la vengeance… » Annalena Tonelli avait été témoin des innombrables exactions commises par les bandes criminelles et les fondamentalistes, des enlèvements, des mutilations génitales, qu'elle combattait sans relâche. Son hôpital était un espace d'humanité au cœur d'une situation aussi dégradée et aussi monstrueuse que celle de la Somalie en proie à une violence généralisée et au terrorisme[1].

Le père Santoro et Annalena Tonelli ne sont que deux exemples d'un ensemble considérable de chrétiens, femmes et hommes, tués parce qu'ils représentaient une autre humanité. Le christianisme continue, au XXIe siècle, à produire des personnalités généreuses et croyantes, au service des autres, parfois loin de leur pays d'origine, et qui travaillent toujours sans armes à la main. Les communautés chrétiennes engendrent des hommes et des femmes qui se consacrent volontairement à leur prochain, en dépit des risques qu'ils peuvent courir dans le cadre de leur action. De fait, ils contrarient souvent les projets de domination et de contrôle menés à bien dans la violence (qu'il s'agisse de menaces, de racket ou d'actes de terrorisme). Dans un tel contexte, les individus, les communautés chrétiennes et le christianisme dans son ensemble finissent par constituer autant de ressources d'humanité au sein de territoires dévastés et de peuples en souffrance. Ils s'engagent souvent dans l'éducation des jeunes générations et viennent en aide aux femmes comme aux plus démunis. Hélas, plusieurs cas de persécutions prenant pour cible ces femmes et ces hommes surviennent presque chaque année en Afrique, en Amérique latine et dans certains pays asiatiques.

Le plus emblématique de ces destins tragiques reste peut-être celui de l'Américaine Dorothy Stang. C'est au sein d'un pays démocratique et à majorité catholique, le Brésil, qu'œuvrait la religieuse

1. M. Fagiolo D'Attilia, R. I. Zanini, *Io sono nessuno. Vita e morte di Annalena Tonelli*, San Paolo Edizioni, 2004, p. 75-76. Voir également A. Tonelli, *Lettere dal Kenya 1969-1985*, EDB, 2013.

de soixante-trois ans, tuée en 2005 dans l'État du Pará. Menacée depuis des années, elle avait rendu publiques les intimidations dont elle était l'objet quelque temps avant sa mort. Son engagement pour les « sans terre » l'amena à s'opposer aux *fazendeiros* et aux *grileiros* qui voyaient en elle un obstacle à la libre exploitation des zones cultivables et des forêts de bois précieux. La religieuse, qui luttait pour que des communautés éloignées et marginales aient le droit de se servir de ces terres, fut un jour arrêtée par deux hommes en armes. Ces derniers lui demandèrent si elle était armée. Sœur Dorothy leur montra une bible : « Voilà ma seule arme ! » On la retrouva assassinée, couchée sur sa bible[1].

Des communautés persécutées

Au fil de l'histoire des communautés chrétiennes minoritaires, persécutées et discriminées qu'évoque le présent ouvrage se dessine une réalité dramatique faite de restrictions, de souffrances et de meurtres dont est bien conscient le pape François. N'a-t-il d'ailleurs pas récemment déclaré dans une interview à *La Vanguardia* :

> Je sais beaucoup de choses sur ces persécutions mais il me semble plus prudent de ne pas les raconter ici pour ne blesser personne. Il y a néanmoins des lieux où il est interdit d'avoir une bible, d'enseigner le catéchisme ou de porter une croix... Je veux cependant être clair sur un point : je suis convaincu que les persécutions qui frappent aujourd'hui les chrétiens sont plus fortes que lors des premiers siècles de l'Église. Il y a aujourd'hui plus de chrétiens martyrs qu'à cette époque. Et ce n'est pas une invention, les chiffres le prouvent[2].

Si de tels propos illustrent une forme de prolongement des positions de Jean-Paul II, pour qui les chrétiens du XXe siècle étaient à nouveau persécutés comme aux premiers siècles du christianisme, le

1. A. Riccardi, *Ils sont morts pour leur foi...*, *op. cit.*, p. 450.
2. « La grande rivoluzione è andare alle radici. Intervista a papa Francesco », *La Vanguardia*, 13 juin 2014. Interview publiée le lendemain dans *L'Osservatore romano*.

pape François semble aller plus loin : aujourd'hui, en plein XXIe siècle, la persécution antichrétienne est plus forte qu'aux débuts de l'histoire de l'Église.

En l'espace de quelques années, plusieurs situations se sont indubitablement détériorées – à commencer par la condition dramatique des chrétiens syriens qui, il y a encore quelques années, représentaient environ 10 % de la population du pays contrôlé par le régime baathiste des Assad (qui protégeait les minorités religieuses). Aujourd'hui, les chrétiens syriens sont otages de l'opposition au régime – de plus en plus islamisée, de plus en plus antichrétienne – et d'un pouvoir dictatorial et violent qui se présente comme le défenseur des minorités et comme un rempart contre le fondamentalisme. Rappelons qu'un jésuite romain engagé dans le dialogue entre islam et christianisme, Paolo Dall'Oglio, fondateur d'un monastère en Syrie, est entre les mains des groupes extrémistes en dépit de sa sympathie pour la résistance.

Alep, ville encore assiégée par les fondamentalistes et défendue par les forces pro-gouvernementales à l'heure où sont écrites ces lignes, représente bien la condition d'otage des chrétiens syriens, condamnés à rester dans la ville encerclée, au péril de leur vie. Alep, classé au patrimoine mondial de l'humanité, était un lieu de coexistence entre les musulmans et les communautés chrétiennes issues de différentes traditions. Les chrétiens étaient 300 000 sur un total de 2 millions d'habitants. Pris dans la spirale de la violence, ils fuient aujourd'hui la ville, quand ils le peuvent.

Signalons que deux évêques d'Alep, le syrien-orthodoxe Mar Gregorios Ibrahim et le grec-orthodoxe Paul Yazigi, ainsi que deux prêtres de la ville, l'arménien-catholique Michel Kayyal et le grec-orthodoxe Maher Mahfouz, ont été faits prisonniers par les terroristes après s'être courageusement glissés hors des quartiers contrôlés par les forces du régime. Que des personnalités chrétiennes aussi intimement liées au monde arabe et syrien soient persécutées est non seulement inadmissible mais aussi incompréhensible : « Le chrétien d'Orient ne se considère pas comme un étranger, déclarait d'ailleurs Paul Yazigi, mais comme le citoyen le plus ancien et le plus authentique de son pays[1]. » Actuellement, le silence qui entoure la situation de ces quatre hommes, enlevés depuis plusieurs mois, laisse craindre pour leur vie.

À la persécution des chrétiens s'ajoute la destruction de leurs lieux de culte et des symboles de leur foi. À ce titre, l'attaque menée par les terroristes syriens contre le village de Maaloula où l'ancienne communauté chrétienne parlait encore l'araméen (la langue employée au temps du Christ) est un drame. Cette agression s'est accompagnée de la destruction d'églises séculaires, comme Mar Takla (un monastère construit sur ce que l'on pense être la tombe de sainte Thècle) et Mar Sarkis (un monastère de l'époque byzantine). Tandis que certaines icônes anciennes ont été détruites et démantelées, d'autres ont été amputées de leurs yeux. Au final, la destruction et la profanation des églises représentent symboliquement le déracinement du christianisme, arraché à cette terre. Rappelons toutefois que l'occupation arabe, puis celle des Mongols et en dernier lieu l'occupation turque en Syrie avaient laissé survivre ces lieux habités jusqu'à aujourd'hui par des chrétiens et ce, sans interruption. Faut-il en conclure que notre époque est encore plus dure vis-à-vis des chrétiens que ne l'étaient les siècles passés, pourtant difficiles ?

Bien souvent, c'est sous l'impulsion du totalitarisme islamique que s'engagent la persécution et l'anéantissement des chrétiens, comme c'est le cas en Syrie. Pour autant, la situation des chrétiens en Arabie saoudite est plus incroyable encore : dans ce pays intégralement musulman, le moindre acte de culte chrétien est interdit, bien qu'il existe une communauté chrétienne (constituée de travailleurs immigrés) estimée à plus d'un million de personnes. Difficile cependant pour l'Occident de défendre la liberté de culte auprès d'une puissance pétrolière comme l'Arabie saoudite, dont les autorités sont toutefois reçues au Saint-Siège et manifestent un certain intérêt pour les rencontres interreligieuses. Ailleurs, dans des pays islamiques ou au sein de régimes autoritaires, les chrétiens

1. *Un destino comune. Cristiani e musulmani in Medio Oriente*, texte édité par la communauté de Sant'Egidio, Leonardo International, 2010, p. 27.

constituent une minorité à peine tolérée ; on ne les autorise guère qu'à pratiquer leur religion dans les églises – la construction de temples est d'ailleurs un problème grave, source d'innombrables difficultés.

En 2011, un commando terroriste assassina le catholique pakistanais Shahbaz Bhatti, ministre des Minorités de son pays, engagé dans la défense des groupes chrétiens (mais pas seulement) souvent condamnés à une condition d'infériorité, parfois sous la menace d'une accusation de blasphème avec les terribles conséquences pénales qu'elle comporte[1]. Le meurtre de Bhatti fut suivi peu de temps après par l'assassinat du gouverneur du Pendjab. De confession musulmane, Salmaan Taseer avait pris position contre la loi sur le blasphème. Le fait même que la discrimination ou la persécution des chrétiens trouvent parfois au sein des autres religions des personnalités concernées et sensibles à la question des droits de l'homme et à celle de la liberté religieuse prouve que les religions ne sont pas destinées à l'affrontement, bloc contre bloc, comme si le gène du conflit était inscrit dans leurs chromosomes. Reste que les raisons religieuses sont fréquemment à l'origine de la persécution. N'oublions pas non plus que les régimes autoritaires, à l'image de ceux qui se réfèrent encore d'une façon ou d'une autre à l'idéologie communiste, continuent de regarder d'un mauvais œil les communautés chrétiennes, dont ils restreignent la liberté d'agir – quitte, parfois, à l'anéantir complètement, comme c'est le cas en Corée du Nord.

Provoquer une prise de conscience

Si l'opinion publique occidentale avait pu se montrer globalement indifférente à la persécution des chrétiens, ce n'est que très récemment qu'une prise de conscience de la difficile condition du christianisme dans le monde contemporain a vu le jour. Affirmer que cette religion est aujourd'hui la plus persécutée et la plus marginalisée ne revient pas à alimenter un discours victimaire chrétien ou européen mais à dresser un constat objectif et nécessaire

1. R. Pietrolucci, R. Zuccolini, *Shahbaz Bhatti. Chrétien et pakistanais jusqu'à son dernier souffle*, Éditions de l'Emmanuel, 2013.

d'une réalité. En prendre conscience n'est pas sans importance tant l'ignorance et l'oubli sont parfois une souffrance supplémentaire pour les chrétiens persécutés. De fait, ce phénomène ne regarde pas uniquement les chrétiens occidentaux vis-à-vis de leurs coreligionnaires en difficulté : il concerne aussi la conscience laïque sensible aux droits de l'homme et à la liberté. Il convient donc avant tout de connaître le sort des personnalités et des communautés chrétiennes soumises à la violence. Bref, il s'agit de susciter un sursaut dans l'information et dans l'opinion publique occidentale – sans verser dans l'alarmisme mais en développant une prise de conscience réaliste et documentée d'un grave phénomène contemporain.

Si les médias nationaux et internationaux ont, de ce point de vue, un rôle décisif à jouer, c'est également le cas des organisations internationales et des diplomaties des États qui s'attachent à promouvoir une politique sensible aux droits de l'homme. Il ne s'agit pourtant pas d'invoquer la figure désuète (et dommageable pour les chrétiens) des puissances occidentales protectrices des communautés chrétiennes. Du reste, si ce risque ne me semble pas se profiler dans la réalité actuelle, il convient toutefois d'éviter une politique internationale incapable de prendre en considération une réalité aussi prégnante que celle évoquée dans ces pages. Les religions sont à nouveau un facteur décisif dans la politique internationale dont chaque aspect doit être pris en compte. Dans la mesure où des minorités religieuses vivent dans tous les pays du monde, leurs problèmes doivent être affrontés de façon globale et pertinente. Inutile d'invoquer cette « réciprocité » que certaines branches chrétiennes ont pu suggérer dans le passé comme choix politique aux gouvernements occidentaux même si elle n'a pas été mise en pratique : les pays de tradition chrétienne ne semblent pas concrètement intéressés par ce type de politique et n'ont souvent même pas la force de l'appliquer. Pour autant, quel que soit le choix adopté, impossible d'oublier les droits de l'homme dans les relations internationales (au premier rang desquels la liberté religieuse et celle des minorités).

Les Églises chrétiennes elles-mêmes ne sauraient se borner à dénoncer les faits tragiques qui se produisent dans le monde.

De Jean-Paul II à François, les papes du XXIe siècle ont d'ailleurs constamment rappelé la persécution des chrétiens. Il s'agit maintenant de prendre une initiative, mais la chose n'a rien d'évident dans la mesure où l'Église catholique possède une responsabilité et un pouvoir particuliers eu égard à son ampleur, au nombre de ses fidèles, au réseau diplomatique à sa disposition et au rayonnement international du Saint-Siège. Cependant, pourquoi ne pas s'inspirer de la politique « orientale » entreprise à partir des années 1960 sous l'impulsion de Jean XXIII puis de Paul VI vis-à-vis des régimes communistes qui persécutaient les chrétiens ? Le but de cette politique ? Limiter les attaques subies par les Églises locales en engageant un dialogue diplomatique. Quelques années plus tard, Jean-Paul II enrichit cette politique de négociations par le biais d'interventions publiques ponctuelles destinées à rappeler la nécessité pour ces gouvernements de respecter les droits de l'homme[1].

Est-il néanmoins possible d'engager une telle politique vis-à-vis des États qui discriminent ou qui mettent en difficulté les chrétiens ? Cela est probablement possible (et c'est en partie le cas) là où il est nécessaire de traiter avec les gouvernements au pouvoir comme en République populaire de Chine ou dans d'autres pays. En revanche, il n'est pas facile d'aider les chrétiens là où ils sont victimes d'organisations criminelles ou mafieuses : il est alors de la responsabilité des autorités en place de protéger les communautés en danger, comme ne manquent pas de le rappeler les évêques ou les leaders chrétiens.

Aider les chrétiens confrontés aux terroristes islamistes demeure cependant des plus complexe dans la mesure où ces derniers n'ont aucune volonté de traiter avec les autorités chrétiennes, la persécution des non-musulmans contribuant à leurs yeux à la réalisation de l'État islamique. Il suffit de penser à la situation dramatique dans le nord du Nigeria et aux actions terroristes systématiques de Boko Haram, cette organisation islamique qui, par ailleurs, ne s'en prend pas seulement aux chrétiens nigérians mais aussi aux musulmans et aux institutions éducatives. Malgré les innombrables pressions

1. A. Riccardi, *Il Vaticano e Mosca (1940-1990)*, Laterza, 1993 ; *id.*, *L'Uomo dell'incontro. Angelo Roncalli e la politica internazionale*, San Paolo Edizioni, 2013.

de l'opinion publique internationale, les forces armées nigérianes peuvent difficilement agir. Participer au culte dominical comporte pour les fidèles un risque réel à cause des attentats et des incursions de Boko Haram dans les églises du nord du Nigeria, « où, a écrit Domenico Quirico au terme d'un voyage dans ce pays, être chrétien est une faute qui mérite la mort[1] ».

Venir en aide aux chrétiens nécessite en outre d'engager un véritable travail auprès de l'opinion publique des nombreux pays où les Églises sont minoritaires. Défendre la présence chrétienne n'est pas seulement un devoir citoyen ou un acte de fraternité religieuse accompli par ceux qui vivent à l'étranger mais bien un enjeu pour les pays où habitent ces chrétiens. Les communautés chrétiennes sont en effet une garantie de pluralisme et un rempart à l'assimilation totalitaire que les forces islamiques entendent souvent mettre en œuvre. Ils sont donc un gage de liberté et de démocratie pour les musulmans eux-mêmes. À ce titre, éveiller les consciences musulmanes revêt non seulement une importance cruciale d'un point de vue citoyen mais représente aussi un soutien important pour les chrétiens. Lors d'un colloque islamo-chrétien consacré aux minorités chrétiennes du Moyen-Orient tenu à Rome par la communauté de Sant'Egidio, le musulman sunnite libanais Mohammed Sammak a d'ailleurs déclaré :

> Quand nous abordons la question des chrétiens d'Orient, nous devons être conscients qu'il ne s'agit pas d'un sujet éminemment chrétien mais d'un enjeu musulman avant tout… Quand un chrétien abandonne l'Orient, c'est un des fils qui composent le tissu des sociétés du Moyen-Orient qu'on arrache. Et à force d'arracher les fils, c'est le tissu lui-même qui risque de se déchirer[2].

La persécution des chrétiens n'est donc pas une question spécifiquement chrétienne ou confessionnelle, même si elle doit s'imposer comme un sujet de réflexion et une raison d'agir pour l'Église. C'est une réalité qui regarde chaque habitant de ces pays et l'ensemble

1. D. Quirico, « Alla messa del Dio assediato nella Nigeria dei Boko Haram », *La Stampa*, 22 juin 2014.
2. *Un destino comune*, *op. cit.*, p.p 66-67.

des acteurs internationaux. La liberté et la sécurité des communautés chrétiennes (notamment là où elles sont minoritaires) sont un indicateur clair et révélateur du niveau de « bien-être » social et de liberté de tout un pays. « En ce sens, chrétiens et musulmans sont dans le même bateau », a d'ailleurs estimé le philosophe égyptien Hassan Hanafi pour ce qui concerne les pays musulmans[1].

Non content de prévenir l'aggravation des conflits et de limiter l'influence de la propagande antichrétienne, le dialogue entre les religions constitue dans cette perspective la voie déterminante qui devra être empruntée aussi bien par les grands leaders religieux en mesure de représenter leurs communautés que dans la vie de tous les jours là où vivent les minorités, quelles qu'elles soient. Par ailleurs, le dialogue entre la minorité musulmane et les chrétiens d'Europe peut lui aussi jouer un rôle – notamment pour changer l'opinion musulmane à l'égard du christianisme. De quoi prouver le bien-fondé de l'intuition de Jean-Paul II qui, en 1986, convoqua à Assise les leaders des Églises chrétiennes et des grandes religions mondiales afin de prier pour la paix les uns à côté des autres (« et non plus les uns contre les autres », dit alors le pape). Si cette image d'Assise, symbole de la paix entre les grandes religions, est l'une des plus célèbres du XXe siècle, elle demeure une proposition convaincante pour notre siècle – celle d'un engagement et d'un dialogue des religions désireux de mettre en œuvre une civilisation du vivre ensemble au sein d'un monde globalisé où désormais aucun pays n'est homogène ethniquement ou religieusement[2].

Traduit de l'italien par Marc Lesage

1. *Ibid.*, p. 82.
2. A. Riccardi, *Convivere*, *op. cit.*

Afrique du Nord et Proche-Orient
Vers la disparition ?

■ Turquie
■ Syrie
■ Maroc
■ Tunisie
■ Liban
■ Irak
■ Iran
■ Israël et les territoires palestiniens
■ Algérie
■ Lybie
■ Égypte
■ Arabie saoudite

Introduction

Bernard Heyberger

« Exode », « discrimination », « souffrance », « persécution », « disparition » : ce sont les termes le plus souvent associés aux chrétiens du Proche-Orient dans les titres que la presse leur consacre de nos jours. Ces documents combinent généralement deux réalités dans leurs analyses pessimistes : les actes de violence dont les chrétiens sont les victimes, et la diminution progressive de leur nombre, due en particulier à l'émigration. De fait, ce sont des attaques violentes, comme celle menée le 1er janvier 2011 contre l'église des Deux-Saints à Alexandrie, qui a fait vingt et un morts, à peine quelques jours après celle qui, dans l'église Notre-Dame-du-Perpétuel-Secours à Bagdad, avait fait quarante-six morts, qui réveillent l'attention de l'opinion internationale à leur sujet et lui font prendre conscience, en même temps que de leur existence, du risque de leur disparition.

Les chiffres qui les concernent sont peu sûrs. On peut affirmer qu'ils sont aujourd'hui environ 80 000 (0,1 % de la population) en Turquie, 135 000 (0,2 %) en Iran, 350 000 (5 %) en Jordanie. Israël compte 120 000 Arabes palestiniens, de citoyenneté israélienne. Et ils sont 50 000 de citoyenneté palestinienne dans les territoires palestiniens. C'est en Égypte qu'ils sont de loin le plus nombreux (6 millions, soit 7 % de la population) et au Liban qu'ils représentent la plus forte proportion de la population (1,5 million, soit 36 %). En Irak, le boycott de Saddam Hussein à la suite de la première guerre du Golfe (1991), suivi par l'invasion américaine (2003) et l'anarchie qui s'est ensuivie, a fait passer le nombre de chrétiens d'environ

600 000 à 150 000 (soit 0,5 % de la population). En Syrie, il est difficile d'évaluer les conséquences de la guerre civile qui déchire le pays depuis 2011. Avant cette tragédie, on pouvait y estimer le nombre de chrétiens à environ 850 000, soit 4 % de la population.

Mais à côté de ces chrétientés autochtones, il est nécessaire de mentionner le phénomène assez récent de l'immigration vers le Proche-Orient. Les chrétiens représenteraient 5 % de la population en Arabie saoudite (sur 27 millions d'habitants), 9 % à Bahreïn (sur 1,2 million), 10 % au Qatar (sur 1,7 million), 11 % au Koweït (sur 3,5 millions). En Israël, à côté des chrétiens arabophones d'origine palestinienne, il faut mentionner les quelque 30 000 citoyens israéliens parlant l'hébreu, venus essentiellement de l'ancienne URSS, les 105 000 migrants du travail provenant d'Asie et d'Afrique, et les 45 000 demandeurs d'asile (la plupart érythréens[1]). Au Maghreb, la proportion de chrétiens est fort basse (0,2 % en Libye, en Tunisie et en Algérie, 0,1 % au Maroc), mais elle est en hausse, notamment à cause de l'immigration subsaharienne, accessoirement du fait de la conversion de musulmans locaux au christianisme[2].

Le Proche-Orient et l'Afrique du Nord, des régions majoritairement musulmanes

Le Proche-Orient et l'Afrique du Nord ont en commun d'être majoritairement musulmans, depuis très longtemps, mais d'avoir été des terres chrétiennes auparavant. Rappelons que la Syrie, la Palestine, l'Égypte et la Mésopotamie ont été conquises par les troupes musulmanes à peine quelques années après l'Hégire (622), sous le califat d'Omar Ier (635-644). L'Afrique du Nord a été prise dans les décennies suivantes. L'Anatolie s'est en partie turcisée et islamisée entre la bataille de Manzikert (1071) et la prise de Constantinople par Mehmed II (29 mai 1453). Si le christianisme autochtone a disparu au Maghreb entre le xe et le xiiie siècle, il s'est maintenu en Orient

1. Voir la contribution de D. Neuhaus, *infra*, p. 308.
2. Voir les contributions de K. Dirèche et de D. Rézeau, *infra*, respectivement p. 381 et p. 394.

jusqu'à nos jours. Il est sans doute resté majoritaire en nombre jusque vers le XIIIe siècle en Syrie et en haute Mésopotamie[1].

L'histoire de l'islam est donc intrinsèquement liée à celle du déclin et du recul du christianisme sur les terres qui l'ont vu naître, et qui appartiennent pour une partie à ce qui pour les chrétiens constitue la « Terre sainte », les Lieux que Dieu dans son humanité a sanctifiés par sa présence. Partout, des sites naturels, des sanctuaires, des ruines et des mosaïques rappellent au touriste chrétien l'histoire des premiers siècles du christianisme, et éveillent chez lui une interrogation nostalgique : Pourquoi Dieu a-t-il permis cela ? Quel sens faut-il donner à cette histoire ? La réponse généralement apportée à cette question est de type eschatologique : l'islam est le fléau de Dieu, la punition pour les péchés et les divisions des chrétiens. Les califes et les sultans ont pu être assimilés à l'Antéchrist, par exemple aux XVe et XVIe siècles, lorsque les Ottomans s'emparaient d'une partie de l'Europe, et arrivaient aux portes de Vienne. Au XIXe siècle, au contraire, l'Europe chrétienne croyait en son destin, elle pensait que l'effondrement de l'Empire ottoman était proche, et elle préparait un retour massif de l'Afrique du Nord et du Proche-Orient au christianisme. L'imposition d'un pouvoir politique occidental sur ces contrées signifiait comme un rétablissement de l'antiquité romaine et le début de la restauration du christianisme. Les missions catholiques, protestantes et orthodoxes, à destination des chrétiens et des juifs de ces régions, devaient alors « régénérer » ces derniers, première étape préparatoire d'un retour de la population majoritaire au christianisme, par la « civilisation » et le « progrès ». Certains musulmans, comme les Kabyles en Algérie, ou les Nusayrîs en Syrie, ont pu être pris pour des crypto-chrétiens, dont la conversion était réputée plus facile[2]. La décolonisation et le déclin politique de l'Europe dans la seconde partie du XXe siècle ont nécessité une révision déchirante de ces visions utopiques. Les Églises établies, catholique et protestantes, ont progressivement reconnu des valeurs positives dans la

1. Voir le tableau chronologique *in* B. Heyberger (dir.), *Chrétiens du monde arabe. Un archipel en terre d'Islam*, Autrement, 2003, p. 244-250.

2. B. Heyberger, R. Madinier (dir.), *L'Islam des marges. Mission chrétienne et espaces périphériques du monde musulman XVIe-XXe siècles*, IISMM / Karthala, « Terres et gens d'Islam », 2011.

religion musulmane, et ont entamé un dialogue avec ses représentants sans esprit de prosélytisme. Mais la montée des violences au Proche-Orient, la diffusion du terrorisme islamiste, y compris en Amérique et en Europe depuis les années 1970, favorisent à nouveau les lectures eschatologiques de l'histoire en termes d'affrontement chrétienté / islam, et conduisent certains groupes chrétiens à adopter des idéologies politico-religieuses antimusulmanes. Des congrégations évangélistes apportent par exemple leur soutien au sionisme comme étape dans l'accomplissement des Temps.

Islam et christianisme, des histoires étroitement mêlées

Or quand on aborde la question du christianisme dans ces régions politiquement et démographiquement musulmanes, il faut, en dépit des circonstances actuelles, se garder de cette vision de croyant, éviter une lecture linéaire de l'histoire, et une réduction de l'islam à une force de destruction, toujours oppressive à l'égard des chrétiens, qui suivrait un agenda fixé depuis 622, programmant l'extinction du christianisme au Proche-Orient et au-delà. Car l'histoire est évidemment plus complexe et moins rectiligne, et reste d'ailleurs souvent à écrire. Beaucoup de chrétiens ont vécu dans des Églises politiquement, démographiquement ou culturellement minoritaires avant l'avènement de l'islam. L'instauration du christianisme comme religion officielle de l'Empire romain n'a pas mis fin à leur marginalisation et leur persécution. Le christianisme oriental s'est en effet déchiré avant la conquête musulmane, à partir de querelles théologiques à fort contenu politique. L'Église d'Orient (« nestorienne ») s'est constituée dans l'Empire perse sassanide, dont la religion officielle était le mazdéisme, en compétition avec l'Église de l'ennemi héréditaire, l'Empire romain[1]. Dans celui-ci, de fortes identités à base ethnique et politique, en rupture avec l'idéologie impériale gréco-romaine dominante, ont abouti à la constitution d'Églises non chalcédoniennes (Arméniens, syriaques, coptes), dont les membres ont à certaines époques été réprimés par le pouvoir. En Afrique du Nord, le donatisme se constitua en Église séparée et

1. Voir la contribution de Y. Richard, *infra*, p. 276.

persécutée, aux IVe et Ve siècles, avant la conquête de cette province romaine par les Vandales (429), adeptes de l'arianisme et persécuteurs des partisans du concile de Nicée, eux-mêmes renversés par la reconquête de Justinien (534). La division et la compétition entre Églises ont favorisé l'installation des conquérants musulmans, et se sont en grande partie poursuivies dans l'ensemble du Proche-Orient et du Maghreb après l'avènement de l'islam. De nos jours encore, la complication du paysage institutionnel chrétien, dans des situations où le christianisme est très minoritaire, rend souvent difficile une défense cohérente de l'identité et des intérêts de la minorité chrétienne face à la majorité ou à l'État. Le cas le plus frappant est celui d'Israël, où les querelles pour le contrôle des Lieux saints chrétiens interfèrent avec les autres questions concernant la présence chrétienne dans l'État juif, prolongeant une tradition de division et de compétition entre Églises vieilles de plusieurs siècles, malgré les efforts d'œcuménisme.

Du point de vue matériel, le recul économique et démographique de certaines régions, comme les plateaux calcaires en Syrie du Nord où les villes mortes conservent de nos jours d'émouvants souvenirs chrétiens, a commencé avant la conquête musulmane, et n'est pas lié à une invasion destructrice. De même, la transformation structurelle des villes a commencé avant l'instauration de l'ordre musulman, et ne s'est pas exactement traduite, comme on a pu l'affirmer, par le passage d'une cité antique construite selon un plan rationnel à la « ville arabe » caractérisée par le tracé anarchique de ses rues et le dédale de ses impasses. Le facteur religieux ou civilisationnel n'est pas forcément la principale explication au recul du christianisme. Il faut aussi prendre en compte les lentes transformations écologiques dues aux changements climatiques, aux tremblements de terre et aux épidémies. La peste noire aux XIVe et XVe siècles a sans doute plus fait pour le recul démographique des chrétiens et leur marginalisation dans les sociétés égyptienne ou syrienne que les réactions musulmanes aux Croisades. Depuis le XIXe siècle, l'exode rural et l'extinction presque complète d'un christianisme rural et agraire ont profondément altéré la composition sociale des communautés chrétiennes de la région, et leurs rapports avec la majorité musulmane.

Pour les périodes les plus récentes, il faut tenir compte des différences de comportement démographique entre les communautés pour comprendre l'évolution de la part des chrétiens dans la population totale. Les minorités chrétiennes de l'Empire ottoman ont bénéficié d'un dynamisme démographique aux XVIIIe et XIXe siècles, qui a amené à un accroissement significatif de leur proportion dans la société. Une mortalité plus faible, une espérance de vie plus longue que dans la majorité musulmane se combinaient à une fécondité plus forte. Le rêve colonial d'un retour de l'Orient au christianisme pouvait donc alors s'alimenter à la perception de ce dynamisme. Mais, au cours du XXe siècle, les données démographiques allaient s'inverser au profit des musulmans, dont l'espérance de vie et le taux de mortalité rattrapèrent ceux des chrétiens. Surtout, alors que ces derniers s'engageaient dans la transition démographique en limitant la descendance par couple, les femmes musulmanes au contraire battaient des records de fécondité. Mais notons que l'explosion démographique attendue dans les années 1970 est aujourd'hui en grande partie jugulée parmi les musulmans du Proche-Orient. Partout, l'âge au premier mariage des filles et la fécondité des femmes ont reculé de façon spectaculaire. En république islamique d'Iran et au Liban, toutes les confessions confondues connaissent actuellement une fécondité en dessous du non-renouvellement des générations[1] (2,2).

Le XXe siècle comme accélérateur du déclin du christianisme

On le sait, le XXe siècle a été caractérisé par des cataclysmes de grande ampleur, qui ont vidé une partie des pays concernés de leur population chrétienne. Le génocide des Arméniens d'Anatolie, perpétré par les autorités turques en 1915, est à cet égard l'événement le plus spectaculaire, et le plus vivant dans les mémoires jusqu'à nos jours. Il a modifié radicalement la composition de la population anatolienne, et a effacé jusqu'à la mémoire de la présence chrétienne sur place[2]. Les violences antichrétiennes en Syrie et au Liban en 1860,

1. Y. Courbage, P. Fargues, *Chrétiens et juifs dans l'islam arabe et turc*, Fayard, 1992. B. Heyberger, *Les Chrétiens au Proche-Orient, de la compassion à la compréhension*, Payot, 2013.
2. R. Kévorkian, *Le Génocide des Arméniens*, Odile Jacob, 2006.

le départ de centaines de milliers de Grecs anatoliens et égéens de Turquie après le traité de 1923, de même que le massacre et l'expulsion des Assyriens des zones de confins entre la Turquie, l'Iran et l'Irak à la sortie de la Première Guerre mondiale sont d'autres tragédies, qui ont laissé de profondes marques dans les mémoires collectives. Ces traumatismes ne pourraient être apaisés que par un travail de recherche historique désintéressé et consensuel qui est loin d'être achevé. Tous ces épisodes ne peuvent véritablement se définir comme « des persécutions des musulmans contre des chrétiens ». Sans nier l'importance du facteur confessionnel dans les mobiles des acteurs, il faut reconnaître que ces massacres et « nettoyages ethniques » relèvent d'abord des conflits entre nationalismes, exacerbés par les interventions étrangères, et fondés sur des idéologies d'inspiration européenne. À cet égard, la défaite arabe de 1948, avec la fondation de l'État d'Israël, puis l'occupation de la Cisjordanie en 1967, qui conduisirent au départ d'une forte proportion des Palestiniens chrétiens, ou la guerre civile libanaise (1975-1990), occasionnée en grande partie par la présence de nationalistes palestiniens armés, et qui jeta dans l'exil un nombre difficile à chiffrer de chrétiens du pays, sont des événements du même type.

Les conflits militaires, des éléments dévastateurs pour les populations chrétiennes

Notons que les conflits militaires les plus dévastateurs, les plus producteurs de désordre et de violence sectaire, ont souvent été ceux qui opposaient deux factions au sein du pouvoir musulman. Aujourd'hui, l'opposition entre sunnites et chiites est au cœur des conflits qui déchirent l'Irak, la Syrie et le Liban. Comme le rappellent les responsables ecclésiastiques de ces pays, la situation la plus préjudiciable aux chrétiens est celle du chaos et de l'anarchie, ce qui les amène souvent à se rallier aux despotes en place[1]. L'affrontement de groupes armés constitués sur des bases religieuses, ethniques, tribales, ou

1. « Dans les pays du Levant, la nuit tombe sur les chrétiens d'Orient », entretien avec le patriarche Bechara Boutros Raï par Isabelle Dillmann, *Revue des Deux Mondes*, mars 2014, p. 13-34.

autres, expose les minorités, non armées et non affiliées à un chef de guerre, à des exactions de toutes sortes. La violence mafieuse peut faire appel à la charia pour se donner une respectabilité, comme l'atteste l'exemple de Samir, qui a détenu Domenico Quirico en otage en Syrie. Les histoires récentes de l'Algérie ou de l'Irak confirment que les conflits internes à l'islam s'accompagnent d'une compétition pour la légitimité religieuse se traduisant par des surenchères xénophobes et du fanatisme antichrétien ou antijuif. Les sept moines de Tibhirine et l'évêque d'Alger Pierre Claverie assassinés en 1996 ont été victimes de l'affrontement entre les islamistes du Front islamique du salut et l'armée algérienne. À la même époque, dans l'Égypte de Hosni Moubarak, la concurrence entre Frères musulmans et autorités de l'État a conduit à une guerre civile larvée, dans laquelle les coptes ont plusieurs fois été la cible d'attaques violentes. En Libye après la révolution, la déliquescence de l'État a ouvert la porte aux conflits entre factions, dont certaines cherchent leur légitimité islamique en s'en prenant aux personnes et aux symboles appartenant au christianisme. Mais les violences qui y sont infligées aux chrétiens subsahariens semblent relever davantage du racisme contre les Noirs que de la haine religieuse[1]. Dans le conflit qui déchire actuellement la Syrie, il faut se garder d'une lecture des événements qui les présente comme une lutte du pouvoir d'Assad, qui serait « laïc » et favorable aux minorités, contre le fanatisme et l'extrémisme des islamistes sunnites. Car le régime baasiste n'a jamais véritablement instauré un espace politique sécularisé et apaisé. Il s'est au contraire appuyé sur la peur et la haine confessionnelles pour se maintenir au pouvoir. N'est-il d'ailleurs pas soutenu par un allié islamiste, qui s'appelle le « parti de Dieu » (le Hezbollah libanais) ? Depuis les soulèvements de 2011, il n'a eu de cesse qu'il n'ait délégitimé l'opposition, en tentant de l'assimiler au fondamentalisme sunnite. Il a même probablement favorisé l'émergence de milices djihadistes, escomptant que leurs exactions ramèneraient vers lui une partie de l'opinion. Ainsi serait démontré que, hors du régime d'Assad, il n'y a pas de salut pour les chrétiens en Syrie[2].

1. Voir la contribution de D. Rézeau, *infra*, p. 394.
2. Voir la contribution de H. Kodmani, *infra*, p. 210, ainsi que celle de D. Quirico, *infra*, p. 217.

Des politiques d'État préjudiciables aux minorités

En dehors des conflits armés, la politique des États a souvent été préjudiciable aux minorités. Ainsi, en Iran, des vagues successives de nationalisme durant le XXe siècle ont porté atteinte à la position des missionnaires étrangers et de leurs institutions dans le pays[1]. Dans les années 1950-1970, le nationalisme arabe et socialiste de l'Égypte nassérienne, de la Syrie et de l'Irak baasistes, en s'en prenant aux « étrangers », aux propriétaires terriens et aux industriels, et en nationalisant l'enseignement, contribua également à l'exil des chrétiens. La défaite arabe de la guerre des Six-Jours (1967) fut vécue comme un traumatisme, alimentant un radicalisme de gauche et/ou un retour aux valeurs religieuses. Tandis que les musulmans se tournaient alors davantage vers un islam formaliste visant à islamiser l'espace public, les chrétiens, qui auparavant avaient souvent adhéré aux partis de gauche, se replièrent progressivement sur l'espace communautaire, strictement encadré par le clergé.

Le sous-développement, l'arbitraire et l'incurie du pouvoir sont d'autres facteurs qui poussent au départ les plus jeunes et les plus instruits, qui ne voient d'avenir qu'hors de leur pays natal. Les chrétiens, plus que les musulmans, cherchent dans l'émigration une réponse aux difficultés et aux incertitudes de la vie quotidienne, car ils sont davantage intégrés dans des réseaux familiaux et communautaires mondialisés, et ils ressentent plus fortement la régression sociale et l'absence de perspective. L'érosion démographique par l'émigration, avec les déséquilibres numériques qu'elle provoque entre jeunes et anciens, entre femmes et hommes, entre instruits et illettrés, complique la vie sociale, et rend plus difficile le maintien d'une identité communautaire structurée. Notons de plus qu'une communauté chrétienne, pour se maintenir dans le long terme, doit disposer d'un clergé et d'une hiérarchie, pour assurer la continuité du culte et l'administration des sacrements. Des communautés chrétiennes ont pu s'éteindre jadis, au Maghreb notamment, du fait qu'il n'y avait plus d'évêque pour consacrer des prêtres. Aujourd'hui, la célébration de l'Eucharistie et la sépulture religieuse chrétienne ne

1. Voir la contribution de Y. Richard, *infra*, p. 276.

peuvent être assurées à tous les chrétiens vivant en Libye, comme en témoigne le P. Rézeau.

Le conflit d'interprétation religieuse comme source de violence

S'il ne faut pas adopter une perspective eschatologique et essentialiste des rapports entre islam et christianisme, il ne faut pas pour autant se rallier à une vision irénique et angélique, qui nierait tout contenu religieux au conflit et à la violence. On souligne souvent les ressemblances entre christianisme et islam, toutes deux religions monothéistes de tradition abrahamique. La Vierge et le Christ occupent une place significative dans le Coran, ce qui a amené le gouvernement égyptien à célébrer le millénaire de la fuite de la Sainte Famille en Égypte en 2000, et les autorités libanaises à instituer l'Annonciation en fête nationale islamo-chrétienne en 2006. Les initiatives pour le dialogue entre les religions, sous forme de fondations et de rencontres internationales, se multiplient, et ont certainement un effet positif sur les relations entre musulmans et chrétiens. Les actions en faveur de la connaissance du christianisme et du dépassement des controverses traditionnelles dans l'Iran de la République islamique méritent d'être relevées[1].

Cependant, il faut rappeler que les ressemblances et les références communes ont d'abord mené à construire de part et d'autre une différenciation nette dans le contenu des croyances et dans les pratiques religieuses, pour éviter toute confusion. La controverse est déjà présente dans le Coran, et alimente encore aujourd'hui les arguments de ceux qui s'en prennent aux chrétiens. On les trouve dans la bouche de Samir, le chef de bande qui a détenu Domenico Quirico en otage, affirmant que le Christ était un homme, et que les Évangiles ont été falsifiés. Ils inspirent également les propos des ravisseurs très peu éduqués de Mgr Georges Casmoussa, sommé de répondre aux « sempiternelles objections adressées aux chrétiens[2] » : « Pourquoi dites-vous que le Christ est fils de Dieu ? » « Dieu a-t-il

1. Voir la contribution de Y. Richard, *infra*, p. 276.
2. Voir le témoignage de G. Casmoussa, *infra*, p. 202.

une femme pour donner naissance à un fils ? » « Pourquoi les prêtres et les religieuses ne se marient-ils pas ? »

En partant du Coran, la tradition et la jurisprudence islamiques ont par ailleurs construit une norme comportementale à l'égard des juifs et des chrétiens, synthétisée dans le pacte de protection appelé *dhimma*, dont on retrouve des échos dans les formes que prend aujourd'hui la violence antichrétienne. Le rétablissement de la capitation, dont l'imposition aux « protégés » (*dhimmi*) repose sur une prescription coranique, figure parfois dans des programmes politiques, comme dans celui (fort vague) de l'émir d'al-Nosra qui a ordonné la détention de Domenico Quirico en Syrie. Le fait de s'attaquer aux croix sur les bâtiments, de descendre les cloches ou de détruire les images religieuses, comme cela a été attesté à Raqqa et à Maaloula en Syrie, après la prise de ces localités par des milices islamistes en automne 2013, relève également d'une longue tradition bien documentée. Alors même que l'islam autorise les chrétiens à produire et à vendre l'alcool, on ne manque pas d'exemples historiques où, dans des moments de crise, des foules galvanisées par des prédicateurs se sont attaquées aux débits de boissons des chrétiens. Cela s'est encore produit en 2011 au Kurdistan irakien, par ailleurs plutôt caractérisé par son libéralisme, lorsque des hommes ont pris d'assaut une quarantaine de magasins d'alcool tenus par des chrétiens. Ils reproduisaient ainsi, peut-être sans le savoir, une scène de violence collective plusieurs fois jouée depuis l'époque des Abbassides[1].

Il ne faut pas se dissimuler que ces déchaînements de violence sont encouragés et justifiés par les sermons de clercs, dont certains jouissent d'une position d'autorité prééminente dans l'islam. La tradition musulmane offre des ressources pour justifier la tolérance, rejeter le recours à la force, et proposer des alternatives d'action non violente. Il faut néanmoins constater que ce sont les auteurs les plus intransigeants, comme Ibn Taymiyya (1263-1328), qui rencontrent la faveur de nombre de prédicateurs, proches du salafisme ou des Frères musulmans. Leurs discours bénéficient de la diffusion par les nouveaux moyens de communication et du soutien des monarchies

1. Épisode rapporté *in* G. Casmoussa, *Jusqu'au bout. Entretiens avec Joseph Alichoran et Luc Balbont*, Nouvelle Cité, 2012, p. 9-10.

pétrolières, l'Arabie saoudite et le Qatar étant à cet égard les principaux acteurs. Les Égyptiens, Palestiniens ou Syriens travaillant dans la monarchie wahhabite et dans les pays du Golfe, ou ceux qui regardent chez eux les chaînes satellitaires, adoptent des nouvelles normes de comportement islamique, les différenciant plus nettement des non-musulmans, envers lesquels ils font preuve de préjugés et d'attitudes hostiles. Depuis les attentats du 11 septembre 2001, le régime saoudien, mis en accusation par ses alliés occidentaux, a dû reconnaître à demi-mot sa responsabilité dans ce domaine, et a pris récemment quelques mesures, comme la fermeture de sites incitant à la haine religieuse et l'interdiction de fatwas appelant au meurtre. Des imams extrémistes ont été licenciés, et un très grand nombre soumis à une rééducation. Mais la haine et l'intolérance ont pénétré profondément la société, se retrouvant par exemple dans les programmes et les manuels de l'enseignement public, ce qui est d'autant plus préoccupant que le royaume joue un rôle de premier plan dans l'éducation des pays musulmans en général. Il a été estimé que l'Arabie saoudite consacrait chaque année trois fois plus d'argent à la diffusion de son idéologie intransigeante que ne l'avait fait l'Union soviétique pour propager le communisme, au plus fort de la guerre froide ! En 2003, une commission d'experts réunie par le futur roi Abdallah avait déjà constaté que les cours d'éducation religieuse encourageaient à « la violence envers les autres religions et incitaient à tort les élèves à penser que, pour sauvegarder leur propre religion, ils devaient réprimer violemment, voire éliminer physiquement l'autre ». Mais depuis, programmes et livres n'ont été que partiellement amendés. Le manuel de terminale sur le monothéisme incitait à tuer et à voler les polythéistes (c'est-à-dire les hindous, les bouddhistes, mais aussi les chiites et les chrétiens, dont la croyance en la Trinité est considérée comme polythéiste). Si l'édition de 2010-2011 n'approuve plus explicitement le meurtre et le vol, elle affirme toujours qu'il faut combattre les polythéistes et les « infidèles », mais seulement dans certaines conditions[1]. On voit comment ce genre d'arguments vient apporter une caution morale

1. *Courrier international*, 3 novembre 2011.

à des criminels comme Samir, le ravisseur de Domenico Quirico, qui se justifie ainsi d'avoir tué une famille de chrétiens et de s'être emparé de ses biens.

Au nom du crime d'apostasie

Une des accusations les plus graves lancées par les oulémas contre les adversaires religieux est celle d'apostasie, c'est-à-dire celle d'avoir renié l'islam après avoir été musulman. Le cheik Yûsuf Al-Qaradâwî, une des autorités les plus écoutées dans le monde sunnite, proche des Frères musulmans, et disposant jusqu'à récemment du puissant soutien du Qatar, où il résidait, écrit dans un texte consacré au sujet :

> Le danger le plus terrible auquel est confronté le musulman est celui qui menace son identité spirituelle, c'est-à-dire celui qui menace sa foi. C'est pour cette raison que l'apostasie – la mécréance après l'islam – est le danger le plus terrible auquel la société musulmane est confrontée. Le plus grand complot ourdi par les ennemis de cette société consiste à détourner les musulmans de leur religion, que ce soit par la force et les armes ou par la ruse et la tromperie[1].

Depuis le XIXe siècle, les conversions de l'islam au christianisme, les condamnations pour apostasie, et les dénonciations du prosélytisme sont devenues un enjeu politique et diplomatique entre les puissances occidentales, d'une part, l'Empire ottoman, puis les États qui en sont issus, d'autre part, mobilisant les opinions de chaque côté[2]. Les conversions sont vécues comme une agression contre l'identité musulmane du pays, comme une humiliation infligée à la nation par les puissances occidentales, dont les missionnaires seraient les agents d'exécution. « Évangélisation » et « christianisation » sont perçues sur le mode du complot, dans le cadre d'une entreprise colonialiste d'abaissement et d'exploitation des musulmans, et dans la

1. Y. Al-Qaradâwî, « La société musulmane et la lutte contre l'apostasie », sur le site *Islamophile. Ressources islamiques en langue française.*
2. S. Deringil, *Conversion and Apostasy in the Late Ottoman Empire*, Cambridge University Press, 2012.

continuité des Croisades. Même l'« accommodement », c'est-à-dire l'intégration du missionnaire à la société locale et le respect de celle-ci comme préalable à l'action d'apostolat, encore recommandé par Jean-Paul II, est jugé comme une méthode perverse pour corrompre les valeurs islamiques[1].

Le crime d'apostasie peut avoir une extension large. Le cheik Qaradâwî met en garde contre l'« apostasie intellectuelle », qui consiste à diffuser des idées subversives comme du poison, mettant en danger l'union et l'identité de la communauté (*Oumma*) en semant la « zizanie » (*fitna*). Elle est assimilée à la trahison de la patrie et à l'alliance avec l'ennemi. La condamnation à mort de Salman Rushdie pour apostasie en 1989[2] ou la déchéance de ses droits de citoyen égyptien du professeur d'études islamiques Nasr Hamid Abû Zayd, contraint à s'exiler en Europe en 1996, relevaient de cette accusation. Dans ce type de raisonnement, toute occidentalisation ou sécularisation de la pensée ou des comportements est quasiment assimilée à une conversion au christianisme. Tout ce que l'Occident représente, la sécularisation, l'émergence des sciences humaines et sociales, la mixité des genres, ou le cinéma hollywoodien, est placé sur le même plan, et dénoncé comme entreprise de « christianisation ». En Égypte, l'Église copte, malgré le patriotisme égyptien et l'antioccidentalisme qu'elle affiche généralement, peut elle aussi être considérée comme au service de l'entreprise colonialiste et prosélyte de l'Occident, conçu comme un bloc monolithique pour mieux lui opposer la chimérique unité de l'*Oumma*. En Irak, les ravisseurs de Mgr Casmoussa ne pouvaient imaginer un prêtre chrétien qu'en suppôt de l'envahisseur américain.

Au cœur des débats sur les conversions se situe en fait la question de la nature de l'État, et de son rôle dans la définition et la protection du principe de citoyenneté. L'appartenance à l'islam étant une composante essentielle de l'identité nationale dans la plupart des pays du Proche-Orient (y compris dans la Turquie « laïque », où il faut être turc de langue et sunnite de religion pour être pleinement

1. L. Guirguis (dir.), *Conversions religieuses et mutations politiques en Égypte*, Non Lieu, 2007.
2. S. Rushdie, *Joseph Anton. Une autobiographie*, Plon, 2012.

citoyen), l'abandon de la religion musulmane est un crime contre la nation. La contestation de l'affiliation confessionnelle ou la revendication de la liberté de conscience devant les tribunaux ou devant l'opinion sont considérées comme de graves sources de désunion et de désordre (*fitna tâ'ifiyya*), pilotées depuis l'étranger. Ceux qui, en Algérie ou au Maroc, rompent ostensiblement le jeûne du ramadan au nom de la liberté individuelle sont passibles de condamnations en justice. Ils sont considérés comme des apostats, et dénoncés par le haut conseil islamique algérien comme « semeurs de discorde[1] ».

La Déclaration universelle des droits de l'homme de 1948, approuvée par tous les pays membres des Nations Unies à l'époque, à l'exception de l'Arabie saoudite qui s'est abstenue, affirme dans son article 18 :

> Toute personne a droit à la liberté de pensée, de conscience, de religion ; ce droit implique la liberté de changer de religion ou de conviction ainsi que la liberté de manifester sa religion ou sa conviction, seule ou en commun, tant en public qu'en privé, par l'enseignement, les pratiques, le culte ou l'accomplissement des rites.

Mais cette affirmation de la liberté de conscience, soit la liberté individuelle de croire, de ne pas croire ou de changer de religion, entre en contradiction avec l'affirmation de l'islamité de l'État ou de la nation, et a ensuite été contestée par les pays musulmans dans les instances internationales, auxquelles ils ont essayé d'imposer à la place la notion de « liberté de religion ». Tous les États qui se déclarent musulmans ou se réclament de l'islam dans leur Constitution ont jusqu'ici refusé d'inscrire la liberté de conscience dans leur texte fondamental[2]. Il ne s'agit pas seulement d'une question symbolique, quoique les mots et les représentations aient aussi leur importance. Rappelons qu'en Arabie saoudite, 1,5 million de chrétiens doivent pratiquer leur culture « dans les catacombes », tout

1. « En Algérie, le haut conseil islamique condamne les "dé-jeuneurs" kabyles », *La Croix*, 8 août 2013.
2. D. Avon, « Liberté religieuse, liberté de conscience. Un angle de saisie de la problématique de la conversion au XXe siècle », dans B. Bakhouche, I. Fabre, V. Fortier (dir.), *Dynamiques de conversion. Modèles et résistances. Approches interdisciplinaires*, Brepols, 2012, p. 101-116.

exercice d'une religion autre que l'islam étant interdit sur le territoire du royaume. Ailleurs, cette question de principe peut avoir des conséquences très concrètes du point de vue administratif: quelle religion figurera sur la carte d'identité d'un individu? Le 15 mai 2014, une femme soudanaise, appelée Meriam Yahia Ibrahim Ishag, a été condamnée au fouet pour adultère et à la mort pour apostasie à Khartoum. En réalité, elle n'était musulmane que sur le papier. De père musulman, elle a été entièrement élevée par sa mère chrétienne, et s'est mariée à un chrétien. En Égypte, il est arrivé que des chrétiens se soient trouvés enregistrés comme musulmans à leur insu, sans réussir à faire corriger leur état civil. Dans ce dernier pays, il est très facile pour un chrétien converti à l'islam de faire modifier la rubrique de sa confession sur ses papiers d'identité, mais le contraire y est impossible[1]. En Iran, on ne condamne officiellement plus à mort pour apostasie. Mais le converti s'y voit ostracisé, mis au ban de la société, et réduit à l'exil. Quant aux pasteurs accusés de prosélytisme, ils y sont soumis à une répression féroce, qui parfois n'hésite pas, pour les éliminer, à recourir à des moyens illégaux[2].

La liberté de conscience, un principe naissant

Pour la première fois dans un pays arabe, le principe de la liberté de conscience a été reconnu dans l'article 6 de la toute nouvelle Constitution tunisienne (2014), qui affirme que l'État « garantit la liberté de conscience, de croyance et le libre exercice de culte », mais juste après avoir déclaré que « l'État est gardien de la religion », ce qui laisse la porte ouverte à une certaine ambiguïté. En Algérie, l'article 36 de la Constitution de 1996 déclare dans sa traduction française que « la liberté de conscience » est « inviolable », mais parle en fait de « liberté du croyant » (*hurriyat-al-mu'taqid*) dans l'original arabe, tandis que l'article 2 affirme que « l'islam est la religion de l'État », et que l'article 9 stipule que « les institutions s'interdisent les pratiques contraires à la morale islamique et aux valeurs de la révolution de

1. L Guirguis (dir.), *op. cit.*
2. Voir le reportage de L. Balbont, p. 288, et la contribution de Y. Richard, *infra*, p. 276.

Novembre[1] ». L'ordonnance du 28 février 2006 réaffirme que l'État, dont la religion est l'islam, garantit le libre exercice de la religion, la tolérance et le respect entre les religions, qu'il protège les associations religieuses non musulmanes, et que la religion ne peut être invoquée pour discriminer des individus ou des groupes. Toutefois, ce texte vise avant tout à encadrer strictement et à contrôler les institutions et les pratiques religieuses non musulmanes en Algérie. Il criminalise toute forme de prosélytisme qui aurait des musulmans pour cibles. De plus, un article du code pénal algérien permet de poursuivre quiconque « insulte le Prophète ou tout autre messager de Dieu », ou qui « dénigre la croyance et les préceptes de l'islam ». C'est au nom de cet article qu'on peut être poursuivi pour non-respect du jeûne du ramadan. Enfin, le code la famille de 2005 stipule que les exécuteurs testamentaires doivent être musulmans, et que quiconque a quitté l'islam perd ses droits à l'héritage[2].

Et en effet, les changements d'appartenance religieuse sont rendus difficiles par l'existence de lois régissant le statut personnel propre à chaque confession. Dans tous les États comprenant des confessions officiellement reconnues, y compris Israël, celles-ci gèrent ce qui relève du mariage, de la famille et des successions selon leurs propres règles. Il s'agit là d'un héritage des empires, comme l'Empire ottoman, dans lesquels il n'était pas question d'égalité des droits, mais d'une multiplication de statuts discriminatoires concernant différents « corps » ou « communautés ». C'est le régime dont bénéficient aujourd'hui les Arméniens et les Chaldéens en république islamique d'Iran, à l'exclusion des autres chrétiens. En Égypte et dans le reste de l'Empire ottoman, les réformes du XIXe siècle, tout en proclamant l'égalité devant la loi et la liberté de culte, ont encore renforcé la structure communautaire des minorités juives et chrétiennes, organisées en *millet*. Celles-ci, dotées de conseils et d'instances dirigeantes, se sont vu confier la gestion de l'état civil et une grande partie de la vie sociale de leurs membres. Cette autonomie interne des communautés a favorisé le

1. D. Avon, Y. Aschi, « La Constitution tunisienne et l'enjeu de la liberté individuelle : un exemple d'accommodement au forceps », *Raison publique*, 3 juin 2014, http://www.raison-publique.fr/article708.html
2. Voir la contribution de K. Dirèche, *infra*, p. 381. Voir aussi N. Marzouki, « Conversion as Statelessness. A Study of Contemporary Algerian Conversions to Evangelical Christianity », *Middle East Law and Governance*, 4, 2012, p. 64-105.

maintien des structures institutionnelles, et par conséquent de l'identité propre à chacune. Mais elle restreint la liberté individuelle et pose de graves problèmes dans les situations de mixité confessionnelle. La loi générale de l'État, d'inspiration islamique, s'impose alors aux minoritaires. En Égypte, elle s'applique dans divers domaines (interdiction de l'adoption, pensions alimentaires...), et est considérée comme supérieure en cas de litige. Même l'autonomie communautaire peut être contestée, lorsqu'un tribunal impose au patriarcat copte d'autoriser des divorcés à se remarier ou déclare légale la polygamie pour un chrétien. On comprend dans ces conditions que la cohésion de la famille, les successions et les alliances matrimoniales tiennent une place centrale dans les préoccupations de la société égyptienne. Les chrétiens craignent pour leurs filles, dont une éventuelle conversion à l'islam ou un mariage seraient entérinés par l'administration sans leur consentement. Au-delà des dispositions légales, la pratique informelle de l'administration et des tribunaux a généralement tendance à se conformer à la charia, en défaveur des non-musulmans, qui se sentent mal protégés par l'État[1].

La plupart des Églises et des chrétiens se déclarent aujourd'hui engagés dans la défense des droits des citoyens et de la liberté de choisir sa religion. Néanmoins, les principes et les institutions devant s'adapter aux circonstances politiques, qui varient d'un pays à l'autre, cet engagement se décline selon des modalités diverses. Le droit international offre des ressources pour défendre les intérêts des minorités dans le cadre des États nationaux, auxquelles les ONG et les Églises, organisations transnationales, peuvent recourir. Ainsi, les négociations pour l'adhésion de la Turquie à l'Union européenne ont permis certains progrès pour le droit des non-musulmans dans ce pays. Mais la plupart des États et des opinions du Moyen-Orient et du Maghreb sont rétifs à la notion de « minorité », qui évoque la politique coloniale et les ingérences des Grandes Puissances dans les affaires de la région au nom de la « protection » des minorités, et agite le spectre de la division nationale[2]. Dans les États autoritaires,

1. Voir la contribution de T. Aclimandos, *infra*, p. 246. B. Heyberger, *op. cit.*

2. Voir par exemple la critique de la notion de « minorité » par S. Frangié, « Les chrétiens du Liban », *infra*, p. 330.

la lutte pour la défense des minorités est quasiment impossible. Les Églises peuvent y obtenir une certaine marge de manœuvre au prix d'une association étroite avec le pouvoir, qui mène sa propre politique religieuse pour faire obstacle aux tentatives de mobiliser l'islam contre lui. Les chrétiens sont reconnus en tant que « communautés protégées », dont les hommes d'Église sont les dirigeants exclusifs, toute autre forme d'association ou de représentation étant quasiment bannie[1]. En Égypte, les coptes avaient beaucoup à craindre de l'avènement des Frères musulmans au pouvoir, ce qui explique leur ralliement au maréchal Abdel Fattah al-Sissi après le renversement de Mohamed Morsi en été 2013[2]. Depuis, il semble que l'Église copte soit revenue au temps de la collaboration entre Hosni Moubarak et le pape Chenouda, poussant par exemple, par « patriotisme », les électeurs à participer au vote en faveur du candidat Sissi. La défense des droits de l'homme ne figure plus à l'agenda de l'Église, et les dizaines de morts coptes de la manifestation pacifique de la rue Maspero au Caire (octobre 2011), victimes d'une violence inouïe de l'armée, doivent à présent être oubliées. Le comité exécutif du conseil égyptien des Églises s'est récemment réuni pour examiner les moyens de combattre l'athéisme en Égypte.

Peut-on s'employer à défendre exclusivement une communauté chrétienne particulière d'un pays ? Doit-on par exemple se réjouir de la construction d'une cathédrale catholique à Bahreïn, sans évoquer le fait que la famille sunnite qui y monopolise le pouvoir a rasé des mosquées et des sanctuaires appartenant à la majorité chiite (70 %), après le soulèvement de 2011[3] ? Ne faut-il pas rappeler que, dans l'Iran chiite, la première minorité est celle des sunnites (15 %), suivie par celle des bahaïs ? Le pluralisme en Turquie ne dépend-il pas avant tout du traitement réservé par l'État aux principales minorités, ethnique (kurde), et confessionnelle (alévie) ?

Plus généralement, faut-il défendre les droits des communautés, ou ceux des individus ? À l'heure de la généralisation des

1. F. McCallum, « Religious Institutions and authoritarian States : church-state relations in the Middle East », *Third World Quarterly*, 33, 1, 2012, p. 109-124.

2. Voir la contribution de T. Aclimandos, *infra*, p. 246.

3. Voir la fiche « Bahreïn », Observatoire de la liberté religieuse, 17 octobre 2012, consultable sur http://www.aed-france.org

nouveaux médias et de la globalisation, ce sont des espaces de liberté individuelle qui sont réclamés partout. En Turquie, une frange active mais minoritaire de la population se bat contre « l'intégrisme décliné aussi bien dans le camp nationaliste que dans le camp islamiste », et pour l'instauration d'un véritable pluralisme[1]. C'est dans ce combat que se sont inscrits Andrea Santoro, Hrant Dink et Luigi Padovese, et c'est pour cette raison qu'ils sont morts assassinés. Le combat pour le pluralisme est aussi un combat pour le pluralisme de la mémoire : la Turquie républicaine comme les autres États de la région peuvent-il assumer une part chrétienne de leur passé, et l'enseigner dans leurs écoles ? En Algérie, le débat est ouvert, entre autres par les nouveaux chrétiens, de plus en plus visibles dans l'espace public, sur la définition de la citoyenneté algérienne, et sur la possibilité d'un nouvel ordre politique et social, qui renoncerait à la définition de la nation issue de la guerre d'indépendance, ouvrirait la porte au pluralisme ethnique et confessionnel, et laisserait plus de liberté à l'individu[2]. Les dé-jeuneurs algériens et marocains, quoique très minoritaires, posent sur la place publique la question de la liberté de conscience, de la neutralité religieuse de l'État, et de la capacité de celui-ci à protéger l'individu. Au Liban, des citoyens se sont mobilisés pour obtenir le droit de se marier hors de toute communauté, par l'instauration d'un mariage civil.

Agrégé d'histoire, diplômé en arabe et ancien membre de l'École française de Rome, **Bernard Heyberger** est directeur d'études à l'École des hautes études en sciences sociales (EHESS) et à l'École pratique des hautes études (EPHE). Il consacre ses travaux à l'histoire des chrétiens d'Orient et a notamment publié : *Les Chrétiens au Proche-Orient, de la compassion à la compréhension* (Payot), grand prix de l'Œuvre d'Orient en 2013.

1. Voir la contribution de A. Romano, *infra*, p. 488.
2. Voir la contribution de K. Direche, *infra*, p. 381.

Irak
De l'exode à l'épuration

Passés de 1,2 million à moins de 400 000 en l'espace d'une décennie, les chrétiens d'Irak subissent de plein fouet un cycle de violence dont on ne voit pas l'issue. Pris au piège d'une guerre sans merci entre musulmans sunnites et chiites, cibles des djihadistes de l'enclave islamiste de l'EIIL, ces communautés deux fois millénaires risquent aujourd'hui de disparaître. Un destin redouté par les chrétiens de tous les pays voisins.

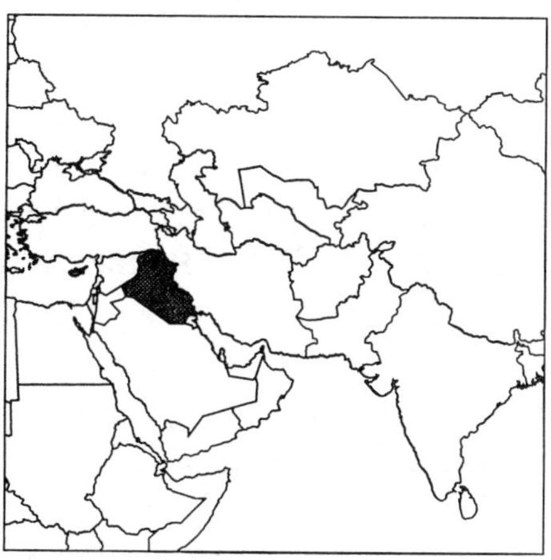

- Population = 31 466 698
- Musulmans = 97,3 %
  Chrétiens = 1,4 %
  Autres = 1,3 %[1]

1. Toutes les données concernant les populations et confessions, pays par pays, sont issues des sources suivantes :
- AED - Aide à l'Église en détresse ;
- Pew Research Forum ;
- Banque Mondiale.

Reportage

« N » comme « Nazaréens »

Samuel Lieven

À l'été 2014, le monde a brutalement découvert l'existence de l'État islamique (EI) et la cruauté inouïe de ses combattants. À Mossoul, la deuxième ville d'Irak, où ils ont proclamé un califat censé régner sur l'islam mondial, ils ont entrepris une véritable chasse à l'homme contre les non-musulmans, en particulier les chrétiens contraints de se réfugier au Kurdistan voisin.

Un « N », comme « Nazaréens » (« chrétiens » en arabe), inscrit sur leurs maisons. Et un ultimatum: « Convertissez-vous à l'islam ou payez l'impôt, sinon vous mourrez par le glaive ». Tel est le sort qu'ont réservé aux chrétiens les djihadistes qui se sont emparés de Mossoul, la deuxième ville d'Irak, à l'été 2014. Le monde découvre alors, horrifié, l'existence de l'État islamique en Irak et au Levant (EIIL). Perchés sur des pick-up battant pavillon noir, les combattants de cette organisation terroriste ultrasectaire sèment depuis des mois la terreur en Irak et en Syrie. Aussitôt après la prise de Mossoul, début juin, leur chef s'est autoproclamé « calife » – successeur du Prophète dans l'islam –, rebaptisant son organisation sous le seul nom d'État islamique (EI).

Issu de la branche irakienne d'al-Qaida, l'EI a profité du chaos syrien pour accumuler hommes, armes et richesses. Ses ennemis? Tous ceux qui ne sont pas musulmans sunnites et ne respectent pas à la lettre la charia – loi islamique – que ses combattants imposent sur un territoire de plus en plus important, à cheval sur la Syrie et l'Irak. Soutenu par des tribus sunnites excédées par le sectarisme des chiites au pouvoir depuis dix ans en Irak, l'EI recrute ses combattants dans tout le Proche-Orient, mais aussi en Occident. Le journaliste américain James Foley a été décapité en août par un djihadiste originaire de Grande-Bretagne.

Partout où les combattants de l'État islamique plantent leurs drapeaux, les croix des églises sont retirées, les édifices religieux détruits ou incendiés, les minorités – chrétiens, chiites, yézidis, Chabaks, Turcomans – pourchassées ou massacrées. Ceux qui ne peuvent s'enfuir en abandonnant tout sur place se terrent dans leurs maisons, s'exposant à une mort quasi certaine.

Dépouillés de tout, les derniers chrétiens de Mossoul ont d'abord trouvé refuge à Qaraqosh – distante de 30 km – et dans les villes chrétiennes de la plaine de Ninive, où l'on parle encore l'araméen. C'est là que je les ai rencontrés à la fin du mois de juillet. Une délégation d'évêques français était venue à leur rencontre sous haute protection de l'armée kurde, à deux kilomètres de la ligne de front et des premiers viseurs islamistes. Par 50 °C à l'ombre, ces milliers d'hommes et de femmes n'avaient plus sur eux que les vêtements de l'exode, plongés dans la détresse, réduits à une attente sans fin. Au *check point*, à la sortie de Mossoul, les djihadistes leur avaient tout pris : voitures, vêtements, bijoux… Symbole de cruauté plus éloquent que tous les témoignages recueillis, une mère de famille nous a montré le doigt qu'elle a bien failli perdre ce jour-là. « Ils m'ont réclamé ma bague de mariage. Pas moyen de la retirer ! L'un d'eux est alors revenu avec une hache, j'ai juste eu le temps de m'en débarrasser avec de la salive… »

Ces chrétiens auraient pu, moyennant la récitation de la « chahada », la profession de foi musulmane, sauver leurs biens et rester sur place. Aucun n'y a cédé, ni même songé. Cette foi brute, héritage bimillénaire presque inaccessible à un Occidental, nous est devenue palpable lorsque nous avons pénétré, lors de notre étape à Qaraqosh, dans l'église principale pleine à craquer où résonnaient des chants en araméen. « Aujourd'hui, Mossoul semble engloutie, comme Jonas dans le ventre de la baleine, mais elle sortira bientôt saine et sauve de cette épreuve ! » avait lancé au micro le cardinal français Philippe Barbarin. L'assemblée avait alors éclaté en applaudissements. Sous des mantilles multicolores, les femmes lançaient des youyous. L'espoir d'un retour semblait encore de mise.

Avec plus de 100 000 habitants, dont la moitié de réfugiés, Qaraqosh était, pour quelques jours encore, la plus grande ville chrétienne d'Irak.

Depuis la prise de Mossoul, deux mois auparavant, l'armée du Kurdistan voisin était parvenue à contenir l'avancée des islamistes dans la plaine. « Si les peshmergas – combattants kurdes – n'avaient pas pris notre défense, nous n'existerions plus, résumait l'archevêque de Mossoul, Mgr Boutros Moshe, qui avait suivi son peuple en exil à Qaraqosh. Le jour où je partirai, ce sera la fin de deux mille ans de présence chrétienne dans la plaine de Ninive. »

Quelques jours plus tard, face à une foudroyante offensive djihadiste, la digue kurde a brusquement cédé. Au cours de la nuit du 5 au 6 août, dans un vaste mouvement de panique, presque tous les habitants ont évacué la plaine, fuyant une nouvelle fois le péril islamiste, à pied, en voiture, pour gagner le poste frontière kurde le plus proche. Dès l'aube, l'étendard noir flottait sur les villes quasi désertes de Qaraqosh, Tal Kayf, Bartella, Karamlech, Alqosh… Le blitz islamiste n'a rencontré aucune résistance. « Cette fois, c'est fini », me confiait au téléphone Mgr Moshe, la voix éreintée après la pire nuit de son existence.

Alors que des dizaines de milliers de réfugiés, chrétiens, chiites, yézidis, n'ont cessé d'affluer au Kurdistan, devenu le dernier camp retranché pour ces minorités pourchassées, les appels à la communauté internationale se sont multipliés durant tout l'été. Le nettoyage religieux systématiquement entrepris par l'État islamique, les exactions et actes de barbarie filmés et postés sur les réseaux sociaux, ont choqué l'opinion mondiale. Ce désastre humanitaire à grande échelle, mais aussi le risque d'une offensive meurtrière de l'EI contre l'enclave kurde, ont finalement poussé l'Occident à réagir. Les armes fournies par l'Europe et les frappes aériennes des États-Unis ont rapidement permis aux peshmergas de remporter de nouveaux succès dans la plaine de Ninive.

Mais à la fin de l'été 2014, trop de questions restent en suspens. Quelles sont les forces réelles de l'État islamique sur le terrain ? Quels sont ses ressources, ses soutiens politico-financiers ? A-t-il les moyens de se maintenir, bouleversant durablement la géopolitique du Proche-Orient ? À l'inverse, en cas de victoire au moins partielle sur l'EI, comment sécuriser à nouveau la plaine de Ninive, pour que les chrétiens et les autres minorités acceptent de retourner y vivre ?

Personne ne peut dire ce qu'il adviendra, dans un avenir proche, de ce berceau du christianisme en Irak.

Reportage

« J'ai une famille de chrétiens qui ne veut pas se convertir, qu'est-ce qu'on en fait ? »

Laurence Desjoyaux

Fin août 2014, quelques dizaines de chrétiens qui n'avaient pas pu fuir Qaraqosh, la plus grande ville chrétienne d'Irak, lors de l'arrivée des djihadistes de l'État islamique, ont trouvé depuis deux jours refuge à Erbil. Ils racontent la pression à la conversion, les pillages, les enlèvements, dont celui d'une fillette de trois ans.

Ils arrivent par petits groupes, à pied, sans valises, sans affaires. Sans rien. Nous sommes à Kalak, sur la ligne de front entre l'armée kurde et l'État islamique située à une trentaine de kilomètres d'Erbil. Coincés à Qaraqosh, la plus grande ville chrétienne d'Irak située à une trentaine de kilomètres de Mossoul, tombée aux mains des djihadistes de l'État islamique et quasiment vidée de ses 45 000 habitants dans la nuit du 7 au 8 août dernier, quelques dizaines de chrétiens ont enfin pu partir. L'État islamique leur a donné le choix : se convertir à l'islam ou quitter leur ville. Ils ont préféré partir, abandonnant tout derrière eux.

Les hommes de Da'ash les ont déposés à Khazer, à dix kilomètres de Kalak. Ils ont fini la route à pied. Une véritable épreuve pour ces gens, souvent âgés ou malades, affaiblis par plus de dix jours d'angoisse sous la coupe des djihadistes. Dans le bus qui doit les ramener à Erbil où sont déjà réfugiés des dizaines de milliers de réfugiés, ils attendent que les derniers arrivent, hébétés par ce qu'ils viennent de vivre. Assise au premier rang, une femme, le regard angoissé, explique qu'elle a laissé derrière elle son mari et son fils. Une autre raconte qu'elle ne sait pas où est sa mère, partie de Qaraqosh dans une autre voiture. Elle répète en boucle en se tordant les doigts : « *Maryam El Azra, Maryam El Azra* », « Vierge Marie, Vierge Marie… »

Un vieillard épuisé, keffieh traditionnel sur la tête, sourit tristement. Derrière lui, une femme âgée s'accroche au téléphone qu'on lui a donné et parle à ses proches en fermant les yeux. Une autre montre ses oreilles : « Ils ont tout pris, les papiers d'identité et même les boucles d'oreilles. » Au fond du bus, une femme seule. Des cernes noirs lui mangent la moitié de son visage amaigri. Elle raconte en pleurant que les hommes de l'État islamique lui ont pris sa fille de trois ans, Cristina, au moment où elle a été chassée de la ville. On parle aussi de l'enlèvement d'une jeune femme de trente ans, Rita.

Le bus part avec à son bord vingt-deux rescapés de Qaraqosh. Un soldat kurde posté sur la ligne de Kalak explique que quarante à cinquante d'entre eux sont encore en train de marcher depuis Khazer dans ce *no man's land* de dix kilomètres où personne ne peut venir les chercher. Dans le camp de Mart Schmouni, dans le quartier d'Ankawa, à Erbil, où sont déjà réfugiés sous des tentes de fortune des centaines de déplacés de Qaraqosh, c'est sous les applaudissements que le bus est accueilli, chacun espérant retrouver là un parent, un ami, avoir des nouvelles de ceux qui sont encore à Qaraqosh.

La veille, à Mart Schmouni, c'est dans la discrétion et presque par surprise que les premiers rescapés – une famille de onze personnes – étaient arrivés de Qaraqosh. Ils n'avaient pas réussi à quitter la ville à temps et avaient été pris au piège dans cette ville désormais fantôme où règnent en maîtres des hommes armés, vêtus de l'habit noir du califat de Mossoul. « Je dormais quand Da'ash (l'État islamique en arabe) est entré dans la ville. J'ai entendu un bruit de fusillade, mais c'était trop tard. Je ne pouvais pas partir vite, car trois de mes enfants sont handicapés, raconte Samir[1], au lendemain de son arrivée à Erbil, assis sur un tapis à l'ombre des oliviers du jardin qui entoure l'église Mart Schmouni et où campent désormais 200 familles chrétiennes et kakaïs (une autre minorité religieuse) chassées de la plaine de Ninive. « Je les ai entendus rentrer avec leur voiture en criant *"Allah akbar"* (Allah est grand). Ils ont pris possession de certains lieux pour en faire leurs quartiers généraux : la maison d'un député ainsi que celle où vivaient les prêtres de la ville. Ensuite, ils ont fait tomber la croix

1. Tous les prénoms ont été changés pour des raisons de sécurité.

du clocher de l'église Mar Yohanna, juste à côté de chez moi. J'ai tout vu depuis mon toit. »

Contrairement à d'autres chrétiens de la ville, Samir ne s'est pas caché. « Ils m'ont demandé : "Veux-tu te convertir ou bien payer l'impôt ?" Je leur ai dit : "Je ne veux pas me convertir et je suis pauvre, je n'ai pas les moyens de payer votre impôt de 90 000 dinars par mois (environ 60 euros) pour chaque membre de ma famille." À côté de lui, son fils de vingt ans, Fadi, tatouage en forme de croix sur l'avant-bras, explique : « Moi je n'ai pas peur de ces gens-là. Je leur ai dit : "Tuez-moi si vous voulez, mais je ne me convertirai pas." » Pendant quelques jours, les djihadistes semblent accepter cet état de fait mais préviennent : « Cette ville est désormais sous le contrôle de l'État islamique, si vous tentez de résister nous vous écraserons. »

Alors que beaucoup d'habitants qui n'ont pas pu fuir se terrent dans leur maison ou dans des caves de la vieille ville de Qaraqosh, d'autres, menacés de mort, sont forcés de les dénoncer. Selon Fadi, des jeunes d'à peine dix-sept ans paradent dans la ville au volant de pick-up. À la tête du groupe djihadiste, quatre hommes d'une cinquantaine d'années semblent contrôler la ville : ils se font appeler Abu Hachem, Abu Moussa, Abu Ubayda et Abu Marwa.

Parmi les djihadistes de Da'ash présents dans la ville, environ 200 personnes selon Samir, 40 selon d'autres témoignages, certains viennent de Mossoul mais d'autres sont en fait des habitants des villages voisins appartenant aux tribus sunnites ralliées pour l'occasion au califat de Mossoul. « J'en ai reconnu certains qui venaient faire leur marché à Qaraqosh avant tout cela », assure Samir, dépité. Un « mollah » distribue de la nourriture et de l'eau, poussant à cette occasion les gens à se convertir. Dans le même temps, des gros camions arrivent de l'extérieur pour piller des maisons et des magasins. Tout y passe : les demeures qui semblent les plus riches, la pharmacie de l'hôpital Al-Hamdania, les boutiques d'alimentation, etc. Certains habitants sont battus.

Le 21 août, le discours change brutalement. « J'étais dans la rue pour chercher à manger et à boire quand leur voiture s'est arrêtée près de moi. Ils m'ont demandé : "Veux-tu te convertir ?" J'ai répondu "non" », témoigne Samir. Ils le font monter dans la voiture. À l'intérieur, le fameux Abu Hachem appelle Abu Moussa pour lui dire : « J'ai une famille de chrétiens qui ne veut pas se convertir, qu'est-ce qu'on en fait ? » Après plusieurs coups de téléphone, Abu Hachem tranche : « Si vous ne voulez pas vous convertir, vous devez quitter la ville tout de suite. »

En quelques minutes, les onze membres de la famille sont mis dans un bus en direction d'Erbil. Ce qui autrefois était le *check point* de Khazer tenu par les Kurdes est devenu aujourd'hui un champ de ruines, suite au bombardement d'une colonne de pick-up de l'État islamique par les Américains. C'est là que la famille est jetée du bus.

S'ensuit une marche de plusieurs heures pour rejoindre Kalak. « Sur la route, j'agitais une chemise blanche en signe de paix, car j'avais peur d'être pris dans des tirs. Il faisait tellement chaud ! Nous avons bu des fonds de bouteilles d'eau trouvées sur le bord de la route », raconte Samir. Au *check point* kurde, ils sont enfin pris en charge pour arriver jusqu'au camp de Mart Schmouni. Un petit groupe s'est formé autour du père de famille. Une jeune femme lui demande : « As-tu des nouvelles de mon père qui est resté à Qaraqosh ? J'ai entendu dire qu'il avait été tué… — Je ne sais pas », lui répond l'homme au visage marqué.

Un peu plus loin, c'est un autre homme qui nous interpelle : « Mon père et ma mère sont à Qaraqosh ! Ils m'ont appelé hier pour me dire que Da'ash voulait les emmener à Mossoul pour les convertir, depuis je n'ai plus de nouvelles. » Un autre membre de sa famille, un oncle policier dans la ville de Sindjar où vivait une majorité de yézidis, a été forcé de se convertir. « Hier, ils ont mis un pistolet sur la tête de ses enfants de sept et neuf ans et ils ont menacé de prendre sa femme ! » Qu'est-il devenu aujourd'hui ? Ses parents vont-ils arriver de Qaraqosh avec les autres rescapés ? « Je ne sais pas », répond Samir.

Reportage paru dans le n° 3600 de *La Vie* du 28 août 2014, et sur lavie.fr

Journaliste indépendante, Laurence Desjoyaux a réalisé de nombreux reportages sur les chrétiens d'Irak, en particulier dans la plaine de Ninive où beaucoup d'entre eux vivent désormais. « Je suis témoin de leur errance, de leur souffrance, mais aussi de leur capacité à surmonter les épreuves en essayant de construire la paix. En juin 2014, pour la première fois, j'ai senti chez eux la peur de disparaître. »

Analyse

Drames et survie au quotidien

Joseph Alichoran

L'attentat de la cathédrale de Bagdad, en octobre 2010, a brutalement révélé aux yeux de l'Occident le climat de violence et d'insécurité extrêmes dans lequel vivent les chrétiens d'Irak.

Au lendemain de l'attentat de la cathédrale syrienne catholique Notre-Dame-du-Perpétuel-Secours de Bagdad, Najla (jeune mère de famille et sœur de deux victimes) m'expliquait en larmes : « Je suis originaire de Qaraqosh-Beghdédé. J'ai trente-six ans. Je suis mariée, mère de cinq enfants, âgés de six à dix-huit ans. Nous habitions le quartier de Zaa'faraniyah à Bagdad, non loin du camp militaire Rachid. J'ai perdu deux de mes frères : Raad (trente-quatre ans) et le Père Thaer (trente-deux ans, le prêtre qui officiait et faisait son homélie au moment de l'attaque terroriste). Je n'étais pas présente dans l'église, mais ma mère y était. Le commando islamiste est entré soudain dans l'église, tirant en l'air à l'arme légère et au cri de "*Allah akbar* (Dieu est grand). *Kuffār* (Infidèles) vous irez tous en enfer et nous au Paradis." Mon frère, le P. Thaer, est allé à leur rencontre, tenant dans les mains un crucifix et un Évangile. Il leur dit : "Si vous en voulez à mes fidèles, de grâce, épargnez-les ! Tuez-moi, mais ne leur faites aucun mal !" Il récite alors un passage de l'Évangile. Son assassin lui rétorque : "Tais-toi, Infidèle !", puis lui tire à bout portant une balle dans la tête. Il s'effondre face à terre. Mon frère Raad, qui s'était interposé entre lui et son assassin, a été abattu à son tour. Ma mère se précipite sur eux, pour les prendre dans ses bras, elle est blessée par balle à l'épaule gauche, au bassin, et touchée aux jambes par des impacts de bombes. Elle rappelait l'image de la Pietà, tenant dans ses bras la dépouille de son fils, Jésus… »

Ce témoignage poignant résume à lui seul la tragédie des chrétiens d'Irak, une communauté qui, doucement mais sûrement, fond comme neige au soleil, et ce, depuis dix ans. Réduite par les lourdes épreuves de l'Histoire à n'être plus que l'ombre d'elle-même, cette chrétienté peut-elle sombrer en ce début de XXIe siècle sous les coups de malfrats, de gangs mafieux et/ou islamistes radicaux, sur fond de guerre civile, de luttes pour le pouvoir entre chiites, sunnites, Kurdes et de chaos irakiens ? La question se pose réellement ! Mais quelle est donc la réalité de la situation de ces chrétiens ? Quels sont les drames vécus et quel est l'avenir pour cette population en voie de disparition ? Comment survivre en ce début de IIIe millénaire ? C'est à ces diverses questions que nous allons tenter de répondre.

Une chrétienté apostolique en voie d'extinction…

La présence des chrétiens en Irak et au Moyen-Orient paraît compromise. Une tentative d'éradication du christianisme semble en marche. Des groupuscules islamistes, soutenus par on ne sait qui, s'en prennent volontiers aux chrétiens des divers pays d'Orient, les menacent, les intimident – pour les déstabiliser – avant de les contraindre à l'exil.

La communauté chrétienne autochtone d'Irak, constituée essentiellement de l'ethnie assyro-chaldéo-syriaque (de langue et culture araméo-syriaques), est partagée en deux grandes Églises apostoliques : l'Église de l'Orient (ou Église assyro-chaldéenne) et l'Église syrienne d'Antioche (ou Église syriaque). Ces deux Églises, naguère respectivement tenantes des dogmes diophysite (nestorien) et monophysite (jacobite), ont donné naissance chacune à une branche catholique : l'Église chaldéenne (issue du nestorianisme) et l'Église syrienne (issue du monophysisme jacobite). Elles représentent près de 90 % des chrétiens irakiens ; les 10 % restants sont issus de communautés et Églises « minoritaires » (arméniennes, latines, protestantes, etc., d'implantations plus ou moins récentes).

L'Église d'Irak, malgré les guerres successives (depuis 1980), reste présente sur tout le territoire mésopotamien, avec des concentrations importantes à Bagdad, Mossoul, dans la plaine de Ninive, à Kerkouk et au Kurdistan (région montagneuse aux confins turco-iraniens). Estimée à près de 145 000 personnes dans la seule capitale Bagdad, la communauté chrétienne représente 450 000 individus pour tout l'Irak, contre 800 000 en 2003 et 1,2 million avant 1990. Elle a perdu en vingt-cinq ans les deux tiers de ses effectifs, exilés dans les pays limitrophes et au-delà (Europe, Amérique du Nord et Océanie). Autre réalité significative, depuis dix ans, près de 1 300 chrétiens ont été tués dans divers attentats, attaques, crimes et meurtres ciblés, notamment à Bagdad, Mossoul, Bassora et Kerkouk.

Depuis la chute du régime irakien en avril 2003, mais plus encore depuis les attentats d'août 2004, un exode massif des Assyro-Chaldéens chrétiens est en cours. À l'exception de la région autonome du Kurdistan relativement épargnée, tout l'Irak est touché par ce mouvement irréversible.

Pourtant, cette chrétienté avait survécu à toutes les épreuves de l'Histoire, durant près de deux millénaires, caractérisés par des persécutions, exodes et massacres sanglants : nous pensons à ceux des IVe et XIVe siècles sous les Empires perse ou mongol, ou ceux plus « récents » sous l'Empire ottoman (entre 1843-1847 et 1915-1918), qui ont failli faire disparaître cette Église-nation, sans oublier le massacre de Semmel (près de Dehok, Irak du Nord), l'« Oradour-sur-Glane » des chrétiens mésopotamiens, le vendredi 11 août 1933, sous la monarchie hachémite irakienne, dont nous avons commémoré le 80e triste anniversaire.

Depuis août 2004, le calvaire sans fin des chrétiens d'Irak

Déjà en juillet 2007, l'archevêque latin de Bagdad, Mgr Jean-Benjamin Sleiman, expliquait, amer : « La situation en Irak est très grave [...]. Mais la situation des chrétiens est encore plus grave [...]. Dans ce cercle vicieux où l'Irak s'est enfermé, la minorité chrétienne est un anneau très faible du chaînon national. Elle est en train de disparaître. »

En effet, dans la plupart des grandes villes d'Irak, notamment Bagdad et Mossoul, depuis la chute du régime laïc de Saddam Hussein (à la suite de la guerre lancée en mars 2003 par l'Amérique de George W. Bush), une multitude de gangs et milices prospérèrent. Profitant du chaos ambiant et de l'impuissance du gouvernement central (proaméricain) retranché dans sa « zone verte », ces groupes armés s'en prennent aux chrétiens sans défense. Il est vrai que l'insécurité, les attentats quasi quotidiens, les rapts de personnes et les meurtres d'innocents (monnaie courante dans certains quartiers de Bagdad et de Mossoul), ajoutés au contexte pesant de guerre civile larvée, qui oppose sunnites et chiites, poussent les autorités irakiennes à se protéger elles-mêmes, avant de se soucier des populations civiles (dont les chrétiens) terrorisées et abandonnées aux mains de ces bandes de malfrats venus d'on ne sait où !

Depuis dix ans, les fidèles du Christ n'ont cessé de subir attentats, assassinats et actes violents de tous ordres (plastiquage de commerces sous prétexte de vente d'alcool, attaques avec armes à feu ou armes blanches contre les personnes, mitraillages de maisons ou d'édifices chrétiens, bombes ou voitures piégées contre les églises, couvents et écoles) qui se sont soldés par la mort de plusieurs centaines de personnes et par des centaines de blessés et mutilés. Il faut y ajouter les centaines de rapts, avec à la clé l'extorsion de rançons exorbitantes – commerce juteux pour les terroristes et malfrats qui s'y livrent –, qui se terminent souvent, faute d'argent dans les familles, par l'assassinat des personnes enlevées dont les cadavres jonchent les trottoirs des grandes agglomérations.

Les assassinats ciblés de chrétiens à Bagdad et à Mossoul mettent à mal leur présence déjà très ébranlée par leur exode continu. L'ancien archevêque chaldéen de Kerkouk, aujourd'hui patriarche de Babylone des Chaldéens, Mgr Louis Sako, affirmait en 2010 : « Nous vivons l'une des périodes les plus sombres pour les chrétiens. Nous sommes isolés, victimes de la politique des autres… »

Ce sombre tableau de rapts, d'assassinats (d'ecclésiastiques et de fidèles), sape le moral de ceux qui restent au pays. En dix-neuf mois, d'octobre 2006 à avril 2008, trois prêtres, un pasteur protestant et un archevêque chaldéen ont été assassinés à Mossoul et à Bagdad. L'assassinat de Mgr Paulos Faraj Rahho en mars 2008 brisait un tabou : on pouvait désormais assassiner un évêque en toute impunité[1]. S'ajoutaient à la liste deux autres prêtres et un troisième grièvement blessé (victimes de l'attentat du 31 octobre 2010 contre la communauté syrienne catholique). Les menaces, intimidations, violences contre les filles et femmes chrétiennes, exactions et meurtres successifs, sans oublier le retour en force de la charia (la loi islamique) et de la dhimmitude (statut d'infériorité des non-musulmans), poussent les derniers « résistants » chrétiens à l'exode.

La dure réalité de la violence antichrétienne

Deux exemples de tentatives d'épuration ethnique et de dhimmitude pesantes dans certains quartiers de Bagdad et de Mossoul ont disloqué le tissu urbain chrétien de longue implantation.

D'abord à Dorah, l'emblématique quartier du sud de Bagdad. En 2006, de tristes événements ont eu lieu dans plusieurs quartiers bagdadois (Mansour, Amine, mais surtout à Dorah, où vivaient plus de 3000 familles chrétiennes). En l'espace de quelques semaines, 2500 de ces familles abandonnèrent sous la menace à leurs agresseurs maisons ou appartements. Ces familles humiliées, menacées et traumatisées n'avaient que vingt-quatre ou quarante-huit heures pour déguerpir, faisant les frais de la violence et d'expulsions à main armée de gangs et malfrats mafieux et/ou islamistes, et de l'épuration ethnico-religieuse en cours entre chiites et sunnites. Ces familles pourchassées se réfugièrent au Kurdistan (pour ceux qui y avaient des attaches) ou dans les pays limitrophes (Syrie, Liban, Jordanie et Turquie) où ils s'ajoutèrent aux réfugiés des précédentes vagues d'exode.

1. Entre octobre 2006 et juin 2007, à Mossoul, ont été assassinés : le P. Paulos Eskandar (syriaque orthodoxe, 52 ans), égorgé puis décapité ; le pasteur Moundher Saqa (69 ans) et le P. Raghid Ganni (chaldéen catholique, 35 ans), abattu à bout portant avec trois de ses diacres non loin de l'église du Saint-Esprit, dans le quartier mossouliote de Haye-Nour. Le 29 février 2008, Mgr Paulos Faraj Rahho, archevêque chaldéen, était enlevé dans le même quartier et les membres de son escorte, deux gardes du corps et un diacre chauffeur, assassinés ; il sera lui-même assassiné quelques jours plus tard. Enfin, le P. Youssef Aboudi est abattu de plusieurs coups de feu par des inconnus, le 2 avril 2008, devant son domicile en plein Bagdad. Rappelons aussi qu'en janvier 2005 l'ancien archevêque syrien catholique de Mossoul-Ninive, aujourd'hui auxiliaire patriarcal et visiteur apostolique pour l'Europe, Mgr Georges Casmoussa, enlevé, avait failli être égorgé par ses ravisseurs ; il ne dut son salut qu'à l'intervention du pape Jean-Paul II.

Ensuite Mossoul-Ninive ou la tragédie sans fin des chrétiens. Dès 2004, Mossoul-Ninive (dans le nord du pays, où domine l'élément sunnite) multipliait les exemples de cruauté vis-à-vis de ses citadins chrétiens. Elle demeure toujours une ville dangereuse et à risques pour eux, avec des pics de violence, irréguliers mais réels, comme ceux de l'automne 2008, durant lesquels une quinzaine de chrétiens ont été assassinés en quelques jours par des groupes armés. Ces malfrats qualifiés d'« islamistes », pour marquer les esprits, faisaient irruption dans les maisons chrétiennes, tuaient parfois les occupants ou détruisaient à l'explosif certaines habitations, ou, dans les meilleurs des cas, demandaient aux occupants de quitter les lieux au plus vite. Des véhicules munis de haut-parleurs puissants parcouraient les centres chrétiens, invitant les habitants à se convertir à l'islam ou à partir : c'était le Coran ou le cercueil ! Ce fut alors un véritable sauve-qui-peut : 2 351 familles (près de 12 000 personnes) quittèrent Mossoul en quelques jours, pour certaines en quelques heures, abandonnant tous leurs biens pour se réfugier dans les villes et villages chrétiens de la plaine de Ninive et jusqu'à Alqosh (plus au nord). Une nouvelle campagne de violences fin 2009 et début 2010 se soldait par la mort de quatorze chrétiens et une cinquantaine de blessés. Le 16 février 2010, le ministère français des Affaires étrangères sensible à leur sort, notamment depuis le « plan Kouchner » de 2007, déclarait : « Gravement préoccupée par les assassinats de membres de la communauté chrétienne irakienne, la France condamne avec la plus grande fermeté ces crimes et demande aux autorités irakiennes de prendre toutes les mesures qui s'imposent afin de protéger les chrétiens d'Irak… »

Les autorités et les responsables de la police étaient critiqués pour leur manque de réactivité, leur passivité, voire leur connivence avec les agresseurs des chrétiens. L'attentat du 31 octobre 2010, contre la cathédrale syriaque catholique, dans le quartier bagdadois de Kârrâda, avec ses quarante-six morts et ses dizaines de blessés, a été non seulement révélateur d'un climat délétère de méfiance vis-à-vis des autorités, mais aussi le triste spectacle d'un acharnement délibéré.

Un exode continu vers le Kurdistan et les pays limitrophes

Des milliers de chrétiens ont fui l'ancienne Mésopotamie vers les pays limitrophes (Syrie, Liban, Jordanie et Turquie), avant de rejoindre pour les plus chanceux, et après des mois pour ne pas dire des années de précarité, de difficultés et de désespoir, la diaspora (Amérique du Nord, Europe et Océanie). Certains moins chanceux ont péri en mer Égée, tentant de regagner les côtes grecques (portes de l'Europe) depuis la Turquie, souvent abandonnés en pleine mer par des passeurs peu scrupuleux, qui sabordaient eux-mêmes les embarcations de fortune mises à leur disposition, après leur avoir tout pris.

Depuis les vagues de violence à Bagdad et à Mossoul, les localités chrétiennes du nord de l'Irak et du Kurdistan comme Qaraqosh-Beghdédé située dans la plaine de Ninive, et Aïnkaoua (près d'Erbil, capitale de la région autonome), les diocèses du Kurdistan accueillent de nombreux réfugiés du djihad (ou guerre sainte) qui sévit dans les régions centrales et méridionales.

Les autorités du gouvernement de Massoud Barzani, le Conseil du peuple assyro-chaldéo-syriaque et la hiérarchie religieuse chrétienne sont engagés dans l'accueil et l'installation des familles, leur donnant un toit et de quoi survivre dans leur nouvelle vie rurale très éloignée de leur vie d'avant.

Plusieurs dizaines de villages ont été reconstruits à neuf (maisons à modèle unique, plain-pied, avec toit-terrasse et jardin). Certaines familles entretiennent et cultivent vergers et jardins maraîchers. Les plus anciens reprennent, non sans difficultés, leur vie d'agriculteurs ou de pasteurs d'autrefois, reconstituant troupeaux de brebis et de chèvres. Les Assyro-Chaldéens qui repeuplent ces villages sont des vecteurs de paix et de stabilité de cette société à reconstruire, loin des dérives intégristes et communautaristes qui rongent l'Irak dans sa globalité. Les chrétiens doivent rester des artisans de paix et de concorde, une passerelle entre les composantes irakiennes antagonistes.

Cependant des difficultés persistent; certains Kurdes ne voient pas d'un bon œil le retour de ces chrétiens sur des terres qu'ils s'étaient appropriées après leur départ forcé (des années 1960-1970) et qu'ils doivent restituer. Mais le gouvernement régional paraît solide et déterminé dans la voie de la justice, du développement et de l'édification d'une société pluriethnique et pluriconfessionnelle sur cette terre, où, répète-t-il, « les chrétiens ont toute leur place ».

Mais ce « havre de paix » reste un colosse aux pieds d'argile du fait des convoitises de ses voisins. La Turquie ne peut accepter l'émancipation à ses frontières d'une entité kurde qui peut devenir indépendante et menacer sa cohésion ; elle craint la contagion chez ses propres Kurdes (15 millions). D'autre part, les factions en lutte pour le pouvoir en Irak n'apprécient guère le calme, la prospérité économique et la bonne entente des diverses ethnies, religions et composantes dans cette région, à la fois enclavée et ouverte sur le monde extérieur.

Quel avenir pour cette chrétienté irakienne ?

Les observateurs les plus pessimistes prévoient une disparition pure et simple de la chrétienté, à plus ou moins long terme. Les événements des dernières années, dont le carnage de la fin 2010 à Bagdad, semblent leur donner raison. Il suffit de parcourir l'ouvrage de Mgr Sleiman (*Dans le piège irakien*[1]) et de suivre les événements présents pour s'en convaincre.

D'autres, optimistes au contraire, pensent qu'il subsistera une chrétienté non négligeable, même si le mouvement migratoire reste préoccupant, voire inquiétant. Cette chrétienté, ajoutent-ils, a survécu à toutes les épreuves de l'Histoire, souvent sanglantes, sans renoncer à sa terre ancestrale, à son identité culturelle et religieuse, à ses spécificités ethniques.

Entre ces deux visions en existe une troisième, plus réaliste, qui pense que cette chrétienté va continuer de se scinder en deux groupes :

- l'un autochtone et irakien, vivant sur la terre des aïeux, plus concentré dans les campagnes (partie septentrionale ou Kurdistan), qui réintégrera un jour – si bien entendu les conditions de sécurité s'améliorent – les centres urbains de Bassora, Bagdad et Mossoul ;

1. J.B. Sleiman, *Dans le piège irakien*, Presses de la Renaissance, 2013.

- l'autre diasporique ou occidental, avec plusieurs pôles importants (Amérique du Nord, Océanie et Europe).

Face à la situation présente, le mouvement migratoire va se poursuivre, voire s'amplifier ; on affirme qu'en moyenne trois familles chrétiennes quittent Bagdad toutes les semaines, l'avenir étant à une communauté bipolarisée entre Orient et Occident. Cependant un « cordon ombilical » continuera à rattacher la diaspora (deux tiers des effectifs) à la communauté mère, présente à Bagdad et en Irak septentrional. Elle donnera, via sa hiérarchie religieuse – seule autorité reconnue par l'ensemble des Assyro-Chaldéo-Syriaques –, l'impulsion nécessaire à la vie « occidentale » de ces émigrés. À l'ère de la communication, ces liens sont appelés à se développer ; le site Internet d'informations et forum www.ankawa.com est un exemple concret de ces liens maintenus entre les communautés irako-chrétiennes dispersées sur la surface du globe. Si toutefois la paix et la sécurité reviennent, et que ce climat pesant se dissipe, alors seulement l'horizon s'éclaircira pour cette chrétienté mésopotamienne vieille de près de deux mille ans.

Né en 1965 à Dehok-Nouhadra (nord de l'Irak), Joseph Alichoran est chercheur en histoire de la chrétienté mésopotamienne et journaliste. Il est depuis 2007 chargé de cours de néo-araméen oriental (soureth) à l'Institut national des langues et civilisations orientales (INALCO, Paris).

Témoignage

« Comme un agneau mené à l'abattoir »

Georges Casmoussa

Ancien archevêque syriaque catholique de Mossoul, Mgr Georges Casmoussa retrace son enlèvement en Irak par un groupe islamiste armé. Promis à la mort, il en réchappe au terme d'un extraordinaire face-à-face avec ses ravisseurs.

Il était 17 heures, ce 17 janvier 2005. La nuit commençait à tomber. Je sortais d'une visite pastorale, où j'avais béni une nouvelle maison dans un quartier populaire de Mossoul, la grande ville du nord de l'Irak. La rue était déserte. Deux hommes ont bondi d'une voiture en stationnement. Ils m'attendaient. L'un d'eux a pointé un revolver sur ma tête, et m'a poussé dans le coffre du véhicule. Mes ravisseurs ne portaient aucun signe religieux. Ni barbe ni djellaba. Le premier était de taille moyenne. Le second, celui qui me poussait dans le coffre sous la menace de son arme, était petit et ventru. Ma première réaction fut de leur dire qu'ils n'avaient pas besoin d'utiliser la violence, que je répondrais à toutes leurs questions. « Voilà une semaine que nous te pistons. On cherche un prêtre qui collabore avec les Américains. Nous voulons savoir si c'est toi ! »

Durant le trajet, enfermé dans l'exiguïté de ma prison roulante, j'avais le sentiment d'être devenu une marchandise à la merci de gens qui me méprisaient. Submergé par l'angoisse, je me suis mis à prier en demandant à Dieu de me permettre de garder l'espérance, de rester digne et calme jusqu'au bout, quoi qu'il arrive, et de ne rien dire qui puisse nuire à ma communauté. J'avais entendu tant de récits d'enlèvements ces derniers mois, où les victimes étaient sauvagement torturées avant d'être exécutées, que je devais lutter pour ne pas céder à la panique. Il ne fallait pas donner à mes ravisseurs musulmans l'image d'un responsable chrétien effrayé par la mort et la souffrance. Pour ne pas craquer, je me suis abandonné à la volonté de Dieu. Le trajet dura une petite demi-heure. De l'extérieur me parvenait le bruit du trafic, des Klaxon, puis plus rien.

Lorsqu'ils m'ont sorti du véhicule, nous étions dans un grand hangar. Un des deux hommes a vidé mes poches, m'a retiré ma croix pectorale, attaché les mains derrière le dos et bâillonné. Ils m'ont forcé à m'étendre sur une dalle en béton. J'ai attendu, mesurant l'avancée du temps au rythme des appels à la prière du *muezzin* d'une mosquée voisine. J'ai passé toute la nuit à prier. Pour conjurer l'angoisse, je récitais un psaume en syriaque[1], « Comme un agneau mené à l'abattoir », une prière d'abandon et de confiance que nous récitons chaque matin au début de la messe. Le lendemain, mes ravisseurs m'ont conduit en voiture vers un autre lieu. Toujours bâillonné et les yeux bandés.

À peine débarqué dans cet autre endroit, on m'a enchaîné puis poussé dans une pièce où se trouvaient des matelas. Lorsqu'on m'a retiré mon bandeau, j'ai reconnu l'homme de taille moyenne qui m'avait enlevé la veille. Il me faisait face. Mince, la peau mate, le regard agressif, il m'obligea à m'asseoir par terre. Il disparut un instant dans la pièce voisine avant d'en revenir armé d'un long couteau de cuisine. Dans l'autre main, il tenait une cuvette en cuivre. Dans un arabe de chez nous, il m'a accusé : « Tu collabores avec les Américains ! Tu dois donc mourir. Voilà le couteau qui va t'égorger et le récipient dans lequel ton sang va couler. » Il a alors posé le couteau sur ma gorge. Apaisé par les prières que j'avais récitées une bonne partie de la nuit, j'ai répondu distinctement : « Je suis à votre merci. Faites de moi ce que vous voudrez. » Puis j'ai fermé les yeux.

1. L'araméen, la langue du Christ.

Avant de commettre l'irréparable, l'homme m'a demandé si je désirais laisser un dernier message à mes proches. Aussitôt, sans hésitation, je prononçai ce que je croyais être mes ultimes paroles : « J'offre le sacrifice de ma vie pour la paix en Irak afin que ses enfants, tous nos enfants, chrétiens comme musulmans, se donnent la main et construisent ensemble ce pays. » L'homme pressa alors la lame sur ma gorge et prononça la phrase rituelle que tous les musulmans récitent avant de procéder au sacrifice : « *Bismillah!* Au nom de Dieu ! »

Comment peut-on égorger un homme au nom de Dieu ? Ai-je eu peur à cet instant ? Peur de souffrir, peur de mourir ? Certainement. Mais je n'en ai rien montré. Toute la nuit, je m'étais préparé à mourir en paix par la prière et la méditation. Mon agresseur a-t-il été déstabilisé par mon attitude ? Brusquement, il a retiré son couteau. « Notre émir va venir pour vous interroger. Selon ce que vous répondrez, il décidera de votre sort. S'il vous juge coupable, vous serez exécuté. »

S'ensuivit une conversation à bâtons rompus avec mon gardien sur les sempiternelles objections adressées aux chrétiens : « Pourquoi dites-vous que le Christ est fils de Dieu ? » « Dieu a-t-il une femme pour donner naissance à un fils ? » « Pourquoi les prêtres et les religieuses ne se marient-ils pas ? » Assis sur le sol, je répondais à chacune de ses questions. Je saisis l'occasion pour tenter d'initier mon interlocuteur aux valeurs conjugales, aux principes de bon voisinage entre chrétiens et musulmans, au respect et à l'entraide mutuelle entre citoyens d'un même pays. Je récitai aussi certains versets du Coran et de la Bible qui enseignent que Dieu n'est qu'amour et miséricorde.

Le gardien m'a ensuite remis mon bandeau sur les yeux en attendant le retour de l'émir. Au bout de plusieurs heures, ce dernier entra dans la pièce. « Tu collabores avec les Américains, hurlait-il. Comme tous les chrétiens, tu nous combats parce que nous sommes musulmans ! » Je lui ai répondu que les troupes américaines avaient détruit notre pays, nos monuments, et divisé les Irakiens. « Si George Bush possédait les clés du paradis, nous n'en voudrions pas ! » ai-je conclu.

L'émir ressortit. Une heure plus tard, il revint dans la pièce en vociférant. « Mais qui es-tu donc ? Tu apparais sur toutes les chaînes de télévision ! Ton pape[1] a même demandé ta libération. » Il tenta encore de m'intimider en me posant des tas de questions. Puis il donna à ses hommes l'ordre de me libérer. Ma croix pectorale, mon anneau épiscopal, mon carnet personnel et mon portefeuille me furent rendus – à l'exception de l'argent qui s'y trouvait. De nouveau, on me jeta dans le coffre de la voiture. Quelques instants plus tard, mes ravisseurs m'abandonnèrent dans la banlieue de Mossoul. Quand le véhicule s'éloigna, j'enlevai mon bandeau. Il faisait nuit. Un peu plus tard, dans le taxi qui me ramenait chez moi, j'entendis à la radio : « Enlèvement à Mossoul de l'évêque chaldéen Georges Casmoussa… » Pour ne pas éveiller le soupçon, j'ai gardé le silence après avoir demandé au chauffeur de me déposer devant une communauté de religieuses, dans le quartier de l'Université. Ce lieu historique, à proximité des remparts de l'antique Ninive, est aujourd'hui englobé dans la partie moderne de Mossoul. De là, on vint me chercher pour me ramener à l'évêché.

Les années ont passé, mais je me pose toujours les mêmes questions. Qui étaient mes ravisseurs ? Des membres d'al-Qaida ? Je n'ai observé chez eux aucun signe extérieur d'appartenance à un groupe terroriste. Ont-ils demandé une rançon ? Se sont-ils renseignés sur mes activités jusqu'à obtenir la certitude que je n'avais rien à voir avec les Américains ? Les troupes américaines ont aujourd'hui quitté l'Irak. Ces huit années d'occupation ont été une épreuve terrible pour nous tous. Mais elles le furent davantage encore pour les chrétiens. Le courant de l'islam fondamentaliste, composé de djihadistes et de salafistes extrémistes, nous considère comme la cinquième colonne de l'Amérique. Autrement dit, des alliés de ces « croisés » venus d'Occident pour combattre l'islam. Parce que nous avons la même religion que les soldats qui nous ont occupés entre 2003 et 2011, les extrémistes musulmans nous perçoivent comme des ennemis. Leurs imams édictent des fatwas[2] ordonnant d'exterminer les infidèles – les *kuffār* – que nous sommes à leurs yeux. Entre 2003 et 2009, près de 800 chrétiens ont été exécutés de sang-froid, sans compter les quarante-six martyrs de

1. À l'époque, il s'agit de Jean-Paul II.
2. Il s'agit de décrets religieux énoncés selon la loi islamique.

la cathédrale syriaque catholique de Bagdad, dont deux prêtres, tués dans l'assaut d'un groupe islamiste le 31 octobre 2010. Fin 2013, nous dépassions le millier de morts parmi les chrétiens, dont un évêque et cinq prêtres. Plus de soixante églises ont été attaquées ou détruites.

Aujourd'hui, cet acharnement meurtrier se poursuit. Pas un mois ne s'écoule sans que des chrétiens soient agressés ou enlevés. Seuls quelques-uns finissent par être libérés contre des rançons exorbitantes. Conséquence : la communauté s'est repliée dans la plaine de Ninive, autour de Qaraqosh et dans d'autres villes chrétiennes. Nous avons dû quitter Mossoul, la capitale du Nord, fermer nos écoles, nos établissements éducatifs et notre séminaire où des générations d'élites irakiennes, aussi bien chrétiennes que musulmanes, ont été formées. Désormais, nous vivons dans la crainte. Les chrétiens d'Irak continuent de supporter un statut de *dhimmi*, ces citoyens de seconde zone dont la présence est tout juste tolérée dans les sociétés musulmanes. Cela se traduit par d'innombrables pratiques et interdictions vexatoires qui rendent de plus en plus difficile la vie des communautés dans ce pays. Dans l'administration, rares sont les chrétiens qui occupent des postes à responsabilité. Nos magasins qui vendent de l'alcool sont régulièrement vandalisés. Au plan éducatif, alors que l'enseignement religieux est garanti à tout étudiant musulman, il faut obligatoirement 51 % d'élèves chrétiens dans une école pour pouvoir y enseigner le catéchisme. Si un musulman peut épouser une chrétienne, il est interdit à tout chrétien de prendre une épouse musulmane. Quant aux enfants issus d'une union mixte, ils deviennent automatiquement musulmans. Et si, dans une famille, l'un des conjoints passe à l'islam pour une raison quelconque, ses enfants sont *de facto* considérés comme musulmans et n'ont guère leur mot à dire sur la question ! Enfin, on ne compte plus les pressions au quotidien, les spoliations de biens appartenant à des familles chrétiennes. Les terres des villages chrétiens dont les propriétaires ont émigré sont redistribuées aux musulmans. Dans les villes de la plaine de Ninive et au Kurdistan, où se concentre la grande majorité des chrétiens, la progression démographique des musulmans pèse comme une épée de Damoclès. Un esprit de ghetto s'est installé dans les cœurs et dans les têtes.

Comment, dans ces conditions, ne pas comprendre que nos familles puissent être tentées par l'exil? Ces dernières années, elles ont migré massivement vers le Kurdistan – s'exposant sur place aux représailles des musulmans kurdes – et à l'étranger. En 1980, avant la guerre contre l'Iran, nous étions un peu plus de un million. Aujourd'hui, nous sommes tombés autour de 400000. Bien sûr, nous ne regrettons pas Saddam Hussein. Mais après dix ans d'occupation américaine sur fond de luttes politiques, ethniques et religieuses, notre pays, aujourd'hui exsangue, a vu surgir des milliers de petits autocrates au moins aussi brutaux et sanguinaires que leur prédécesseur. Les chrétiens, désarmés, isolés, en sont les premières victimes.

Propos recueillis à Qaraqosh (Irak) et à Beyrouth (Liban)
par Luc Balbont

Né en 1938 à Qaraqosh, une ville chrétienne du nord de l'Irak, **Mgr Basilios Georges Casmoussa** a été archevêque syriaque catholique de Mossoul, entre 1999 et 2011. Aujourd'hui, auxiliaire patriarcal de cette Église à Beyrouth (Liban).

Né en 1949, **Luc Balbont** est journaliste. Arabisant, il vit depuis 1989 entre la France et le Liban. Il a reçu en 2006 le prix « Reporter d'espoir » pour ses reportages en Égypte et en Palestine, et le prix littéraire de l'Œuvre d'Orient, en 2012, pour le livre *Jusqu'au bout* (Nouvelle Cité), entretiens avec Mgr Casmoussa, archevêque syriaque catholique de Mossoul.

Syrie
Des chrétiens dans la guerre

Avec 200 000 morts et des millions de déplacés, la Syrie est depuis trois ans le théâtre d'un conflit d'une violence sans précédent dans la région. Dans ce creuset du christianisme où saint Paul s'est converti au Ier siècle, les 2 millions de chrétiens paient au prix fort leur proximité avec un régime qui s'est toujours posé en protecteur des minorités, mais qui a montré, face à la rébellion, son visage sanguinaire.

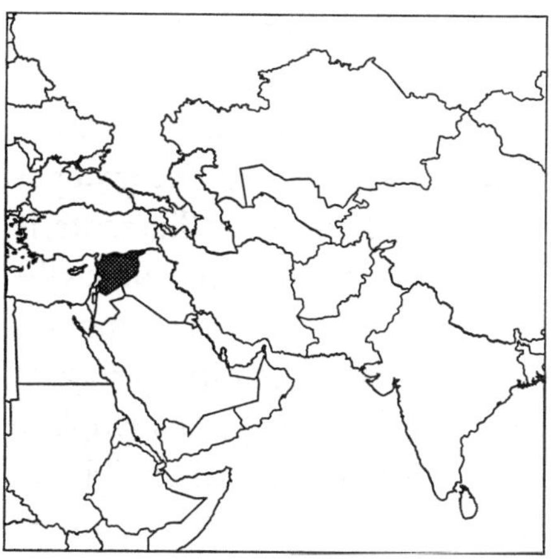

- Population = 23 000 000
- Musulmans = 92,8 %
  Chrétiens = de 5 à 10 %
  Autres = 2 %

Analyse

Fuir ou mourir

Hala Kodmani

Déracinés, désarmés, sans territoire où se replier, les chrétiens de Syrie ne devront leur survie qu'à la résolution d'un conflit dont la violence et la barbarie préoccupent aujourd'hui l'ensemble de la communauté internationale.

Il faudra sans doute attendre longtemps après la fin du cataclysme syrien pour découvrir l'ampleur de ses conséquences et le reconnaître comme la barbarie du XXIe siècle. Une barbarie devenue quotidienne en cette quatrième année d'un conflit dont on ne perçoit pas les prémices d'un dénouement. À la férocité de l'armée du régime de Bachar el-Assad dont l'aviation et l'artillerie écrasent tous les jours les villes et leurs habitants, s'ajoutent les atrocités commises par des groupes armés islamistes qui rivalisent en extrémisme. Pour ces belligérants, la Syrie n'est plus qu'un théâtre d'opérations et non une terre de civilisations millénaires avec les habitants des plus vieilles cités du monde. Parmi ceux-là, les tout premiers chrétiens de l'Histoire partagent aujourd'hui le sort dramatique de leurs concitoyens syriens amplifié par l'angoisse de leur devenir dans le pays des plus anciennes églises.

Exposés, comme tous les Syriens, aux combats, aux exactions et aux difficultés économiques d'un conflit dévastateur, les chrétiens se trouvent confrontés en outre à des dilemmes existentiels. Rester sur place ou partir ? Temporairement ou définitivement ? Prendre position ou pas ? Pour un régime tyrannique mais qui s'est érigé en protecteur des minorités au point de les instrumentaliser ? Pour une rébellion dont la dominante islamiste impose de plus en plus sa vision rigoriste, y compris aux autres musulmans ? Face à des combattants djihadistes qui visent délibérément leurs symboles, brûlant des églises et tuant ou enlevant prêtres et religieuses ? Au fur et à mesure que le conflit se prolonge et que s'intensifient ses dimensions sectaire, régionale et internationale, les Syriens chrétiens, saisis par des peurs légitimes ou induites, sont divisés dans leurs choix. Seule communauté sans territoire délimité puisque répartie à travers tout le pays, ni force politique ou militaire propre sur le terrain, ils reflètent pourtant le ciment national syrien face à la fragmentation sectaire et territoriale du pays.

Au cœur de l'histoire syrienne

En l'absence de recensements officiels en Syrie en fonction de l'appartenance religieuse, on estime généralement que les chrétiens représentent 10 % des 23 millions de Syriens, soit environ 2 millions d'âmes. Un nombre sans doute surévalué, voire même à diviser par deux selon certains démographes[1], car, avant même l'exode récent dû au conflit actuel, le taux de fécondité en baisse et l'émigration en hausse parmi les chrétiens marquent la tendance depuis la fin du siècle dernier. Mais ce n'est pas tant par leur nombre que par la visibilité de leurs élites et leur présence affirmée sur les plans religieux, politique, culturel et économique que les Syriens chrétiens se sont distingués à travers l'histoire du pays.

Pas moins de onze Églises différentes comptent des fidèles en Syrie, retraçant les siècles de la chrétienté en Orient depuis saint Paul. Sur le chemin de Damas se trouvent les villages de Maaloula et Sednaya où l'on parle encore la langue du Christ, l'araméen, et dont les couvents et églises sont restés des lieux de pèlerinage avant que les combats du printemps 2014 et les exactions des extrémistes ne vident Maaloula de ses 5 000 habitants. Sur la route d'Alep, dans le nord du pays, se dressent la basilique de Saint-Siméon et la colonne de l'ermite du ve siècle qui « résista à la chaleur de trente étés et au froid d'autant d'hivers », en priant, selon le récit de l'un de ses hagiographes. Bien d'autres lieux emblématiques racontent l'histoire des chrétiens, y compris les plus récentes églises des Arméniens qui ont trouvé un refuge durable en Syrie quand ils fuyaient les massacres des Turcs

1. Article de Y. Courbage, http://www.slate.fr/story/62969/syrie-guerre-demographie-minorites

au début du siècle dernier. Au-delà du nombre des fidèles, ce sont la richesse et la diversité de la mosaïque chrétienne qui sont représentées en Syrie. Outre les grecs-orthodoxes majoritaires (60 % des Syriens chrétiens), on trouve les grecs-catholiques, les Arméniens apostoliques et catholiques, les maronites, les jacobites, les protestants, les nestoriens, les catholiques syriaques, les chaldéens et les latins.

Politiquement, plusieurs chrétiens comptent parmi les figures nationales de l'histoire de la Syrie contemporaine, tels Farès al-Khoury (1873-1962), Premier ministre puis président du Parlement au lendemain de l'indépendance du pays, ou Michel Aflak, l'un des fondateurs et théoriciens du Baas. Ce parti, au pouvoir depuis 1963, a séduit dès le départ des intellectuels et cadres chrétiens par sa ligne laïque et nationaliste arabe, même s'il s'est imposé d'abord par les coups d'État militaires, puis par la dictature héréditaire des Assad. Si plusieurs Syriens chrétiens démocrates se sont opposés au système totalitaire et répressif mis en place par le père Hafez el-Assad et poursuivi par son fils Bachar à partir de 2001, jusqu'à faire des années de prison, la majorité non politisée des chrétiens est restée dans une neutralité hésitante, notamment au début des années 1980. Vivant mal les attaques de l'armée syrienne contre leurs coreligionnaires chrétiens au Liban, ils craignaient dans le même temps l'insurrection des Frères musulmans à l'intérieur de la Syrie, contrée par une répression féroce du régime.

Socialement, l'harmonie des relations entre chrétiens et musulmans syriens à travers l'histoire est soulignée par les uns et les autres. De la célébration commune de leurs fêtes religieuses respectives, à leurs liens d'amitié sur les bancs de l'école et de l'université et leurs associations fréquentes dans les affaires ou les projets nationaux, ils n'ont jamais connu de tensions et encore moins de violences communautaires sanglantes comme souvent leurs voisins libanais ou égyptiens.

« Minorité protégée » du régime Assad

Les choses ont commencé à changer dès lors que le régime Assad, cherchant à imposer de plus en plus le pouvoir de sa communauté alaouite (10 % de la population syrienne) contre la majorité sunnite du pays (70 %), a entrepris de rallier à lui les autres minorités, en particulier les druzes (5 %) et les chrétiens. Une politique méthodique de séduction a été développée en direction d'abord des hommes d'Église qui ont bénéficié de privilèges protocolaires et financiers tandis que les autres relais d'influence chrétiens, politiques ou économiques, étaient avantagés dans les postes de responsabilité et les marchés d'État. Le retour sur l'investissement dans les minorités devait se révéler précieux au moment où éclate la révolte syrienne en 2011, dans la foulée du Printemps arabe. Alors que les premières manifestations pacifiques réclamant la liberté et la démocratie n'ont encore aucune teinte islamique, les services de sécurité justifient leur répression brutale en accusant des « bandes salafistes venues de l'étranger », deux ans avant que celles-ci ne deviennent une réalité sur le terrain. S'ils ne sont pas convaincus par la propagande du régime, les Syriens dans leur ensemble connaissent sa force de répression et prennent peur pour la « sécurité et la stabilité » du pays. Les inquiétudes des chrétiens grandissent quand des menaces anonymes sont retrouvées sous forme de lettres dans des églises ou de slogans sur les murs appelant à « chasser les chrétiens vers Beyrouth et à tuer les alaouites ». Les craintes sont alimentées par le rappel de l'exode des chrétiens irakiens après la chute du régime de Saddam Hussein et les exactions contre les coptes en Égypte.

L'engagement politique dans le conflit syrien reste minoritaire parmi les chrétiens qui observent une résistance passive et craintive face à l'escalade de la confrontation armée entre pouvoir et opposition. De jeunes et moins jeunes activistes chrétiens participent aux manifestations, même quand elles sortent des mosquées, seuls lieux de rassemblement possibles, aux côtés de leurs concitoyens de toutes confessions. Certains sont arrêtés, blessés ou tués, comme le cameraman Bassel Shehadeh, tombé en filmant les combats à Homs en 2012 et qui devient une des icônes de la révolution. Dans l'opposition qui s'organise émergent des figures chrétiennes comme l'écrivain Michel Kilo ou Georges Sabra élu à la tête du Conseil national syrien, qui doivent s'exiler pour échapper aux poursuites du régime. Les hommes d'Église, eux, sont appelés à afficher ostensiblement leur soutien à leur protecteur Bachar el-Assad qui les reçoit en son palais et apparaît souvent sur les photos flanqué d'un évêque, y compris au lendemain de la reprise de Homs par l'armée en mai 2014. Car, trois ans après le début d'une révolte aux revendications démocratiques, la donne a dramatiquement changé sur le terrain syrien.

L'internationalisation de la cause des chrétiens face aux exactions terroristes

Le basculement de la confrontation entre régime et opposition en guerre totale à partir de l'été 2012, puis la radicalisation progressive de la rébellion armée avec l'arrivée de combattants djihadistes étrangers dépassent désormais largement le conflit entre Syriens. Les alliés respectifs du régime Assad, Iran et Russie en tête, et de la rébellion soutenue massivement par les pays du Golfe forcent la polarisation sectaire entre chiites et sunnites tandis que le chaos gagne sur le terrain. Des formations extrémistes affiliées à al-Qaida, composées essentiellement de non-Syriens, cherchent à imposer par la terreur une vision hystérique de l'islam dans les zones qui échappent au contrôle du régime. Décapitations publiques, tortures, enlèvements… les actes de barbarie de ces djihadistes barbus ou masqués visent tous ceux qui ne se soumettent pas à leur loi, quelle que soit leur appartenance religieuse. Quand ils s'attaquent aux chrétiens, ils ciblent en priorité leurs symboles en kidnappant des prêtres et des religieuses, parfois pour négocier leur libération, comme pour les dix sœurs syriennes du couvent de Maaloula et parfois en maintenant le mystère sur leur disparition, tels les deux évêques d'Alep enlevés en 2013, ou encore le père jésuite italien Paolo Dall'Oglio. Le saccage et l'incendie de monastères, de couvents ou d'églises dans les principales villes du pays, Alep, Homs, Deir ez-Zor…, sont répertoriés parmi les atteintes au patrimoine historique syrien.

La protection des « chrétiens d'Orient » face au péril islamiste devient, légitimement, une cause internationale. La carte est jouée de façon méthodique par le régime syrien encouragé par la Russie, à travers son Église orthodoxe, jusqu'à l'instrumentalisation. Patriarches, évêques, sœurs et pères des différentes Églises d'Orient sont dépêchés dans les capitales occidentales, auprès des autorités religieuses, mais aussi des chancelleries, des Parlements ou de petites paroisses pour célébrer des messes et tenir des conférences sur les menaces contre les chrétiens syriens. Cherchant souvent à « éclairer l'opinion », certains, comme le P. Elias Tabé, archevêque syriaque catholique de Damas en visite à Paris en avril 2013, vont jusqu'à affirmer que « le discours de Bachar el-Assad est juste » et que 100 000 morts « ce n'est pas le problème ». D'autres prient pour la paix en Syrie et appellent à la coexistence et au dialogue. Tous les Syriens chrétiens n'approuvent pas cette « diplomatie des soutanes », comme la qualifie Ayman Abdelnour, ingénieur et animateur du site d'opposition All4syria et l'un des fondateurs de l'association « Syriens chrétiens pour la démocratie ». Créé en février 2013 à Antioche, ce mouvement, qui regroupe des intellectuels, des universitaires, des hommes d'affaires ainsi que des religieux chrétiens en exil, se positionne contre la singularisation des chrétiens, appelant à une « Syrie unie et libre pour tous ». Dans le même esprit, « Les Syriens chrétiens pour la paix » ont adressé un message au patriarche grec-melkite, Mgr Grégoire III Laham, lors de sa visite en France en mai 2014, demandant « à tous les ecclésiastiques syriens de condamner tous les crimes commis contre le peuple syrien en général et contre les civils en particulier, que ce soit par le régime en place ou par d'autres groupes armés ».

Un exode massif pour fuir les violences et les exactions

Selon les estimations du même Mgr Laham, 450 000 Syriens chrétiens ont dû quitter leurs maisons depuis 2011 pour se réfugier à l'étranger ou dans d'autres régions à l'intérieur du pays. Selon les organisations internationales, au printemps 2014, un Syrien sur deux était déplacé. Il s'agit d'une catastrophe humanitaire dont le monde ne saisit pas encore l'ampleur et la durée. Les bombardements aériens et les combats qui ravagent de larges parties du territoire sont les principaux responsables de la fuite massive des populations qui souvent ne peuvent retourner à leurs habitations détruites. Chez les chrétiens, le désespoir et la peur des exactions ciblées dictent parfois un exode préventif, notamment dans les zones passées sous le contrôle de groupes armés extrémistes. Il faut ajouter à ce phénomène une tendance à l'émigration depuis une vingtaine d'années qui s'est considérablement accélérée avec le conflit. La population syrienne chrétienne, essentiellement urbaine et appartenant aux classes bourgeoises, plus éduquées et diplômées que la moyenne et souvent avec des liens familiaux au Liban voisin ou plus loin en Europe et en Amérique, a plus de facilité à trouver sa place à l'étranger. Elle peut compter, en outre, davantage que d'autres réfugiés syriens, sur la sympathie et la solidarité dans certains pays occidentaux pour obtenir plus facilement des visas et des titres de séjour.

Sur une page Facebook, consacrée aux « Persécutions contre les chrétiens en Syrie », l'écrivain Toufik-Thomas al-Jamil, après avoir dressé le catalogue des exactions, souligne que « le plus grand danger réside dans l'exode des chrétiens et la destruction de leurs racines historiques et civilisationnelles en Syrie ». C'est en effet le principal enjeu qui singularise la situation des chrétiens par rapport aux autres Syriens également victimes d'une guerre dévastatrice dans leur pays. Contrairement aux autres communautés, ils n'ont aucune force militaire propre sur le terrain, comme les sunnites massivement ralliés à l'insurrection, les alaouites, qui ont investi tout l'appareil d'État, les Druzes montagnards à la forte tradition guerrière, et les Kurdes, dotés de milices autonomes. Présents à travers tout le territoire, ils ne disposent pas non plus d'une zone de repli comme les autres minorités, au cas où le scénario hypothétique d'une partition de la Syrie sur des bases communautaires se réaliserait. Leur survie sur la terre de leurs ancêtres dépend désormais de l'issue du conflit ravageur qui continue de tout broyer. Plus il durera, plus leur nombre et leur présence se réduiront. Mais au cas où une nouvelle Syrie émergerait de ses cendres, comme l'espère encore la majorité des Syriens, ses citoyens chrétiens seraient bien placés pour participer tout naturellement avec tous les autres à la reconstruction d'un espace national inclusif.

Journaliste et reporter indépendante, Hala Kodmani couvre depuis 2011 l'actualité de la Syrie, son pays natal, pour plusieurs journaux et magazines français. Elle continue de se rendre régulièrement sur le terrain et a obtenu en 2013 le prix de la presse diplomatique pour ses reportages en Syrie. Son ouvrage *La Syrie promise* a été publié aux Éditions Actes Sud en 2014.

Témoignage

Entre les mains d'al-Nosra

Domenico Quirico

Avec une dizaine d'allers et retours en Syrie depuis le début du conflit, le reporter de guerre italien Domenico Quirico est sans doute l'un des meilleurs connaisseurs du terrain. Détenu durant cinq mois par des rebelles syriens en 2013, il raconte comment ses geôliers se vantaient, hilares, de leurs crimes contre des chrétiens, ces « chiens qui ont soutenu Bachar ».

Les chrétiens de Syrie, je les ai rencontrés tout de suite, au deuxième jour de mon énième voyage sur les terres de cette révolution devenue une atroce et féroce guerre civile. Yabroud est juste derrière la frontière du Liban, dont les sommets apparaissent dans le lointain, couronnés de nuages – des sommets nus, rocailleux, solennels. Pour atteindre la première étape du voyage censé me conduire à Damas en compagnie d'un groupe de renfort de l'Armée syrienne libre, nous longeons des précipices profonds et inquiétants, remplis de nuages. Les flancs blancs et rocheux de la montagne que le sentier affronte en d'étroites volutes ont des allures de paysage lunaire ; à certains endroits, les stratifications qui jaillissent à angle droit des sommets forment comme les restes d'énormes troncs d'arbres – ceux d'une forêt pétrifiée, sortie du fond des âges. Parfois, ces filons basaltiques se découpent sur le ciel, régulièrement, pareils aux tours écroulées de cités mortes depuis des millénaires.

Mes guides, des trafiquants libanais engagés par la Révolution pour acheminer des armes et des hommes, par-delà la frontière, en évitant l'armée libanaise et le Hezbollah, plaisantent et ricanent comme si c'était déjà la Syrie, comme s'ils étaient chez eux. Nous nous engageons dans la descente : la voilà vraiment, la Syrie, libre, révolutionnaire, avec ses cerisiers en fleur plantés sur les contreforts de la montagne, et dont les pétales blancs se détachent en voletant dans l'air.

C'est au crépuscule que la vaste plaine de Yabroud (avec, un peu plus loin, Qara) m'apparaît encore, glorieusement inondée de soleil, striée de champs cultivés et de vergers bien alignés, comme des tapis aux mille couleurs. Ce sont les sentinelles du désert ; derrière elles s'ouvrent les plaines interminables qui conduisent à Damas – ces plaines dont les roches et les sables semblent troubler le ciel lointain. Voilà la terre de ces chrétiens qui, pendant des siècles, ont résisté à tout – Croisades et djihad, misère et révolutions, fanatisme et indifférence. Ils ont surtout résisté à la morsure d'un impardonnable péché : le désespoir. Lors de mes quatre précédents voyages à travers la Syrie rebelle, je n'ai jamais prêté d'attention particulière à la minorité chrétienne qui doit représenter 10 ou 12 % de la population du pays de la famille Assad. Difficile d'en apprécier l'importance dans un pays où l'appartenance religieuse n'est pas inscrite sur les papiers d'identité. Cela me semblait être, je l'avoue, un problème secondaire dans la tragédie insondable qui impliquait et entraînait les 22 millions de Syriens – sunnites, alaouites, arabes, turkmènes, druzes, kurdes. Bien sûr, j'avais constaté que les chrétiens ne figuraient qu'en nombre restreint dans les formations de l'Armée syrienne libre. Bien sûr, quand j'en parlais avec les rebelles, nombre d'entre eux prenaient un air sombre avant de lancer : « Presque tous les chrétiens sont liés à Bachar par deux choses – l'intérêt et la peur... Ils se méfient de nous, les révolutionnaires, ils nous accusent d'être des intégristes et des fanatiques. Mais en réalité, ils défendent leurs privilèges, leurs richesses, la position qu'ils se sont acquise dans la société. Voilà pourquoi ils considèrent que le régime est une sécurité et nous, une inconnue... » De toute façon (me disent-ils encore), il n'y aura aucunes représailles à Alep, ville martyre et symbole de la révolution, coupée en deux entre les quartiers libérés et ceux encore tenus solidement par les soldats du régime : « Même les chrétiens trouveront une place au sein de l'État nouveau que nous souhaitons démocratique, pluraliste et pluriconfessionnel... »

Une chose me retenait, au moment d'évoquer le drame bien particulier de cette communauté : c'était de voir à quel point, dans le silence qui accompagnait depuis longtemps en Occident (et ce, jusque dans les journaux) le martyre syrien et ses 150 000 morts, les chrétiens étaient le seul objet d'attention. Comme si l'indifférence ne connaissait qu'une seule exception – celle d'une minorité qui nous est liée par les liens de la foi et de l'histoire. Et les autres, les morts musulmans ? Sont-ils un détail secondaire, négligeable ? Il existe toujours un écran derrière lequel se cacher, un écran permettant d'échapper aux lois basiques de l'humanité. Un écran, ou plutôt un monstre à mille têtes appelé la nécessité, la *realpolitik*, l'atroce réalité, la responsabilité – peu importe le nom qu'on lui donne.

La nuit descend, tiède et tranquille, sur Yabroud, perché sur le dos de la montagne, ainsi que sur ses ruelles raides et tortueuses. Du haut des minarets élancés que le crépuscule colore de tons roses descend, sur l'obscurité des rues, un chant aussi mélancolique, insistant et douloureux qu'une plainte inconsolable et aussi doux qu'une prière. On dirait un adieu au jour qui meurt, mais ce ne sont que les *muezzin* qui chantent depuis les haut-parleurs la gloire d'Allah.

D'autres sons étouffés et lointains, venus du fond de la plaine, s'élèvent dans la nuit qui, en tombant, fait entrevoir des éclats de lumière. « Ce sont les tanks des forces du régime, ils bombardent du côté de l'autoroute de Damas, là-bas, dans la plaine. Mais ici, il n'y a aucun risque : ils ne montent jamais. Cette zone, elle est à nous et elle est sûre », m'explique un commandant de l'Armée libre qui m'héberge chez lui.

Les chrétiens, je les découvre le lendemain, alors qu'on m'emmène visiter en ville les fabriques artisanales de mortier et de grenades : on fond, dans des fours, l'acier récupéré ici et là, tandis qu'avec du sucre liquide et de l'acide on fabrique les explosifs destinés à remplir ces projectiles « faits maison ». Je fais connaissance avec la communauté chrétienne au travers d'un fragment du passé : la cathédrale de Yabroud, située dans la partie basse de la ville. Ses pierres séculaires renferment toute l'histoire de la foi dans cette partie de l'Orient dont la poussière fut foulée par le pied de saint Pierre, l'inventeur du christianisme comme religion universelle. Cette église était à l'origine un temple romain – on peut d'ailleurs encore voir sur une pierre d'un de ses murs l'inscription « Caligola Cesare ». Il était dédié au dieu soleil cher aux légionnaires en garnison dans cette vallée stratégique où sont mortes de soif les armées de tous les envahisseurs venus du Nord, qu'il s'agisse d'Alexandre le Grand, des croisés ou des Turcs. Du reste, si la tradition juive situait à Damas le lieu du meurtre d'Abel par Caïn, c'est dans cette même ville que se trouvait le paradis musulman selon la tradition arabe.

J'entre dans l'église. C'est au VIIe siècle que l'idée chrétienne est passée pour la première fois au milieu de ces gorges rocheuses, timidement, sans se faire remarquer, comme un ruisseau tout juste jailli de sa source avant de se répandre et d'engloutir des croyances et des civilisations ancestrales. Les phalanges musulmanes sont descendues des collines jusqu'ici, ivres de foi et de sang. Comme moi, elles doivent avoir vu apparaître cette maison de Dieu, toute blanche, tournée vers le soleil comme l'imposait l'ancien cérémonial païen. Les soldats se sont arrêtés et ont posé leurs épées en signe de respect. C'était il y a une éternité…

Je demande à mes accompagnateurs-gardiens l'autorisation de visiter l'église. Ils semblent hésitants, mécontents. Ils finissent par accepter, après un bref conciliabule, mais commencent à se placer tout autour de moi pour former une sorte de garde rapprochée, méfiante, en alerte. Nous tombons par hasard sur un prêtre qui sort du bâtiment. Il a étudié la théologie à l'université de Louvain. Comme il parle français, nous pouvons discuter sans que notre escorte puisse comprendre ce que nous nous disons. Prudent, le serviteur de Dieu fait alors mine de nous embarquer dans une visite touristique surréaliste. Il nous accompagne pas à pas à travers la nef en nous montrant les colonnes, les chapiteaux et les splendides icônes de l'école russe et de l'école de Damas. Pas un fidèle dans cette église blanchie par une lumière aveuglante et intense. Le soleil transperce l'autel comme au temps où il marquait le lieu de culte du *sol invictus*. Je comprends que le prêtre a un plan : il finit par nous faire entrer dans la sacristie après nous avoir annoncé qu'il s'agit du seul endroit où il est possible de voir encore une trace du pavement du temple romain. C'est en réalité un lieu étroit et exigu où nos gardes ne peuvent entrer.

Une fois assuré que les miliciens sont à bonne distance, le prêtre commence à m'expliquer la situation :

> Il y avait 5 000 chrétiens à Yabroud avant que n'éclate la révolte contre Bachar. Nous étions une communauté riche,

unie, importante, comme dans toute cette zone de l'Anti-Liban. Aujourd'hui, nous ne sommes peut-être plus que 2 000, pas davantage. Beaucoup ont déjà décidé de fuir le plus vite possible au Liban ou à Damas. Ceux qui vous accompagnent nous rackettent en permanence. Nous devons leur verser de l'argent chaque semaine pour pouvoir prier et avoir la paix. Mais comme cela ne suffit pas, il leur arrive de séquestrer les plus riches de la communauté, de les menacer de mort et de les saigner à blanc avant de les libérer…

Je lui demande alors pourquoi les chrétiens ne se mettent pas sous la protection de l'Armée syrienne libre qui, comme j'ai pu le constater à Alep, nie toute discrimination religieuse ou ethnique dans son discours et ses déclarations visant à obtenir des aides et un appui politique de la part de l'Occident.

Mais quelle Armée libre ? me répond aussitôt le prêtre. Elle n'existe plus, elle a été remplacée par ces bandits qui vivent aux crochets de la population en se proclamant révolutionnaires. À leurs côtés, il y a les salafistes, qui sont de plus en plus puissants. Depuis leur arrivée, ils ont tout dévasté, créé des bandes puissantes, bien armées, et lancé la guerre sainte ainsi que le projet de faire de la Syrie un califat, c'est-à-dire un royaume pour les purs serviteurs de Dieu, sans chrétiens, ni alaouites, ni athées.

Le prêtre raconte avoir participé aux réunions avec les nouveaux maîtres de la ville :

Quand j'ai demandé ce qu'il adviendrait de la communauté après la chute de Bachar, ils m'ont répondu en ricanant : « Faut voir, on n'a pas encore décidé… »

Avant de me raccompagner auprès de mes gardiens, mon interlocuteur m'avertit dans un souffle :

Attention, la Syrie n'est plus ce qu'elle était il y a encore deux ans. L'islamisme et la violence se sont emparés de tout. Ce

> sont désormais les hommes de l'extrémisme islamique qui dictent le rythme et le but de la révolution. En tant qu'Occidentaux, vous êtes autant en danger que moi ici.

Il y avait aussi une église à Qousseir, une grande église tout près de la mosquée dont le minaret avait déjà été grignoté par les bombardements – tout près aussi de l'allée des djihadistes, une rue où toutes les formations radicales avaient installé, l'une à côté de l'autre, dans un joyeux désordre de drapeaux noirs et verts, leurs quartiers généraux. Je n'ai pas rencontré de chrétiens à Qousseir ; il n'y en avait peut-être plus dans cette ville déjà assiégée au moment de mon arrivée par l'armée de Bachar ainsi que par ses impitoyables et efficaces alliés, les chiites libanais du Hezbollah. Je n'ai pas rencontré de chrétiens, mais j'ai, hélas, rencontré Samir. Les dents gâtées, un visage d'une maigreur flasque et tombante, c'est le bourreau et le tireur le plus compétent du groupe qui m'a tenu prisonnier pendant deux mois – avant de me vendre à d'autres. Samir est le maître de la jolie ferme où j'ai été enfermé dans une petite pièce aux fenêtres grillagées. C'est lui qui dirige l'activité de cette base qui sert d'arsenal à ce groupe de rebelles-bandits, la *katiba* de l'émir de Qousseir. Il règne sur un petit royaume de moutons, de poules, de vergers luxuriants arrosés par un système d'irrigation moderne. Mais aussi sur deux esclaves – deux anciens soldats de Bachar qu'ils ont faits prisonniers. Ils les utilisent comme serviteurs mais aussi comme cibles de leurs violences et de leurs jeux cruels. En attendant de les éliminer.

Pour se donner de l'importance, Samir prétend être un émir d'al-Nosra, la branche syrienne d'al-Qaida, alors qu'il n'est qu'un rebelle et un bandit de village. Il me raconte un jour une histoire, une histoire de chrétiens. Avec un ricanement moqueur, il sort d'un canapé deux Évangiles en arabe et m'explique :

> Ils appartenaient aux anciens maîtres de cette maison, mes anciens maîtres. Je travaillais ici comme brassier, ils me payaient une misère, ces richards, ces infidèles. Ils soutenaient Hafez et puis ils ont soutenu Bachar, ces bâtards, comme tous les chrétiens de Syrie. Le père et le fils, ces chiens héré-

tiques, ils protégeaient les infidèles parce qu'ils leur servaient tous à nous maintenir en esclavage, nous, les vrais croyants…

La révolution finit aussi par éclater à Qousseir. Plusieurs fois, la ville a changé de mains. Lors de chaque retraite, lors de chaque reconquête, de mystérieux massacres sont survenus dans ce lieu stratégique de la vallée de l'Oronte, sur la route de Homs et des territoires alaouites, bastion du régime. Ce jour-là, Samir prit sa mitraillette et se présenta chez ses patrons pour les tuer. Ou, plus exactement, pour « les [faire] passer en jugement, ces baasistes de chrétiens ! ». Il a ensuite pris possession de la maison, des bêtes, des biens et a commencé sa seconde vie de révolutionnaire riche et comblé. L'exemplaire de l'Évangile, il l'a gardé en souvenir de son crime triomphal. De temps en temps, il le feuilletait, s'efforçait de le lire avec la difficulté de ceux qui ont eu du mal à apprendre. Après avoir parcouru quelques lignes, agacé, il finissait par le jeter par terre et crachait : « Pouah, les Évangiles ! Rien que des mensonges… Jésus était comme nous, un homme fait de terre, un prophète, pas le fils de Dieu. Les Évangiles ont été réécrits pour corrompre l'esprit des chrétiens et les éloigner de la vraie foi… »

J'ai trouvé une autre trace de la famille chrétienne qui vivait dans la ferme : dans une armoire défoncée, le seul meuble en plus de la natte sur laquelle je dormais, il y avait, oublié au fond d'un tiroir, un journal, le journal naïf et coloré d'une adolescente, la fille des propriétaires. Des petits cœurs dessinés, de brèves annotations sur les premières émotions innocentes de la vie, des prières candides, simples comme en font ceux qui n'ont pas perdu leur foi d'enfant. « Elle a été enterrée avec ses parents », m'a expliqué Samir d'un air satisfait, comme s'il racontait une bonne action. Sous un pommier, dans le verger que j'apercevais depuis la petite fenêtre de ma chambre. Par nécessité et par tradition, les chrétiens syriens ont toujours soutenu le parti Baas et l'État-nation qu'ils considéraient comme un rempart contre le fondamentalisme. Leur âge d'or a été les années 1950, lorsqu'ils participèrent activement à la vie politique et parlementaire de la Syrie, alors indépendante depuis peu. Les élections de 1954 les virent obtenir seize parlementaires. Ce fut la seule élection démocratique de l'histoire du pays.

L'émir de la formation al-Nosra dont j'ai été le prisonnier pendant dix jours (le vrai, pas un menteur comme Samir) était un bel homme aux yeux bleus, un Libanais des villages frontaliers venu faire la guerre sainte en Syrie mais aussi régler ses comptes avec les chiites du Hezbollah qui (racontait-il) avaient massacré son village. C'est de cette chaîne de vengeances que se nourrit le Moloch de la guerre civile syrienne. L'émir est un moine-guerrier comme ses jeunes guerriers. Entre prière et combat, il mène une vie ascétique et impitoyable où il n'a de place ni pour un sourire, ni pour la faim, ni pour la pitié. Quand il faisait encore nuit, l'homme passait dans l'étable où étaient pauvrement logés ses combattants et frappait les portes de fer avec le bâton qu'il portait toujours sur lui : « Réveillez-vous, *moudjahidin*, Dieu vous appelle, c'est l'heure de la prière ! »

Il avait un regard intelligent, cruel, et les idées bien claires. Quand je lui ai demandé quel serait le futur de la Syrie si on parvenait à chasser Bachar, l'émir d'al-Nosra n'a pas hésité une seconde :

> Nous bâtirons ici le califat selon la volonté de Dieu grand et miséricordieux. La charia sera la seule et unique loi. Mais ce ne sera que le début... Nous jetterons ensuite les juifs à la mer et nous conquerrons le Liban, nous chasserons les régimes athées et corrompus de la Jordanie, d'Irak... et puis d'Égypte, de Libye, de Tunisie, d'Algérie et d'Al-Andalus, d'Espagne, qui sont toutes des terres de Dieu. Et le califat retrouvera la gloire qui était la sienne aux temps sacrés de l'islam victorieux.

Je cherche alors à savoir quel sera le destin des chrétiens dans le futur califat – ils vivent ici depuis des siècles, cette terre est leur terre...

> Ils connaîtront un sort meilleur que les alaouites, les membres de la secte satanique de Bachar que nous exterminerons et que nous chasserons tous jusqu'au dernier – hommes, femmes et enfants. S'ils se montrent obéissants, les chrétiens pourront rester ici, mais ils devront payer une taxe comme

tous les *dhimmi*. Ce ne seront jamais des citoyens avec les mêmes droits que les vrais croyants !

Ces douze derniers mois, la guerre civile syrienne a radicalement changé de nature et d'acteurs. Les groupes djihadistes financés par l'Arabie saoudite, souvent formés presque exclusivement de volontaires étrangers, se sont multipliés et renforcés. Ils représentent désormais sur le terrain la véritable force d'opposition à l'armée régulière, depuis que l'Armée syrienne libre n'y est plus. Sous leur impulsion s'est développée une forme de fanatisme absente lors de la première phase de la révolution. Abattre le régime n'est pour eux qu'une première étape dans la reconstruction du califat au sein de ce pays-clé du Proche-Orient. Il est néanmoins difficile de discerner une ligne commune vis-à-vis des chrétiens : chaque *katiba* adopte en fonction de ses membres (qu'ils soient tchétchènes, libyens, tunisiens, saoudiens ou européens) des positions plus ou moins extrémistes.

Par ailleurs, la désinformation, largement utilisée par les deux camps lors du conflit, a fait naître toutes sortes de théories et de légendes. Les journaux occidentaux ont même recueilli et publié, sans les vérifier, d'effroyables rumeurs : les groupes intégristes tueraient les chrétiens, verseraient leur sang dans des bouteilles et les enverraient aux Saoudiens qui financent leurs groupes pour prouver qu'ils mènent bel et bien la guerre sainte ! De la même façon, on a parlé, sur la base de vidéos d'origine douteuse, de crucifixions de condamnés chrétiens. Il semble donc que l'existence de groupes d'origine incertaine (peut-être créés ou infiltrés par les services secrets du régime) ait pour but de semer la confusion et de conduire ce genre d'opérations ignobles. Qui a tué, par exemple, de trois coups à la nuque, à Homs, le père Frans van der Lugt, le jésuite hollandais qui avait accepté de rester dans le vieux quartier de la ville, assiégé depuis deux ans, sous les bombes, sans nourriture, pour montrer qu'à son sens il n'existait « ni chrétiens ni musulmans, mais seulement des êtres humains » ? Les rebelles intégristes ou l'armée régulière, par représailles ?

Et qui a enlevé depuis près de un an un autre jésuite, le père Paolo Dall'Oglio, fondateur du monastère de Mar Musa, ce lieu extraordinaire, symbole d'œcuménisme, où chrétiens et musulmans priaient côte à côte ? D'entrée de jeu, il avait choisi (à la différence de la hiérarchie chrétienne avec laquelle il est souvent entré en conflit) le camp révolutionnaire contre un régime dont il dénonçait sans mâcher ses mots la corruption et la violence. Un prêtre et un révolutionnaire, donc, sans contradictions ni hypocrisies. Des rumeurs insistantes, qui n'ont pas été confirmées, lient son enlèvement à l'une des formations les plus radicales du djihad, le Mouvement pour l'émirat de l'Irak et du Levant, qui contrôle les territoires de la frontière irakienne où la trace du jésuite italien a été perdue. Hélas, les mérites révolutionnaires du père Dall'Oglio n'ont aucune espèce d'importance pour ces nouveaux rebelles fanatiques, comparés aux deux « fautes » capitales du prêtre italien : être occidental et, surtout, chrétien.

Traduit de l'italien par Marc Lesage

Domenico Quirico est journaliste reporter de guerre pour le quotidien italien *La stampa*, dont il a été le chef du service étranger et le correspondant à Paris. Il a couvert la plupart des grands événements en Afrique et au Proche-Orient ces dernières années. En 2013, il a été l'otage d'un groupe islamiste en Syrie durant cinq mois, une expérience qu'il a racontée dans *Le Pays du mal, 152 jours otage en Syrie* (Neri Pozza, 2014).

Analyse

Maaloula, village symbole

Frédéric Pichon

Pour le politologue Frédéric Pichon, ce village troglodyte où les habitants parlent encore la langue du Christ témoigne de la présence bimillénaire des chrétiens en Syrie. Détruit tour à tour par les rebelles islamistes et l'armée du régime, Maaloula paie un lourd tribut à la guerre qui ensanglante le pays.

Connu des voyageurs occidentaux depuis la fin du XVIIIe siècle, Maaloula est un lieu unique dont la verdeur et la densité d'habitat contrastent étonnamment avec l'aridité environnante du désert syrien. Situé à une soixantaine de kilomètres de Damas, le village est construit sur les flancs d'un amphithéâtre de montagnes où s'accrochent des maisons chaulées de bleu. En contrebas s'étend la zone irriguée des jardins et des vergers. Mais c'est aussi l'un des derniers villages où l'on parle l'araméen dit occidental, dialecte sémitique parlé autrefois notamment en Palestine, et dans lequel le Christ lui-même a prêché. Le village est mixte, composée de deux communautés chrétiennes appartenant à la tradition antiochienne : l'Église grecque-catholique ou melkite, et l'Église grecque-orthodoxe. Une petite communauté musulmane cohabite depuis le XVIIIe siècle avec ces chrétiens arabes.

C'est la conquête arabe au cours du premier tiers du VIIe siècle qui porta à l'idiome un coup fatal : il fut interdit par les autorités omeyyades puis abbassides de pratiquer l'araméen sous peine d'avoir la langue tranchée, dit la légende. Aujourd'hui, à peine quelques milliers de personnes le parlent encore. C'est ainsi que s'est élaborée, assez tardivement du reste, l'image du village « où se parle la langue de Jésus », image que le ministère syrien du Tourisme ne répugna jamais à utiliser. Ce n'est que tardivement que les Maalouliens se sont souciés de leur dialecte, comme souvent au moment même où ce dernier était en voie de disparition. Auparavant, il n'y eut guère que les orientalistes pour s'y intéresser et tenter d'en recueillir les derniers vestiges : une quinzaine en tout depuis 1850, américains, français ou allemands, linguistes, missionnaires et aventuriers comme Richard Burton qui passa en 1869 au village. Mais dans les années 1980, le clergé catholique a redécouvert l'araméen et généralisé la récitation du Notre-Père dans cette langue à destination des touristes. En réalité, aucun office n'est célébré en araméen, contrairement à ce qu'affirment d'exotiques voyageurs et nombre de guides touristiques.

Personne au juste ne sait vraiment pourquoi l'araméen s'est maintenu dans cette région de l'Anti-Liban, mais le village est devenu un symbole du christianisme oriental. Deux sanctuaires célèbres lui ont assuré depuis des siècles une notoriété jamais démentie. Sainte Thècle (Mar Takla), protomartyre, est supposée y avoir passé la fin de sa vie dans une grotte, et un couvent de religieuses grecques-orthodoxes assure l'accueil des pèlerins. L'autre sanctuaire ou *maqâm*, sur le plateau, est le couvent grec-catholique des Saints-Serge-et-Bacchus, datant probablement du début du IVe siècle, ainsi que l'atteste la forme de son autel, marqué encore des rigoles pour l'écoulement du sang. On pouvait y voir de vénérables icônes peintes au début du XIXe siècle par Michel de Crète. Ou même une magnifique icône mariale du XVIIe siècle, provenant de Pologne et donnée par un visiteur illustre, le général Władysław Anders, chef de la Légion polonaise. Elles ont été depuis détruites, des photographies prises par les rebelles les montrant lacérées ou coupées en plusieurs morceaux.

À Maaloula, depuis des siècles, on venait chercher la *baraka* et ce phénomène était une des curiosités du Proche-Orient en général et de la Syrie en particulier. Des femmes musulmanes en mal d'enfant venaient dormir auprès de sainte Thècle, souvent à même le sol, dans les couloirs du monastère orthodoxe. On venait boire l'eau de la source sacrée qui sourd à proximité d'un abricotier géant. Les émigrés avaient pris l'habitude de revenir à l'occasion des fêtes patronales de la fin de l'été, fêtes villageoises restées profondément authentiques qui mêlent d'étranges coutumes du folklore païen aux liturgies chrétiennes orientales. Ainsi, le 14 septembre, la fête de la Croix rassemble chaque année des milliers de participants qui, une fois les vêpres terminées, gravissent avec l'évêque les formidables à-pics des falaises environnantes pour y allumer des feux de joie et passent la nuit à danser et à chanter dans une atmosphère fortement alcoolisée… Pour la première fois depuis 1925, elles n'ont pu se tenir en 2013.

Loin de constituer une menace pour le régime, l'araméen fut encouragé à Maaloula. En juillet 2007, l'université de Damas inaugurait à Maaloula un centre de langue araméenne luxueux, voulu et financé par le gouvernement syrien. L'identité araméenne ne gênait en rien le régime baasiste : le discours officiel de la Syrie laïque fait une place généreuse à tout ce qui n'est pas proprement islamique. Mais il a fallu le déchristianiser : c'est à ce prix que l'on achète la paix religieuse à Maaloula, où, ici comme ailleurs en Syrie, l'islam se fait plus voyant au cours de la décennie 2000.

C'est donc le régime lui-même qui a laissé se constituer Maaloula en symbole de cette présence chrétienne en Syrie. Le patrimoine exceptionnel de la bourgade, aujourd'hui dévastée, en témoignait assez. Les chrétiens de Maaloula jouissaient d'une présence tolérée, mais aussi encouragée : le village constituait avant la crise l'un des « spots » touristiques de la Syrie avec près de 100 000 visiteurs étrangers annuels. Alors certes, les baasistes assuraient également une présence dans le village et les portraits du président Assad ornaient la localité, comme du reste dans n'importe quelle ville syrienne. Mais pouvait-on attendre autre chose de la part de populations minoritaires ? Populations incapables de se défendre efficacement, comme l'a prouvé la fuite immédiate de tous les habitants lors de l'attaque du 9 septembre 2013. Les chrétiens de Maaloula ont fui massivement à Damas, dans le quartier de Bab Charki où se trouvent leurs églises et leurs patriarcats. Ils y ont enterré leurs morts. Parmi eux Antoun et ses deux cousins qui avaient pourtant reçu l'*aman*, c'est-à-dire l'assurance d'avoir la vie sauve. Désarmés, et confiants dans la parole des rebelles, ils furent tués à bout portant. Puis décapités. Parce qu'ils étaient chrétiens. Fallait-il qu'ils prennent les armes contre un pouvoir dictatorial en mars 2011 ? qu'ils émigrent pour refuser l'arbitraire ? Installés dans nos certitudes occidentales, nous sommons ces chrétiens d'être des héros. En somme, l'Occident post-chrétien voudrait que les chrétiens de Syrie soient en quelque sorte conformes à l'Évangile, c'est-à-dire « le sel de la Terre et la Lumière du monde »... étrange hommage de la modernité rationaliste aux chrétiens d'Orient.

Les djihadistes ont à coup sûr voulu frapper un des symboles de la relative tranquillité dont jouissaient les minorités au sein de la société syrienne. Par cette attaque d'ampleur, ils ont voulu montrer que le régime a échoué dans son rôle de protecteur des minorités, en particulier chrétiennes. C'est bien sur ce terrain-là que s'est situé l'affrontement. Le dynamitage systématique des croix surplombant les principaux édifices du culte, le pillage des maisons et l'humiliation des villageois infidèles, les *kuffār*, l'ont assez prouvé. Après l'attentat suicide, soigneusement filmé par al-Nosra, qui a amené un jeune Jordanien fanatisé à détruire le poste militaire situé à l'entrée du village, l'armée est revenue. Elle y avait pourtant perdu une dizaine d'hommes pour la plupart simples conscrits. L'assaut du 30 novembre 2013 a été plus destructeur encore. Les rebelles ont fait dévaler des pneus chargés d'explosifs sur les maisons et les édifices religieux situés en contrebas. Cette fois-ci, ce fut un véritable massacre archéologique et patrimonial. Des édifices religieux comme le couvent Saint-Serge, occupé et pillé depuis les débuts du soulèvement, ont payé un lourd tribut. L'église conventuelle, sans doute l'un des plus vieux édifices chrétiens au monde, datée du début du IVe siècle, a été pillée, les icônes exceptionnelles qui avaient été exposées en 2003 à l'Institut du monde arabe, détruites par les rebelles d'al-Nosra. La croix qui surmontait son dôme fut d'ailleurs dynamitée le jour même de la prise du village. Mais, sur le flanc de la falaise qui fait face au sanctuaire, on avait fixé voici cinq ans une statue mariale, sous laquelle est inscrite en lettres blanches : *Saydet es-salam*, Notre-Dame de la Paix, paix à laquelle tous, chrétiens et musulmans, aspirent. Depuis l'assaut sur le village en septembre 2013, c'était la seule statue à laquelle les djihadistes ne s'étaient pas attaqués. Elle a été finalement dynamitée à son tour début janvier 2014.

Maaloula est un symbole. Il est en quelque sorte l'étalon à l'aune duquel les chrétiens de Syrie, mais aussi beaucoup de chrétiens arabes, mesurent leur capacité à rester dans cet Orient, à ne pas succomber aux sirènes de l'émigration. La faiblesse de la mobilisation de l'Occident n'a pas encouragé ces populations fragiles à voir encore un avenir pour elles et pour leurs enfants. Le monde arabo-musulman est en train de se mutiler en se privant de sa composante chrétienne, composante dont il faut rappeler qu'elle est indigène, profondément enracinée dans la culture arabe. La normalisation fondamentaliste d'un islam sunnite sur le modèle wahhabite, résultat de près d'un demi-siècle de déversement des pétrodollars du Golfe, est en train de changer radicalement l'identité même des sociétés musulmanes. Les chrétiens en font les frais en premier, mais déjà aussi l'islam traditionnel, avec ses saints et ses pratiques de dévotion que rejettent violemment les islamistes. C'est le monde arabe tout entier qui risque d'être perdant. Les chrétiens de Syrie, s'ils disparaissent, à l'instar de leurs coreligionnaires irakiens, emporteront avec eux un pan entier de la culture de l'Orient. Et ce sera le remords de l'Occident.

Frédéric Pichon est diplômé d'arabe et docteur en histoire contemporaine. Ancien élève de l'IEP de Paris, il a vécu à Beyrouth et séjourne régulièrement en Syrie. Il enseigne la géopolitique en classes préparatoires. Auteur d'une thèse sur la Syrie, il est chercheur associé à l'équipe Monde arabe Méditerranée de l'université François-Rabelais (Tours).

Égypte
Le mauvais sort des coptes

Avec environ 10 % de sa population, l'Égypte compte aujourd'hui la plus importante minorité chrétienne du Proche-Orient. Remontant au premier siècle de l'ère chrétienne, l'Église copte a successivement survécu à l'implantation de l'islam, au nationalisme égyptien et à l'émergence du radicalisme musulman dans les dernières décennies du XXe siècle. Pour assurer leur survie, les coptes sont de plus en plus contraints de se replier sur leur communauté. Au risque de se marginaliser… et de sortir de l'histoire.

■ Population = 83 000 000

■ Musulmans = de 90 à 94 %
Chrétiens = de 6 à 10 %

Reportage

Au commencement était le désert...

Christophe Ayad

Rédacteur en chef du journal *Le Monde* et lauréat du prix Albert Londres, Christophe Ayad s'est rendu au monastère de Deir al-Malak, en haute Égypte. Dans ce haut lieu de l'Église copte, il témoigne du fossé grandissant qui s'installe entre chrétiens et musulmans.

Au début, on croit à un mirage. Une forme blanche tremble au loin entre les ondes de chaleur comme un son qui hésite entre deux cordes de contrebasse. Des coupoles, des bulbes se dessinent peu à peu entre les palmiers, des croix pointent vers le ciel, découpées par la réverbération. C'est le couvent de l'Ange, Deir al-Malak, qui, depuis la route du désert, ressemble à un gros ranch à l'architecture un peu fantaisiste. La route, qui s'écarte de la vallée du Nil, remonte plein nord le long de la rive occidentale, depuis Louxor, ou plutôt depuis l'ancienne nécropole de Gournah, jusqu'au Caire. Elle est neuve et aucun marquage au sol ne vient distraire l'automobiliste engourdi par la chaleur. À gauche, les contreforts de l'immense désert Libyque s'élèvent en canyons dentelés et chromatiques ; à droite, des bribes de verdure laissent deviner le bleu du Nil et le vert, indissociable, de sa vallée.

Il y a en effet deux manières d'arriver à Deir al-Malak. Par le désert et par le fleuve. Le monastère se trouve en lisière de Naqada, un gros bourg à une trentaine de kilomètres au nord de Louxor, sur la rive occidentale du Nil, du côté où le soleil se couche, celui où les pharaons enterraient leurs morts. Juste en face se trouve la ville de Qous, dont on devine les minarets et les clochers. Le fleuve amorce, à cet endroit-là, une boucle avant de reprendre son cours vers le nord, pour se jeter dans la Méditerranée, tout près d'Alexandrie. Le Nil est comme un cordon ombilical qui relie la haute Égypte et la ville de Saint-Marc, celle où l'évangéliste, venu de la Terre sainte, sema le christianisme en Égypte. Mais très vite, la foi chrétienne quitta la ville cosmopolite fondée par le conquérant macédonien Alexandre le Grand, pour s'implanter dans l'aridité du désert.

Au commencement, donc, était le désert. C'est là qu'est née l'Église copte, la première et la plus ancienne des Églises chrétiennes. C'est là qu'elle a forgé ses principes et son identité, dans l'ascétisme de la vie monacale et dans le dénuement des anachorètes. C'est là aussi qu'elle s'est réfugiée lorsqu'elle était menacée, là enfin qu'elle puise la source de son actuel renouveau.

Il y a vingt ans, Deir al-Malak se limitait à deux bâtiments perdus dans un océan de pierraille : l'église de l'Archange-Michel-et-de-Sainte-Marie, datant du IVe siècle, et une autre, plus récente, de taille modeste elle aussi. Les murs de brique en terre crue ont été restaurés mais forment, aujourd'hui encore, deux masses sombres et brunes, comme sorties d'un lointain passé. Autour, tout a changé, absolument tout.

Quand on arrive par la route désertique, on entre dans le monastère par un grand portail en métal, qui laisse place à une double allée bordée de palmiers. L'on se croirait dans une *hacienda* mexicaine : l'ensemble s'étend sur 200 feddans (84 ha). À droite et à gauche, des parcelles de blé, du bersim (une sorte de fourrage destiné au bétail), des plants de vigne tout juste naissants grimpent le long de tiges en métal. Plus loin, des bâtiments allongés en forme d'étable, un troupeau de moutons qui cherche une maigre pitance entre les cailloux, un champ de citronniers, des pigeonniers et des ruches… Des engins agricoles et de terrassement s'activent dans ce qui ressemble plus à une propriété agricole qu'à un lieu de recueillement.

Au bout de l'allée, un terrain multisport, puis un grand bâtiment rectangulaire surmonté de deux douzaines de coupoles de toutes tailles. C'est la grande œuvre de l'évêque Biman, l'homme à l'origine de cette renaissance : il s'agit d'un complexe modulable pouvant accueillir jusqu'à 5 000 fidèles. On peut y organiser des colloques, des messes, des banquets, des réceptions. C'est là qu'il reçoit les vœux au lendemain de Noël et de la Pâque copte, les deux fêtes les plus importantes de l'année. C'est lui qui en a dessiné les plans, expliquent fièrement les moines de Deir al-Malak : l'évêque Biman, avant de devenir prêtre, a acquis une formation d'ingénieur en travaux publics et il dessine volontiers les bâtiments qu'il fait construire. Le complexe compte même une cantine et des chambres à l'étage pour les visiteurs.

Sur le côté, séparé par un petit jardin agrémenté d'un Christ Rédempteur à la manière de celui de Rio, debout sur un globe terrestre, se trouvent une rangée de bâtiments bas qui servent de lieu d'accueil pour les pèlerins et visiteurs de passage. Il s'agit de chambrées avec douche prévues pour six personnes. Le mobilier est simple, mais il y a la climatisation depuis peu. « Les coupures d'électricité sont fréquentes », soupire un moine. Il est strictement interdit de fumer. Les pelouses sont arrosées matin et soir.

Entretenir l'illusion d'une société purement copte

Les moines vivent un peu à part, dans une résidence fermée à l'abri des ficus et des bougainvilliers. Ils ne sont que cinq, en plus d'un novice. Contrairement aux monastères du Wadi Natrun ou de al-Muharraq, Deir al-Malak n'est pas un « couvent de résidence ». Les moines sont là pour faire fonctionner le lieu, prier, dire la messe et diriger les soixante-dix employés du monastère, pour la plupart des ouvriers agricoles, tous chrétiens. Le monastère est ouvert au public en permanence. C'est un refuge, un lieu de convivialité, une entreprise pourvoyeuse d'emplois destinés à l'ensemble des chrétiens des environs. Les garçons y jouent au football ou au volley, les filles ont des cours de chorale. Le dimanche, les familles s'égaillent sur les pelouses après la messe, on y vient pique-niquer, visiter le mini-zoo, son autruche et ses paons. C'est là que garçons et filles font connaissance, que les parents élaborent les stratégies matrimoniales. Surtout, on peut y vivre entre soi, entretenir l'illusion d'une société purement copte, sans contact ni conflit avec les musulmans, une société d'avant l'invasion arabe de l'Égypte, qui a donné le coup d'envoi de son islamisation.

Naqada n'est plus un village depuis longtemps. C'est un gros bourg à l'échelle de l'Égypte, c'est-à-dire une ville sous des latitudes européennes. Mais si la population a décuplé, la surface, elle, est restée peu ou prou la même. D'où d'incessants conflits pour la terre, source et symbole de toutes les richesses. Dans la complexe géographie confessionnelle de la haute Égypte, Naqada est assurément une terre chrétienne. Ses sept monastères, dont le plus important n'est autre que Deir al-Malak, l'attestent. Construits à l'origine en plein désert, ils ont été rattrapés par les terres agricoles et les quartiers d'habitation. La ville compte aussi trois églises coptes orthodoxes, sans compter une catholique et une anglicane. Mais cette domination symbolique, matérialisée par les clochers et les signes ostentatoires de la présence copte, est battue en brèche par la réalité démographique. Longtemps majoritaires, les coptes ont cédé face à la pression du nombre. Si leur présence est encore importante dans le bourg de Naqada, elle est infime dans les villages alentour qui font administrativement partie de la commune, comme si le centre était peu à peu grignoté par la périphérie. Sur 22 000 habitants du village, 7 000 seulement sont coptes. L'agglomération en compte 60 000 au total, dont 10 000 chrétiens.

« Quand je suis né, en 1979, se souvient Malak, un jeune professeur copte de Naqada, tout le monde était chrétien ici. Mais aujourd'hui, les musulmans sont devenus majoritaires. » Ce sentiment de déclassement a débuté, en fait, dans les années 1960, avec la nationalisation des industries et le blocage des loyers immobiliers et agricoles par Gamal Abdel Nasser, puis la perte, en 1974, du poste d'*omda* (maire), jusque-là détenu par les grandes familles chrétiennes. Les coptes, qui avaient accumulé les richesses, ont été les principaux perdants de cette redistribution des cartes sociales au profit de la classe des petits fonctionnaires du nouveau régime, les policiers, les ghafirs (gardes champêtres), les enseignants, etc. Les grands propriétaires terriens coptes, comme les Baddar, maires de père en fils depuis des générations, sont partis s'installer au Caire, ou à l'étranger, jusqu'en Australie. Les autres, comme le père de Malak, ont continué à travailler dans le textile, spécialité du coin, célèbre dans tout le Soudan, où l'on emmaillote les nouveau-nés dans des tissus de Naqada. Les musulmans de Naqada sont connus, eux, pour leurs meubles cannés. Qous, de l'autre côté du Nil, est réputé pour ses céramiques. Si Naqada ressemble encore à un village, c'est essentiellement à cause de ses rues en terre battue. Même l'artère principale n'est pas asphaltée. Motos chinoises et charrettes tirées par des ânes se frayent un chemin entre les pick-up et les tracteurs chargés de cannes à sucre dans une cacophonie digne du Caire. Signe de la pauvreté ambiante, on ne croise quasiment pas de véhicule privé.

Le vieux centre, qui se distingue par ses maisons décaties à deux ou trois étages seulement et leurs balcons et leurs volets en bois, est resté majoritairement habité par des familles coptes, prêtes à se saigner aux quatre veines pour habiter entre les deux principales églises de la commune : Sainte-Damiana et Saint-Georges. Sainte-Damiana, bâtie en 1906, est en pleine réfection. Il faut se faufiler dans des ruelles de plus en plus étroites pour y parvenir. Soudain, l'église et ses deux clochers se dressent, telle une cathédrale. L'édifice, imposant, s'élève sur trois niveaux. La nef culmine à une quarantaine de mètres, tandis que les clochers sont visibles depuis Qous. La communauté copte en est particulièrement fière. Le permis de construire a été obtenu de haute lutte par l'évêque Biman auprès du gouverneur de Qena, avec lequel il entretient de bonnes relations. Les musulmans ont grincé des dents, mais personne n'a osé protester. Il faut dire que tout le voisinage immédiat de l'église Sainte-Damiana est copte. Les fidèles ont volontiers accepté que l'agrandissement de l'église passe par la démolition de quelques vieilles bâtisses.

Aujourd'hui, les travaux ne sont pas finis et la nouvelle église se résume à un squelette de béton nu. Le rez-de-chaussée et le premier étage, hâtivement décorés d'icônes imprimées (on ne peut pas les bénir quand elles ne sont pas originales), sont déjà en service. Mais il faudra plusieurs années et plusieurs millions de livres égyptiennes pour terminer cette gigantesque entreprise. Au sous-sol, un bureau digne d'un P.-D.G. est réservé à l'évêque. Lorsqu'il n'est pas là, Rafaat Kamal, directeur d'école primaire et diacre, reçoit fidèles et visiteurs. Il fait partie de ces « laïcs » qui font tourner l'Église copte. Il s'occupe du mouvement des jeunes, une façon de maintenir la cohésion de la communauté et ses valeurs. « Je ne suis pas là pour faire de la politique, précise-t-il. Nous faisons du sport, des prières, des activités sociales, mais surtout pas de politique », insiste le professeur à moustache.

Ce quiétisme se retrouve dans l'ensemble de la société copte, dont l'apolitisme proclamé recouvre souvent une fidélité à « l'État profond », cette superstructure invisible qui gère l'Égypte depuis des décennies. « Nous, les coptes, nous payons cher notre obéissance à l'État, semble regretter l'enseignant. Lorsque le planning familial nous a demandé de faire moins d'enfants, nous avons obéi. Mais aujourd'hui, nous payons notre prévoyance. Les musulmans nous ont largement dépassés et, maintenant, ils envient notre niveau de vie. » Les rencontres et activités communes avec la jeunesse musulmane sont rares : elles passent par des associations d'obédience gouvernementale comme Ana Masri (Je suis égyptien), Machreq (Orient) et al-Jamaiyat al-Chabban al-muslimin (l'Association de la jeunesse musulmane). « Nous avons organisé une distribution commune de pain dans les kiosques gouvernementaux », croit se souvenir le diacre Raafat. Il a du mal à citer d'autres exemples.

Une vie quotidienne en vase clos

À ses côtés, Ayman, éducateur, et Dalia, ingénieur, acquiescent en silence. Ils ne sont pas diacres mais l'Église est aussi au centre de leur vie. Il s'occupe d'un centre accueillant les jeunes handicapés et elle anime des activités destinées aux jeunes filles ainsi qu'aux personnes âgées. La communauté vit quasiment en vase clos. Elle dispose de son organisation de jeunesse, de sa maison de retraite (17 femmes et 2 hommes), de son centre social, de sa salle des fêtes et de ses associations de bienfaisance. Même les mariages sont organisés dans un cadre communautaire. Le village ne compte aucun couple mixte chrétien-musulman. « Même entre coptes orthodoxes et coptes catholiques, ça ne se fait pas », s'esclaffe Dalia. Ce soir-là, à deux cents mètres de l'église Sainte-Damiana, le centre communautaire copte, adossé aux locaux de l'évêché, est mobilisé pour une « soirée de henné ». Cette cérémonie, organisée la veille du mariage et commune aux chrétiens comme aux musulmans, est l'occasion pour la mariée d'inviter ses amies et leur famille. La future mariée danse sous les éclairages laser et les lampions multicolores, au milieu du vacarme de la pop arabe crachée par des enceintes surdimensionnées, tandis que l'on passe dans les rangs offrir confiseries et rafraîchissements. Les filles, tout en cheveux, ont porté un soin particulier à leur apparence : c'est l'une des rares occasions de montrer ses tenues les plus osées, d'attirer l'œil des garçons sans risquer une remarque désobligeante et sans subir le poids des regards concupiscents qui ont fait de la rue un espace réservé aux hommes et où les femmes, le plus souvent voilées, passent sans se faire remarquer.

Circoncisions, fiançailles, mariages, fêtes de *sobou'* (célébrée le septième jour après la naissance d'un enfant pour chasser le mauvais sort) : chaque communauté fait la même chose, mais chacun le fait chez soi, entre soi. Ces quatre dernières décennies, le fossé entre chrétiens et musulmans n'a cessé de se creuser. « Il y a vingt ans, résume Dalia, les gens étaient plus calmes avec la religion. Maintenant, il arrive que les musulmans refusent d'aller manger chez un copte ou d'acheter dans sa boutique. La seule situation où ils n'y prêtent pas attention, c'est quand ils vont consulter le médecin : alors, ils prennent le meilleur. » Mais dans la vie quotidienne, mille petits signes disent ce fossé qui se creuse : les saluts religieux musulmans en réponse à des saluts « laïques » ; les fêtes que l'on ne se souhaite plus ; les mains qu'on ne serre plus. Le salut au drapeau, qui se termine, le matin dans les écoles (même l'école copte, où les chrétiens sont minoritaires désormais), par un vibrant « *Allah akbar* ».

Au village, cette discrimination mesquine reste imperceptible. C'est lorsqu'ils vont faire des études supérieures au Caire ou dans les grandes villes de haute Égypte (Qena, Minya, Assiout) que les coptes la découvrent : Rafaat se souvient que, sur son campus, dans les années 1980, les Gamaat al-islamiya, des groupuscules islamistes, interdisaient aux garçons coptes de parler aux filles musulmanes ou de partager la même nourriture et les mêmes dortoirs que leurs homologues musulmans. Et, au moment des examens, certains professeurs, connus pour leur sectarisme musulman, interrogeaient avec insistance les étudiants coptes sur le sens ou l'origine de leurs prénoms. À qualification égale, un copte est souvent recalé dans la fonction publique ou la justice. Le métier des armes, sans être interdit, débouche rarement sur des grades élevés. Vieux souvenir du statut de *dhimmi*, les « protégés » ou les « gens du Livre » dans le Coran, soumis à un certain nombre de restrictions et d'impôts spécifiques en échange d'une protection dont ne bénéficient pas les athées et les impies. C'est pourquoi la communauté prospère dans les professions libérales et le secteur privé.

La communauté chrétienne s'est, elle aussi, repliée sur elle-même : on ne s'invite plus à la maison, on ne joue plus ensemble à partir de la puberté. Mais tout n'est pas blanc ou noir : les musulmans envoient leurs enfants à l'école copte, réputée de meilleur niveau ; les bailleurs préfèrent louer à des coptes, réputés payer leurs loyers rubis sur l'ongle. Et l'on va volontiers – mais sans en parler – consulter les diseuses de bonne aventure ou les médecins coptes, lorsqu'ils ont la réputation d'être efficaces.

Les relations n'ont jamais été faciles et, derrière les proclamations d'unité nationale et d'amour de la patrie, musulmans et chrétiens vivent bien dans deux univers séparés, mais partagent une seule terre. Dans les années 1950, déjà, raconte Michel Nazir Chenouda, un vieillard qui ne sort jamais sans sa canne équipée d'une lampe torche intégrée, les bastonnades étaient fréquentes pour des histoires de clôtures et de terrains, d'honneur bafoué. Mais jamais le village n'a connu d'émeutes interconfessionnelles, comme al-Kosheh, au début des années 2000. Tout juste se souvient-on qu'un jeune copte, qui était en conflit avec le père Akkid Yaakoub, de la paroisse de Saint-Georges, a fait sonner les cloches à l'heure de la grande prière musulmane hebdomadaire, le vendredi matin. Des fidèles musulmans, furieux, ont attaqué l'église à coups de pierres et de bâtons, avant que tout ne retourne vite au calme. L'affaire remonte aux années 1970.

Le plus grave se passe ailleurs. Il est dans cet éloignement progressif et insensible des communautés, où chacun se replie sur soi, regarde sa chaîne de télévision, va à ses rassemblements sociaux et ne veut plus se mélanger à l'autre, source d'inquiétude et de menace. On mesure sa puissance à la hauteur des minarets et des clochers, on se compare et se jalouse. Surtout quand on est pauvre. Même les prénoms creusent le fossé communautaire : les garçons nés il y a quarante ans se prénommaient Nader, Mourad, Mounir ou encore Youssef et Ibrahim, des prénoms arabes en vigueur chez les chrétiens comme les musulmans ; désormais, ils s'appellent John, Mark ou Abanob ou Chenouda, des prénoms occidentaux ou purement coptes. Ce repli sur soi passe, chez les chrétiens, par un rôle de plus en plus important de l'Église dans la vie quotidienne. L'Église organise la vie quotidienne et spirituelle. L'évêque Biman l'a bien compris. Il a instauré toute une série de rendez-vous et de rencontres, qui tiennent la communauté constamment occupée : les lundis ont lieu des réunions féminines ; les mardis, le prélat rencontre le public ; les jeudis, c'est au tour des jeunes et les dimanches sont réservés aux commerçants et artisans. L'évêque Biman n'est pas présent chaque semaine, mais quand il vient en personne, quelque 300 fidèles se pressent pour lui poser toutes sortes de questions pendant deux heures. La politique, la vie privée, les conseils matrimoniaux ou d'ordre spirituel : tout y passe.

Les coptes sont-ils plus forts ou plus faibles aujourd'hui ? Les avis divergent à Naqada, mais ils disent tous la même chose : qu'ils soient « assiégés » et « sur la défensive » ou « mieux regroupés » et « prêts à se défendre », les chrétiens sont devenus plus dépendants de leur Église. Anba Biman est un bon exemple du renouveau de l'Église copte. Son parcours, mélange d'études universitaires et de foi profonde, son style, qui met la modernité au service d'une tradition séculaire, le font ressembler à Chenouda III, le 117e successeur de saint Marc, le pape qui a incarné le réveil copte de 1971 à 2012, l'un des plus longs règnes de l'histoire de l'Église copte orthodoxe. Ce « Jean-Paul II copte » est né à Assiout, il a fait des études supérieures avant de se consacrer à la prêtrise. Il a tout renouvelé, sauf le dogme auquel il restait farouchement attaché.

Biman, ordonné évêque en 1991, a fait la même chose à l'échelle de Naqada et de Qous. Il a informatisé l'état civil, reconstruit églises et monastères, instauré des dizaines d'associations et de fondations. À Hurkghada, il a fait installer des lieux de culte semi-clandestins dans des appartements, à cause de l'impossibilité de bâtir suffisamment d'églises. Mais la liturgie n'a pas changé, lancinante et fataliste : une mélopée triste mi-récitée mi-chantée devant des icônes, qui, même quand elles sont récentes, reproduisent des canons antiques (on ne voit qu'un seul des deux yeux des « méchants » – le diable sous toutes ses formes, ou encore Judas). Les monastères, qui tombaient en ruine il y a trente ans, sont désormais rénovés et pleins de jeunes moines éduqués. Sur les sept monastères de Naqada, l'un est même devenu un couvent de femmes. Les diacres se pressent au portillon et l'évêque a ordonné nombre de prêtres parmi les laïcs, dont le père Makarios, un ancien enseignant qui a volontiers abandonné son métier pour la vocation religieuse. Cette dernière catégorie de prêtres, des laïcs mariés et ayant déjà des enfants, n'a pas vocation à « faire carrière » dans l'Église; ils ne peuvent pas prétendre à la fonction d'évêque, encore moins de pape, mais renforcent l'emprise de l'Église sur la société.

Une société plus moderne mais plus bigote

La société copte est à l'image de l'Égypte: plus moderne mais plus bigote. Désormais, pas un habitant de Naqada n'est privé de téléphone portable: les coptes téléchargent volontiers des sonneries reproduisant des chants d'église. Les garçons font ajouter, à la petite croix tatouée au creux du poignet, des grands tatouages en couleur de saint Georges, de la Vierge ou du Christ. Chaque année, à Noël et à Pâques, une débauche de technologie permet des reconstitutions de la Crèche ou de la Passion, façon attraction foraine animée. Mais le fond reste immuable. Myriam, la jeune épouse de Malak, est une femme active: pour rien au monde elle ne renoncerait à son emploi à l'hôpital. Là où sa mère ne sortait jamais sans se couvrir les cheveux d'un fichu, elle tient à affirmer sa différence en lâchant les siens. Surtout, tout son temps libre est consacré à l'Église: elle donne des cours d'alphabétisation et participe à des sorties culturelles avec le diocèse. Son fils de trois ans va au jardin d'enfants copte. « Nous vivons parfaitement séparés », dit-elle, sans qu'on puisse deviner si cette affirmation est un motif de fierté ou l'expression d'un regret.

En 2011, la révolution a fait son irruption dans la quiétude de Naqada. Elle est restée à distance, à la télévision. Mais la chute de Hosni Moubarak a été vécue, par les coptes, comme une défaite. Le massacre de « Maspero », au Caire, dans lequel une trentaine de manifestants coptes ont été tués par des blindés légers de l'armée fonçant sur la foule, a ébranlé leur confiance dans l'institution militaire. Mais comme les coptes estiment ne pas avoir le choix, ils ont pris le parti de se ranger derrière le candidat issu de l'armée, à la présidentielle de juin 2012 (Ahmed Chafik), comme à celle de mai 2014 (Abdel Fattah al-Sissi). Les groupes révolutionnaires coptes, qui ont émergé au Caire après la révolution et le massacre de Maspero, n'ont pas d'écho à Naqada, où l'on vote comme un seul homme, en suivant scrupuleusement les recommandations implicites ou explicites de l'Église. Les chrétiens préféreront toujours une dictature militaire ou l'autocratie d'ancien régime à la menace des Frères musulmans, dont l'objectif avoué est d'instaurer la charia (loi islamique).

Bien que les musulmans aient commencé à porter une barbe longue, il n'y a pas eu de kidnappings contre rançons ou d'attaque d'église, comme ailleurs en haute Égypte. Depuis la révolution de janvier 2011, qui a provoqué un effondrement de l'appareil sécuritaire, l'insécurité a crû de manière endémique: des gangs organisés, parfois liés à des groupuscules islamistes, ont commencé à attaquer des coptes réputés « fortunés ». Dans la région de Minya, en moyenne Égypte, les kidnappings contre rançons se sont multipliés, visant des pharmaciens, des médecins, des commerçants. Dans la structure encore très tribale de la haute Égypte, les coptes ne bénéficient d'aucune protection.

« Les musulmans de Naqada sont fanatiques mais au moins, ils respectent les règles de la vie en commun », résume Malak dans un drôle de paradoxe. Certains de ses collègues se sont révélés Frères musulmans pendant la courte année au pouvoir du président islamiste, Mohamed Morsi, le premier démocratiquement élu de l'histoire du pays. Ils l'ont amèrement regretté après le coup d'État militaire du 3 juillet 2013 qui a renversé Morsi. Mais à Naqada, tout au plus a-t-on entendu des tirs en l'air: de joie ou de frustration? Nul ne sait, mais c'est peu dans une région où les armes pullulent.

Pour la troisième année consécutive, le festival de la jeunesse qui rassemble 10 000 enfants et adolescents venus de toute la haute Égypte ne s'est pas tenu à Deir al-Malak, de peur d'incidents. Le monastère, entouré d'un mur d'enceinte crénelé, est bâti tel un château fort. Tout est construit comme si les coptes s'apprêtaient à tenir un siège. Pour gagner de la place, le vieux cimetière a été déplacé, sur la suggestion d'Anba Biman, qui a fait bâtir à la place des sépultures collectives. La réussite du monastère suscite évidemment des jalousies, et la clôture a été bâtie pour éviter les litiges avec les paysans d'alentour, tous musulmans. En représailles, ces derniers ne prolongent pas leurs canaux jusqu'au monastère, condamné à puiser une eau assez saumâtre dans ses propres puits. « Le manque d'eau est le principal frein à notre développement, détaille le père Yohannes, qui dirige le monastère en l'absence de l'évêque. Pour le reste, le désert ne nous fait pas peur. C'est là que s'est forgée notre foi. C'est là que les pères de notre Église ont écrit les principes immuables qui lui ont permis de survivre pendant deux mille ans, malgré les persécutions et les revers de l'histoire. Les moines sont les principaux piliers de notre Église. » Au commencement était le désert, et, à la fin aussi, lui seul restera.

Né en 1968, Christophe Ayad est rédacteur en chef des pages internationales du *Monde*, où il entre en 2011 pour couvrir l'actualité du Proche-Orient. Avant cela, il a travaillé à *Libération*, notamment comme correspondant au Caire, de 1994 à 2000, puis comme reporter au service Étranger. Il a reçu le prix Albert Londres en 2004, ainsi que le prix du grand reportage de la presse quotidienne nationale en 2010.

Analyse

Coptes et musulmans : les germes de la discorde

Tewfik Aclimandos

Si la révolution entamée en 2011 a fait naître beaucoup d'espoir chez les coptes d'Égypte, elle n'a pas éloigné la menace d'une radicalisation religieuse. Pour l'historien Tewfik Aclimandos, ce climat interconfessionnel tendu remonte essentiellement aux années 1970 et à la politique menée par Sadate.

1967, c'est la défaite des Six-Jours, la plus grande humiliation de l'histoire égyptienne des cinq derniers siècles. Entre le 5 et le 10 juin, Israël défait les armées égyptienne, jordanienne et syrienne et prend à l'Égypte le désert du Sinaï et la bande de Gaza. L'opinion y voit une sanction divine, punissant toutes sortes de péchés réels ou supposés, craint l'avenir (la découverte du rapport des forces est traumatique, la perspective d'une guerre dure et qui dure effrayante), et un retour à la religion massif est observable tant chez les musulmans que chez les coptes. En même temps, une part importante de la jeunesse arabe radicalise sa critique gauchiste des régimes en place. De 1967 à 1972, la vie politique renaît à l'université, et les campus sont dominés par les diverses gauches.

Sadate, qui succède à Nasser en 1970, représente l'aile la plus conservatrice du nassérisme. Il souhaite un renversement des alliances internationales de l'Égypte, estimant que la libération du Sinaï passe par un accord avec Washington et que la voie vers la capitale américaine passe par une alliance avec l'Arabie saoudite. Il choisit de libérer puis de s'appuyer sur les Frères musulmans, de surfer sur la vague de bigoterie qui ravage l'Égypte, pour éliminer les gauches. Il favorise la création de divers groupes islamistes, le retour des Frères à l'université, aide ces forces dans leur affrontement musclé avec les gauches (la critique par la bastonnade) et les laisse prendre le contrôle des fédérations estudiantines. Ces forces sont populaires – la majorité des étudiants est excédée par l'importante minorité gauchiste, son jargon, son radicalisme, et séduite par les divers services proposés par les fondamentalistes et leurs référents coraniques. Mais ceux-ci sont, partout mais surtout en moyenne Égypte, violemment antichrétiens, et n'hésitent pas à « casser du copte ». L'État, qui a besoin de ces clients, « regarde ailleurs », couvre, relâche sans poursuites judiciaires les militants islamistes que la police arrête. Certains de ses agents vont plus loin, pratiquant activement une politique locale anticopte. La blessure des années 1970 est profonde et ne s'est jamais refermée.

Peu après l'accès de Sadate à la présidence, le patriarche Chenouda devient le pape de l'Église copte orthodoxe. Il a un grand dessein communautariste – il semble avoir estimé que l'État égyptien allait être de plus en plus islamique, de moins en moins soucieux de défendre l'égalité des citoyens, que l'intégration nationale n'allait plus progresser et que l'heure était à la régression. Il choisit de moderniser l'Église, de consolider une identité copte, d'organiser toutes sortes d'espaces coptes et de devenir le porte-parole unique de la communauté.

Ses relations avec le président Sadate sont vite mauvaises. Par-delà l'incompatibilité des caractères, les raisons objectives d'un affrontement sont nombreuses. Le président a l'impression que le pape souhaite exploiter l'inévitable redéfinition des règles du jeu consécutive à la disparition du charismatique Nasser pour lui extorquer des concessions. Il n'aime pas la propension de Chenouda à l'escalade ou à la publicité des différends. Il ne lui pardonnera pas, plus tard, son refus d'appuyer les accords de paix avec Israël (ce refus assurera le pape d'un soutien indéfectible de la « communauté intellectuelle » et de l'*intelligentsia* égyptiennes, islamistes exceptés) ou les manifestations hostiles de la diaspora copte aux États-Unis, qui l'affaiblissent devant ses interlocuteurs occidentaux à des moments critiques. À l'inverse, le pape copte est exaspéré par l'indifférence du chef de l'État aux agressions islamistes contre les coptes, qui sont de plus en plus meurtrières[1], aux exactions et aux discriminations incessantes que subissent ses ouailles, par l'alliance du pouvoir avec les islamistes, par les projets de codification de la charia que le Parlement étudie (ces codes « islamiques » ne seront jamais promulgués), notamment celui du rétablissement de la sanction pour apostasie (la mort), par l'islamisation agressive de l'espace public, par l'imposition rampante de toutes sortes de normes islamiques et par la prolifération dans les médias étatiques de discours honteusement anti-chrétiens. En septembre 1981, le président Sadate lance un grand coup de filet contre l'opposition, qu'elle soit islamiste ou non, dépose le pape Chenouda et lui interdit de quitter le monastère de Wadi Natrun. Un mois plus tard, Sadate est assassiné par des djihadistes.

Moubarak lui succède. S'il prend soin d'attendre une décision de justice pour renommer Chenouda pape, il reste que son style est radicalement opposé à celui de Sadate – et si, concrètement, ses politiques ressemblent souvent à celles de son prédécesseur, c'est beaucoup moins vrai en ce qui concerne le dossier confessionnel. Nasser et Sadate avaient tendance à penser : « Qui n'est pas avec moi est contre moi », Moubarak estime : « Qui n'est pas contre moi est avec moi. » Ses relations, sans être cordiales, sont meilleures avec l'Église, moins bonnes avec les Frères et clairement hostiles aux djihadistes. Il enterre les projets d'islamisation de la législation – et cela suffit pour que l'Église le soutienne sans faille. En revanche, il ne tente pas sérieusement de s'opposer à l'islamisation de la société, et sa police et ses services sont régulièrement, mais non systématiquement, tentés par des arrangements locaux avec les djihadistes (même si ces derniers s'en prennent aux coptes) et des accords nationaux avec les Frères, qui deviennent vite la principale force d'opposition au régime, partiellement intégrée dans le jeu politique : interdite, mais tolérée ; illégale, mais ayant des députés.

1. En juin 1981, des affrontements dans une banlieue du Caire font quatorze morts, presque tous coptes, selon un bilan officiel qui sous-estime probablement le nombre de victimes (des chiffres supérieurs avaient été annoncés par la presse officieuse en un premier temps). Et quelques jours après, le président Sadate « félicite » son ministre de l'Intérieur qui s'est comporté, selon lui, comme un « politique » et non comme un « policier » – en d'autres termes, qui a refusé de s'interposer et d'ouvrir le feu sur les agresseurs islamistes (chose que lui avait demandée Sadate, qui s'est ensuite rendu aux arguments de son ministre).

Les évolutions, sous Moubarak, sont trop complexes pour être exposées en détail dans ce cadre. On dira ce qui suit : l'État se désengage, accomplit de plus en plus mal ses fonctions, qu'il s'agisse d'éducation, de santé, de services sociaux, d'aides aux plus démunis, d'assurances, de logement, etc. Dans plusieurs régions, dans les quartiers pauvres notamment, ce sont les réseaux caritatifs islamistes ou coptes qui se substituent à lui, avec pour effet la consolidation de l'emprise, déjà importante, des religieux sur la société et la diffusion d'une vision non politique du monde, privilégiant la concurrence haineuse entre les religions. Cette vision se traduit dans les deux communautés par une prolifération des discours délirants de stigmatisation de l'autre religion.

Les années 1990 voient naître deux développements très inquiétants. Le premier date du début de la décennie et est relatif à l'impact qu'a le calvaire des musulmans bosniaques sur l'imaginaire et les discours des musulmans égyptiens. Des orthodoxes se comportent comme des bouchers. Plus subtilement et plus profondément, le musulman égyptien commence à se percevoir comme membre d'une « minorité » (à l'échelle internationale) gravement menacée.

Le second est relatif aux agressions dont les coptes sont victimes ; jusqu'à la fin des années 1990, elles étaient, à quelques rares exceptions près, le fait des islamistes. À partir de la fin de la décennie, les choses changent. Les agressions deviennent le fait de voisins, d'habitants du même quartier. Tout incident entre deux personnes de confessions différentes risque de dégénérer en incident confessionnel. Le risque est certes peu élevé dans l'absolu mais ces incidents sont de plus en plus fréquents – il est à noter toutefois que le gouvernorat de Minya (moyenne Égypte) compte à lui seul plus de heurts de ce type que tous les autres réunis.

Les causes de ces incidents sont très diverses mais deux types de motifs expliquent une écrasante majorité des accrochages :

- les contentieux sur les lieux de culte. En Égypte, depuis le règne du roi Farouk, la construction de lieux de culte non musulmans est soumise à une réglementation stricte, qui a pour effet de considérablement la compliquer (et si l'administration traîne, de l'interdire dans les faits). Plutôt que de remanier la loi, les présidents successifs ont préféré accorder des dérogations annuelles pour un certain nombre d'églises (25 églises par an pour Nasser, 50 pour Sadate, et Morsi n'a accordé qu'une dérogation). Vu la lenteur de la procédure, les habitants coptes d'un quartier optent souvent pour la construction clandestine, espérant créer un fait accompli mais suscitant l'ire des musulmans, qui y voient une tentative de nier le caractère islamique du pays (c'est quelquefois vrai) ;

- des histoires de liaison, d'amour ou de mariages entre personnes de confessions différentes. La variante la plus récente (et la plus fréquente depuis son apparition) est celle où une jeune fille copte quitte le domicile pour aller épouser un musulman, sans avertir ses parents. Ces derniers dénoncent un rapt, ce qui est au moins deux fois sur trois faux (quelquefois, rarement, il y a effectivement enlèvement, mais le cas de figure le plus problématique est la fugue d'une fille n'ayant pas encore l'âge légal du mariage et qui se marie néanmoins, les autorités faisant semblant de ne pas voir le problème). Ce faisant, ils réactivent et entretiennent l'imaginaire victimaire, tout en sauvant l'honneur et en mobilisant la communauté.

Dix ans de débats, écrits ou non, permettent de proposer une typologie sommaire des attitudes à l'encontre des coptes de la majorité musulmane. Deux variables doivent être distinguées : pensent-ils du bien de la communauté copte ou non, estiment-ils qu'un copte est un citoyen devant jouir de la pleine égalité des droits ? Par exemple, on distinguera ceux qui sont hostiles aux coptes et qui pensent que ces derniers ne doivent pas jouir de l'égalité des droits (les islamistes sont presque tous dans cette catégorie mais ils ne sont pas les seuls), ceux qui sont hostiles aux coptes ou pensent qu'ils sont « moins bons citoyens » que les musulmans, mais qu'ils doivent néanmoins jouir de l'égalité complète, etc. Nous ne disposons pas de sondages précis mais j'ai l'impression qu'une majorité n'est pas complètement à l'aise avec l'idée d'une égalité citoyenne, n'éprouve ni empathie ni antipathie constantes pour les compatriotes chrétiens, partage certains préjugés, déplore leur alignement sur tout pouvoir non islamiste, mais pense néanmoins que la condition des coptes doit être considérablement améliorée et que les islamistes sont odieux avec ces derniers. C'est cette majorité que la communauté chrétienne doit s'attacher, dont elle ne doit pas perdre l'appui.

La révolution, l'armée, la transition

Les coptes ont toujours été très méfiants à l'égard de la revendication démocratique, car il était clair, à leurs yeux, que celle-ci revenait à remettre le pouvoir aux mains des islamistes… et ils ne se faisaient pas d'illusions sur l'attitude de ces derniers à leur égard.

Le pape Chenouda a, jusqu'au bout, apporté sa caution au président Moubarak et à son régime, a demandé aux coptes de ne pas se joindre aux manifestants, notamment ceux de la place Tahrir, et a demandé aux prêtres coptes de ne pas s'y rendre[1]. Cependant, un contingent, minoritaire mais important, de jeunes a enfreint les consignes et joué un rôle important dans les événements. Parmi eux, le mythique Mina Daniel, qui trouvera la mort en octobre 2011, lors du massacre perpétré par l'armée à Maspero. L'Église tentera, après la chute de Moubarak, de limiter les dégâts en organisant des cérémonies commémorant le « martyre » des chrétiens morts lors des journées fatidiques de janvier et de février, mais le mal est fait.

Les années suivantes sont très difficiles pour les coptes, notamment pour les classes moyennes provinciales. La communauté découvre avec horreur que les militaires qui sont aux commandes de la transition sont de connivence avec les Frères pour stabiliser le pays, organiser une transition démocratique et cohabiter avec ces derniers. Pis, à chaque bras de fer entre l'armée et les islamistes, le haut commandement recule et cède (par exemple, quand les islamistes organisent des manifestations importantes dans le gouvernorat de Qena pour protester contre la nomination d'un gouverneur copte). En haute Égypte, mais pas seulement là-bas, les islamistes s'en prennent à des coptes, incendiant ici une église, coupant là l'oreille d'un copte qui menait une mauvaise vie, etc. Chaque fois, la réaction des militaires est désespérément timorée. Dans tel ou tel gouvernorat, les caïds kidnappent des fils de famille, de préférence coptes, qu'ils ne libèrent que contre rançon. Le choc le plus grave, pour la communauté, est le massacre, en

1. Les hommes de religion chrétienne que l'on voit sur la place Tahrir sont soit catholiques, soit anglicans ou protestants.

octobre 2011, de Maspero, quand les militaires gardant le siège de la télévision d'État chargent des manifestants coptes, en écrasent et en tuent des dizaines, dans des circonstances mal établies – mais la réaction des médias officiels, officieux ou islamistes, accable les victimes et, dans certains cas, constitue un véritable appel au pogrom. Pis, les témoignages de rescapés évoquent la haine viscérale des officiers et de la troupe pour les chrétiens. À ce moment, les coptes, qui avaient tous tendance à placer leurs espoirs dans l'armée, se pensent sans protection, sans alliés. Pendant ces années, environ 100 000 d'entre eux quittent le pays, peut-être temporairement – l'avenir le dira.

Les Frères musulmans ont toujours été une formation aux discours, pratiques et automatismes antichrétiens, malgré quelques dénégations épisodiques et quelques exceptions. Pourtant, dès la seconde moitié des années 1980, ils tentèrent un dialogue avec des acteurs coptes. Cela permit de tisser des contacts, institua une sorte de dégel, permettant à certains militants de mieux se connaître et même de s'apprécier. Mieux, les Frères, dès 1987, acceptèrent d'inscrire un copte sur leurs listes de candidats à la députation. Choses méritoires, mais dont les limites étaient claires : pour séduire les coptes ou les rassurer, il fallait publier une déclaration officielle reconnaissant le principe de la citoyenneté, excluant tout rétablissement de la capitation (impôt dont doivent s'acquitter les non-musulmans) et reconnaissant l'égalité des droits. Un tel document fut maintes fois promis, annoncé, mais ne vint jamais. Pis, le guide suprême Mashûr commit en 1998 la déclaration inverse, affirmant qu'il fallait rétablir cet impôt vexatoire, et en 2007 les députés Frères s'opposèrent farouchement aux remaniements constitutionnels faisant de la citoyenneté un fondement de la république, invoquant toutes sortes de prétextes fallacieux.

Les dirigeants Frères, en janvier 2012, se rendirent au siège du patriarcat pour présenter les vœux de Noël (mais, contrairement aux militaires, ils n'assistèrent pas à la messe). Lors des présidentielles de 2012, les coptes votèrent massivement, lors des deux tours, pour le général Ahmed Chafik, un des ennemis jurés de la Confrérie. Au second tour, des militants Frères empêchèrent certains villages coptes de haute Égypte d'aller voter, en prenant position, armés, près des bureaux de vote ou de la place centrale du village. Pourtant, les débuts de la présidence Morsi furent corrects voire prometteurs. Les Frères exigèrent et obtinrent de la police une meilleure protection des coptes dans le gouvernorat de Minya. Mieux, lors de la terrible affaire (septembre 2011) du film raillant le Prophète, tourné aux USA par des coptes, ils réussirent à faire oublier à leurs militants l'origine confessionnelle des auteurs et à détourner leur ire contre des objectifs américains. Vu l'intensité de la colère populaire, je pense que, ce faisant, ils épargnèrent aux coptes une Saint-Barthélemy.

Mais les choses se gâtèrent vite. Les dérapages se multiplièrent. Des dizaines (peut-être plus) d'individus, fanatisés ou non, semblaient penser que la présence d'un Frère à la tête du pays permettait d'impunément molester (au minimum) les coptes ou les femmes non ou mal voilées. C'était probablement inévitable et cela ne prit toutefois pas des proportions dramatiques. Plus grave : quand des centaines de milliers de Cairotes assiégèrent le palais présidentiel après que le président Morsi eut publié la déclaration constitutionnelle du 22 novembre 2012, abrogeant l'État de droit, l'homme fort de la Confrérie, Khairat al-Chater, affirma qu'ils étaient pour la plupart coptes, ce qui était tout à fait faux. Ce mensonge grossier tentait de transformer un conflit politique en une guerre de religion. Il fut aussi compris par l'opinion comme un appel au meurtre, autorisant les milices Frères, qui attaquèrent les manifestants, à tuer, torturer et rouer de coups.

Je ne polémiquerai pas sur le 30 juin et le 3 juillet, autrement dit sur les manifestations anti-Morsi (de loin les plus grandes de l'histoire du pays). Il suffit de dire ici que l'Église copte, comme pratiquement tous les acteurs politiques non Frères, appuya la déposition de Morsi. Que les Frères persistèrent à croire ou à faire semblant de croire que celle-ci était le fruit d'un complot ourdi par l'armée et l'Église, que les millions de manifestants étaient coptes – ce qui était complètement faux, mais permettait d'esquiver la question de l'immense rejet populaire de leur dictature et d'expliquer à leurs militants qu'il s'agissait d'une guerre de religion. Après l'attaque de la police contre le *sit-in* Frère de la place Rabia, qui se solda par un terrible massacre, les Frères réagirent en incendiant quatre-vingts églises et plusieurs centres de police et en attaquant, dans quelques bourgades, des coptes. L'irréparable, entre la Confrérie et la communauté copte, a été commis.

Les relations confessionnelles se sont améliorées depuis 2013. Plusieurs facteurs ont joué : le nouveau pape, Théodore II, est beaucoup plus populaire en Égypte que Chenouda, et il a souvent su trouver les mots justes. Nombreux, en Égypte, sont ceux qui ne croient plus un mot des thèses et récits des Frères, et ces derniers ont abusé de la dénonciation des prétendus complots coptes. J'ai mentionné quelques exemples ici, mais il y en a d'autres, les coptes ayant surpassé voire supplanté les juifs dans la démonologie Frère. De manière plus diffuse, le mépris Frère pour le nationalisme égyptien a donné à ce dernier une seconde vie.

Mais il ne faut pas pavoiser : les incidents confessionnels et les dynamiques qui leur donnent naissance n'ont pas disparu, loin de là. Si les préjugés de chaque communauté sur l'autre se sont tus, pour contrer la violence Frère et celle des djihadistes, rien ne prouve qu'ils sont morts. Les structures communautaristes sont là, ainsi que les systèmes de représentation voyant le monde en termes de concurrence haineuse entre religions. Les causes de contentieux (construction d'églises, histoires d'amour entre personnes de confessions différentes, mais aussi les dossiers relatifs à la liberté de changement de religion) sont là. La tentation de battre les Frères en étant plus rigoriste qu'eux n'a pas disparu. On ne sait pas si l'échec des Frères affaiblit ou au contraire renforce leurs concurrents salafistes. Tout cela peut être érodé par l'émergence d'un espace public, par la politisation croissante de la population, par la prise de conscience de l'importance des enjeux économiques et sociaux, ou de l'impuissance et l'incurie des forces islamistes sur ces dossiers. Mais les évolutions négatives demeurent une réelle menace. L'Égypte est à la croisée des possibles.

Chercheur égyptien, docteur d'État de l'Institut d'études politiques de Paris, Tewfik Aclimandos est l'auteur d'une thèse sur *Les Officiers activistes dans l'armée égyptienne 1936-1954*. Spécialiste de la vie politique égyptienne de l'après-1945, il a notamment travaillé sur le nationalisme égyptien, l'armée, les Frères musulmans, la police, les régimes de Nasser et de Moubarak, la société civile, la politique étrangère égyptienne et certains aspects de l'histoire des idées.

Analyse

Le piège du communautarisme

Laure Guirguis

Pour la sociologue de l'École des hautes études en sciences sociales (EHESS), les menaces qui pèsent sur les coptes d'Égypte ont amené l'Église à occuper une place prépondérante dans la vie quotidienne de ses fidèles. Au risque d'un enfermement communautariste.

Les attaques et les incendies d'églises ponctuent l'actualité égyptienne à un rythme accéléré depuis huit ans. Cette violence accrue après la chute du clan Moubarak en 2011 est la manifestation spectaculaire de la communautarisation de la société égyptienne et de la dégradation des rapports entre coptes et musulmans.

En Égypte, le communautarisme est une création concomitante à celle de l'État-nation moderne. Confrontés aux puissances « occidentales », les États issus de l'Empire ottoman se sont définis en référence à la religion, perçue comme un critère distinctif et le signe d'une supériorité « orientale ». La religion est ainsi devenue un marqueur identitaire de l'État, des communautés et des individus. Ancrés dans cette logique identitaire, communautarisme et nationalisme représentent les deux faces d'une même pièce et structurent la société égyptienne.

La persistance d'un régime autoritaire, taraudé par des courants islamistes de plus en plus actifs, a conforté cette logique identitaire tout en la modifiant au cours du XXe siècle. La référence à l'islamité s'est progressivement imposée comme la norme incontournable de la parole et de l'action. Corrélativement, les transformations de l'Église copte ont encouragé le repli des fidèles dans un espace communautaire qui symbolise la rupture avec une identité nationale considérée comme corrompue.

D'après les statistiques officielles étatiques, les coptes représentent 6 à 7 % de la population égyptienne. C'est la plus importante communauté chrétienne d'Orient. Fondée au Iᵉʳ siècle, l'Église orthodoxe égyptienne a décliné à partir du IXᵉ siècle jusqu'à la fin du XIXᵉ siècle. Les coptes ont néanmoins vécu en interaction avec les musulmans, en dépit de ségrégations plus ou moins contraignantes et de nombreux épisodes de persécutions. Conjuguée à l'activité des missionnaires catholiques et protestants, la construction de l'État moderne et l'émergence d'un nationalisme égyptien ont stimulé la curiosité des élites coptes pour leur histoire. Elles ont voulu prendre une part plus active à la vie communautaire et nationale. Elles ont également favorisé l'éveil d'une hiérarchie cléricale moribonde. Entre la fin du XIXᵉ siècle et le milieu du XXᵉ siècle, les laïcs et les clercs ont développé des projets concurrents visant au renouvellement et à la diffusion des enseignements de leur Église, avec l'aide et sous l'influence des Églises protestantes rivales.

D'abord considérés comme complémentaires, les imaginaires national et copte sont devenus antagonistes au fur et à mesure que l'égyptianité s'est définie par son ancrage dans l'« islamité ». Champion des nationalismes arabe et égyptien, Nasser a étouffé toute revendication communautaire, copte ou islamique. En 1954, il a durement réprimé la confrérie des Frères musulmans (dont il était pourtant issu) à la suite de la tentative d'assassinat fomentée contre lui par des militants Frères à Alexandrie. En revanche, il s'est assuré du soutien des institutions religieuses officielles. Garants religieux du projet de construction nationale, al-Azhar et l'Église demeuraient sous le contrôle étroit de l'appareil d'État. L'État nassérien a de la sorte cristallisé l'idéal national structuré par une logique identitaire qui alimente les processus de « minorisation » du non-musulman sunnite.

Mutations de l'espace clérical et radicalisation du discours communautaire copte

Le patriarche Chenouda III (1971-2012) a joué un rôle majeur dans le renouveau de l'Église copte orthodoxe. Remarquable administrateur et fin politique, il a veillé à la centralisation administrative de l'Église et à l'intégration dans l'espace ecclésial d'un nombre croissant d'activités et d'individus : enseignements, programmes culturels, services sociaux. Aujourd'hui, la presque totalité des sphères d'activité des fidèles est incorporée à cet espace devenu le principal, voire l'unique producteur de sens et de valeurs, dans un environnement national souvent hostile. À commencer par Nasser, les présidents successifs ont considéré le patriarche Chenouda III comme le porte-parole politique et l'unique représentant de la « communauté » copte. Corrélativement, la formation d'un militantisme copte hors d'Égypte dans les années 1970-1980, puis, actuellement, les réseaux sociaux ont modifié les liens entre les « coptes de l'intérieur » et les coptes émigrés. Les militants chrétiens ont contribué à la formation de la culture contestataire qui s'est développée dans les années 2000. Et la « question copte » s'est trouvée au cœur de l'exigence d'instauration de la citoyenneté en Égypte. Cependant, le repli copte derrière les murs d'une Église transnationalisée et l'hostilité à l'islam en tant que tel affichée par certains militants, en particulier les premiers activistes en Amérique du Nord, ont également nourri la radicalisation du discours communautaire. D'abord formulée par des militants coptes en diaspora, l'idée, sans fondement historique et encore moins génétique, selon laquelle les coptes seraient les vrais Égyptiens, héritiers directs d'une prétendue civilisation pharaonique, a été énoncée publiquement à plusieurs reprises par des membres du haut clergé entre 2009 et 2011.

Dans sa version la plus radicale, cette conception suppose que les Égyptiens musulmans seraient des envahisseurs, des étrangers, des Arabes (au sens de Bédouins, avec toutes les connotations péjoratives que ce terme recèle dans l'imaginaire copte, mais également égyptien, cette fois en référence aux populations du Golfe). Elle fait de l'histoire des coptes (entendre : des « vrais » Égyptiens) une longue série de persécutions sous le joug d'envahisseurs successifs.

Dans cette perspective, le copte ne se définit plus simplement par une spécificité religieuse, mais se distingue par la production d'une culture constituée de marqueurs linguistiques, ethniques et historiques qui s'opposent à l'imaginaire national actuel, tout en prétendant représenter l'« égyptianité » réelle, authentique, plurimillénaire.

Ces dynamiques internes à la communauté et la tendance au repli dans l'espace ecclésial surviennent en partie en réaction à l'« islamisation » des mœurs à l'échelle nationale, et à la violence sans cesse plus meurtrière exercée contre les coptes.

À partir du début des années 1970, les attaques contre les chrétiens deviennent récurrentes. L'islamisation du langage politique amorcée par Nasser au milieu des années 1960 en vue de cautionner sa politique de nationalisation, puis le regain d'activité des mouvements islamistes à l'instigation de Sadate, soucieux de réaliser son plan de paix avec Israël, ont eu des répercussions dans tous les secteurs de la société. En 1972, la destruction d'un lieu de culte à Khankha, dans la région du delta du Nil, provoque la première mobilisation massive des coptes sous l'égide du patriarche Chenouda III. La première période de violence, de 1972 à 1997, se caractérise par la montée en puissance des *jamâ'ât al-islâmiyya* (associations islamistes[1]). Après une phase de complaisance, l'exécutif égyptien réprime sévèrement ces groupes radicaux qui exacerbent les tensions existantes et mènent des attaques en règle contre les églises, les coptes et leurs biens. Théâtre de ces agressions : la haute Égypte, Alexandrie et les nombreux quartiers informels de la banlieue du Caire. La bataille rangée qui, au mois de juin 1981, se poursuit durant trois longues journées dans le quartier périphérique de Zawiya al-Hamra (Le Caire), à la suite d'un litige entre un chrétien et un musulman au sujet d'un terrain sur lequel une église aurait dû être érigée, marque le paroxysme de cette première période. L'attitude des forces de l'ordre favorise alors la prolongation et l'intensification des violences. Elles ont en effet

1. Employé au pluriel, le terme désigne les groupes islamistes en général et, au singulier, l'un d'entre eux en particulier, *al-Jamâ'a al-islâmiyya*, principal groupe islamiste radical en Égypte. Formé dans les campus dans les années 1970, il compte un nombre important de membres issus des Frères musulmans. Il leur emprunta une organisation centralisée et fortement hiérarchisée, à la différence du groupe *al-Jihâd* qui fonctionne sur le mode de cellules en réseau, unies principalement par leurs orientations idéologiques.

encerclé les zones de combat sans pour autant intervenir, permettant à de nombreux membres de la *Jamâ'a* et de al-Jihâd de venir d'autres quartiers prêter main-forte aux habitants de Zawiya.

Après cette bataille et l'assassinat de Sadate par Khâlid al-Islâmbûlî (issu la mouvance de al-Jihâd dont son frère était membre), la politique de Moubarak se caractérise par l'intégration, contrôlée et ponctuée de phases répressives, des islamistes jugés « modérés », à la vie politique. Moubarak promeut un islam officiel et éradique les groupes radicaux. Pendant les années 1980 et jusqu'au début des années 1990, la police réprime et tue sans procès. Confrontée à la reconstitution de plus en plus rapide des cellules radicales et à la multiplication des attaques contre les touristes, la Sûreté de l'État durcit le ton et défère les militants devant des tribunaux militaires. La répression se transforme alors en une véritable guerre qui semble gagnée lorsque, en 1997, la *Jamâ'a* déclare renoncer à la violence, en dépit du dernier soubresaut meurtrier, à Louxor, d'un groupuscule dissident. Pour autant, le laminage de ces organisations n'implique aucune reconnaissance des préjudices subis par les chrétiens, la répression étant rarement suivie d'une sanction pénale. Dans la plupart des cas, les incidents dits confessionnels se soldent par des séances de réconciliation (*jalasât al-sulh*) : les parties en conflit sont appelées à trouver un accord, en présence des représentants religieux et des notabilités locales. Ces séances s'avèrent souvent inefficaces, voire contre-productives : organisées sous la pression d'officiers de la Sûreté de l'État soucieux d'éviter tout recours en justice, elles émanent rarement d'une initiative des acteurs locaux. De plus, l'absence de sanction des coupables alimente les rancœurs et sème les germes de violences à venir, les échauffourées se répétant souvent dans les mêmes localités.

Pendant l'éphémère période d'accalmie, de 1997 à 2004, qui précède les attentats commis contre un complexe touristique à Taba (Sinaï), la répression des groupes radicaux ne suffit pas à mettre un terme à toutes formes de violence contre les chrétiens. L'« islamisation » des mœurs, du langage et des espaces collectifs se poursuit. La multiplication des discours islamistes rivaux, conjuguée à la formation concomitante d'un espace copte autour de valeurs communautaires, achève de rompre les liens entre les adeptes des deux religions.

Les meurtres perpétrés en haute Égypte à al-Kuchih, en 1999 et en 2000, signalent le basculement vers une troisième période (2004-2014) marquée par la recrudescence des violences et par leur caractère organisé. Les auteurs du rapport publié par l'Égyptian Initiative for Personal Rights (EIPR) constatent que les violences sont plus destructrices et meurtrières qu'auparavant, s'étendent à des régions qui en avaient jusqu'alors été exemptes, s'inscrivent moins fréquemment dans la dynamique de conflits locaux et se prolongent davantage qu'au cours des années précédentes, en particulier en moyenne et en haute Égypte. Le rapport insiste aussi sur le rôle mobilisateur du prêche hebdomadaire. Corrélativement, l'augmentation de la criminalité et le passage à l'acte de citoyens sans passif judiciaire inquiètent les services de la Sûreté. Dans ce contexte de violence sociale et économique accrue, le facteur religieux exacerbe les conflits, sans qu'il en représente toujours le motif principal. Depuis 2012, l'ouverture des portes de prison, la formation de nouveaux groupes radicalisés, et l'entrée massive d'armes lourdes et légères dans le pays ont alimenté le cycle de la violence. Les courants conservateurs et autoritaires qui s'étaient tant bien que mal partagé le pouvoir jusqu'à l'automne 2012, les Frères et le Conseil suprême des forces armées (CSFA), sont entrés dans une phase de confrontation sans merci. Le gouvernement du président issu des rangs de l'armée semble décidé à laminer l'organisation Frère comme jamais auparavant un régime ne l'avait fait.

La discrimination : politique étatique et pratiques quotidiennes

La recrudescence des violences n'est que l'indice le plus spectaculaire de la ségrégation communautaire et de la méfiance, voire de la haine, qui caractérise aujourd'hui les relations entre coptes et musulmans. Au cours des quatre dernières décennies, la fermeture des espaces privés aux membres de l'autre religion marque l'ampleur de la dégradation des relations entre les deux groupes. Du haut en bas de l'échelle sociale, à quelques exceptions près, chrétiens et musulmans égyptiens ne se rendent plus les uns chez les autres.

Depuis la révolution du 25 janvier 2013, les coptes sont tiraillés entre la tentation du repli derrière les murs de l'Église, sous haute protection patriarcale, et l'engagement dans l'action politique sur la scène nationale. La Révolution a encouragé l'expression publique des voix, de plus en plus nombreuses, qui, au sein de la communauté copte, critiquaient la politique patriarcale et dénonçaient le soutien inconditionnel de l'Église au gouvernement Moubarak. Mais elle n'a pas conduit à l'avènement d'un patriarche révolutionnaire, ni même réformateur. Théodore II (pape copte depuis 2012) apparaît comme le fidèle successeur de Chenouda III. Certes, l'Église s'est retrouvée pour la première fois dans le camp de l'opposition au gouvernement autoritaire, lors de la brève présidence du Frère musulman Mohamed Morsi (30 juin 2012-3 juillet 2013), mais elle est restée, après la destitution de Morsi, l'alliée des forces conservatrices et de l'armée.

Tout en révélant la déliquescence et le caractère obsolète du Léviathan égyptien, en particulier des institutions religieuses et du dispositif sécuritaire, la révolution du 25 janvier a cependant confirmé son effarante capacité à produire les hommes susceptibles d'assurer sa survie pour une durée indéfinie. Or cette machinerie étatique demeure le principal vecteur du communautarisme.

Laure Guirguis est diplômée en philosophie et docteur en science politique (EHESS). Spécialiste du monde arabe, elle travaille sur la révolution, le charisme, et les rapports entre État et communautés en Égypte, au Liban et en Syrie. Elle a publié plusieurs textes sur les coptes et le communautarisme en Égypte, et termine un ouvrage sur la révolution/contre-révolution égyptienne (2015, Laval UP, Québec).

Témoignage

L'Égypte cessera-t-elle un jour d'être chrétienne ?

Gilles Gauthier

C'est par Alexandrie que le christianisme est arrivé en Égypte. Six siècles plus tard, l'arrivée des guerriers de l'islam a changé le cours de l'histoire, inaugurant un millénaire de relations tumultueuses. Aujourd'hui, malgré la tension et les violences, l'espoir d'une cohabitation pacifique n'a pas complètement disparu.

Dans le grand salon du consulat de France à Alexandrie un prélat de bon aloi parle à voix feutrée de la mission dont l'a chargé le patriarche de Venise.

L'offense avait été commise en l'an 828. Cent soixante-huit ans après que les armées de Amr se furent emparées de l'Égypte. Le pays des saints ermites s'était donné sans coup férir à un envahisseur qui le débarrassait de ces Byzantins dont l'empereur faisait beaucoup de difficultés pour accepter l'absolue divinité de Jésus telle qu'elle avait été définie par le saint évêque Cyrille. Le peuple, en ce temps-là, en savait autant sur la théologie que l'on en sait maintenant sur la politique. Il n'était pas facile de définir la nature du Christ et sa place au sein de la Trinité, et ce débat enflammait autant les foules que le prix du pain. Mais que la toute neuve capitale de Constantin ait la prétention d'imposer partout sa loi, c'était plus qu'on n'en pouvait supporter au bord du Nil. Aussi, lorsque, venus du désert, ont déferlé les guerriers de l'islam, personne n'a rien fait pour s'opposer à ces voisins, certes farouches, mais que l'on n'avait jamais bien pris au sérieux. Ce n'était certainement pas eux qui réussiraient là où Rome avait échoué ! Plutôt ces Bédouins incultes que l'on finirait bien par circonvenir que la morgue byzantine ! Seule Alexandrie, peuplée de Grecs, avait résisté un peu plus longtemps.

Peut-être que cela avait été un mauvais calcul.

Au commencement, une cohabitation sans histoires

Deux siècles plus tard, les Arabes étaient toujours là et leur religion commençait à prendre racine. Nombreux étaient les opportunistes qui, voyant que le temps passait sans signe de retour en arrière, avaient préféré changer de credo. Ceux-là se disaient que les différences entre les deux religions cousines n'étaient pas si grandes qu'il vaille la peine d'en faire toute une histoire. Les civilisations victorieuses ont toujours beaucoup d'attraits.

Mais pour la masse des croyants, pas question de s'écarter d'un iota de la foi des ancêtres. Malgré l'écume qui la recouvrait, l'Égypte serait toujours chrétienne.

En ce temps-là, au IXe siècle après la naissance du Christ et au IIe de l'Hégire, l'Église de saint Marc, solidement unie autour de son pape, ne craignait pas l'avenir.

C'est le moment que choisirent des voyous venus d'une lointaine lagune pour dérober le corps du saint évangéliste. Déguisés en commerçants, ils avaient quitté en pleine nuit le port d'Alexandrie et, pour que leur butin échappe aux fouilles éventuelles, ils avaient caché le corps sacré sous une vulgaire salaison. Car, pour les nouveaux maîtres de l'Égypte également, saint Marc faisait partie du patrimoine national dont ils étaient garants. Les fourbes vénitiens pensaient, sans doute avec raison, que l'aversion qu'éprouvaient les musulmans pour le porc protégerait leur larcin. Sur le corps ainsi boucané avait été construite une splendide basilique et autour d'elle la lagune était devenue une ville plus puissante qu'un royaume.

À partir de ce moment-là, cela a été pour l'ancienne Église de Marc une longue décadence. La large tolérance des premiers conquérants fit place à la coercition, au cantonnement, aux interdits vestimentaires et aux vexations de toute sorte qui donnèrent le signal de l'hémorragie qui allait peu à peu vider l'Égypte de ses vieux croyants, pour gonfler le nombre des adeptes de la foi nouvelle, vider les églises pour remplir les mosquées, remplacer la soutane noire des prêtres par la robe blanche des imams. Même la langue ancienne, celle qui emplit les murs des temples et des tombes, commençait peu à peu à disparaître de la vie quotidienne pour ne conserver qu'une place réduite dans la liturgie. Au moment de l'expédition de Bonaparte, cela faisait quelques dizaines d'années qu'était morte la dernière personne pour qui la langue égyptienne était encore vivante, le dernier témoin d'une histoire vieille de cinq mille ans.

Le retour des reliques ou l'illusion d'un retour en arrière

Quelle était donc cette mission de bonne volonté dont, mille deux cents ans après le larcin, avait été chargé le messager de Venise, chatoyant dans sa soutane de soie sous les lustres de la résidence de France où je l'avais invité ? Rendre tout entière la relique à ses légitimes propriétaires ? Le larcin était si vieux que possession faisait loi. Cependant, mû par le souci de reconnaître et de réparer partiellement la faute, le pape Paul VI avait eu l'idée de procéder à une (légère ?) amputation de la relique la plus sacrée de leur ville. Ce n'était pas un mince sacrifice, mais enfin, dans l'esprit des conciles on pouvait bien penser que l'hérésie monophysite n'était sans doute due qu'à l'absence d'un véritable dialogue. Comme me l'avait un jour confié Sa Sainteté Aram Ier Kéchichian, le pape d'Arménie, tout le monde s'était maintenant mis d'accord pour admettre qu'il s'agissait simplement d'une différence d'optique et qu'il était impossible que l'immensité de Dieu puisse être contenue dans une formule humaine. Même si les coptes étaient plus rétifs à trouver des accommodements, persuadés d'être les seuls à posséder la vérité, il était bon de faire un pas vers eux en leur rapportant un reste sacré de leur apôtre.

— La relique se trouve donc maintenant à Alexandrie ? demandai-je naïvement.

— La relique a été offerte il y a quelques années déjà à l'Église apostolique d'Alexandrie dont le siège se trouve actuellement au Caire, me fut-il répondu.

Je m'indignais :

— Mais alors les Alexandrins n'auront rien ?

Le prélat m'expliqua qu'on avait pensé à la déception des chrétiens de la ville et qu'on avait décidé, à l'occasion de journées euro-méditerranéennes, de leur apporter une relique « par contact ». Comme je m'étonnais, on m'expliqua qu'une relique par contact était un objet conservé dans une ampoule qui avait été au contact d'une relique.

Lorsque j'émis l'idée qu'à ce titre nous étions tous des reliques par contact, un fin sourire se dessina sur les lèvres de l'homme de religion.

Pendant ce temps, à quelques centaines de mètres de là, dans une église de la ville bruyante et illuminée, une foule attendait que le miracle tant espéré se produise, que le père de leur église, fût-ce sous cette forme pour le moins évanescente, vienne retrouver sa légitime place parmi eux.

Lorsque le prêtre barbu et enturbanné prit des mains lisses du Romain l'ampoule sacrée, les murs du temple auraient pu aussi bien s'effondrer tant fut long, fervent, presque sauvage, le hurlement des milliers de fidèles. Ce ne fut que longtemps plus tard que le culte put reprendre. L'heure était aux slogans : « Marc, Marc, nous nous sacrifierons pour toi, nous mourrons pour toi, nous mourrons pour une Égypte chrétienne. » Maintenant qu'ils étaient en possession de ce précieux viatique, plus rien ne leur semblait impossible. Reprenant la forme des slogans de sortie de match – ce moment béni où tous, quelle que soit leur religion, communient dans une même ferveur – les voilà qui scandaient : « Hé là, hé là, hé là, les chrétiens sont là ! » Forts de la foule qui les entourait, ils se prenaient un instant à rêver qu'ils allaient reconquérir le pays perdu, voir – pourquoi pas ? – les envahisseurs repartir chez eux et tous ceux qui avaient fini par baisser les bras devant l'inévitable depuis une génération, ou deux, ou dix, revenir à leur foi ancienne.

Un miracle ! Toujours dans l'attente d'un miracle ! Seule façon de résoudre leurs problèmes puisque la réalité leur échappait.

Une cohabitation souvent tendue, parfois marquée par des actes de violence

1er janvier 2011 : une bombe explose à la sortie d'une église. C'est le carnage. On découvrira plus tard que la police politique, toujours à ses sales besognes, était impliquée dans l'affaire. Faire peur, toujours faire peur, c'est le secret de toutes les dictatures. Leur seule justification est qu'elles sont là pour assurer votre sécurité en échange de votre liberté, pour vous protéger: protéger les coptes contre les extrémistes musulmans, protéger les musulmans contre les complots coptes, protéger l'Occident contre al-Qaida, protéger l'Égypte contre Israël et protéger Israël contre le Hamas. Alors, quand on sent que la situation vous échappe des mains, comme en ce début d'année 2011, on n'hésite pas à faire une piqûre de rappel. Et tant pis pour les victimes collatérales. Surtout lorsqu'elles font partie de cette communauté d'irréductibles gêneurs qui vous rappellent sans arrêt qu'ils étaient là avant vous.

Dès qu'il apprend la nouvelle, Chérif téléphone à Saadia pour lui dire sa peine, mais Saadia l'insulte, insulte son prophète. Chérif ne se fâche pas: il comprend. Tous les deux travaillent au consulat. Le soir, lorsqu'une réception les retient jusqu'à une heure tardive, c'est Chérif qui raccompagne sa collègue. Ils s'entendent bien et sont gentiment complices face aux sautes d'humeur de leurs consuls successifs. Mais ce jour-là, pour Saadia, toutes les vieilles rancœurs se raniment. Les autres, tous les autres sont des ennemis.

Lorsqu'en 1806 Méhémet-Ali s'est emparé du pouvoir en Égypte pour y fonder sa dynastie, Alexandrie n'était plus qu'une bourgade. Ce fut ce Turc du nord de la Grèce qui donna son impulsion à la ville pour en faire la deuxième capitale de son État. Des populations nouvelles accoururent alors de toutes parts, et d'abord de l'intérieur du pays, du proche delta, mais aussi, peut-être encore plus nombreuses, de haute Égypte, cette haute Égypte encore aujourd'hui tellement peuplée de chrétiens. Comme leurs compatriotes musulmans, dont peu de chose les distinguent, les coptes d'Alexandrie y ont apporté leurs mœurs villageoises. Certains, s'élevant un peu au-dessus de la masse, sont devenus médecins ou pharmaciens, professions qu'ils affectionnent, d'autres occupent des postes administratifs de rang moyen. On en trouve très peu dans des fonctions d'autorité, très peu – en dehors de quatre ou cinq familles étroitement apparentées – à la tête des grandes fortunes du pays.

Une société cosmopolite dominée par des étrangers

Dans l'Égypte des khédives et des Anglais, la première place n'est pas occupée par les natifs de la vallée du Nil. Il y a d'abord la famille royale, turque par son origine et par ses alliances, puis les grandes familles des mamelouks, ces anciens esclaves circassiens devenus maîtres du pays, enfin les soldats ottomans de tous grades. Viennent ensuite les Grecs que Méhémet-Ali appela pour se doter d'une flotte, qui accoururent ensuite de toutes les îles pauvres de la mer Égée, mais aussi de Smyrne, de Constantinople. Puis les Levantins, souvent des catholiques de rite grec et libanais, parfois des orthodoxes, qui ont fui leur pays au moment des troubles des années 1860-1870. Tous ces gens n'avaient pas eu de frontière à franchir au cours de leur périple. Tous étaient, au moins nominalement, des sujets du sultan qui régnait à Constantinople, comme l'étaient la plupart des juifs, aussi nombreux à venir participer au prodigieux essor d'une ville endormie pendant quinze siècles. Mais le succès d'Alexandrie était tel que son attrait concurrença même, au sud de l'Italie, celui qu'exerçait l'Amérique. Il y eut également, bien qu'en plus petit nombre, des Allemands, des Autrichiens, des Anglais, des Français… Ces derniers n'étaient pas les plus nombreux, mais leur langue faisait pourtant le lien entre ces communautés disparates et les élites autochtones. En effet, c'était à des ordres religieux français qu'appartenaient la plupart des écoles catholiques qui, aux côtés de celles de la mission laïque, formaient les élites du pays. La ville prospérait, s'embellissait, des immeubles s'élevaient en son centre – de style vénitien ou classique, gothique ou Art déco –, dessinés par les meilleurs architectes de tous les pays d'Europe. Le long des plages, il y avait des villas avec leurs jardins luxuriants. Les reines du coton et les femmes des armateurs y donnaient des soirées raffinées où se croisaient sans que rien les distingue des gens venus de partout, adorant Dieu – lorsqu'ils en avaient le temps – de toutes les façons possibles. Il faisait bon vivre.

Rares étaient alors les coptes qui avaient leur place dans la fête. Comme leurs compatriotes musulmans autochtones, ils en respiraient pourtant les effluves. Leurs enfants disent encore aujourd'hui en avoir la nostalgie.

La revanche des laissés-pour-compte

Un groupe de fils de paysans ou de petits employés, à qui les aristocrates avaient entrouvert les portes des écoles militaires, s'empara en 1952 du pouvoir.

Ce fut la revanche des laissés-pour-compte. Une revanche à l'égyptienne, sans méchanceté – pas un seul prince ne fut tué ni même molesté, pas un seul mort ne fut à déplorer – mais enfin le pouvoir avait changé de mains. Les étrangers – ou pour parler plus précisément les allogènes, car parmi eux beaucoup avaient acquis la nationalité égyptienne au moment où celle-ci fut créée, en 1919 – ne furent pas chassés d'Égypte, à l'exception, en 1956, à la suite de l'opération de Suez, des Français, des Anglais et des Juifs titulaires de passeports étrangers. Mais la nouvelle Égypte ne leur faisait plus la place à laquelle ils étaient habitués. L'aventure de la société cosmopolite à laquelle ils participaient depuis un siècle avait pris fin. Au début des années 1960, à travers les nationalisations, qui touchaient tout le monde, l'Égypte crut bâtir le socialisme et récupérer ses richesses en même temps. C'était oublier que la poule cesserait de pondre ses œufs d'or. Presque tous les membres de la société cosmopolite d'Alexandrie qui avaient des attaches ailleurs, parfois des biens, en tout cas la capacité de se bâtir une nouvelle vie, préférèrent tourner la page. Ce fut l'hémorragie. Seuls restèrent quelques témoins dont certains sont aujourd'hui fort prospères, mais le pays dans lequel ils vivent ne ressemble guère à celui de leur enfance. S'ils parlent toujours français, il leur a fallu aussi se mettre à l'arabe qu'ils avaient souvent négligé. S'ils ont toujours leurs églises de rite grec-catholique, grec-orthodoxe, maronite, arménien, latin, le son des cloches y est aujourd'hui couvert par celui de l'appel à la prière. Et, parfois, tant leurs communautés se sont réduites, il leur faut même, pour leurs mariages, regarder du côté de ces coptes qu'autrefois ils ignoraient.

Le temps du nationalisme arabe où chacun pouvait se reconnaître

Quant à ces derniers, pour l'énorme majorité d'entre eux, la Révolution n'avait rien changé d'essentiel. Ces chrétiens et ces juifs qui quittaient le pays n'étaient pas des leurs. Eux, comme ils le disaient fièrement, étaient des paysans de cette vallée, les plus anciens paysans.

Peu à peu, pourtant, la vie changea. Autrefois c'était l'Égypte qu'exaltaient les dirigeants de l'opposition nationale, face à des étrangers et à une dynastie qui venait d'ailleurs. C'est dans un grand mausolée pharaonique que fut enterré le grand leader du parti Wafd, Saad Zaghloul. Tant que c'était l'Égypte que l'on mettait au pinacle, avec son histoire millénaire, tous ses habitants étaient concernés. Après le temps du cosmopolitisme, l'arrivée au pouvoir des officiers libres annonçait une nouvelle ère, celle de l'arabisme. Or le sincère souhait des fondateurs du nationalisme arabe – des chrétiens syriens et libanais pour la plupart – de faire abstraction de la religion dans une construction qu'ils voulaient avant tout politique ne suffisait pas à réduire l'ambiguïté fondamentale qui rend inséparable l'essor de l'islam de celui de la langue qui le porte et de la civilisation qu'il fonde. Le mot est le même – l'*Oumma* – qui s'applique à la communauté des croyants et à la nation moderne. Les identités sont des corps complexes et fragiles qui, comme certains virus, évoluent si vite qu'on ne peut pas facilement en suivre la trace. Il suffit d'un impondérable changement de proportions, de conditions extérieures légèrement différentes, pour que soit remis en cause ce qui pendant une génération ou deux avait pu sembler inaltérable. De même qu'il fallut bien, en France, que les petits Juifs plongent leurs racines nationales dans le baptême de Clovis, les petits coptes durent apprendre qu'ils étaient les fils de ces nobles conquêtes qui les avaient vassalisés.

Un plafond de verre subrepticement s'interposa entre les plus brillants des jeunes chrétiens et des avenirs qui leur étaient interdits. Faute de pouvoir faire carrière dans l'armée ou dans les services publics, ceux d'entre eux qui ne restaient pas attachés à la terre se tournèrent vers des professions libérales et, parfois, vers l'exil. Des communautés importantes virent ainsi le jour aux États-Unis, au Canada, en France, où l'amertume du pays perdu leur faisait noircir un peu plus le tableau.

L'islamisation de la société

Mais ce n'est qu'à partir des années Sadate que l'islamisme prit son véritable essor. Ce président si populaire à l'étranger... fut celui qui inscrivit la loi religieuse dans la Constitution comme source principale des lois.

À partir de là, une entreprise systématique se développa avec la complicité, au moins tacite, des autorités : lorsque la confrérie des Frères musulmans s'aventurait à remettre en cause les fondements du pouvoir, elle était rappelée à l'ordre par des campagnes d'arrestations, mais en revanche on la laissait prêcher à son aise un islam fondamentaliste dans toutes les mosquées du pays.

La priorité fut de s'en prendre au vêtement des femmes. Cela n'avait rien d'anodin : en marquant la moitié de la population comme on marque du bétail, on affirmait sa prépondérance. Tous les cinq cents mètres le long de la voie ferrée qui menait du Caire à Alexandrie, les femmes pouvaient lire, inscrite avec des pierres sur le talus, cette mise en garde : « Le voile avant le jugement dernier. » Dans les taxis ou les minibus, on diffusait à tue-tête des prêches qui parlaient des tortures que subiraient au tombeau les réticentes. En vingt ans l'affaire fut pliée : une sorte de vêtement d'une laideur exemplaire et sans aucun lien avec la tradition recouvrait désormais la totalité des femmes musulmanes en dehors de celles appartenant à la partie la plus élevée des classes supérieures.

Du coup, parmi les classes moyennes ou populaires, toutes celles dont les cheveux étaient visibles étaient des chrétiennes : ce marquage par défaut dispensait de l'étoile jaune ou de l'antique rouelle.

Le pays changea de visage, mais aussi de vocabulaire. Chaque phrase était accompagnée d'un chapelet de bondieuseries. On n'employait plus les mêmes expressions qu'autrefois pour dire bonjour et au revoir. Ce fut là un marqueur de plus pour différencier les Égyptiens en fonction de leurs croyances.

Les chrétiens victimes d'ostracisme

Certains parmi les plus extrémistes des imams disaient qu'il ne fallait pas s'associer aux fêtes des infidèles, ni les féliciter à cette occasion.

Un jour où je visitais des écoles de l'Association de la haute Égypte pour l'éducation et le développement, je rencontrai dans le bureau du directeur deux inspecteurs tout ronds, le crâne chauve, le visage en poire, vêtus d'un costume d'été kaki. Ils se tenaient là immobiles, le regard fuyant. Je me tournai vers mon accompagnateur – un jeune copte converti au catholicisme et qui avait failli devenir jésuite – et je lui dis à voix basse :

— Regardez-les, ils ne sont pas pressés, ils ont tout le temps devant eux, ils attendent patiemment votre extinction !

Je doute fort que les deux individus aient compris le sens de notre éclat de rire. Car on peut encore en rire !

Certes les injustices sont innombrables et la première d'entre elles est l'absence d'égalité civile que signifie l'impossibilité pour un musulman d'abjurer l'islam alors qu'un chrétien est non seulement autorisé, mais encouragé à le faire... d'une façon irréversible. Imaginez la douleur qui s'empare de toute une communauté le jour où un de ses fils franchit ce pas définitif : une des raisons les plus fréquentes en est le mariage. Une autre est le divorce, automatiquement accordé après la conversion. Quant aux plus pauvres, ils peuvent être séduits par toutes sortes d'aides et de cadeaux.

Un jeudi après-midi, alors que je me préparais à aller passer la fin de semaine près des eaux turquoise de Marsa-Matrouh, je reçus la visite de bonnes sœurs au comble de l'émotion :

— Vous seul pouvez nous sauver, monsieur le Consul.

Elles me racontèrent leur histoire. Une de leurs élèves était née en Libye où sa mère travaillait. Celle-ci avait brièvement épousé un collègue musulman qui l'avait quittée avant même la naissance de sa fille et n'avait plus jamais cherché à la revoir. Quelque temps plus tard, un nouveau prétendant se proposa, copte celui-ci. Ils eurent de nouveaux enfants et tous, y compris la première, furent inscrits dans la religion chrétienne dont ils suivirent les cours – l'enseignement de la religion faisant partie du cursus obligatoire en Égypte.

Quelques jours avant de me rendre visite, les sœurs avaient reçu une lettre anonyme intimant l'école d'inscrire la fille aînée dans la religion musulmane qui était celle d'un père et d'une famille qu'elle n'avait jamais connus. Les bonnes sœurs me confièrent à voix basse que ce n'était pas de ce côté-là qu'il fallait chercher la dénonciation. Selon elles, elle provenait de la jalousie d'un des proches.

Il n'y avait pas d'autre issue que l'exil. Je donnai un visa de tourisme à toute la famille qui, en passant par la France, alla finalement s'établir au Canada.

On pourrait raconter mille histoires de ce genre.

Malgré les événements, un espoir toujours présent

Tout récemment pourtant un juge a autorisé un chrétien converti à l'islam à retrouver sa religion d'origine. Si cette décision fait jurisprudence, c'est une véritable révolution qui s'engage.

Mais la vraie révolution, ce n'est pas des juges qu'elle viendra.

Lorsqu'en 2010, avant de me rendre en haute Égypte pour visiter les écoles et les projets de l'Association de la haute Égypte pour l'éducation et le développement, j'avais été reçu par le patriarche de l'Église copte catholique, je lui avais demandé dans quelle situation se trouvaient alors les chrétiens de cette région, il m'avait d'abord répondu :

— Mauvaise.

Et il m'avait rappelé les derniers incidents qui avaient opposé les deux communautés. Puis il avait ajouté :

— Mais en même temps, il y a un fait nouveau, très encourageant. Pour la première fois, des musulmans luttent à nos côtés, pour nos droits, pour une véritable égalité.

Quelques mois plus tard éclatait sur la place Tahrir la belle révolution qui allait bouleverser de fond en comble le pays. Le pape Chenouda tout autant que le cheik d'al-Azhar n'accueillirent pas favorablement cette remise en cause de l'ordre établi, mais les jeunes coptes n'ont pas écouté les conseils de prudence de leur chef spirituel. On a vu alors fleurir des drapeaux où le croissant de l'islam entourait de son auréole la croix du Christ. Au cours de ces trois dernières années les péripéties ont été nombreuses, souvent cruelles – mais que l'on jette un regard sur ce qui est survenu en France entre 1789 et 1793 ! Le 30 juin dernier, lorsque l'Égypte est descendue dans la rue pour se débarrasser d'un président qui s'était arrogé tous les pouvoirs, les chrétiens sont eux aussi sortis en masse de leurs maisons. Ils n'y sont pas descendus au nom de leur communauté, mais comme des citoyens qui se battaient pour l'avenir de leur pays.

Certains disent que l'on est revenu au point de départ, qu'un nouveau régime militaire va s'installer et briser l'élan d'une société qui avait commencé à se libérer de ses préjugés et de ses craintes. Mais ceux qui vont en Égypte se rendent compte qu'il n'en est rien. La société civile a pris une telle force, a évolué d'une telle façon que les vieilles recettes ne serviront plus, en tout cas plus très longtemps. Une hypothèque est levée : les Égyptiens, dans leur grande majorité, ne croient plus que l'islam soit la solution à leurs problèmes politiques, comme le harcelaient les slogans de la Confrérie. Pour le reste personne ne connaît les voies qu'empruntera l'avenir.

À Alexandrie, les églises sont toujours pleines de fidèles et si de nombreux jeunes songent à émigrer, c'est aussi le rêve de leurs compatriotes musulmans. Les chrétiens sont-ils plus nombreux à le faire ? Sans doute disposent-ils plus que les autres de réseaux familiaux ou communautaires prêts à les accueillir. Mais de toute façon les pays d'accueil ne délivrent leurs visas qu'au compte-gouttes. Il faudrait le demander à des démographes, mais je ne pense pas que la masse des 8 ou 10 millions de coptes d'Égypte s'érode sensiblement.

Quant à mes amis de la bonne société d'Alexandrie, ils continuent à vivre comme autrefois dans une ville qui ne leur est pas hostile, même si le décor n'est plus celui de leur enfance. Certains, parmi les plus jeunes, investissent avec confiance et développent des projets d'avenir. Leurs enfants reviennent de leurs études au Canada pour gérer les affaires de la famille. S'ils sont chrétiens, ils sont souvent d'origine libanaise et de rite grec-catholique. Musulmans, ils appartiennent aux anciennes familles où coule le sang turc ou circassien. Mes amis parlent français, mais les plus jeunes sont aussi à l'aise en arabe. Ils ont eux aussi participé à la Révolution. Même si leurs ancêtres ne sont pas originaires de la vallée du Nil, ils sont eux aussi égyptiens. Nombre des leurs ont émigré à l'étranger où ils leur rendent souvent visite, mais eux sont restés dans un pays dont ils partagent aussi les espoirs. Leur monde a disparu, mais le nouveau cosmopolitisme est celui des voyages, des études à l'étranger, c'est aussi celui qui les fait regarder vers Dubaï ou Abu Dhabi.

Alexandrie est maintenant une ville de 5 à 6 millions d'habitants et l'Égypte a quatre fois plus d'habitants qu'au moment où Nasser y a pris le pouvoir. Le centre-ville y est entouré d'immenses quartiers populaires. La vie n'y est pas toujours facile, mais paisible cependant. Et lorsque les problèmes s'accumulent, il y a toujours la statue de sainte Rita, dans l'église de la rue d'Aboukir où chrétiens… et musulmans vont adresser leurs prières.

Après quinze ans d'enseignement en Algérie, au Maroc et en France, puis des études d'arabe à l'INALCO, **Gilles Gauthier** a intégré les Affaires étrangères en 1982. Après l'Irak, l'Algérie, Bahreïn, le Liban et l'Égypte, il a été nommé ambassadeur au Yémen. Gilles Gauthier a fait connaître en France l'écrivain égyptien Alaa El Aswany dont il est le traducteur (Actes Sud). Il est aujourd'hui conseiller de Jack Lang à l'Institut du monde arabe.

Iran
Communautés en liberté surveillée

En Iran, la révolution islamique de 1979 n'a pas abouti à la disparition totale d'une Église chrétienne très anciennement implantée. Totalisant tout au plus 100 000 personnes, ces communautés disparates – Arméniens, Assyro-Chaldéens, protestants, évangéliques, catholiques – continuent d'exister… à condition de rester discrètes et de ne jamais transgresser les lois de la République islamique. Le prosélytisme et, pis, la conversion demeurent férocement réprimés. Certains prédicateurs endurent jusqu'au martyre.

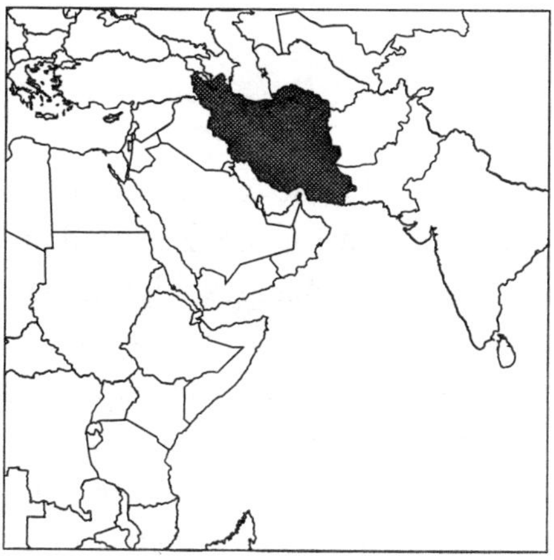

■ Population = 74 733 230
■ Musulmans = 99 %
Chrétiens = 0,2 %
Autres = 0,8 %

Analyse

À l'ombre des mollahs

Yann Richard

Après avoir connu des heures brillantes dès les premiers siècles dans l'Empire perse, le christianisme a lentement décliné jusqu'à l'arrivée des missionnaires et, plus récemment, de pentecôtistes très actifs sur le front de l'évangélisation. Un zèle durement réprimé par le régime des mollahs.

Quelle est la place des chrétiens iraniens dans la nation iranienne dont ils sont un élément constitutif? Sont-ils condamnés à l'exclusion ? Y a-t-il dans l'histoire du christianisme iranien de quoi guider ceux qui cherchent à assumer les valeurs et les références iraniennes pour annoncer l'Évangile ?

Une brillante histoire en Perse antique

De nombreux passages de la Bible évoquent la libération des Juifs de Babylone par Cyrus le Grand et l'installation en Perse[1] d'un grand nombre d'entre eux[2]. Paradis, anges et archanges, bipolarisation de la vie spirituelle entre enfer et paradis, bien et mal sont des aspects des croyances iraniennes anciennes sur la fin des temps qui, par le judaïsme, sont passées dans le christianisme.

Parmi les Juifs venus à Jérusalem le jour de la Pentecôte se sont trouvés les premiers chrétiens de l'Empire perse : « Et comment

1. Perse et Iran désignent la même contrée. Les Iraniens ont demandé en 1935 que le nom qu'ils emploient depuis toujours soit celui de leur pays dans les relations internationales.
2. Voir Ésaïe, 41 sq., où l'empereur achéménide est une figure du Messie.

les entendons-nous dans notre propre langue à chacun, dans notre langue maternelle ? *Parthes, Mèdes, Élamites*, ceux qui habitent la Mésopotamie, la Judée, la Cappadoce, le Pont, l'Asie, [...] comment les entendons-nous parler dans nos langues des merveilles de Dieu ? » (Ac 2, 8-11.)

Aucun document historique n'atteste l'évangélisation directe de la Perse par des apôtres, mais des traditions latines, grecques et syriaques l'attribuent tour à tour à l'apôtre Thomas ou à l'un de ses disciples, Timothée (Addaï) ou Mâri (disciple de Timothée)... La présence chrétienne en Perse est attestée à la fin du IIe siècle.

Thomas serait passé par la Mésopotamie en route vers l'Inde, avec Timothée et Mâri. Au début du IIIe siècle, on trouve des mentions de communautés chrétiennes jusqu'aux rives de la mer Caspienne. La majorité est d'origine juive ou araméenne, de langue syriaque. Ces messagers dépendent du patriarcat d'Antioche.

L'expansion du christianisme est facilitée par la rivalité continuelle entre les Empires sassanide et romain : des chrétiens de l'Empire romain persécutés, notamment sous Valérien, l'empereur qui mourra captif des Persans, se réfugiaient en Perse ; d'autres, du nord de la Mésopotamie, furent déportés vers le sud de l'Iran avec leur patriarche.

La conversion au christianisme était dénoncée comme une trahison de la religion d'État, le zoroastrisme[1]. Les biens des convertis étaient confisqués, leurs droits déchus, ils étaient mis au ban, condamnés aux travaux forcés les plus humiliants, voire exécutés... Une persécution qui ne dissuada pas des membres de la famille impériale de demander le baptême.

Au début de l'époque sassanide (224), il y avait des évêchés chrétiens dans tout l'Empire. Et quand le dernier empereur sassanide chassé par l'invasion arabe fut tué (651), c'est l'évêque de Merv qui lui donna une sépulture. À la fin de la période et au début de la domination musulmane, la vitalité de ce christianisme iranien était telle qu'il évangélisait jusqu'à la Chine.

1. Le zoroastrisme, qui est une forme du mazdéisme, a pour prophète Zoroastre et pratique notamment le culte du feu ; il est souvent décrit comme un dualisme, alors qu'il se définit comme monothéisme, avec son dieu Ahura Mazda. Il est légalement reconnu comme minorité religieuse dans la république islamique d'Iran.

La communauté chrétienne de Sogdiane, à l'est, a laissé une importante littérature religieuse écrite avec l'alphabet syriaque : homélies, canon apostolique, commentaire des textes liturgiques, vies de saints et de martyrs persans. Le christianisme était donc bien implanté en Asie centrale.

Il y avait surtout des chrétiens, notamment dans l'armée, vers la frontière occidentale de l'Empire sassanide. Les Persans disputaient aux Byzantins les territoires perdus. En refusant de payer les impôts très lourds exigés, les chrétiens se rendaient complices de l'Empire byzantin, leur « protecteur »... Une grande persécution, entre 339 et 379, fit environ 35 000 victimes ; beaucoup de chrétiens tenaient à faire savoir qu'ils étaient fidèles à l'empereur persan et qu'ils n'étaient pas punis pour trahison mais pour leur foi chrétienne.

En arrêtant la persécution, l'empereur Yazdgard Ier (399-421), marié à une Juive, a gagné le sobriquet de « pêcheur ». Les chrétiens devinrent une « minorité protégée » et priaient pour le roi des rois et pour la paix avec Byzance. Les zoroastriens étaient réciproquement victimes de discrimination dans l'Empire byzantin.

Les Arméniens se convertirent en masse au IVe siècle. Finalement, en 484, la liberté religieuse de l'Arménie fut reconnue, ce qui n'empêcha pas de nouvelles persécutions. Au début du VIIe siècle, l'Arménie fut pacifiée, le christianisme monophysite[1] étant protégé par l'empereur persan. La fin des persécutions ne signifiait pas, là comme au cœur de la Perse, la fin des interventions politiques dans les affaires de l'Église.

De manière naturelle, des débats et des polémiques eurent lieu entre les fidèles des religions de l'Empire sassanide. Les zoroastriens reprochaient aux chrétiens (et aux juifs) de présenter un Dieu faible, obligé de se reposer le septième jour, pas assez puissant pour créer le monde. Fatigués par les guerres incessantes et par les taxations discriminatoires, les chrétiens de Perse ont accueilli les Arabes musulmans de manière favorable et le christianisme s'est épanoui au début de la domination musulmane.

1. L'adhésion à une théologie dissidente par rapport à Byzance lavait les Arméniens du soupçon d'allégeance à l'ennemi des Sassanides.

Grandes heures du christianisme

Deux grands auteurs du IVᵉ siècle dominent l'histoire de cette Église, Aphraate le Sage persan et Éphrem le Syrien, que l'Église catholique proclama docteur en 1920. Les deux étaient de Nisibe. Sur le premier on ne peut qu'échafauder des hypothèses, il était peut-être un Persan converti. Son credo ne cherche pas à définir les relations complexes entre les trois personnes de la Trinité : il faut croire en Dieu, le maître de tout, qui a fait le ciel, la terre, la mer et tout ce qu'ils renferment. Il a fait l'homme à son image. Il a donné la loi à Moïse. Il a envoyé son Esprit dans les prophètes, et ensuite il a envoyé son Christ dans le monde. Il faut croire en la résurrection des morts. Il faut croire au mystère du baptême. Telle est la loi de l'Église de Dieu.

Quant à Éphrem, on connaît mieux son parcours, il vécut la persécution de Dioclétien et celle de Shapour II. Il a laissé en syriaque de nombreuses hymnes et des commentaires de l'Écriture.

L'unité de foi avec la chrétienté d'Occident est affirmée, notamment lors du synode de 410 qui accepte le Symbole de Nicée ; mais les chrétiens de Perse se rangent plus tard derrière la primature de l'évêque de Séleucie-Ctésiphon et rejettent la condamnation de Nestorius.

Ce patriarche de Byzance enseignait que les deux natures, divine et humaine, de Jésus n'étaient pas mêlées et que Marie n'était donc pas « mère de Dieu » (*Theotokos*). Le concile d'Éphèse, en 431, le réfuta, le déclara anathème et l'exila en Égypte où il est mort. Pour des raisons d'abord politiques, les chrétiens de l'Église de Perse – qui refusaient d'être appelés « nestoriens » – adoptèrent les thèses de Nestorius et beaucoup de ses partisans byzantins durent fuir vers la Perse où on enseignait la théologie indépendante de Théodore de Mopsueste.

Les chrétiens syriaques avaient accès au patrimoine philosophique et scientifique des Grecs qu'ils traduisirent vers le syriaque, puis en moyen-perse et vers l'arabe. À Gondishapour, célèbre pour son école et son hôpital dans le sud de l'Empire, des savants grecs avaient transmis aux chrétiens des traces de la médecine ancienne, reprise ensuite par les Arabes.

Au début de l'ère musulmane des missionnaires portèrent en Chine jusqu'au Sin-kiang un christianisme iranisé : on a retrouvé le long de la « route de la soie » un fragment de traduction des psaumes en moyen-perse, la langue de l'Empire sassanide. La stèle de Si-ngan-fou, érigée en 781 dans l'ancienne capitale Changan (aujourd'hui Xi'an), retrouvée au XVIIe siècle, et qui porte une inscription chrétienne en chinois et en syriaque, témoigne du rayonnement missionnaire de cette Église.

Les « nestoriens » évangélisèrent jusqu'au Turkestan et au Tibet avant qu'une brutale persécution n'arrête leur action en 845. Au début du XXe siècle, on découvrit dans l'oasis de Turfan au nord du Sin-kiang de nombreux manuscrits chrétiens, en sogdien, en syriaque et en persan.

Déclin du christianisme

Les envahisseurs mongols du XIIIe siècle avaient gardé des traces de l'évangélisation « nestorienne », et certains chrétiens ont eu des fonctions importantes dans leur empire. Après une période d'incertitude sur leur religion, c'est finalement l'islam sunnite qui l'a emporté. À la période des massacres et des destructions succéda celle d'un État fort qui a continué à utiliser quelques ministres ou savants juifs ou chrétiens (Bar-Hebraeus), mais qui a également contribué à islamiser la société : les dernières pagodes, les derniers évêchés disparaissent du plateau iranien. Tamerlan et ses successeurs, au XVe siècle, achevèrent l'islamisation forcée de la Perse. Les chrétiens se réfugient dans les montagnes et le siège du patriarcat s'établit à Mossoul (nord de l'Irak actuel).

L'arrivée de la dynastie safavide en 1501 va changer profondément la situation : l'Iran devient chiite, la fusion identitaire de l'adhésion religieuse et de l'allégeance politique fait des non-musulmans des intrus. Mais la culture poétique et philosophique persane, nourrie de mystique et de références symboliques à l'Iran préislamique, permet aussi le recours à la spéculation intellectuelle, métaphysique, et même religieuse.

Au XVIIe siècle, pour faire le vide devant les Ottomans, Shah Abbâs Ier déporta vers Ispahan des dizaines de milliers d'Arméniens. Il contribua ainsi paradoxalement à la création d'une ville chrétienne, la Nouvelle-Jolfa, accolée à sa capitale, en utilisant les talents d'artisans et de commerçants de ses nouveaux voisins. Les Arméniens vont faciliter les contacts entre la Perse et l'Europe.

Les missionnaires

Pendant toute la période safavide, des établissements de carmes et de capucins à Ispahan vont servir de relais à la diplomatie, de lien entre l'Église de Rome et les Arméniens d'Ispahan et de premier jalon missionnaire, s'efforçant de traduire les écritures chrétiennes en persan. Les carmes établirent des maisons à Hamadan, à Chiraz et dans différents ports du golfe Persique.

Église *chaldéenne* catholique, c'est le nom donné par le pape Eugène IV en 1445 aux « nestoriens » qui se sont rattachés à Rome. Le qualificatif *assyrien* date du XIXe siècle, inventé par les missionnaires protestants pour désigner les chrétiens de l'Église d'Orient qui ne se reconnaissaient pas chaldéens. La « nation *assyro-chaldéenne* » désigne l'ensemble.

Ni le maintien des traditions dans l'ancienne Église ni la latinisation des uniates ne permettaient de retrouver l'élan missionnaire ou de s'ouvrir à la culture persane. Le petit reste épargné des massacres songeait à protéger son patrimoine et à survivre.

À l'époque Qâjâre

L'activité missionnaire des Occidentaux a redoublé au XIXe siècle, dirigée, sans succès, vers les chrétiens d'Iran comme tremplin pour évangéliser les musulmans.

Les anglicans et presbytériens furent les premiers à mener une action cohérente. Le Britannique Henry Martyn (†1812) s'employa à une nouvelle traduction de la Bible qui fut achevée et révisée à la fin du XIXe siècle par Robert Bruce (†1915). Mais la Church Missionary Society (CMS) n'envoya de mission en Perse qu'en 1886.

C'est l'Américain méthodiste Justin Perkins qui fonda en 1834 la première mission permanente en Iran, à Urmiya : une église, une école et une imprimerie. Les missions presbytériennes comprenaient des médecins et des prédicateurs ; elles eurent jusqu'à quatre-vingt-une écoles. Le premier hôpital américain ouvrit en 1882, on y formait des infirmières et des soignants.

En 1895 un accord interconfessionnel divise le pays en deux zones, le Nord aux presbytériens, le Sud aux anglicans qui ouvrent des missions (écoles, hôpitaux, institutions charitables) à Yazd, Chiraz, Kermân, et qui centralisent leurs activités à Ispahan. Des hôpitaux presbytériens sont fondés à Téhéran (1881), Hamadan (1903), Kermânshâh (1912), Tabriz (1913), Mashhad (1916) ; la prestigieuse école Alborz de Téhéran fut fondée par Samuel Jordan (1896).

Les congrégations catholiques arrivent dans les régions chrétiennes du Kurdistan : les dominicains ouvrent un séminaire à Mossoul, les carmes s'installent à Bagdad (Empire ottoman) et les lazaristes en Iran à Tabriz et Urmiya.

Vers 1900, il y avait au moins neuf missions chrétiennes concurrentes en Perse… (presbytériens, catholiques, anglicans, orthodoxes, mission pour convertir les juifs, etc.)

La dernière tribulation des chrétiens de cette région eut lieu pendant la Première Guerre mondiale : ils furent d'abord « protégés » par les Russes en guerre contre les Ottomans voisins, à l'époque du génocide arménien. Quand les troupes ottomanes reprirent le dessus en 1915, les chrétiens étaient considérés comme alliés des Russes. Ces derniers réoccupèrent la région avant la révolution de 1917 qui provoqua une misère encore plus grande, les soldats non payés vendant leurs armes aux milices locales et pillant la nourriture avant de regagner leur pays. En 1918, l'arrivée en Iran des Jelo, une tribu « nestorienne » du Kurdistan chassée par les Turcs, déstabilisa le fragile équilibre des communautés. Elles furent attaquées par les Kurdes qui tuèrent leur patriarche. Les chrétiens armés s'en prirent aux musulmans de la région, et le massacre rendit toute coexistence impossible. Des officiers français ont participé à l'encadrement des milices chrétiennes. Les Britanniques ont incité les Assyro-Chaldéens à quitter en masse la région et à s'installer près de Bagdad où on leur faisait miroiter la création d'un royaume chrétien entre l'Irak et la Turquie. C'était le début de la disparition de la présence chrétienne paysanne dans la dernière région d'Iran où elle avait subsisté. Il n'y a plus, en 2014, de village « chrétien » au Kurdistan d'Iran.

Au XXe siècle

Le nationalisme iranien a réagi contre les ingérences européennes. Les privilèges des étrangers sur le sol iranien (les capitulations), dont bénéficiaient les missionnaires, ont été supprimés en 1928. Pour éviter la propagande religieuse, il a été interdit aux étrangers d'enseigner dans les classes primaires (1932) et leurs écoles furent nationalisées en 1940. En réalité elles ouvriront à nouveau après la guerre, mais désormais sous contrôle du gouvernement iranien. La vague nationaliste de 1951-1953 a surtout affecté les missionnaires britanniques, expulsés puis revenus lors de la reprise des relations bilatérales.

Hassan Dehqani-Tafti, premier évêque iranien (anglican) de l'époque moderne – un converti –, apporte un souffle nouveau, mais trop tard. Pour lui, la culture persane est une préparation à la connaissance de Dieu. Il se définit comme « musulman chrétien », ne voulant rien renier de sa culture chiite iranienne. En quittant finalement l'Iran après les attaques à main armée dont il fut l'objet et après l'assassinat de son fils Bahrâm (1980), il montre la faiblesse du christianisme iranien. Il n'a été qu'un précurseur.

Les chrétiens traditionnels n'étaient que des paysans ou petits commerçants. Occidentalisés et urbanisés grâce aux missionnaires, ils se désolidarisent d'un pays où ils ne trouvent plus leur place et partent en exil. Ni les institutions de la République islamique – qui prévoient bien la représentation politique des chrétiens et leur donnent un statut protégé – ni l'espoir d'une réussite professionnelle sur place ne peuvent les en détourner.

Mais quelle est la situation des musulmans qui demandent à devenir chrétiens et qui n'ont d'autre langue, d'autre culture pour prier que celles des Iraniens ?

En islam, l'apostasie équivaut à une trahison. Le communautarisme prévaut sur la conviction personnelle, chez les chrétiens orientaux traditionnels également. Officiellement, la conversion n'est plus punie de mort en Iran. Il y a certes des pressions, des assassinats et des tortures de convertis mais pas de persécution systématique officielle. La dénonciation peut émaner d'un Arménien ou d'un Assyro-Chaldéen méfiant de la présence d'un intrus dans son Église : ne peuvent être chrétiens qu'un Arménien ou un Chaldéen.

Situation du christianisme en Iran au XXIe siècle

Aujourd'hui les sunnites sont la plus importante minorité religieuse d'Iran (environ 15 %), suivis par une religion apparue au XIXe siècle et ouvertement persécutée, le bahaïsme. Les chrétiens sont moins de 100 000 personnes, à peine 0,2 % de la population.

À la suite de l'oppression des Arméniens dans l'Empire ottoman depuis la fin du XIXe siècle, un afflux de réfugiés vers la Perse où ils furent bien accueillis a renforcé la communauté. Les Arméniens eurent des positions sociales élevées dans certains secteurs comme les transports, la mécanique. Généralement instruits et polyglottes, ils apportent la modernité. L'un d'eux a été un héros du mouvement constitutionnaliste de 1909 et beaucoup ont été militants communistes. Aujourd'hui, Zoyâ Pirzâd, célèbre romancière persane, est une Arménienne née en 1952 à Abadan.

Malgré leur tout petit nombre, les Assyro-Chaldéens ne sont pas moins de farouches défenseurs de l'ethnie. Ils habitent surtout dans les villes (Téhéran, Tabriz et Urmia) et attendent de pouvoir partir. La République islamique a nationalisé leurs écoles qui n'enseignent plus la langue que comme un vestige, le clergé a vieilli. Les jeunes sont alphabétisés en persan et soumis à une pression religieuse les incitant à abjurer. Arrivés à l'âge de faire des études supérieures et de s'établir dans la vie familiale et professionnelle, ils sont poussés à l'exil par leur propre famille.

Arméniens et Assyro-Chaldéens ne se rencontrent pas (ils seraient obligés de se parler en persan, la langue des « musulmans »), alors que leurs juridictions épiscopales se recouvrent. Ils sont officiellement reconnus par la Constitution qui leur accorde trois députés au Parlement.

On assiste, inversement, à la conversion de nombreux musulmans. Ils sont attirés par le christianisme comme d'autres par le soufisme, le zoroastrisme ou le bouddhisme, pour échapper au carcan de l'islam officiel. Le christianisme garde une couleur occidentale et facilite l'exil vers les pays riches. Il attire également des musulmans orientés par la poésie mystique vers la connaissance d'un Dieu dépouillé de sa puissance, et accessible à l'amour.

Dans les années 1990-2000, de nombreux débats intellectuels en Iran tournent autour du pluralisme religieux, de l'exégèse historique et philologique des écritures coraniques. Les intellectuels chiites iraniens sont ouverts au dialogue. Certains ont une connaissance intime du christianisme, comme le théologien Mohammad Mojtahed Shabestari, qui a été prieur de la mosquée de Hambourg, a fait des séjours dans des monastères chrétiens, a participé à des sessions de dialogue interreligieux et qui s'inspire des méthodes exégétiques chrétiennes. Il définit la foi comme une adhésion libre et individuelle, une révolution dans l'islam traditionnel. Il est aujourd'hui interdit d'enseignement mais continue à publier. Un philosophe libéral, Abdolkarim Soroush, imprégné de culture soufie et de rationalisme humaniste, rejette l'absolutisme étouffant de la pensée cléricale officielle et légitime l'ouverture aux idées venues de l'Occident.

Certaines institutions favorisent la connaissance du christianisme en organisant des rencontres interreligieuses formatées. Une université « des religions », dans la ville de Qom, se donne même pour projet de faire connaître chaque tradition religieuse à travers ses propres textes. On y traduit en persan les textes fondamentaux définissant la doctrine de chaque religion par les théologiens de cette religion : pour le catholicisme, c'est le *Catéchisme de l'Église catholique.* Une traduction persane par un musulman du Nouveau Testament et des deutérocanoniques, avec les introductions et les notes de la Bible de Jérusalem… a été rapidement épuisée. Même si le souci d'exactitude théologique en est absent, cette initiative change des polémiques éculées du passé à partir du pseudo-Évangile de Barnabé.

Depuis une trentaine d'années de nombreux chercheurs de Dieu se tournent vers les Églises réformées, notamment les pentecôtistes, souvent nourris de programmes de télévangélistes californiens qui diffusent en persan un message édulcoré, aguicheur et superficiel.

Pourtant le martyre de Mehdi Dibâtch, l'un de ces convertis, devenu lui-même prédicateur, dénoncé par sa famille et condamné à mort, est édifiant et mérite d'être reconnu par tous les chrétiens. Emprisonné pendant dix ans, privé de bible, il se composait des hymnes qu'il chantait dans sa cellule. Finalement libéré après une campagne internationale qui risquait de ternir le vernis de tolérance affiché par le régime, il a été assassiné au détour d'une rue, un crime mis sur le dos des opposants (*La Croix*, 3 août 1994). Le cas du pasteur Yucef Naderkhani, né en 1977, arrêté une première fois en 2006 pour sa conversion au christianisme, et condamné à mort pour apostasie et prosélytisme, est semblable : le régime ne tolère pas les convertis qui prennent une part visible à la prédication chrétienne. Sa condamnation à mort a été annulée mais on a, pour lui asséner un jugement acceptable par l'opinion internationale, « découvert » qu'il était en réalité un délinquant sexuel et un escroc…

Les responsables du régime ont compris que ni la coercition ni le fanatisme ne pouvaient séduire des jeunes ayant fait des études. Ils ont entamé des efforts de réflexion sur le pluralisme religieux, mais aussi sur l'interprétation de la révélation et sur la liberté religieuse. Ils organisent, un peu à l'imitation des Journées mondiales de la jeunesse (JMJ), des mobilisations ponctuelles des jeunes par des « retraites » dans des mosquées ou des lieux de pèlerinage avec un discours religieux plus adapté qui inclut la musique et le cinéma. Dans les milieux populaires où la dévotion à l'islam reste vivante, l'image du milicien militant pour défendre l'identité menacée des musulmans reste mobilisatrice.

L'Église catholique est mal représentée dans cet environnement compliqué : il y a à Téhéran trois évêques sur le même territoire (deux uniates et un latin) sans compter le nonce apostolique, obligé de figurer dans les sessions de dialogue organisées par le régime, et investi d'une autorité que les chrétiens orientaux ne comprennent pas. Au sein de l'Église chaldéenne, une structure d'accueil des néophytes, discrète et actuellement fermée sur pression du pouvoir, a fait, depuis une quarantaine d'années, un travail colossal de rédaction d'un matériel pédagogique pour l'évangélisation en persan : textes de la tradition syriaque, spiritualité chrétienne, textes conciliaires, textes théologiques, instruments pour aider à la lecture des Écritures, nouvelle traduction annotée de l'Ancien et du Nouveau Testament, etc. Ces livres sont aussi utilisés par les protestants et à l'occasion par des musulmans pour comprendre les fondements du christianisme.

Aujourd'hui (2014), dans un contexte de répression de toute dissidence, les chrétiens néophytes subissent des persécutions que le nouveau président Hassan Rohani n'a pu freiner. Beaucoup ont choisi l'exil et, dans la diaspora iranienne, de nombreux cas de conversion alimentent ce qui pourrait être plus tard le noyau d'une Église de culture persane.

Les minorités chrétiennes traditionnelles (arménienne, assyro-chaldéenne) gardent le souvenir des massacres et ont du mal à intégrer des convertis. Or la langue nationale, le persan, est obligatoire pour l'enseignement de toutes les matières importantes (y compris la religion), les langues régionales ou ethniques (dont le chaldéen ou l'arménien) ne pouvant être qu'un complément optionnel. Interdire l'enseignement du christianisme en persan par peur du prosélytisme n'est pas conforme à la Constitution. Alors que la majorité des Iraniens confond l'iranité et l'islam chiite, Arméniens et Assyro-Chaldéens, se sentant mal protégés, tout au plus tolérés, se tournent vers l'exil.

Le dolorisme salvateur de la passion de l'imam Hussein rapproche les chiites de la Passion du Christ. Les poèmes de Rumi et de Hafez qui célèbrent l'amour divin et fustigent les dévots hypocrites remettent en cause l'islam clérical répressif. L'esprit spéculatif des Iraniens modernes et leur ouverture aux cultures humanistes du monde permettent de penser que le message de l'Évangile continuera d'attirer des Iraniens. Ils trouveront des racines profondes dans l'histoire de l'Église de Perse.

Après des études de philosophie et de linguistique, Yann Richard a vécu en Iran où il fut témoin de la Révolution islamique. Chercheur au CNRS puis professeur d'études iraniennes à la Sorbonne nouvelle, il a publié sur la sociologie religieuse (*L'Islam chi'ite, croyances et idéologies*, Fayard, 1991) et sur l'histoire contemporaine (*L'Iran de 1800 à nos jours*, Flammarion, 2009). Il a collaboré à l'entreprise de traductions du Centre Saint-Jean de Téhéran.

Reportage

La langue interdite

Luc Balbont

Le père Pierre Humblot, prêtre à Téhéran durant trente ans, a créé de toutes pièces une Église en persan, langue interdite aux chrétiens. Durant cette période, il a aussi protégé plusieurs convertis au péril de sa vie comme Petros et Fateweh. Expulsé d'Iran en 2010, il vit aujourd'hui en région parisienne d'où il reste en contact avec des fidèles par Internet.

À sa naissance, en 1975, il s'appelait Hussein[1], comme le petit-fils du prophète de l'islam. Rien d'anormal, en Iran, tant de familles pieuses donnent à leurs fils le nom du troisième imam de la sainte lignée chiite[2]. En recevant le baptême en 2001, Hussein est devenu Petros (Pierre). Dans son entourage, seuls quelques amis proches, devenus chrétiens comme lui, connaissent son nouveau prénom. Par souci de sécurité, Petros a préféré ne jamais se confier, même aux siens. Considérés comme apostats, les convertis sont la plupart du temps rejetés par leur famille. Les liens du sang ne protègent pas ceux qui trahissent l'islam. On ne pardonne pas aux « renégats ». Menacés, agressés par leurs parents, dénoncés aux autorités par leurs voisins, leurs collègues de travail, il devient licite de verser leur sang. Leur vie ne compte pas. Un dit du Prophète, un hadith en forme d'injonction, le justifie : « Ceux qui changent de religion, tuez-les ! » (Réciproquement, un Arménien ou Assyro-Chaldéen passé à l'islam, quelle que soit la

1. La famille de l'intéressé vivant encore en Iran, le nom a été modifié par mesure de prudence.
2. Deuxième branche de l'islam derrière le sunnisme majoritaire à 80 %. La communauté chiite reconnaît l'imam Ali et ses fils Hasan et Hussein, ainsi que leurs descendants, les neuf imams suivants, comme les seuls successeurs légitimes du prophète Mahomet.

motivation, risque la mort s'il revient chez les siens : les communautés se regardent avec méfiance, passer de l'une à l'autre, c'est trahir.)

Pour Petros, tout a commencé en 1998, par un songe. Il s'en souvient parfaitement : « Je me revois assis au fond d'une salle tout illuminée. Un homme vêtu de blanc s'approche et met la main sur mon épaule. Son contact me rassure. Je me sens soudain en paix. Rien ne peut m'arriver. J'aurais voulu que cela dure éternellement. » Les semaines suivantes, le garçon, étudiant en médecine, brûle d'envie de ressentir à nouveau ce bien-être. Il s'interroge : « Qui était cet homme ? Pourquoi était-il vêtu de blanc ? Pourquoi ai-je ressenti autant de joie et de sérénité à son contact ? Tout était soudain possible. Je n'avais plus peur de rien. » Petros se met en recherche. Il lit des ouvrages mystiques, des recueils de poésie persane. Sur Internet, il découvre des images de Jésus, parcourt des textes de l'Évangile, et retrouve les sensations ressenties dans son rêve. Il veut en savoir plus. Un ami lui indique l'adresse du Centre Saint-Jean à Téhéran. Il s'y rend. Il est reçu par le père Pierre Humblot. « J'ai plein de questions sur l'Évangile », dit-il au prêtre, un Français qui vit depuis 1969 en Iran, et qui a obtenu « miraculeusement[1] » la nationalité iranienne en 1987. Ces songes sont fréquents. Les Iraniens en sont friands. « Lorsqu'une personne vient me voir, pour m'expliquer ce qu'elle a vu dans son sommeil, confie Pierre Humblot, je ne lui parle jamais de Jésus. Je refuse tout prosélytisme. Je la laisse libre d'interpréter son rêve et de le rapprocher au fur et à mesure de sa formation des symboles bibliques. »

Lire l'Évangile sur son téléphone portable

Par prudence, Petros qui s'appelle encore Hussein ne possède pas encore d'Évangile personnel. À l'université, dans son entourage, si l'on découvrait qu'il s'intéresse au Livre des chrétiens, il risquerait d'être immédiatement dénoncé. La police religieuse viendrait l'arrêter. Il serait condamné, exclu de la communauté, banni de la société. En

1. En tant que prêtre étranger, Pierre Humblot aurait dû normalement être expulsé par le régime islamique. Mais le jour de la signature de son arrêt d'expulsion, l'un de ses voisins, qui travaillait au ministère de l'Intérieur, a témoigné que le Français avait soigné des révolutionnaires lors des affrontements avec la police du Shah, lors de la révolution de 1979. De ce fait, Pierre Humblot n'a pas été expulsé, mais a reçu un passeport iranien.

Iran, les chrétiens d'origine, Chaldéens ou Arméniens[1], possèdent une bible, mais dans leur langue propre. Pas en persan, la langue nationale comprise par tous. Les Évangiles en langue persane sont rares, vendus à la sauvette. La république islamique d'Iran craint que la parole chrétienne ne gagne les cœurs, que les conversions ne se propagent. Heureusement les nouvelles technologies se jouent des censures. Sur son téléphone portable, Hussein-Petros a pu lire des paroles de Jésus.

Pierre Humblot se souvient bien de Petros, quand ce dernier, à la fin des années 1990, fréquentait clandestinement le Centre Saint-Jean de l'avenue Behboudi, dans les quartiers Ouest de Téhéran. Le garçon, qui méditait l'Évangile, relançait sans cesse le prêtre : « Comment prie-t-on en chrétien ? Que veut dire cette parabole ? Peut-on pardonner à celui qui vous a fait du mal ? »... Qu'est devenu Petros ? Pierre a appris récemment qu'il a rejoint une tante en Grande-Bretagne. À Londres, il s'est agrégé à une communauté pentecôtiste iranienne. Est-il heureux ? Peut-on l'être vraiment quand on vit loin de son pays, sans espoir d'y retourner ? Rares sont les exils réussis.

Les convertis ! Des sang-impur

Petros aimait profondément son pays, qu'il a quitté à contrecœur. Mais en Iran, il était en danger. Repéré par la police religieuse, il s'exposait, mettant aussi en péril la communauté des convertis qu'il fréquentait. Arrêté une première fois à Téhéran, il a été battu. Aux policiers il a juré qu'il ne parlerait plus jamais de Jésus autour de lui. Libéré au bout de un mois, il s'est exilé dans une ville de province, Tabriz, au nord. Là-bas, Petros n'a jamais pu s'intégrer. Personne pour prier avec lui, pour partager l'Évangile. Sans les autres, la foi s'assèche. Petros ne parle ni l'arménien ni le chaldéen et les chrétiens de ces deux principales Églises d'Iran se méfient des convertis. Pour ces communautés plus ethniques que spirituelles, un musulman converti reste

1. Les communautés arméniennes et chaldéennes sont les deux principales Églises d'Iran tolérées par le pouvoir. Implantées dès le IVe siècle, soit environ 300 ans avant l'islam, leur liberté est limitée. Outre la langue persane qui leur est interdite pour les offices, elles ne peuvent pas évangéliser, puisque les conversions au christianisme sont passibles de bannissement, voire de mort. Elles représentent environ 0,2 % de la population. Sont également présentes en Iran des communautés chrétiennes occidentales, protestantes ou latines qui attirent et font – à leurs risques et périls – du prosélytisme et ignorent les indications du concile Vatican II concernant les Latins en Orient (*Églises orientales catholiques* n° 6).

toujours un musulman : un « sang-impur », qui ne parle que persan, ignorant l'histoire tragique des Églises locales ; une « pièce rapportée » dont il faut se méfier, car, selon les fidèles des Églises d'origine, beaucoup de convertis passent au christianisme sans foi réelle, sans conviction profonde, seulement dans le dessein d'épouser des chrétiennes. Coupé de ses amis, supportant de plus en plus difficilement la solitude, Petros a fini par quitter son pays natal. Il est passé par la Turquie, puis, grâce à un réseau de solidarité, il a pu rejoindre l'Angleterre en 2004. À Londres, il est infirmier dans une clinique privée. Il vit confortablement, mais ne s'est pas marié. Il semble totalement intégré, mais, au fond de lui-même, il espère toujours rentrer au pays. Pas un jour où il ne pense à Téhéran, à ses amis, à sa vie de là-bas. Il se tient au courant de l'actualité et espère un changement de régime. Un espoir qui lui fait supporter le désert de l'exil.

Les poètes mystiques persans plutôt que le Coran

... Comme tant d'autres, Petros est devenu chrétien au prix d'une rupture radicale. Comme lui, chaque année, ils sont pourtant des centaines à prendre le risque – et quel risque – de se convertir après un appel foudroyant. Les chiites sont plus sensibles que les sunnites à la personne du Christ. La lecture des poètes persans les en rapproche, les pousse à franchir le pas. Dans ces textes, ne lit-on pas souvent que « Dieu est amour » ? Le peuple iranien, qui accepte mal la pression des dirigeants du régime islamique, réagit beaucoup plus à ces textes en persan qu'à la lecture du Coran en arabe, une langue étrangère. Pierre Humblot aime réciter en persan, qu'il maîtrise parfaitement, ces vers du poète Djalal al-Din Rumi[1] : « Pourquoi pèleriner vers La Mecque ? Si vous avez vu le visage sans visage de l'Être aimé ? Alors le Pèlerin, le sanctuaire et le temple c'est vous ! Aller frénétiquement d'un lieu à l'autre : Pour quelle raison ? » Les textes de Rumi touchent bien plus les jeunes Iraniens instruits que le prêche d'un mollah dans une mosquée, le vendredi. Il les rapproche de la douceur de l'Évangile et de l'humanité de Jésus.

1. Djalal al-Din Roumi ou Rumi, 1207-1273, un des grands poètes mystiques persans, honoré par l'Unesco en 2007. Son œuvre est traduite dans le monde entier.

La jeunesse supporte mal les lois islamiques

Pierre Humblot a accueilli et formé ces convertis au Centre Saint-Jean, qu'il a fondé en 1973, en lien avec l'Église chaldéenne catholique. Il sait que les jeunes Iraniens réagissent négativement à l'endoctrinement idéologique du régime. Il leur gâche l'existence. « Ils ne supportent plus, dit le prêtre, les lois de cette République religieuse. Trop astreignantes, trop pesantes. Les mollahs et les ayatollahs sont par dérision qualifiés de "pneus", en référence aux turbans qui leur couvrent la tête. Les jeunes ont envie de liberté. Ils ne veulent plus prier sur commande, à des heures fixes, dans une langue arabe qu'ils ne connaissent pas forcément. Ils désirent vivre une foi qui repose sur l'esprit et l'intelligence, et non sur une législation absurde. De plus en plus de filles et de garçons ont accès à l'université et aux réseaux sociaux. La génération née après la révolution islamique de 1979, majoritaire aujourd'hui, ne se laisse plus berner par des slogans creux. Elle a les capacités pour analyser le sérieux d'un discours politique, explique le P. Humblot. Ils contestent, se révoltent comme lors de la dernière élection présidentielle en 2009[1]. L'Iran est un pays de grande culture. »

Combien sont-ils, ces Iraniens convertis au christianisme ? « Difficile à dire, confie Pierre Humblot, sans doute plusieurs dizaines de milliers. Beaucoup deviennent évangéliques. Entre 1973 et 2010, j'en ai formé un grand nombre : 3000, plus... 4000 peut-être. » Aujourd'hui ils seraient plusieurs dizaines de milliers dans le pays. Des hommes et des femmes qui se terrent tel Élias (ex-Mohammad). Lui, c'est à partir de Hafez[2], un autre poète persan du XIVe siècle, qu'il en est venu à rencontrer Jésus. Un Dieu qui a vécu la condition humaine pour mieux comprendre les hommes, jamais Élias n'aurait imaginé que cela puisse exister. Il est séduit. Quand il reçoit le baptême, après trois ans de formation au Centre Saint-Jean, il a vingt-sept ans et enseigne dans une école primaire de la capitale. Dénoncé un an plus tard par

1. Révolution verte : en 2009, les nombreuses manifestations pour protester contre les fraudes électorales qui avaient permis de réélire Mahmoud Ahmadinejad à la présidence pour un second mandat, avaient été durement réprimées (environ 150 morts, des centaines de blessés et plusieurs milliers d'arrestations).

2. Hafez (ou Hafiz), né vers 1310-1337, mort à 69 ans, a laissé un recueil de poèmes mystiques très prisé par les Iraniens. Son mausolée à Chiraz, dans le sud du pays, attire de nombreux visiteurs.

l'un de ses collègues de travail, il est arrêté par la police politico-religieuse. Emprisonné dans des conditions inhumaines, il est torturé. La police religieuse finit par le relâcher, car il jure de ne jamais évangéliser. Aujourd'hui, le régime islamique, s'il veut alléger les sanctions économiques que lui inflige l'Occident, doit ménager les « chrétiens historiques ». Et s'il multiplie les gestes d'ouverture et de tolérance envers les Églises chaldéennes et arméniennes, il se montre toujours aussi intraitable avec les convertis. Les persécutions perdurent. Élias est un chrétien de l'ombre.

La fermeture du Centre Saint-Jean

Autre exemple, celui de Fatemeh, entrée par curiosité, il y a quelques années, dans l'église de son village au sud de Téhéran. Un chrétien lui explique quelques rudiments de l'Évangile. Elle a envie d'en savoir plus. Au fur et à mesure de son approfondissement, ce Dieu des chrétiens devient son ami. Elle se fait baptiser, tente de s'insérer dans l'Église arménienne. Craignant les représailles des autorités pour prosélytisme, le prêtre refuse de l'intégrer. Fatemeh (aujourd'hui Maryam), vingt-deux ans, est fiancée à un converti. Les deux amoureux souhaitent quitter l'Iran pour pouvoir se marier chrétiennement, et avoir des enfants, qu'ils pourront élever sans crainte qu'on les leur enlève – comme c'est parfois le cas – pour les placer dans un centre de rééducation. Comment expliquer à son enfant qui n'a pas choisi de devenir chrétien qu'il a été retiré de son foyer parce que ses parents sont des renégats ? Tous ces drames, Pierre Humblot les a éprouvés. Durant plus de quarante ans, il a vécu dans la tristesse de voir s'exiler ses fidèles ou pis : les savoir arrêtés dans un lieu inconnu, sans pouvoir intervenir.

En danger à cause de ses activités, le P. Humblot a dû quitter l'Iran en 2010, pressé par son évêque : « Je formais des convertis, je traduisais des ouvrages chrétiens en persan, je célébrais aussi dans cette langue. Autant d'interdits condamnables de lourdes peines par la justice islamique. J'avais reçu des menaces. Je mettais ma communauté en danger. »

Tout a fini par basculer. Début 2010, un espion s'est infiltré au Centre Saint-Jean. La police religieuse est intervenue. Elle a mis les scellés sur le Centre, saisi les ordinateurs, les documents, ainsi qu'une grande partie de la bibliothèque, des centaines de livres religieux traduits en persan, un travail de traduction minutieux qui avait demandé des années de travail. L'évêque chaldéen a été convoqué, on lui a donné l'ordre de vendre le bâtiment. Le 19 mars 2010, Pierre Humblot a quitté Téhéran pour venir à Paris, où il vit encore aujourd'hui, sans réel plaisir. « Je suis devenu iranien, je pense iranien, je mange iranien. À quatre-vingts ans, après avoir passé plus de la moitié de ma vie en Iran, je n'ai plus l'habitude de vivre dans cette France où je suis pourtant né », répète le prêtre à ses visiteurs. Les acheteurs du Centre Saint-Jean l'ont transformé en galerie marchande, la chapelle a disparu. « Heureusement, positive le prêtre, on a pu sauver une partie de la bibliothèque. Des livres d'éducation, de théologie, de philosophie chrétiennes et d'histoire de l'Église. »

Un intérêt grandissant pour le christianisme

À Téhéran, trois néophytes ont pris le relais. Leurs catéchumènes en formation se rencontrent et communiquent comme ils peuvent, souvent dans des lieux publics : un jardin, une place, un lieu de passage où les sbires du régime prêtent moins attention à ce qui se passe. « Nous sommes extrêmement vigilants avant d'accepter des nouveaux venus. D'abord nous craignons les infiltrations de la police, ensuite nous voulons être sûrs de la force de leur conviction. »

À Paris, Pierre Humblot persiste. Le Centre Saint-Jean n'a été que délocalisé. Grâce aux nouvelles technologies, Internet et les réseaux sociaux, il poursuit son apostolat en France et en Europe. Son groupe de convertis iraniens, auquel se sont joints des réfugiés afghans, continue à méditer l'Évangile. « Ils prennent de gros risques, confie le prêtre, car s'ils sont repérés, leurs familles restées au pays risquent le pire. Des réseaux afghans, chargés de surveiller leurs concitoyens en exil, œuvrent en Europe. Mes catéchumènes craignent d'être repérés par ces suppôts des talibans. » Un grand nombre d'Afghans se sont réfugiés en Iran à cause de la guerre qui sévit depuis 1978... Aujourd'hui, dans ce pays frontalier avec l'Iran, la conversion est passible de mort.

Arabie saoudite
Des chrétiens clandestins

Lieu de naissance de l'islam, territoire sanctuarisé vers lequel convergent chaque année des millions de musulmans du monde entier pour faire leur pèlerinage à La Mecque, l'Arabie saoudite, on l'ignore souvent, compte aujourd'hui plus de un million de chrétiens sur son sol. La plupart sont arrivés pour des raisons économiques. À des conditions de vie difficiles s'ajoute pour ces migrants la difficulté de vivre leur foi au grand jour, l'islam wahhabite étant la seule religion officiellement autorisée.

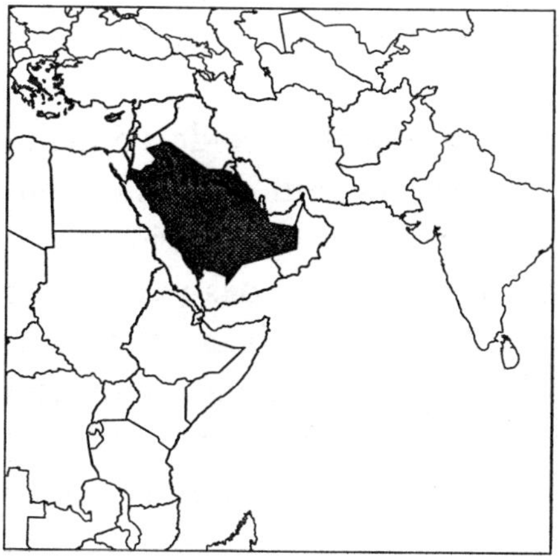

■ Population = 27 136 977
■ Musulmans = 93 %
Chrétiens = 4,9 %
Autres = 2,1 %

Témoignage

« Interdit aux non-musulmans »

Gaëtan Tamas

Arabe chrétien né au Proche-Orient, Gaëtan Tamas a occupé un poste diplomatique au sein d'une organisation internationale en Arabie saoudite. Un pays où seul l'islam le plus rigoriste a droit de cité, mais où vivent plus de un million de chrétiens.

Durant l'été 2007, je décide d'aller visiter la ville de Taëf, à 130 km à l'est de Djedda. La route à travers le désert, entre Djedda et Taëf, est très bonne, comme la plupart des routes du pays. Les panneaux indicateurs ne manquent pas, surtout à proximité de La Mecque qui se trouve à mi-chemin.

Taëf, située dans les monts Sarawat, à une altitude de 1500 m, est accessible en téléphérique par le versant nord d'Al Hada ou par la route. Avec 600000 habitants, c'est une destination touristique appréciée par les habitants de Djedda et des pays de la région, notamment à l'occasion du *Hajj* (le pèlerinage annuel à La Mecque). Ils viennent chercher le calme et la fraîcheur dans ces montagnes peuplées par des colonies de singes vivant par milliers en totale liberté. C'est aussi à Taëf que fut inventée l'écriture arabe.

À l'approche d'un carrefour, une énorme pancarte bleue comportant une flèche orientée vers la droite et une consigne, écrite en arabe et en anglais, me saute aux yeux : *For non-muslems*, autrement dit « pour les non-musulmans ». Je réalise que j'ai atteint le point le plus proche de La Mecque toléré pour un non-musulman. Résigné, je prends la direction de Taëf, laissant La Mecque à ma gauche. Plus tard, des amis saoudiens m'ont proposé de les accompagner dans leur voiture pour aller visiter La Mecque, mais je les ai poliment remerciés. Avant de me rendre à Djedda, mon employeur m'avait formellement mis en garde contre un pareil acte qui me coûterait mon poste, voire ma vie.

Deux religions ne coexistent pas en Arabie

Beaucoup d'amis musulmans, dont des Saoudiens, m'ont affirmé que les écrits sacrés de l'islam ne mentionnent nulle part qu'il est interdit aux non-musulmans de visiter La Mecque. Pourquoi donc les autorités religieuses et politiques du pays appliquent-elles des mesures si restrictives sur l'accès des non-musulmans ? D'abord parce que cette ville, où est né Mahomet vers 570 de notre ère, abrite la « mosquée sacrée » *al-Haram*, la plus importante du monde musulman, et la Kaaba, un édifice carré qui contient la pierre noire que les pèlerins vénèrent au cours du *Hajj* et où Allah, Dieu unique, est adoré par les musulmans. L'autre raison est due à une tradition orale de l'islam, selon laquelle il est dit que deux religions ne se réunissent pas dans la péninsule Arabique. Le territoire de La Mecque n'est d'ailleurs pas la seule zone « sacrée » interdite aux non-musulmans en Arabie saoudite, la ville de Médine, qui abrite la tombe de Mahomet, au nord de La Mecque, l'est aussi.

Non seulement le sol de La Mecque est prohibé aux non-musulmans, mais aussi son espace aérien. Aucun aéronef ne survole cette ville pour des raisons de sécurité, ainsi que par crainte que des voyageurs non-musulmans « souillent » son espace.

Comment fêter Noël en Arabie saoudite quand on est un « expat » de confession chrétienne ? Même l'arbre de Noël fait partie des denrées prohibées. Au marché des Philippins, des arbres de Noël minuscules sont vendus très discrètement, avec des guirlandes et des décorations, aux Occidentaux. Les Saoudiens voient d'un mauvais œil cette décoration de Noël. Pour eux, elle est le symbole de vénération de la naissance d'un être humain, Jésus, au détriment d'Allah. Ils appellent ça *ichrak*, c'est-à-dire association d'une créature à l'adoration d'Allah. Plus qu'un blasphème, il s'agit d'un sacrilège selon la doctrine islamique wahhabite. Cette doctrine et ses implications sur le comportement des gens dans la vie publique sont très énergiquement défendues par la police religieuse, appelée *moutaweh*. Les membres de cette police, appartenant à une administration puissante et redoutable – organisme chargé d'ordonner le bien et d'empêcher le mal –, interviennent directement en interpellant les gens pour tel ou tel « délit » : une femme pas assez voilée, ou en compagnie d'un homme qui n'est ni son mari ni son frère, même dans une voiture privée, des personnes qui ne font pas la prière, des commerçants qui ne ferment pas leurs magasins aux heures des prières, un jeune homme qui ose draguer une fille...

Noël n'est pas la seule fête chrétienne qu'il est interdit de fêter. Pâques l'est aussi. Les fêtes religieuses des autres confessions sont, à l'évidence, interdites aussi. Même les fêtes religieuses musulmanes célébrées dans les autres pays arabes ou musulmans sunnites ou chiites sont interdites, comme la fête de la naissance de Mahomet, pourtant fondateur de l'islam, la fête chiite de *Achoura* et la fête du jour de l'an musulman *héjir*. C'est toujours le même principe d'association d'une créature à l'adoration d'Allah qui est contesté. L'islam wahhabite ne reconnaît que deux fêtes musulmanes : *Aladhha*, fête annuelle du sacrifice, au cours de laquelle des millions de musulmans affluent à La Mecque, du monde entier, et y sacrifient des centaines de milliers de moutons durant le pèlerinage. La seconde est *Iftar*, fin du jeûne du ramadan.

Aujourd'hui toute manifestation de foi autre que l'islam sunnite est susceptible d'être sévèrement sanctionnée. La sanction peut aller jusqu'à la peine capitale en cas de conversion confirmée d'un Saoudien à une autre religion. En 2008, j'ai appris qu'une Saoudienne, Fatima Almouteiry, avait été exécutée pour s'être convertie au christianisme. Non seulement l'islam est officiellement la religion de l'État, conformément à la Constitution, mais encore la charia (droit islamique) est appliquée à l'ensemble des habitants du royaume sans exception, y compris les non-musulmans. Les chrétiens représentent environ 3 % des habitants d'Arabie saoudite, soit 1,3 million. Ils sont tous étrangers, résidents pour le travail. Cependant tous les chrétiens ne sont pas traités également par les autorités. Les Européens, Américains, Canadiens, Australiens et Néo-Zélandais sont généralement moins visés, car les Saoudiens sont conscients que les autorités de ces ressortissants peuvent intervenir quand il le faut pour assurer leur protection. Les Saoudiens sont beaucoup plus intransigeants à l'égard des chrétiens ressortissants des pays du tiers-monde, tels que les Éthiopiens, les Philippins, les Indiens et les ressortissants des pays arabes. Aucun chrétien de ces pays n'ose assister aux messes dites périodiquement au sein des consulats de France, de Grande-Bretagne et probablement d'Italie. Des prêtres venus des Émirats arabes unis ou résidents en qualité d'experts célèbrent ces messes. J'y ai assisté régulièrement au consulat de France puis au consulat du Royaume-Uni. Une quarantaine de fidèles y prennent part dans la plus grande discrétion pour ne pas attirer l'attention des gardes saoudiens présents jour et nuit au poste de contrôle extérieur à l'entrée des représentations diplomatiques. Chez les Britanniques il y a quelquefois même une chorale accompagnée d'orgue. Pour passer l'information sur la messe par e-mail ou par téléphone, nous évitions de prononcer le mot « messe ». Nous parlions de « rencontre » ou de « soirée ».

L'interdiction de la liberté de culte ne vise pas la seule religion chrétienne. Il s'agit d'un principe qui concerne toutes les confessions sans exception. Bien entendu cette interdiction n'affecte que les pratiques religieuses visibles ou collectives. Elle ne peut toucher en aucun cas la foi personnelle. Ce n'est pas la foi non musulmane qui effraie les Saoudiens, mais les pratiques et les expressions visibles de celle-ci. Dans ce contexte, il faut le reconnaître, les chrétiens sont beaucoup plus en sécurité en Arabie saoudite que dans certains pays arabes ou musulmans, où, bien que nationaux, ils peuvent être menacés, persécutés ou attaqués pour être chrétiens tout simplement. Ce n'est pas le cas en Arabie saoudite parce que les chrétiens sont tous résidents étrangers pour motif de travail exclusivement. Ils s'abstiennent de manifester ou de témoigner leur foi pour des raisons évidentes.

Des Saoudiens chrétiens ?

Adnan est professeur de sciences politiques à l'université de Djedda. Il fait partie des quelques Saoudiens que j'ai connus de près. Lors d'une de nos discussions qui portaient sur la « tolérance » religieuse en Arabie saoudite, il m'a affirmé que des chrétiens saoudiens vivaient clandestinement leur foi; une foi transmise et enseignée oralement de génération en génération depuis que le christianisme est proscrit en Arabie avec l'avènement de l'islam au VIIe siècle. Selon Adnan, ces communautés chrétiennes se connaissent entre elles. Leurs membres prient et vivent leur foi chrétienne en famille dans la plus grande discrétion. Pour ne pas être reconnus, ils donnent des prénoms musulmans à leurs enfants, s'habillent et parlent arabe comme tout le monde. Il est impossible de les reconnaître dans la vie sociale, m'a confié Adnan, sans m'en dire davantage. Pendant trois ans, j'ai essayé, en vain, de trouver sur le terrain le moindre indice confirmant les dires d'Adnan. Néanmoins, sa confidence peut se défendre si on considère certains faits historiques et pratiques. Chacun sait que, jusqu'à l'apparition de l'islam au VIIe siècle, la population de la péninsule Arabique était composée, sur le plan religieux, de païens, de juifs, de sabéens (religion dont le prophète est saint Jean-Baptiste) et de chrétiens. Ces croyances ainsi que leurs adeptes sont cités maintes fois dans le Coran qui reconnaît Moïse « Moussa », Jean-Baptiste « Yehya » et Jésus « Issa » comme prophètes. Il y est même écrit qu'Issa est parole d'Allah et esprit d'Allah, qu'il est né de la Vierge Mariam « Marie », qu'il n'est pas mort et qu'il viendra à la fin des temps pour juger les hommes. Cependant le Coran fait une distinction entre les chrétiens et les juifs, d'une part, et les partisans des autres croyances, d'autre part. Certains versets du Coran font allusion aux chrétiens de façon très positive. L'Histoire dit que la ville de Najran, située au sud de La Mecque, était le siège d'un évêché.

Des collègues m'ont souvent parlé des restes d'une église à Djedda. J'ai attendu plus de un an avant d'avoir l'occasion de la visiter avec d'autres amis, tous occidentaux, en compagnie d'un diplomate du consulat de France à Djedda. J'ai pu constater, autant que je m'en souvienne, les restes des murs, d'une hauteur d'environ deux mètres, la partie inférieure de rangées de colonnes de marbre et le support de l'autel. Sans être expert en archéologie ou en architecture, j'ai estimé à une centaine d'années l'état de ruine de cet édifice d'une superficie de quelque 200 m^2. La construction peut dater, si je ne me trompe pas, de deux ou trois siècles. Ces ruines gisent au milieu d'un terrain vague au centre de Djedda. C'est la preuve qu'il y avait une certaine tolérance religieuse avant le wahhabisme imposé par les Saoud au XVIIIe siècle.

J'ai eu également l'occasion de visiter l'unique cimetière chrétien à Djedda. D'une superficie d'environ 700 m², il est entouré de murs de plus de deux mètres de haut, pour qu'il ne soit pas visible, car la doctrine de l'islam wahhabite interdit non seulement les cimetières, mais aussi les tombeaux visibles, ainsi que tout monument funéraire tel que les mausolées, les témoins ou les pierres tombales. Les wahhabites qualifient les chiites d'adorateurs des morts, car ils vénèrent les mausolées de leurs imams fondateurs. Le wahhabisme, confession de la majorité des Saoudiens, suivie par la famille royale, considère comme un sacrilège le fait de s'attacher aux défunts ou de les vénérer, d'où l'interdiction des cimetières apparents. Les wahhabites enterrent leurs morts dans des zones connues d'eux seuls, sans laisser apparaître aucune trace visible de l'existence du tombeau. Ils doivent effacer de leur mémoire leurs défunts et même ne garder d'eux aucune photo ni aucun souvenir. Le principe consiste à ne pas associer ces pratiques au culte d'Allah. Selon le wahhabisme, Allah seul doit être adoré. Pour cette raison, tout attachement à un être ou à une représentation, même artistique (statue, peinture, photo, jouet...), est strictement proscrit par le wahhabisme. Le cimetière chrétien de Djedda est peut-être l'unique du genre à exister en Arabie saoudite. Nous nous y sommes rendus pour nous recueillir sur la tombe d'un Français enterré là depuis des décennies. Il y avait aussi des tombeaux récents de Philippins décédés à Djedda. Sans doute les leurs n'avaient-ils pas les moyens de rapatrier leurs dépouilles. Je ne me souviens pas d'avoir repéré un tombeau d'un défunt saoudien chrétien.

Un évêché en Arabie avant l'islam

Les historiens affirment qu'une communauté chrétienne arabe vivait, avant l'avènement de l'islam, à Najran, ville située à 170 km au sud de La Mecque. Dirigée par un évêque, cette communauté devait appartenir soit à l'Église nestorienne, soit à l'Église copte.

Dans son ouvrage intitulé *L'Arabie chrétienne*[1], le père Piccirillo y fait allusion. Il évoque la présence des chrétiens avant l'islam dans cette contrée : « Les résultats des fouilles ont montré que la province romaine d'Arabie était peuplée d'Arabes bien intégrés à la nouvelle communauté chrétienne… Rien n'empêche d'imaginer qu'un jour les fouilles archéologiques puissent compléter par de nouvelles découvertes la connaissance de la présence chrétienne dans la péninsule Arabique. » Je me suis rendu à Najran dans l'espoir de trouver une trace quelconque de l'existence du christianisme. Aucune trace visible d'églises ou de couvents.

Mais, de cette présence, il reste néanmoins des témoignages écrits, le premier dans les Actes des apôtres 2,7-11 : « Ils étaient tous dans l'étonnement et la surprise, et ils se disaient les uns aux autres : "Voici, ces gens qui parlent ne sont-ils pas tous galiléens ? Et comment les entendons-nous dans notre propre langue à chacun, dans notre langue maternelle ? Parthes, Mèdes, Élamites, ceux qui habitent la Mésopotamie, la Judée, la Cappadoce, le Pont, l'Asie, la Phrygie, la Pamphylie, l'Égypte, le territoire de la Libye voisine de Cyrène, et ceux qui sont venus de Rome, Juifs et prosélytes, Crétois et Arabes." » Le deuxième, dans le Coran, dont plusieurs versets disent du bien des chrétiens, mais d'autres le contraire. Pour être cités dans le Coran, les chrétiens vivaient forcément dans la région de La Mecque à cette époque. Ils y sont désignés par *Nassara* en arabe, par rapport à Nazareth, ville dont « Issa » Jésus (le Nazaréen) est originaire. Il y avait aussi des communautés juive, sabéenne, païenne, puisqu'elles sont également citées dans le Coran.

En l'an 630, l'expansion de l'islam dépasse Najran au sud, pour atteindre le Yémen, et au nord jusqu'à la ville de Médine, appelée alors Yathrib. C'est dans cette ville que Mahomet a émigré, quittant La Mecque. Il y a passé les dernières années de sa vie et y est décédé. Sa tombe se trouve aujourd'hui dans la grande mosquée de Médine où des millions de musulmans du monde entier vont se recueillir et prier, en signe de vénération de leur prophète.

1. M. Piccirillo, *L'Arabie chrétienne*, Menges, 2002.

La communauté chrétienne de Najran voyait sa liberté de culte affectée par les adeptes de l'islam, nouvelle religion qui gagnait du terrain à son détriment. En l'an 631, soit un an avant la mort de Mahomet, une délégation de soixante-dix chrétiens, dont des notables, dirigée par l'évêque de Najran, se rend à Médine dans le dessein de négocier avec Mahomet un arrangement de coexistence. Selon les écrits, Mahomet leur réserva un bon accueil. Il les laissa faire librement leurs prières. Les négociations durèrent trois jours avant de parvenir à un accord permettant d'expliciter définitivement le modèle de l'éthique musulmane à l'égard des chrétiens en matière de religion. Les termes de cet accord, appelé « pacte de Najran », recommandent, dans leur ensemble, aux musulmans de témoigner bienveillance aux chrétiens, sous réserve qu'ils respectent l'islam.

Témoignage

L'évêque de La Mecque

Samuel Lieven

Mgr Camillo Ballin est l'un des deux représentants du pape dans la péninsule Arabique (Arabie saoudite, Bahreïn, Koweït, Qatar...) où vivent pas moins de 2,5 millions de chrétiens, essentiellement des catholiques. Il nourrit un rêve : construire une cathédrale au Bahreïn.

À l'accueil des Missions étrangères de Paris, où nous avons rendez-vous avec Mgr Camillo Ballin, trois visiteurs sont venus lui remettre un colis en main propre. Ils ne se sont jamais vus. L'évêque italien, actuellement en poste au Bahreïn, tente d'estimer le poids du paquet. Quelques phrases s'échangent au sujet de son destinataire : un prêtre, français, dont le nom ne sera pas prononcé. Les trois visiteurs prennent congé et Mgr Ballin nous invite à le suivre jusqu'au parloir, son mystérieux paquet sous le bras.

Vicaire apostolique d'Arabie du Nord depuis 2011, Mgr Camillo Ballin, soixante-neuf ans, est le représentant du pape dans quatre pays de la péninsule Arabique : Bahreïn, le Koweït, le Qatar, mais surtout l'Arabie saoudite, dont le territoire, « sanctuarisé » par les autorités de Riyad, est interdit à toute pratique religieuse autre que celle de l'islam. Pas moins de 2,5 millions de chrétiens, essentiellement des catholiques, vivent dans ces pays. Ils sont autour de 1,5 million en Arabie saoudite, pays où l'accès à La Mecque – ville où se trouve la Kaaba, le lieu le plus sacré de l'islam – leur est formellement interdit. La plupart sont des ouvriers philippins, indiens ou sri-lankais. On y croise aussi des Coréens et des Européens à des postes plus attractifs.

Mais pour Mgr Ballin, qui a vécu quarante-cinq ans dans le monde arabo-musulman, dont dix dans la péninsule Arabique, l'économie n'explique pas tout. « Dieu a voulu la présence de ces chrétiens dans le cœur de l'islam non pour le combattre, mais comme un signe de son amour pour tous… Notre mission est de manifester cet amour par notre manière de vivre, pas de convertir. »

Évêque de La Mecque ? L'expression fait sursauter ce mètre quatre-vingt-dix taillé dans le roc. « N'écrivez pas cela, je ne voudrais pas que ce soit mal interprété », dit-il en couvrant de la main droite le dictaphone posé sur la table. De cette Église des catacombes, de la poignée de prêtres et des centaines de catéchistes clandestins disséminés sur ce vaste territoire, barricadés dans leurs maisons ou leurs ambassades pour y célébrer la messe à l'abri de la police religieuse, il ne dit mot.

De sa voix basse et enrouée, Mgr Ballin préfère évoquer la cathédrale qu'il projette de construire à Bahreïn, où il réside et dont il vient de recevoir le passeport directement des mains du roi. Le bâtiment pourra accueillir 2 500 personnes dans ce petit pays qui compte 140 000 chrétiens. Car à Bahreïn, comme au Koweït – où le culte n'est toléré que dans l'enceinte des trois seules églises construites depuis 1939 –, le manque de place est le problème numéro un. « Le vendredi, qui est notre jour férié en raison de la prière des musulmans, tout le monde s'entasse pour prier ou discuter dans notre petite église et beaucoup restent dehors. »

Récemment, en gage d'ouverture, le roi du Bahreïn a fait don à l'Église d'un terrain à bâtir. Une première dans ces pays où les étrangers ne peuvent devenir propriétaires. Aussi, Mgr Ballin voit grand. Autour de la cathédrale, il rêve de locaux pour former la cinquantaine de prêtres qui célèbrent en treize langues et cinq rites, assurer le catéchisme et loger ses collaborateurs. « Aujourd'hui je n'ai rien, ni évêché ni secrétaire, dit-il. Mais je prépare l'avenir. »

Sa vie de bâtisseur en pays musulmans, ce fils de petits paysans de la région de Padoue (Italie) l'a entamée bien avant son arrivée dans la péninsule Arabique. Tombé amoureux de la langue arabe dès son premier séjour en Syrie, en 1969, le jeune missionnaire combonien[1] met au point une méthode d'apprentissage de l'arabe destinée aux étrangers adultes. Le principe? « Pas un mot en langue étrangère: tout se passe en arabe dès la première séance. »

Au Caire, où il séjourne plus de vingt-cinq ans, l'expérience donne naissance à un institut pontifical – Dar Comboni – où les congrégations envoient former leurs arabisants. En 1990, le P. Ballin passe au Soudan où, malgré la loi islamique, il parvient à ouvrir une faculté théologique et morale. Il sillonne aussi le désert où quatre-vingts écoles catholiques, misérables cabanes bricolées en toile, carton et bambou, reçoivent l'approbation des autorités.

Alors que sa congrégation le rappelle à Rome pour travailler à une thèse de doctorat sur l'Église au Soudan, Camillo Ballin expérimente, à bientôt cinquante-cinq ans, une certitude dans laquelle il puise l'essentiel de ses forces. Son sujet porte sur 450 juifs et chrétiens qui, à la fin du XIXe siècle, furent convertis de force à l'islam. Ils tiendront près de vingt ans avant de pouvoir retourner librement à leur religion. Le P. Ballin a retrouvé leurs noms sur une liste. « Durant toutes ces années, ces juifs et ces chrétiens furent obligés de se rendre à la mosquée le vendredi, mais auparavant, tous faisaient leur prière juive ou chrétienne dans l'intimité. Les coptes avaient même une église secrète, dont le bâtiment existe toujours. Dieu n'abandonne jamais personne. »

Verra-t-il la construction d'une église à Riyad? « Dieu seul le sait. Mais le jour où une église s'ouvrira en Arabie saoudite sera un jour glorieux pour ce pays et pour le monde entier. » Camillo Ballin ne s'attarde pas sur le sujet. Il préfère revenir sur sa cathédrale de Bahreïn. « J'ai besoin de 25 millions d'euros… Elle sera dédiée à Notre-Dame d'Arabie, comme toute la péninsule. »

Nous insistons pour savoir ce qu'il transporte dans son colis. Un tabernacle… Pour une destination secrète.

Article paru dans *La Croix*, édition du 27 mars 2014

1. Les missionnaires comboniens du Sacré-Cœur sont une congrégation religieuse missionnaire fondée par l'Italien Daniel Comboni (1831-1881) pour l'évangélisation et la promotion des plus démunis en Afrique.

Israël et les territoires palestiniens

Terre sainte : un berceau vide ?

Nom donné par les chrétiens au pays où Jésus a vécu et prêché, la Terre sainte englobe aujourd'hui les frontières d'Israël, de la Cisjordanie, de Gaza et d'une partie de la Jordanie. Alors qu'elle était peuplée d'environ 10 % de chrétiens en 1948, les guerres successives et l'interminable conflit israélo-palestinien ont réduit leur présence comme peau de chagrin, autour de 2 %. Citoyens de seconde zone en Israël, marginalisés dans les territoires palestiniens à 98 % musulmans où l'islamisme gagne du terrain, ils sont le plus souvent tentés par l'exil.

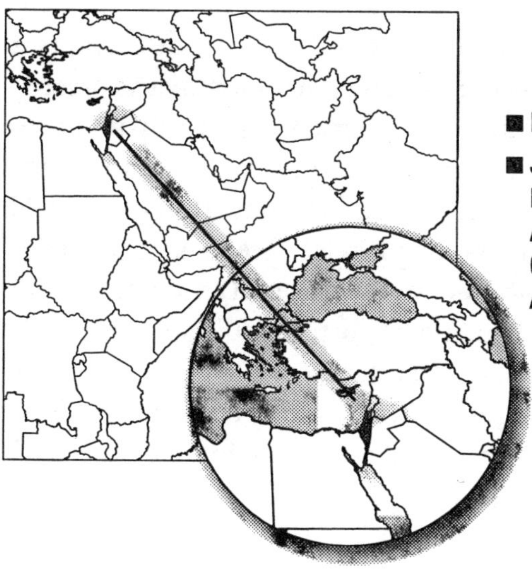

■ Population = 8 050 000

■ Juifs = 72,5 %
Musulmans = 19,3 %
Agnostiques / Athées = 4,8 %
Chrétiens = de 2 à 3 %
Autres = 1 %

Analyse

L'étau du conflit israélo-palestinien

David Neuhaus

Mosaïque de communautés ayant en commun leur identité arabe palestinienne, les chrétiens de la région sont pris en étau entre un nationalisme juif en voie de raidissement et une cause palestinienne de plus en plus islamisée.

La Terre sainte[1] représente le berceau de la foi chrétienne. Ici est né Jésus-Christ, il y a vécu, il y est mort, puis il est revenu d'entre les morts, accomplissant les promesses de Dieu faites aux patriarches, aux prêtres, aux rois, aux sages et aux prophètes d'Israël qui vivaient dans ce pays. C'est ici aussi qu'a été établie la première Église de croyants, à Jérusalem, et c'est depuis Jérusalem que les apôtres sont partis prêcher la bonne parole jusqu'aux confins de la Terre. Ce sont ce pays et ses villes qui sont évoqués dans des églises aux quatre coins du monde et dans les lectures de l'Ancien comme du Nouveau Testament, qu'il s'agisse de la liturgie ou des chants. Ce pays, les chrétiens y sont venus d'ici et d'ailleurs en pèlerins afin de renouveler et d'approfondir leur foi en ces Lieux saints qui ont marqué l'histoire du salut. Depuis la première moitié du Iᵉʳ siècle, la Terre sainte a accueilli les communautés chrétiennes, dont les membres ont joué un rôle central dans l'histoire de ce pays. Qui sont les chrétiens en Terre sainte aujourd'hui ?

1. Dans le cadre de cet article, la Terre sainte fait référence aux territoires à l'ouest du Jourdain seulement, ce qui inclut donc le territoire de l'actuel État d'Israël, ainsi que les territoires de l'Autorité nationale palestinienne en Cisjordanie et dans la bande de Gaza.

Quels sont les défis auxquels ils sont confrontés? Et quel est leur avenir?

Qui sont les chrétiens en Terre sainte aujourd'hui?

Les chrétiens en Terre sainte appartiennent à une mosaïque de communautés.

Tout d'abord, il y a une grande diversité de confessions chrétiennes. L'orthodoxe byzantine (ou grecque) et la catholique[1], qui constituent la vaste majorité des chrétiens en Terre sainte, la catholique romaine (ou latine), les maronites, les Arméniens, les orthodoxes et les catholiques syriens, les coptes, les Éthiopiens, les anglicans, les luthériens et une pléthore de groupes évangéliques.

Ensuite, il y a une grande diversité d'origines, de langues et de contextes socioculturels dans lesquels vivent lesdits chrétiens.

Les statistiques concernant la présence chrétienne font l'objet de vifs débats. Les chrétiens constituent entre 2 et 3 % de la population totale de la Terre sainte aujourd'hui (plus de 2 % en Israël et moins de 2 % en Palestine). Cela représente un déclin majeur dans leur proportion au sein de la population depuis 1948[2].

- Dans l'État d'Israël, il y a:
  - environ 120000 à 130000 citoyens chrétiens qui sont arabo-palestiniens et parlent l'arabe,
  - environ 30000 à 40000 citoyens chrétiens qui sont intégrés à la population judéo-israélienne parlant hébreu, et qui sont en majorité originaires de l'ex-Union soviétique et d'Europe de l'Est,
  - environ 150000 immigrants chrétiens (105000 travailleurs migrants, essentiellement des Philippines, d'Inde, du Sri Lanka, du Nigeria, du Ghana, d'Amérique latine et d'Europe de l'Est) et

1. Les catholiques désignent non seulement les catholiques romains, mais aussi diverses Églises du rite d'Orient, en communion avec l'Église catholique romaine tout en préservant leur liturgie et leurs traditions orientales. Ces Églises en Terre sainte comprennent: la grecque (byzantine), les catholiques, les maronites, les catholiques syriens, les catholiques arméniens et les chaldéens. Les catholiques coptes ne sont pas une Église reconnue en Terre sainte, bien que certains de ses fidèles vivent là.

2. Avant 1948, les chrétiens constituaient environ 10 % de la population. Un changement dramatique a eu lieu après 1948 et il est dû à l'énorme augmentation du nombre de juifs, au départ de nombreux réfugiés palestiniens dont des chrétiens, à la migration continue de chrétiens hors de la Terre sainte, ainsi qu'à la chute du nombre d'enfants par famille au sein de la communauté chrétienne.

environ 45 000 demandeurs d'asile africains (essentiellement de l'Érythrée).

- Dans les territoires palestiniens (y compris Jérusalem-Est), il y a :
  - environ 50 000 chrétiens, parlant presque tous l'arabe (environ 38 000 en Cisjordanie, 10 000 à Jérusalem et 2 000 dans la bande de Gaza).

Un des principaux problèmes auxquels sont confrontés les Arabes chrétiens en Terre sainte, c'est la migration des chrétiens hors de leur pays natal. Cette tendance, qui a débuté au XIXe siècle, est peut-être l'une des menaces les plus importantes contre les communautés d'Arabes chrétiens au Moyen-Orient de nos jours. L'immigration concomitante de migrants chrétiens vers la région a certes créé des communautés pleines de vitalité, mais qui vivent dans des conditions précaires, leurs membres étant souvent déracinés et sans statut légal de longue durée.

Définir les défis auxquels doivent faire face les communautés chrétiennes en Terre sainte est une façon de décrire leur réalité actuelle.

L'identité dans la diversité et l'unité : les Arabes chrétiens

Comment l'Arabe chrétien en Terre sainte définit-il son identité ? Nombreux sont ceux qui décrivent les Arabes chrétiens en Terre sainte comme se trouvant pris dans une crise identitaire. Certains Arabes chrétiens se voient piégés entre le nationalisme juif, qui les marginalise et exerce à leur encontre une discrimination, et le nationalisme arabe, de plus en plus islamique dans son expression, et qui les aliène.

La grande fragmentation de la communauté arabe chrétienne contribue à cette crise identitaire. Les Arabes chrétiens sont historiquement divisés en une variété de confessions dont les origines se perdent dans les débats théologiques et la fragmentation structurelle qui en a résulté. Les Byzantins, les Latins et les prétendus monophysites (Arméniens, Syriens, Coptes, Éthiopiens) sont en concurrence et coexistent dans les Lieux saints ; une variété encore plus grande comprend l'Église d'Orient, unie avec Rome (Byzantins, maronites, Syriens, Arméniens, Chaldéens), les anglicans, ainsi que différents protestants et évangélistes qui sont en concurrence et qui coexistent avec leur multiplicité d'Églises et d'institutions dans la vie quotidienne de la communauté. Pour de nombreux Arabes chrétiens, ces divisions et les rivalités qui en découlent sont source de scandale. Beaucoup insistent pour dire que leur identité première est chrétienne plutôt que byzantine, latine ou luthérienne. Le dialogue œcuménique n'est pas seulement une formalité mais une réalité au jour le jour, dans laquelle les Arabes chrétiens, constamment conscients de leur petit nombre, insistent souvent pour dire : « Unis nous survivons, divisés nous disparaissons. »

La fragmentation des Arabes chrétiens est non seulement confessionnelle, mais aussi géopolitique. Après 1948, les Arabes chrétiens palestiniens, tout comme leurs congénères musulmans, se sont répartis en trois réalités sociopolitiques différentes. Certains sont devenus citoyens de l'État d'Israël nouvellement créé. D'autres se sont retrouvés dans des territoires (Jérusalem-Est et la Cisjordanie) annexés au royaume hachémite de Jordanie ou aux territoires (bande de Gaza) occupés par l'Égypte. De nombreux autres ont subi une diaspora, et sont devenus réfugiés. En 1967, Jérusalem-Est, la Cisjordanie et la bande de Gaza étaient occupés par Israël. Aujourd'hui, de nombreux chrétiens en Cisjordanie, ainsi que tous les chrétiens dans la bande de Gaza, vivent dans des régions définies comme « autonomes » et administrées par l'Autorité nationale palestinienne, des régions politiquement divisées ; il s'agit de régions structurellement lourdes et incapables d'exercer un contrôle complet du territoire à cause de celui qu'exerce Israël en continu de son côté, au niveau de l'entrée comme de la sortie desdits territoires.

La lutte constante pour l'indépendance, telle que les nationalistes arabo-palestiniens la présentent, a offert une plate-forme à partir de laquelle les Arabes chrétiens pouvaient non seulement surmonter leurs divisions confessionnelles, mais aussi s'unir aux musulmans dans un programme d'action commun. Nul doute que l'espoir de nombreux Arabes chrétiens engagés dans la lutte pour l'indépendance est celui d'une société séculaire et démocratique qui garantirait leurs droits. Ils cherchent à être traités en citoyens normaux, avec les mêmes droits et les mêmes obligations. Néanmoins, les crises successives au sein du monde arabe ont mené à une sérieuse corrosion de ce rêve d'une société égalitaire.

Les événements de 1948 ont abouti à la création de l'État d'Israël et à l'expropriation de centaines de milliers de Palestiniens, musulmans comme chrétiens. Le conflit permanent a produit une série de guerres lors desquelles les pays arabes ont été battus à moult reprises, créant une désillusion croissante. De plus, les régimes nationalistes modernes qui gouvernent les pays arabes environnants n'ont pas réussi à mettre en place des structures garantissant la liberté, l'égalité et la dignité, et sont devenus de plus en plus totalitaires, menant à une perte grandissante de crédibilité concernant le nationalisme séculaire. Après la Révolution iranienne en 1979, les mouvements islamiques partout au Moyen-Orient ont entrepris de contester les régimes dictatoriaux. Cependant, plutôt que de promouvoir l'idée d'une citoyenneté partagée, ces mouvements ont développé un discours confessionnel à base islamique, qui mine l'espoir qu'entretenaient les chrétiens d'une démocratie où vivre égaux et en sécurité. La dernière série de soulèvements dans le monde arabe, qui a commencé fin 2010 et qui est plus connue sous le nom de « Printemps arabe », a révélé l'aspiration profonde des masses à la liberté et à la dignité, mais a aussi ouvert une boîte de Pandore contenant des alternatives islamiques radicales aux régimes dictatoriaux arabes séculaires, ce qui constitue une menace pour le rêve chrétien d'égalité et d'intégration.

Au cœur des territoires occupés par Israël durant la guerre des Six-Jours, Palestiniens, chrétiens et musulmans se sont unis dans leur lutte contre l'occupation israélienne. Le mouvement national palestinien est relativement laïc et ses dirigeants comprennent des chrétiens, qui occupent même des postes éminents dans l'administration de l'Autonomie palestinienne. Les dirigeants de l'Église ont cultivé des relations avec les dirigeants nationaux, et cela a été particulièrement évident durant les vingt et une années où Michel Sabbah a servi comme patriarche latin de Jérusalem. L'échec du mouvement national, qui n'a pas réussi à se libérer de l'occupation ni à obtenir l'indépendance, a conduit à une désillusion croissante, désillusion renforcée par le sentiment que les élites politiques avaient succombé à la corruption et à la mauvaise administration. La suprématie des options islamiques radicales, qui ont réussi à séparer la bande de Gaza de la

Cisjordanie, continue de marginaliser les chrétiens. Le discours de lutte contre l'occupation israélienne a adopté des stridences de plus en plus islamiques. De nombreux chrétiens ont choisi de se retirer de la vie publique et de se tourner vers l'intérieur, créant des havres de paix chrétiens dans lesquels ces derniers peuvent se soutenir mutuellement et minimiser le contact avec le monde extérieur.

En dépit d'un large consensus qui insiste sur l'importance de l'unité nationale musulmans-chrétiens par rapport au peuple palestinien, il y a des manifestations occasionnelles de sentiment antichrétien : les chrétiens sont parfois raillés, des slogans sont tagués sur les églises comme sur les institutions, et des chrétiens ont été attaqués physiquement. L'hostilité est fondée sur des présupposés théologiques (« les chrétiens ne sont pas monothéistes ») ainsi que sur des soupçons historiques (« les chrétiens sont de mèche avec l'Occident colonialiste et impérialiste »). Au cœur d'un territoire dominé par les mouvements islamiques, la petite communauté chrétienne de Gaza est particulièrement menacée. Bien que les chrétiens ne soient pas explicitement persécutés, il y a eu des pressions exercées sur leur communauté pour qu'elle se conforme aux normes islamiques, dont la ségrégation des garçons et des filles à l'école et l'obligation pour les femmes de se couvrir la tête dans la rue. Il y a eu des doléances de conversions forcées à l'islam, et la petite communauté évangélique a été attaquée, puis l'un de ses membres éminents kidnappé et tué. Il reste encore beaucoup de travail à accomplir dans l'ensemble de la société palestinienne afin de construire un discours civique et une culture où la citoyenneté, plutôt que l'identité religieuse, serait l'élément de base de l'appartenance.

À l'intérieur de l'État d'Israël, les citoyens arabes, qu'ils soient musulmans ou chrétiens, se voient infliger un statut de seconde zone, doublé de discrimination et de marginalisation. Au fil de nombreuses décennies, la lutte pour l'égalité a renforcé les liens entre musulmans et chrétiens. Cette lutte a été menée par les partis politiques laïques dans lesquels les chrétiens endossent souvent le premier rôle. Mais, usés par des années de luttes sans fin, les partis laïques ont été défiés par un mouvement islamique à l'importance croissante, ainsi que par une opposition incessante de la part de l'État. Ces dernières années, c'est la tension fondée sur la division religieuse qui a caractérisé les conflits dans différentes localités arabes en Israël, l'exemple le plus connu étant la revendication de la construction d'une grande mosquée le long de la basilique de l'Annonciation à Nazareth. Ces conflits ont été fomentés par un mouvement islamique qui voit les chrétiens comme des étrangers, et par certains éléments au sein de l'administration israélienne qui sentent les avantages qu'il peut y avoir à diviser la population arabe.

Les éléments en question ont, de manière constante, suivi une politique du « diviser pour mieux régner » en ce qui concerne la minorité arabe. Dans les années 1950, l'administration israélienne a travaillé dur pour séparer la communauté druze[1] de la population arabe, y compris en enrôlant de jeunes Druzes dans l'armée au même titre que des juifs (les chrétiens et les musulmans ne sont pas recrutés) et en mettant en avant un discours qui définissait les Druzes comme étant différents des Arabes. Des tentatives similaires pour séparer les chrétiens d'autres Arabes ont échoué durant cette même période, mais aujourd'hui elles sont renouvelées et gagnent en dynamisme, soutenues par certains Arabes chrétiens ainsi que par des juifs de droite. La tentative est d'encourager une identité « chrétienne » qui ne s'identifie plus avec le monde arabe, en s'appuyant sur les craintes du radicalisme islamique émergeant. En Israël, les Arabes chrétiens sont appelés à s'unir avec les juifs afin de se tailler des havres de paix dans un Moyen-Orient passablement dangereux. La forme la plus flagrante de cette entreprise de reformulation de l'identité a été démontrée par les tentatives d'enrôlement de jeunes Arabes chrétiens dans l'armée israélienne.

Dans un document de 2013 qui traitait de la question des chrétiens servant dans l'armée israélienne, la commission Justice et Paix de l'Assemblée des ordinaires catholiques de Terre sainte a récemment déclaré: « Voici comment l'Église voit sa tâche: apprendre à nos jeunes à s'accepter tels qu'ils sont, leur offrir une éducation équilibrée, à la fois nationale, humaine et chrétienne, ainsi qu'une prise de conscience de leur histoire, de leur ancrage dans le pays et du sentiment d'identité intégrant les différents éléments (Arabes palestiniens, chrétiens et citoyens d'Israël) plutôt qu'en en réprimant

1. Population du Proche-Orient cultivant une religion musulmane hétérodoxe.

un seul. Les évêques et les prêtres doivent aider le croyant pris dans cette “crise d'identité”. »

Émigration et immigration : les « nouveaux chrétiens »

En 1948, de nombreux Palestiniens chrétiens sont devenus des réfugiés au même titre que leurs congénères musulmans. De plus, face à l'incessante pression politique et socio-économique, de nombreux Palestiniens chrétiens, ainsi que des musulmans et des chrétiens, quittent leur terre natale en quête d'un meilleur avenir ailleurs, tandis que de nombreux autres rêvent d'en faire autant. Un des thèmes récurrents parmi les Palestiniens chrétiens et les cercles traditionnels de l'Église est l'émigration chrétienne. Il existe une sérieuse fuite des cerveaux dans la communauté chrétienne à mesure que les jeunes, les universitaires et les professionnels émigrent bel et bien, laissant derrière eux une communauté de plus en plus appauvrie. Les familles chrétiennes se trouvent aussi être de plus en plus petites comparées aux musulmanes et aux juives. En dépit d'une légère augmentation du nombre de chrétiens d'une année sur l'autre, il en résulte un déclin significatif dans leur proportion par rapport à la population globale.

Malgré tout, en plus de l'émigration d'Arabes chrétiens, il y a eu une immigration importante de chrétiens non arabes qui, en Israël, vivent au sein de la société juive parlant hébreu. Ces populations de chrétiens non arabes ont amené l'éclosion de communautés chrétiennes et d'églises de fortune dans des endroits où l'Église n'avait jamais été présente auparavant, au cœur même de villes et de localités juives. Aujourd'hui, le sud de Tel-Aviv affiche une des plus grandes populations chrétiennes en Terre sainte, des dizaines de milliers de chrétiens appartenant à une pléthore d'Églises, Église d'Orient, Églises catholique, protestantes et évangéliques, ainsi qu'à différentes sectes. Diverse dans ses origines, la population remplit des salles de location, introduisant par là de nouvelles formes de chrétienté en Terre sainte.

Les membres chrétiens de familles juives, ainsi que les chrétiens se réclamant d'ancêtres juifs, migrent vers Israël depuis 1948, où on leur a accordé les mêmes privilèges qu'à leurs congénères juifs. Aujourd'hui, après les vagues massives d'immigration venues des pays de l'ex-URSS (environ un million de personnes entre 1990 et 2005), le nombre de chrétiens non arabes correspond à environ un quart des citoyens chrétiens d'Israël (entre 30 et 40 000[1]). Contraints de s'assimiler à la population juive, certains cachent leur identité chrétienne, adoptent des coutumes juives, et vont même jusqu'à se convertir au judaïsme. Le processus d'assimilation a même encore plus de succès avec les enfants de ces mêmes immigrants, éduqués au sein du système scolaire juif israélien laïque, pratiquement sans contact avec la foi et les traditions de leurs parents. Pour ceux perçus comme porteurs d'un héritage juif, l'État encourage la conversion au judaïsme, et cela est particulièrement développé au sein de l'armée israélienne, où les jeunes gens sont encouragés à rejoindre le « courant dominant » en devenant juifs de manière officielle.

Des dizaines de milliers de travailleurs immigrés et de demandeurs d'asile chrétiens, majoritairement en provenance d'Asie et d'Afrique, ont encore accru le nombre de chrétiens en Israël. Au début des années 1990, une vague de travailleurs immigrés venus d'Afrique et d'Asie est arrivée en Israël, remplaçant la main-d'œuvre arabe et juive bon marché[2]. Une société israélienne de plus en plus opulente s'est aussi mise à importer des milliers de travailleurs sociaux destinés à venir en aide aux personnes âgées, aux handicapés et aux enfants. Bien que de nombreux travailleurs immigrés restent en Israël pour une période limitée dans le temps, retournant dans leurs pays d'origine une fois leurs permis de travail expiré ou lorsqu'ils sont expulsés, certains d'entre eux ont fondé des familles en Israël. Et les enfants de ces familles-là se sont intégrés au système scolaire public, parlent couramment l'hébreu et s'identifient pleinement à leur pays d'adoption. L'arrivée des enfants et leur scolarisation ont facilité le séjour prolongé de leurs parents et, ces dernières années, certaines familles se sont même vu accorder des permis de séjour permanents.

1. D'après les statistiques officielles israéliennes, ceux qui sont inscrits comme non juifs avoisinent les 315 000, mais il est possible que ce nombre soit bien plus élevé. Parmi eux, 10 % sont ouvertement chrétiens.

2. Le principe de fermeture, doté d'un système draconien de permis et doublé de la construction du mur séparant la population palestinienne d'Israël, a empêché de plus en plus les travailleurs arabes palestiniens des Territoires occupés de travailler en Israël. Alors que le niveau de vie augmentait dans le pays, les juifs étaient par ailleurs de moins en moins désireux d'occuper certains postes.

Après 2007, lorsque l'Europe a fermé ses frontières aux Africains fuyant par l'Afrique du Nord, des demandeurs d'asile en nombre croissant sont arrivés en Israël en passant par l'Égypte, se frayant un chemin par la frontière avec le Sinaï. La première vague provenait surtout du Soudan du Sud et du Darfour, et elle a rapidement été suivie d'un nombre croissant d'Érythréens. À cause des conventions internationales, et ne pouvant donc expulser ces populations vers leurs pays d'origine, Israël a refusé de traiter les individus qui arrivaient comme réfugiés, leur offrant à la place une protection de groupe, susceptible d'être retirée lorsque les autorités le jugent opportun. Elle l'a par exemple été lorsque le Soudan du Sud a proclamé son indépendance et que des milliers de chrétiens soudanais ont été renvoyés dans un pays toujours aux prises avec les affres de la violence et de la famine. Israël a de plus en plus cherché à dissuader les Érythréens et autres demandeurs d'asile africains de venir dans le pays, en installant des prisons pour les primo-arrivants, et aussi en renforçant la frontière avec l'Égypte. Dans le même temps, ceux déjà présents en Israël ont été encouragés à quitter le pays.

Les nouvelles populations chrétiennes constituent un dilemme pour un État qui se définit comme étant juif. Alors que les Arabes chrétiens se distinguent clairement de la majorité juive parce qu'ils sont arabes, les nouveaux chrétiens vivent au cœur même de la société juive. Les nouveaux citoyens israéliens chrétiens (en provenance essentiellement de l'ex-URSS et d'Europe de l'Est) n'ont pas d'exigences politiques vis-à-vis de l'État, mais ils aspirent à une intégration totale. Leurs enfants sont scolarisés avec des enfants juifs, ils servent dans l'armée et se marient avec des juifs. De petits signes de reconnaissance de cette présence chrétienne apparaissent nettement : depuis 1996, et lorsqu'ils prêtent serment avant d'entrer dans l'armée, les soldats chrétiens peuvent par exemple jurer sur le Nouveau Testament. Le défi est plutôt de transmettre leur foi à leurs enfants au sein d'une société fortement laïque et farouchement juive. Pour ces chrétiens, travailleurs immigrés et demandeurs d'asile, qui ne sont pas citoyens, les conditions de vie précaires, l'exploitation subie sur le marché du travail, l'absence d'avantages sociaux et le racisme grandissant (particulièrement dirigé contre les Africains) présentent d'énormes défis à relever.

Les soupçons à l'encontre de la chrétienté et des chrétiens, fondés à la fois sur des arguments théologiques (« la chrétienté est idolâtre ») et des blessures historiques (« les chrétiens ont maltraité les juifs »), ont créé dans certains cercles juifs d'Israël un discours et une pratique du mépris. Des manifestations de sentiments antichrétiens ne sont pas rares en certains lieux : cracher sur le clergé vêtu de manière traditionnelle, taguer des slogans antichrétiens sur les églises et les institutions, endommager des propriétés et se moquer des chrétiens dans les médias. Face au sentiment antichrétien, les groupes de « juifs messianiques » sont particulièrement exposés, juifs dont nombre sont de nouveaux venus en Israël et qui croient en Jésus-Christ mais insistent sur le fait qu'ils s'estiment toujours juifs. Ils ont été la cible d'attaques verbales comme physiques de la part d'organisations religieuses juives opposées à la « mission » chrétienne, et qui défendent un discours et une politique antichrétiens. Bien que certains éléments de la société israélienne œuvrent dur pour éduquer les juifs en matière de chrétienté, qu'il s'agisse de faire respecter la minorité chrétienne en Israël ou d'encourager le dialogue, beaucoup de travail reste à faire avant que la majorité juive voie les chrétiens, et tous les autres non-juifs d'ailleurs, comme faisant partie intégrante de la société.

Une présence institutionnelle chrétienne très significative

Les chrétiens de Terre sainte vivent dans une mosaïque de petits groupes submergés par les mondes musulman (en Palestine et au cœur de la société arabe en Israël) et juif (en Israël). Les relations avec ces deux mondes ne sont pas marginales, et s'avèrent absolument essentielles à la survie et au bien-être de ces communautés. Les deux majorités ne sont cependant pas toujours sensibles à la présence chrétienne. En réaction, les chrétiens adoptent une variété de stratégies :

- *l'assimilation* : certains chrétiens tentent de résoudre la tension que constitue l'appartenance à une minorité en cherchant à s'assimiler au sein de la majorité, qu'elle soit musulmane ou juive. Bien que les conversions à l'islam ou au judaïsme soient rares, ils adoptent des choix comportementaux qui camouflent l'identité chrétienne et soulignent l'appartenance aux majorités dominantes ;

- *le dialogue*: les dirigeants chrétiens traditionnels, ainsi que nombre de laïques, essaient d'engager la majorité, aussi bien musulmane que juive, dans un dialogue se focalisant sur la nécessité d'un discours axé autour du respect, de l'égalité des droits, de valeurs partagées et, plus important encore, d'une citoyenneté partagée ;
- *le repli*: ces dernières décennies, une tendance dans l'habitat et la scolarité a vu l'inscription de la plupart des enfants chrétiens dans des écoles chrétiennes plutôt que publiques, et la création de projets immobiliers où les chrétiens vivent isolés de leurs voisins non chrétiens ;
- *l'émigration*: face aux défis consistant à être arabe en Israël, et chrétien en Israël et en Palestine, de nombreux chrétiens choisissent de chercher dans d'autres pays un meilleur avenir pour eux et leurs enfants.

En dépit du petit nombre de chrétiens en Terre sainte, la présence institutionnelle chrétienne est très significative dans les domaines où l'Église a toujours été traditionnellement présente. Cette présence institutionnelle qui s'est construite au fil des siècles, et plus particulièrement à partir du XIXe, comprend les écoles, les hôpitaux, les orphelinats et les centres d'hébergement pour handicapés et personnes âgées, qui ont par ailleurs accueilli un nombre croissant de non-chrétiens. La plupart de ces institutions ont été établies par des chrétiens étrangers qui se sont spécifiquement intéressés à la Terre sainte. Les établissements chrétiens donnent aujourd'hui de l'importance à la communauté chrétienne, si petite soit-elle, dans des lieux tels que Jérusalem-Est, Bethléem, Nazareth, Haïfa, Ramallah, etc. Instances éducatives et médicales ainsi qu'organismes de santé offrent d'importants forums de discussion où le discours et les valeurs chrétiennes peuvent être mis en avant au sein de la société dans son ensemble, ce qui est particulièrement vrai en Palestine et au cœur de la société arabe en Israël. Les écoles chrétiennes comptent parmi les meilleures écoles d'Israël et de Palestine. Les négociations constantes entre le Saint-Siège et Israël et la Palestine abordent ce problème central du statut et de la poursuite du fonctionnement des nombreuses institutions catholiques.

La présence institutionnelle chrétienne met l'accent sur l'importante réalité d'une Église qui sert tout le monde, et surtout les plus démunis. Étant donné que la plupart des institutions sont situées dans des lieux où l'on parle arabe, le travail de proximité, au-delà de la communauté chrétienne, se fait donc surtout à l'intention des musulmans[1]. Au service de tous, ces institutions constituent d'importants lieux de rencontres où les valeurs d'une société civile peuvent être promues.

Quel avenir pour les chrétiens en Terre sainte ?

La discrimination constante à l'encontre des chrétiens et leur marginalisation en Palestine comme en Israël fragilisent des communautés qui le sont déjà, et qui ont par ailleurs un rôle essentiel à jouer dans ces pays qui constituent le berceau de la chrétienté. Mais les chrétiens, peut-être plus que les autres habitants de Terre sainte aujourd'hui, sont surtout menacés par l'état de guerre permanent entre Israël et les Palestiniens. L'occupation des territoires palestiniens, la discrimination à l'encontre des citoyens arabes en Israël, la violence dans la région, ainsi que l'instabilité sociopolitique, constituent des éléments qui menacent l'avenir des chrétiens, et pas seulement le leur, d'ailleurs.

Des prophètes de malheur prédisent que les chrétiens de la Terre sainte sont en train de disparaître, et qu'un jour viendra où il pourrait ne plus en rester un seul dans la région. Les Arabes chrétiens éduqués quittent effectivement leur pays natal, et ceux qui restent ont moins d'enfants. Mais il se forme néanmoins de nouvelles communautés chrétiennes. Les chrétiens ont pour vocation d'envisager l'avenir emplis d'espoir, tout en relevant activement les défis du présent :

- l'éducation chrétienne a besoin d'approfondir un sentiment d'appartenance au pays, ainsi que cette vocation particulière qui consiste à être chrétien dans le pays sanctifié par l'histoire du Salut ;

1. Il y a quelques hôpitaux et une ou deux écoles qui servent également une population juive parlant hébreu, et ici aussi leur influence peut être très positive.

- tout en mettant l'accent sur cette vocation chrétienne, les chrétiens ne doivent pas éluder la tentation de l'émigration, et en même temps ils doivent maintenir des liens avec la diaspora chrétienne afin d'engranger du soutien à l'intention de ceux restés sur place ;
- les chrétiens doivent s'unir encore et encore non seulement pour surmonter les divisions au niveau des identités confessionnelles, mais aussi pour dépasser les frontières sociopolitiques qui puisent leur source dans la diversité des origines et des contextes sociopolitiques. Les Arabes chrétiens palestiniens doivent accueillir parmi eux les nouveaux chrétiens comme leurs égaux dans l'Église, et les nouveaux chrétiens doivent apprendre à connaître leurs frères et sœurs palestiniens et en être solidaires ;
- les chrétiens doivent s'engager dans la société civile, autour d'un discours se focalisant sur des valeurs de l'Évangile telles que justice, paix, pardon et réconciliation, tout comme ils doivent exiger l'encouragement d'une société civile dans laquelle l'appartenance de base se fonde sur la citoyenneté plutôt que sur l'identité religieuse, confessionnelle ou ethnique ;
- les chrétiens doivent apprendre à reconnaître ces musulmans et ces juifs susceptibles d'être des alliés dans la lutte, en Palestine comme en Israël, pour une société dans laquelle la liberté, l'égalité, la dignité et le respect des droits humains sont fondamentaux.

Traduit de l'anglais par Edith Soonckindt

Né en 1962 à Johannesburg (Afrique du Sud) dans une famille juive ayant fui l'Allemagne nazie, le P. David Mark Neuhaus s'est converti au catholicisme avant de devenir jésuite. Depuis son adolescence, il vit en Israël où il est vicaire du Patriarcat latin pour les catholiques de langue hébraïque et où il coordonne la pastorale des migrants. Docteur en sciences politiques de l'université hébraïque de Jérusalem, hébraïsant et arabisant, il enseigne l'Écriture sainte en Israël et en Palestine.

Reportage

Chrétiens au pied du mur

Samuel Lieven

Longer le mur de sécurité entre Israël et la Cisjordanie, c'est prendre la mesure d'un conflit qui s'éternise depuis soixante ans et prive notamment les chrétiens de leur accès aux Lieux saints.

La cloche sonne la fin des cours à l'école primaire Saint-Joseph, sur les hauteurs de Bethléem (Cisjordanie), ville de la Nativité du Christ. Cinq petits Palestiniens – des chrétiens, comme les trois quarts des élèves – s'engouffrent dans un taxi. Dix minutes plus tard, la voiture s'arrête au pied d'une falaise en béton de huit mètres de haut, le mur de séparation entre Israël et la Cisjordanie, construit par Israël au début des années 2000 pour empêcher les attentats palestiniens.

Cartable au dos, les enfants traversent d'un pas vif la cohue des taxis et des vendeurs de légumes, s'engagent en file indienne dans un corridor grillagé, tournent à gauche et franchissent le mur sous le regard de soldats israéliens, armes au poing, qui leur adressent un signe de la main. Sous un hangar, un autre parcours les attend : barrières, tourniquets, portiques de sécurité... À la sortie du *check-point*, la banlieue sud de Jérusalem, considérée par Israël comme partie intégrante de son territoire. Les enfants piquent un dernier *sprint* jusqu'à la maison familiale.

Dans le séjour, leur mère raconte. « Quand de nouveaux soldats israéliens prennent leur poste, il arrive que les enfants soient retenus au *check-point*. Je dois alors me déplacer avec des justificatifs pour débloquer la situation. » La tension, les larmes et le temps perdu au quotidien marquent profondément la vie de la famille. « En tant que résidents de Jérusalem, nous pouvons aller et venir à peu près librement malgré les contraintes. Mais au bout du compte, j'aurais préféré vivre auprès des miens de l'autre côté, à Bethléem… »

Le mur de séparation entre Israël et la Cisjordanie symbolise un conflit qui s'éternise depuis plus de soixante ans. Balafre de 800 km au tracé erratique, elle pèse sur la vie de tous les Palestiniens installés de part et d'autre. Nicolas, quarante-quatre ans, possède un petit restaurant situé à cent mètres, le long de l'artère principale de Bethléem. Autrefois, avec le trafic permanent entre les villes siamoises de Bethléem et Jérusalem, c'était la ruée midi et soir sur son houmous et ses falafels. Du jour au lendemain, ce père de famille, un grec-orthodoxe, a vu fondre sa clientèle. La seule animation, désormais, ce sont les taxis qui font le pied de grue à la sortie du *check-point*. À grands coups de Klaxon, chacun tente d'intercepter les rares touristes qui franchissent le mur à pied pour se rendre à la basilique de la Nativité.

Le commerce et l'artisanat ont toujours été le nerf de la guerre à Bethléem, où vit la plus forte concentration de chrétiens en Cisjordanie. Avec le développement des pèlerinages autour des Lieux saints, les hôtels ont poussé comme des champignons. Mais depuis la deuxième Intifada[1] et la construction du mur, c'est l'asphyxie. Les boutiques de souvenirs ferment. Les registres hôteliers se remplissent à grand-peine et les parkings ne sont utilisés que par les bus de pèlerins faisant l'aller et retour dans la journée.

De quoi faire enrager Ramzi Salsa. Ce guide chrétien de Beit Jala, cité arabe chrétienne voisine de Bethléem, est l'un des rares à disposer d'un permis israélien pour exercer son métier à Jérusalem et en Galilée. « Comment s'en sortir dans ces conditions ? Tout est fait pour pousser la population au désespoir. » Ce père de deux enfants ne fait pas partie des « va-t-en-guerre ». Blessé par balle lors de la première Intifada, au plus fort de sa jeunesse militante, il est depuis lors convaincu que la violence ne résoudra rien. Mais dans les conversations qu'il surprend au détour des rues, dans les

1. Terme arabe signifiant « soulèvement ». La première Intifada, appelée « guerre des pierres », a éclaté en décembre 1987 ; la seconde a commencé en décembre 2000 au lendemain de la visite du Premier ministre israélien Ariel Sharon sur l'esplanade des Mosquées à Jérusalem.

commerces, l'expression de « troisième Intifada » revient souvent, alors que la énième tentative de pourparlers internationaux vient d'échouer.

Ce sentiment de révolte se double, chez les chrétiens, de l'impossibilité de se rendre sur les Lieux saints à Jérusalem. À l'école Saint-Joseph, il n'est pas rare de devoir annuler un voyage de classe au Saint-Sépulcre parce que l'un des accompagnateurs ne dispose pas du permis israélien, octroyé au compte-gouttes pour les fêtes religieuses. Pour bien des chrétiens de Bethléem, cette souffrance prime sur les heures passées devant les *check-points*, ou même l'absence de travail.

Hind Khoury, économiste appartenant à une grande famille chrétienne, a la chance d'avoir deux maisons – l'une à Bethléem, l'autre à Jérusalem – et de disposer d'un permis pour circuler librement des deux côtés. À Bethléem, son habitation jouxtait autrefois le tombeau de Rachel, lieu de pèlerinage pour les juifs et les musulmans. Aujourd'hui, une enclave du mur à l'intérieur de la ville en interdit l'accès depuis la Cisjordanie. « Au cours de sa longue histoire, aucune des occupations qu'a connues la Palestine n'avait mis un tel coup d'arrêt aux traditions religieuses les plus ancrées », déplore-t-elle en longeant cette portion du mur prisée des graffeurs.

Au séminaire du Patriarcat latin, à Beit Jala, le P. Jamal Khader s'alarme de ce que toute une génération de chrétiens a grandi sans fréquenter les Lieux saints, sinon à travers des manuels illustrés. « Jérusalem, c'est votre histoire et celle de mes parents, mais pour moi, que voulez-vous que cela signifie ? » lui a un jour lancé un adolescent. « Les chrétiens des deux villes ne se rencontrent plus, les communautés se replient, observe-t-il. Au-delà de la liberté de culte, il y va du témoignage de l'Église sur les lieux mêmes de l'Incarnation. »

Partir ? Beaucoup l'ont déjà fait. Et d'autres y songent en dépit des mises en garde répétées des responsables d'Églises. Sur les hauteurs de Beit Jala, Tony Sfeir, issu d'une famille palestinienne de dentistes de la Vieille Ville de Jérusalem expulsée en 1948, a mis quinze ans à obtenir le permis de construire de sa maison, d'où il pouvait encore contempler à distance le berceau familial. L'apparition d'une colonie israélienne au beau milieu du paysage ne lui en laisse plus le loisir.

Un conflit qui mine la société

Après avoir milité et cru en l'avenir dans leur pays, ses deux fils ont fini par migrer ; l'un au Canada, l'autre en Italie. Jessica Massad, vingt et un ans, diplôme de tourisme en poche, compte bien en faire autant. Maître auxiliaire à l'école maternelle Saint-Joseph, elle n'avait pas dix ans quand le mur s'est construit. La jeune femme au large sourire préfère lui tourner le dos et rejoindre ses deux oncles installés aux États-Unis.

Augustin Chomali, lui, a choisi de rester. De mère espagnole et de père palestinien, ce cuisinier à l'hôtel Ararat, formé dans les meilleurs établissements français et espagnols, ne s'imaginait pas vivre loin des siens. Devant ses fourneaux, il revisite la cuisine palestinienne en y apportant une touche occidentale. C'est lui qui a régalé le pape François lors de sa venue à Bethléem, en 2014.

Sadi Kattan, consultant auprès du ministère du Tourisme, a connu la douceur d'une vie d'étudiant à Paris. S'il est revenu, il y a quinze ans, c'est qu'il croyait en l'avenir de ce pays dont les chrétiens sont partie prenante, sans distinction religieuse :

> Nous sommes des Arabes, palestiniens et de confession chrétienne. À ce titre, nous vivons fraternellement avec les musulmans depuis des siècles et sommes aujourd'hui confrontés aux mêmes injustices. Ce conflit n'en finit plus de miner notre société !

Parmi ceux qui restent, les nombreuses communautés religieuses pansent chaque jour les blessures d'une population privée d'horizon. Sur la terrasse de l'hôpital de la Sainte-Famille, à Bethléem, où 350 bébés naissent chaque mois, sœur Maria commente le parcours du mur à l'intérieur de la ville. De l'autre côté, des colonies situées en territoire cisjordanien, annexées *de facto* par Israël. Mais au quotidien, cette religieuse italienne est témoin de ce qu'aucune carte du conflit n'indique. Avec l'enfermement et l'explosion du chômage, le désœuvrement et la promiscuité font leur travail de sape dans les familles. « Parmi les enfants abandonnés à la naissance, les cas d'inceste sont en nette augmentation, rapporte la religieuse. Le mur a engendré ici une telle pauvreté spirituelle et matérielle… »

De l'autre côté du mur, à la maison Notre-Dame-des-Douleurs de Jérusalem-Est, sœur Marie-Dominique se souvient des débuts de sa construction. « C'était le 11 janvier 2004… Les travaux ont débuté sans préavis ! » Cette maison d'accueil pour personnes âgées palestiniennes, jouxtant le mur en plein quartier musulman, a bien failli ne pas s'en relever. Coupé de la Cisjordanie d'où venait la grande majorité de ses résidents, l'établissement n'était guère connu à Jérusalem. Aujourd'hui, grâce à la bonne réputation des sœurs, la proportion s'est inversée. Au prix de trésors d'organisation, les salariés venant de l'autre côté du mur – pour la plupart musulmans – ont pu garder leur emploi.

C'est le cas d'Amim, trente-deux ans, qui se lève tous les jours à 4 h 30 pour prendre son poste à 7 heures. « J'en ai besoin pour ma famille, mais c'est aussi une bouffée d'oxygène : ici, chacun est respecté pour ce qu'il est », glisse-t-il en servant le goûter aux pensionnaires. Des pensionnaires sans papiers, dont certains savent qu'ils mourront sans jamais revoir leur famille restée de l'autre côté.

« Ce mur tombera bien un jour, escompte sœur Marie-Dominique. Il faut y travailler humblement, trouver les gestes et les mots qui apaisent comme nous essayons de le faire ici, entre salariés et résidents. » Symbole encourageant, le jardinier est un juif israélien. Comme il n'ose pas s'aventurer seul dans le quartier, sœur Marie-Dominique le conduit en voiture tous les matins.

En partant de chez les sœurs, le mur serpente entre les habitations. Des segments ont été renforcés pour prévenir les jets de pierre ou colmater les trous creusés à l'explosif. Depuis l'an dernier, côté cisjordanien, la révolte couve chez les jeunes. Chaque semaine, les affrontements avec les forces de sécurité israéliennes obligent les sœurs comboniennes, situées un peu plus haut, à se calfeutrer pour éviter les gaz lacrymogènes.

La cour du jardin d'enfants aménagé dans leur couvent est bordée par un pan du mur, surmonté de barbelés et couvert de dessins. Jusqu'en 2011, une petite porte permettait d'accueillir les enfants des familles de Cisjordanie sous étroite surveillance militaire ; elle a été condamnée malgré les protestations du Vatican et de plusieurs ONG. « Nous ne pouvions pas abandonner les gens restés de l'autre côté », explique sœur Teresa, en ramassant des pierres tombées dans le jardin.

Deux sœurs ont aussitôt été désignées pour louer un appartement de l'autre côté du mur, à seulement trente mètres du couvent... mais une heure de route en passant par le *check-point*. Avec une équipe de médecins juifs, chrétiens et musulmans, elles sillonnent les territoires palestiniens au service des plus démunis. Les sœurs prêtent aussi main-forte dans une clinique pour réfugiés à Tel-Aviv. « Faites-nous autant de murs que vous voudrez, la vie passera, d'une manière ou d'une autre », commente sœur Teresa, d'une voix douce et déterminée.

À Aboud, pourtant, tout s'est arrêté. Dans cette localité cisjordanienne mi-chrétienne mi-musulmane, située à deux heures de route de Bethléem, au milieu des monts arides, le « mur » n'est plus qu'un rouleau de barbelés au bout d'un chemin difficile d'accès. De l'autre côté, une colonie en construction. À l'horizon, les tours de Tel-Aviv se détachent sur la Méditerranée. Ici, le mur a privé le village de ses terres – des oliveraies – et de ses ressources en eau. Les éleveurs ont dû abandonner leur cheptel. Autrefois, Aboud était une étape obligée pour se rendre à l'aéroport. « Aujourd'hui, plus personne ne passe », déplore le maire du village, Youssef Massad, un chrétien. Cet après-midi, l'homme planche avec une équipe de la Caritas de Jérusalem sur un programme de développement. Une lueur d'espoir dans cet univers rétréci, claquemuré. « Les gens se sont appauvris et ne voient venir aucune solution », résume le P. Youssef Rizeq, le curé de la paroisse.

Chaque vendredi, à Bethléem, un petit groupe se forme à 17 heures au pied du mur, à deux pas du *check-point*. Les sœurs de l'hôpital voisin Baby Caritas entament un chapelet, entourées de quelques habitants du quartier et de pèlerins de passage. Les jours de tension, quand le *check-point* est fermé, ils sont plus de 200 à enchaîner les *Ave Maria* en arabe, en italien, en anglais, sous le regard crispé des nouveaux conscrits israéliens. « C'est notre *intifada* pacifique, explique sœur Donatella. Les pierres que nous jetons vers le ciel, ce sont les grains du rosaire. Ce mur est le reflet de celui que nous portons en nous. Notre prière est un pont entre deux peuples. »

Reportage paru dans *La Croix* le 23 mai 2014

Liban
Fragile destin

Avec 40 % de sa population, le Liban abrite en proportion la plus importante communauté chrétienne au Proche-Orient. La guerre civile qui a ensanglanté le pays de 1975 à 1990 a retiré aux chrétiens la place dominante qui était la leur dans la société. Depuis la visite de Jean-Paul II, en 1997, ces derniers ont retrouvé foi en l'avenir et investissent de nouveau l'espace public. Mais l'instabilité régionale leur rappelle à tout moment la fragilité de leur destin.

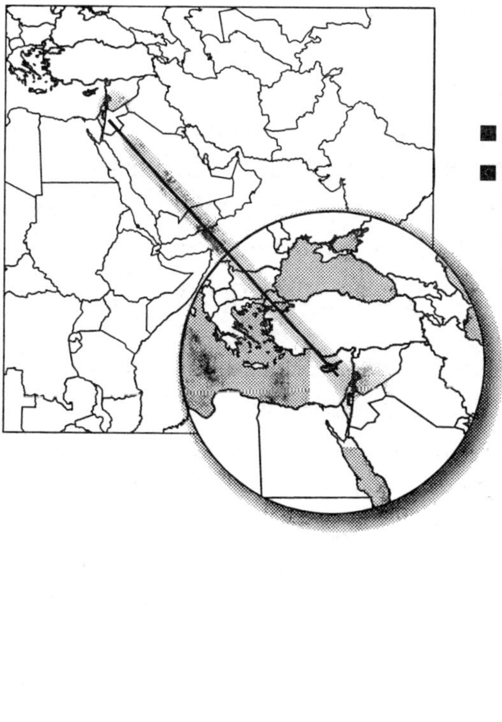

■ Population = 4 254 583

■ Musulmans = 52,8 %
Chrétiens = 37,6 %
Druzes = 6,7 %
Autres = 2,9 %

Analyse

Ambassadeurs de paix

Samir Frangié

Intellectuel libanais de premier plan, Samir Frangié met en garde les chrétiens contre la tentation du repli et les invite à devenir une force de paix et de dialogue dans l'ensemble de la région.

Les chrétiens, qui représentent environ 40 % de la population libanaise, se répartissent entre treize communautés. Aucun chiffre précis n'est disponible. Le dernier recensement officiel remonte à 1932. Les chrétiens étaient alors majoritaires avec 51,2 % dont 28,8 % de maronites, 9,7 % de grecs-orthodoxes, 5,9 % de grecs-catholiques et 6,8 % pour toutes les autres communautés chrétiennes.

La plus importante de ces communautés, la communauté maronite, a vu le jour dans le centre de la Syrie avant de s'établir au Liban au VIIe siècle. Formée des disciples d'un moine, Maron, qui mena au Ve siècle une vie exemplaire dans un dénuement extrême, elle fait l'objet de persécutions de la part des Byzantins et quitte la Syrie pour s'installer au Mont-Liban.

Les rapports de la communauté maronite avec le pouvoir musulman sont de nature plus complexe. L'historien libanais Kamal Salibi note avec justesse que les maronites, dotés d'une structure tribale semblable à celle qui dominait dans la péninsule Arabique, n'ont jamais été perçus comme un corps étranger par les Arabes musulmans. Ils ont certes fait l'objet de plusieurs persécutions de la part du pouvoir musulman, mais le traitement dont ils ont bénéficié de leur part est assez étonnant. Ainsi, par exemple, sous le règne des mamelouks, pourtant très rigides sur le plan de la doctrine islamique, les chefs maronites de Bcharré dans le nord du Liban reçoivent la charge de percevoir les impôts. Sous le règne des Ottomans, les maronites sont encouragés à déloger les chiites du Kesrouan et peuvent, sans difficulté aucune, transformer leurs mosquées en églises. L'apostasie, qui est punie de mort en islam, est largement pratiquée dans les régions que contrôlent les maronites. De nombreuses familles chiites et sunnites se convertissent au christianisme. Vers la fin du XVIIIe siècle, la famille sunnite des Chehab, qui dominait la majeure partie du Mont-Liban, passe au maronitisme, suivie en cela par plusieurs familles de notables druzes.

Les chrétiens dans la « renaissance » arabe

C'est par le biais de la culture que la communauté maronite va s'imposer et jouer un rôle important aussi bien au Liban que dans la région.

Trois événements importants jalonnent ce parcours.

Le premier est la création à Rome en 1584 d'un collège maronite qui va permettre à « une pléiade de savants non pas de transmettre à l'Orient la culture occidentale, mais plutôt de réapprendre à l'Occident les richesses orientales[1] ». Parmi les noms les plus illustres, ceux de Gabriel Sahyouni (Sionite), mort en 1648, qui aide à la fondation à Paris du collège royal où il tient la chaire des langues arabe et syriaque, d'Ibrahim al-Haqlani (dit Abraham Eckellensis), mort en 1664, qui est nommé par Richelieu traducteur officiel de la cour royale, de Bénédictus, mort en 1747, qui est chargé par le duc de Toscane de procéder à l'impression des manuscrits orientaux, de Ghaziri, mort en 1794, qui est le traducteur officiel de la cour d'Espagne avant d'être nommé préfet de l'Escurial… Des anciens élèves du collège maronite fonderont à leur tour en Orient deux écoles qui seront le berceau de la renaissance des lettres arabes : l'école d'Alep, créée en 1685 par Pierre Toulaoui, et l'école d'Ain Warqa, fondée en 1789.

Le deuxième événement est l'installation en 1610 au couvent de Kozhaya de la première imprimerie d'Orient, plus de un siècle avant Istanbul qui n'a autorisé l'établissement d'imprimeries qu'en 1727.

1. M. Hayek, *in* J. Berque et J.-P. Charnay (dir.), *Normes et valeurs dans l'islam contemporain*, Éditions Payot, 1966, p. 117.

Le troisième événement est la tenue à Loueizeh, en 1736, du Synode libanais, qui adopte, près d'un demi-siècle avant la Révolution française, l'enseignement obligatoire.

Du fait à la fois de leur enracinement oriental et des liens historiques avec l'Europe, les chrétiens du Liban vont être en mesure de recueillir et de transmettre l'héritage occidental du siècle des Lumières et de la révolution de 1789, et de doter ainsi l'Orient des instruments de libération forgés par l'Occident. Le message des chrétiens d'Orient est bien accueilli à l'époque par l'ensemble des peuples de la région soumis à la domination ottomane rendue responsable de la longue période de décadence qu'ont connue les Arabes.

Le rôle des chrétiens dans la formation de l'État

Le rôle des chrétiens du Liban dans la renaissance arabe et dans la promotion d'une arabité culturelle qui allait servir de ciment aux peuples de la région va leur permettre, avec la fin de l'Empire ottoman, de jouer un rôle de premier plan au niveau politique.

Allant à contre-courant des revendications formulées à cette époque par nombre de minorités, notamment dans les Balkans et au Moyen-Orient, qui réclamaient la création de « foyers nationaux » homogènes ethniquement ou religieusement, ils rejettent l'idée d'un foyer national chrétien et réclament un « Grand Liban » regroupant des régions à majorité musulmane.

L'État du Grand Liban va jeter les bases d'un « vivre ensemble » entre chrétiens et musulmans. L'expérience est unique. Nulle part ailleurs dans le monde chrétiens et musulmans ne se sont associés pour gérer un État. Comment expliquer ce fait ? Pour Michel Chiha (1891-1954), le théoricien du Pacte national de 1943 qui est au fondement de l'indépendance, « c'est le voisinage immédiat des cultes et des liturgies, c'est la longue habitude de vivre en commun, c'est la fréquentation, l'estime, l'amitié réciproques et la connaissance approfondie des uns par les autres qui nous ont conduits à l'équilibre où nous sommes [...] ».

Cette idée est reprise par l'ancien directeur général de l'Unesco René Maheu, qui parle d'un « style de civilisation » marqué par « la tolérance religieuse et idéologique, le respect, le culte même de la diversité des conceptions et des mœurs recherchée comme source d'enrichissement, l'incitation constante aux échanges d'idées et à la compréhension mutuelle, l'instinctive sagesse qui faisait que les confrontations les plus vives s'accompagnaient de la recherche de compromis pratiques débouchant, à défaut d'une entente véritable, du moins sur un *modus vivendi*, la liberté d'expression qui rendait tous les dialogues possibles, enfin, préparée par l'expérience quotidienne d'une société diversifiée à l'infini, l'ouverture au monde et la vocation à l'universel[1] ».

Georges Naccache, le fondateur du journal *L'Orient*, a résumé cette expérience d'une manière saisissante : « Parmi les pays du Proche-Orient, et peut-être même comparé à quelques-uns des pays les plus avancés, ce Liban, tel qu'il est – avec ses lacunes, ses anomalies, l'effroyable incurie de sa classe politique –, peut s'honorer d'avoir créé non pas certes une société heureuse et juste, mais la société peut-être la moins inhumaine du monde[2] ».

Les Libanais n'avaient malheureusement pas perçu l'importance de ce « style de civilisation » et n'ont pas su se doter d'un État capable de le préserver en assurant une meilleure représentation de l'islam au pouvoir, la part de ce dernier demeurant déterminée par le recensement fait en 1932.

La création de l'État d'Israël, l'instauration de régimes militaires dans la région, la division du monde arabe entre Est et Ouest vont remettre en question l'équilibre instauré depuis 1920. La vie politique change de nature. Les alliances politiques transcommunautaires sont progressivement remplacées par des partis de nature communautaire qui tentent de mettre à profit l'extérieur pour trancher le conflit qui les oppose. Ils sont instrumentalisés par les deux camps, pro-occidental et prosoviétique qui s'affrontent dans la région et se retrouvent engagés en 1958 dans une guerre civile.

Fouad Chehab, qui est élu à la tête de l'État à l'issue de cette première guerre civile, tente de refonder le vivre ensemble sur des bases plus stables en donnant la priorité à la modernisation des institutions, à l'établissement d'une justice sociale et à la neutralité du

1. *Le Monde*, 20 novembre 1975.
2. *L'Orient-Le Jour* du 15 juin 1971.

Liban dans les conflits entre les pays arabes. Mais il se heurte à l'opposition d'une grande partie de la classe politique chrétienne.

La défaite arabe de 1967 face à Israël va avoir des effets néfastes. Le Liban devient, à partir de 1968, la base arrière de l'Organisation de libération de la Palestine (OLP) et fait l'objet de représailles israéliennes. La tension monte avec la conclusion en 1969 de l'accord du Caire qui reconnaît à la Résistance palestinienne le droit de combattre Israël à partir du Liban. Les Libanais sont divisés sur l'attitude à adopter. Les partis chrétiens se dotent de milices armées pour soutenir l'armée. Les affrontements qui débutent après 1968 vont, à partir de 1975, dégénérer en une véritable guerre civile.

Cette violence va réveiller chez les Israéliens et chez les Syriens de vieux rêves qu'ils n'avaient pas pu réaliser, le rêve, pour les premiers, d'une alliance des minorités religieuses et ethniques contre la majorité arabo-musulmane pour déstabiliser le monde arabe, le morceler et assurer, de la sorte, la sécurité de l'État d'Israël, et le rêve pour les seconds de reconstituer la Syrie dans ses « frontières historiques » et d'annuler de ce fait les effets des accords Sykes-Picot conclus en 1916.

Deux projets dont le Liban n'a toujours pas fini de payer le prix.

L'accord de Taëf

Le 23 octobre 1989, un accord mettant fin à la guerre est conclu par les députés libanais réunis à Taëf en Arabie saoudite. Cet accord désamorce les problèmes communautaires en reconnaissant, pour la première fois d'une manière explicite, le « caractère définitif » du Liban qui est une des principales revendications chrétiennes depuis la création du Liban moderne, et en réclamant le retrait de toutes les forces étrangères, autre revendication essentielle des chrétiens. Il accorde d'autre part aux musulmans un rééquilibrage des pouvoirs entre les communautés et consacre l'appartenance du Liban au monde arabe qu'une partie des chrétiens n'avaient jamais, jusque-là, formellement reconnue.

Mais plus important encore, cet accord lie la légitimité de l'État à sa capacité à préserver le vivre ensemble des Libanais qui est au fondement de leur contrat social. Cette conception de la légitimité est tout à fait nouvelle, celle-ci n'étant plus liée à une volonté nationale qui s'est exprimée à un moment déterminé par un accord conclu entre les communautés, mais à une situation en développement permanent. Elle n'est plus fondée sur un acte historique, mais sur un acte présent, et se trouve, de ce fait, constamment questionnée en fonction d'un objectif précis qui est la sauvegarde de la convivialité entre les Libanais, du vivre ensemble, pour reprendre les termes de l'accord. Et cet objectif n'est jamais réalisé une fois pour toutes, mais est en réalisation perpétuelle.

Il met un terme à la logique communautaire en décidant d'arrêter le « décompte démographique » des communautés, jusque-là utilisé dans les luttes communautaires, et d'instaurer la parité au niveau de la représentation des communautés au sein du pouvoir. Il ne s'agit pas de « partager » le pouvoir entre les communautés, mais d'assurer, dans un premier temps, leur représentation symbolique au sein du pouvoir pour calmer les appréhensions et les peurs emmagasinées dans les différentes mémoires communautaires, puis de permettre, dans un second temps, de lever l'hypothèque communautaire qui entrave le fonctionnement de l'État et menace le vivre ensemble en créant une structure autonome, un Sénat, au sein duquel les communautés seraient représentées en tant que telles. Dans cette perspective, le poids démographique des communautés ou les « alliances » qu'elles peuvent nouer avec l'extérieur pour compenser leur « déficit » démographique deviennent sans objet, car ils ne peuvent plus servir à revendiquer des changements dans les parts respectives de chaque communauté au sein de l'État.

En arrêtant le décompte démographique, l'accord de Taëf met un terme au statut minoritaire inhérent à toutes les communautés et permet leur interaction, car elles deviennent, toutes, parties intégrantes d'une majorité plurielle qui n'est réductible à aucune de ses composantes.

Cet accord se heurte à l'opposition du général Michel Aoun, président du gouvernement de transition chargé de préparer les élections présidentielles. Ce dernier entre en conflit avec la milice chrétienne des Forces libanaises. Les deux parties se livrent une véritable « guerre d'extermination ». La région chrétienne, jusque-là relativement épargnée, est littéralement ravagée. Des milliers de chrétiens se réfugient dans les régions à prédominance musulmane.

Le 13 octobre 1990, la Syrie qui avait misé sur le bon cheval dans la première guerre du Golfe obtient le feu vert des Américains pour occuper le palais présidentiel de Baabda. L'homme qui affirmait la veille encore qu'il pouvait « tenir indéfiniment[1] » ne résiste pas et se réfugie à l'ambassade de France.

C'est l'Église qui va prendre à sa charge la remise sur pied de la communauté après le désastre occasionné par les luttes pour le pouvoir entre ses dirigeants politiques.

En 1995, le Synode pour le Liban, auquel participent des représentants des communautés musulmanes, jette les bases pour les chrétiens d'une « sortie » de la guerre qui sera reprise et approfondie dans l'Exhortation apostolique que le pape Jean-Paul II rend publique lors de sa visite au Liban en mai 1997.

Celle-ci prend le contre-pied des thèses « séparatistes » défendues par les milices chrétiennes, et préconise la promotion du « vivre ensemble entre chrétiens et musulmans, dans un esprit d'ouverture et de collaboration » ainsi que « la collaboration avec les musulmans des autres pays arabes ».

Rappelant que « l'Église a vu ses enfants tués, tuant et s'entretuant », l'Exhortation appelle les Libanais à une « réelle purification des mémoires et des consciences ».

L'appel du 20 septembre 2000 et le printemps de Beyrouth

Sur le plan politique, l'Église maronite, avec à sa tête le patriarche Nasrallah Sfeir, prend l'initiative de lancer la bataille pour la « seconde » indépendance du Liban.

Le 20 septembre 2000, quatre mois après le retrait des forces israéliennes du Sud-Liban, l'Église maronite lance un appel solennel demandant le retrait des troupes syriennes du Liban. Cet appel qui marque le début de la bataille pour la « seconde indépendance » du Liban est soutenu par le patriarche grec-orthodoxe, Ighnatios Hazim (3 octobre 2000).

Répondant à l'appel de leur Église, les représentants de l'opposition chrétienne se regroupent dans le « Rassemblement de Kornet

1. *Le Figaro*, 11 octobre 1990.

Chehwane » et lancent le 30 avril 2001 un *Appel au dialogue* en direction de l'islam libanais.

Le 4 août 2001, un pas important est franchi sur la voie de la réconciliation islamo-chrétienne avec la visite du patriarche Sfeir au Chouf où il est reçu par le chef de la communauté druze, Walid Joumblatt, qui proclame solennellement que les conflits et les guerres qui ont opposé pendant plus de un siècle les deux communautés chrétienne et druze sont finis à tout jamais.

L'année 2004 marque un tournant dans la bataille pour l'indépendance. La lutte va désormais se cristalliser autour de la question du renouvellement par les Syriens du mandat du président Émile Lahoud. Dès le début de l'année, le 22 février 2004, le président du gouvernement, Rafic Hariri, engage le fer avec les Syriens en proclamant que « le nouveau président du Liban doit être choisi par les Libanais ». L'Église maronite se prononce également contre tout renouvellement en violation de la Constitution.

Les contacts se multiplient entre le patriarche maronite et le président Hariri et entre ce dernier et les différentes forces d'opposition. Le 1er septembre 2004, l'Église maronite met solennellement en garde contre toute violation de la Constitution. Le régime syrien persiste dans sa politique et impose la reconduction du mandat du président Lahoud. L'opposition s'organise en vue des prochaines élections législatives. Le 14 février 2005, Rafic Hariri est assassiné.

La réaction à cet assassinat est proprement stupéfiante : plus du tiers des Libanais résidant dans le pays descendent, le 14 mars 2005, dans la rue.

La mort de Rafic Hariri est le point de départ d'une incroyable réconciliation de chaque Libanais avec lui-même et avec les autres. L'essence de ce phénomène ne relève pas du domaine politique. Le 14 mars 2005 a été le moment où les Libanais ont pu surmonter leur passé de guerres, de souffrances, d'humiliations, de désespoir pour reprendre en main leur destin national.

Le retrait des troupes syriennes du Liban le 26 avril 2005 représente une grande victoire pour les chrétiens qui avaient fait du recouvrement de l'indépendance nationale une priorité absolue.

Mais cette victoire sera de courte durée. Leurs dirigeants, revenus sur la scène politique après des années d'exil et de prison, ne perçoivent pas la portée du changement occasionné par le 14 mars 2005 et reprennent leurs luttes pour le pouvoir.

L'exemple du général Michel Aoun, revenu d'exil en mai 2005, est le plus significatif. Estimant avoir été marginalisé par les forces qui ont mené la bataille pour le retrait syrien, il opère un revirement spectaculaire en s'alliant tout d'abord au Hezbollah avec lequel il signe en février 2006 un « document d'entente », puis en normalisant ensuite ses relations avec le régime syrien. Il justifie son alliance avec l'extrémisme chiite par la peur du salafisme sunnite et son rapprochement avec la Syrie par la nécessité d'une alliance des minorités religieuses contre la majorité arabo-sunnite.

L'Église tente de limiter les effets de ces luttes pour le pouvoir et de revenir à l'essentiel. Elle prend position, avec le Synode patriarcal maronite qui se termine le 10 juin 2006, pour l'établissement, sur la base de l'accord de Taëf, d'un État civil fondé sur « la distinction, pouvant aller jusqu'à la séparation, entre la religion et l'État », un État qui accorderait les droits aux citoyens sans discrimination aucune et assurerait aux communautés religieuses les garanties qu'elles sont en droit d'obtenir quant à leur liberté et leur avenir. Cette conception d'un État civil qui allierait les deux notions de citoyenneté et de pluralisme est tout à fait nouvelle dans le monde arabe qui ne va commencer à en débattre qu'à partir de 2011 avec le Printemps arabe.

Mais ce rôle d'avant-garde qui fonde la spécificité chrétienne au Liban et dans le monde arabe et que l'Église tente de relancer se heurte à un obstacle majeur lié à la perception que les chrétiens ont d'eux-mêmes : sont-ils une communauté religieuse liée aux autres communautés au Liban et dans le monde arabe par un même destin ? Ou sont-ils une minorité religieuse uniquement préoccupée de la sauvegarde de ses « droits » propres face à la majorité ?

Une minorité se définit par rapport à une majorité à laquelle elle n'est liée que par un fait de voisinage. Elle a, en tant que minorité, des droits que la majorité doit lui reconnaître, mais elle n'a pas de rôle concernant la majorité au sein de laquelle elle évolue. Une communauté, par contre, est une formation sociale dotée de particularismes propres qui noue avec les autres communautés des rapports fondés sur des intérêts présents et des projets communs. Elle appartient, malgré ses différences propres, au même univers culturel que les autres communautés et peut donc établir avec elles des relations d'interaction et d'échanges.

La perception « minoritaire » peut être dictée par une dégradation de l'environnement extérieur, l'Irak en est un exemple, mais elle est aussi souvent le fait de peurs artificielles suscitées dans le cadre de luttes internes pour le pouvoir au sein de la communauté. Et ces peurs, réelles ou artificielles, bloquent tout sentiment d'empathie et suscitent un retour de la mémoire « tribale » fondée sur une opposition absolue entre « eux » et « nous ».

La priorité pour les « minoritaires » est de se protéger de la majorité, soit en la dominant, soit en se séparant d'elle, soit aussi en se plaçant sous la coupe de forces étrangères capables d'assurer sa « protection ». Par contre, pour les « communautaires », le choix est radicalement différent. Il s'inscrit dans une logique d'enracinement et de confiance en soi et vise à modifier l'environnement de la communauté pour assurer aussi bien à elle-même qu'aux autres la sécurité et la liberté qui leur sont nécessaires.

Les Églises d'Orient, se fondant sur l'essence même du message évangélique, ont toujours rejeté le choix minoritaire, estimant que « les chrétiens font partie intégrante de l'identité culturelle des musulmans de la même manière que ces derniers font partie intégrante de l'identité culturelle des chrétiens » et qu'ils sont, de ce fait, « responsables les uns des autres devant Dieu et devant l'histoire » (Deuxième lettre pastorale des Patriarches catholiques de l'Orient).

Mais ce choix « minoritaire » qui est à la source de tous les dangers demeure très actif, comme le montrent les efforts déployés aussi bien par des hommes politiques que par des hommes d'Église pour soutenir le régime syrien, sans lequel aucune « alliance des minorités » n'est possible, et cela sous le prétexte que la chute de cette dictature « laïque » dont ils ont par ailleurs payé le prix au cours des quatre dernières décennies va nécessairement entraîner l'arrivée au pouvoir d'extrémistes islamistes. Ce choix expose les chrétiens à des dangers certains :

- au danger tout d'abord de régresser du statut de communauté concernée par l'avenir du Liban et de toute la région à celui de minorité uniquement intéressée par la défense de ses « droits » propres ;

- au danger ensuite d'être assimilés à la dernière des dictatures arabes et de se retrouver ainsi complices d'un crime contre l'humanité qui a déjà fait plusieurs centaines de milliers de morts et provoqué l'exode de 6 millions de Syriens ;
- au danger enfin de se retrouver en marge de l'histoire qui s'écrit aujourd'hui dans le monde arabe et de ne pas avoir de rôle dans ce nouveau monde qui commence à émerger avec le Printemps arabe, alors qu'ils pouvaient se prévaloir, et à juste titre, d'avoir été les premiers dans ce monde arabe, avec l'appel des évêques maronites de septembre 2000, à se dresser, au nom de la liberté et de la justice, contre les dictatures au pouvoir, et d'avoir, avec le « printemps de Beyrouth » de 2005, donné le coup d'envoi au Printemps arabe.

Pour sortir de la crise dans laquelle ils se débattent, les chrétiens doivent renouer avec leur tradition historique. Ils ont été au XIXe siècle les porteurs d'une culture de la liberté qui a permis au monde arabe de se libérer du joug ottoman et du colonialisme qui lui avait succédé. Ils doivent aujourd'hui promouvoir une nouvelle culture, une culture du vivre ensemble et de la paix et apporter une réponse à la question qui se pose à l'ensemble du monde arabe, menacé aujourd'hui d'une guerre civile entre sunnites et chiites : comment vivre ensemble, égaux dans nos droits et nos devoirs, différents dans nos multiples appartenances religieuses, culturelles, ethniques, et solidaires dans notre recherche d'un avenir meilleur pour nous tous, chrétiens et musulmans ?

Comment les chrétiens pourraient-ils traduire dans les faits cette nouvelle culture ?

En réhabilitant l'accord de Taëf pour en faire un modèle pour les pays de la région marqués par une diversité religieuse, ethnique et culturelle exceptionnelle et éviter ainsi le danger de guerres civiles perpétuelles.

En œuvrant à mettre un terme, à partir du Liban, à l'affrontement entre sunnites et chiites et constituer cet « élément liant qui a tant manqué » en Irak entre les différentes communautés[1].

1. Ray Mouawad, *Le Monde des religions*, 10 mars 2011.

En relançant à travers l'extraordinaire réseau que représente l'émigration leur rôle traditionnel de lien entre le monde arabe et l'Occident et œuvrer à faire de la Méditerranée qui demeure « la mer de toutes les fractures » une « Méditerranée du vivre ensemble » entre les peuples qui bordent ses rives et les cultures auxquelles ils se rattachent.

En soutenant les démocrates musulmans dans leurs efforts pour jeter les bases d'une démocratie musulmane à l'image de la démocratie chrétienne en Europe qui, il faut le rappeler, a connu beaucoup d'errements avant de devenir ce qu'elle est aujourd'hui.

Cette « feuille de route » devrait préparer la voie à un « Printemps des chrétiens d'Orient », appelé à donner un nouveau souffle au Printemps arabe.

Né au Liban en 1945, ancien député, Samir Frangié collabore à plusieurs journaux et revues au Liban et dans le monde arabe et enseigne à l'université Saint-Joseph de Beyrouth. Il a notamment pris part à la préparation de l'accord de Taëf (1989) qui mit fin à la guerre civile, ainsi qu'à la formation d'une opposition pluricommunautaire à la présence syrienne au Liban. Il est l'auteur d'un essai : *Voyage au bout de la violence* (Éditions L'Orient des livres-Actes Sud/Sindbad), prix Phénix de littérature 2011.

Témoignage

« Un jour, peut-être »

Salma Kojok

Elle est chrétienne, il est musulman. Une différence confessionnelle qui, bien des années après la guerre civile, empêche tout amour durable au Liban.

À l'époque des faits, en 1996, Hassan avait vingt-six ans. Il était né à Bint-Jbeil, un village entouré de collines vertes dans le sud du Liban. Mais sa famille, musulmane chiite, était venue s'installer à Beyrouth pour fuir l'occupation israélienne du Sud, alors que Hassan avait huit ans. C'était une première fracture dans l'enfance, un premier exil dans une vie qui en comporterait bien d'autres. La guerre était loin d'être finie et toute l'adolescence de Hassan se déroula dans les tensions continues, les bombardements aériens, les exactions des milices, les pénuries, la peur, la mort des proches, les journées et les nuits dans les abris souterrains. Au lycée, il fit la rencontre de Reda, un enseignant qui allait lui faire découvrir l'engagement politique. Reda initia le jeune Hassan à une forme de militantisme généreux. Avec lui, Hassan découvrait les valeurs de laïcité, l'espoir d'un vivre ensemble au Liban au-delà des différences confessionnelles. Hassan s'engagea aussi dans la section jeunesse de la Croix-Rouge et donna à ses journées un sens dans la tourmente de ces années de guerre. À dix-huit ans, Hassan s'inscrit aux cours de médecine de l'université libanaise, mais les tensions accrues avec la « dernière guerre », celle de 1989, la fermeture chronique de l'université rendaient le quotidien trop lourd. En 1990, il fit une demande de visa et quitta le Liban pour l'Italie. À Florence où il s'installa, il connut les premiers temps la solitude et la misère de l'exil d'un jeune avec peu de moyens. Pour gagner sa vie, il dut exercer plusieurs petits boulots qui l'épuisaient et le faisaient à peine vivre. Il resta cinq ans en Italie, puis, pensant la paix installée au Liban, il décida d'y revenir. Il débarqua à Beyrouth avec une volonté de participer aux changements de la société libanaise. Au moment où je l'ai connu, cela faisait juste quelques mois qu'il était de retour au Liban. Il travaillait le matin sur les chantiers archéologiques du centre-ville de Beyrouth en reconstruction. C'était pour lui, disait-il, une forme de résistance à ce que les vainqueurs de la guerre voulaient faire de Beyrouth : une ville sans passé, une ville de l'oubli, un paradis réservé aux grosses fortunes. Hassan s'était inscrit aux cours de français du CCF pour apprendre une nouvelle langue et pouvoir mieux communiquer avec l'équipe française qui travaillait avec lui sur les fouilles.

Rita, elle, est née et a grandi à Deir el-Ahmar, un village sur les pentes orientales de la chaîne de montagnes libanaises, dans la Bekaa, à une centaine de kilomètres au nord-est de Beyrouth, dans une famille chrétienne maronite. Son enfance et son adolescence ont été marquées par cette identité. À la maison, comme dans les autres espaces de sociabilité, à l'école, à l'église, entre amis, les discours et les comportements étaient marqués par les traditions d'une minorité religieuse qui doit lutter pour conserver son identité. En ces années de guerre, les chrétiens se voyaient comme une communauté menacée et les enfants étaient éduqués à observer une grande prudence face aux musulmans. Ses premières années d'études universitaires, Rita les fit à Zahlé, ville proche de son village natal. Mais en 1996, à l'époque où Hassan la rencontre, Rita est venue à Beyrouth pour y passer sa licence de lettres françaises. Ce « voyage » à Beyrouth va transformer sa vie. Elle découvre la grande ville, ses vastes espaces commerciaux, ses grandes avenues, ses possibilités d'anonymat, l'affirmation plus facile des individualités ainsi que la pluralité religieuse.

Ces deux êtres que tout éloigne se rencontrent dans la cour du centre culturel français, entre deux cours de langue. La guerre civile est finie depuis six ans. Beyrouth est désormais réunifiée. Même si les murs de séparation ont laissé des traces dans les esprits et dans les discours, la ligne de démarcation qui séparait Beyrouth-Ouest, à majorité musulmane, de Beyrouth-Est, à majorité chrétienne, n'existe plus.

C'est dans ce contexte de renouveau que l'amour naît entre Rita et Hassan. Leur rencontre amoureuse leur apparaît comme une évidence.

Encouragée par Hassan, Rita découvrait un nouveau monde : Beyrouth dans son intégralité, musulmane et chrétienne. Mais surtout, une nouvelle notion, une valeur insolite : la laïcité. Le vivre ensemble malgré, ou plutôt, avec les différences. Elle découvrait un autre Liban possible, un Liban où la religion ne diviserait plus.

Ensemble, Rita et Hassan militèrent pour ce nouveau Liban. Leur rencontre coïncidait avec l'élan de la société civile de l'après-guerre. Dans ce contexte naissaient des associations non pas fondées sur des solidarités segmentaires (familiales ou religieuses), mais sur des questions d'intérêt général, transversales à la société libanaise, comme les élections municipales, le mariage civil, la majorité à dix-huit ans ou encore la campagne pour la reconnaissance des disparus de guerre.

Dans ces espaces associatifs, les jeunes pouvaient faire l'apprentissage d'un mode d'action politique en rupture avec le fonctionnement de la guerre où dominait l'autorité des milices. Ils passaient ainsi à une pratique de l'action citoyenne et du débat d'opinion fondée sur des méthodes non violentes, pacifiées.

La citoyenneté libanaise renaissait sous la forme d'un militantisme au sein d'organisations non gouvernementales de protection de l'environnement ou de défense des droits humains qui permettaient la création d'un espace public transconfessionnel se superposant à la structure communautaire traditionnelle.

Pour Hassan et Rita, il ne fallait pas qu'on puisse dire que les vainqueurs de la guerre étaient le système confessionnel, ni les autorités politiques incarnées par les héritiers de l'oligarchie traditionnelle, chefs tribaux et claniques, ex-chefs de milice ou hommes d'affaires agissant sous la protection d'un État privatisé. C'est la raison pour laquelle ils luttaient pour le changement.

C'était un bel enjeu, et Rita et Hassan ont ainsi fait partie de ces voix qui s'exprimaient à contre-courant du repli communautaire. Ils militèrent surtout pour le mariage civil. À la fin des années 1990, l'espoir portait sur un projet de loi qui devait être proposé au Parlement.

Au Liban, la loi ne permettait pas – ne permet toujours pas – le mariage civil. Les autorités compétentes ont donné aux communautés confessionnelles la capacité de dire le droit pour ce qui concerne les affaires personnelles (mariage, héritages...). Ainsi il existait dix-huit juridictions concernant le mariage au Liban. Le projet de loi du mariage civil prévoyait la reconnaissance d'un mariage civil pour ceux qui le souhaitaient.

Il fallait pour cela faire signer par le plus grand nombre de Libanais une pétition qui réclamait ce mariage civil. Avec d'autres militants, Rita et Hassan parcoururent Beyrouth, les universités, les villages libanais, les camps de jeunes l'été. Partout ils expliquaient pourquoi le mariage civil et la laïcité étaient possibles, pourquoi c'était souhaitable. Ils expliquaient que cela ne signifiait pas perdre sa foi, mais la vivre plus sereinement.

Dans les espaces de discussions que créait l'association pour la revendication du mariage civil, Rita et Hassan menaient des débats sur la manière dont le système confessionnel avait poussé le Liban à quinze années de guerre civile. Ils expliquaient comment le communautarisme entretenait la corruption et le clientélisme. Ils déconstruisaient la communauté afin de montrer comment elle tend à imposer à l'individu une forme d'enfermement totalitaire en lui niant son libre arbitre. Ils se heurtaient souvent au refus de certains groupes d'individus d'accepter de remettre en cause la force de la communauté confessionnelle. Mais quelquefois, ils réussissaient à convaincre du bien-fondé d'une citoyenneté établie sur un lien direct entre l'individu et l'État, sans l'intermédiaire de la communauté confessionnelle.

Je suivais de près le travail de ces groupes militants et c'est de cette époque qu'est née mon amitié avec Hassan et Rita. Nous avons très vite fait partie du même cercle d'amis. Je les accompagnais dans leurs engagements et dans leur histoire.

Leur amour les portait. Ils vivaient ensemble une histoire personnelle mais se sentaient participer aussi à une aventure collective qui les grisait, renforçant en eux le sentiment diffus d'un amour socialement et historiquement nécessaire.

Après ses cours à l'université, Rita retrouvait Hassan sur la place du musée et de là, ils allaient découvrir Beyrouth. Ils se rendaient en fin d'après-midi aux réunions associatives puis se retrouvaient avec d'autres amis militants autour d'un verre. Certains jours, Rita et Hassan allaient se promener le long de la corniche. C'était un des lieux privilégiés de leur amour. Dans cet espace où la ville rejoint la mer, ils retrouvaient une forme de sérénité et d'émerveillement. Ils marchaient de Manara à Ramlet el-Baïda, en passant par Raouché. Ils aimaient cette promenade qui leur faisait découvrir la pluralité de la ville, tout à la fois chrétienne et musulmane. Le son des cloches des églises de Ras-Beyrouth leur parvenait, mêlé à l'appel à la prière du *muezzin* de Ain el-Mreissé. Comme les autres promeneurs, ils appréciaient l'hospitalité du lieu. Après avoir longé la plage, ils remontaient vers la route, croisant des groupes qui s'installaient sur des pliants, autour d'un café rapporté des maisons, reconstituant un salon ou un cercle amical.

Mais ils traversaient aussi des moments difficiles. Rita, surtout. Elle devait vivre sa relation cachée. Si son frère, chez qui elle habitait, apprenait qu'elle fréquentait un musulman, elle savait quelles terribles conséquences cela pouvait déclencher[1]. Elle menait ainsi deux vies qui ne se rencontraient pas. C'était parfois insupportable. Dans ses moments de déprime, elle me disait qu'elle voulait tout laisser tomber. Elle n'arrivait pas à se projeter dans une issue joyeuse de cet amour. Elle était déchirée entre son amour et sa famille. Elle avait bien tenté de leur présenter Hassan. Sa mère lui avait alors rappelé ce qu'il était advenu, quelques années plus tôt, de Saidé, une jeune fille du village que ses frères avaient surprise en compagnie d'un homme musulman d'un village voisin. La mère racontait en insistant sur la mort déguisée en suicide, la honte de la famille, le malheur pour les siècles à venir...

Et puis sa mère lui rappelait sans cesse la maladie de son père, le cœur fragile, le diabète, la tension. Le médecin avait prévenu la famille. La moindre contrariété pouvait être fatale. Rita ne pouvait quand même pas avoir cela sur la conscience, répétait sa mère.

1. Pour un garçon musulman, l'union est possible puisque son épouse, chrétienne ou juive, et ses enfants deviennent automatiquement musulmans après le mariage. Cela explique les réactions hostiles de la famille de Rita.

L'histoire de Rita et de Hassan dura quatre ans. Puis un jour, Rita est partie. Un soir, elle a annoncé à Hassan qu'elle s'en allait. Elle quittait Beyrouth. Elle avait besoin de réfléchir. Elle n'en pouvait plus de cette vie double. Depuis ce soir-là, elle n'est plus revenue vers lui. Hassan a bien essayé de la retrouver. Toutes ses tentatives ont été vaines.

À cette époque, je n'avais pas bien compris pourquoi Rita était partie si brusquement. Je ne l'ai plus revue, moi non plus. Elle avait changé de numéro de téléphone, d'adresse, comme si elle ne voulait plus aucun contact avec le monde qui fut le sien durant quatre ans.

Je l'ai rencontrée bien des années plus tard. Par hasard. Dans la salle d'attente d'une clinique gynécologique. Nous nous sommes regardées. Des larmes coulaient au fond de son regard. Elle m'a dit qu'elle vivait de nouveau à Beyrouth. Nous avons décidé de nous revoir. Dix ans après, je retrouvais Rita comme si nous nous étions vues la veille. Nous nous sommes donné rendez-vous au café T-Marbouta, dans la rue Hamra. Et c'est là qu'elle m'a raconté.

Elle était mariée depuis trois ans avec Charbel, un instituteur de son village. Elle n'arrivait pas à avoir d'enfant. Elle en était à sa huitième tentative de FIV et c'était l'enfer pour elle. Elle se sentait comme une moitié de femme. Incomplète. Inachevée. Comme son histoire d'amour avec Hassan, il y avait si longtemps, ajoutait-elle doucement. Et puis surtout, Rita m'a raconté les circonstances dans lesquelles elle avait quitté Hassan. C'était pour elle une question de vie ou de mort. Tandis qu'elle me parlait, je regardais son visage grave. Ses lèvres tremblaient. Sa voix était traversée par l'émotion.

Rita me raconta son avortement. Lorsqu'elle avait appris qu'elle attendait un bébé de Hassan, elle n'avait pu s'empêcher de se sentir heureuse. Elle parlait d'une joie très intense, d'une paix intérieure, d'un sentiment de plénitude. Mais elle ne pouvait cacher la nouvelle à ses proches. Elle en parla à sa sœur, de cinq ans son aînée. Sa réaction fut très violente. Sa sœur lui fit comprendre qu'elle ne pouvait pas garder cette grossesse sans faire éclater la famille, tuer son père, détruire la vie autour d'elle. L'avortement, me dit-elle, a été la plus grande violence qu'elle ait infligée à son corps et à son âme. « Après, je ne pouvais plus revoir Hassan. »

Elle parla longtemps encore. De l'éducation qu'elle avait reçue, de ce que signifiait être une femme chrétienne dans un Liban pluriel où la suprématie du clan et des identités primaires sont toujours d'actualité. Elle parla de la difficulté d'être femme, tout simplement, dans une société patriarcale où la violence s'immisce sournoisement dans les rapports hommes-femmes.

Je l'écoutai durant tout l'après-midi. Puis elle dit, comme une conclusion ouverte : entre Hassan et moi, l'amour n'a pas été possible. Peut-être qu'un jour il le sera entre nos enfants. Un jour peut-être.

Salma Kojok est née en 1971 en Côte d'Ivoire dans une famille chiite libanaise. Après son doctorat d'histoire obtenu à l'université de Nantes en 2002, elle a choisi de s'installer au Liban. Elle vit actuellement à Beyrouth où elle enseigne l'histoire à l'International College et anime des ateliers d'écriture à l'Université pour tous (université Saint-Joseph).

Turquie
Sur la trace des chrétiens disparus

Terre des premiers conciles où la doctrine de l'Église s'est progressivement élaborée au cours des siècles, la partie de l'Empire ottoman qui deviendra la Turquie comptait au début du siècle la plus importante population chrétienne du Proche-Orient. Aujourd'hui, les chrétiens ne sont plus que quelques milliers. S'ils ne sont pas empêchés de pratiquer leur religion, leur statut juridique reste précaire et la République turque, laïque sur le papier, peine à intégrer pleinement ses minorités.

- Population = 73 722 988
- Musulmans = 97,4 %
  Agnostiques / Athées = 2 %
  Chrétiens = 0,3 %
  Autres = 0,3 %

Analyse

Chrétiens malgré tout...

Samim Akgönül

Bien que très minoritaires dans une Turquie à plus de 97 % musulmane, les chrétiens souhaitent aujourd'hui prendre toute leur place dans la société et veulent être traités comme des citoyens à part entière.

Au début du XXe siècle, à la veille de la fondation de la république de Turquie en 1923, sur les ruines de l'Empire ottoman, 4 millions de chrétiens vivaient en Asie Mineure et en Thrace orientale, essentiellement des Arméniens et des grecs-orthodoxes, mais aussi des Assyro-Chaldéens et des Levantins catholiques. Il s'agissait à l'époque, et de loin, de la plus importante population chrétienne du Proche-Orient. De nos jours, on ne compte plus, dans une Turquie à 97 % musulmane (avec des composantes et des degrés différents de l'islam), que quelques dizaines de milliers d'Arméniens et une poignée de Grecs concentrés à Istanbul. Que s'est-il passé en un siècle ? Comment cette terre de conciles, qui vit éclore les toutes premières communautés chrétiennes, s'est-elle vidée de sa population chrétienne ?

Dans la construction nationale turque, les non-musulmans n'ont eu aucune place. Idéologiquement parlant, cette construction a été fondée sur l'appartenance religieuse. Différents groupes d'élite turco-ottomans ont cherché à créer une *Oumma* musulmane face aux puissances « chrétiennes ». Quelques années plus tôt, en 1915, la population arménienne, sous prétexte que les Arméniens du nord-est d'Anatolie avaient fait cause commune avec les armées russes, a été décimée. En 1923, à la veille du traité de Lausanne instituant la république, un million et demi de chrétiens orthodoxes sont chassés d'Asie Mineure vers la Grèce, en échange de 500 000 musulmans de

Macédoine et d'Épire venus s'installer en Turquie. Immédiatement après la fondation de la république, la population du pays est donc surtout composée de réfugiés musulmans des Balkans et du Caucase en partie non turcophones, de turcophones musulmans-sunnites, longtemps méprisés dans la société ottomane, de turcophones alévis, accusés, tout au long de l'Empire ottoman, d'être hérétiques, et de Kurdes sunnites ou alévis. Ces groupes, avec beaucoup de difficultés, ont cohabité dans une sorte de *modus vivendi*. Les chrétiens, en revanche, n'ont jamais été considérés, tant dans l'opinion publique turque qu'aux yeux de l'État, comme des individus à part entière, appartenant pleinement à la communauté nationale.

Lors du traité de Lausanne du 24 juillet 1923 qui remplaçait le traité de Sèvres du 10 août 1920 (suite de la Première Guerre mondiale), initié par ce qui restait du pouvoir ottoman en ruine, les dirigeants de la toute nouvelle République turque s'opposèrent farouchement à ce que le statut de minorité soit largement accordé comme le prévoyait le défunt traité. Ce dernier offrait une autonomie à l'Arménie, au Kurdistan, et accordait une protection aux minorités chrétiennes de l'est de la Turquie, notamment aux Assyro-Chaldéens, nombreux dans cette région. Pour le nouveau gouvernement, ces mesures du traité de Sèvres signifiaient le morcellement de leur nation.

Dans la pratique, la section III du traité de Lausanne, intitulée « Protection des minorités », fut seulement réservée aux Grecs, aux Arméniens et aux Juifs. Les chrétiens de l'Est anatolien, les Arméniens et les Assyro-Chaldéens du Kurdistan et enfin les Arabes orthodoxes d'Antioche, proche de la Syrie, en furent exclus *de facto*.

Aujourd'hui, les grecs-orthodoxes forment une communauté compacte. Religieusement parlant, ils sont représentés par le patriarcat de la Nouvelle Rome et de Constantinople. Concentrés à Istanbul et dans deux îles turques égéennes, Imbros et Ténédos[1], ils ne sont que quelques milliers aujourd'hui, alors qu'ils représentaient une communauté de plus de 150 000 personnes au lendemain du traité de Lausanne. Il existe également des orthodoxes d'Antioche qui

1. Gökçeada et Bozcaada, en turc.

dépendent soit du patriarcat de Constantinople, soit de celui d'Antioche. Malgré leur qualification de « grecs-orthodoxes », ils sont arabophones. Ils représentent quelques dizaines de milliers d'individus qui émigrent de plus en plus vers Istanbul. D'autres communautés chrétiennes de rites orientaux sont souvent confondues avec les orthodoxes. C'est le cas par exemple des melkites, des maronites, des jacobites, des nestoriens et, surtout, des Assyro-Chaldéens. Les autres communautés chrétiennes de Turquie sont représentées par le patriarcat grégorien arménien. Les Arméniens de Turquie (citoyens de Turquie) sont un peu plus de 50 000, dont une petite partie est catholique et une autre protestante. Depuis la fin des années 1990, on constate une émigration, souvent clandestine, d'une grande envergure, de l'Arménie vers la Turquie. Le nombre d'Arméniens sans papiers est estimé à 50 000. Les différentes Églises protestantes sont éparpillées dans tout le pays, mais elles ne forment qu'une infime partie de la population totale. Les communautés sont surtout composées de « nouveaux » chrétiens (musulmans convertis) ou d'expatriés. L'Église catholique romaine est aussi présente en Turquie. La communauté n'est cependant pas très importante (évaluée à 20 000 personnes) et ses membres sont présents essentiellement à Istanbul, Izmir, Antioche, Alexandrette, Diyarbakir, Tarse et Adana. Il s'agit soit de descendants des Levantins de l'Empire ottoman, soit de résidents occidentaux expatriés.

Les chrétiens sont certes peu nombreux aujourd'hui, mais ils ont réussi, ces dernières années, à faire entendre leur voix. Ils le doivent à des figures emblématiques comme Hrant Dink, assassiné en 2007, ou comme Laki Vingas qui se bat pour défendre les droits des fondations pieuses minoritaires. Ces fondations sont les piliers des institutions minoritaires, à la fois du point de vue religieux et symbolique et du point de vue financier. Elles ont fait l'objet de mesures vexatoires tout au long des années 1970, 1980 et 1990. Interdites d'acquisitions de nouveaux biens, elles ont toutes été expropriées des propriétés qu'elles avaient acquises depuis 1936. Si les transformations juridiques de ces dix dernières années ont apporté un certain nombre d'assouplissements, le problème reste entier. Les fondations pieuses sont toujours classées dans une catégorie spéciale prévoyant un traitement particulier. Sur ce point précis, la Turquie connaît des dynamiques contradictoires. D'un côté, les pressions de l'Union européenne – qui se focalise sur cette question – irritent les cercles nationalistes et souverainistes. Ces derniers y voient la preuve que l'« Occident » essaye de désagréger l'unité de la République turque. Ils font le rapprochement avec la période de dislocation de l'Empire ottoman dont, selon eux, les puissances occidentales appuyées par les chrétiens sont responsables. D'autre part, les minoritaires eux-mêmes ne sont plus silencieux. Ils défendent leurs droits dans l'espace public et sont entendus par les démocrates et libéraux turcs qui les soutiennent ouvertement. Cette dynamique crée inévitablement de fortes tensions. S'agissant de la petite minorité grecque-orthodoxe, elle ne possède plus, depuis 1970, d'école théologique. La réouverture de l'école théologique de Halki fait l'objet d'intenses débats dans l'opinion publique turque mais aussi dans les rapports qu'entretient la Turquie avec l'Occident. Des intellectuels et notables grecs-orthodoxes n'hésitent plus à monter au créneau, comme lors de la grande réunion des Grecs d'Istanbul, venus du monde entier, fin juin-début juillet 2006.

La minorité arménienne de Turquie souffre, de son côté, d'une conjoncture internationale complexe. Cette minorité de 50 000 membres, vivant principalement à Istanbul, porte difficilement la mémoire des massacres de 1915, qualifiés de plus en plus officiellement de génocide par des pays occidentaux, dont la France. À chaque crise turco-européenne, la minorité se sent montrée du doigt par l'opinion publique turque. Par ailleurs les relations inexistantes entre la Turquie et la république d'Arménie voisine compliquent les relations entre les Arméniens de Turquie et les Arméniens d'Arménie. Plusieurs intellectuels turcs se rallient à la cause de cette minorité, notamment à travers le journal *Agos*[1] fondé par Hrant Dink.

D'autres communautés chrétiennes de rites orientaux, plus confidentielles, existent en Turquie. C'est le cas par exemple des melkites (ou des uniates, de rite grec-catholique[2]), des maronites, des jacobites, des nestoriens, et surtout des Assyro-Chaldéens. Ces dernières

1. Certains articles de Hrant Dink sont réunis et traduits en français juste après son assassinat : H. Dink, *Être arménien en Turquie*, Fradet, 2007.

2. Voir à ce propos D. Ignace, *Les Melkites*, Brepols, 1994.

années, les Assyro-Chaldéens ont été très actifs pour faire reconnaître leur droit d'être inclus dans le système de protection des minorités du traité de Lausanne. Autour de 15 000, selon les sources locales[1], ils sont surtout organisés à Istanbul mais aussi autour du monastère millénaire de Mor Gabriel, près de la ville de Mardin, le centre historique des chrétiens orientaux.

L'opinion publique turque présente actuellement une multitude d'attitudes face aux minorités chrétiennes, allant de la solidarité à l'hostilité en passant par l'indifférence. Mais les transformations mêmes de la société turque démontrent que la construction nationale turque est en train de franchir une nouvelle étape. Celle-ci se caractérise par une tension de plus en plus forte entre ceux qui affichent une définition rigide de la « turcité », fondée sur la langue, la religion sunnite, et l'attachement aux origines à la fois centrasiatiques et ottomanes, et ceux qui, au contraire, proposent une identité nationale englobant l'ensemble des composantes ethno-religieuses, comme les Kurdes et les minorités non musulmanes. Une chose est sûre : plus que jamais, les chrétiens de Turquie aspirent à devenir des citoyens à part entière, traités comme tels par l'État et l'opinion publique, indépendamment de leur appartenance religieuse. Des chrétiens qui, dans le même temps, luttent pour consolider leurs droits en tant que communauté légitime.

Samim Akgönül, historien et politologue, est enseignant chercheur à l'université de Strasbourg et au CNRS au Centre de recherche « Droit, religion, entreprises et société ». Il travaille plus particulièrement sur les minorités religieuses en Turquie, dans les Balkans et en Europe occidentale. Il a récemment fait paraître : *Minority Concept in the Turkish Context: practices and perceptions in Turkey, Greece and France*, Leyde, Brill, 2013.

1. http://www.suryaniler.com/

Analyse

Trois martyrs du XXIe siècle

Augusto D'Angelo

Les trois personnalités chrétiennes assassinées au cours de la dernière décennie montraient le visage d'une Turquie à la fois moderne et pluraliste. Portraits croisés du P. Andrea Santoro, de Mgr Luigi Padovese et de l'intellectuel arménien Hrant Dink.

Février 2006. Un prêtre italien est tué à Trébizonde, la principale ville côtière de l'ancien Pont grec et chrétien. L'année suivante, un Arménien de Turquie, laïc et journaliste de profession, est assassiné à Istanbul. En 2010, c'est au tour d'un évêque italien de trouver la mort à Iskenderun, l'ancienne Alexandrette, repeuplée par les chrétiens au XIXe siècle (il faudra attendre 1939 pour que les Turcs en reprennent possession). Afin d'essayer de comprendre, au-delà du fait divers, les raisons profondes pour lesquelles ces trois vies ont été sacrifiées, penchons-nous plus en détail sur ces homicides dont certains des lieux les plus emblématiques du pays ont été le théâtre.

C'est à l'époque de la préparation et de la célébration du concile Vatican II que le père Andrea Santoro, un prêtre romain *fidei donum*, suivit sa formation avant de faire ses premiers pas au sein d'une Église romaine en train de changer de visage, entre espoirs et contestation. Fasciné par le Moyen-Orient – et la Turquie en particulier –, il avait coutume de répéter qu'« avoir la foi, c'est partir ». « Ne pas être prêt à partir, ce n'est pas avoir la foi[1] », ajoutait-il. Sa façon d'insister sur la nécessité de quitter ses repères habituels pour vivre sa foi

1. *Op. cit.*

ne fut pas comprise tout de suite. Andrea Santoro passa des années à convaincre son évêque de l'envoyer en Turquie. Il y parvint en l'an 2000. « Je ressens ce départ, que j'affronte au nom de l'Église de Rome, comme un échange, écrivit-il dans un message. Nous avons besoin de cette racine originelle de la foi si nous ne voulons pas laisser le confort, le matérialisme, un progrès vide et illusoire avoir raison de nous. Ces gens ont besoin de nous et de notre Église de Rome pour retrouver de l'élan, du courage, un renouvellement, une ouverture universelle. »

Le père Santoro est tué le 5 février 2006, un dimanche, en début d'après-midi, alors qu'il est assis sur la dernière travée de son église, Sainte-Marie de Trébizonde, plongé dans la lecture de la Bible. Son assassin apparaît sur le pas de la porte et tire dans le dos du prêtre deux coups de pistolet qui lui perforent les poumons. Le temps de hurler « *Allah akbar !* », le meurtrier prend la fuite. Bien que certains témoins aient cru voir un homme adulte, le coupable est identifié en la personne d'Oğuzhan Akdin, un gamin de quinze ans. Originaire d'un petit village à quarante kilomètres de Trébizonde, il est inscrit dans un lycée de la ville – sans pour autant le fréquenter. Akdin avoue avoir tiré sur Santoro en réaction à la publication de différentes caricatures de Mahomet publiées dans un quotidien suédois quelques semaines plus tôt. Passé en jugement, il est condamné à huit ans et dix mois de prison – encore que les modalités de sa peine semblent témoigner de la légèreté de la justice turque[1].

Hrant Dink, lui, était un journaliste aguerri. Cet Arménien de Turquie n'était guère tenté par l'idée de s'opposer aux Turcs pour revendiquer la vérité sur le génocide – une attitude qui caractérise une partie de la diaspora arménienne. Il était important pour lui de créer un climat de coexistence. Loin d'oublier les événements de 1915, qui avaient vu le peuple arménien être quasiment anéanti, il préférait mettre l'accent sur ceux qui, après en avoir réchappé, avaient continué à vivre avec les Turcs. Il soutenait l'enquête por-

1. En 2011, Akdin est transféré dans un centre de détention si peu sécurisé qu'il parvient, au mois de juillet 2012, à s'évader du régime de semi-liberté où il vivait jusqu'ici. Il sera cependant remis aussitôt sous les verrous. Voir « Rahip Santoro'nun katili kaçtı ama yakalandı ! », in *Vatan*, 20 juillet 2012.

tant sur la cohabitation des survivants du génocide avec le peuple turc[1]. Il avait fondé et dirigeait l'hebdomadaire *Agos* (« sillon », en arménien), à travers lequel il luttait pour une Turquie plurielle, où tous pourraient vivre, au-delà de leurs différences. C'est avec espoir et admiration qu'il regardait l'Europe, qui avait été capable de se construire après la Seconde Guerre mondiale comme un lieu de vie commune et pacifique entre personnes d'horizons différents. Il la voyait comme une version réactualisée de l'Empire ottoman, tournée vers la pluralité et la tolérance[2]. « Vivre ensemble, a-t-il écrit, n'est pas une invention sur commande. Cela demande un travail sérieux et même un coût. [...] Voilà pourquoi il est indispensable d'œuvrer avec la méticulosité et l'insistance du missionnaire ainsi que de toucher immédiatement chaque intervenant[3]. » Dink, qui avait grandi dans un orphelinat protestant, avait à cœur de défendre les droits civiques, les minorités et la liberté de culte. « Le multiculturalisme, estimait-il, ne consiste pas à transformer un lieu de culte en un musée au nom de la laïcité. C'est respecter les personnes croyantes et garder ouverts les lieux de culte pour eux[4]. »

Quelques phrases tirées de ses articles l'amènent à être jugé et condamné à six mois de prison pour « insulte à l'identité turque » en vertu du désormais controversé article 301 du code pénal turc. Face à cette condamnation et aux menaces qu'il reçoit, Hrant Dink pointe la responsabilité de ce qu'il définit comme « les forces profondes qui avaient décidé de [lui] faire connaître [ses] limites ». Il dénonce une justice qui « ne défend pas les droits des citoyens mais qui défend l'État[5] ». Dans son dernier article, il avoue la peur que lui inspire son choix de la liberté. À l'heure où commence l'année 2007, il dit

1. Dans ce dessein, la Hrant Dink Foundation (http://www.hrantdink.org/), créée par la famille du journaliste assassiné pour honorer sa mémoire, a récemment organisé un important congrès sur les Arméniens islamisés afin de commencer à développer (sur le plan scientifique également) l'intuition de Dink. Voir *Conference on Islamized Armenians*, 2-4 novembre 2013, Istanbul. Parmi les participants figurait également Fethiye Çetin, avocate et défenseur des droits de l'homme. En 2004, cette dernière révéla dans un court récit comment elle avait découvert qu'elle avait une grand-mère arménienne (*Le Livre de ma grand-mère*, Éditions de l'Aube, 2006).

2. Voilà en substance ce qu'il écrivait dans un article paru dans sa revue le 16 juin 2006. H. Dink, *Deux peuples proches, deux voisins lointains : Arménie-Turquie*, Actes Sud, 2009.

3. *Ibid.*, p. 55.

4. *Ibid.*, p. 65.

5. *Ibid.*, p. 121.

s'attendre qu'elle soit plus difficile encore que les précédentes : « Les procès continueront, et il s'en ouvrira d'autres. Qui sait à quelles nouvelles injustices je vais devoir faire face[1] ? »

Hrant Dink est assassiné quelque temps après avoir écrit ces mots, à Istanbul, le 19 janvier 2007. Le tireur ouvre le feu devant la rédaction d'*Agos* et le frappe de quatre balles de pistolet – deux l'atteignent à la tête. L'auteur des coups de feu s'appelle Ogün Samast. C'est un jeune homme de dix-sept ans, né en 1990 à Trébizonde. Les motivations de son geste sont politiques : la propagande avait dépeint Dink comme un ennemi de la Turquie, une cible à abattre. Samast est reconnu coupable d'homicide avec préméditation et condamné en 2011 à vingt-deux ans et dix mois de réclusion.

Le profil politique de cet assassinat a conduit les autorités à enquêter sur de possibles commanditaires. En 2012, la justice turque a condamné à perpétuité celui qu'on a considéré comme le « cerveau » qui a planifié la mort du journaliste : Yasin Hayal, un ultranationaliste turc né à Trébizonde en 1980 et déjà connu des autorités pour différents actes criminels. Au cours du même procès, 18 autres personnes impliquées dans l'affaire ont été acquittées. On finit cependant par mettre peu à peu en lumière des responsabilités et des connivences au sommet de la police de Trébizonde. Depuis 2013, le procès a été rouvert : on soupçonne désormais que l'assassinat soit l'œuvre d'Ergenekon, une organisation clandestine accusée de crimes destinés à déstabiliser le pays et à justifier une intervention de l'armée en vue de destituer le parti islamique modéré du pouvoir. Si Fethiye Çetin, l'un des avocats de la famille Dink, a quant à lui affirmé que l'ordre de tuer le journaliste émanait des services secrets turcs, d'autres avocats pensent que la mort d'Andrea Santoro fait partie du même plan, tout comme le meurtre de trois chrétiens à Malatya en avril 2007[2].

1. *Ibid.*, p. 126.

2. C'est en avril 2007, à Malatya, qu'un groupe de cinq jeunes attaqua la maison d'édition protestante Zirve, qui imprimait et distribuait la Bible. Trois personnes – deux Turcs et un Allemand – trouvèrent la mort après avoir été ligotées et lardées de 150 coups de couteau. Leur faute, à en croire leurs agresseurs ? Travailler pour cette maison d'édition et diffuser la Bible. Voir l'article de S. Tavernise, « Nationalism suspected in 3 deaths in Turkey », in *International Herald Tribune*, 19 avril 2007.

La mort de Mgr Luigi Padovese, quant à elle, ne semble pas aussi étroitement liée aux cercles ultranationalistes de Trébizonde. Né à Milan, l'ecclésiastique italien, membre des frères capucins, avait été ordonné prêtre en 1973. Professeur en patristique, il avait mené de nombreuses recherches et enseigné dans différentes universités pontificales avant de devenir évêque et vicaire apostolique d'Anatolie en 2004. Ses travaux l'avaient conduit à se pencher sur le rapport qu'entretenaient les premières communautés chrétiennes avec le pouvoir politique dans l'Empire romain du Ier et du IIe siècle. En conclusion d'une de ses recherches, parue en Italie en 1998, Mgr Padovese soulignait une caractéristique de ces premiers chrétiens : la « "*parrhèsia*" comme force critique de parler d'autant plus librement qu'elle est libérée de toute perspective eschatologique ». Par ailleurs, il mettait en exergue aussi bien l'importance, au sein des premières communautés chrétiennes, de « l'appel à la valeur fondamentale de la conscience contre un État qui demande une adhésion religieuse et/ou idéologique » que celle de la « priorité de l'individu sur l'institution, affinée à travers l'expérience du martyre ».

C'est de cette leçon tirée d'un passé lointain que Padovese s'est inspiré pour analyser l'expérience des chrétiens dans la Turquie d'aujourd'hui. Voici d'ailleurs ce qu'il affirmait à propos du grand pays où il avait été appelé à servir l'Église : « Il est nécessaire – et tout particulièrement aujourd'hui, à l'époque du pluralisme – de raviver la conscience que le témoignage fonde et précède l'annonce. Ou plus exactement : qu'il est la première annonce. » C'est du reste en ce sens qu'il percevait l'expérience du père Santoro. « Quand, le lendemain de son assassinat, je me suis rendu à la morgue pour voir son cadavre, ma première impression, tout à fait spontanée, a été la ressemblance entre le corps nu du père Andrea, la tête renversée et la trace du trou sur le côté, avec l'image du Christ mort de Mantegna », dit-il au sujet du prêtre assassiné. S'agissant des raisons de ce meurtre, Mgr Padovese continuait d'avoir des doutes : « Nous n'avons jamais su ce qui a poussé le jeune assassin à cet acte de violence. Le procès a établi sa culpabilité, mais nous ne savons rien des relations, des influences et du climat de haine qui ont conduit à cet assassinat, et nous n'en saurons jamais rien, je crois. » Les assassinats d'Andrea Santoro, Hrant Dink et des chrétiens de Malatya l'amenèrent également à penser que ces événements avaient « mis en lumière la réalité d'un christianisme qui existe encore en Turquie et demande à avoir pleinement droit de cité afin de sortir de l'anonymat où il a été relégué ». S'il estimait que « l'affirmation d'un islam tolérant vis-à-vis des religions non islamiques » pouvait avoir un rôle positif dans l'évolution de la situation des chrétiens, Padovese faisait remarquer comment l'AKP, parvenu au pouvoir après le séisme électoral de 2002, avait témoigné de l'intérêt « pour les célébrations de l'année paulinienne, à Tarse ». Dans ce dessein, il avait décidé de renoncer « à rester dans l'ombre et se borner à n'être qu'une présence insignifiante dans le tissu social du pays ». Faire profil bas lui aurait sans doute causé moins de difficultés, mais cela lui semblait être une impasse pour les chrétiens, tout comme en Palestine, au Liban et, surtout, en Irak. Il leur fallait au contraire réclamer leur droit de cité au Moyen-Orient, ne serait-ce que pour rendre justice aux milliers de martyrs chrétiens qui avaient marqué ces terres de leur empreinte en versant leur sang.

Padovese a été tué dans sa maison au bord de la mer, tout près d'Iskenderun, le 3 juin 2010 ; il devait partir pour Chypre dès le lendemain, à l'occasion de la visite de Benoît XVI à Nicosie.

Il a été assassiné par son chauffeur, Murat Altun, un jeune musulman de vingt-six ans qui était à son service depuis des années. Celui-ci a commencé par frapper sa victime à l'abdomen avec une arme tranchante, avant de poursuivre l'évêque dans le jardin au pied de la maison pour l'achever d'un coup à la gorge qui l'a presque décapité. Certains témoins affirment qu'avant son arrestation Murat Altun serait monté sur le toit en hurlant : « *Allah akbar !* » Bien qu'on l'ait soupçonné de démence, le tribunal a estimé que Murat Altun était responsable de ses intentions et de ses actes. Plus tard, l'assassin a donné des explications contradictoires à son geste. Il a tout d'abord prétendu qu'il était atteint de maladie mentale puis a évoqué un rapport homosexuel présumé avec l'homme d'Église avant d'affirmer avoir voulu suivre le rituel islamique. En janvier 2013, Murat Altun a été condamné à quinze ans de prison.

Parcourir les itinéraires humains de ces trois victimes permet de mettre en évidence un fil rouge. Chacun d'eux a adopté une attitude critique vis-à-vis de la Turquie dans laquelle ils vivaient – celle d'aujourd'hui. Ils l'ont fait en s'inspirant de leurs racines évangéliques communes qui les ont conduits à une vision universelle chrétienne et à la volonté d'exprimer publiquement une identité forte, indispensable dans la perspective d'un dialogue. Pour les deux hommes d'Église italiens, ce choix s'est conjugué à l'espoir d'une plus grande sensibilité du gouvernement islamique modéré au pouvoir depuis 2002 vis-à-vis des minorités religieuses. Tous ont manifesté le désir de voir ce pays (où Hrant Dink avait vu le jour et dont Andrea Santoro et Luigi Padovese avaient fait leur patrie de cœur) s'ouvrir et reconnaître la pluralité culturelle et religieuse de la société comme une chance de se développer et de se préparer à l'ère de la mondialisation. En ce sens, l'ambition des trois hommes partage clairement les vues du courant néo-ottomaniste et de son théoricien, Ahmet Davutoğlu. De même que les Ottomans considéraient « la variété comme une richesse et non comme une contradiction gênante », la Turquie, dans son aspiration à élargir sa sphère d'influence, est aujourd'hui appelée à dépasser la rigidité du nationalisme de matrice kémaliste.

Si l'on s'en est pris à Santoro, Dink et Padovese, n'est-ce donc pas parce qu'ils incarnaient cette universalisation des liens entre les hommes, inspirée de l'Évangile et compatible avec les projets de l'islam modéré ? Du reste, ceux qui craignent les défenseurs de cette volonté de pluralisme, de ce rêve d'une Turquie habitée en toute légitimité par tant d'« autres », ne sont autres que les forces qui poursuivent dans la violence des buts intégristes dérivant aussi bien du nationalisme que de l'islamisme. Or concevoir l'identité turque sans les « autres », c'est courir le risque de la voir s'enfermer dans une spirale totalisatrice et – à terme – totalitaire sur le plan culturel. Telle était l'idée qui animait les trois victimes dont le combat, jusque dans le sang qu'ils ont versé, constitue une contribution au rêve d'une nouvelle Turquie en même temps qu'il trace un nouvel itinéraire pour vivre la foi chrétienne comme une identité forte, bien que minoritaire. Le gouffre qui a englouti ces trois vies n'est donc pas celui qui sépare des mondes religieux dressés les uns contre les autres, mais un autre, plus profond et plus sombre encore : celui qui oppose, d'une part, l'expression d'une foi religieuse désireuse de prendre publiquement la parole dans un pays pensé au pluriel et, d'autre part, la persistance d'un intégrisme prôné aussi bien chez les nationalistes que chez les islamistes – un véritable carcan destiné à perpétuer le modèle d'un État rigidement laïc organisant et régissant une société exclusivement mono-religieuse.

Traduit de l'italien par Marc Lesage

Augusto D'Angelo est professeur associé au département de sciences politiques de l'université de Rome La Sapienza, où il enseigne l'histoire contemporaine et l'histoire du christianisme. Il concentre en particulier ses recherches sur les rapports entre pouvoir politique et autorités religieuses.

Reportage

Requiem pour Tur Abdin

Sébastien de Courtois

Journaliste installé à Istanbul, Sébastien de Courtois revisite les hauts lieux de la Turquie chrétienne. Entre nostalgie et présent à réinventer.

À Istanbul, comme dans le reste de la Turquie, l'archéologie se déploie à ciel ouvert: elle peut être livresque, rocaille et poussière, mais aussi humaine. L'Anatolie, péninsule située à l'extrémité occidentale de l'Asie (nom qui vient du grec *anatole* et qui veut dire « Orient »), est la terre des déesses-mères, des dieux de l'Antiquité, des croyances orientales, des cités romaines et juives, et donc des débuts du christianisme. L'une des villes d'Anatolie qui incarnent le mieux cette (re)naissance, hors de Jérusalem et de Terre sainte, est la petite cité d'Antakya – Antioche dans nos textes saints. « C'est à Antioche que, pour la première fois, les disciples furent appelés chrétiens », nous apprend Luc.

En ce jour de printemps, dans son église, le père franciscain Domenico me confirme que les archéologues ont trouvé les traces d'une synagogue antique sous nos pas. Les siècles ne comptent plus. Nous entendons les éclats de voix de Paul et Pierre se disputant sur la question de la circoncision ou non des païens – les « gentils ». C'est la décision de ne pas l'imposer – position soutenue par Paul – qui permit l'essor du christianisme au sein des vastes cités romaines d'Asie Mineure. Paul venait de Tarse – une ville de Turquie aujourd'hui appelée Tarsus –, et il lança sa grande polémique à Éphèse, sur le rivage de la mer Égée, contre les adorateurs de la déesse Artémis. Selon la tradition, c'est dans ce lieu que Jean fut enterré à la fin du Ier siècle, après son retour de Patmos où il avait été banni. Un peu plus haut, à l'intérieur des terres, sur le site de Pamukkale (l'ancienne cité de Hiérapolis), des chercheurs italiens ont récemment découvert la tombe supposée de l'apôtre Philippe, l'un des très rares exemples de sépulture datant de cette période.

L'Asie Mineure fut aussi la terre des conciles, comme celui d'Éphèse, en 431, où Marie devint « mère de Dieu », *Theotokos*. Au nord des thermes romains, des archéologues autrichiens ont excavé les ruines d'une première basilique – peut-être celle du concile –, vouée, d'après une inscription grecque, à la « toute sainte et glorieuse Mère de Dieu et toujours Vierge Marie ». Il faut aussi songer au credo de Nicée, le lien entre toutes les Églises du monde chrétien, une petite cité qui s'appelle Iznik maintenant, ou encore aux pères de Cappadoce et aux premiers moines syriaques créant des skites dans les collines de Tur Abdin, un plateau calcaire situé dans le sud-est de l'Anatolie.

Jamais la Turquie n'est présentée comme un lieu d'histoire chrétienne alors qu'elle est partout présente. Impossible de résumer en quelques lignes ces deux mille ans d'histoire, et encore moins cette géographie si vaste, des rives du Bosphore, jusqu'aux montagnes du Hakkâri, aux frontières de l'Irak, de l'Iran et du Caucase. Il faudrait prendre le temps de cheminer des mois pour comprendre la variété d'un patrimoine chrétien si ancien et prestigieux qui s'exprime par l'opulence des églises orthodoxes d'Istanbul, la finesse des cathédrales arméniennes d'Ani, la singularité des églises syriaques qui reposent en Orient comme autant de vaisseaux échoués après le Déluge.

La fermeture du séminaire ou la fin d'une longue présence chrétienne

À Istanbul, le patriarche œcuménique Bartholoméos se rend parfois sur les îles des Princes, au sud-est de la capitale, dans la mer de Marmara, pour une fête religieuse, à Pâques ou au mois d'août. Des chrétiens viennent en nombre de l'étranger, des orthodoxes surtout. J'ai suivi le patriarche lorsqu'il a visité, sur l'île de Halki, l'ancien séminaire théologique orthodoxe fermé en 1971 sur ordre du gouvernement turc, en pleine crise de Chypre. Les derniers Grecs de Constantinople – les *rum*, c'est-à-dire les « Romains », comme ils sont appelés par les Turcs – ont dû plier bagage en vingt-quatre heures, avec vingt dollars en poche et vingt kilos de bagages. Seuls ceux qui avaient la nationalité turque ont pu rester. Ils sont quelques centaines actuellement, au lieu de 120000 dans les années 1960. La fermeture du séminaire a marqué la fin d'une longue présence chrétienne dans les ruelles de la vieille ville d'Istanbul, les venelles du grand bazar, le quartier de Péra. Bartholoméos est le primat du monde orthodoxe, partout où la tradition byzantine a laissé ses marques, jusque dans les Balkans et les plaines de Russie. Il n'est pas seulement l'évêque d'Istanbul comme on le caricature parfois, mais bien le successeur en son siège de l'apôtre André. Personnalité incontournable, ses déclarations sont l'objet d'un respect presque unanime, jusqu'en Grèce, au Mont-Athos et à Patmos par exemple, où flotte encore le drapeau byzantin de l'aigle à deux têtes.

Bartholoméos présente à l'attention des journalistes étrangers les salles de classe du séminaire où il était étudiant en théologie. Rien n'a été modifié depuis la fermeture du bâtiment, les chaises, les pupitres, les tableaux noirs. Au rez-de-chaussée, les salles de bibliothèque abritent les milliers de volumes qui rassemblent une part importante du passé de cette chrétienté d'Orient. La foi demeure dans ces parchemins comme dans le cœur des derniers moines de Constantinople. Le patriarche nous lit à voix haute le premier paragraphe d'une lettre de Grégoire de Nazianze, l'un des pères cappadociens du IVe siècle, qui fut aussi son lointain prédécesseur à l'époque de l'empereur Théodose : « Qui me donnera des ailes comme celles de la colombe ? » écrivait Grégoire, alors qu'il rêvait de quitter ses fonctions pour retrouver sa terre natale. Il me semble percevoir dans le regard de Bartholoméos le même sentiment... Peut-être songeait-il à son tour, avec nostalgie, à son île natale d'Imbros, au large du détroit des Dardanelles ? En 2013, lors d'une conférence de presse à Istanbul, le secrétaire d'État américain John Kerry a plaidé fermement pour la réouverture du séminaire.

Deux mois après ma visite sur l'île de Halki, en juillet, une autre affaire me conduit chez le patriarche. Je suis accompagné de mon ami Ahmet, passionné de Cappadoce, cette région du centre de la Turquie d'où il est originaire. Nous venons demander au prélat son soutien pour la restauration d'une église – l'« église rouge » – dont Ahmet s'occupe sur le plateau de Güzelyurt, non loin de l'ancienne Césarée, la ville de Kayseri. Une fenêtre ouverte laisse entrer le bruit de la ville. Derrière une montagne de courrier, de dossiers et de livres, le patriarche nous écoute avec intérêt – il parle très bien français –, s'intéressant à cette petite église bâtie à l'époque de Justinien. Il lève la tête, déplie ses jambes : « Les archéologues doivent se mettre au travail, dit-il d'un coup, j'ai reçu moi-même du pape Jean-Paul II les reliques de saint Grégoire qui nous avaient été prises en 1204 ! Il ne faut pas perdre de temps. » L'affaire est vite conclue. Le patriarche nous promet son « soutien moral », faute d'espèces sonnantes et trébuchantes. Ahmet est séduit par sa simplicité, bien éloignée du cérémoniel qui l'entoure dès qu'il pointe le nez dehors. Il nous évoque la construction de Sainte-Sophie, l'immense cathédrale qui domine la pointe du sérail du haut de son dôme, le plus vaste ensemble jamais construit sur cette planète. Je songe surtout à l'éclat de ses mosaïques dont celle de la Déisis montrant le visage du Christ entouré de la Vierge et de Jean Baptiste. La grande église est incontournable. Elle appartient à l'humanité entière, c'est certain. Je repense à cette phrase de Cioran, tirée de son *Précis de décomposition* : « Le vrai croyant se distingue à peine du fou. »

Cette « église rouge », je suis allé la visiter plusieurs fois. Il suffit de prendre un chemin détourné et de se perdre pour se retrouver face à cette bâtisse du VIe siècle, sise au milieu de prés où les bêtes cheminent selon un parcours immuable. Nous avons mis en route le chantier et la petite coupole ne s'est pas effondrée ! Je poursuis mon chemin sous le regard curieux des enfants en blouse bleue et collerette blanche qui se rendent à l'école. Des camions s'arrêtent et klaxonnent pour me proposer de grimper. Je traverse à grandes enjambées les ravins creusés par les crues de l'hiver cappadocien. Parfois, je trouve une vallée parsemée d'églises rupestres, une butte décorée de fresques et des visages des empereurs. Sur ces communautés recluses, on ne sait finalement rien. Il existe très peu de chroniques pouvant étayer la vie des chrétiens de Cappadoce. Pourtant, j'aime à imaginer l'existence riche et mouvementée de ces Athos souterrains. Des ermites étaient venus, puis des confréries, des fous de Dieu en quête d'un lieu extrême avec la foi pour unique paysage. Ils pouvaient vivre en autarcie, près de l'un des méandres dessinés par la rivière, où vergers et jardins potagers ont fleuri, alimentés par des norias posées sur l'eau. Quand les Grecs ont-ils quitté cette oasis de verdure ? Des cavités ont été encore creusées au cours du XIXe siècle, mais les chrétiens durent quitter ces vallées vers 1924, date de l'échange de population entre la Grèce et la Turquie – un drame humain s'il en fut –, laissant derrière eux le souvenir d'une présence deux fois millénaire. Lorsque le jésuite français Guillaume de Jerphanion visite ces vallées aux cônes de tuf en 1927, il ne mentionne déjà plus de chrétiens. En 1952, Nicole et Michel Thierry, le couple aventurier des confins anatoliens, ont du mal à trouver des paysans qui peuvent les guider vers les églises ; les cavités avaient été transformées en granges, abandonnées, ou rendues inaccessibles par la végétation et les éboulis.

Des Arméniens aux syriaques de Tur Abdin

De ces contrées d'autrefois riches d'églises et de villages chrétiens, l'Anatolie en compte bien d'autres. Elles deviennent innombrables si on s'intéresse à l'histoire des Arméniens. C'est le sentiment qui m'a assailli lorsque je découvrais le lac de Van et ses rives autrefois construites de cités monastiques. Jusqu'en avril 1915, date des grands massacres, il se trouvait des milliers de paroisses où l'arménien était parlé depuis des lustres. Les Arméniens vivaient en ces carrefours des routes de la soie. Ils sont mentionnés dans la région depuis la conversion de leur petit royaume du Caucase au christianisme, dès le début du IVe siècle. Des Arméniens, il en reste très peu en Turquie, peut-être quelque 60 000 à Istanbul, avec un patriarche, et presque plus dans ces provinces reculées. Jusque dans les années 1970, on croisait encore des familles à Diyarbékir, Mardin ou même Siirt, et Silopi, des cités de confins où personne n'allait jamais. Après 1915, de nombreuses familles ont été islamisées aussi, d'autres jeunes filles sauvées – ou kidnappées – par des familles turques et kurdes à une échelle suffisamment importante pour provoquer en Turquie, près de un siècle après, le phénomène des « grand-mères » décrit dans le livre de Fethiye Çetin[1]. Cette avocate turque d'Istanbul a découvert l'arménité de son aïeule peu de temps avant sa mort. En Turquie, la question des origines mélangées est taboue. Alors que le nom même d'« Arménien » est une insulte dans le langage courant, il devient une sorte de fierté retrouvée pour ces âmes mortes... Mais le chemin qui me porte dans ce voyage n'est pas celui de la seule mémoire, ni le souvenir ni la nostalgie, même s'il est difficile d'y résister. Le voyage d'Orient n'est pas qu'un inventaire.

Et c'est à la Providence que je dois la découverte des syriaques de Tur Abdin, la « montagne des serviteurs de Dieu ». Un endroit qui me tient à cœur, dans la région de Mardin, où mon premier voyage remonte au printemps de 1999. J'étais arrivé là un peu par hasard, après avoir voyagé depuis le versant oriental du mont Ararat, la ville d'Ani et les sentiers de Van. Vers la frontière syrienne, plein sud, débute la vaste plaine des limons du Tigre et de l'Euphrate, la Mésopotamie : « Entre les deux fleuves », source du monde et du Croissant fertile. Aux montagnes, aux rivières et vallées encaissées succèdent des collines semblables à une sorte de Toscane posée au bord du désert. Le plateau abrite des églises et des monastères, ainsi que plusieurs centaines de villageois chrétiens dont la langue maternelle est une forme d'araméen. La zone n'est pas facile d'accès à cause du conflit qui oppose, depuis 1986, l'armée turque à la guérilla kurde du PKK. Même si la situation tend à s'améliorer, elle peut basculer à tout moment, surtout depuis le début de la crise syrienne.

En découvrant les monastères araméens de Tur Abdin à la lumière crue du début juin, j'ai eu l'impression de voir des masses de pierres écrasées par la chaleur. De loin, les églises syriaques apparaissent comme des forteresses, des citadelles posées aux frontières d'un empire défunt. La persistance des communautés syriaques de Tur Abdin, depuis les pogroms de 1895 et 1915-1917, puis l'émigration

1. *Le Livre de ma grand-mère*, Éditions Parenthèses, 2013.

massive des décennies 1970-1990, est un miracle, une sorte d'accident heureux de l'histoire. Entre juin 1990 et 1994, une trentaine de chrétiens ont été assassinés dans cette province. Ce sont, malgré ces avanies, plusieurs villages qui ont pu se maintenir, comme la dernière forme de vie monastique de Turquie. Je me souviens des églises datant des premiers siècles de notre ère. Je pense à celle de Saint-Jacques à Nusaybin – l'ancienne Nisibe – ou encore l'église de la Vierge à Hâh, bâtie sur le songe de l'un des rois mages retournant en Orient. Hâh est encore majoritairement chrétien. La terre et les maisons ne peuvent être vendues aux musulmans, manière arbitraire de gérer les conflits de voisinage. Sur les tertres nus brûlés par le soleil, la terre s'envole au moindre coup de vent. Il faut des murets pour la retenir. La vigne et la forêt faisaient la richesse de cette contrée. Les vignes ont été arrachées et les bois coupés pour dégager une steppe claire, afin de voir venir les partisans du PKK. « Le choix de l'exil fut déchirant, mais nous n'avions pas d'autre choix », m'explique Haibo, un jeune homme revenu d'Allemagne pour le temps des vacances afin de s'occuper de la maison familiale. La grande majorité des syriaques habite en diaspora maintenant, en Europe et en Amérique.

À quelques kilomètres du village de Mardin, sur une petite route de campagne, après une cimenterie, et des étangs boueux, l'évêque Samuel de Mor Gabriel me recommande pour que je puisse rencontrer le « maire » d'un village appelé en turc Bülbül, « rossignol ». L'homme s'appelle Ferhan Baş, il porte un costume gris clair d'où il extrait une longue clé qui ouvre la porte de l'église. Un édifice modeste pour ce bourg d'une douzaine de familles chrétiennes. « En 1990, après une attaque des Kurdes jaloux de ces belles terres, le village s'est vidé en quelques semaines », me raconte le maire. Pour trouver la foule chrétienne, il faut se rendre à Midyat, un dimanche matin. Cette petite capitale du Tur Abdin était encore entièrement chrétienne jusque vers les années 1950. Dès 7 heures du matin, les chantres et les diacres de Mor Abraham entament les préparatifs de l'Anaphore selon Jacques. L'église se remplit peu à peu tandis que les voix rocailleuses se répondent. Les femmes et les enfants se sont installés dans la travée de droite, les hommes de l'autre côté. Venir à Tur Abdin, c'est aller à Jérusalem pour ces chrétiens aux profils mésopotamiens. Durant l'Empire ottoman, avant l'établissement des frontières, ces lieux servaient de points de rencontre entre les marchands et les moines chrétiens.

La Turquie porte encore en elle cette magie, malgré les drames et l'ignorance.

Sébastien de Courtois est journaliste, docteur en histoire, spécialiste de la Turquie, du Proche-Orient, et des minorités chrétiennes. Depuis 2007, il est producteur et animateur de l'émission *Chrétiens d'Orient* de France Culture. Il partage son temps entre Paris et Istanbul. Il est l'auteur d'un certain nombre d'ouvrages dont *Un thé à Istanbul. Récit d'une ville* (Le Passeur, 2014).

Maroc, Algérie, Tunisie
Le temps de l'ouverture ?

Évoquer la présence chrétienne en Algérie et au Maghreb, c'est immanquablement se souvenir des sept moines de Tibhirine, enlevés puis assassinés en 1996. De la brillante Église de Carthage qui vit se convertir saint Augustin (354-430), puis des grandes missions du XIXe siècle, ne reste plus qu'une poignée de chrétiens dont la situation demeure précaire après une longue décennie de terrorisme. L'arrivée récente des communautés évangéliques conduit le Maroc, l'Algérie et la Tunisie à s'interroger sur leur rapport à la liberté de conscience.

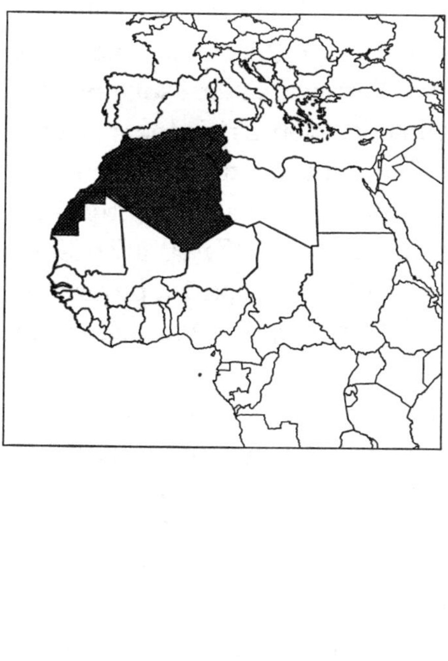

❑ **MAROC**

■ Population = 32 381 283

■ Musulmans = 98,9 %
Autres = 1 %
Chrétiens = 0,1 %

❑ **ALGÉRIE**

■ Population = 35 423 000

■ Musulmans = 98 %
Agnostiques = 1,8 %
Chrétiens = 0,2 %

❑ **TUNISIE**

■ Population = 10 549 200

■ Musulmans = 99,5 %
Autres = 0,3 %
Chrétiens = 0,2 %

Témoignage

Le dernier moine de Tibhirine

Freddy Derwahl

Frère Jean-Pierre, seul rescapé de la communauté de Tibhirine, a raconté à Freddy Derwahl les derniers jours précédant l'enlèvement des moines dans la nuit du 26 au 27 mars 1996. Il évoque aussi l'extraordinaire lettre-testament de Christian de Chergé, écrite trois ans avant la tragédie.

L'attaque

Dans le bureau du *wali*, le ton monta. Quand les deux moines informèrent le préfet que le dispensaire de Luc avait accueilli des « frères de la montagne », celui-ci s'exclama : « Quoi ? Vous aidez ces assassins ? » Christian répondit tranquillement : « Nous soignons les malades et les blessés sans leur demander d'où ils viennent. Notre aide est étrangère à toute politique. » Le haut fonctionnaire renonça dès lors à essayer de les convaincre, mais leur donna des instructions très strictes : le monastère devait rester fermé de 17h30 à 7h30 et n'accueillir personne pendant cet intervalle de temps. La protection militaire que le préfet leur proposa à diverses reprises par mesure de sécurité fut refusée avec fermeté.

Lorsqu'un soir deux individus suspects se présentèrent à la loge du portier occupée par Jean-Pierre, celui-ci leur dit très clairement : « Nous ne voulons pas d'armes chez nous. Allez dans les montagnes. » La communauté ne se laissait déstabiliser ni par le *wali*, ni par les armes du camp adverse. Tout ce qu'elle souhaitait, c'était être là pour ses voisins et refuser de prendre parti même si la situation devenait critique. Le monastère de l'Atlas avait beau être en état de siège, les moines persistaient à ne pas vouloir quitter Tibhirine. Ils restaient attachés à leur promesse, à leur lieu. Le lieu où se trouvait leur cœur.

Les restrictions ordonnées par le préfet n'en furent pas moins appliquées sans discussion. Au monastère, l'ambiance changea radicalement. Désormais, on était quasiment coupé du monde extérieur. L'hôtellerie était déserte. Quand les cloches sonnaient à la fin des complies, l'incertitude et la peur faisaient leur apparition. Tant que Sayah fut en vie, on craignit son retour. Certains voulaient fortifier les entrées du monastère, d'autres proposaient de construire des abris. La communauté se concerta pour savoir comment se comporter en cas d'attaque. On décida de ne rien faire et de laisser à chacun l'initiative de se mettre à l'abri.

On avait acquis une certaine expérience du GIA. Un soir, deux de ses membres avaient demandé à utiliser le téléphone du monastère. Plus tard, on s'était rendu compte qu'ils avaient appelé la Suisse et la Norvège. Ils avaient manifestement contacté des bailleurs de fonds ou un réseau terroriste international. Paul, qui avait été parachutiste, était familier de ce genre de pratiques. Alors qu'il offrait des cigarettes aux deux hommes, il s'entendit répondre que le Coran interdisait de fumer. Il répliqua : « Le Coran interdit aussi de tuer. »

Quels que fussent les événements extérieurs, il fallait préserver le monastère. Ni violence ni armes. Lorsque des soldats voulurent s'installer à demeure, Christian les expédia au dispensaire.

Une autre fois, deux membres du GIA arrivèrent de jour en voiture à la porte du jardin et réclamèrent le médecin. Quelqu'un remarqua qu'ils avaient des armes dans leurs poches, on donna l'alerte, les militaires intervinrent et les deux terroristes prirent la fuite.

Pendant ce temps, Christian suivait les informations à la radio. Il y avait des incidents étranges. On ne pouvait exclure la présence d'un traître aux environs du monastère. Le plus curieux, c'était que les groupes terroristes réfugiés dans la montagne ne s'opposaient pas à ce que le monastère fît sonner les cloches alors que celles-ci donnaient des indications horaires. Quant aux femmes du voisinage, elles continuaient à se rendre au monastère, chose que des islamistes purs et durs n'auraient jamais autorisée. Parfois, on se disait ironiquement : « Nous sommes protégés par le GIA. » Jean-Pierre : « Il y avait une drôle d'ambiance. »

À Alger, les attentats se multipliaient. L'armée renforça les contrôles et commença à incendier la forêt environnant Médéa. Quand Jean-Pierre était contraint de se rendre en ville pour des achats indispensables, l'expédition était périlleuse. Voitures et bus brûlaient, d'innocents passagers se voyaient confisquer leurs papiers. Non loin du marché, un gendarme fut abattu d'une balle dans la tête. La foule était une cible privilégiée pour les auteurs d'attentats. Le boulanger mit le moine en garde : « Restez à l'écart, c'est trop dangereux. » Les enfants lui jetaient des pierres, mais Jean-Pierre leur distribuait des sucreries. Quand Luc était là, en revanche, le calme régnait. Tout le monde appréciait le médecin. Jean-Pierre répondit au boulanger : « Si ces hommes me font peur, c'est que ma place n'est pas en Algérie. » Un jour, un inconnu vint à sa rencontre et lui tendit la main. Dans sa paume se trouvait une cigarette allumée.

Avant chaque voyage en ville, Jean-Pierre se retirait dans la chapelle et s'en remettait à la volonté de Dieu.

Un jour que la communauté s'était réunie pour une retraite spirituelle, le jésuite qui la dirigeait leur dit : « Si quelqu'un a peur, il vaudrait mieux qu'il parte. » Mais on affirmait aussi qu'il n'était pas bon de se laisser dominer par la peur.

Jean-Pierre n'a pas envie de parler de ses moments de retraite dans la chapelle. Il ne souhaite pas qu'on lui pose de questions. Ce sont des occasions où il a sans doute senti une présence décisive. Comme par le passé, lorsqu'il s'était réfugié dans sa chambre pour pleurer, ou à Saint-Brieuc, quand se posait la question de sa vocation.

Pour l'heure, il se rendait en ville trois fois par semaine, achetait du pain, du café et ce qu'il fallait de fruits. Impressionné par son courage, le boulanger lui offrit un gâteau pour Noël : « Nous ne partirons, lui dit le moine en guise de remerciements, que si les gens nous le demandent. » Le seul qui continuât à se rendre au monastère était le curé de Médéa, Gilles Nicolas. Il arrivait toujours le vendredi, pour l'Eucharistie. Après, il y avait des frites. Luc dit un jour à son invité : « Le devoir d'un cuisinier, c'est de faire plaisir », et une autre fois : « Il est plus facile de trouver un prêtre qu'un bon cuisinier. »

En dépit de cette atmosphère de calme tendu et d'incertitude insidieuse, les membres du *ribât*, le cercle islamo-chrétien, furent autorisés à tenir leur réunion bisannuelle au monastère.

Vint la nuit du 26 mars 1996.

Une heure du matin. Jean-Pierre se trouvait dans la loge du portier, située devant le bâtiment, dans la cour centrale, quand il fut réveillé par des voix. Celles-ci venaient du portail. Il ne s'agissait pas, comme à l'accoutumée, de deux ou trois personnes. Il y avait plus de monde. Aussitôt, il pensa : « Ce sont eux. Ils veulent sûrement voir le médecin. » En signe de confiance, on avait laissé cette entrée ouverte, au risque de se livrer sans défense. « Nous sommes des moines, nous n'avons pas d'armes », expliquait-on.

Jean-Pierre donne un récit détaillé de ces heures décisives. Il parle tout bas, comme si l'état d'alerte était encore en vigueur.

« Il était tard. J'ai tout de suite su qu'il devait s'agir de la visite indésirable que nous redoutions. Les frères de la montagne n'avaient pas sonné. Ils voulaient accéder au cloître. Sans me faire remarquer, je me suis approché de la fenêtre pour essayer de comprendre ce qui se passait. Je ne voyais pas le groupe, il devait être un peu à l'écart, à droite du portail. Mais à ce moment-là, une ombre s'est dirigée vers lui. L'homme venait de la petite porte en fer qui donnait sur la route, elle était ouverte. Cet homme était armé d'un pistolet-mitrailleur et il rejoignait ceux qui se trouvaient à l'extérieur. J'ai traversé la pièce jusqu'à la porte vitrée qui donnait sur l'entrée. C'est alors que j'ai vu un homme en turban, une mitrailleuse en bandoulière, franchir la porte qui menait au cloître et à la chambre de Luc.

« Comme la discussion et la démarche de l'homme ne révélaient aucune agressivité, je n'ai pas compris la gravité de la situation. J'ai cru qu'on voulait demander au médecin de soigner quelqu'un, cela s'était déjà produit une fois. Du coup, je n'ai pas essayé de savoir combien ils étaient. Plus tard, j'ai appris par le gardien qu'ils étaient une vingtaine. À ce moment-là, les autres se trouvaient manifestement à l'extérieur du monastère. Comme je n'avais pas été réveillé par des bruits, j'ai supposé que Christian m'avait devancé et qu'il était allé leur ouvrir parce que la pièce où il passait la nuit n'était pas loin de l'entrée.

« En réalité, comme l'a dit ensuite le gardien, ils n'étaient pas passés par l'entrée, mais par la porte de la cave, qui était située à l'arrière du bâtiment et donnait sur le jardin. C'est donc par l'intérieur qu'ils avaient rejoint les chambres de Christian et de Luc. Quand je me suis réveillé, ils étaient déjà tous les deux devant le portail en train de discuter avec le groupe. Christian se tenait au milieu de la cour, Luc avait sa trousse médicale à la main. Il était prêt à accompagner ces gens pour soigner les prétendus blessés. Le gardien se trouvait avec eux.

« Espérant que tout finirait bien, je me suis mis à prier. Mais à ce moment-là, je n'ai pas eu l'impression qu'il y avait du danger. Puis j'ai entendu Christian qui demandait : "Qui est le chef ?" Un des hommes lui a répondu : "C'est lui, il faut faire ce qu'il dit." À ce moment-là, m'a raconté plus tard le gardien, l'ordre a été donné d'ouvrir toutes les portes. J'ai entendu des allées et venues isolées dans le hall d'entrée… et puis plus rien.

« La petite porte extérieure s'était refermée avec son bruit habituel. Le calme semblait être revenu et j'étais soulagé qu'il ne se soit rien passé de grave. Je suis allé aux toilettes et je me suis recouché. Les lampes du cloître étaient éteintes. Tout paraissait normal. Je me suis dit que Christian avait dû renvoyer les hommes de la montagne et qu'il était retourné dormir. Pourtant, j'ai remarqué quelque chose de bizarre : par terre sous le portail et dans la pièce adjacente, il y avait des vêtements comme ceux que Luc collectait pour les pauvres. Les avaient-ils réclamés pour les jeter ensuite parce qu'ils ne leur convenaient pas ? Je m'interrogeais quand on a frappé à la porte vitrée. C'était Amédée, accompagné de son ami Thierry Becker, le vicaire général d'Oran. "Tu sais ce qui s'est passé ? m'a dit Amédée. Nous sommes seuls. Tous les autres ont été enlevés." »

En dépit du caractère dramatique de la situation, Jean-Pierre conserva son calme. « S'ils devaient les tuer, dit-il, ils l'auraient déjà fait. » Il pensait aussi à Luc, avec son asthme, et aux problèmes cardiaques de Célestin. Qui aurait pu leur vouloir du mal ? Sans compter que depuis l'instauration du couvre-feu, les soldats avaient établi des postes de garde dans les montagnes. Cela garantissait une certaine sécurité. Jean-Pierre supposait que les ravisseurs se serviraient de ses compagnons comme otages pour donner plus de poids à leurs revendications.

Tous trois s'exhortèrent au courage, mais ils ne retournèrent pas se coucher. Becker voulait faire sonner les cloches, mais la prudence l'emporta. Finalement, Jean-Pierre déclara avec conviction : « Ils reviendront. » Il était déjà presque 5 heures du matin. Ils chantèrent les laudes avec les quatre Pères blancs qui séjournaient alors à l'hôtellerie (Psaumes 86, 6-7) : « Yahvé, entends ma prière, / attentif à la voix de ma plainte. / Au jour de l'angoisse, je T'appelle, / car Tu me réponds, Seigneur. »

On s'aperçut que le commando avait coupé toutes les liaisons téléphoniques. Les pylônes des environs avaient été détruits, les liens avec l'extérieur supprimés. En outre, le couvre-feu rendait la fuite impossible. Se retrouver entre les deux fronts aurait été trop dangereux.

En général, les premiers fidèles arrivaient à 5 heures dans la petite mosquée aménagée à proximité du monastère. Mais cette fois-là, il n'y eut pas d'appel du *muezzin*. Les hommes armés qui avaient pris des renseignements au village avant l'attaque l'avaient interdit.

Jean-Pierre et Thierry Becker se rendirent en hâte à la maison du gardien, qui se trouvait dans l'enceinte du monastère, en bordure de route. La jeune épouse du gardien était à la porte, en larmes. Il était arrivé quelque chose à son mari. Celui-ci avait été réveillé par les terroristes, qui l'avaient chargé d'aller chercher le médecin pour soigner deux blessés graves. Le lendemain, le gardien, qui s'était caché après le départ du commando, expliqua : « J'ai répondu que je ne pouvais pas, que les frères m'avaient interdit de les déranger pendant la nuit. » Alors on le menaça d'une arme. « Moha, va chercher le médecin. » En escaladant la grille, il tomba et vit une vingtaine d'hommes qui lui ordonnèrent de leur amener Luc. Il voulut répliquer, mais on lui intima l'ordre de se taire.

Une fois à l'intérieur du monastère, les hommes firent preuve de nervosité. « Là où tu nous conduis, il n'y a que des portes », maugréa le chef. La chambre du prieur était au bout du couloir. « Qui est là ? demanda-t-il en réponse au coup frappé à sa porte. Un instant, je m'habille et j'arrive. » Alors les gens du GIA ouvrirent brutalement la porte, exigèrent de voir le médecin, coupèrent le fil du téléphone et mirent la cellule à sac. Après quoi ils s'emparèrent de Luc. Le chef du groupe ordonna de recourir si nécessaire à la pince-monseigneur pour ouvrir les portes.

« Est-ce qu'ils sont là tous les sept ? » s'enquit-il dans le tumulte. Le gardien répondit par l'affirmative. Ils ignoraient qu'il y avait neuf frères. Voilà comment Jean-Pierre et Amédée en réchappèrent.

Le testament

Quand un À-DIEU s'envisage...
S'il m'arrivait un jour – et ça pourrait être aujourd'hui – d'être victime du terrorisme qui semble vouloir englober maintenant tous les étrangers vivant en Algérie, j'aimerais que ma communauté, mon Église, ma famille, se souviennent que ma vie était DONNÉE à Dieu et à ce pays.
Qu'ils acceptent que le Maître unique de toute vie ne saurait être étranger à ce départ brutal. Qu'ils prient pour moi : comment serais-je trouvé digne d'une telle offrande ? Qu'ils sachent associer cette mort à tant d'autres aussi violentes laissées dans l'indifférence de l'anonymat.
Ma vie n'a pas plus de prix qu'une autre. Elle n'en a pas moins non plus. En tout cas, elle n'a pas l'innocence de l'enfance. J'ai suffisamment vécu pour me savoir complice du mal qui semble, hélas, prévaloir dans le monde, et même de celui-là qui me frapperait aveuglément.
J'aimerais, le moment venu, avoir ce laps de lucidité qui me permettrait de solliciter le pardon de Dieu et celui de mes frères en humanité, en même temps que de pardonner de tout cœur à qui m'aurait atteint.
Je ne saurais souhaiter une telle mort ; il me paraît important de le professer. Je ne vois pas, en effet, comment je pourrais me réjouir que ce peuple que j'aime soit indistinctement accusé de mon meurtre.
C'est trop cher payé ce qu'on appellera peut-être la « grâce du martyre » que de la devoir à un Algérien, quel qu'il soit, surtout s'il dit agir en fidélité à ce qu'il croit être l'islam.
Je sais le mépris dont on a pu entourer les Algériens pris globalement. Je sais aussi les caricatures de l'islam qu'encourage un certain islamisme. Il est trop facile de se donner bonne conscience en identifiant cette voie religieuse avec les intégrismes de ses extrémistes.
L'Algérie et l'islam, pour moi, c'est autre chose, c'est un corps et une âme. Je l'ai assez proclamé, je crois, au vu et au su de ce que j'en ai reçu, y retrouvant si souvent ce droit-fil conducteur de l'Évangile appris aux genoux de ma mère, ma toute première Église, précisément en Algérie, et déjà, dans le respect des croyants musulmans.
Ma mort, évidemment, donnera raison à ceux qui m'ont rapidement traité de naïf, ou d'idéaliste : « Qu'il dise maintenant ce qu'il en pense ! » Mais ceux-là doivent savoir que sera enfin libérée ma plus lancinante curiosité.
Voici que je pourrai, s'il plaît à Dieu, plonger mon regard dans celui du Père pour contempler avec lui SES enfants de l'islam tels qu'il

les voit, tout illuminés de la gloire du Christ, fruits de sa Passion, investis par le don de l'Esprit dont la joie secrète sera toujours d'établir la communion et de rétablir la ressemblance, en jouant avec les différences.

Cette vie perdue, totalement mienne, et totalement leur, je rends grâce à Dieu qui semble l'avoir voulue tout entière pour cette JOIE-là, envers et malgré tout.

Dans ce MERCI où tout est dit, désormais, de ma vie, je vous inclus bien sûr, amis d'hier et d'aujourd'hui, et vous, ô amis d'ici, aux côtés de ma mère et de mon père, de mes sœurs et de mes frères et des leurs, centuple accordé comme il était promis !

Et toi aussi, l'ami de la dernière minute, qui n'auras pas su ce que tu faisais. Oui, pour toi aussi je le veux, ce MERCI, et cet « À-DIEU » en-visagé de toi. Et qu'il nous soit donné de nous retrouver, larrons heureux, en paradis, s'il plaît à Dieu, notre Père à tous deux. AMEN ! *Inch Allah !*

Alger, 1er décembre 1993
Tibhirine, 1er janvier 1994
Christian

Dans le petit oratoire des « sept dormants », Jean-Pierre ne se contente pas de passer la main sur le testament de son ancien prieur, il la laisse reposer un moment. C'est ainsi que les hommes expriment leur vénération pour les reliques dans les lieux de pèlerinage. Ce contact singulier ne va pas de soi, il témoigne d'une évolution qui s'est faite laborieusement. Pendant des décennies, Jean-Pierre a senti les fissures provoquées par les divergences qui s'exprimaient lors des séances du chapitre. Parfois, il en a souffert. La plupart du temps, elles concernaient le mode de vie de la communauté et l'idée que celle-ci se faisait d'elle-même. Christian, qui avait fréquenté les artistes et les étudiants à Paris lorsqu'il était jeune prêtre, puis étudié l'islam à Rome, apparaissait aux yeux des hommes simples du monastère de l'Atlas comme un étranger qui s'était égaré dans ce lieu voué au silence. Sa formation intellectuelle et son inclination pour l'islam heurtaient ses compagnons, surtout les plus âgés. Jean-Pierre, qui faisait partie des récalcitrants, explique aujourd'hui, avec un sourire : « Il savait trop de choses. » Plus tard, il dit avec davantage d'indulgence : « C'était une unité dans la diversité. »

Les susceptibilités ne s'apaisèrent que lorsque le danger réclama une tout autre solidarité. La peur se répandait, l'heure n'était plus aux subtilités théologiques. Même les plus âgés reconnaissaient désormais que leur prieur était un homme qui ne reculait pas devant la souffrance, qu'il était en lutte avec lui-même et les questions existentielles touchant l'avenir de la communauté. « Voilà comment il était, dit Jean-Pierre. Depuis l'attentat de 1993, nous ressentions pour lui de l'admiration et du respect. Son courage nous avait convaincus. »

Traduit de l'allemand par Corinna Gepner

Extraits de l'ouvrage *Le Dernier Moine de Tibhirine* paru en 2012.
Édition originale allemande parue sous le titre *Der letzte Mönch von Tibhirine.*

Freddy Derwahl, journaliste belge à la BRF pendant de nombreuses années, est l'auteur, entre autres, d'une biographie d'Anselm Grün, et du livre *Le Dernier Moine de Tibhirine* (Albin Michel, 2012) que le film *Des hommes et des dieux* a fait connaître au monde entier.

Analyse

La liberté religieuse en question

Karima Dirèche

Poursuites judiciaires, fermeture de lieux de culte, expulsions d'Algériens ou de Marocains convertis au christianisme évangélique : le respect de la liberté religieuse fait aujourd'hui ouvertement l'objet du débat au Maghreb. Seule la Tunisie, à la faveur du Printemps arabe, a inscrit cette liberté dans sa constitution.

Les assassinats des religieux en Algérie, dans les années 1990[1], ont révélé une situation d'insécurité tragique mais ont soulevé des interrogations douloureuses sur le devenir de la présence chrétienne en terre musulmane. Trop vite attribués aux djihadistes algériens, adeptes de la violence et de la lutte armée, les meurtres de ces religieux ancrés, depuis de très nombreuses années, dans la société algérienne ont bouleversé par leur gratuité. Pères blancs de Tizi-Ouzou, évêque d'Oran, moines de Tibhirine et religieuses d'Oran, ils étaient tous insérés dans le tissu social, vivant côte à côte avec les Algériens et partageant leurs préoccupations et leurs joies. La tragédie qui a touché les sept moines de Notre-Dame-de-l'Atlas de Tibhirine a suscité une incompréhension et un désarroi au sein de l'Église mais aussi au sein de la société algérienne tout entière. Elle a révélé la fragilité de la situation des chrétiens en Algérie dans une période de quasi-guerre civile mais également les terribles ambi-

1. Dix-neuf victimes entre 1992 et 1996 (dont quinze prêtres français, deux religieuses italiennes et deux espagnoles).

guïtés entre violence d'État et violences intégristes[1]. À ce titre, ces religieux assassinés ont partagé le destin tragique des dizaines de milliers d'Algériens abattus, torturés ou disparus lors de ces années sanglantes.

La « décennie noire » algérienne et les drames qu'elle a charriés ont sans aucun doute exacerbé la question de la liberté et des minorités religieuses. Elle a également donné, dans les épreuves, tout son sens au projet du message évangélique porté par les chrétiens qui sont restés au Maghreb après les indépendances.

Les chrétiens, dans le Maghreb francophone, représentent moins de 1 % de la population (composée de plus de 80 millions d'habitants). Ils sont quelques dizaines de milliers sur une population à écrasante majorité musulmane. Le champ religieux maghrébin se caractérise plutôt par une homogénéité marquée par un islam sunnite orthodoxe et majoritairement malékite et par des micro-communautés juives qui comptent quelques milliers de personnes. Pourtant, à y regarder de plus près, cette homogénéité est quelque peu bousculée par des mouvements religieux et spirituels animés par des groupes appartenant au soufisme, au salafisme (dans sa diversité), au chiisme, au bahaïsme et récemment aux Églises néo-évangéliques.

La présence de ces micro-minorités chrétiennes en terre musulmane renvoie aux échos d'une histoire très ancienne du christianisme dans le nord de l'Afrique. Une histoire constituée de séquences historiques multiples soumises aux soubresauts des conquêtes du nord de l'Afrique. Le christianisme au Maghreb ne date pas de la conquête coloniale du XIXe siècle. Il s'inscrit dans une histoire bien plus ancienne ; celle de la romanisation de l'Afrique du Nord et du christianisme africain antique qui occupe une place importante dans l'imaginaire de l'Église catholique ; christianisme qui a donné des figures de martyrs et de théologiens qui sont passées à la postérité : Perpétue et Félicité livrées à une vache sauvage dans l'amphithéâtre

1. Une des versions les plus probables, aujourd'hui, de l'assassinat des sept moines serait une bavure de l'armée algérienne. Les autorités algériennes auraient exigé à plusieurs reprises des moines qu'ils quittent le monastère à la fois pour les protéger mais également parce qu'ils étaient suspectés de soigner les maquisards islamistes. Exaspérées par la résistance des moines, les autorités militaires chargées d'éradiquer le terrorisme islamiste de la région auraient organisé un vrai-faux enlèvement attribué au GIA (Groupe islamique armé) qui aurait par la suite totalement échappé au contrôle de l'armée algérienne.

de Carthage (203) ; Cyprien évêque de Carthage décapité en 258 ; Tertullien, un des premiers auteurs latins, témoin de la christianisation du nord de l'Afrique ; saint Augustin, évêque d'Hippone (l'apôtre d'Afrique) ; saint Fulgence...

L'Église d'Afrique antique est marquée par la tenue de ses nombreux conciles, par les écrits de ses théologiens mais également par ses nombreux évêchés. On considère que, vers 260 (à la mort de saint Cyprien) 100 évêchés existaient déjà ; et au Ve siècle, on peut supposer que les 700 villes romanisées que comptait l'Afrique du Nord abritaient un évêque. Cette vitalité de la présence chrétienne s'étiolera sous les coups de boutoir des Vandales qui saperont les structures de l'Église catholique malgré la reprise en main des Byzantins qui occuperont la Tunisie et les principales villes de la côte jusqu'à Tanger.

Le christianisme autochtone disparaît progressivement du nord de l'Afrique, supplanté par l'islam à partir du VIIe siècle. La réduction progressive du nombre des évêques entraîne la diminution des communautés qui aboutira à une dévitalisation des chrétientés locales qui, jusqu'au XIIIe siècle, subsisteront sous forme d'isolats minuscules, notamment dans les oasis tunisiennes du Djérid et du Nafzâwa.

Du XIIe au début du XIXe siècle, le christianisme est présent grâce aux comptoirs commerciaux créés tout au long de la côte méditerranéenne par les États de la rive nord. Artisans, commerçants, marins, mercenaires, consuls venus de tout le pourtour méditerranéen constituent des petites communautés chrétiennes installées pour défendre leurs intérêts et leurs affaires et encadrées par des prêtres et des ordres religieux (Franciscains, Capucins, Jésuites, Dominicains). Les esclaves captifs, majoritairement chrétiens et ramenés par la pratique de la course, viennent s'ajouter à ces groupes pour lesquels on construit des petites églises. C'est la conquête coloniale qui amènera avec elle des populations européennes plus nombreuses qu'il faudra encadrer par l'édification de paroisses et par l'envoi d'un clergé de plus en plus nombreux. Le paysage religieux catholique sera structuré par la création de plusieurs diocèses et par l'édification de grandes cathédrales comme celles de Notre-Dame-d'Afrique à Alger ou de Saint-Louis de Carthage. Les Églises d'Algérie (1838), puis celles de Tunisie et du Maroc accompagnent l'entreprise coloniale dans sa mission civilisatrice. Le cardinal Lavigerie, archevêque d'Alger (nommé en 1867) et cardinal primat d'Afrique, fonde son propre ordre missionnaire (la société des missionnaires d'Afrique) pour œuvrer au Maghreb mais également sur tout le continent africain. Le prosélytisme catholique auprès des musulmans se heurte à de grandes résistances et ne récolte que de très maigres résultats, à l'exception de quelques milliers de conversions en régions berbères.

Un christianisme rattaché à l'empire colonial

Les indépendances ont changé radicalement le rapport politique à l'égard des minorités religieuses. D'une part, parce que les projets politiques des États maghrébins, devenus indépendants, ont été portés par l'idéologie arabo-musulmane qui laissait très peu de place à d'autres dimensions religieuses, pourtant présentes depuis fort longtemps, dans les sociétés maghrébines. Seules les minorités juives de Tunisie et du Maroc ont gardé leur place dans la citoyenneté nationale même si elles ont participé aux grandes vagues de migration postindépendances[1]. D'autre part, parce que les nationalismes maghrébins ont rattaché viscéralement le christianisme aux objectifs d'acculturation de l'entreprise coloniale. D'ailleurs, les nouvelles Constitutions des États, devenus souverains, proclament, toutes, la religion musulmane comme religion d'État tout en reconnaissant la liberté de culte. Et dans la dynamique de la souveraineté, les biens des Églises catholique et protestantes ont, dans leur très grande majorité, été nationalisés. Certains édifices sont restés des lieux de culte et un certain nombre d'autres ont été reconvertis à d'autres fonctions. C'est en Algérie que la conversion des édifices religieux chrétiens a été la plus spectaculaire (transformés en sièges du parti du Front de libération nationale, en maisons de la culture, en habitations domestiques, en centres de loisirs…). Les départs massifs des Européens du Maghreb dans les années 1960 (près de un million en Algérie) ont modifié considérablement les paysages épiscopaux. En effet, les effets conjugués des indépendances et des idéologies arabo-islamistes ont réduit comme

1. Contrairement aux Juifs d'Algérie qui ont bénéficié, en 1870, de la citoyenneté française avec le décret Crémieux et qui ont quitté, majoritairement, l'Algérie avec le flot des départs de pieds-noirs en 1962.

peau de chagrin les anciennes communautés chrétiennes remplacées en petite partie par des milliers de coopérants européens et d'Amérique du Sud majoritairement chrétiens. Mais ces nouveaux chrétiens sont très éloignés des réalités historiques et culturelles maghrébines et n'ont participé que faiblement à la vie apostolique des Églises qu'ils ont eu à fréquenter.

L'Église catholique d'Algérie créée au tout début de la conquête est enracinée dans l'histoire coloniale du pays. Des personnalités hautes en couleur ont marqué son histoire. Pourtant, avec l'action du cardinal Léon-Étienne Duval[1] engagée à soutenir le combat indépendantiste de l'Algérie dans les années 1950, l'Église catholique a acquis ses galons « nationaux » et devient, à l'indépendance, une institution religieuse nationale. Et certains de ses membres ont même payé de leur vie la violence de la guerre civile qui a secoué le pays pendant une décennie. Tout comme l'Église d'Algérie, l'Église du Maroc et l'Église de Tunisie privilégient le dialogue islamo-chrétien (déjà impulsé par Vatican II) selon une très grande discrétion. Moins marquées dans leur histoire par l'investissement dans le nationalisme indépendantiste, elles restent néanmoins prudentes dans leurs actions, et s'interdisent tout prosélytisme. La visite du pape Jean-Paul II en 1983 et son discours prononcé au stade de Casablanca devant 80 000 jeunes Marocains restent des moments marquants pour l'histoire des chrétiens du Maroc. Celle qu'il fera à Tunis en avril 1995, quelques semaines après l'enlèvement des moines de Tibhirine, se voulait être un message de paix et de réconciliation entre communautés religieuses en terres d'islam.

L'Église catholique comme les Églises protestantes [l'Église évangéliste du Maroc dont le culte est reconnu par l'État marocain, tout comme l'Église protestante d'Algérie (EPA)] accueillent difficilement dans le cadre de leurs cultes et parmi leurs membres des Maghrébins. Non parce que la loi l'interdit, mais parce que les édifices religieux sont étroitement surveillés par une police nationale soucieuse

1. Nommé à Alger quelques mois avant l'insurrection de la Révolution algérienne en novembre 1954, il dénonça très tôt l'usage de la torture et les violations des droits de l'homme par l'armée française. Il fut surnommé par ses détracteurs et par les partisans de l'Algérie française Mohamed ben Duval.

de préserver l'identité musulmane de ses concitoyens. Cette surveillance constante, justifiée par les autorités pour des raisons de sécurité mais exercée implicitement au nom de la « sécurité spirituelle » des citoyens, ne laisse quasiment aucune marge de manœuvre à une éventuelle visibilité des convertis et encore moins à une affirmation publique de leur nouvelle confession. Le Maroc est certainement un des pays du Maghreb où la surveillance est la plus répressive et où se pratique, aujourd'hui, un christianisme clandestin, secret, dans des maisons individuelles au sein de groupes très restreints. Seuls les forums d'expression du Web permettent de se mettre en contact avec des Marocains chrétiens ; et encore cette prise de contact est-elle à mesurer avec précaution, car l'anonymat des individus ne permet pas une analyse fiable des données recueillies. La contrainte et la désapprobation sociales, la surveillance policière et l'offensive de l'islam d'État prennent au Maroc une radicalité encore plus grande. Tandis qu'en Algérie, les convertis occupent depuis quelques années la sphère publique, relayés en cela par une mobilisation citoyenne dans les nombreuses affaires judiciaires qui touchent les nouveaux chrétiens, ces derniers s'affirmant comme une composante religieuse assumée dans le débat politique.

Au Maroc et en Tunisie, tout citoyen qui ne naît pas juif est considéré comme un musulman. La conversion est très souvent présentée comme une trahison à l'égard de l'islam mais également à l'égard de son pays. L'athéisme est, dans ces conditions, moins stigmatisé, car il laisse la possibilité de ramener la « brebis égarée » au sein de la communauté d'origine ; tandis que le converti est perdu pour les siens.

Conversions et prosélytisme condamnés

Ces Églises dites historiques sont, aujourd'hui, remises en question dans leur légitimité à la fois religieuse et institutionnelle par un christianisme missionnaire offensif dont elles ne maîtrisent ni les discours ni les actions ; par ailleurs, elles sont dans l'injonction de se justifier, publiquement, à l'égard des autorités nationales voire de condamner les modes d'action des groupes missionnaires dont elles se distancient très sévèrement. Pourtant, en Algérie, l'EPA (l'Église protestante d'Algérie, fondée en 1972), après avoir été présidée pendant près de quarante ans par un Américain résidant dans le pays depuis le début des années 1960, est désormais, depuis 2008, dirigée par un Algérien converti au protestantisme méthodiste[1]. Ce qui, paradoxalement, donne aux néo-évangélistes un porte-parole reconnu par les autorités du pays.

Les pays du Maghreb n'échappent pas à l'offensive missionnaire néo-évangélique qui avait déferlé, bien avant, sur l'Amérique du Sud et sur l'Afrique subsaharienne. Le terme « néo-évangélique » est certainement le plus commode mais également le plus simplificateur pour désigner ces nouvelles Églises issues des dissidences des Églises réformées, particulièrement anglo-saxonnes. Un terme d'autant plus arrangeant qu'il est extrêmement difficile d'identifier (ou de faire identifier), au Maghreb, auprès des convertis et des responsables d'églises, le groupe évangélique auquel ils appartiennent. Cet activisme évangélique est animé par des missionnaires anglo-saxons et suisses qui se réfèrent à l'Arab World Ministeries, une société missionnaire internationale dont l'objectif est d'œuvrer pour « l'Annonce de la Bonne Nouvelle d'un Sauveur aux musulmans du monde arabe ». Ce prosélytisme, totalement nouveau dans le paysage religieux maghrébin, alimenté par les médias sociaux, les chaînes satellitaires, Internet, s'inscrit dans la mondialisation des croyances.

C'est sans aucun doute en Algérie que les conversions de musulmans au néo-évangélisme ont alimenté une polémique qui est devenue politique. À la fois parce que les convertis sont sortis de leur réserve et de la confidentialité de leurs nouvelles pratiques religieuses et revendiquent publiquement leur nouvelle foi ; mais également parce qu'une série retentissante de procès (à partir de 2008) a mis en cause des étrangers et des Algériens poursuivis, tous, par le même chef d'inculpation : prosélytisme religieux et pratique sans autorisation d'un culte non musulman. Ces procès se sont accompagnés par la fermeture de seize églises affiliées à l'EPA et de neuf

1. Mustapha Krim est président de l'Église protestante d'Algérie depuis 2008. Kabyle converti au christianisme, premier Algérien natif à diriger une institution religieuse chrétienne, il est le porte-parole le plus actif de sa communauté.

églises protestantes indépendantes qui se sont vu notifier l'ordre de cesser toute activité[1].

Ces procès et les fermetures de lieux de culte n'ont fait qu'entériner un processus de stigmatisation et de harcèlement des nouveaux convertis. Mais ces affaires montrent surtout que ce ne sont pas des étrangers qui sont soumis à la « chasse aux sorcières » mais bien des citoyens algériens qui font l'objet de poursuites judiciaires sur la base de leur conversion au christianisme évangélique.

Ces poursuites judiciaires s'exercent dans le cadre de l'application de l'ordonnance promulguée le 28 février 2006 et fixant les « conditions et règles d'exercice des cultes autres que musulmans ». Cette loi est révélatrice de la volonté de l'État algérien de prendre en charge la question de la conversion et de lui fournir un cadre juridique. Elle réglemente de façon très stricte les cultes en leur imposant de s'organiser en associations religieuses soumises à des agréments de l'État et les caractères de visibilité et de transparence des églises sont exigés (identification des lieux de culte, manifestations religieuses soumises à des déclarations préalables…). Mais dans le même temps, c'est une reconnaissance officielle de ces nouvelles communautés chrétiennes (qui sont de plus en plus nombreuses) qui leur permet de s'extraire de la confidentialité et de l'extrême discrétion pratiquée jusque-là. En cela, l'Algérie est certainement le pays où la réflexion sur l'intégration des minorités chrétiennes est, pour l'instant, le plus avancée.

Au Maroc, une série d'expulsions de missionnaires étrangers ont marqué l'année 2010 et ont révélé la présence d'acteurs néo-évangéliques qui travaillaient dans le cadre d'organisations religieuses et sociales (caritatives, éducatives, ONG…). Les autorités marocaines ont condamné sévèrement l'action prosélyte de ces différents groupes qui agissent sur l'ensemble du territoire marocain avec une préférence pour les espaces ruraux déshérités et les périphéries urbaines. Le terrain humanitaire, le secteur scolaire et éducatif privé, les milieux des migrants subsahariens sont des biais privilégiés de l'action évangéliste. Dans les espaces urbains, les lieux de prière et

1. *Le Soir*, 25 mai 2008.

de culte sont organisés principalement autour des étrangers installés dans le pays. Et ces lieux sont soumis à une surveillance policière très étroite : théoriquement aucun citoyen marocain ne peut y pénétrer (non que la loi marocaine l'interdise, mais la contrainte et la régulation sociales l'empêchent). La question de la conversion est tolérée uniquement quand elle concerne les étrangers et notamment les émigrés subsahariens. L'idée qu'elle puisse s'appliquer à des sujets marocains soulève une désapprobation générale et ne le permet pas.

Débats sur la liberté de conscience

Au-delà de la dimension répressive du texte de loi ou des autorités policières et judiciaires, c'est la réflexion sur la liberté de conscience et de croyance qui est ainsi évoquée pour la première fois au sein de la société maghrébine. Mais c'est également le positionnement politique et idéologique des États, sur cette question, qui soulève de nombreuses interrogations, notamment celles qui concernent les pratiques du respect constitutionnel en matière de liberté religieuse. Plus généralement, la médiatisation des procès contre ces Algériens convertis au christianisme révèle des points d'achoppement du dispositif juridique et constitutionnel qui alimente des débats houleux au sein de la société. Et les échos de ces débats sont très discordants. Entre défense de l'identité religieuse, accusation d'ingérence des puissances étrangères, prises de position maladroites et intempestives de certaines personnalités politiques et religieuses et pétitions pour la tolérance et le respect des libertés, le champ d'expression publique s'agite et réactive des interrogations fondamentales : Peut-on reconnaître, en Algérie, un citoyen non musulman ? Que garantit la Constitution en matière de culte ? Que dit l'islam ? Quels textes légifèrent les cultes non musulmans ? Les conversions constituent-elles un délit qui relève de la sanction pénale ? Car les poursuites judiciaires telles qu'elles ont été menées révèlent des lectures et des applications de la loi de 2006 qui ont soulevé des tollés de protestation, notamment de la part de la Ligue algérienne des droits de l'homme et de certains partis politiques comme le RCD (Rassemblement pour la culture et la démocratie) qui a évoqué une « chasse aux sorcières », des « pratiques inquisitoriales » et des « persécutions ».

Pourtant, ce n'est jamais la conversion, en tant que telle, qui est condamnée par le code pénal de chaque pays, mais bien les attitudes considérées comme prosélytes. L'article 220 du code pénal marocain prévoit que « quiconque employant des moyens de séduction dans le but d'ébranler la foi d'un musulman ou de le convertir à une autre religion sera puni d'un emprisonnement de six mois à trois ans et d'une amende de 100 à 500 dirhams » tandis que les affaires de ruptures de jeûne en Algérie (durant le ramadan), et qui concernent les nouveaux chrétiens, sont jugées en fonction de l'article 144 bis 2 du code pénal[1]. Par ailleurs, des dispositions pénales (amendes et peines d'emprisonnement) sont prises à l'encontre d'actes jugés non conformes à l'islam : « [...] est puni d'un emprisonnement de deux ans à cinq ans et d'une amende de 500 000 dinars quiconque : incite, contraint ou utilise des moyens de séduction tendant à convertir un musulman à une autre religion, ou en utilisant à cette fin des établissements d'enseignement, d'éducation, de santé, à caractère social ou culturel, ou institutions de formation, ou tout autre établissement, ou tout moyen financier » (article 11).

En Algérie, un « collectif de défense pour des croyants autres que musulmans en Algérie » ainsi qu'une mobilisation spontanée de la société civile (associations, intellectuels, simples citoyens) multiplient, depuis quelques années, les actions en interpellant les autorités algériennes pour qu'elles veillent au respect des libertés individuelles garanties par la Constitution ; une mobilisation citoyenne telle que des procès ont été ajournés. Au Maroc, l'opinion publique n'est pas sollicitée sur cette question et seule une Union mondiale des chrétiens marocains interpelle, via le Web, le gouvernement marocain en lui demandant la « permission accordée aux Marocains de se convertir à la religion qu'ils veulent y compris le christianisme, sans être soumis à aucun interrogatoire ou harcèlement de la part de la

1. « Est puni d'un emprisonnement de trois à cinq ans et d'une amende de 50 000 à 100 000 dinars ou de l'une de ces deux peines seulement quiconque offense le Prophète (paix et salut sur lui) et les envoyés de Dieu ou dénigre le dogme ou les préceptes de l'islam que ce soit par voie d'écrit, de dessin, de déclaration ou tout autre moyen. »

sécurité, comme c'est garanti par la Constitution marocaine ». Et si les Églises sont libres de pratiquer leur culte, il est très difficile pour un Marocain d'y participer tant les édifices religieux sont soumis à une surveillance policière très étroite. Là encore, aucun texte de loi ne vient pourtant fonder cette interdiction.

En cela, la Tunisie fait figure d'exception. La nouvelle Constitution, votée en janvier 2014, dans un contexte postrévolutionnaire, promulgue la liberté de conscience. C'est aujourd'hui le seul pays musulman à assumer ce positionnement. L'article 6 stipule : « L'État est gardien de la religion. Il garantit la liberté de conscience, de croyance et le libre exercice de culte. » La mention de « liberté de conscience » est unique dans le monde musulman et annonce, sans doute, à la fois un tournant dans les processus de sécularisation mais également d'autres modalités de la politique religieuse de l'État tunisien.

Aujourd'hui, dans les pays du Maghreb, les chrétiens ne sont plus des étrangers mais bien des nationaux. L'implantation des églises néo-évangéliques a impulsé des conversions dont il est encore difficile d'obtenir le chiffre exact : 100 000 pour l'Algérie, quelques milliers pour le Maroc et la Tunisie. L'impossibilité d'obtenir des chiffres fiables, aussi bien de la part des autorités locales que des Églises elles-mêmes, révèle bien l'extrême sensibilité de la question de la conversion dans des sociétés qui ont à repenser le rapport au religieux et à la différence. L'impact des Printemps arabes sur la question des libertés individuelles a quelque peu bousculé les identités nationales telles qu'elles ont été formulées au moment des indépendances. Et ces nouveaux chrétiens posent publiquement la problématique d'une nouvelle citoyenneté tout en contestant l'ordre politique et social qui remet en question les légitimités traditionnelles (historiques et religieuses). D'une façon plus pragmatique, leur simple existence demande des adaptations des dispositifs législatifs sur les questions du code du statut personnel et de la famille (héritage, mariage, divorce) qui demeurent encore pour l'Algérie et le Maroc inspirés de la charia (loi islamique).

Les conversions révèlent une hyperpolitisation du champ religieux maghrébin. Contrairement à ce que l'on pourrait penser, la présence néo-évangéliste n'a pas induit un débat théologique sur l'apostasie ou sur le blasphème en islam. Les autorités religieuses comme les islamistes ont en commun de développer un contre-argumentaire qui privilégie la défense de l'intégrité nationale; un contre-argumentaire plutôt convenu, sans réflexion théologique et encore moins soucieux d'un dialogue islamo-chrétien. C'est en ce sens que la question religieuse est totalement monopolisée par les États en question. Mais les révolutions de 2011, même dans leurs incertitudes et dans leurs violences, laissent présager d'autres alternatives à l'islamo-conservatisme des États et ouvrent d'autres possibilités dans le rapport au « croire » des sociétés maghrébines.

Docteur en histoire contemporaine et agrégée d'histoire, Karima Dirèche est directrice de recherche au CNRS. Spécialiste des minorités linguistiques et religieuses au Maghreb et de l'historiographie algérienne postindépendance, elle dirige à Tunis l'Institut de recherches sur le Maghreb contemporain.

Libye

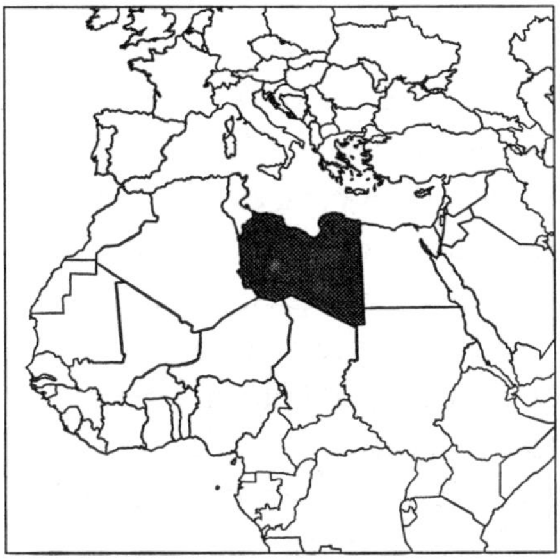

- Population = 6 545 619
- Musulmans = 96,6 %
  Chrétiens = 2,7 %
  Autres = 0,7 %

Témoignage

L'Église du silence

Dominique Rézeau

Migrants venus d'Afrique subsaharienne, d'Asie et d'Europe, les chrétiens vivant en Libye subissent de plein fouet la violence extrême et le chaos généralisé qui ont suivi la chute du dictateur Mouammar Kadhafi en 2011.
Arrivé comme prêtre à Tripoli en 2012, le P. Dominique Rézeau décrit de l'intérieur l'enfer vécu par ces chrétiens subsahariens, entre violence des groupes armés, racisme antinoir et montée de l'islamisme.

Je suis arrivé en Libye au mois de décembre 2012. Dès le lendemain de ma venue à Tripoli, l'église copte de Misurata, à 200 km vers l'ouest, était l'objet d'un attentat. Un tir de missile a partiellement détruit l'édifice et causé la mort de deux chrétiens; un « miracle », car l'office venait juste de se terminer et une longue file de travailleurs égyptiens rentrait chez eux.

Les chrétiens en Libye (plus de trois fois la France, 6 millions d'habitants, premières réserves pétrolières en Afrique) viennent essentiellement d'Égypte, d'Afrique subsaharienne, des Philippines et du continent indien. Plusieurs centaines de milliers avant la guerre de « libération » en 2011, ils sont revenus progressivement, mais pas tous. Pratiquement pas d'Occidentaux, et pas de Libyens bien entendu, la citoyenneté étant liée à l'appartenance à l'islam. Deux évêques franciscains, l'un à Tripoli, l'autre à Benghazi, et deux églises catholiques seulement. Une église anglicane et un temple évangélique à Tripoli, une église grecque-orthodoxe pratiquement fermée; quant aux églises coptes, elles ont été soit incendiées, à Benghazi et à Misurata, soit fermées et les prêtres contraints de partir. Une poignée de religieux, philippins, égyptiens, indiens, auxquels je suis venu prêter main-forte; pour combien de temps encore? Depuis la fermeture des communautés des Sœurs franciscaines missionnaires de Marie et des Petites Sœurs de Jésus, je suis désormais le seul prêtre ou religieux français en Libye, et les pressions sont fortes pour mon retour au pays.

L'extrême violence qui règne en Libye depuis l'intervention de l'OTAN n'a épargné ni les étrangers ni les Libyens eux-mêmes, ni les chrétiens ni les musulmans. Attentats, enlèvements, assassinats sont notre lot quotidien, tandis que les mouvements fondamentalistes armés gagnent du terrain, notamment dans l'est du pays où ils ont déjà pratiquement pris le pouvoir et imposé la charia, sans que l'État, totalement impuissant, puisse intervenir. J'ai vu en novembre dernier en Cyrénaïque, où il m'est impossible d'aller désormais, le sinistre drapeau noir d'al-Qaida flotter sur les mosquées de Derna, et les splendides basiliques romaines et byzantines, amoureusement relevées – par des archéologues français, entre autres –, abattues à nouveau sous les coups de masse des islamistes. À Cyrène, terre de Simon qui aida Jésus à porter sa croix, mais aussi des croyants réunis à Jérusalem lors de la première Pentecôte, la croix du Christ et tous les symboles chrétiens sont systématiquement effacés et les chrétiens n'y ont plus droit de cité.

Comment vivent et survivent les chrétiens en Libye? Les Philippins, employés pour la plupart en milieu hospitalier, bénéficient d'une relative liberté; nous pouvons nous déplacer pour prier et célébrer avec eux dans les nombreux hôpitaux dispersés dans le pays. La cuisine, la salle de réunion, parfois même la morgue se transforment en un clin d'œil en chapelle ornée de statues et de crucifix sortis des placards. Tout récemment, une jeune infirmière jouant du violon dans un environnement lugubre, comme l'est souvent le nôtre, m'a fait penser aux musiciens du *Titanic*. J'ai rappelé leur histoire dans l'homélie adressée aux jeunes hommes et femmes présents, leur disant qu'ils étaient à leur tour ceux et celles qui jouaient la musique de Dieu, sans faiblir, pendant que le bateau menaçait de couler ! Mais l'espérance est la plus forte, elle est comme « l'ancre de notre âme[1] ».

Rafles et rançons à la sortie de la messe

Quant à nos amis africains, pour beaucoup d'entre eux nouveaux esclaves des temps modernes, ils trouvent à l'église le refuge et l'asile qui leur sont refusés ailleurs. Venus en Libye en pensant y trouver un Eldorado, ils vivent et travaillent dans des conditions souvent infrahumaines, exploités, méprisés, maltraités même physiquement. Les « autorités », ou ce qui en tient lieu, c'est-à-dire les milices armées incontrôlées et incontrôlables, n'hésitent pas à faire des rafles à la sortie de la messe ou à les rançonner. Fidèles, ils viennent cependant prier et chanter leur foi, crier devant Dieu leur peine et leurs désespoirs ; ils se confessent de leurs pauvres péchés, et c'est souvent moi qui voudrais me mettre à genoux pour leur demander pardon ! Je pense à cette maman portant son enfant que j'ai bénie avant son accouchement ; quelques jours après, elle nous a apporté le bébé mort à la naissance dans une boîte en carton : le cimetière chrétien venait d'être saccagé une fois de plus et personne ne voulait de cette petite créature de Dieu. Alors qu'il existe, paraît-il, en certains pays, des cimetières où on enterre les chats et les chiens ? Je pense aussi à celui qui a été battu pour rien dans la rue, roué de coups, qui a perdu un œil ; les passants n'ont rien trouvé de mieux que de le dépouiller de ses maigres possessions avant d'appeler la police, qui l'a mis

1. Lettre aux Hébreux.

en prison. Un Noir chrétien, pensez donc, presque un « non-être » ici ! Depuis, il vient régulièrement dans notre minidispensaire du vendredi mais aussi à la messe. Je viens de relire le grand orientaliste Louis Massignon et de tomber sur un de ses articles intitulé : *Le Respect de la personne humaine en Islam, et la priorité du droit d'asile sur le devoir de juste guerre.* À classer sans doute entre la *République* de Platon et l'*Utopie* de Thomas More. « L'hôte sacré », j'ai de sérieux doutes !

Il y a un an, le 23 avril, la chancellerie de l'ambassade de France à Tripoli était détruite au petit matin par l'explosion d'une voiture piégée, deux gendarmes furent grièvement blessés. Le même jour un énorme camion broyait littéralement la voiture des Petites Sœurs de Jésus qui rendaient visite à une famille. Deux religieuses tuées sur le coup, une Française et une Italienne ; une troisième, française aussi, est toujours hospitalisée, un an après. Accident étrange, on n'a jamais retrouvé le chauffard ! La communauté a donc fermé ses portes, où nous allions célébrer la messe chaque matin à l'aube, avant que les violents de tout bord ne se remettent à l'action. C'est habituellement la nuit qu'ils se livrent à leurs « œuvres de ténèbres », quand se déclenchent les tirs d'armes lourdes, que des quartiers sont incendiés et les comptes réglés par la force. Notre évêque me dit qu'il rêve souvent la nuit d'une bombe qui tombe sur l'église…

Pour l'instant nous avons été relativement préservés à Tripoli même. Les Tripolitains ont une longue tradition de respect des chrétiens, qui ont joui pendant plusieurs siècles de la « protection » de la France, officiellement consacrée par les traités et capitulations avec l'Empire ottoman. Mais cette protection n'existe plus, et les autorités françaises, européennes et onusiennes représentées en Libye ne montrent pas d'intérêt particulier pour la défense de la liberté religieuse, qui fait pourtant partie de ces « droits de l'homme » si chers à notre pays. Lorsqu'un de nos pères franciscains a échappé de peu à la mort à la porte de l'église, à la suite d'un tir de kalachnikov à bout portant, l'ambassade de France nous a fait aimablement savoir qu'il s'agissait d'un problème « interne » et s'est bien gardée d'intervenir. Même chose lors de l'assassinat récent de chrétiens égyptiens à Benghazi : les seuls à se manifester ont été les ambassadeurs de Suisse et d'Autriche. Le représentant de l'ONU s'est fendu d'un vague communiqué condamnant la violence, sans toutefois mentionner que cet acte criminel s'était exercé contre des chrétiens, et parce que chrétiens. Et pourtant sept jeunes hommes, simples travailleurs, ont été enlevés par des hommes en armes, qui ont vérifié qu'ils portaient sur leur poignet la croix de Jésus, comme le font nos frères coptes. Abattus au petit matin, leurs cadavres ont été jetés sur une plage déserte, baignant dans leur sang. La prophétie d'Ésaïe concernant Jésus Serviteur souffrant s'est accomplie en ce lieu désolé : « Maltraité, il s'humilie, il n'ouvre pas la bouche : comme un agneau conduit à l'abattoir, comme une brebis muette devant les tondeurs, il n'ouvre pas la bouche. Arrêté, puis jugé, il a été supprimé. Qui donc s'est inquiété de son sort ? » Qui s'est inquiété de leur sort ?

J'allais régulièrement au Fezzan, dans la région de Sebha, cet immense désert aux frontières de l'Algérie, du Niger et du Tchad, et ce, jusqu'au 25 décembre dernier. Les luttes extrêmement violentes entre Touaregs, Toubous et khadafistes, et surtout l'arrivée massive de combattants d'al-Qaida, chassés d'autres pays africains, font de cette région, comme le disait récemment un ministre français de la Défense, « un nœud de vipères ». Je suis triste pour nos communautés bien vivantes là-bas, philippines et africaines, à Sebha, Mourzouk, Brak, Gatt, Oubari, qui ne célèbrent plus l'Eucharistie depuis trois mois. Un des responsables de la communauté francophone, un pharmacien tchadien, pourtant au service de l'hôpital depuis une vingtaine d'années, a vu sa maison incendiée et sa famille menacée de mort. Et pourtant, avec un autre médecin chrétien, ils étaient les seuls à « mettre les mains dans le sang », comme ils me disaient, lorsqu'on amenait à l'hôpital morts et blessés. Les infirmières philippines ont été elles aussi régulièrement menacées, et les Africains, relégués dans les pires quartiers, au milieu de champs d'ordures, ne se réunissent pour prier qu'en se barricadant. Et pourtant, même sans nous, ils ne renoncent pas, sachant qu'ils risquent leur peau. Et je me sens lâche de ne pas risquer la mienne en tentant d'aller les rejoindre.

Je médite souvent la belle lettre à Diognète qui résonne si fort ici pour nous, chrétiens de Libye : « On ne les connaît pas, mais on les condamne ; on les tue et c'est ainsi qu'ils trouvent la vie. Ils sont pauvres et font beaucoup de riches. Ils manquent de tout et ils ont tout en abondance. On les méprise et, dans ce mépris, ils trouvent leur gloire. On les calomnie, et ils y trouvent leur justification. On les insulte, et ils bénissent. On les outrage, et ils honorent. Alors qu'ils font le bien, on les punit comme des malfaiteurs... Le poste que Dieu leur a fixé est si beau **qu'il** ne leur est pas permis de le déserter[1]. »

Tripoli, 9 avril 2014

Après une carrière de diplomate au service du Saint-Siège comme conseiller puis nonce dans plusieurs pays (Pérou, Congo-Zaïre, Colombie, États-Unis, Jordanie, Tunisie), le P. Dominique Rézeau rejoint fin 2012 la petite communauté franciscaine de Tripoli pour lui prêter main-forte. Il a quitté la Libye à l'été 2014 et vit aujourd'hui en Vendée.

1. *Épître à Diognète*, V, 1-17 ; VI, 1.10.

Chrétiens et musulmans, l'indispensable dialogue

Ils vivent tous les deux à Beyrouth. L'un est chrétien, jésuite et expert de l'islam et du christianisme oriental. L'autre est musulman, essayiste et ancien conseiller du grand mufti du Liban. Le P. Samir Khalil Samir et Mohamed Sammak souhaitent que les chrétiens puissent se construire un avenir au Proche-Orient. Ils mettent en garde contre l'appauvrissement culturel et spirituel que leur disparition entraînerait.

Analyse

La nécessaire présence des chrétiens en terre arabe

Samir Khalil Samir

Le monde arabe est confronté à quatre grands défis: la paix – le conflit israélo-palestinien qui dure depuis soixante-six ans –; le fondamentalisme islamique qui s'est renforcé depuis une quarantaine d'années et pose une multitude de questions sur la laïcité positive, la citoyenneté, les droits de l'homme, l'égalité hommes-femmes; les régimes autoritaires et l'insécurité sociale, économique et politique; le retard socioculturel (notamment avec l'analphabétisme qui atteint plus de 30 % de la population).

Dans quelle mesure les chrétiens jouent-ils un rôle pour aider nos sociétés à relever ces défis? Telle est la question qui se pose à nous.

Le conflit israélo-palestinien

Le conflit israélo-palestinien est devenu pratiquement insoluble du fait qu'il s'est transformé en un conflit judéo-musulman.

D'une part, Israël se proclame la patrie de tous les juifs du monde, au sens religieux du terme. La « loi du retour », votée par la Knesset le 5 juillet 1950, fait de tout juif du monde un Israélien potentiel… pourvu qu'il n'ait pas changé de religion, comme ce fut le cas pour tant de prêtres polonais d'origine juive, notamment le père Daniel (de son vrai nom Oswald Rufeisen), qui avait pourtant lutté avec ses frères juifs contre les nazis et avait sauvé environ 300 juifs du ghetto de Mir en Biélorussie.

D'autre part, la plupart des pays arabes environnants se proclament musulmans, et n'accordent pas les mêmes droits à leurs citoyens non musulmans. La « cause palestinienne », en outre, est très vite devenue une « cause arabe » et finalement une « cause islamique » à laquelle tout *moudjahid* se sent un devoir de participer. Nous avons ainsi affaire à une guerre idéologique, mêlant des deux côtés le politique et le religieux, ce qui rend nécessairement la solution impossible.

En revanche, les chrétiens arabes sont engagés dans la cause palestinienne au nom du droit de l'habitant à vivre sur sa terre, et dans le respect des décisions de l'ONU et des frontières tracées par cette organisation. Le Palestinien chrétien est d'autant plus attaché à sa terre de Palestine qu'il revit en elle l'origine de sa foi et la terre du Christ. Je reprendrai les paroles du docteur Rafiq Khoury, prêtre palestinien du patriarcat latin de Jérusalem :

- « le fait déterminant [est] que les chrétiens de Palestine sont des Arabes palestiniens chrétiens. Ils partagent avec leurs concitoyens musulmans le même espace géographique, la même langue, la même culture, la même histoire, les mêmes traditions sociales. L'arabité et la palestinité des chrétiens de Palestine sont des faits acquis, que nous recevons avec le lait de notre mère, comme on dit en arabe. Les relations islamo-chrétiennes en Palestine se développent donc à partir d'un même terroir national et culturel ;
- « les relations islamo-chrétiennes en Orient en général et en Palestine en particulier s'inscrivent dans une longue histoire, qui a à son actif treize siècles de communauté de vie, où nous avons partagé "le pain et le sel", comme on dit en arabe aussi. Les relations islamo-chrétiennes en Palestine s'inscrivent dans cette longue mémoire historique ;
- « dans l'histoire récente de la Palestine, dominée par le problème palestinien depuis plus de un siècle, il faut remarquer que chrétiens et musulmans palestiniens ont souffert ensemble, ont lutté ensemble, et ensemble ils partagent les aspirations de l'avenir. En effet, chrétiens et musulmans palestiniens n'ont pas souffert les uns des autres, mais les uns avec les autres ; et, comme on le sait, la souffrance unit. »

Le Vatican, de son côté, a toujours soutenu l'existence de deux États, l'un palestinien et l'autre israélien, conformément aux décisions de l'ONU, malgré le fait que ce discours déplaît aux responsables israéliens. Par ailleurs, constatant que la division de Jérusalem en deux parties, l'une israélienne et l'autre palestinienne, n'avait d'autre résultat que l'annexion systématique et progressive de la partie palestinienne par l'autre, il a proposé l'internationalisation de Jérusalem, qui resterait ainsi unifiée et ouverte à tous les pèlerins : juifs, chrétiens et musulmans.

À ce niveau, et pour maintenir la paix, les chrétiens sont toujours intervenus dans la politique du monde arabe. Leur ligne est de trouver une solution conforme au droit international. Beaucoup de chrétiens palestiniens ont été promoteurs de la cause palestinienne, tout en reconnaissant à Israël le droit d'exister comme État indépendant.

On sait que le président Anouar el-Sadate cherchait à conclure une paix honorable avec Israël. Ce sera le copte Boutros Boutros-Ghali qui, en qualité de ministre des Affaires étrangères, le poussa à tenir son allocution historique à Jérusalem, devant la Knesset, le 20 novembre 1977, ce qui fut un choc pour beaucoup d'Égyptiens, en particulier pour les Frères musulmans. C'est le même ministre qui fut le principal négociateur du côté égyptien des accords de paix israélo-arabes signés par Anouar el-Sadate et Menahem Begin le 26 mars 1979 à Washington.

Cet accord valut à Sadate d'être assassiné par les extrémistes islamistes, le 6 octobre 1981. Son assassinat faisait suite à une fatwa émanant du cheik Omar Abdel Rahman, fondateur d'*al-Gamâ'ah al-islâmiyyah*, inculpé par les États-Unis pour l'attaque, le 26 février 1993, du World Trade Center à New York, groupe terroriste ayant pour objectif l'instauration d'un État islamique en Égypte.

Le fondamentalisme islamique

Depuis plusieurs décennies, tant du côté musulman que du côté israélien, le fondamentalisme religieux ne fait qu'augmenter. On le voit tous les jours depuis des décennies dans le monde arabe, où le fondamentalisme islamique est passé au terrorisme islamique, contre lequel réagissent autant les États musulmans qu'un grand nombre d'autorités religieuses musulmanes, telle l'université sunnite al-Azhar du Caire.

On le voit en Israël tout autant dans l'attitude des colons israéliens occupant les terres officiellement palestiniennes que dans celle des groupes extrémistes, comme tout récemment lors de la visite du pape François en Terre sainte du 24 au 26 mai 2014.

Benoît XVI le dit clairement dans l'Exhortation apostolique post-synodale, *Ecclesia in Medio Oriente* (paragraphe 30)[1] :

> Les incertitudes économico-politiques, l'habileté manipulatrice de certains et une compréhension déficiente de la religion, entre autres, font le lit du fondamentalisme religieux. Celui-ci afflige toutes les communautés religieuses, et refuse le vivre ensemble séculaire. Il veut prendre le pouvoir, parfois avec violence, sur la conscience de chacun et sur la religion pour des raisons politiques.
> Je lance un appel pressant à tous les responsables religieux juifs, chrétiens et musulmans de la région, afin qu'ils cherchent, par leur exemple et leur enseignement, à tout mettre en œuvre afin d'éradiquer cette menace qui touche indistinctement et mortellement les croyants de toutes les religions.

Comme il le disait encore, dans son discours au palais présidentiel de Cotonou, au Bénin, le 19 novembre 2011 :

> Utiliser les paroles révélées, les Écritures saintes ou le nom de Dieu, pour justifier nos intérêts, nos politiques si facilement accommodantes, ou nos violences, est une faute très grave.

Le fondamentalisme islamique est une idéologie qui pense que le remède à la situation déplorable du monde musulman est le retour pur et simple à ce qui se pratiquait du temps du prophète Mahomet et de ses pieux compagnons (le *salaf*). De là, le courant *salafiste*, qui sévit partout, et se fait remarquer par les signes extérieurs (longue barbe, djellaba blanche, couvre-chef en tissu blanc), par des com-

1. L'ensemble des citations extraites de l'Exhortation apostolique postsynodale *Ecclesia in Medio Oriente* du pape Benoît XVI aux patriarches, aux évêques, au clergé, aux personnes consacrées et aux fidèles laïcs sur l'Église au Moyen-Orient, communion et témoignage, peut être consulté sur le site Internet du Vatican : http://www.vatican.va/holy_father/benedict_xvi/apost_exhortations/documents/hf_ben-xvi_exh_20120914_ecclesia-in-medio-oriente_fr.html *[N.d.E.]*

portements inspirés de la tradition bédouine du VIIe siècle et une opposition à tout ce qui pourrait être occidental.

Au-delà de cette apparence extérieure, l'objectif est l'instauration d'un État islamique pur et dur, avec application littérale de la charia, notamment dans tous les détails concernant les femmes, et les châtiments prévus dans le Coran (les *hudûd*), sans concession aucune. Finalement, il s'agit de restaurer le califat universel islamique, supprimé le 3 mars 1924 par le laïciste turc Kemal Atatürk.

Ce mouvement est devenu si diffus qu'il a fallu créer un terme technique arabe pour le désigner : ce sont les *islâmiyyûn* (islamistes), à bien distinguer des *muslimûn* (musulmans).

Or, pour parvenir à leur but – le rétablissement du califat –, tous les moyens sont bons, y compris la violence armée. En cela, ils s'inspirent de la tradition authentique mahométane, le fondateur de l'islam ayant mené plus de soixante attaques (*ghazwah*, mot arabe qui a donné le français « razzia », et est passé dans les diverses langues européennes), dans les neuf dernières années de sa vie (623-632).

Une majorité de musulmans, dans les pays arabes de type non bédouin, n'est pas favorable au projet islamiste et à l'application littérale de la charia, tout au plus accepteraient-ils de s'en inspirer avec précaution. Cela est particulièrement vrai au Liban, en Tunisie, en Syrie, en Palestine, en Égypte. Cela est vrai aussi à un degré moindre en d'autres pays arabes.

Il est certain en particulier que toute la législation islamique concernant les femmes est devenue peu acceptable dans le mode de vie actuel de beaucoup de ces pays, surtout dans les villes et là où les femmes travaillent hors de la maison. Il est intolérable par exemple qu'une femme allant au travail doive être accompagnée par un parent mâle. En Arabie, on assiste aujourd'hui à un contrôle hystérique des femmes.

De ce point de vue, la présence des chrétiens joue un rôle important. Les femmes chrétiennes orientales témoignent d'une grande liberté d'action. Et l'attitude fondamentaliste des islamistes à leur égard se présente comme une réponse à la « corruption occidentale ».

L'égalité hommes-femmes doit passer dans les textes, dans les lois. Il est aberrant qu'il y ait dans la Constitution des articles distincts pour l'homme et pour la femme. La Constitution ne peut que s'adresser au « citoyen », quel que soit le sexe de ce citoyen ! Je citerai ici ce qu'écrit le pape Benoît XVI :

> Le premier récit de la création montre l'égalité ontologique entre l'homme et la femme (cf. Gn 1, 27-29). Cette égalité est blessée par les conséquences du péché (cf. Gn 3, 16 ; Mt 19, 4). Surmonter cet héritage, fruit du péché, est un devoir pour tout être humain, homme ou femme. Je voudrais assurer toutes les femmes que l'Église catholique, se situant dans la fidélité au dessein divin, promeut la dignité personnelle de la femme, et son égalité avec l'homme, en face des formes les plus variées de discrimination auxquelles elle est soumise, du seul fait qu'elle est femme.
> De telles pratiques blessent la vie de communion et de témoignage. Elles offensent gravement non seulement la femme mais aussi et surtout Dieu, le Créateur. Reconnaissant leur sensibilité innée pour l'amour et la protection de la vie humaine, et leur rendant hommage pour leur apport spécifique dans l'éducation, la santé, le travail humanitaire et la vie apostolique, j'estime que les femmes doivent s'engager et être impliquées davantage dans la vie publique et ecclésiale. Elles apporteront ainsi leur part propre à l'édification d'une société plus fraternelle et d'une Église rendue plus belle par la communion réelle entre les baptisés.

De même, il n'est pas admissible que la Constitution fasse une différence quelconque entre les citoyens fondée sur la religion. Qu'il faille un permis spécial pour construire une église, et aucun permis pour construire une mosquée ! Cette discrimination est insupportable. Benoît XVI :

> [Les chrétiens] doivent jouir d'une pleine citoyenneté et ne pas être traités en citoyens ou en croyants mineurs. Comme par le passé où, pionniers de la renaissance arabe, ils ont été partie intégrante de la vie culturelle, économique et scientifique des diverses civilisations de la région, ils désirent

aujourd'hui, encore et toujours, partager avec les musulmans leurs expériences en apportant leur contribution spécifique.
C'est à cause de Jésus que le chrétien est sensible à la dignité de la personne humaine et à la liberté religieuse qui en découle. C'est par amour pour Dieu et pour l'humanité, glorifiant ainsi la double nature du Christ, et par goût de la vie éternelle que les chrétiens ont construit des écoles, des hôpitaux et des institutions de toutes sortes où tous sont reçus sans discrimination aucune (cf. Mt 25, 31 et suiv.).
C'est pour ces raisons que les chrétiens portent une attention particulière aux droits fondamentaux de la personne humaine. Affirmer pour autant que ces droits ne sont que des droits chrétiens de l'homme n'est pas juste. Ils sont simplement des droits exigés par la dignité de toute personne humaine et de tout citoyen quels que soient ses origines, ses convictions religieuses et ses choix politiques.

Une laïcité positive, respectueuse des traditions religieuses

Les islamistes et plus généralement les fondamentalistes religieux considèrent avec grande suspicion la laïcité, comme étant athée ou immorale.

En réalité, la saine laïcité est bénéfique tant pour la religion que pour la politique. Voici ce qu'écrit Benoît XVI dans son Exhortation apostolique *Ecclesia in Medio Oriente* (paragraphe 29) :

> La saine laïcité, en revanche, signifie libérer la croyance du poids de la politique et enrichir la politique par les apports de la croyance, en maintenant la nécessaire distance, la claire distinction et l'indispensable collaboration entre les deux. Aucune société ne peut se développer sainement sans affirmer le respect réciproque entre politique et religion, en évitant la tentation constante du mélange ou de l'opposition. [...]
> C'est pourquoi la saine laïcité (unité-distinction) est nécessaire, et même indispensable aux deux. Le défi constitué par la relation entre le politique et le religieux peut être relevé

avec patience et courage par une formation humaine et religieuse adéquate.

Pour les musulmans l'islam garantit et prône la liberté religieuse. Dans ce dessein, ils mentionnent ce passage d'un verset coranique : « Nulle contrainte en religion » (*lā ikrāha fī d-dīn*) (Coran 2, 256). On observe pourtant que l'interprétation la plus répandue de ce verset signifie précisément le contraire. Et que, dans nombre de pays, un musulman qui abandonne l'islam est passible, au nom de la charia, de la peine de mort. Benoît XVI insiste dans son Exhortation apostolique *Ecclesia in Medio Oriente* (paragraphe 26) sur ce droit fondamental qui consiste à pouvoir choisir sa religion :

> La liberté religieuse est le sommet de toutes les libertés. Elle est un droit sacré et inaliénable. Elle comprend à la fois, au niveau individuel et collectif, la liberté de suivre sa conscience en matière religieuse, et la liberté de culte. Elle inclut la liberté de choisir la religion que l'on juge être vraie et de manifester publiquement sa propre croyance. Il doit être possible de professer et de manifester librement sa religion et ses symboles, sans mettre en danger sa vie et sa liberté personnelle.
>
> La liberté religieuse s'enracine dans la dignité de la personne ; elle garantit la liberté morale et favorise le respect mutuel. Les juifs qui ont longtemps subi des hostilités souvent meurtrières ne peuvent pas oublier les bienfaits de la liberté religieuse.
>
> Pour leur part, les musulmans partagent avec les chrétiens la conviction qu'aucune contrainte en matière religieuse, et encore moins par la force, n'est permise. Cette contrainte qui peut prendre des formes multiples et insidieuses aux plans personnel et social, culturel, administratif et politique, est contraire à la volonté de Dieu. Elle est une source d'instrumentalisation politico-religieuse, de discrimination et de violence qui peut conduire à la mort. Dieu veut la vie, non la mort. Il interdit le meurtre, même celui du meurtrier (cf. Gn 4, 15-16 ; 9, 5-6 ; Ex 20, 13).

Quand les musulmans affirment que l'islam est la religion de la tolérance, cela est vrai, en un sens. L'islam médiéval a mieux toléré les juifs et les chrétiens que le christianisme médiéval ne l'a fait par rapport aux juifs, par exemple. Le problème est que les chrétiens et les juifs ne veulent pas être uniquement « tolérés » par l'islam, ce qui est une forme de discrimination, mais accueillis. Ils veulent être des citoyens comme les autres, leur pratique religieuse ne regardant pas le législateur. Ce qu'ils demandent, c'est la « liberté religieuse », non la « tolérance », et ce de manière absolue. L'État n'a pas à se mêler de la croyance ou de l'incroyance des citoyens. Telle était la devise en Égypte, à l'époque de Nasser, affichée dans toutes les rues du Caire : *Ad-din li-llâh, wa-l-watan li-l-jamî'*, « La religion appartient à Dieu, la patrie à tous ! ».

C'est ce principe que rappelle Benoît XVI :

> La tolérance religieuse existe dans de nombreux pays, mais elle n'engage pas beaucoup, car elle demeure limitée dans son champ d'action. Il est nécessaire de passer de la tolérance à la liberté religieuse. Ce pas n'est pas une porte ouverte au relativisme, comme l'affirment certains. Ce pas à franchir n'est pas une fissure ouverte dans la croyance, mais une reconsidération du rapport anthropologique à la religion et à Dieu. Il n'est pas une atteinte portée aux vérités fondatrices de la croyance, car, en dépit des divergences humaines et religieuses un rayon de vérité illumine tous les hommes.
>
> Nous savons bien que la vérité hors de Dieu n'existe pas comme un en soi. Elle serait alors une idole. La vérité ne peut se développer que dans l'altérité qui ouvre à Dieu, qui veut faire connaître sa propre altérité à travers et dans mes frères humains.
>
> Ainsi, il ne convient pas d'affirmer de manière excluante : « Je possède la vérité. » La vérité n'est possédée par personne, mais elle est toujours un don qui nous appelle à un cheminement d'assimilation toujours plus profonde à la vérité. La vérité ne peut être connue et vécue que dans la liberté, c'est pourquoi nous ne pouvons pas imposer la vérité à l'autre ; la vérité se dévoile seulement dans la rencontre d'amour.

C'est cette vision que prônent les chrétiens dans le monde arabe, de toutes leurs forces. En partie grâce à eux, cette vision progresse. Là où ils sont proportionnellement plus nombreux et plus actifs, cette notion est acquise. C'est le cas en particulier du Liban où un musulman a le droit de devenir chrétien ou une musulmane d'épouser un chrétien, tout comme la réciproque est vraie... même si, dans les deux cas, cela ne se fait pas toujours sans difficulté.

Né au Caire en 1938, le P. Samir Khalil Samir est jésuite et islamologue. Fondateur et directeur du Centre de documentation et de recherches arabes chrétiennes (CEDRAC) à l'université Saint-Joseph de Beyrouth, il est professeur invité dans une vingtaine d'universités en Europe et aux États-Unis. En 2009 et 2011, il est appelé par Benoît XVI comme expert à Rome lors des synodes sur l'Afrique et le Moyen-Orient.

Analyse

Deux religions : une identité

Mohammad Sammak

En 2010, j'ai eu le privilège de prendre la parole au synode des évêques pour le Moyen-Orient[1], grâce à Sa Sainteté le pape Benoît XVI. « Le maintien de la présence des chrétiens dans cette région du monde est indispensable, ai-je déclaré dans mon exposé, non seulement pour la chrétienté, mais aussi pour l'islam. Il ne concerne pas simplement l'Orient, mais toute la planète. »

J'ai ajouté que le déclin de cette présence, qu'il soit moral ou numérique, est un problème autant musulman que chrétien… pas uniquement pour le Moyen-Orient, mais pour la terre entière.

En tant que musulman, je peux vivre avec tous les autres musulmans, quelle que soit leur appartenance ethnique ; mais en tant qu'Arabe, je ne peux pas vivre mon arabisme sans les Arabes chrétiens. Voilà pourquoi l'essence de la personnalité arabe se voit pratiquement vidée de sa culture, de son identité et de sa singularité par l'émigration des chrétiens d'Orient.

Le Moyen-Orient se transforme. En fait, il a atteint le point de non-retour dans sa marche résolue vers le changement. La question est : Quelle est la place des chrétiens d'Orient dans cette transition ? Quel rôle jouent-ils ? Lequel doivent-ils jouer ? Et en quoi l'émergence du nouveau Moyen-Orient influera-t-elle sur leur présence, leur rôle et leur avenir ? Feront-ils partie de la volonté d'évolution et du changement qui se prépare, donc de cette ère nouvelle ? Ou seront-ils balayés par le tsunami des bouleversements ? Face à un tel raz-de-marée, il n'y a pas lieu d'hésiter. L'instinct naturel d'autodéfense et de conservation nous apprend qu'il faut réagir vite et avec courage. C'est-à-dire inter-

1. Assemblée spéciale du synode des évêques intitulée « Communion et témoignage », portant sur la situation et l'avenir des Églises catholiques d'Orient. *[N.d.T.]*

venir et participer, car les chrétiens du Moyen-Orient ne sont pas des nouveaux venus en danger, mais des populations autochtones dont le destin fait partie de celui de toute la région.

Premièrement, les chrétiens ont beaucoup souffert sous les régimes autocratiques – qui sont ébranlés aujourd'hui. Cette souffrance est évidente dans le nombre croissant des immigrés qui viennent de presque tous les pays du Moyen-Orient. Même quand ces régimes les traitaient « bien », c'était pour les instrumentaliser contre les islamistes. Cela a empoisonné leur relation avec ces derniers, comme le président Sadate l'a fait en 1972. Le Moyen-Orient avait besoin de régimes forts et autoritaires pour ne pas tomber aux mains des radicaux musulmans, tel était l'argument invoqué à l'époque – et encore aujourd'hui, ainsi qu'on le voit en Syrie.

Divers régimes autoritaires du monde arabe ont érigé les islamistes en épouvantails pour garder leur pouvoir et le rendre acceptable aux yeux des pays occidentaux. « C'est nous ou les islamistes », répétaient-ils sans cesse: Moubarak ou les « Frères musulmans », Assad ou « Da'ash », Ben Ali ou « Ennahda », Kadhafi ou « al-Qaida »... Ça a été un arrangement pratique pour les États occidentaux comme pour ces régimes, aussi longtemps qu'il a servi les intérêts des uns et des autres. Les chrétiens du Moyen-Orient étaient pris entre ces deux feux. Le discours sur la démocratie et les droits de l'homme était de pure forme, sans grande influence sur la politique concrète. Les chrétiens souffraient, mais ils n'étaient pas les seuls à souffrir. Il existe à présent un moyen de mettre fin aux souffrances de tous, chrétiens et musulmans... s'ils œuvrent ensemble contre la répression en bâtissant au coude à coude de vrais États démocratiques.

Un rapport du pôle religion et vie publique du Pew Research Center[1] a mis en évidence que, sur les 7 milliards d'habitants de la Terre, près de 70 % vivent dans des pays qui imposent de fortes restrictions sur la liberté de religion. Après avoir étudié la situation dans 198 nations et territoires autonomes, le Pew a jugé que, dans 75 d'entre eux, les autorités nationales ou locales exercent un certain frein sur les tentatives de conversion.

1. Groupe de réflexion américain créé en 2001. *[N.d.T.]*

Le Moyen-Orient n'a rien d'exceptionnel à cet égard. Avec le peu de démocratie dans la région, et la liberté d'expression encore plus restreinte dans cette partie du monde, on peut s'attendre à y trouver de grandes entraves à la liberté religieuse. Si l'on ajoute à cela la montée du fondamentalisme, qui monopolise la foi et même Dieu, ainsi que l'erreur fatale de confondre christianisme et Occident (provenant de l'image négative des pays occidentaux depuis les Croisades, et ravivée par la colonisation de l'Orient et la création d'Israël après la Shoah), on ne devrait pas s'étonner d'avoir ce qu'on a aujourd'hui : une situation qui sème l'inquiétude et la souffrance chez les Arabes de diverses religions et dans d'autres communautés ethniques du Moyen-Orient.

Il est vrai que les extrémistes ont détourné les bouleversements politiques, mais ce en pure perte. Le détournement est une tactique normale – mais illégitime – des groupes opportunistes : il peut réussir, mais pas s'installer dans la durée.

Les peuples du Moyen-Orient qui se sont révoltés contre l'oppression politique ne peuvent – et ne veulent – pas se soumettre à l'oppression religieuse, qui est beaucoup plus dangereuse et destructrice. Cela apparaît clairement : en Tunisie, où le parti islamiste Ennahda s'est retiré du gouvernement en acceptant une nouvelle Constitution qui met l'accent sur le respect de la liberté de religion et de conscience, et qui observe les principes d'un pouvoir civil ; en Égypte, où les Frères musulmans ont été chassés du pouvoir non seulement par la force, mais par 13 millions de manifestants qui ont afflué dans les rues du Caire et d'autres villes.

Également en Égypte, al-Azhar, la plus haute autorité religieuse, a refusé de coopérer avec les Frères musulmans en prônant « l'établissement d'un État national, constitutionnel et démocratique », l'égalité pour tous les citoyens et le refus du concept d'un État religieux – en confirmant ainsi qu'il n'y a pas de conflit entre la charia et la démocratie, et que cette dernière est une garantie de liberté ; al-Azhar a aussi reconnu les valeurs de la charte des droits de l'homme adoptée par l'ONU, en soulignant que le fait d'être chrétien ou musulman ne doit pas affecter le choix d'un travail, l'embauche, les carrières, etc.

De plus, cette instance a insisté sur l'idée que la légitimité d'une autorité émane du peuple et de son libre choix exercé par des élections ouvertes à tous, transparentes et démocratiques. Elle a reconfirmé la règle générale qui veut que les peuples soient la source de toutes les autorités – et qu'ils aient le droit de manifester en paix : « Si l'autorité utilise la force contre les manifestants, a-t-elle déclaré, elle perd sa légitimité. »

En se fondant sur la doctrine islamique, al-Azhar a confirmé les quatre droits fondamentaux : la liberté de religion ; la liberté d'opinion et d'expression ; la liberté de la recherche scientifique ; la liberté de création littéraire et artistique.

En plus de tout cela, la liberté de religion des chrétiens a été – et reste – l'autre face de la liberté religieuse des musulmans.

Le pacte du Prophète avec les chrétiens de Najran stipule, en effet, que les adeptes de l'islam doivent protéger les chrétiens et défendre leurs églises, oratoires, monastères et lieux de pèlerinage, où qu'ils soient.

Il déclare aussi qu'« aucun chrétien ne sera forcé à devenir musulman. Le Coran apprend aux croyants à discuter de la meilleure manière avec les Gens du Livre. Il faut leur apporter la miséricorde, et repousser tout malheur qui pourrait les atteindre ». En outre, si les chrétiens « ont besoin de réparer leurs églises et leurs sanctuaires, ou d'arranger toute autre chose liée à leurs affaires et à leur religion, le Prophète demande aux musulmans de les aider et de les soutenir [...] non pas pour en recevoir rétribution, mais comme un don et par la grâce de Dieu et de Son Prophète ». Ce pacte s'adresse à tous les chrétiens – et engage tous les musulmans – en tout temps et en tout lieu.

Parmi les autres pays du Moyen-Orient dont les peuples rejettent clairement l'oppression religieuse figurent aussi le Yémen, où la lutte contre al-Qaida continue, et la Syrie, où les musulmans coopèrent avec des forces politiques laïques et des groupes militaires contre les islamistes comme « Dan'ash ».

Discréditer le fondamentalisme

Les chrétiens, qui craignent naturellement l'éventualité que les islamistes extrémistes prennent le pouvoir politique, doivent trouver un certain soulagement dans ces nouveaux concepts fondamentaux – car en fait, ce ne sont pas seulement les chrétiens qui sont inquiets, mais la plupart des musulmans.

Comme je l'ai déjà dit, le Moyen-Orient change. La démocratie libérale avance. Mais liberté politique et liberté religieuse vont-elles toujours de pair? Nous savons qu'après la chute des régimes dans lesquels régnait un athéisme d'État et où la religion n'était que tolérée il n'en a malheureusement rien été.

En va-t-il autrement dans les sociétés religieuses et les parties du monde opposées par principe à l'athéisme, comme le Moyen-Orient? Je pense que c'est possible, mais seulement après une phase de transition, comme la triste époque que nous traversons. Là encore, le devoir des musulmans (y compris des institutions et des dirigeants politiques et religieux) consiste non seulement à décrédibiliser cette période, mais à l'abréger le plus possible en discréditant le fondamentalisme et en encourageant la démocratie et la liberté religieuse.

Après tout, les sociétés multireligieuses et polyethniques ne sont pas impossibles. Simplement, elles sont souvent assez fragiles. Les divisions de race, de langue, de classe et de religion peuvent être acceptées, tolérées et même appréciées : elles ajoutent aux complexités et aux possibilités de la vie. Mais elles rendent aussi les sociétés plus fissiles, surtout quand ces divisions vont toutes dans le même sens et qu'on peut distinguer les groupes par des critères raciaux, religieux et économiques. Les sociétés qui comprennent de telles divisions internes ne semblent pas bien résister aux chocs extérieurs. Cela pourrait expliquer pourquoi Adam Smith a déclaré : « Il y a beaucoup de ruines dans une nation. »

Si on ne donne pas un sentiment d'appartenance aux personnes de diverses origines religieuses, l'impression que leur identité et leur patrimoine sont des composantes appréciées de la fresque sociale du Moyen-Orient, une vraie communauté est impossible.

Les « soulèvements arabes » nous enseignent qu'il faut s'opposer à une idée de la diversité qui en vient à supplanter la communauté. La diversité sans esprit de communauté conduit au tribalisme, comme en Libye. La communauté sans esprit de diversité mène à l'aliénation de toutes les minorités, ainsi qu'on le voit en Irak.

Il est difficile de sentir la tension si on vit dans son coin, derrière les murs de sa communauté, et si la majorité écrase la minorité au point de la réduire au silence. On ne la perçoit que lorsque les groupes se frottent les uns aux autres, en tâchant d'exprimer chacun leur identité religieuse (ethnique, linguistique ou culturelle), tout en essayant de la modérer pour maintenir les liens de la communauté. Dans sa théorie sur le narcissisme des petites différences, Freud a dit: « Si petites soient-[elles], nous les intégrons dans le noyau de notre personnalité. »

C'est la dure tâche de la construction – et de la reconstruction – des nations du Moyen-Orient. Mais après la division du Soudan, l'échec de la Somalie, la fragmentation sectaire de l'Irak, les tensions religieuses en Égypte et le danger qui cerne la pluralité en Syrie et partant, au Liban, dans notre pays, la question qui s'impose est la suivante: La seule manière de sortir de ce pétrin n'est-elle pas d'accepter et de respecter les différences entre les peuples? d'admettre que ces différences sont des dons de Dieu? et qu'elles resteront dans nos sociétés jusqu'à la fin des temps?

Théoriquement, les prémices de l'année 2011 avaient été prometteuses pour les musulmans arabes qui manifestaient avec confiance en Afrique du Nord et au Moyen-Orient, et incertaines pour les chrétiens arabes qui attendaient l'issue des soulèvements.

Les erreurs politiques peuvent se diviser en deux catégories. Une erreur de type I (aussi appelée faux positif) consiste à trouver qu'une chose est vraie alors qu'elle ne l'est pas. Une erreur de type II (ou faux négatif) revient à penser qu'une chose n'est pas vraie alors qu'elle l'est, en réalité. En voici un exemple: croire que les régimes tyranniques sont justes envers les chrétiens du Moyen-Orient est une fausse erreur positive. On pense que c'est vrai, mais ce n'est pas le cas. En revanche, ne pas croire que le fondamentalisme islamique ne dominera pas la région, et que la majorité des musulmans n'est pas fondamentaliste, est un faux négatif. On pense que ce n'est pas vrai, mais c'est exact.

L'erreur de type faux positif que je viens de citer peut être aisément corrigée, mais l'erreur de type faux négatif est extrêmement difficile à rectifier, et peut coûter très cher. À tel point que les chrétiens du Moyen-Orient ne peuvent pas se la permettre – et les musulmans non plus. En effet, si les chrétiens la commettent, ils tourneront le dos à toute la région, simplement parce qu'ils ne peuvent pas supporter de vivre avec des fondamentalistes musulmans ; autrement dit, les chrétiens comme les musulmans seront ici perdants, et le concept de convivialité sera anéanti. Quand les chrétiens découvriront leur erreur, il sera trop tard, et les pièces pittoresques de la mosaïque moyen-orientale seront dispersées aux quatre vents.

> L'injonction coranique de trouver un terrain d'entente avec les Gens du Livre se ramène à dire que les musulmans et les chrétiens doivent prendre conscience qu'en tant que communautés fondées sur la foi en Dieu ils partagent la même mission : témoigner des valeurs divines au cœur de la civilisation moderne. Loin d'être divisés par un prétendu « choc des civilisations », ils sont appelés à œuvrer ensemble pour mener un dialogue civilisationnel critique avec les partisans de la modernité[1].

Pour reprendre les termes de la Charte de l'Unesco :

> Les guerres prenant naissance dans l'esprit des hommes, c'est dans l'esprit des hommes que doivent être élevées les défenses de la paix.

Traditionnellement, les conflits religieux sont attisés par des malentendus et des erreurs d'interprétation. À présent que la mondialisation pousse de plus en plus les chrétiens et les musulmans à se côtoyer (3,5 milliards au total, près de la moitié de la population de la Terre), ces conflits sont livrés par les franges extrêmes. Comme l'a dit saint Paul :

> Nous ne devons pas lutter contre des forces humaines, mais contre les puissances des ténèbres qui dominent le monde.

À mon sens, la plus obscure de ces puissances est l'ignorance, fondée sur des fautes d'interprétation et des malentendus.

Je terminerai en rappelant que les chrétiens ont toujours été des facteurs clés dans la politique du Moyen-Orient : Michel Aflak, le

1. T. Michel, « Opinions de Said Nari sur l'entente christiano-musulmane ».

fondateur du parti Baas, et Antoun Saadé, le fondateur du parti social nationaliste syrien, ont prôné l'identité arabe et le panarabisme, dont les principes ont été, dans une large mesure, forgés par des penseurs chrétiens. Même les organisations de résistance palestiniennes contre l'occupation israélienne ont été créées et dirigées avant tout par des leaders chrétiens. Voilà pourquoi le christianisme est, et restera, partie intégrante de la personnalité arabe et, donc, de l'avenir et du destin des Arabes.

De ce fait, les chrétiens ont souffert avec les musulmans sous la domination européenne (anglaise et française), sous l'autorité israélienne et sous les régimes arabes tyranniques. Aujourd'hui, ils partagent avec les musulmans leur crainte, et leur refus du fondamentalisme islamique.

Refuser le fondamentalisme ne signifie pas rejeter l'islam. D'ailleurs, la croyance au christianisme est profondément ancrée dans la doctrine islamique, et croire à un gouvernement civil et démocratique ne veut pas dire contester la religion ; en réalité, il n'y a pas d'État religieux dans l'islam. Si la démocratie est faible, ce n'est pas parce qu'il y a un conflit entre islam et démocratie, mais parce que la culture de l'acceptation et du respect des différences manque d'assise. Le problème réside dans la culture, pas dans la religion.

Aujourd'hui, nous avons la chance de reconstruire nos sociétés sur les principes du gouvernement civil, de la citoyenneté égalitaire, de la démocratie, des droits de l'homme et de la liberté religieuse. Nous savons que ce n'est pas facile. Mais nous savons aussi que les musulmans et les chrétiens doivent le faire ensemble, ou ça ne sera pas.

Le premier pas de ce très long voyage sera de croire que ce destin nous est commun : nous devons être ensemble… ou sombrer dans le néant.

Traduit de l'anglais par Aline Weil

Né au Liban en 1936, Mohammad Sammak est secrétaire général du comité national pour le dialogue islamo-chrétien et du comité islamique permanent (sunnite, chiite et druze). Membre permanent de nombreuses organisations consacrées au dialogue interreligieux, il est l'auteur d'une trentaine d'ouvrages sur ces questions. Musulman sunnite, il a conseillé les Premiers ministres Saad et Rafic Hariri, ainsi que le grand mufti du Liban.

Afrique subsaharienne
Nouveaux foyers de tension interreligieuse

Soudan
Érythrée
Nigeria
Éthiopie
Centrafrique
Somalie
République démocratique du Congo

Introduction

Mario Giro

Si le christianisme est en expansion dans le monde (ce que montrent toutes les statistiques), sa progression en Afrique, tout comme en Amérique latine[1], est fulgurante. Qu'il s'agisse des grandes Églises chrétiennes historiques (catholique et protestantes) ou de celles de création récente appartenant à l'univers pentecôtiste et néochrétien, particulièrement actif dans les pays du Sud. Selon le Pew Research Center, le plus grand centre statistique au monde, les chrétiens représentent 62,9 % de la population d'Afrique subsaharienne contre 30,2 % pour les musulmans[2]. Les religions animistes ne représentent plus aujourd'hui que 3,3 % du total, les non-croyants, 3,2 %, les autres religions se partageant le reste. En valeurs absolues, l'Afrique comptait environ 517 millions de chrétiens en 2010 sur un total de 2,2 milliards au niveau mondial[3], les musulmans africains ne représentant, quant à eux, qu'environ 248 millions sur 1,6 milliard à l'échelle de la planète. À titre de comparaison, signalons qu'en 1900, les chrétiens d'Afrique ne représentaient que 9 % de la population contre 14 % pour les musulmans. Si le renversement est survenu au cours des années 1930, la plus forte hausse de la population chrétienne s'est pour sa part située entre 1950 et 1970.

Selon l'Annuaire de l'Église catholique, à la fin de l'année 2011, le nombre de catholiques dans le monde était estimé à 1,213 milliard de personnes, avec une augmentation globale de près de 18 millions

1. P. Jenkins, *The Next Christendom: The Coming of Global Christianity*, Oxford University Press, 2002.

2. Données de 2010.

3. Selon le Pew Research Center, en 2010, les chrétiens représentaient 31,5 % de la population mondiale, les musulmans 23,2 % (c'est-à-dire 1,6 milliard de personnes), les non-croyants ou non-affiliés 16,3 %, les hindouistes 15 %, les bouddhistes 7 %, et toutes les autres religions traditionnelles 5,9 %.

par rapport à l'année précédente, due en grande partie aux 8 millions de nouveaux fidèles venus d'Afrique – une hausse souvent liée à des facteurs démographiques. Le continent africain compterait aujourd'hui un peu moins de 200 millions de catholiques sur un total de 500 millions de chrétiens, les 300 millions restant étant essentiellement répartis entre les différents courants protestants – à commencer par les pentecôtistes. De fait, 43 % des pentecôtistes au niveau mondial sont africains, comme le sont 38 % des évangéliques. Dans leur cas, la hausse est encore plus forte et va au-delà des seuls facteurs démographiques.

Reste que l'effervescence religieuse actuelle n'est que le dernier chapitre en date d'une longue histoire d'évangélisation du continent, menée en dépit de la présence séculaire de l'Église éthiopienne dans la Corne de l'Afrique. Après des siècles de timides tentatives essentiellement dues à l'implantation des comptoirs (portugais, notamment) sur les côtes du continent, c'est au XIXe siècle que s'engage une forte poussée missionnaire dont les Églises historiques sont les protagonistes. Les protestants œuvrent dans le sillage du courant philanthropique lié à l'abolitionnisme – nous pensons ici au « retour aux racines » organisé à travers la naissance du Liberia par les associations philanthropiques américaines –, mais l'impulsion est également catholique. Les deux grandes nations missionnaires sont la Grande-Bretagne et la France, dont les gouvernements colonisent la quasi-totalité du continent. Même si l'importance historique du lien entre colonisation et présence missionnaire est encore aujourd'hui matière à discussion, celle-ci n'explique pas tout. Les Églises historiques comprirent en effet avant les puissances coloniales le caractère inévitable de la décolonisation et surent accompagner le mouvement indépendantiste en s'africanisant. À mesure que le christianisme s'encultre et s'enracine, les vocations augmentent de façon exponentielle. Entre le XIXe et le XXe siècle, la mission s'attaque aux poches de résistance des religions traditionnelles encore fortes et les balaie. Commence alors une compétition entre islam et christianisme (mais aussi entre les différents courants chrétiens) pour savoir qui prendra le dessus. Les Églises historiques peuvent compter sur d'importants moyens – des écoles qui deviendront par la suite des universités, des dispensaires qui se transforment en hôpitaux. Partout où se trouve une mission (même modeste), il y a toujours un lieu où apprendre et un autre où se soigner. La nouvelle classe dirigeante africaine qui conduira les indépendances passe par les missions, y compris dans les pays à majorité musulmane. Une telle supériorité en termes de moyens favorise les Églises historiques qui disposent de centres d'aide internationaux, au détriment des mouvements chrétiens indépendants évoqués plus haut, au moins jusqu'à l'arrivée des prédicateurs pentecôtistes américains à la fin du XXe siècle.

C'est ainsi qu'un ensemble de structures catholiques et protestantes se diffuse dans tout le continent – et en particulier là où le faible État africain construit avec peine. L'Église catholique africaine devient par exemple une « internationale panafricaine » avant même que ne voient le jour d'autres réseaux. S'ouvre alors ce qu'Andrea Riccardi appelle « la décennie de l'Afrique[1] » : entre 1955 et 1965, l'Église de Rome accompagne la nouvelle transition historique en multipliant les séminaires où se forme un nouveau clergé autochtone. Tout cela fournit à l'Église une immense autorité auprès des populations, assurée de pouvoir toujours compter sur les missions. « Missions » : c'est d'ailleurs ainsi qu'on continue à appeler les structures ecclésiastiques, alors même que le clergé est entièrement autochtone depuis longtemps. La réaction romaine aux indépendances est rapide et efficace – quitte à les précéder, dans certains cas. Les papes Pie XII, Jean XXIII et Paul VI auront des mots visionnaires et respectueux au sujet de l'Afrique nouvelle qui voit le jour.

Le continent noir devient progressivement une composante essentielle de la catholicité universelle, doté d'un visage spécifique. Les nouveaux évêques et cardinaux africains (voir ci-dessous le cas de Malula au Congo) en incarnent la jeunesse et les ambitions. On parle de rite africain et d'inculturation – une inculturation qui dans certaines Églises protestantes (mais pas seulement) devient vite une réalité. Sur le terrain, les choses se déroulent cependant plus lentement, les missionnaires n'ayant pas prévu la crise rapide du système colonial. S'ensuit un âpre débat : l'Église serait-elle trop liée à l'Europe et à la

1. Au sujet de cette période, voir A. Riccardi, *Il secolo del martirio. I cristiani nel novecento*, Mondadori, 2000, et en particulier « Nei conflitti dell'Africa indipendente », p. 348-392.

colonisation ? L'enculturation (synonyme d'adaptation dans le langage protestant) représente dès lors une étape fondamentale. Petit à petit se diffuse au sein de toutes les Églises la conscience que l'Afrique a non seulement droit à une place autonome dans le panorama ecclésial, mais qu'elle représente également une opportunité pour le christianisme universel : c'est la « jeunesse » de l'Église qui fait irruption au sein des Églises européennes et occidentales traditionnelles. Catholiques et protestants vivent intensément cette décennie, comme si elle venait d'ouvrir une nouvelle page de leur histoire. L'optimisme missionnaire est la marque de cette période, comme le confirmera le concile Vatican II.

La distance du nouvel État africain avec la religion

Tout ne sera pas aussi facile. Même si de nombreux leaders de l'indépendance sont chrétiens, le nouvel État africain nourrit une certaine méfiance à l'égard de la religion. À quelques exceptions près, les leaders indépendantistes – toutes couleurs politiques confondues – gardent d'emblée leurs distances vis-à-vis des autorités religieuses, qu'elles soient chrétiennes ou musulmanes. Par ailleurs, l'idéologie qui sous-tend la naissance de ces nations se veut laïque et sécularisée, en fonction des différents modèles hérités du colonisateur. Les systèmes éducatifs des missionnaires sont concurrencés par un État qui les soumet à une étroite surveillance. Dans certains cas, l'État africain se révèle agressif, notamment pour des raisons idéologiques quand il s'agit d'États socialistes ou défendant l'authenticité. Après l'euphorie des indépendances, le climat évolue : de coups d'État en crises internes, l'insécurité augmente, contraignant les Églises à affronter une situation devenue dangereuse. Il suffit de penser au Congo belge où, à l'irruption de l'indépendance, plus de 40 % de la population est baptisée – ce qui en fait l'un des pays les plus catholiques du continent. Avec le départ des Belges, s'ouvre une période tragique de guerre civile pendant laquelle l'Église connaîtra de nombreux martyres. Dans tous les pays où l'indépendance précède une période d'instabilité et de conflit, les martyrs chrétiens sont légion.

Malgré tout, les pires difficultés viennent des régimes afromarxistes. Quelques États, comme le Mozambique devenu indépendant en 1975, adhèrent au bloc de l'Est et copient les politiques antireligieuses soviétiques : la guerre froide contamine jusqu'en Afrique les relations entre l'Église et l'État, jusqu'à les rendre inexistantes dans certains cas. L'attaque lancée par l'afro-marxisme contre les religions est totale. Si les cultes ancestraux eux-mêmes ne sont pas épargnés, c'est qu'on entend briser le pouvoir résiduel des chefs traditionnels locaux.

L'urbanisation, avec les transformations sociales qu'elle a provoquées, a par ailleurs conduit à la fin de la société traditionnelle du village où les églises s'étaient si efficacement implantées. Tout change, désormais, à commencer par l'univers culturel de l'homme africain. De fait, les conditions culturelles ont évolué : l'acquisition de l'indépendance a fait émerger une nouvelle génération de politiciens et de penseurs. Christianisme et islam semblent être de vieux instruments.

Au cœur des années 1980, la « revanche de Dieu » n'a pas encore eu lieu. Le panorama religieux du continent apparaît assujetti au rôle prépondérant de la politique – dont l'influence dépasse manifestement toutes les autres. Le climat parmi les experts est par ailleurs pessimiste : l'Afrique ne décolle pas et semble prisonnière de ses démons qui la plongent dans une interminable série de guerres, ethniques pour la plupart. En pleine crise, l'ethnie (censée être la malédiction africaine) semble la meilleure explication : on la considère plus importante que toutes les idéologies, plus importante que la foi. De fait, avec la fin du bipolarisme au début de la dernière décennie du XXe siècle, des pays africains entiers sombrent dans des conflits internes particulièrement sanglants. La Somalie musulmane se déchire tandis que le Rwanda catholique s'autodétruit. Dans le cadre de sa stratégie missionnaire, le pape Jean-Paul II a déjà multiplié les voyages à travers le continent, rassemblant des foules immenses[1]. Dans un contexte international où l'Afrique semble perdue, le souverain pontife se dresse en défenseur et ami du continent en attirant l'attention du monde sur les « maux de l'Afrique ». Face à l'afro-marxisme, ce dernier « comprend comment les régimes africains ont souvent fait du marxisme une grammaire pour l'exercice

1. Sur les voyages de Jean-Paul II en Afrique, nous renvoyons à J. Mpisi, *Jean-Paul II en Afrique*, L'Harmattan, 2004.

du pouvoir et une idéologie visant à exalter la différence africaine par rapport à l'Occident dont ces pays se sont libérés[1] ». 1994 est une dure année pour l'Église catholique : alors même que se déroule le premier synode propre à l'Afrique, le génocide éclate au Rwanda. Catholique à 80 %, le petit pays des Grands Lacs devient le symbole de la folie ethnique. De nombreux religieuses et religieux perdent la vie au cours du massacre.

Le tournant religieux du nouveau millénaire

La fin de la guerre froide et le début de la mondialisation bouleversent la donne. De nouveaux phénomènes se font jour. L'Afrique n'est plus une terre d'affrontement entre les deux grandes puissances et leurs alliés. Les amis africains de l'URSS restent orphelins tandis que l'Occident se désengage petit à petit. La crise de légitimité qui ébranle l'État africain et ses institutions modelées sur le duel bipolaire laisse le champ libre à des instances issues de la société civile. Les guerres et les conflits ethniques ont laissé des traces profondes et une vague de revendications exigeant plus de liberté et de démocratie s'abat sur les institutions, accusées de ne pas avoir su gouverner. L'État africain né des indépendances est dans le creux de la vague : non content d'échouer à réaliser les rêves d'unité, il s'est laissé entraîner dans le gouffre de la folie ethnique. Les élites s'étant, quant à elles, révélées inefficaces et corrompues, les peuples, qui revendiquent désormais leurs droits, font appel au seul modèle encore à disposition : la démocratie d'inspiration libérale.

L'Afrique finit ainsi par s'éveiller. La transition est cependant complexe, avec, au sein de différents pays, plusieurs foyers de tension engendrés par la persistance d'un ethnicisme désormais libéré des instrumentalisations du pouvoir étatique et qui éclate de façon anarchique. Par ailleurs, la mondialisation emploie l'Afrique comme au temps des comptoirs : les lieux d'intérêt économique, là où se trouvent des ressources utiles, sont pris en main – parfois de manière autonome, par le biais de sociétés privées. Dans les régions francophones, le système de la « Françafrique » par le biais duquel Paris a contrôlé

1. A. Riccardi, *Giovanni Paolo II, la biografia*, San Paolo Edizioni, 2011, p. 385.

ses anciennes colonies disparaît au profit d'une structure hybride et opaque avec pour principaux acteurs le secteur privé et des affairistes de tout poil. Protégée pendant la première vague de mondialisation (peut-être grâce à une flexibilité politique accrue), l'Afrique anglophone est rattrapée lors de la deuxième phase par les crises au Kenya, au Zimbabwe et en Zambie. Partout se répand l'influence de pouvoirs obscurs, criminels ou à la limite de l'illégalité.

Dans certains cas, les troubles sociaux balaient le peu de stabilité péniblement acquis tout au long des premières décennies d'indépendance. Une fois encore, le cas du Congo est le plus éloquent. Le grand pays s'enferme à nouveau dans un long conflit, le plus sanglant de tous, où se mêlent causes ethniques, économiques, rapports de force régionaux et interférence des pays voisins. Si le Congo est un « scandale géologique », c'est en raison de ses immenses ressources : la crise qu'il traverse aiguise tous les appétits. Avec la chute de Mobutu s'ouvre ainsi la « grande guerre d'Afrique », la plus longue et la plus meurtrière du continent[1] qui, pendant cinq autres années, se fragmente progressivement en différents conflits (dont certains perdurent aujourd'hui encore). Au cours de ce processus d'autodestruction, le Congo religieux s'est morcelé à mesure que le courant des Églises indépendantes reprenait vigueur et que les nouveaux cultes néochrétiens voyaient le jour. Aucun État africain ne sort indemne du défi de la mondialisation et de l'idéologie libérale. L'Afrique devient la terre de personne et de tout le monde : à la violence succède la cupidité de ceux qui tentent de faire main basse sur ses ressources. Avec l'arrivée de la puissance finit par s'ouvrir une nouvelle « course à l'Afrique » : le continent est définitivement entré dans une nouvelle phase.

À la faveur de cette tumultueuse transition, l'islam et le christianisme acquièrent progressivement un nouveau rôle dans les sociétés africaines. Face au retrait d'un État autoritaire et omniprésent, les religions finissent par occuper un espace qui se vide tant du point de vue symbolique, que du point de vue social. Elles prennent dès lors une fonction autonome vis-à-vis des structures du pouvoir public qui les avait organisées, contrôlées ou contenues. Désormais dotés d'un

1. On parle de 5 millions de victimes.

rôle social et public, le christianisme et l'islam se lancent dans des activités caritatives – spécialisées dans l'instruction et dans la santé. C'est surtout dans les zones de guerre que se développe le phénomène des ONG confessionnelles – parmi elles (fait inédit), les ONG musulmanes. La sécurité sociale elle-même se confessionnalise. Des *medersa* (écoles) somaliennes aux universités chrétiennes privées en Afrique de l'Ouest, l'offre scolaire change du tout au tout, pendant que les grandes universités historiques d'État où se sont formés les leaders des indépendances – comme la Cheik-Anta-Diop de Dakar ou la Makerere en Ouganda – déclinent.

Les nouveaux acteurs de cette phase sont les organisations islamiques rigoristes et les Églises évangéliques d'origine pentecôtiste. De nouvelles formes religieuses plurielles influencent de plus en plus les pratiques quotidiennes africaines : la façon de s'habiller, de manger, de se rassembler, de fonder une famille. Dans bien des cas, la religion devient le porte-parole du malaise social. Du côté des chrétiens, le début de la vague démocratique fait de l'Église catholique une actrice de premier plan : son autorité et l'influence de sa hiérarchie l'amènent à être sollicitée en tant que médiatrice ou arbitre dans les transitions politiques. Toujours est-il qu'au tournant du millénaire, cet activisme passe progressivement aux mains de l'effervescence religieuse engendrée par les mouvances néopentecôtistes ou néochrétiennes.

De fait, ces nouvelles formes religieuses – mouvements évangéliques, charismatiques néochrétiens, Églises de guérison et de prospérité – semblent mieux s'adapter à une Afrique de moins en moins rurale où la jeune génération, qui se sent moins liée aux mythes des pères, est devenue plus individualiste. À mesure que le continent noir s'urbanise, plusieurs villes se sont transformées – sur le modèle latino-américain – en de véritables mégalopoles. Reste qu'avec l'accélération des déplacements de population, l'immigration urbaine est devenue anarchique et le développement des *slums* (bidonvilles), incontrôlable, provoquant ainsi le mélange des ethnies. Les grandes villes prennent des visages nouveaux et indéchiffrables, avec des périphéries immenses, mais sans aucun lieu d'agrégation.

Dans un tel contexte, le panorama humain et religieux évolue. Les parcours des fidèles deviennent autonomes, fragiles et changeants.

Le phénomène des doubles appartenances se généralise. Dans cet univers chaotique, le projet des nouveaux mouvements religieux – aussi bien d'émanation chrétienne que musulmane – consiste à ramener un ordre moral et matériel là où les réseaux de solidarité traditionnels se sont dissous.

Chez les musulmans, ce sont les mouvements rigoristes et fondamentalistes, actifs sur le front de la moralisation de la société, qui se taillent la part du lion. Déjà observé chez les deuxièmes générations arabo-européennes, ce phénomène de « réislamisation » a pour principal adversaire l'islam traditionnel dont le caractère syncrétique se fonde habituellement en Afrique sur des confréries et des marabouts locaux. Celui-ci défend un islam puriste et en même temps mondialisé, dont les repères théologiques se situent ailleurs.

De telles mutations religieuses au sein des religions monothéistes correspondent aussi au conflit entre générations que la mondialisation exacerbe. Liés aux Églises historiques et à l'islam traditionnel, les anciens croient encore dans la supériorité de la tradition africaine, laquelle témoigne d'une certaine forme de coexistence entre christianisme et islam, y compris là où, dans les faits, les deux communautés sont séparées.

L'effervescence religieuse : néochrétiens et néomusulmans

Dans l'Afrique du XXIe siècle comme ailleurs, le facteur religieux se fragmente et se dilue dans la société. Qu'ils soient de matrice chrétienne ou musulmane, les principales caractéristiques des mouvements religieux d'un genre nouveau qu'on observe sur le continent semblent s'éloigner d'une identité collective forte où les membres seraient attirés par la puissance du lien communautaire et par une cohésion interne. On cherche la solution aux problèmes matériels de la vie – santé, argent, travail, amour, enfants – mais surtout une nouvelle façon d'être et de vivre. Chez les chrétiens, on assiste à l'apparition d'un nouveau modèle de leader en situation de réussite sur le plan social : celle du « prophète pasteur », véritable « entrepreneur de la religion » et chef indiscuté d'une de ces organisations qui constituent la galaxie pentecôtiste ou néochrétienne. De même qu'auparavant utiliser les biens matériels revenait à frayer avec le malin, la « doctrine de la sainteté » obligeait le fidèle pentecôtiste à une stricte rigueur dans les mœurs, à la pratique répétée de la prière, au sacrifice individuel en vue d'un bien supérieur. Progressivement, les *miracle centers* ont fait glisser cette relation avec Dieu totalement soumise vers une forme d'échange dont le pasteur devient le seul médiateur, diffusant ainsi parmi les fidèles la « doctrine de la prospérité ». La religion se mercantilise.

Au sein de l'islam noir se joue un processus assez semblable. Tolérance et syncrétisme : tels ont toujours été les maîtres mots de l'islam africain. À l'exception du Nigeria et du Soudan, tous les pays à majorité musulmane ont eu pour habitude d'observer un détachement tolérant vis-à-vis des Églises chrétiennes. Rappelons que l'interdiction absolue de se convertir d'une religion à une autre n'a pas cours en Afrique et que les phénomènes de coexistence entre les deux croyances sont loin d'être rares au sein des familles elles-mêmes. Reste que la poussée missionnaire des pays arabes et la naissance de nouvelles entités religieuses au prosélytisme exacerbé ont changé la donne. Ces nouveaux mouvements rigoristes musulmans sont en contact avec l'islam mondialisé, de type radical notamment. À la différence de leurs pères qui ne sont guère allés qu'une fois à La Mecque au cours de leur vie, les jeunes Africains musulmans d'aujourd'hui, liés à des organisations internationales, voyagent, rencontrent des fidèles d'autres pays, apprennent l'arabe, font partie d'un réseau qui les rend supérieurs aux yeux de leurs coreligionnaires. En découle un conflit interne avec la tradition de l'islam noir, jugé trop tolérant et en divergence avec le *mainstream* musulman mondialisé. S'il conduit ses adeptes à se distinguer, ce genre de radicalisation promeut un islam bien plus conflictuel et antichrétien. Pour chacune de ces deux religions, les nouveaux moyens de communication jouent un rôle fondamental, de la *BBC* à Al-Jazira.

Dans un monde contemporain où tout va vite, l'Afrique trouve elle aussi son chemin dans la mondialisation à travers les nouvelles figures de la réussite qui apparaissent plus modernes et surtout plus en adéquation avec la réalité des grandes villes africaines où grossit le flux monétaire, multipliant ainsi les opportunités économiques grâce aux investissements asiatiques et occidentaux liés aux exportations. Depuis le début du siècle, le besoin de ressources et de matières premières place l'Afrique au centre du marché mondial et des échanges. Le continent commence à se développer – un processus que la crise financière de 2007 n'a même pas ralenti. C'est dans ce contexte que surviennent les mutations sociales et anthropologiques favorables à l'affirmation d'une nouvelle effervescence religieuse.

Même si elle fut initialement provoquée de l'extérieur, l'explosion des communautés néochrétiennes, évangéliques ou néopentecôtistes, prend quant à elle une dimension totalement inédite et autonome. Le continent est sillonné sans relâche par des prédicateurs ou des « prophètes » africains dont la classification devient laborieuse et d'où sont ainsi nées ces formes atypiques de religiosité. En concurrence les unes avec les autres, les différentes expressions religieuses s'observent et s'imitent, générant (même dans le cadre d'un conflit) une certaine perméabilité : Lagos a ainsi vu naître des mouvements religieux répondant du « chrislam » – c'est-à-dire construits en combinant des éléments chrétiens et musulmans.

Précisons que l'islam et le christianisme de ces mouvements ont délaissé la transmission entre générations, l'enculturation ainsi que leur communication vitale au sein d'un peuple et d'une terre. Il s'agit là de nouveaux produits religieux décontextualisés et valables partout, pour reprendre les termes de l'analyse d'Olivier Roy. Certains chercheurs vont plus loin et parlent d'une « nouvelle subjectivité » des mondes religieux. Dans la mesure où c'est dans l'espace public que s'affirment ces mouvements, on ne s'étonnera guère de les voir s'accompagner d'une volonté politique. En raison de leurs tendances radicales et puritaines, le fait même d'appartenir à ces mouvements absorbe tous les aspects de la vie sociale et politique pour les placer dans une perspective globale. Désireux de remoraliser la société dans son ensemble, les membres des Églises néochrétiennes et des organisations islamiques rigoristes appliquent d'abord ces directives à eux-mêmes, mais visent bien au-delà. On ne s'étonnera donc pas que cette effervescence religieuse soit captée par le monde politique. De fait, les conversions de personnalités de premier plan à toutes sortes d'Églises, de mouvements ou de sectes sont légion. Ce fut notamment le cas de l'ancien président marxiste du Bénin, Mathieu Kérékou, devenu pasteur évangélique avant son retour au pouvoir en 1996. Plusieurs années avant que François Bozizé, président déchu de la République centrafricaine, ne devienne pasteur de l'Église des chrétiens célestes, son prédécesseur, Jean-Bedel Bokassa, s'était converti à l'islam avant de se transformer, après sa chute, en pasteur évangélique. Chez les musulmans, signalons le vœu de fidélité au mouridisme prononcé par l'ancien président sénégalais Abdoulaye Wade ou les récentes tentations fondamentalistes de Yahya Jammeh, leader de Gambie. La concurrence qui se joue, au sein de la société, contre les Églises historiques et l'islam officiel se répercute ainsi sur le terrain politique. Dans la mondialisation africaine, il n'existe plus d'État pour jouer un rôle d'amortisseur, ni de société (traditionnelle ou modernisée) capable d'imposer ses équilibres : il ne reste que l'espace ouvert de la conquête « des âmes et des esprits », pour reprendre la célèbre expression des néoconservateurs américains.

La religion de la mondialisation : le cas du Nigeria

Le Nigeria illustre mieux que n'importe quel autre État le processus d'innovation socioreligieuse que nous venons de décrire. Partagé de façon à peu près équitable entre christianisme et islam, ce géant d'Afrique connaît toutes les contradictions de l'effervescence religieuse contemporaine – à commencer par la mutation du paysage urbain, toujours plus marqué par les lieux de culte, les mosquées de quartier, les salles de prière, les églises et les temples de guérison. Autrefois en équilibre instable, les deux monothéismes s'affrontent désormais ouvertement. C'est même l'ensemble de la société qui est devenue le théâtre de leur compétition acharnée. Aux provocations du prosélytisme pentecôtiste (qui, à la différence des Églises catholique et protestante historiques, a pour programme la conversion des musulmans) répondent les appels au djihad. Même si le Nigeria n'est jamais allé jusqu'à faire cohabiter chrétiens et musulmans au sein d'une même famille comme au Sénégal ou en Côte d'Ivoire, la norme en matière de religion a toujours été celle d'une indifférence réciproque. Seule la règle de l'alternance et du contrepoids entre pouvoirs économiques et pouvoirs politico-militaires a été respectée. Les conflits entre les deux communautés qui peuplent l'histoire nigériane ont découlé du dysfonctionnement de ce mécanisme censé permettre une répartition adéquate de l'accès aux ressources entre chrétiens et musulmans. La guerre du Biafra elle-même, souvent présentée (à tort!) comme une guerre de religion, n'était pas un conflit confessionnel mais politique. En attestent d'ailleurs les Yoruba, chrétiens pour la plupart, qui représentent un tiers de la population, mais n'adhèrent pas au sécessionnisme igbo.

La situation actuelle est plus explosive: c'est désormais sur le seul terrain religieux que s'affrontent les deux communautés. On cherche à convertir ou (en désespoir de cause) à éliminer l'adversaire. Le pays a ainsi vu naître, de part et d'autre, une myriade d'organisations et de sujets religieux extrémistes, ce qui a créé une compétition acharnée au sein des deux communautés. Fortement polarisée, la société nigériane s'est engagée dans une spirale dangereuse qui a permis l'émergence de véritables groupes terroristes comme Boko Haram. Née en réaction à la culture occidentale, cette organisation implantée dans le nord-est du pays est aujourd'hui en contact avec des émanations d'al-Qaida. Au cours de leur sanglante histoire, les membres de Boko Haram ont commencé par attaquer presque exclusivement des cibles institutionnelles et musulmanes avant de s'en prendre (dans un second temps seulement) aux églises et aux chrétiens. De quoi prouver la situation concurrentielle qui caractérise, à l'heure actuelle, chacun des deux mondes religieux.

Dans une Afrique devenue une véritable Babel à l'instar d'autres continents, un certain ferment religieux aspire à voir les nouveaux « prophètes » être porteurs de sens et faire office de guide dans un univers mondialisé. Il n'empêche: le christianisme institutionnel des Églises historiques, qui dispose d'un large réseau de services, d'œuvres sociales et d'organes d'assistance en mesure de se substituer à un secteur public en difficulté (ou mis en difficulté par l'idéologie néolibérale), est encore le plus fort. L'autorité des hiérarchies catholique, anglicane et protestante est reconnue à tous les niveaux et joue un rôle d'influence notable au sein de l'instable équilibre politique africain. L'autorité du pape, notamment, confirmée par les multiples voyages de Jean-Paul II et celui de Benoît XVI, est fortement présente dans l'imaginaire de millions d'Africains. Quant à l'islam noir, traditionnel et confraternel, celui-ci reste encore le plus répandu, avec des leaders respectés, des coutumes conciliantes et dépourvues d'agressivité.

Malgré ses martyrs, l'Afrique ne semble pas encore être devenue le théâtre d'un affrontement religieux généralisé, à l'image du Moyen-Orient, où les différentes communautés religieuses continuent de s'affronter après des siècles d'hostilité, et où les relations entre islam et christianisme sont très difficiles. Toujours est-il que le continent voit aujourd'hui se manifester de nouveaux acteurs néochrétiens et néomusulmans, agressifs, dont le prosélytisme exacerbé leur fait prêcher l'affrontement religieux. De fait, plusieurs conflits anciens et quelques épisodes récents survenus dans différents pays (au premier rang desquels le Nigeria) sont une sonnette d'alarme qu'on aurait tort de sous-évaluer.

Du côté des chrétiens, la force du pentecôtisme contemporain et la raison de son (remarquable) développement semblent être liées à sa capacité à mélanger les thèmes d'un réseau de flux globaux, à partir d'éléments hétérogènes, suffisamment flexibles et indéfinis pour leur permettre de se développer et d'agir dans une multitude de contextes. Tous proposent un discours cohérent, des structures bien organisées et un solide ancrage individuel destiné à des personnes plus libres, mais également frustrées face aux innombrables opportunités, sources d'inquiétude. Plus spécifiquement, la doctrine et la pratique pentecôtistes semblent offrir une ouverture au monde (par ailleurs promise par la mondialisation) en combinant la moralisation personnelle avec une nouvelle identité collective, de façon à procurer à leurs adeptes « ce qui leur manque » pour se réaliser eux-mêmes. Il s'agit là d'un produit religieux proposé de façon mercantile – une sorte de forme inédite de marketing religieux où se mélangent des évocations de l'héritage traditionnel africain, des éléments issus du christianisme et les séduisantes possibilités offertes par les technologies actuelles. Les musulmans, quant à eux, sont confrontés à l'expansion des nouveaux mouvements venus des pays arabes, rigoristes, intransigeants et revisités selon le modèle de la « réislamisation compétitive globale »: un véritable défi. Au final, on assiste à la radicalisation de l'islam noir, fragmenté en une myriade de mouvements, généralement violents et antichrétiens.

Même si elles ne dédaignent pas de s'adresser à tous, ces deux tendances deviennent particulièrement populaires parmi les jeunes générations dépaysées et la nouvelle classe moyenne africaine née de la mondialisation et de la nouvelle course aux richesses du continent. Néochrétiens et néomusulmans s'imitent en même temps qu'ils s'affrontent, sans se soucier de la coexistence conviviale caractéristique de la tradition africaine, quitte, parfois, à dépasser jusqu'aux frontières ethniques, au sein des grandes métropoles actuelles notamment. Dans le même temps, des phénomènes prosélytes syncrétiques aux fondements doctrinaux incertains contaminent le panorama religieux africain en le transformant. Bien souvent, les élites trouvent dans ces mouvements d'utiles instruments d'influence, bien plus faciles à manipuler (hier comme aujourd'hui) que les Églises historiques et l'islam confraternel. Reste qu'au sein de ce cadre spirituel renouvelé, les actes de violence pour raisons religieuses augmentent – des raisons qui viennent s'ajouter aux causes de conflits déjà présentes, liées au pouvoir, à la dimension ethnique et, surtout, au contrôle des ressources.

Traduit de l'italien par Marc Lesage

Mario Giro est depuis 2013 secrétaire d'État aux Affaires étrangères du gouvernement italien d'Enrico Letta, puis de celui de Matteo Renzi. Directeur des relations internationales de Sant'Egidio, il est intervenu comme médiateur notamment au Mozambique, en Algérie, au Burundi, au Kosovo, au Niger, au Togo, en Côte d'Ivoire, en Ouganda et dans bien d'autres pays. En 2010, il a obtenu le Prix pour la prévention des conflits de la fondation Chirac.

Nigeria
Le piège de Boko Haram

Pays le plus peuplé d'Afrique avec plus de 170 millions d'habitants, le Nigeria se caractérise à la fois par une croissance économique forte et un niveau de violence que les autorités sont incapables de maîtriser. Divisé entre un Nord musulman et un Sud chrétien qui contrôle l'essentiel des ressources énergétiques, ce géant africain est depuis dix ans confronté aux attentats et aux enlèvements spectaculaires perpétrés par le mouvement islamiste Boko Haram.

■ Population = 173 600 000

■ **Chrétiens = 45,5 %**
Musulmans = 45,4 %
Aministes = 8,8 %
Autres = 0,3 %

Reportage

Jos la maudite

Jan De Volder

Les attaques répétées de Boko Haram dans la région de Jos répondent à une volonté d'islamiser le pays par la violence. Elles sont aussi, nous rappelle Jan De Volder, le prolongement d'une rivalité tribale plus ancienne pour la possession et l'utilisation des terres. Face à la barbarie des crimes de Boko Haram, les chrétiens organisent leur autodéfense, au risque de faire basculer le pays dans la guerre civile.

« Êtes-vous un missionnaire, Père ? Vous avez quelque chose pour moi ? »

Le soldat au énième *checkpoint* essaie de gagner un peu d'argent de poche, selon le bon usage nigérian. Je fais semblant de ne rien comprendre, je le salue gentiment d'un geste de la main qui pourrait bien être une bénédiction. Le soldat a-t-il au moins vingt ans ? Il rit, content, et fait signe de continuer. Quand la voiture redémarre, je vois dans le rétroviseur qu'il ne cesse de saluer. « C'est l'avantage des Blancs », se moque mon chauffeur tout en appuyant sur la pédale pour que la vieille voiture, au moteur gémissant, se relance sur la route qui monte. « Nous, les Nigerians, devons toujours payer. Avec vous, ils sont moins sûrs d'eux-mêmes. » J'ai appris avec le temps, en voyageant à travers ce pays africain réputé être, avec moins de 1 % d'athées, le plus croyant du monde, qu'il y a un avantage à être perçu comme un religieux. Cela vaut pour les rencontres avec les chrétiens comme avec les musulmans, avec les catholiques comme avec les protestants.

J'ai quitté la capitale de la Fédération nigériane, Abuja, pour Jos, la capitale de l'État de Plateau. Le chemin est saturé de points de contrôle, j'en compte plus de dix, souvent construits de manière rudimentaire avec des tonneaux remplis de sable. Ils sont censés donner un sentiment de sécurité, même si ce n'est pas exactement ce que l'on ressent en rencontrant ces soldats, souvent très jeunes et nerveux, dont les mains sont crispées sur leurs armes automatiques. Menace du Boko Haram oblige, mais pas uniquement. La ville de Jos, depuis une décennie, a une sinistre réputation, à cause des crises violentes qui émanent de la cohabitation entre différents groupes de la population, surtout des musulmans envers les chrétiens. La ville est généralement considérée comme un point névralgique du front du « choc des civilisations », selon les clivages proposés il y a vingt ans avec un certain succès par Samuel Huntington[1].

« *Welcome to Jos – home of peace and tourism*[2] », dit une pancarte blanchie, à peine lisible, le long de la route, à ceux qui entrent dans la ville. Une fois de plus me frappe l'optimisme invraisemblable des Nigerians, et leur vision positive de la situation, pendant qu'à l'étranger, leur pays est considéré comme un des lieux damnés de la planète. Tout particulièrement la ville de Jos, perçue comme un lieu « chaud ». Il est vrai que la ville et l'ensemble de la région de Plateau ont longtemps été reconnus comme des lieux où il faisait bon vivre. À une altitude de 1 200 mètres au-dessus du niveau de la mer, la ville, à l'époque des Anglais, était appréciée pour son climat. « *Jos is cold* » (Jos est froid), aiment dire les Nigerians. En effet, les températures y sont pendant toute l'année plutôt agréables, la terre y est fertile et les fruits et légumes qui y poussent facilement sont exportés à travers le pays entier. Ce sont en partie les raisons pour lesquelles les missionnaires blancs, qui aimaient la ville, en ont fait un centre chrétien important. Outre cela, l'essor économique de la ville fut lié à l'exploitation des gisements d'étain. Dès 1910, le gouvernement colonial a favorisé le développement économique avec la construction d'un chemin de fer et l'introduction d'une centaine de compagnies minières. Après la Seconde Guerre mondiale, celles-ci attirèrent des travailleurs venus

1. Samuel Huntington a développé dans son ouvrage *Le Choc des civilisations*, paru en 1996 (Éditions Odile Jacob, 2000, pour la traduction française), la thèse selon laquelle depuis la fin de la guerre froide, ce sont les identités et la culture qui engendrent les conflits et les alliances entre les États, et non les idéologies politiques ou l'opposition Nord-Sud.
2. « Bienvenue à Jos. Ville de paix et de tourisme. »

de tout le Nigeria: les Igbo du sud-est, les Yoruba du sud-ouest et des Hausa-Foulani du nord. Ils se mélangèrent avec les populations locales: les Berom, Anaguta, Afizere et d'autres groupes ethniques. Pendant plusieurs décennies, ce « vivre ensemble » se passa plutôt bien. Sur un site, évidemment quelque peu daté, de l'université d'Iowa, je lis encore cette description complaisante de Jos: « Avec une population d'environ 800000 habitants, Jos reste une des villes les plus cosmopolites du Nigeria. Elle est reconnue comme "maison de paix" ou comme la ville la plus sûre pour vivre au Nigeria. » Voilà la perception commune il y a une bonne dizaine d'années. Depuis lors, les temps ont changé.

La lutte pour la terre

Pendant ma dernière visite à Jos, au mois de février 2014, mon guide, John, m'emmène vers Barkin Ladi, une zone assez proche de l'aéroport située juste à la périphérie de la ville de Jos. Plus rurale que je ne l'avais imaginée, avec de nombreux villages éparpillés et isolés. Barkin Ladi, depuis quelques années, s'est fait une mauvaise réputation. Régulièrement, les habitants de cette zone, généralement des agriculteurs, sont attaqués pendant la nuit par des groupes armés. John me montre les restes de maisons qui ont brûlé. Seuls quelques murs noircis par le feu sont encore debout. Les habitants ont été tués alors qu'ils essayaient de s'échapper. Quand je parle avec des villageois, l'atmosphère s'excite rapidement. Je comprends la grande rage de ces gens qui se sentent abandonnés par ceux qui devraient les protéger: l'armée, les hommes politiques... L'armée nigériane, le Joint Military Task Force, est accusée de connivence: pourquoi les forces de l'ordre arrivent toujours quand les attaquants sont déjà repartis dans la nuit? Pourquoi aucun coupable n'est jamais arrêté? « Quelques villageois sont sûrs d'avoir vu des agresseurs avec un uniforme militaire », me traduit John. Une accusation que j'entends régulièrement au cours de mes périples au Nigeria, mais qu'il est évidemment impossible de vérifier. En tout cas, une chose est claire: ces populations, presque sans défense, vivent un vrai calvaire.

Les attaques nocturnes se déroulent généralement ainsi: les attaquants arrivent, alors que la nuit est assez avancée, vers deux heures ou trois heures du matin, en convois de pick-up qui se déplacent rapidement. Les hommes armés commencent à tirer avec leurs fusils, ils mettent le feu dans les maisons, essaient de tuer tous ceux qu'ils peuvent, femmes et enfants inclus. Les attaques ne durent pas plus d'une heure ou deux, au maximum, jusqu'à l'arrivée de renforts. Il y a quelques années, beaucoup de ces massacres étaient exécutés à l'arme blanche, avec des machettes, mais dernièrement les témoins racontent que les terroristes sont de mieux en mieux équipés avec des armes lourdes. D'où les questions : qui les arme ? Est-ce qu'il y a des connivences avec Boko Haram ? – sachant qu'il opère en général plutôt dans le nord-est du Nigeria, dans les États périphériques de Yobe, Borno et Adamawa. Y a-t-il des complicités politiques, militaires ou même internationales ?

Sur l'identité de ces attaquants, ici dans le Plateau, il n'y a pas trop de doutes : il s'agirait de pasteurs foulani. Une population répandue dans le nord du Nigeria, comme dans d'autres pays de l'Afrique de l'Ouest et de l'Afrique centrale. En Afrique francophone, ils sont connus comme des Peuls. Islamisés depuis des siècles, il s'agit d'une ancienne tribu de nomades, vivant dans les pâturages avec leurs troupeaux de vaches. Leurs victimes sont généralement les agriculteurs des tribus locales, tels les Berom, christianisés. Il est facile dans ce cas de figure d'appliquer le schéma huntingtonien du « choc des civilisations » et de considérer le problème comme une lutte entre populations musulmanes et chrétiennes. Du côté chrétien, beaucoup expliquent le conflit par l'arrivée des musulmans, venant de la région Nord, qui veulent chasser la population chrétienne de Plateau, afin d'étendre l'islamisation toujours plus vers le sud du pays, où la population est en grande majorité chrétienne. Ainsi se réaliserait le vieux rêve attribué à Ahmadu Bello, Sardauna de Sokoto, qui aurait prédit qu'un jour, les musulmans tremperaient le Coran dans l'océan Atlantique. Ainsi, pour un grand nombre de chrétiens, le Plateau représente réellement une frontière, celle où la résistance à la poussée musulmane s'impose, afin d'éviter l'islamisation du pays entier.

Derrière cette analyse un peu facile, bien répandue dans les médias internationaux et dans les médias nigérians, basés majoritairement dans le sud du pays, se cache un autre conflit : il s'agit de la lutte pluriséculaire pour l'utilisation de la terre entre pasteurs et agriculteurs, l'antagonisme biblique entre Caïn et Abel. Les agriculteurs berom accusent régulièrement les pasteurs foulani de détruire avec leurs troupeaux les moissons, et ainsi se vengent de temps à autre sur le bétail des Foulani. « Mais pour les Foulani, tuer ou voler une vache est pire que tuer ou voler une de leurs femmes », me dit John. « Ils n'oublient pas, ils ne peuvent laisser cela sans vengeance. » La lutte pour la terre s'est certainement aggravée durant la dernière décennie à cause de la croissance démographique et, selon certaines sources, à cause du changement climatique qui accroît la sécheresse : ces deux phénomènes ont poussé les agriculteurs à cultiver des terrains qui étaient traditionnellement destinés au pâturage, et les pasteurs à chercher de nouveaux champs pour le pâturage. Des traditions pluriséculaires d'utilisation partagée de la terre et d'anciens équilibres ont été brusquement violés.

Les raids foulani à l'encontre des villages d'agriculteurs chrétiens ont lieu désormais presque chaque semaine, et ils ne font plus tellement de bruit : ni dans la presse internationale ni dans les journaux nigérians, las de raconter toujours les mêmes histoires. Les attaques ne se limitent plus au Plateau, où elles restent néanmoins les plus fréquentes, mais se répandent désormais dans d'autres États du Middle Belt[1], tels que Kaduna et Benue. Quelques jours après mon départ de Jos pour la ville de Kaduna, une attaque nocturne a eu lieu le long de cette route, dans trois villages d'agriculteurs de la province de Kaura. Bilan : 110 morts.

Jos, une ville divisée

Si les attaques se multiplient dans la périphérie de la ville de Jos, contre une population désarmée, c'est parce qu'à l'intérieur même de la ville, les chrétiens ont désormais mieux organisé leur autodéfense. C'est le résultat palpable d'une décennie de violentes crises urbaines. La première grande crise dans la cohabitation entre chrétiens et musulmans s'est déclenchée le 7 septembre 2001, juste quelques jours

1. Le Middle Belt est un terme désignant la région du centre du Nigeria peuplée en grande partie par des minorités ethniques. Il s'étend à travers le pays longitudinalement et ses frontières ne sont pas dessinées. Il se caractérise par une hétérogénéité et une diversité des peuples et des cultures.

avant les attentats signés al-Qaida contre les tours jumelles de New York. Ce qui semblait se produire à l'échelle planétaire – le clash violent entre monde chrétien-occidental et monde musulman – avait eu un précédent local dans la ville de Jos. La cause était banale: une femme chrétienne aurait délibérément ignoré une barricade dressée sur la route devant une mosquée, le vendredi de la prière. Une vague de violences s'était ensuivie. Pendant ces jours sanglants, il y eut des centaines de morts au cours d'altercations entre musulmans et chrétiens. Les chiffres, souvent peu fiables dans ce coin du monde, varient entre 500 et 2 000. Des véhicules, des habitations et des magasins furent incendiés, tandis que quelques églises et mosquées étaient également dévorées par les flammes.

Après ces événements dramatiques, Jos n'a plus jamais retrouvé la sérénité et la convivialité d'autrefois. D'autres crises semblables s'ensuivirent: en 2002, 2005, 2008, 2010, et à partir de cette date, de façon de plus en plus fréquente, jusqu'à plusieurs fois par an. Mes interlocuteurs connaissent souvent par cœur les dates de crises et les noms des lieux où elles se sont produites, tel un mantra triste et menaçant.

La crise provoquée par la violente secte Boko Haram, à la suite de l'exécution extrajudiciaire par l'armée de son fondateur Mohamed Yusuf, au mois de juillet 2009, a ajouté une dimension nouvelle à la crise locale de Plateau. Même si moins présent dans cette région, Boko Haram a aussi frappé à quelques reprises à Jos contre des lieux de culte chrétien, et probablement lors d'une série d'attentats à la bombe contre des églises, la nuit du réveillon de Noël 2010.

À Jos, on constate maintenant que les églises sont barricadées. Parfois des détecteurs de métaux sont installés aux entrées, tout comme je l'ai vu dans d'autres endroits, entre la capitale nigériane Abuja et la ville de Kaduna. Il faut passer différents postes de contrôle avant d'avoir accès aux parkings situés devant les églises, protégées par de nombreuses barrières. « Dans ma paroisse, les jeunes se sont organisés pour monter la garde, jour et nuit », me raconte non sans orgueil James-Peter, un jeune catholique.

Je suis amené à visiter l'Église catholique Saint-Finbar, dans le quartier Rayfield. En mars 2012, une attaque-suicide à la bombe a fait au moins dix morts. Le nombre de victimes aurait pu être bien plus important si les terroristes n'avaient pas été arrêtés et contrôlés à l'entrée de ce quartier résidentiel sécurisé. C'est à ce moment-là qu'ils ont fait exploser leur puissante bombe, cachée dans le coffre de leur véhicule. Encore une attaque-suicide qui pourrait être signée Boko Haram.

La réponse des chrétiens ne se fit pas attendre. Après l'attentat, des groupes de jeunes militants se sont vengés sur des musulmans. Peu importait s'ils avaient un quelconque lien avec l'attentat. Des chauffeurs musulmans furent extraits de leurs voitures et lynchés à coups de bâton, ou brûlés vifs. La violence chrétienne est allée au-delà de l'autodéfense, et dans de nombreux cas, elle a débouché sur de la vengeance et de la purification ethnique.

Quand je visitais la ville en 2010, je me rappelle avoir parcouru certains quartiers où les mosquées, les magasins et les maisons des musulmans avaient brûlé. Sur les murs on pouvait encore apercevoir « *Jesus Our Saviour* » (Jésus est notre sauveur), qui est selon les militants un acronyme de Jos. Un ami me raconta ce qui était arrivé à son oncle, un chrétien de Kano, qui aimait se vêtir du caftan, l'habit traditionnel du nord souvent associé aux musulmans. Un soir qu'il se promenait dans un quartier chrétien de Jos, il fut arrêté par un groupe de jeunes, qui l'obligèrent à s'agenouiller et à dire ses dernières prières avant d'être tué. Quand les agresseurs entendirent, à leur grand étonnement, qu'il s'agissait de prières chrétiennes, ils le laissèrent continuer son chemin.

En 2014, la ville de Jos se révèle une ville profondément divisée, avec beaucoup de zones interdites, dites *no-go*, pour les uns ou pour les autres, et de moins en moins de zones mixtes où citoyens chrétiens et musulmans se côtoient.

Dialogue et radicalisation

Ignatius Kaigama, l'archevêque catholique de Jos, est un homme de paix. Au cours de l'été 2012, il a reçu le prix Colomba d'oro, à Rome, pour son travail de réconciliation et de dialogue dans des circonstances difficiles, et au printemps 2013, il a ouvert à Jos un Centre pour la paix, le Dialogue, Reconciliation and Peace Centre (DREP). Il ne cesse d'appeler les siens au calme et au dialogue, et il cherche à construire des liens de coopération avec la communauté musulmane.

Kaigama a une grande conviction : « Le fond des problèmes de Plateau, et du Nigeria, n'est pas religieux. Il s'agit plutôt de divisions politiques, tribales, voire économiques. Il doit donc y avoir une solution négociée et politique aux problèmes. » En ce qui concerne les attaques de Boko Haram, il insiste sur le fait que « les musulmans modérés sont victimes autant que les chrétiens, même plus peut-être ». Et en ce qui concerne les relations avec les Foulani, il affirme que leur préoccupation pour le bétail doit être prise au sérieux.

Je l'ai rencontré pour la première fois en 2010. J'avais été frappé par la lettre émouvante qu'il avait écrite lors de la mort précoce de l'émir de Wase, le principal chef musulman de la région qui était devenu son ami. Alhaji Haruna Abdulahi et l'archevêque Kaigama avaient mené ensemble tant de batailles pour apaiser les esprits dans de dramatiques moments de crise…

De leur amitié il racontait : « Des deux côtés des divisions religieuses il y avait des sceptiques qui n'ont jamais cru qu'on pouvait vraiment s'aimer l'un l'autre et être des amis. Il y avait ce constant refrain : "Tu ne peux pas avoir confiance en ces gens" et "ils sont juste en train de te tromper". Mais cela ne nous a ni angoissés ni découragés. Quelques-uns qui préfèrent la confrontation au dialogue n'aimaient pas nous voir travailler ensemble avec une telle cordialité et une telle chaleur ; en fin de compte, dans l'esprit de beaucoup, musulmans et chrétiens sont supposés être des ennemis, et ils devraient se faire la guerre par le djihad ou la croisade. Mais nous, on voyait les choses de manière différente. […] Mon cher ami, vous étiez un être humain avec une large vision, un musulman sincère avec un amour et une préoccupation pour l'humanité desquels on ne pouvait douter. »

J'avais été frappé par ces paroles d'amitié et d'appréciation sincères, qui allaient bien au-delà des paroles de circonstance qui dissimulent, plus qu'elles ne traduisent, la véritable pensée, et qu'on entend si souvent au Nigeria.

Kaigama, qui est l'actuel président de la Conférence épiscopale nigériane et le vice-président de la Conférence épiscopale des évêques catholiques de l'Afrique occidentale, reste un infatigable défenseur de la cause du dialogue et de la paix, même si souvent il est confronté à la difficulté et la solitude.

En 2010, il a participé très activement aux travaux du comité consultatif sur la crise de Jos, fondé à l'initiative du président de la République, Goodluck Jonathan, et sous la présidence de l'ex-gouverneur de Plateau, Solomon Lar. Le rapport de la Commission Lar est un document précieux et intéressant. Il identifie avec précision les différents problèmes socio-économiques, politiques, identitaires, religieux qui fondent la crise complexe du « vivre ensemble à Jos », laquelle va beaucoup plus loin que le simple antagonisme chrétien-musulman.

Tout d'abord, il y a le problème complexe du « principe de l'indigénité », qui donne aux natifs de chacun des trente-six États nigérians des droits supérieurs à ceux des *settlers*, les habitants qui se sont installés plus tardivement dans le pays. Ce principe, qui vaut partout au Nigeria, a des conséquences singulières dans cette région de Plateau où l'histoire de l'immigration est longue et compliquée.

Puis, peut-être même avec plus d'importance, le problème de la lutte pour le pouvoir politique. Elle est liée à celle des divisions administratives d'où résulte la création d'un gouvernement local dans le nord, où les musulmans sont majoritaires. Une affaire discutée et brûlante. Viennent ensuite le problème du pouvoir économique et la lutte pour les marchés de viande, hallal ou pas ; le problème, déjà évoqué, d'une partition équitable de la terre entre agriculteurs et pasteurs ; et enfin les fléaux, qui se font sentir dans l'ensemble du territoire nigérian, et qui ajoutent aux violences de Jos, du chômage, de l'impunité, de la corruption et de la fraude massive lors des élections.

D'autre part, le rapport Lar énonce des recommandations concrètes et réalistes qui auraient pu ouvrir une perspective politique pour sortir de la crise et dépasser le seul clivage musulman-chrétien. Malheureusement, après avoir été présenté officiellement à la présidence, son sort a été celui de tant de rapports de ce genre : il est resté lettre morte et n'a même pas été rendu public.

Ce qui est clair, dans le Plateau, comme dans tout le contexte nigérian, c'est qu'il y a des forces politiques et sociétales, aussi bien parmi les musulmans que parmi les chrétiens, qui capitalisent sur la confrontation et préfèrent, malgré les bons mots, l'affrontement actuel à une résolution pacifique des problèmes, la diabolisation de l'autre au dialogue et à la rencontre respectueuse.

Preuve de cette radicalisation parmi les chrétiens : Kaigama, en 2010, a été éloigné, au niveau provincial de Plateau, de la présidence de la CAN – Christian's Association of Nigeria. La CAN est l'organe œcuménique où toutes les Églises chrétiennes sont représentées et qui fait contrepoids à l'association musulmane. Kaigama était critiqué depuis longtemps par ceux qui n'aimaient pas son attitude jugée trop conciliante, notamment parmi les nouvelles Églises protestantes. Un des problèmes sensibles est celui du *body count*, le comptage des morts après les tueries. Bien qu'il soit indiscutable que la population chrétienne subisse des exactions terribles, de nombreuses organisations chrétiennes aux États-Unis et en Europe ont tendance à exagérer systématiquement le nombre des victimes. Kaigama n'a jamais voulu entrer dans ce jeu-là, malgré les pressions : « Comment puis-je attester que, dans un village, 500 chrétiens ont été tués si je n'ai pu compter que 36 corps ? Que parmi les victimes il y avait aussi des musulmans ? » Il n'y a pas que du côté des néoprotestants que certains critiquent cette attitude honnête et conciliante, qui vise à ne pas brûler tous les ponts avec les musulmans. Dans le clergé catholique aussi et notamment dans les organisations de jeunes, certains préfèrent une attitude musclée et une réponse armée aux massacres.

La substitution progressive des voix chrétiennes modérées vis-à-vis des musulmans – souvent celles des évêques catholiques et anglicans – par des instances chrétiennes plus radicales se fait également sentir au niveau national. En 2013 le pasteur Ayo Oritsejafor, un prêcheur populaire du sud du Nigeria, a été élu président de la CAN au niveau national, au détriment du cardinal John Onaiyekan, archevêque d'Abuja, qui représente une voix intelligente et dialoguante au Nigeria, et qui avait développé une bonne relation d'amitié, de respect et de collaboration avec le sultan de Sokoto, Alhaji Mohamed Sa'ad Abubakar III, figure la plus représentative de l'islam nigérian. Depuis lors, on constate une radicalisation et une politisation du discours de la CAN. Ainsi son président Oritsejafor a appelé, au lendemain des élections présidentielles de 2011, à emprisonner le général Muhammadu Buhari, challenger du vainqueur Goodluck Jonathan, lui aussi un chrétien protestant du sud-nigérian.

Il serait simpliste de qualifier tous les membres et pasteurs des Églises néoprotestantes de radicaux antimusulmans, de même qu'il serait incorrect de dire que les catholiques et les anglicans emploient tous un discours plus conciliant; notamment dans la très catholique population igbo, dans le sud-est du Nigeria, qui a lutté pour la sécession lors de la guerre du Biafra (1967-1970), il est toujours facile d'entendre des discours très radicaux et belliqueux contre les musulmans. Du côté des protestants, on trouve entre autres le bel exemple du pasteur protestant des Assemblées de Dieu, James Wuye qui, avec l'imam Mohamed Ashafa, a construit un Centre du Dialogue à Kaduna: les deux ex-ennemis, lauréats du Prix pour la prévention des conflits de la Fondation Chirac 2009, sont devenus des modèles de réconciliation et de collaboration interreligieuses.

Le Nigeria, avec plus de 170 millions d'habitants – le pays le plus peuplé d'Afrique –, est une grande nation, mais elle est traversée par beaucoup de lignes de fractures, politiques, ethniques et religieuses. Il va sans dire que beaucoup de chrétiens y souffrent terriblement, surtout là où ils sont discriminés en tant que minorité, et là où ils sont victimes de la terreur de Boko Haram ou autre. Il en va de même pour beaucoup de musulmans. Contrairement aux idées reçues à l'extérieur de ses frontières, ce pays compte encore suffisamment d'hommes et de femmes de bon sens, du côté chrétien et du côté musulman, pour vaincre les peurs et les suspicions mutuelles et pour assurer un vivre ensemble dans l'harmonie et dans la paix, ce qui d'ailleurs reste une réalité dans beaucoup de zones du pays. Encore faut-il que ces voix prennent le dessus dans leurs propres communautés, et que le Nigeria produise un leadership politique qui serve le bien commun plus que l'enrichissement personnel. Il est grand temps de trouver la voie du progrès, du dialogue et de la démocratisation, car trop de sang a coulé. Et le sang versé risque d'en appeler encore, pour le plus grand malheur de tous.

Né à Anvers en 1967, Jan De Volder est docteur en histoire sociale et religieuse. Rédacteur de l'hebdomadaire chrétien *Tertio*, il publie des articles sur la religion, la culture, la politique et la société. Président de l'association Viva Africa, il est un fin connaisseur de la réalité africaine et du Nigeria.

Analyse

Une décennie en enfer

Rupert Shortt

Pas une semaine sans que Boko Haram se livre à un massacre ou organise un attentat contre une église. Une décennie dont le journaliste et enquêteur britannique Rupert Shortt reconstitue la sinistre chronologie.

2003, apparition de la secte Boko Haram au Nigeria

C'est en 2003 que le groupe Boko Haram a commencé à faire parler de lui. À cette époque, il portait le nom de « Sunna Wal Jamma », et ses membres celui de « talibans », ou bien encore de « Yusufiyya », d'après leur leader et fondateur, Mohamed Yusuf, qui a trouvé la mort en 2009 au cours de violences sectaires. Mohamed Yusuf, qui avait pris pour modèle le Mollah Omar, considérait que l'islam était corrompu par l'occidentalisation et par tout ce qui en découlait, notamment l'éducation et le christianisme, et rejetait la légitimité de l'État et des chefs traditionnels musulmans. Le groupe visait donc la destruction de l'État fédéral nigérian et son remplacement par un État qui appliquerait la charia et qui suivrait les règles strictes et orthodoxes fixées par Mohamed Yusuf lui-même.

À l'origine, Boko Haram se composait d'anciens étudiants et de fils mécontents issus de riches familles du Nord : on estimait que le groupe comptait à l'époque près de 200 membres. À la fin de 2003, le groupe a initié un bref soulèvement armé dans l'État de Yobe, dans le nord-est du Nigeria, en publiant des pamphlets dans lesquels il déclarait sa volonté de faire du Nigeria un État islamique. Par la suite, les jeunes militants ont procédé à l'invasion des zones de gouvernement local de Kanamma et de Geidam et ont détruit le poste de police de Kanamma, tuant un policier et s'emparant d'armes, tout en chantant « Allah Akhbar ». Puis, ils ont marché jusqu'au centre de la ville, pris une école primaire, qu'ils ont rebaptisée « Afghanistan », y ont hissé leur drapeau et ont appelé au djihad contre les chrétiens et le gouvernement fédéral nigérian. Ces objectifs restent inchangés. Le groupe a continué de causer des ravages dans plusieurs villes et villages, notamment dans la capitale de l'État de Yobe, Damaturu, entraînant le déplacement de près de 10 000 personnes. Finalement, les forces fédérales ont écrasé le soulèvement et arrêté plusieurs membres du groupe, dont quatre ont été tués alors qu'ils auraient tenté de s'évader de la prison de Damaturu.

En septembre 2004, le groupe a tué plus d'une dizaine de chrétiens au cours de raids sur les villes de Bama et de Gwoza, dans l'État de Borno, situées dans le nord-est, près de la frontière avec le Cameroun. On a également signalé qu'une soixantaine de membres de la secte avait attaqué des postes de police dans la région, tuant quatre policiers. Comme la police et l'armée ont lancé une opération conjointe à son encontre, le groupe a pris sept personnes en otages, les obligeant à servir de porteurs dans leur retraite de l'autre côté des monts Mandara, au Cameroun voisin. L'un des otages a réussi à s'échapper et a été interrogé par des observateurs des droits de l'homme, tandis que deux autres ont été assassinés.

2006, massacres de chrétiens suite aux caricatures de Mahomet au Danemark

Au moment où le groupe a de nouveau fait les gros titres, il avait non seulement installé son quartier général à Maiduguri, capitale de l'État de Borno, mais il était également présent dans plusieurs autres régions du Nord. Il était alors connu localement sous le nom de Boko Haram (généralement traduit par « l'éducation à l'occidentale est proscrite »). On peut supposer que les rebelles étaient parvenus à un compromis avec les autorités du Nord. La situation laissait à penser que les gouverneurs des États s'étaient servis du groupe pour fomenter des troubles et même qu'il avait joué un rôle majeur dans les émeutes contre les caricatures de 2006. À Maiduguri, près de soixante-cinq chrétiens ont été tués, cinquante-sept églises ont été détruites et des centaines de magasins tenus par des chrétiens ont été rasés, le 18 février, lors d'une manifestation contre la publication au Danemark des caricatures du prophète Mahomet, l'année précédente.

En juillet 2009, Boko Haram a lancé des attaques coordonnées dans les États de Bauchi, Yobe, Kano et Borno, entraînant la mort d'au moins 1 000 personnes. Pour justifier ces attaques, le groupe a déclaré que ses actions avaient pour cause le mauvais traitement dont il était soi-disant victime. Une fois de plus, une force de sécurité conjointe a été composée et le groupe a été contraint de regagner son bastion dans la banlieue de Maiduguri, proche de la voie ferrée. Même si à l'époque il affirmait que son différend l'opposait aux représentants de l'État, qui harcelaient ses membres, et que la sécurité des chrétiens était garantie dans la région, Boko Haram a procédé à l'assassinat de trois pasteurs, a brûlé plus de vingt églises, détruit un grand nombre de magasins tenus par des chrétiens et a retenu dans son quartier général plus d'une centaine d'otages chrétiens pour les utiliser comme boucliers humains contre les forces fédérales qui l'encerclaient. Parmi ces otages, les survivants interrogés par Christian Solidarity Worldwide ont décrit comment les hommes étaient soit contraints de se convertir, soit décapités, tandis que les femmes qui refusaient de se convertir étaient soumises aux travaux forcés.

Après la destruction du quartier général de Maiduguri et l'exécution extrajudiciaire de son leader, le groupe s'est terré. En février 2010, al-Qaida au Maghreb islamique (AQMI) a proposé des formations et du matériel aux musulmans nigérians, qui, selon elle, étaient opprimés par les autorités. Boko Haram est réapparu en septembre 2010, en organisant une attaque spectaculaire qui a causé la destruction de la prison fédérale de Bauchi et la libération de 700 détenus, dont près d'une centaine de membres présumés de Boko Haram. L'ampleur de l'opération laisse supposer que leurs auteurs avaient suivi auparavant une formation spécialisée ; depuis, des porte-parole censés représenter le groupe ont affirmé que Boko

Haram était affilié soit aux Chabab de Somalie, soit à AQMI, ou bien encore aux deux.

Depuis 2010, intensification des attaques contre les non-musulmans et plus particulièrement les chrétiens

Aujourd'hui, Boko Haram use de tactiques sophistiquées : utilisation d'engins explosifs fabriqués, attaques coordonnées sur les quartiers chrétiens, destructions d'écoles et d'églises, attentats perpétrés par un tireur embarqué contre des fonctionnaires, des imams modérés, des chefs traditionnels et autres personnes considérées comme des traîtres ou des opposants. Les attentats-suicides, qui ciblent principalement les églises et certains sites symboliques comme le bureau des Nations Unies à Abuja et les sièges des médias, ont pris une ampleur considérable, alors qu'ils étaient encore, il y a peu, totalement inconnus au Nigeria. Le groupe porte désormais le nom de Jama'atu Ahlis Sunna Lidda'awati Wal-Jihad : « groupe sunnite pour la prédication et le djihad ». Il répète aussi, régulièrement et ouvertement, que l'un de ses principaux objectifs est d'éradiquer le christianisme du nord du Nigeria. À première vue, cet objectif semble presque impossible à atteindre ; mais le groupe fait des progrès dans des États comme Yobe, Borno, Kano et sporadiquement dans celui de Katsina, où même les chrétiens autochtones prennent, dans de nombreux cas, la fuite. Le groupe exprime également une hostilité particulière envers Plateau, le seul État à majorité chrétienne reconnue, et l'État de Kaduna, qui a élu un gouverneur chrétien.

Depuis 2010, la nuit, dans les régions éloignées des États de Plateau et de Bauchi, des rebelles d'origine peule, armés et pour certains en uniforme, mènent par intermittence des attaques éclairs contre des villages non musulmans. Plus récemment, des attaques sporadiques sur les villages de la partie sud de l'État de Kaduna, à majorité chrétienne, ont également eu lieu. En mars 2010, trois villages situés dans la zone de gouvernement local de Chikun ont été attaqués par des hommes non identifiés armés d'AK-47, qui ont tué dix villageois. Puis, en juin de cette même année, lors d'une attaque menée par des rebelles de l'ethnie peule dans le village de Sansun, situé dans la zone de gouvernement local de Zangon Kataf, dans le sud de l'État de Kaduna, un habitant, Matthew Aetung, et son fils ont été tués à la machette ; l'épouse de M. Aetung a, quant à elle, été grièvement blessée, et leur maison a été rasée. Dans la plupart des cas, on pense que les assaillants ont emprunté les routes traditionnelles suivies par les bergers pour éviter toute détection, ce qui conduit certains observateurs extérieurs à conclure à tort que ces actes ont pour cause principale les conflits territoriaux opposant éleveurs et agriculteurs. Selon des sources récurrentes, en particulier dans les États de Plateau et de Bauchi, les forces de sécurité ne seraient pas parvenues à aider les victimes en temps opportun. Or, ces attaques peuvent durer plusieurs heures. Même si les forces de sécurité sont contactées alors qu'une attaque est en cours, elles arrivent toujours après la bataille.

Les événements qui se sont produits dans l'État de Plateau, les 7 et 8 juillet 2012, ont montré une forte intensification de cette tendance. On estime que douze villages du secteur de Riyom et Barkin Ladi, situés à la périphérie de la capitale de l'État, Jos, ont été attaqués simultanément le samedi 7 par des centaines d'hommes lourdement armés, en tenue de camouflage et équipés de gilets pare-balles, lors de raids qui rappelaient les attaques contre les villages de Dogo Nahauwa, Zot et Ratsat, situés au sud de Jos, qui avaient fait près de 400 victimes en 2010. Selon les premiers témoignages, au moins vingt-cinq personnes auraient été tuées, cinq hospitalisées et environ 150 déplacées. De plus, une vingtaine d'assaillants auraient ensuite été tués lors d'un échange de tirs avec les forces spéciales de police, et un rebelle aurait été fait prisonnier.

Des funérailles collectives ont été organisées à la hâte pour le lendemain, et alors que les pleureuses menaient la cérémonie, elles auraient découvert les restes calcinés de près de cinquante victimes supplémentaires qui avaient fui leurs maisons pour trouver refuge dans la demeure d'un pasteur du village de Matse, situé dans la zone de gouvernement local de Riyom. Au cours de la cérémonie, les membres du cortège funèbre ont été pris en embuscade par des hommes armés. L'attaque a coûté la vie à près de vingt personnes, dont Gyang Dalyop Datong, sénateur fédéral du district nord de l'État de Plateau, et James Gyang Foulani, chef de la majorité parlementaire de l'État de Plateau. Simon Mwadkom, un membre de la Chambre fédérale des représentants, a également frôlé la mort.

Même si, selon les rumeurs, la mort des deux hommes serait due au choc ou à la bousculade causée par les coups de feu, plusieurs membres du cortège funèbre affirment qu'ils ont bien été abattus. Cette dernière version des faits a gagné en crédibilité dès le lendemain, quand Boko Haram a publié un communiqué dans lequel il revendiquait la responsabilité de ce week-end de violence, et notamment de la mort des deux hommes politiques. Dans cette déclaration, Boko Haram a notamment indiqué que « les chrétiens ne connaîtraient plus jamais la paix », à moins qu'ils ne se convertissent à l'islam, et que le groupe continuerait à « cibler les représentants des pouvoirs publics ». De plus, les chrétiens ne pourraient plus garder l'esprit en paix: « Nous allons attaquer leurs foyers et leurs agences de sécurité de la même façon qu'ils nous attaquent [...]. »

Le 9 juillet, le gouvernement de l'État de Plateau a décrété le couvre-feu dans quatre zones de gouvernement local, mais l'a levé dans la matinée du 10 juillet. Pourtant, au soir du 10 juillet, il a été confirmé que deux autres villages de Barkin Ladi avaient été rasés le samedi 7 juillet. Ensuite, le mercredi 11 juillet, plusieurs sources non confirmées indiquaient que les rebelles de l'ethnie peule se regroupaient dans un camp situé sur une colline des alentours de Barkin Ladi, où ils attendaient un nouveau ravitaillement en armes et munitions avant de passer à la prochaine étape de leur campagne, à savoir une attaque sur la partie sud de l'État de Kaduna, qui est une zone à prédominance chrétienne.

Des milices impuissantes se mobilisent pour faire face à la secte

Des assauts violents de ce genre se produisent encore aujourd'hui. Les exemples suivants dressent une description plus large de la situation. Au moins 160 personnes sont mortes au cours de violences liées au terrorisme dans les États de Yobe et de Borno, au Nigeria, à la mi-septembre 2013. Dans la soirée du 18 septembre, les membres de Boko Haram, armés de kalachnikovs, de lance-roquettes et de bombes artisanales auraient pris d'assaut la ville de Yadi Buni dans l'État de Yobe, mettant le feu à un poste de police de fortune, à des poteaux de télécommunications, à une partie du siège du gouvernement local et à la maison du chef de la police divisionnaire, dont la femme a été brûlée vive à l'intérieur du bâtiment. Le fils du leader de la jeunesse du parti démocratique populaire de Yobe (PDP) aurait également été tué, tandis qu'un soldat et neuf membres de la secte seraient morts dans la fusillade qui a suivi.

Le 17 septembre, en début de soirée, 143 « navetteurs » ont été tués et plusieurs autres enlevés quand des hommes surarmés de Boko Haram, en treillis militaires et équipés de gilets pare-balles, ont pris en embuscade les véhicules le long de la grand-route, toujours bondée, qui relie Maiduguri à Damaturu. Les voyageurs auraient été invités à montrer leurs cartes d'identité, puis auraient été alignés avant d'être fusillés. Selon un survivant, les résidents de la capitale de l'État de Borno, Maiduguri, constituaient la cible privilégiée de cette attaque.

Les rebelles ont ensuite envahi la ville de Benisheik, située à 75 km à l'ouest de Maiduguri, tuant près de quatorze personnes et incendiant plus de 100 maisons, magasins et voitures. Selon un témoignage, la plupart des victimes avaient des liens avec les milices locales (« Civilian Joint Task Force ») et ont été décapitées. Trois policiers et deux soldats auraient également été tués au cours de ces violences. Cette exaction constituait la deuxième agression à Benisheik en dix jours : cinq membres de la secte et treize miliciens avaient déjà perdu la vie lors d'une attaque précédente.

Le 17 septembre également, les autorités de l'armée ont révélé que quinze soldats et un lieutenant avaient été tués par Boko Haram sur la route reliant Baga à Maiduguri dans l'État de Borno, bien que ce nombre ait été contesté par des sources anonymes de défense locale qui prétendent qu'au moins quarante soldats auraient été tués et soixante-cinq autres portés disparus à la suite d'une embuscade. L'armée a également indiqué que 150 membres de la secte avaient été tués par les troupes au cours du week-end précédent, lors d'un affrontement dans la forêt de Kafiya, à Borno, au cours duquel Abba Goroma, un haut commandant de Boko Haram, a également perdu la vie.

Commentant ces tragédies, Mervyn Thomas, directeur général de Christian Solidarity Worldwide, a déclaré : « En fin de compte, les milices ne peuvent pas faire face à une insurrection si fortement armée et équipée. Il est donc essentiel que le gouvernement fédéral alloue suffisamment de troupes à ces États pour régler ce problème. Le gouvernement doit aussi de toute urgence couper les sources de financement de Boko Haram, et il aura besoin de l'aide des États voisins et de l'ensemble de la communauté internationale pour y parvenir de manière efficace. »

Accélération des violences face à un État et une armée inefficaces

Le 30 janvier 2014, sept personnes d'une même famille ont été assassinées par des rebelles issus de l'ethnie peule lors de l'attaque d'un village du sud de l'État de Kaduna. Selon les informations recueillies par les observateurs locaux des droits de l'homme, Manyekrun, un village du district de Sabon Gari Manchok, situé dans la zone de gouvernement local de Kaura, a été attaqué vers vingt-trois heures. Les assaillants ont assassiné Abin Kaawai, sa femme Ruth, et leurs cinq enfants.

La zone de gouvernement local de Kaura, mitoyenne à l'État de Plateau, est relativement proche des zones de gouvernement local de Riyom, Bokkos et Barkin Ladi, où les attaques nocturnes contre des villages non musulmans se produisent régulièrement depuis 2010. Cette année, deux personnes ont été tuées et seize grièvement blessées lorsque des hommes armés ont fait irruption lors du service religieux organisé pour la nuit du nouvel an par la congrégation de l'Église du Christ des Nations dans l'église du village de Maikatako, dans la zone de gouvernement local de Bokkos. Le 6 janvier 2014, trente-trois personnes ont été tuées, plusieurs ont été blessées, environ quarante maisons ont été incendiées, et du bétail a été abattu ou volé lors d'une attaque armée du village de Shonong, dans le district de Bachit, situé dans la zone de gouvernement local de Bokkos. Les assaillants ont frappé le village dans la matinée, après que la plupart des hommes étaient partis travailler dans les champs. Par conséquent, la plupart des victimes étaient des personnes âgées, des femmes ou des mineurs.

Le 15 février, au moins 121 personnes sont mortes et plusieurs autres ont été blessées lorsque des hommes armés de Boko Haram ont attaqué le village d'Izghe, situé dans la zone de gouvernement local de Gwoza, dans l'État de Borno. Selon les survivants, des hommes armés vêtus de treillis militaires et scandant « Allah akbar » ont atteint la communauté à majorité chrétienne dans la nuit, à bord de sept pick-up et sur des motos. Ils ont ordonné aux villageois de se réunir et ont ouvert le feu, poursuivant et tuant tous ceux qui tentaient de s'échapper et égorgeant plusieurs personnes. Les hommes armés ont ensuite mis le feu aux maisons, pillé des magasins d'alimentation et volé une dizaine de véhicules.

Selon des sources locales, des rebelles de Boko Haram ont également lancé le même jour des attaques vers d'autres villages dans les États de Borno et d'Adamawa, notamment à Kirchang, Kwambula, Shuwa, Dagu, Yinagu, Bitiku, et Yazza. Alors que le nombre de victimes dans les autres villages reste inconnu, un survivant de Yazza a fait savoir aux médias locaux qu'il avait pu dénombrer vingt-cinq cadavres avant de prendre la fuite.

L'assaut sur Izghe a constitué la dernière d'une série d'attaques terroristes visant des villages depuis janvier, et a eu lieu trois jours après que l'armée de l'air nigériane a commencé de bombarder quotidiennement la forêt de Sambisa, située à la frontière camerounaise, pour forcer les membres de la secte à sortir de leurs cachettes. Au moins neuf soldats et un nombre indéterminé de miliciens sont morts lors d'une très longue et très violente fusillade qui a suivi le bombardement du 12 février.

Des massacres détruisant des villes et villages entiers, exterminant la population chrétienne

Dans la soirée du mardi 11 février, des hommes armés de Boko Haram ont lancé une attaque de quatre heures sur Konduga dans l'État de Borno, détruisant près des trois quarts de la ville, y compris les maisons, les écoles, les dispensaires et la mosquée centrale, et auraient retenu en otage vingt jeunes femmes issues d'un collège local. Le nombre de morts dans l'attaque de Konduga est passé à soixante-deux après que quatre personnes sont mortes à l'hôpital et que cinq corps ont été retrouvés dans la brousse. Le 13 février, les hommes armés auraient de nouveau attaqué Konduga, quelques heures après une visite de condoléances effectuée par un dignitaire local, mais ils ont été repoussés par une force conjointe de soldats et de membres des milices locales. Avant cela, la secte avait attaqué le village de Mailari, situé à environ 10 km de Konduga, où elle a brûlé des maisons et des magasins. Les rebelles de Boko Haram ont également lancé une attaque sur le village de Wajirko, également situé dans l'État de Borno, tuant quatre personnes, en blessant environ six et détruisant jusqu'à cinquante foyers.

Au moins quarante élèves ont été tués lorsque des membres présumés du groupe terroriste islamiste Boko Haram ont attaqué le lycée fédéral de Buni-Yadi, dans l'État de Yobe, dans le nord-est du Nigeria, au cours des premières heures du 25 février. Ce lycée mixte se situe à environ 60 km au sud de Damaturu, la capitale de l'État de Yobe. Des témoins oculaires ont informé les médias locaux que les membres de la secte avaient placé les garçons à part, avant d'en tuer quelques-uns à coups de machette et d'en abattre d'autres. Ils ont ensuite mis le feu aux locaux, y compris aux dortoirs, au bâtiment administratif et aux logements du personnel, les réduisant en cendre alors que des personnes se trouvaient encore à l'intérieur. Selon des informations non confirmées, des membres du personnel peuvent aussi compter parmi les victimes, et certaines élèves ont été enlevées. On a également rapporté que les hommes armés ont incendié d'autres établissements publics et privés et détruit des poteaux de télécommunication.

L'attaque sur le lycée était la quatrième visant un établissement scolaire dans cet État depuis le début de l'insurrection. Les massacres ont suivi la diffusion d'une vidéo qui montrait le nouveau leader de Boko Haram, Abubakar Shekau, revendiquant l'assassinat, à Zaria, du chef salafiste Cheik Albani, et menaçant de cibler « ceux qui poursuivent des études à l'occidentale ». Dans la vidéo, Shekau a également menacé les anciens présidents Muhammadu Buhari et Ibrahim Babangida, le Shehu de Borno et l'émir de Kano, et annoncé l'attaque des raffineries de pétrole dans le delta du Niger.

Ces meurtres ont été perpétrés quelques heures après la diffusion de la sixième conférence du président Goodluck Jonathan devant les médias, au cours de laquelle il avait déclaré que son gouvernement travaillait à apporter une réponse durable à la question de Boko Haram, et alors qu'il avait enregistré plusieurs succès à l'encontre de la secte.

Le 26 février, des hommes armés suspectés de faire partie de Boko Haram ont mené une nouvelle attaque, cette fois contre des villages et une ville dans les zones de gouvernement local de Madagali et de Michika, situées dans l'État d'Adamawa. Le nombre exact de victimes reste inconnu, car de nombreuses personnes seraient parvenues à se cacher. Néanmoins, selon des sources non confirmées, au moins vingt-huit personnes auraient été tuées et plusieurs autres blessées.

Selon des sources locales, des rebelles, à bord de pick-up Toyota Hilux, équipés de lance-roquettes et d'engins explosifs improvisés ont traversé la forêt de Sambisa près de la frontière avec le Cameroun voisin et sont descendus dans le village de Kirchiga avant de cibler les communautés Shuwari et Choa de la zone de gouvernement local de Madagali et d'attaquer la ville de Michika. Des membres de Boko Haram auraient lancé des engins explosifs et ouvert le feu au hasard avant d'incendier des maisons, des magasins et d'autres établissements.

Dans le village de Shuwa, où les victimes ont été abattues ou égorgées, le séminaire Saint-Joseph-le-Mineur, la maison d'un ancien commissaire et une maternité ont été incendiés, cette dernière après avoir été pillée. Dans la ville de Shuwari, une école primaire a été rasée et dans celle de Michika, les assaillants ont détruit trois banques, un poste de police, des magasins et une partie du secrétariat du conseil du gouvernement local. Les premières informations dont nous disposons indiquent que plusieurs lieux de culte ont été incendiés, dont trois églises catholiques. Selon les médias nigérians, trois religieuses catholiques peuvent figurer parmi les victimes. Selon certaines sources, les banques auraient été pillées avant d'être détruites. Avant de prendre la fuite, les rebelles sont également soupçonnés d'avoir volé des voitures et des motos, pillé les magasins d'alimentation et détruit tout ce qu'ils ne pouvaient pas emporter avec eux.

Le 26 février également, des hommes armés non identifiés ont tué deux membres de la même famille lors d'une attaque menée avant l'aube sur le village de Diyam-Rim, relevant du conseil de gouvernement local de Riyom, dans l'État de Plateau. Deux autres membres de la famille ont été blessés et ont reçu des soins dans un lieu tenu secret.

Les attentats de l'Adamawa ont eu lieu quelques heures après une allocution télévisée du président Goodluck Jonathan à l'occasion des célébrations du centenaire du Nigeria au cours de laquelle il a rendu hommage aux victimes de l'attaque du lycée fédéral de Buni-Yadi, dans l'État de Yobe, du 25 février dernier. Décrivant ce massacre comme « non nigérian et non africain », le président a assuré à la nation que le gouvernement continuerait à « faire tout son possible pour éradiquer le fléau du terrorisme ».

Selon le bureau de la coordination des affaires humanitaires de l'ONU, entre mai 2013 et janvier 2014, près de 300000 personnes, dont plus de la moitié étaient des enfants, ont été déplacées en raison des violences terroristes perpétrées dans les États d'Adamawa, de Borno et de Yobe. Dans une de ses déclarations, Mervyn Thomas a indiqué: « La perte continuelle de vies innocentes, dans ces excès de violence incessants et injustifiables, est profondément injuste et douloureuse. Nos prières accompagnent le gouvernement et le peuple du Nigeria alors qu'ils font face à cette attaque brutale et aveugle. Étant donné que Boko Haram constitue une menace transnationale, nous espérons que la conférence sur la sécurité internationale d'Abuja permettra une plus grande coopération et une meilleure coordination des efforts contre-insurrectionnels à l'échelle régionale et internationale. Il est essentiel que des troupes en nombre suffisant et disposant d'équipements appropriés soient transférées d'urgence dans les zones en difficulté afin de rompre ce cycle effroyable de violence et d'impunité. La justice doit également s'imposer pour garantir une paix durable, et les auteurs de ces crimes devront rendre des comptes. »

De nouvelles attaques à prévoir et autant d'actes de barbarie

Peu de temps avant la rédaction de ce chapitre (avril 2014), des sources ont indiqué que les membres de Boko Haram se regroupaient pour préparer une nouvelle attaque contre le quartier général de l'armée nigériane, après que plus de 200 d'entre eux eurent trouvé la mort lors de raids dans leurs camps d'entraînement.

Dans le centre et dans le nord du Nigeria, les chrétiens continuent de vivre dans la peur quotidienne de la violence. L'efficacité croissante de l'état d'urgence décrété dans les États de Borno et de Yobe a contraint Boko Haram à adopter de nouvelles tactiques, en se concentrant sur des cibles faciles comme les communautés rurales, les routes et les écoles.

Des éleveurs armés d'origine peule mènent de plus en plus fréquemment des attaques dans les États de Plateau, de Kaduna et de Benue. Au début du mois de mars, le gouverneur de l'État de Benue a échappé de justesse à la mort quand son convoi a été pris en embuscade par des Peuls, lors d'attaques menées sur vingt-neuf villages qui ont fait au moins cinquante victimes. Boko Haram mène quasi quotidiennement des attaques contre les zones rurales des États d'Adamawa et de Borno.

On estime à plus de 150 le nombre de victimes causées par les attaques de trois villages chrétiens dans l'État de Kaduna, le 14 mars dernier. Les villages ont été rasés; des centaines de maisons et des églises ont été incendiées. L'attaque, menée par des dizaines de bergers peuls, pour la plupart musulmans, armés de fusils et de machettes, a commencé tard dans la nuit et s'est poursuivie jusqu'aux premières heures du matin suivant. Les femmes et les enfants ont été particulièrement visés. Parmi les victimes, on compte la femme d'un pasteur et ses trois enfants.

Gideon Bughu, quarante-cinq ans, survivant du village d'Ugwar Sankwai, a déclaré au journal nigérian *Sunday Vanguard*: « Ils ont ouvert le feu à l'intérieur des maisons. Comme les femmes et les enfants tentaient de s'échapper en courant, ils les ont abattus puis frappés de coups de machette. Ils ont mis le feu à nos maisons. Si vous restiez à l'intérieur, vous étiez brûlés vifs. Si vous sortiez, vous étiez abattus. Les enfants survivants hurlaient parce que leurs parents avaient été massacrés. »

Pour décrire comment les meurtres avaient été commis, un survivant, Emmanuel Tonak, a déclaré: « Nous étions en train de dormir quand nous avons entendu des coups de feu et des gens chanter

"Allah Akbar". Nous sommes sortis au plus vite et nous avons vu qu'ils approchaient et que quelques maisons étaient en flammes. Il était près de vingt-trois heures. Je me suis enfui dans la forêt. Quand ils sont arrivés, j'ai commencé à entendre des cris et des coups de feu. »

Des membres de l'agence nationale de gestion des situations d'urgence ont apporté leur soutien, notamment en fournissant de la nourriture, des matelas, des couvertures et des moustiquaires. Ces actes de violence ont entraîné le déplacement de centaines de personnes, dont beaucoup avaient trouvé refuge dans une école primaire au moment de la rédaction de ce chapitre. Les réserves alimentaires des collectivités ont été pillées. Près de 240 maisons ont été incendiées, ainsi que trois églises.

Traduit de l'anglais par Nicolas Chieusse

Rupert Shortt est rédacteur en chef chargé des questions de religion pour le supplément littéraire du *Times* de Londres et ancien chargé de cours invité du Blackfriars Hall, université d'Oxford.

Soudan
Le génocide oublié

Depuis septembre 2011, à la suite d'un demi-siècle de conflit meurtrier (2,5 millions de morts) qui a vu le Nord arabo-musulman décimer les populations chrétiennes du Sud, le Soudan est scindé en deux États : le Sud, noir et chrétien, et le Nord et sa capitale Khartoum, creuset d'un islam radical et hégémonique. Analyse et témoignage sur cette zone de « contact » entre islam et christianisme évangélique.

❑ **SOUDAN DU NORD** [1] :

■ Population = 36 300 000

■ Musulmans = 93 %
Chrétiens = 5 %
Aministes = 2 %

1. Il n'y a pas de données chiffrées disponibles pour le Soudan du Sud *[N.d.E.]*.

Analyse

Soudan du Sud : des chrétiens miraculés

Sébastien Fath

Historien spécialiste des mouvements évangéliques dans le monde, Sébastien Fath revient d'une longue enquête de terrain dans le Soudan du Sud. Il raconte comment les habitants de ce pays « miraculé » voient ressurgir, sur fond de misère, d'anciennes rivalités tribales aboutissant à un exode massif de ses élites.

Chantée à tue-tête chaque 9 juillet à l'occasion de l'anniversaire de l'indépendance du Soudan du Sud conquise en 2011, cette première strophe de l'hymne national condense la foi de tout un pays. Et il en a fallu, de la foi, contre toute espérance ! Peu de peuples ont aussi chèrement acquis le chemin de l'autonomie, puis de l'indépendance, après près d'un demi-siècle de guerres, conclu par un processus de paix étalé sur six ans.

Entre misère et miracle, la République du Soudan du Sud est un pays singulier. Pour beaucoup, elle n'aurait jamais dû exister. Et pourtant elle est là ! Peuplée d'environ 11,5 millions de femmes et d'hommes pour une superficie proche de celle de la France, cette République est issue d'une partition avec le Soudan du Nord. Elle a pour capitale Djouba, où se dressent la cathédrale Sainte-Thérèse (Église catholique) et la cathédrale All-Saints (Église épiscopale), les deux principaux lieux de culte de la ville. Vu de loin, les apparences de la normalité sont là : un aéroport exigu, baroque mais fonctionnel, que des firmes chinoises s'apprêtent à agrandir, des billets de banque en monnaie locale, déjà fripés, à l'effigie du père fondateur (John Garang), un élégant drapeau, une population jeune et courageuse, qui rêve de prospérité, des enfants qui courent après les poules, dans la rue, de retour de l'école, et des églises paisibles et pleines, le dimanche, où l'on chante en chœur sous les ventilateurs. Vu de plus près, cependant, les stigmates d'un demi-siècle de conflit armé sont là, partout. Y compris dans les regards. Quand on demande aux passants : « Comment ça va ? », beaucoup répondent : « Dieu merci, je suis vivant ! » (*Thank's God, I'm alive!*). La grâce d'être rescapé ! Ce pays a payé le prix du sang pour acquérir sa fragile indépendance. Beaucoup sont morts sans voir advenir ce rêve : la liberté pour le Soudan du Sud.

Au long de deux guerres civiles, entre 1955 et 2005, ce territoire a perdu l'équivalent de près d'un quart de sa population actuelle (2 millions et demi de victimes), tandis qu'un habitant sur deux s'est retrouvé sur les chemins de l'exil, réfugié aux pieds nus. On comprend, dès lors, l'importance cruciale de la foi, pour tenir envers et contre tout. Mais en qui croire, et comment ?

Une identité chrétienne soudanaise qui remonte au Ier siècle

Islam, christianisme et religions traditionnelles (animisme) sont toutes représentées dans le Soudan du Sud, mais c'est la foi chrétienne qui, d'assez loin, s'est imposée comme le référent spirituel majoritaire pour une mosaïque de peuples en quête de reconnaissance et d'espérance. Cette identité chrétienne s'inscrit dans l'histoire longue de l'espace soudanais.

Dès le Ier siècle de notre ère, le christianisme se serait implanté dans l'espace soudanais, avec le précurseur célèbre qu'est le soi-disant « Éthiopien » baptisé par Philippe dans le livre des *Actes des Apôtres*[1]. L'Éthiopien des traductions (Koush) est en réalité un Nubien, origine qui renvoie à l'espace soudanais actuel ! De fait, au cours du Ier millénaire, l'Église chrétienne de Nubie connaîtra un développement considérable, y compris en matière artistique,

1. Ac 8,26-40.

comme en témoignent les fresques de Faras, protégées par l'Unesco et aujourd'hui conservées au musée national de Varsovie. L'islamisation de la vallée du Nil va ensuite lui porter un coup d'arrêt, et tarir progressivement l'expression de ce christianisme soudanais, qui doit ensuite attendre le XVIIe siècle (œuvre de quelques franciscains) et surtout le XIXe siècle pour se développer à nouveau. Cette relance bénéficie de l'effet conjoint des missions protestantes, dans la mouvance de la puissance coloniale alors dominante, l'Empire britannique, et des missions catholiques, au travers en particulier de l'œuvre des prêtres de la mission créée par le père Daniel Comboni (1831-1881). Encadré par un clergé soucieux d'enraciner la foi dans le terroir soudanais, inspiré par quelques figures exemplaires comme l'ex-esclave Joséphine Bakhita (1869-1947), canonisée par Jean-Paul II le 1er octobre 2000, le christianisme soudanais a connu le gros de son développement dans la partie méridionale du pays. Le relais de l'ancienne Église nubienne disparue est pris, mais sur d'autres terres, plein sud. Au cœur du Bilad As Sudan (Pays des Noirs), dans une Afrique où l'arabité est souvent synonyme d'oppression venue du Nord.

La spécificité du Soudan du Sud tient aujourd'hui dans cette double identité : noire et africaine d'une part, appuyée sur une mosaïque ethnique dans laquelle dominent les tribus nuer et dinka. Chrétienne, d'autre part, autour de deux Églises principales, l'Église catholique et l'Église épiscopale du Soudan (Episcopal Church of Sudan ou ECS). La première doit beaucoup à l'œuvre des prêtres comboniens. La seconde, qui appartient à la communion anglicane, est l'ancienne Église coloniale, héritée de la tutelle britannique. L'ECS entretient de bonnes relations avec les nombreuses Églises évangéliques et pentecôtistes qui se sont implantées depuis un demi-siècle. Les peuples du Soudan du Sud comptent aussi une minorité musulmane, et une proportion non négligeable d'animistes. Mais c'est bien la « grâce » chantée du Dieu chrétien (voir l'hymne national) qui fédère la majorité. Au risque de la colère de Khartoum.

Surenchères islamistes et persécutions : un bilan de 2,5 millions de morts

« Allah contre Jésus. » Le raccourci est tentant : si le Soudan du Sud a souffert si longtemps, n'est-ce pas avant tout pour des raisons de persécution religieuse, le régime de Khartoum (musulman) s'acharnant sur les chrétiens du Sud ? La réalité est plus nuancée. La religion n'est pas le seul facteur à l'origine de la constitution de la nouvelle nation sud-soudanaise. La République du Soudan du Sud doit son indépendance à une lutte de longue durée où se mêlent des variables économiques, culturelles, politiques et géographiques. « Au-delà des dichotomies » simplistes[1], les causes à la racine du conflit sont trop nombreuses pour être réduites à un djihad du Nord contre les chrétiens du Sud. Mais dans une société non sécularisée où les croyances et la spiritualité imprègnent les comportements et orientent les décisions, comment oblitérer la religion ? Ce serait faire preuve d'un criminel aveuglement que de rayer, d'un trait de plume, le poids du facteur religieux, et du choc géopolitique islam-christianisme en particulier.

Capitale historique du Soudan, Khartoum est un creuset d'islam politique qui a cristallisé, depuis un demi-siècle, les peurs de la population du Sud sur la base d'un rapport de force où l'identité religieuse a joué un rôle majeur. Engagé depuis 1983 dans une surenchère islamiste qui a abouti aux poursuites engagées contre le président Omar el-Béchir pour « crimes contre l'humanité », le régime en place dans la capitale soudanaise a longtemps dominé le Sud d'une poigne de fer, et veillé à réduire l'influence du christianisme, et ce, par tous les moyens. Dès la première guerre civile, la contrainte islamique a joué son rôle, entraînant expulsion de missionnaires et de prêtres, destruction d'églises et d'écoles chrétiennes. Lors de la seconde guerre civile (1983-2005), cette pression s'est révélée encore plus forte, s'inscrivant dans une longue tradition

1. P. Liguori et E. Vezzadini (organisateurs), Journée d'étude CEAF/EHESS/ IREMAM, « Au-delà des dichotomies, le Soudan, de la formation du pays à l'indépendance du Sud, 1869-2011 » (lundi 12 novembre 2012).

de djihad dans l'espace soudanais[1]. Le témoignage exceptionnel de Naomi Baki[2] illustre de manière saisissante la réalité d'un terrain local où l'islamisation des chrétiens, après 1983, a été entreprise sous la pression. Avant l'indépendance du Sud en 2011, le Soudan unifié a été marqué par une réalité massive : la dissymétrie entre un Nord musulman et riche et un Sud exploité et discriminé. Le Soudan africain et chrétien ? Un réservoir de ressources, un espace de razzia, y compris pour les marchands d'esclaves. En plein XXe siècle ! Deux guerres civiles ont scandé ce que nombre de chrétiens comparent à un « chemin de croix ».

La première, qui se déploie entre 1955 et 1972 (accords d'Addis-Abeba), saigne à blanc un territoire sans infrastructures, divisé et méprisé, vidé de sa présence missionnaire par la force des armes. Khartoum met sous tutelle toutes les écoles missionnaires du Sud dès 1957. En 1960, le vendredi remplace le dimanche comme jour de repos. Les chrétiens sont ciblés. Un effet immédiat de cette première guerre civile est que les Églises sud-soudanaises ont dû apprendre à être « missionnaires pour elles-mêmes[3] ». Mais comment mobiliser pour l'évangélisation lorsque la majeure partie de la population vit dans l'insécurité alimentaire, et que tant est à (re)construire à partir de zéro ? Face à ce constat d'impuissance, les réseaux chrétiens internationaux ont apporté une aide substantielle après la paix de 1972. La Conférence des évêques du Soudan, avec l'appui du Père blanc Arthur Dejemeppe, fonde alors Sudanaid (Caritas Soudan), afin que l'Église catholique soit davantage engagée sur le terrain de la reconstruction et du développement du Soudan du Sud. Dans ce cadre, l'Église romaine lance une idée très ambitieuse : un Centre paramédical, à Wau, dans le sud du pays. Ce projet, conduit par un intrépide Père blanc français, Hubert Barbier[4], se soldera par une

1. H. Sharkey, *Jihads and Crusades in Sudan from 1881 to the Present*, Hashmi, Sohail H., (ed.) *in Just Wars, Holy Wars, and Jihads: Christian, Jewish, and Muslim Encounters and Exchanges*, Oxford University Press, 2012, p. 263-282.

2. Voir ci-après, p. 476.

3. Chapitre 4, « Missionaries to Yourselves ! The Independant Sudanese Church, 1964-2000 », *in* R. Werner, W. Anderson, A. Wheeler, *Day of Devastation, Day of Contentment, The History of the Sudanese Church across 2,000 Years*, Paulines Publications Africa, 2000, p. 383-664.

4. Voir le témoignage d'H. Barbier, « Une vie pleinement missionnaire », *Le Petit Écho*, n° 1014, 2010/8.

réussite durable, traduite par la mise en place du CHTI (Catholic Health Training Institute) à Wau (Bahr el-Ghazal).

« Du bois pour faire du feu »

La seconde guerre civile, entre 1983 et 2005, est encore plus directement dirigée contre les chrétiens, bombardés, razziés, parfois islamisés de force. Le président Nimeyri veut faire du Soudan un État entièrement arabe et musulman. Tant pis pour le Sud ! Le 21 avril 1983, solennel, Mgr Gabriel Zubeir Wako, originaire du Bahr el-Ghazal, déplore que l'imposition de la charia se fasse « au détriment des communautés chrétiennes et des droits des individus »... Les chrétiens ne tardent pas, en effet, à subir le feu de la répression. Il ne s'agit pas d'un processus continu, ni sur l'ensemble du territoire. Le SPLA, mouvement de libération du Sud, n'est pas sans responsabilités dans les violences sur les populations civiles. Il reste que les chrétiens paient le prix fort, et subissent tantôt discrimination, tantôt phases de persécution ouverte, d'une violence difficile à concevoir. Prêtres chassés ou éliminés, églises rasées ou brûlées, fidèles torturés, massacrés, femmes violées... Les atrocités traumatisent durablement une population qui ne voit plus le bout du tunnel. C'est le temps d'une « Église soudanaise sous la croix », dans la relative indifférence, au départ, de la communauté internationale. En France, le Père Barbier, revenu en métropole, est de ceux qui ne se résigneront pas au spectacle des atrocités commises. En février 1993, il dénonce à l'ONU, à Genève, « le mépris absolu du gouvernement du Soudan vis-à-vis des droits de l'homme ». Son intervention marquante suscite, peu à peu, un mouvement de sensibilisation aux très graves atteintes aux droits des populations chrétiennes du Soudan du Sud. Il faudra douze ans, et des centaines de milliers de morts supplémentaires, avant que la raison fasse taire les armes, en 2005 (accord de paix de Nairobi), ouvrant au processus de paix qui permit l'indépendance de 2011.

Dans ce long conflit, tout ne se résume pas à une guerre religieuse. Les dimensions économiques, tribales, culturelles se surajoutent. Les réserves pétrolières du Soudan du Sud attisent bien des convoitises... Et au nom d'intérêts conflictuels, des chrétiens se sont entretués plus d'une fois ! Il reste que le choc entre un islam politique intolérant et des christianismes africains entravés dans leur foi constitue une donnée majeure du conflit intersoudanais. Avec un bilan humain effroyable, porté en particulier par les Dinka, soumis, plus qu'aucune autre ethnie, au « feu » meurtrier du régime de Khartoum, résolu par tous les moyens à mettre au pas cette grande tribu à dominante chrétienne. « Ils veulent que nous nous sentions inférieurs, ils ne nous voient pas comme des humains, nous étions seulement du bois pour faire du feu », rapportera plus tard l'évêque épiscopalien Hilary Garang de Malakal, interrogé le 25 octobre 2012 lors d'un entretien accordé à Djouba. Longtemps isolée sur la scène internationale, la population du Soudan du Sud a tenu bon en large partie grâce à la résilience exceptionnelle de sa population, mais aussi grâce à l'appui de l'ONU (opération Lifeline Sudan depuis 1989) et des réseaux chrétiens. L'Église catholique, par le grand réseau Caritas, et la puissante ONG évangélique Samaritan's Purse ont complété l'effort de secours auprès d'un peuple d'orphelins et de réfugiés, criblé par les atteintes conjuguées de la guerre et de la misère.

L'enjeu de la réconciliation

Depuis son indépendance en 2011, le pays tente de bâtir son avenir et cultive « l'espoir pour une nouvelle nation », titre du Festival d'évangélisation conduit en 2012 par Franklin Graham, les 26 et 27 octobre 2012 à Djouba. 98 000 personnes se sont massées à cette occasion sur l'esplanade du John Garang Memorial Park. Une marée humaine ! Catholiques, protestants, pentecôtistes, tous ont répondu présent. Car dans le Soudan du Sud, les étiquettes confessionnelles comptent souvent moins qu'ailleurs. Face au géant musulman du Nord, que valent les divisions interchrétiennes ? Bien peu en vérité, comme l'illustre le symposium sur le « rôle de l'Église dans l'indépendance du Soudan du Sud », tenu au Nyakuron Cultural Centre et à la cathédrale Sainte-Thérèse de Djouba, des 13 au 16 octobre 2011. Organisé sous l'égide de la Sudan Catholic Bishop's Conference (SCBC), cette rencontre a rassemblé Église catholique et Église épiscopale autour d'un même mot d'ordre : « Une Église à partir de toutes les tribus, langues et peuples[1] ». Un an plus tard, sous l'égide, cette fois-ci, d'un leader protestant, tous les chrétiens interrogés au festival Hope for a New Nation le font savoir : leur étiquette religieuse, c'est le christianisme. Les identités confessionnelles sont dans la grande majorité des cas secondaires, voire négligeables. Conçu comme un événement interconfessionnel, le festival a rassemblé des Sud-Soudanais de tribus et rattachements religieux différents autour d'un même ciment chrétien : l'espérance qu'une foi partagée en Jésus-Christ nettoie les plaies du passé et ouvre une nouvelle page, construisant l'avenir de la nation.

En interrogeant sur place des chrétiens sud-soudanais, trois défis sont ressortis. Adressés aux chrétiens, ils demeurent aujourd'hui d'une brûlante actualité à l'heure où l'État reconnu par l'ONU se heurte à une recrudescence des tensions inter-ethniques.

Le premier défi est celui d'une foi chrétienne qui dépasse les barrières tribales, source de tension et de violence. « Nous avons besoin d'unité » (*we need unity*), nous devons réaliser que nous sommes « un en Jésus » (*one in Jesus*). Un deuxième défi est celui d'une spiritualité ancrée dans l'action sociale quotidienne, au service du développement du pays, dans un contexte où la misère tue tous les jours. « Que Dieu nous donne une foi de reconstructeur » (*May God grant us a rebuilder's faith*). À l'image de projets concrets comme le Holy Trinity Peace Village, situé à Kuron (province de Equatoria), où Mgr Taban (diocèse de Torit) fonde école, centre de santé et coopérative, scolarisant notamment « mille filles originaires de vingt-quatre tribus différentes ». Le troisième est adressé aux chrétiens d'Europe et du monde : ne pas oublier le Soudan du Sud. Comme la guerre intestine enclenchée à la fin de l'année 2013 nous le rappelle, l'indépendance est loin d'avoir tout réglé. Le pays est au bord du précipice !

Car depuis la mi-décembre 2013, les canons tonnent, les réfugiés affluent, les élites fuient, tantôt en Ouganda, tantôt au Kenya.

1. E. Paride Taban, *A Dream Comes True : Holy Trinity Peace Village, Kuron, South Sudan*, *in* John Ashworth (ed.), *One Church from Every Tribe, Tongue and People, Symposium on the Role of the Church in the Independance of South Sudan*, Paulines Publications Africa, 2012, p. 143-147.

Cent jours après le début du conflit fratricide, on dénombrait un million de personnes déplacées ! Cette fois-ci, le coupable principal ne peut plus être pointé en direction de Khartoum (régime islamiste du Soudan du Nord). Les premiers responsables sont sud-soudanais. En majorité des chrétiens.

Les causes immédiates du conflit s'ancrent dans la rivalité entre le président en exercice, Salva Kiir (catholique), rattaché à l'ethnie majoritaire, les Dinka, et son ancien Premier ministre, Riek Machar (protestant), limogé en juillet dernier. Ce dernier est rattaché à l'ethnie nuer, la seconde du pays par ordre d'importance numérique. Lorsque la spirale des rivalités s'est emballée, jusqu'à une tentative d'élimination physique de Machar, à la mi-décembre 2013, les forces centrifuges des allégeances ethniques ont joué à plein régime.

Le conflit politique dégénéra alors en affrontement interethnique. D'un côté, les troupes gouvernementales restées fidèles au président Kiir, contrôlées principalement par la tribu dinka. De l'autre, des rebelles largement puisés dans les rangs de l'ethnie nuer, tribu d'origine de Riek Machar. Entre les deux, des populations civiles martyrisées, et un avenir en miettes. Avec des chrétiens dans les deux camps ! Au fil de l'année 2014, la moitié du pays s'est embrasée, soit cinq États sur dix. Trois semaines seulement après le début des combats, l'International Crisis Group évaluait les pertes à 10 000 tués. Alors que les négociations pour un cessez-le-feu et un règlement politique traînent en longueur à Addis-Abeba, l'étendue des blessures du passé refait surface. Dans un message diffusé à l'occasion de Noël 2013, le président Salva Kiir résumait ainsi la situation : « Les gens sont maintenant pris pour cible en raison de leur affiliation tribale… Cela ne conduira qu'à une chose, c'est de renvoyer cette nouvelle nation au chaos. » Trois hypothèques pèsent aujourd'hui sur l'avenir de ce fragile État à majorité chrétienne[1] et nourrissent ce scénario du chaos dans lequel certains tendent à enfermer le Soudan du Sud.

1. Lire le dossier d'*Afrique contemporaine* (n° 246, 2013) intitulé « Le Sud-Soudan est-il bien armé pour sa survie ? »

État fantôme

L'extrême précarité politique est un premier combustible. Le Soudan du Sud est né d'une indéfectible volonté collective, exprimée lors d'un référendum qui approuva l'indépendance à 98,83 % (janvier 2011). Mais où est l'État ? Acquise le 9 juillet 2011, la souveraineté sud-soudanaise ne peut pas compter sur une infrastructure politique préexistante. Les dirigeants ? D'anciens soldats, miliciens, trafiquants, chefs de guerre. L'administration, la police ? Un personnel formé en urgence, pour l'instant sans expérience. Au fil des échanges avec la population lors d'un séjour sur place en novembre-décembre 2013, deux constats ressortent : « Ils font de leur mieux », mais sont « sans formation » (*untrained*). D'autre part, « tout dépend de la personne à qui l'on a affaire ». Dans un contexte d'État fantôme où le politique est à inventer, c'est le charisme personnel, l'autorité du leader qui supplée au règne de la loi. En d'autres termes, l'absence de culture étatique, héritée de cinquante ans de guerre avec Khartoum, nourrit le féodalisme tribal et le combat des chefs.

Le second aliment du conflit fratricide actuel tient dans la rapacité des intérêts extérieurs. Le Soudan du Sud est un des États les plus pauvres de la planète. Mais son sous-sol contient du pétrole. Beaucoup de pétrole. Chinois, Américains, Français, États du Golfe en convoitent l'exploitation, tandis que le régime de Khartoum (Soudan du Nord) fait payer au prix fort l'acheminement des hydrocarbures via le pipe-line qu'il contrôle, jusqu'à Port-Soudan. En sillonnant les rues de Djouba, cet argent du pétrole est partout, des 4 x 4 rutilants jusqu'aux hôtels à 500 dollars la nuit ! Il nourrit une corruption endémique portée par des élites cleptocrates, et induit trafic d'armes et déstabilisations régionales…

Dans ce contexte, que fait le christianisme ? Au plan scolaire, médical, humanitaire, les Églises constituent, et de loin, la principale force motrice de la jeune société civile sud-soudanaise. Elles administrent des écoles, des dispensaires, des hôpitaux, des centres de réinsertion, des médias (dont Bakhita Radio), et assurent un encadrement de terrain qu'aucun autre réseau ne peut égaler. Les initiatives protestantes, multipolaires, s'appuient souvent sur le relai apporté par l'Église épiscopale (ECS) conduite par son primat, Mgr Daniel Deng Bul Yak. Quant à l'Église catholique, elle porte le consortium Solidarity with South Sudan (SSS), qui regroupe et coordonne l'effort social de 170 congrégations sous le parapluie de la Sudan Catholic Bishop's Conference. Habituées au travail œcuménique, en lien étroit avec la population, au contraire de nombre d'ONG présentes sur place, les Églises ne sont pas à l'abri du népotisme, du favoritisme tribal ou de la compromission. Mais moins touchées que d'autres (milieux politiques et économiques) par les enjeux de pouvoir, porteuses d'un message de salut supratribal, elles s'emploient aujourd'hui à faire taire les armes et s'investissent dans des initiatives de médiation. Elles ne nourrissent pas le conflit, elles le freinent. Mais le ciment d'une foi partagée a-t-il suffisamment « pris » pour faire oublier les fragmentations ?

Le pasteur protestant Jahim Buli Vincent, interrogé fin novembre 2013 à Djouba, résumait ainsi l'enjeu : « L'Église fait un kilomètre de large, mais un centimètre de profondeur »... Une manière de rappeler qu'au défi politique et économique s'ajoute un défi religieux. Lequel ? Le chantier d'une christianisation à poursuivre en profondeur, au-delà des étiquettes superficielles, afin d'aider les Soudanais du Sud à sortir d'un statut de « victimes obligées d'un système sur lequel ils n'ont pas de prise[1] ». Ce qui passe par une mission du quotidien, dans le tissu paroissial et associatif, au service d'une catéchèse restauratrice fondée sur deux axes. Le premier vise à consolider l'espérance partagée sur la base de l'inculcation d'une identité chrétienne méta-ethnique. En somme, faire vivre le mot d'ordre « tous frères et sœurs en Jésus-Christ ». Le second tend à nourrir les ferments de pardon et de réconciliation, au travers de médiations et d'espaces de parole libre, afin de rompre le cercle infernal des vengeances et des rancunes meurtrières. Ce qui renvoie au message du pape François, lu le dimanche 23 mars 2014, signé par le secrétaire d'État, le cardinal Pietro Parolin, et présenté à Djouba par le cardinal Peter Turkson, président du conseil pontifical Justice et

1. R. Chevrillon-Guibert, conclusion d'une étude publiée dans le numéro thématique 246 d'*Afrique contemporaine* (2013/2) consacré au Soudan du Sud, p. 78.

Paix. En célébrant la messe dans la cathédrale de Sainte-Thérèse, dans la capitale sud-soudanaise, ce dernier a appelé, de la part du pape, à promouvoir la « culture de la rencontre », et la capacité à voir en l'autre « non pas un ennemi, mais un frère qu'il faut accepter et avec qui travailler[1] ».

Le chantier est immense, mais s'appuie sur un espoir raisonné : longtemps entravé, discriminé, parfois persécuté, le christianisme sud-soudanais, dans sa variété confessionnelle, a aujourd'hui les coudées franches. Il a survécu au pire. La guérison des blessures héritées du passé prendra du temps, comme en témoignent les conflits internes postindépendance. Mais ce peuple de survivants qui prie désormais librement dans les églises et sous les manguiers chargés de fruits n'a pas renoncé à l'espoir de goûter « au lait et au miel » d'une Terre promise. Dans cette attente résonnent les paroles de cet hymne dinka :

Louons le Seigneur
Louons le Seigneur
Dans les jours de dévastation
Et dans les jours de contentement[2].

Né en 1968, normalien, agrégé d'histoire, Sébastien Fath est chercheur au CNRS depuis 1999 au laboratoire Groupe Sociétés, Religions, Laïcités (GSRL). Ses recherches portent depuis quelques années sur la géopolitique de l'évangélisme, en particulier l'Afrique subsaharienne et la zone de contact évangélisme/islam. C'est dans ce cadre qu'il multiplie les enquêtes de terrain au Soudan.

1. « Le pape appelle le Soudan du Sud à mettre un terme aux violences », dépêche APIC, 23 mars 2014.
2. *Let us praise the Lord / Let us praise the Lord / In the days of devastation / And in the days of contentment* (hymne dinka de Marye Alueel Garang).

Témoignage

« Je suis encore vivante »

Naomi Baki

Son père, haut fonctionnaire, est mort sous la torture. Le reste de la famille a survécu aux raids et aux massacres perpétrés par les combattants islamistes du Nord. Aujourd'hui réfugiée en France, Naomi Baki en est convaincue, le régime de Khartoum voulait la mort de tous les chrétiens.

De mon pays d'origine, le Soudan du Sud, il me reste d'abord mon nom et ma mémoire heureuse d'enfant, et les mots de notre langue tribale, le kreish gbaya dont les sonorités me hantent parfois. Heureusement il me reste aussi l'anglais, notre langue officielle, et la religion de mes parents, de fervents chrétiens. Je n'avais que six ans quand la guerre civile a détruit ma famille avec toutes les valeurs qui me construisaient, une guerre civile qui visait à l'islamisation radicale du Soudan tout entier. C'était en 1991, ou 1992 peut-être, je ne sais plus exactement en quelle année la terreur m'a frappée. Les chrétiens devaient disparaître, et de ceci je suis certaine. Mon père fut emprisonné et rapidement le pouvoir islamique nous a dépouillés de nos biens.

Je m'appelle Naomi Baki, je n'ai pas encore trente ans, et depuis le mois de février 2011, je me reconstruis en France, à Soissons, avec ma fille de treize ans. Je suis à nouveau libre de pratiquer la religion de mon choix, je suis heureuse de me sentir et de pouvoir me dire publiquement chrétienne. Pour moi cette liberté a un sens qui va bien au-delà de ma foi, elle me permet de retrouver une continuité avec mon histoire d'origine sud-soudanaise, avec l'enseignement de mes parents. Cette liberté me réjouit, elle me fortifie dans ma vie quotidienne, et m'aide à élever ma fille dans une religion qui est désormais la sienne.

Dans mon errance qui a duré dix ans à partir d'octobre 1999 – j'avais à peine quatorze ans, quand je me suis enfuie définitivement –, ma foi en Dieu m'animait et me guidait secrètement avec ses hauts et ses bas, ma foi demeurait inséparable des paroles de mes parents, et de cette église que je revoyais située jadis à deux pas de notre maison de Raja, cette petite église où mon père, le catholique militant, haut fonctionnaire de l'Éducation, se rendait tous les matins à six heures, avant de partir au travail. Heureusement qu'il me restait cette mémoire, je pense qu'elle m'a sauvée en me conduisant vers cette foi en Dieu dont mon père, mais également ma mère nous parlaient.

Car souvent je sombrais dans un dénuement extrême, je me sentais abandonnée par Dieu, et par le désir de continuer à vivre. Je n'étais plus que l'esclave d'un Congolais abject qui m'avait d'abord aimablement secourue dans ma fuite, pour ensuite me violer et me battre, et me contraindre à une conversion à l'islam, une conversion qu'il vendait dans les mosquées et les souks du Soudan du Nord, avant de m'entraîner ailleurs, dans sa quête de fuyard mercantile. Plus tard, en Grèce, j'en étais débarrassée, mais en Grèce je ne valais pas mieux, là aussi on me considérait comme une femelle noire tout juste bonne à satisfaire les pulsions des hommes. J'ai ainsi erré de Khartoum à l'Arabie saoudite, puis au Yémen, puis en Syrie, et donc finalement en Grèce, privée de tous mes droits en tant que citoyenne et chrétienne. En Grèce non plus, en tant que catholique, on ne me reconnaissait pas comme chrétienne. J'avais d'abord quinze ans, puis seize, puis dix-sept, et déjà une toute petite fille dans les bras, une petite fille que j'aimais, la seule famille qu'il me restait. Elle était née du Congolais qui à sa naissance avait pris la fuite et c'était mieux ainsi. Mais comment poursuivre notre vie à toutes les deux ? Régulièrement je sombrais dans le vide.

Et tout à coup une lumière scintillait dans ma tête, un espoir immense, une sorte de miracle. J'avais à nouveau cinq ans à Raja, la ville de notre grande famille, et la voix de mon père résonnait à mon oreille. Mon père nous répétait haut et fort que nous étions anglophones et catholiques, nous ne devions pas parler l'arabe à la maison, nous ne devions jamais accepter d'être convertis à l'islam. John Garang se battait pour la liberté religieuse, culturelle, politique, dans le Soudan du Sud, répétait-il. Le général el-Béchir voulait nous assujettir au gouvernement général de Khartoum, il voulait islamiser l'ensemble du Soudan par les bombes, il ne fallait pas le laisser faire, hurlait mon père subitement. Dans ma détresse j'entendais à nouveau tout cela, et la colère de mon père, une colère vivifiante. À cinq ans, je ne comprenais pas encore pourquoi il s'énervait ainsi contre l'islam. À l'école je jouais avec des camarades musulmans, je parlais l'arabe avec eux, nous étions heureux ensemble. Je n'ai compris que deux ans plus tard, quand la guerre a éclaté et que mon père emprisonné, parce qu'il était catholique militant, mourait sous la torture, et que des miliciens islamisés par des procédés abjects, des gens ordinaires de notre quotidien d'autrefois, nous menaçaient de ne pas nous convertir à l'islam comme eux.

Notre maison aussi surgissait dans mes yeux, notre grande maison de Raja que je savais désormais perdue pour toujours, confisquée par les autorités musulmanes. Mais je me voyais encore dans ma chambre, je regardais le clocher de l'église et tout à coup, les cloches se mettaient à sonner, c'était l'heure de la messe. Je descendais vite dans la cour. Ma sœur Lily et mes deux frères Joshua et Justin se racontaient des histoires de mauvais esprits en gbaya, je les entendais à nouveau, comme si j'y étais, comme s'ils se trouvaient à mes côtés. Ces histoires me terrifiaient. Nous devions aller à la messe, ma mère n'allait pas tarder à nous appeler et en attendant je regardais les arbres en fleurs ou couverts de fruits. Cette cour intérieure représentait en miniature notre ferme de Mbelugu située à quelques kilomètres de Raja, cette ferme dans laquelle nous passions des vacances merveilleuses avec notre mère et le personnel issu de la tribu dinka. Mon père y venait rarement, je savais qu'il travaillait beaucoup dans l'espoir de rendre meilleure la situation générale du pays. Il voulait rendre l'eau potable pour tous, répétait-il, et permettre à tous les enfants de bénéficier de l'enseignement à l'école, et défendre la liberté de langue et de religion pour chacun. J'admirais son énergie, sa volonté inébranlable. Mais dans l'exil, à l'instant de mon rêve, nous étions à Raja. Je me souvenais alors des vingt-quatre manguiers et des dix-huit goyaviers qui étaient plantés dans la cour depuis fort longtemps, disait-on, et aussi des patates douces que ma mère y cultivait chaque année. À Raja c'était là que nous, les enfants, aimions être, et, quand les arbres étaient en fleurs ou couverts de fruits, ce qui se produisait, je crois, plusieurs fois par an, l'endroit me paraissait enchanté. J'étais la plus jeune des douze enfants et déjà je rêvais beaucoup. Ma mère surgissait alors, j'entendais sa voix, elle me prenait par la main et nous nous rendions ensemble à l'église, puisque c'était dimanche et que nous devions assister à la messe.

La messe du dimanche était une fête, égale aux activités que le père Polacchini organisait avec les enfants chrétiens. J'avais cinq ans et j'y participais. Il y avait le théâtre et la chorale. Les autres enfants de la petite troupe m'appelaient « *akîr laban* », puisque j'étais la plus jeune. « *Akîr laban* » veut dire « dernier lait » en arabe, autrement dit « dernière-née ». Nous vivions encore en paix, et entre nous la langue arabe se glissait spontanément dans l'anglais, nous n'avions pas conscience des conflits qui se tramaient en haut lieu. Comment de tels conflits pouvaient-ils nous atteindre ? Nous étions simplement bien ensemble, nous préparions Noël.

Dans mon souvenir cette fête était colossale, à la mesure de la joie qu'elle me procurait dans ma détresse d'errante. Au moins deux mois avant Noël, tous les chrétiens de Raja venaient déposer du bois dans le terrain vague qui bordait l'église, il y avait d'abord un tas qui s'étalait loin en largeur sur le sol et je savais ainsi que Noël approchait. Peu à peu le tas gagnait en hauteur et il prenait la forme d'une pyramide qui me paraissait atteindre Dieu. De fait, le 24 décembre, la pyramide s'élevait haut vers le ciel et des adultes dissimulaient un grand nombre de pétards dans les interstices du bois. Quelques minutes après minuit, nous sortions de l'église et nous nous rassemblions tous autour de ce qui ressemblait finalement à un arbre magique. Il ne faisait jamais très chaud à cette époque et nous attendions avec impatience que l'arbre nous réchauffe. Nous n'attendions pas longtemps. En quelques secondes, le bois s'embrasait et les pétards explosaient, déployant des milliers de flammes et d'étincelles vers les cieux. Les étincelles rejoignaient peu à peu les étoiles, ou les étoiles descendaient vers nous et dans mes yeux étincelles et étoiles s'entremêlaient. Nous poussions des cris de joie dans la nuée céleste qui nous enveloppait. Le spectacle ne finissait qu'avec la levée du jour, paraît-il, car nous, les petits, nous finissions par tomber de fatigue. Auparavant nous avions interprété nos rôles respectifs dans de courtes pièces de théâtre qui mettaient en scène la nativité. J'étais très petite et je n'ai plus la moindre idée de ce que je devais dire. Je ne vois plus les visages des autres enfants qui se trouvaient sur la scène avec moi, je ne me rappelle plus un seul prénom. Je me rappelle par contre que nous devions apprendre par cœur des phrases que nous échangions entre nous devant nos familles et tous les chrétiens de Raja, qui représentaient le public. Il y avait aussi beaucoup de chants, puisque la nuit de Noël était inséparable des chants, et les enfants y prêtaient leur voix, c'était l'apothéose d'un long travail qui nous enseignait l'amour entre les humains. Tout ceci s'était évidemment produit avant mes six ans, puisque nous vivions encore en paix.

Mais désormais j'étais loin, dans un lieu quelconque qui n'avait aucun sens pour moi. Je cherchais Dieu et je ne le trouvais pas. Heureusement j'avais ma fille, mais ma fille qui grandissait portée par la religion orthodoxe, ne rentrerait jamais dans notre petite église de Raja, elle ne connaîtrait jamais mes frères et sœurs, elle ne jouirait jamais du paradis terrestre qu'était Mbelugu, notre ferme située à une heure de marche de Raja. Avec Joshua, Justin et Lily, nous courions là après les singes qui paraissaient jouer avec nous, nous admirions la dignité des girafes, nous étions éblouis par la rapidité gracieuse des antilopes et des impalas… À Mbelugu, nous vivions près de la nature et nous ne la redoutions pas. Nous respections la multiplicité de ses formes d'expression.

Et c'était aussi un lieu de production, il y avait du bois de teck, des noix, des arachides, du manioc, de l'osier, du sésame, du bamia, des citrouilles, des concombres, des pastèques, et j'en oublie énormément… Le personnel appartenait à l'ethnie dinka, sans doute l'ethnie la plus importante du Soudan du Sud. On disait que les Dinka faisaient partie des communautés nilotiques, de même que les Shilluk, les Murle et les Nuer, parce qu'ils s'étaient pour la plupart installés sur les terres les plus fertiles, au bord et aux alentours du Nil Blanc. Quelques-uns s'étaient déplacés jusqu'à Raja, donc vers l'ouest du Soudan du Sud, et je pense qu'ils soutenaient les actions de mon père, puisqu'ils constituaient le personnel employé pour les travaux de la ferme.

Nous nous entendions très bien avec eux. Je ne savais pas quelle était leur religion, certains demeuraient peut-être animistes. Ceux de Mbelugu n'étaient à l'évidence pas musulmans. Toujours est-il que les Dinka firent partie des premiers massacrés de la guerre civile. Je l'ai vu de mes yeux dans les rues de Raja, mes yeux d'enfant ont subi tant de massacres, et mes oreilles aussi. J'avais donc entre six et sept ans, quand ma vie a basculé dans la terreur. Nous perdions la liberté de choisir la religion qui nous constituait en tant qu'êtres humains, ou nous devions périr. C'était ainsi que je le percevais dans mon extrême jeunesse.

Tétanisée par la peur

En 1992 j'allais avoir sept ans. Mon père a été arrêté dans son bureau du ministère de l'Éducation par Peter Ellis, un homme qui travaillait pour le « Istikh Barat », le service de renseignement frontalier. Ce dernier était lui-même dirigé par Kiddir, un officier de l'armée du gouvernement du Nord, autrement dit par un chef musulman qui connaissait parfaitement les engagements politiques et religieux de mon père, ainsi que sa détermination à militer contre la volonté de soumission du Soudan du Sud au gouvernement de Khartoum. Certains noms se sont imprimés dans mon cerveau.

Pendant quatre ans mon père a été torturé, il a refusé de parler, il a refusé de se soumettre. Dans un premier temps, ma mère devait venir le nourrir et souvent je l'accompagnais. Il nous disait qu'on le frappait plusieurs fois par jour. Puis on lui a arraché les ongles, on l'a suspendu à une poutre. Peu à peu il devenait paralysé des bras et des jambes, puis il ne pouvait plus parler, il nous répondait par de vagues mouvements de la tête. Ma mère lui parlait en lui donnant à manger, je me tenais debout à côté d'elle, je demeurais tétanisée. Cette vision ne me sortira sans doute jamais de la tête. Les tortionnaires cherchaient à nous faire peur, à nous soumettre par la menace.

Je ne sais pas combien de temps mon père a passé dans la prison de Raja, trois ou quatre ans peut-être. Puis on a appris qu'il avait été transporté à la prison de Khartoum où vivait à l'époque ma grande sœur Angelina. Ma sœur a su qu'il était très malade, elle a obtenu qu'il soit transporté dans un hôpital, certainement parce que ses bourreaux savaient qu'il allait mourir, ce qui s'est effectivement produit quelques jours plus tard. C'était en 1996.

Pendant ces années de torture et de guerre, la vie devenait de plus en plus misérable et angoissante pour tout le monde. Dans la rue, dans notre maison, nous étions régulièrement contrôlés, harcelés par les milices prédatrices, les unes travaillant plutôt pour Khartoum (gouvernement el-Béchir), les autres plutôt pour le gouvernement SPLA (Forces du Soudan du Sud). Notre famille en tant que catholique était bien sûr exposée aux exactions du gouvernement el-Béchir, mais un immense désordre dans le mouvement permanent des forces en présence et une méfiance à la mesure de ce désordre provoquaient le plus souvent une confusion inquiétante dans nos esprits, si bien que partout le pire pour chacun menaçait de tous les côtés. Jour et nuit des soldats pénétraient également par effraction dans la maison et ils la mettaient à sac, d'abord pour chercher des documents qui prouveraient les activités politiques de mon père, et par la suite pour nous soumettre à leur pouvoir. Nous ne trouvions un peu de paix que dans l'église. Le père Polacchini avait quitté Raja, mais des prêtres italiens le remplaçaient, ils faisaient ce qu'ils pouvaient pour nous apaiser, ils nous donnaient aussi un peu d'argent, car nous n'avions plus rien, l'armée islamique avait confisqué tous nos biens et nous souffrions de la faim. La Croix-Rouge aussi nous procurait quelques vivres. Et nous habitions désormais dans une maison minuscule au nord-ouest de Raja, une zone encore relativement libre.

Ma mère faisait preuve de dignité, sans la moindre provocation contre toutes les tentatives d'intimidation envers les catholiques que nous demeurions intimement. Le comportement de ma mère a certainement forgé le caractère dont il m'a fallu faire preuve par la suite. Je m'endormais blottie contre elle toutes les nuits, car les nuits étaient encore plus terrifiantes que les jours. Des miliciens domptés parcouraient les rues de la ville en poussant leurs cris de guerre stridents. Les scènes auxquelles j'avais assisté dans la journée ne me sortaient plus de la tête. J'imaginais que des miliciens pénétraient dans la chambre et qu'ils obligeaient ma mère à me tuer avant de la tuer à son tour. J'avais assisté en vrai à de telles scènes. Ou bien je revoyais un milicien aux yeux injectés de sang, il devait être imbibé de plantes hallucinogènes, et, devant moi, dans la rue, il sortait une oreille humaine d'une de ses poches et il la mangeait. Je savais que leurs pratiques sanguinaires les poussaient à découper leurs victimes jour après jour, ils découpaient un morceau du corps chaque jour, d'abord une oreille, puis l'autre, puis le nez, puis un bras... Ils finissaient par le cœur qui leur servait ensuite de trophée desséché, porté autour du cou en médaillon. Souvent les rues étaient jonchées de cadavres, des hommes, des femmes, des enfants... Et je me répétais nuit et jour : « Merci, mon Dieu, je suis encore vivante ! »

Et les raids meurtriers se multipliaient. Ces raids nous obligeaient à nous cacher pendant quelques jours dans la forêt ou dans l'église. Ensuite, nous revenions chez nous de plus en plus ébranlés. Quand c'était possible, j'allais à l'école. En chemin des gens m'insultaient, lorsque je ne portais pas de foulard. À l'école, celle que dirigeait jadis mon père au sud-ouest de la ville, mais dont la direction était devenue musulmane, les professeurs me traitaient fort mal, ils m'injuriaient, parce qu'ils connaissaient les engagements de mon père, ils m'injuriaient, parce que je n'étais pas musulmane, ils me poussaient à le devenir. Mes camarades de classe aussi se moquaient de moi, ils étaient pour la plupart musulmans, ils me traitaient d'arriérée. Les filles me harcelaient également, parce que je n'étais pas excisée, elles pensaient toutes que je n'étais pas normale, elles affirmaient que je n'étais pas « finie » et que je ne deviendrais jamais une femme. Je devais être la seule à ne pas l'être, car quelques filles que je savais catholiques approuvaient les opinions des musulmanes, elles me répétaient que l'excision était une tradition de notre pays et que nous devions respecter la tradition. De plus, j'étais la seule à aller à la messe le dimanche, du moins quand c'était possible. Mes amies catholiques ne s'y rendaient jamais. Tout le monde, ou presque, proclamait finalement que l'islam était la religion de l'avenir, la religion la plus moderne, et que l'excision des filles, c'était moderne...

On était en octobre 1999, j'allais avoir quatorze ans quelques jours plus tard. J'étais assise sur les bancs de l'école avec mes camarades. Dehors, il pleuvait un peu. Tout à coup, nous avons vu et entendu des masses de gens courir dans la rue en hurlant. Des tirs et des explosions se rapprochaient. Nous sommes tous sortis du collège dans la bousculade et comme d'habitude, nous nous sommes enfuis avec la foule vers la forêt. J'ai finalement suivi un groupe d'inconnus qui ne voulaient plus vivre ça. J'étais persuadée que ma mère était morte sous les bombes et moi non plus je ne voulais plus revenir en arrière, je ne voulais plus vivre ça. Avec les autres, j'ai d'abord marché en silence pendant dix jours dans une immense forêt. Puis mon errance a duré dix ans avant mon arrivée en France.

À Soissons et dans la région de Soissons, un grand nombre de personnes m'ont aidée et m'aident encore à reconstruire ma vie avec ma fille. J'y ai de vrais amis et ma foi en Dieu m'emplit d'une joie aimante, positive. J'ai trouvé ma place dans la communauté évangélique.

Mais je pense souvent à mes frères et sœurs avec lesquels j'ai désormais peu de relation, je suis devenue une étrangère pour eux. Il m'arrive de parler avec mon frère Justin au téléphone, lui non plus n'a pas de relation avec les autres. Justin me dit qu'ils continuent tous de subir les violences d'une guerre menaçante malgré l'indépendance du Soudan du Sud qui est devenue effective à partir du 9 juillet 2011. Il se tient prêt à quitter le pays définitivement, si la guerre recommence vraiment. De mon côté, je me tiens au courant de ce qui s'y passe et je m'inquiète pour eux. Il me semble que les progrès politiques, sociaux, religieux et économiques pour lesquels mon père se battait farouchement ne sont pas près d'aboutir. Je sais que ce pays dispose pourtant d'un grand potentiel de richesse et de croissance, mais le tissu social est d'une complexité qui va aujourd'hui bien au-delà d'une menace d'islamisation radicale par le gouvernement de Khartoum. Le Soudan du Sud est riche, notamment en pétrole, source de bien des convoitises. Il y a surtout un grand nombre de tribus et de l'intolérance, et même de la haine, entre certaines d'entre elles. Je ne suis plus certaine que les Dinka soient aussi pacifiques que je le pensais jadis, et les Nuer non plus… Et finalement, du fait des rivalités tribales, meurtrières, aucun gouvernement ne semble pouvoir imposer des bases solides pour une construction positive. Aucun gouvernement ne lutte contre l'illettrisme qui touche une grande partie de la population. Les pauvres, qui ne peuvent pas envoyer leurs enfants à l'école, en sont les premières victimes, et des pauvres il y en a énormément. Les discriminations sur les lieux de travail, dans les entreprises, et même dans les églises, ne manquent pas. Aujourd'hui encore on tue des innocents, on détruit des orphelinats, des enfants à l'abandon s'écroulent dans les rues. La violence règne partout, il n'y a pas d'amour, beaucoup d'indifférence ou de haine.

Je pense que le christianisme peut apporter du bien à ce pays déchiré. Les chrétiens peuvent aider les tribus à se parler entre elles, à s'écouter, à mieux collaborer, et à se pardonner les exactions passées. Ils peuvent les aider à pardonner aux musulmans du Soudan du Nord qui n'ont pas tous voulu le mal pour les Soudanais du Sud.

Témoignage recueilli par Marie Taurand

Germaniste de formation, **Marie Taurand** a pris en charge pendant vingt ans des élèves en grande difficulté scolaire. Devenue psychanalyste, elle a rencontré Naomi Baki, jeune femme sud-soudanaise et chrétienne, et a cherché avec elle les mots qui pouvaient refléter au mieux son effrayante histoire. Elle en a écrit le récit publié aux Éditions du Cerf en septembre 2013, *Je suis encore vivante. Dix ans d'errance du Soudan à l'Europe*.

Centrafrique / République démocratique du Congo
Chronique d'un chaos annoncé

La Centrafrique et la République démocratique du Congo (RDC) se situent sur la ceinture subsaharienne, aujourd'hui l'une des régions les plus instables au monde. Majoritairement peuplée de chrétiens, la Centrafrique sombre depuis 2013 dans une guerre civile qui a pris les traits d'un affrontement religieux. Quant au géant voisin, son sous-sol gorgé de richesses minières en fait la proie des guérillas et d'une armée corrompue, sous l'œil impuissant des forces de l'ONU.

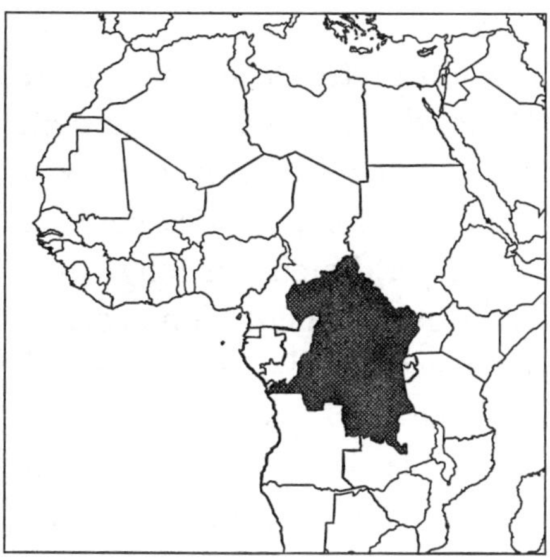

❑ **RÉPUBLIQUE CENTRAFRICAINE**

■ Population = 4 505 945

■ **Chrétiens = 66 %**
Musulmans = 14,7 %
Aministes = 18,4 %
Autres = 0,9 %

❑ **RDC**

■ Population = 67 827 495

■ **Chrétiens = 66 %**
Aministes = 14,7 %
Musulmans = 18,7 %
Autres = 0,9 %

Analyse

Centrafrique : la coexistence déchirée

Angelo Romano

Massacres, pillages, profanations d'églises... Les rebelles musulmans de la Seleka, qui soutenaient le président Djotodia, s'en sont pris sans discontinuer aux chrétiens de la Centrafrique de mars à décembre 2013. Depuis, les « anti-balaka », une milice d'autodéfense souvent assimilée aux chrétiens, se sont retournés contre la minorité musulmane. Médiateur en Centrafrique, l'historien Angelo Romano retrace cette généalogie du chaos.

« Centrafrique : au moins quinze morts dans l'attaque d'une église à Bangui », annonçaient les agences de presse le 29 mai 2014. L'attaque a causé la mort de plusieurs chrétiens qui s'étaient réfugiés dans ce bâtiment consacré. Parmi eux, un prêtre de soixante-seize ans. Précédemment, c'étaient au contraire des mosquées qui avaient été détruites, faisant d'autres victimes[1]. Pour quelle raison ce pays est-il devenu le théâtre d'une telle violence à l'égard des lieux de culte ? Est-il possible de parler de conflit à dimension religieuse ? Comment ce pays qui témoignait traditionnellement d'une coexistence pacifique entre chrétiens et musulmans a-t-il pu en arriver là ? Si la situation centrafricaine était marquée voici quelques mois par des violences constantes prenant pour cible des chrétiens et leurs lieux de culte, il est aujourd'hui facile de trouver dans les médias toutes sortes d'articles évoquant l'assassinat de musulmans par des milices « chrétiennes ». Pour comprendre ce qui se passe actuelle-

1. Témoignage de G.C. à l'auteur, juin 2014.

ment en Centrafrique et saisir ce que vivent les chrétiens dans ce pays, il est nécessaire de faire un bref *excursus* historique qui donnera au lecteur les clés de compréhension d'une situation qui, comme toujours, présente un degré élevé de complexité[1].

Un pays refuge

La Centrafrique occupe un périmètre dont il est difficile d'évoquer le passé précolonial. C'est dans cette zone que se repliaient des populations en provenance du Soudan, tout proche, et du Darfour qui fuyaient les raids lancés par les caravanes des esclavagistes à la recherche de victimes à acheminer jusqu'aux ports de la mer Rouge. Dès cette époque, le sango, la langue véhiculaire qui unit les nombreuses ethnies présentes sur le territoire, constitue la trace significative d'une coexistence entre des populations d'origines variées et ce, bien avant la conquête européenne.

La conquête puis l'administration française de la colonie de l'Oubangui-Chari (tel est son premier nom) répondent à la logique purement stratégique de l'expansion coloniale – une expansion qui, en se déplaçant d'ouest en est, finit par se heurter à celle de la Grande-Bretagne près du village de Fachoda, au Soudan. La Centrafrique semble cependant avoir perdu son importance stratégique peu après sa conquête. La difficulté à gérer un territoire aussi enclavé et aussi problématique fait du pays guère mieux qu'un réservoir de main-d'œuvre et de matières premières. Une fois les infrastructures construites, le pays, qui fait l'objet de peu d'investissements, reste longtemps aux mains des compagnies privées d'exploitation du caoutchouc dont le fonctionnement, brutal et semi-esclavagiste, entraîne une grande révolte en 1929.

Malgré tout, le rapport qu'entretient la Centrafrique avec les colonisateurs n'est pas entièrement conflictuel : lors de la Première Guerre mondiale, ses militaires participent à l'effort de guerre de la mère patrie, même s'ils demeurent dans l'ombre des tirailleurs sénégalais. Cet engagement se renouvelle durant le second conflit

1. Y. Zoctizoum, *Histoire de la Centrafrique*, L'Harmattan, 1983 ; P. Kalck, *Histoire centrafricaine : des origines à 1966*, L'Harmattan, 1992 ; B. Simiti, *De l'Oubangui-Chari à la République centrafricaine indépendante*, L'Harmattan, 2013.

mondial pendant lequel la Centrafrique adhère à la France libre du général de Gaulle aux côtés du Congo et du Gabon. L'évangélisation du pays, amorcée essentiellement juste après la conquête, vers 1890, fait naître lentement un réseau de communautés locales – une lenteur due aux conditions d'un pays où les communications sont presque impossibles. Dans le second après-guerre, des communautés chrétiennes (qu'elles soient catholiques ou protestantes) finissent par se développer dans tout le pays. Aujourd'hui, la Centrafrique est un pays à majorité chrétienne, avec une minorité musulmane qui représente environ 10 % de la population.

Un supérieur, trois présidents mais aucun État

Peut-on parler de la Centrafrique comme d'un État raté ? Certes, les classements qui tentent d'évaluer cette condition la font souvent figurer dans les premières places[1]. En parcourant son histoire, il serait cependant plus correct de parler d'un État qui n'a pas encore connu de fondation proprement dite. De fait, la situation centrafricaine témoigne d'une discussion permanente des fondements juridiques de l'État moins du point de vue territorial que de celui du pacte social à la base du système légal et gouvernemental.

Et pourtant, les prémices de la Centrafrique au seuil de son indépendance ne semblaient pas si négatives. Le père fondateur du pays est une figure méconnue mais fascinante : Barthélemy Boganda, un ancien prêtre, député à l'Assemblée nationale française, visionnaire, est considéré encore aujourd'hui comme une référence dès lors qu'on évoque la nation ou son identité. Bien que différents membres de sa famille aient été victimes des violences aveugles liées à l'exploitation coloniale, Boganda fut un modéré désireux de garder un rôle constructif avec la France et ce, même après l'indépendance[2].

C'est Boganda qui imagine le drapeau centrafricain dont la dimension symbolique est hautement significative : les quatre bandes horizontales (représentant respectivement le bleu de la mer

1. A. Cattaruzza, *Atlas des guerres et conflits*, Éditions Autrement, 2014, p. 40-41.
2. Voir notamment P. Kalck, *Barthélemy Boganda*, Éditions Sépia, 1995 ; J.-D. Pénel (dir.), *Barthélemy Boganda. Écrits et discours. 1946-1951 : la Lutte décisive*, L'Harmattan, 1997.

du Congo, le blanc du coton du Mali, le vert des forêts du Gabon et l'or des minerais de Centrafrique) sont unies par une bande verticale rouge – le sang des martyrs de l'indépendance. Pour Boganda, c'est un rapport constructif et pacifique qui doit relier son pays à ses voisins : aucun futur n'est possible pour la Centrafrique sans une relation fructueuse avec les pays limitrophes, semble-t-il dire.

Reste que Boganda est peu compris en France et en Afrique. Ses tentatives d'union régionale (censée donner naissance à l'Afrique équatoriale en compagnie du Tchad, du Congo et du Gabon), comme son projet visionnaire et ambitieux d'union de l'Afrique latine (qui aurait dû rapprocher l'Afrique équatoriale de nations comme l'Angola, le Congo belge, le Cameroun et le Ruanda-Urundi), restèrent lettre morte. L'Afrique indépendante adopte une autre voie : elle bâtit des États-nations aux économies fragiles, aux frontières problématiques, à un avenir incertain. Les perspectives d'union régionale sont renvoyées à un futur qui reste à définir. Boganda meurt à la veille de l'indépendance dans un accident d'avion qui fait naître bien des soupçons. Le pays, à l'équilibre déjà précaire, perd son seul vrai leader charismatique et reconnu, laissant inachevée l'œuvre de fondation dans sa phase la plus délicate. Boganda est remplacé par un membre de sa famille, David Dacko, renversé en 1965 par un autre parent éloigné, Jean-Bedel Bokassa.

Bokassa est resté célèbre dans l'imaginaire occidental comme le prototype du tyran africain, à travers notamment la cérémonie qui le couronna empereur en 1976. L'histoire est en réalité autrement plus complexe. Après avoir servi comme capitaine dans l'armée française lors de la Seconde Guerre mondiale puis en Indochine, Bokassa gouverne la Centrafrique pendant quatorze ans en étroite collaboration avec le système de gestion postcoloniale de l'Élysée, la fameuse « Françafrique » de Jacques Foccart[1]. Bokassa commence par prendre plusieurs initiatives d'une certaine importance : « C'était un criminel mais c'est le seul président qui ait construit quelques infrastructures en Centrafrique », affirment aujourd'hui nombre de ses compatriotes. Reste qu'au lieu de se préoccuper du *nation*

1. J. Foccart, P. Gaillard, *Foccart parle. Entretiens avec Philippe Gaillard*, Fayard, « Jeune Afrique », 2 volumes, 1995-1997.

building, des bases institutionnelles de la nation, il concentre progressivement ses énergies et les ressources du pays dans la construction d'un système de pouvoir qui ressemble davantage à une cour traditionnelle africaine qu'à un État de droit moderne[1].

Il n'empêche : afin d'obtenir un soutien toujours plus important, Bokassa fait montre d'une certaine habileté dans sa façon de gérer sa relation avec la France, lui promettant une collaboration stable pour mieux la menacer de s'adresser à d'autres partenaires internationaux comme l'Union soviétique ou la Libye révolutionnaire de Kadhafi. Paradoxalement, c'est le fait même de vouloir afficher sa proximité politique et culturelle avec la France qui causera sa perte. La cérémonie de son couronnement, entièrement calquée sur le modèle napoléonien, voudrait représenter, dans l'esprit du président africain, l'apothéose de ses relations avec Paris. C'est pourtant l'inverse qui se produit : pour la première fois, la Centrafrique « fait la une ». Sous les yeux des nombreux journalistes venus sur place, c'est le pays tout entier qui devient l'image caricaturale d'une Afrique francophone néocoloniale avec son cortège d'images incongrues – des carrosses tirés par des chevaux arrivés de Normandie qui s'écroulent d'épuisement aux couronnes serties de diamants (un comble dans l'un des pays les plus pauvres du monde !) en passant par les trônes dorés et les manteaux d'hermine (une absurdité vue la chaleur étouffante[2]). Le choix aberrant du président de Centrafrique porte un coup terrible au pays. En un sens, il amènera les autorités françaises à se libérer de cet allié plus encombrant qu'autre chose. Sans ménagement, Bokassa est destitué par une opération militaire menée par Paris et remplacé par son prédécesseur, David Dacko, en 1979.

En réalité, la Centrafrique est jusqu'à la moitié des années 1990 une semicolonie cruciale (à cause de ses mines d'uranium et de diamants), mais suivie avec attention et inquiétude par le pouvoir politique français qui craint surtout de s'exposer à de mauvaises surprises. Une forte présence militaire française – stratégique dans cette région – garantira la maîtrise et la stabilité du territoire, tandis que les derniers

1. Voir E. Germain, *La Centrafrique et Bokassa (1965-1979)*, L'Harmattan, 2001.

2. Voir à ce sujet l'excellent documentaire de J. Gaurichon et S. Viallet, *1977. Le Couronnement de l'empereur Bokassa Ier*, 2012. Initialement diffusé sur *Arte*, il est aujourd'hui disponible sur Internet.

mécanismes de la Françafrique se maintiendront jusqu'à la moitié des années 1990. Après 1989 et l'effondrement du bloc communiste, François Mitterrand choisit de conditionner les aides économiques et militaires accordées aux anciennes colonies françaises à l'adoption de véritables normes démocratiques, précédemment ignorées dans la logique des alignements lors de la guerre froide. Peu de pays sont préparés à cette éventualité. Après la catastrophe rwandaise, le calendrier du désengagement s'accélère sous le mandat de Jacques Chirac. Celui-ci se traduit en Centrafrique par la fermeture de la grande base militaire de Bouar qui fut, pendant de nombreuses années, la seule vraie présence à même de garantir un certain contrôle du territoire et des frontières. Autant dire un gage de sécurité vis-à-vis de voisins problématiques comme le Tchad ou le Soudan fondamentaliste de Hassan al-Tourabi.

Dacko, Bokassa, de nouveau Dacko puis Kolingba : après trois coups d'État et quatre mandats présidentiels en l'espace d'à peine trente ans d'indépendance, c'est en 1993 que la Centrafrique s'ouvre à la démocratie en élisant librement, pour la première fois de son histoire, son président, en la personne d'Ange-Félix Patassé. Mais très vite, des tensions et des tentatives de renversement armé se multiplient jusqu'à l'énième coup d'État lancé par François Bozizé en 2003.

L'élément ethnico-régional joue lui aussi un rôle dans l'élaboration de cette histoire compliquée. Jusqu'en 1993, le pays est en effet gouverné par des présidents appartenant aux « peuples du fleuve » – c'est-à-dire aux ethnies situées le long de la rive du fleuve – puis, de 1993 à 2003, à l'ethnie des Sara. De 2003 à 2013, le pouvoir est détenu par les Gbaya, concentrés dans les zones de savane à l'ouest du pays, puis aux Runda et aux Goula du nord-est lors du coup d'État de la coalition appelée Seleka. Presque tous les présidents (dans des proportions différentes, cependant) s'assurent au cours de leur mandat que leur région d'origine soit largement représentée dans l'armée et dans le système bureaucratique.

Les tentatives de construction d'un système démocratique, survenues sous la présidence de Patassé, sont réduites à néant par l'accession au pouvoir de Bozizé en 2003. Son mandat est pourtant loin d'être une sinécure : en 2004 éclate une énième rébellion interne qui se concentre au fur et à mesure dans le nord du pays, majoritairement musulman. Bozizé joue la carte religieuse pour souder la population contre ses opposants armés. Il commence alors à parler de ses ennemis comme de musulmans étrangers au pays et accuse, plus largement, les communautés musulmanes de complicité avec les rebelles venus de l'extérieur. Bien que les chefs des Églises chrétiennes dénoncent ce langage, le poison de la haine commence lentement à ébranler la coexistence religieuse centrafricaine.

La bande du Sahel en mouvement

En réalité, la Centrafrique voit son existence menacée par un contexte régional inquiétant. Plusieurs fois, au cours de la dernière décennie, les pays de la bande du Sahel ont connu des tensions engendrées par un mouvement qui, en se déplaçant d'est en ouest, tendit à remettre en cause les équilibres et la stabilité de la région. Le principal foyer d'instabilité et de redéfinition des équilibres régionaux fut le conflit au Darfour, qui s'amorce en février 2003[1]. Au Soudan, à l'approche de la paix entre le gouvernement de Khartoum et les rebelles du SPLA[2] menés par John Garang, les innombrables groupes terroristes en compétition au sein de cet immense territoire entrent en ébullition. Le Darfour voit aussitôt naître un mouvement indépendantiste évidemment vu d'un très bon œil par le SPLA qui subit immédiatement une réaction militaire foudroyante de la part des autorités de Khartoum.

La mort de Garang au mois de juillet 2005 prive les rebelles du Darfour d'un appui important. De nouveaux acteurs peuvent maintenant entrer en scène : c'est au tour de la Libye et du Tchad de participer au « grand jeu » du Darfour en appuyant (et en orientant) les différents groupes qui finissent très vite par se développer au sein du front opposé aux forces gouvernementales. Bien que leurs motivations et leurs perspectives divergent, Mouammar Kadhafi et Idriss Déby souhaitent avant tout « en être » et défendre leurs intérêts nationaux. Pour le Tchad, dont la composition ethnique est proche de celle du Darfour, la priorité est d'éviter qu'un nettoyage ethnique total de la région ne s'engage à ses dépens : dès le début du conflit,

1. International Crisis Group, « Sudan : Now or Never in Darfur », *Africa Report* n° 80, 2004.
2. *Sudan People's Liberation Army*, l'Armée de libération du peuple soudanais.

c'est en territoire tchadien que se réfugie la majorité de la population victime des exactions de l'armée soudanaise et des milices qui lui sont rattachées. La Libye, elle, a intérêt à ne pas laisser le Tchad s'imposer comme le seul interlocuteur des rebelles du Darfour. Kadhafi, qui a subi au Tchad sa pire humiliation militaire, cherche donc à s'attirer la sympathie d'au moins une partie des rebelles.

Cette implication conduit en 2008 à une tentative de déstabilisation du Tchad menée par des milices prosoudanaises (mais avec, à leur tête, une personnalité politique tchadienne, Mahamat Nouri, qui a longtemps vécu en Arabie saoudite). L'entreprise échoue grâce à l'appui de la France et à la solidité de l'armée tchadienne placée sous le commandement d'Idriss Déby. Même après avoir écarté le leader du fondamentalisme islamique soudanais, Hassan al-Tourabi, le régime de Khartoum entreprend (avec une habileté digne d'être signalée) un assouplissement (de pure façade) de sa politique étrangère. Dans le même temps, la présence de l'extrémisme islamique dans la région du Sahel – des résidus de la frange algérienne ayant survécu au conflit des années 1990 aux nouvelles présences comme al-Qaida au Maghreb – devient un arrière-plan qui, s'il reste peu compréhensible de l'extérieur, se développe et s'active très nettement.

De façon significative, le message de Ben Laden daté d'avril 2006 cite le Darfour comme une nouvelle ligne de front de la guerre contre les « croisés[1] ». Difficile de ne pas voir là une volonté, partagée par ces groupes et ces mouvements hétérogènes mais issus d'une même matrice islamiste, de produire un « enjambement » de la barrière du Sahel par un islam de tendance wahhabite et salafiste. Rappelons que cette myriade d'organisations, qui considère l'islam africain confraternel ni plus ni moins qu'« infidèle », jouit d'importants soutiens politiques et économiques en provenance d'Arabie saoudite et du Qatar. Vu la place déterminante qu'occupe la mythologie du désert (lieu de lutte des combattants et de la victoire finale) dans la littérature qaïdiste[2], le développement des événements de ces dernières années apparaît comme une conséquence naturelle des éléments en jeu.

1. F. De Renzi, « Perchè si muore in Darfur », *Limes*, n° 3, 2006, p. 161-174 ; I. Panozzo, « Sudan : il rischio d'implosione », *Aspenia*, n° 29, 2005, p. 222-228.

2. Voir G. Kepel (dir.), *Al-Qaida dans le texte*, Presses universitaires de France, 2005, p. 153-181.

Le Printemps arabe, en Tunisie puis en Égypte, est un facteur supplémentaire dans l'évolution de la situation. S'agissant de la bande du Sahel, la chute du régime de Mouammar Kadhafi à la suite de la révolte de Benghazi et de l'intervention occidentale a eu une influence considérable, entraînant la dispersion de l'immense patrimoine de l'armée libyenne, une hausse de l'insécurité dans les zones frontalières et l'augmentation des alliances transversales entre groupes ethnico-politiques sous l'effet d'une simple convergence d'intérêts, souvent temporaire.

Et c'est ainsi qu'on arrive à la crise au Mali, un pays qu'on avait depuis toujours cru engagé sur la voie de la démocratie, du respect des droits de l'homme et de la tolérance. Un conflit oublié dans le nord du pays impliquant une partie des populations touaregs, un pays sans doute affaibli par des mesures économiques structurelles mal calibrées, une situation politique incertaine dans la capitale : voilà les éléments qui favorisent l'offensive du front rebelle. Dans cette perspective, l'intervention française a joué un rôle déterminant dans la mesure où elle a tué dans l'œuf un possible scénario de décomposition de l'immense territoire malien. Quant aux franges extrémistes de la rébellion, rapidement isolées par le reste du mouvement, ces dernières ont choisi une stratégie d'infiltration régionale et de déstabilisation.

La Centrafrique subit aujourd'hui les conséquences directes de cette situation. Les Janjaweed (des milices prosoudanaises accusées de crimes contre l'humanité au Darfour) et d'anciens rebelles tchadiens opposés à Idriss Déby sont actuellement présents dans le pays aux côtés d'autres groupes mal identifiés. De ce point de vue, le fait que des organisations fondamentalistes islamiques puissent voir dans ce pays une possible zone de refuge et de renforcement inquiète les milieux politiques et diplomatiques en France et dans de nombreux pays de la région.

Une rébellion permanente

C'est au cours de ce que d'aucuns appellent la « troisième guerre civile » centrafricaine que Michel Djotodia prend le pouvoir grâce à une coalition rebelle de la Seleka, chassant Bozizé au mois de mars 2013. On croirait voir se répéter les événements de 2003, quand

Bozizé lui-même avait mené le coup d'État qui conduira le pays à changer de classe dirigeante.

L'impact avec une réalité différente est dramatique. « Nous étions habitués aux coups d'État, raconte un ancien ministre centrafricain. Auparavant, il y avait trois ou quatre jours de confusion, quelques pillages (surtout de propriétés liées aux dignitaires du régime déchu), puis ceux qui avaient conquis le pouvoir enlevaient leurs uniformes de camouflage, se mettaient en costume-cravate, devenaient ministres, et les gens pouvaient vivre de nouveau tranquillement. Seulement, six mois après la prise de pouvoir de Djotodia, les pillages continuent comme au premier jour[1]. » Qu'a-t-il bien pu se passer ?

Le nouveau président, Michel Djotodia, est un rebelle insatiable. Même si des accords de paix signés en 2007 avaient tenté de résoudre la situation, ce dernier décide de passer en force, profitant du fait que Bozizé lui-même n'a pas respecté ces mêmes accords. En l'espace de quelques semaines, la force militaire efficace dont il dispose lui permet de conquérir Bangui, à la grande surprise des observateurs, et l'installe au poste de président au mois de mars 2013. Problème : le nouveau président n'est pas à la tête d'une milice entièrement centrafricaine mais d'une coalition largement constituée de bandes de mercenaires de nationalité soudanaise et tchadienne ayant participé aux précédents conflits qui se sont déroulés dans la région, à commencer par la rébellion tchadienne fortement sponsorisée par le Soudan et défaite en 2008. Figurent également au sein de cette armée composite les tristement célèbres bandes Janjaweed du Darfour, à la recherche de nouveaux butins.

Le comportement des membres de « sa » milice constitue pendant des mois la principale source de discrédit du président Djotodia. Bien que le nouveau chef de l'État affirme à maintes reprises sa volonté de pacifier le pays, les forces théoriquement placées sous son commandement continuent de piller, brutaliser et, parfois, tuer. À en croire les accusations de Human Right Watch, les rebelles auraient par ailleurs volontairement créé dans le nord-est du pays une vaste

1. Témoignage de D. M. à l'auteur, septembre 2013.

zone de « terre brûlée », chassant la population des villages comme aux temps du Darfour.

Le contraste entre les positions de Djotodia et le comportement de ses miliciens est saisissant. Plus surprenant encore, les ministres de son gouvernement, des membres pourtant influents de la Seleka, ne sont pas à l'abri des violences commises par les militaires de cette formation. C'est d'ailleurs entre le mois de mars et le mois de décembre 2013 que les rebelles de la Seleka se spécialisent dans l'attaque d'églises et de missions catholiques. Les pillages, les exactions, les menaces dont sont victimes des prêtres et des religieuses se multiplient. Signe que la haine antichrétienne est bien présente parmi les rangs des mercenaires, les pillages s'accompagnent de véritables profanations d'églises et de chapelles : on tire sur des statues de saints et on démolit des autels. Au vu de ce contexte général, des zones désertées par les habitants ainsi que de la destruction systématique et inquiétante des registres d'état civil par les miliciens de la Seleka, de nombreux observateurs estiment que l'ensemble de ces éléments répondent d'un projet visant à modifier l'équilibre entre les communautés religieuses et (surtout) à imposer une autre forme d'islam.

Les musulmans représentent environ 10 % de la population centrafricaine. Majoritairement présents dans le nord depuis de nombreuses années bien qu'il existe d'importantes communautés à Bangui et dans de nombreux autres centres urbains, ces derniers ne se sont jamais affiliés à un parti ou à un mouvement politique particulier. Reste que l'accession de Djotodia au pouvoirn mais surtout le comportement des milices de la Seleka ont bouleversé les rapports entre les différentes communautés religieuses centrafricaines. En règle générale, les chefs de l'Église catholique, ceux de la fédération des Églises protestantes et la plupart des imams musulmans s'accordent pour refuser toute logique d'affrontement religieux. L'archevêque catholique de Bangui, Dieudonné Nzapalainga, agit aux côtés de l'imam Omar Kobine Layama et du pasteur protestant Nicolas Guérékoyame-Gbangou pour mettre un frein à la haine entre les communautés[1]. De fait, peu de pays marqués par un conflit aux accents religieux engagent autant

1. R. Ourdan, « Centrafrique : les trois saints de Bangui », *Le Monde*, 27 décembre 2013.

d'initiatives interreligieuses de pacification que la Centrafrique. Même s'il existe également de nombreuses actions de solidarité entre les différentes communautés religieuses, il est difficile d'endiguer la haine quand des actes criminels la répandent irrésistiblement. Du mois de mars au mois de décembre 2013, il n'y eut aucune amélioration de la sécurité dans le pays, en dépit des promesses du président et du gouvernement de coalition.

Face à la vive inquiétude qui agite le pays, c'est au mois de septembre 2013 que la communauté de Sant'Egidio, qui suit depuis longtemps la situation de la Centrafrique, rassemble à Rome des musulmans et des chrétiens, ainsi que des personnalités du monde politique et de la société civile centrafricaine. La rencontre se conclut par un « pacte républicain » pour la pacification du pays. La volonté de dialogue est évidente : chrétiens et musulmans participent à la veillée de prière organisée par le pape François pour la Syrie, le 7 septembre – une initiative qu'ils citent dans certains passages de leur appel à la paix[1]. Les musulmans sont très inquiets de la situation : « Nous aussi, les musulmans, nous avons été rackettés par les membres de la Seleka, et pas seulement les chrétiens. Nous sommes inquiets, ce sont des gens qui viennent en grande partie d'ailleurs, alors que nous, nous sommes centrafricains[2] ! » Au cours des semaines suivantes, de nombreux missionnaires signalent que des bandes Seleka parcourent les villages en poussant les musulmans à prendre le chemin du nord avant que les chrétiens ne se vengent. Aujourd'hui encore, de sombres projets se donnent comme objectif la destruction d'une coexistence séculaire.

Un conflit multidimensionnel

Le conflit centrafricain est multidimensionnel. Il se compose de facteurs externes et internes, de dimensions politiques qui se mêlent à des pressions religieuses fondamentalistes, des projets politiques locaux qui interagissent avec le cadre géopolitique régional. De

1. Le pacte républicain sera officiellement adopté par le président Djotodia au mois de novembre 2013 : L. Larcher, « Sant'Egidio obtient un "Pacte républicain" en Centrafrique », *La Vie*, 7 novembre 2013. Le « Pacte républicain » et l'« Appel pour la paix en Centrafrique » sont disponibles sur le site Internet de la communauté de Sant'Egidio, www.santegidio.org

2. Témoignage de G. B. à l'auteur.

toute évidence, des forces déterminées à réduire la présence chrétienne sont à l'œuvre : elles agissent par la violence et s'attachent à créer des zones destinées à une possible expansion musulmane, qu'il s'agisse de populations (notamment des groupes nomades du Nord comme les éleveurs peuls) ou de groupes de mouvance wahhabite et salafiste. Il n'est d'ailleurs pas impossible que ce projet reçoive l'appui d'entités sans rapport avec le gouvernement en place, mais vraisemblablement issues du monde économique et politique wahhabite. Rappelons également que contrôler ne serait-ce que pendant quelques mois les sites diamantifères signifie avoir accès à d'énormes ressources économiques. Ce que d'aucuns tentent de mettre en œuvre en Centrafrique aux dépens de ses habitants, chrétiens et musulmans, est donc un véritable projet d'expansion géopolitique.

D'autre part, des politiciens centrafricains, d'anciens militaires et des membres des autorités locales ont créé un réseau de milices appelées les anti-bakala que de nombreux médias décrivent sommairement comme des milices « chrétiennes ». En réalité, ces dernières ont beaucoup de tribal, mais pas grand-chose de chrétien. La grande offensive sur Bangui commence le 5 décembre 2013 quand les violences des anti-bakala déclenchent en urgence une opération humanitaire pour protéger la communauté musulmane de Bangui et les musulmans d'autres nationalités présents sur le territoire centrafricain. Les miliciens agissent sous l'impulsion d'un désir de vengeance à l'endroit des musulmans considérés comme les seuls responsables des crimes commis par les Seleka tout en enrôlant les jeunes avides d'opportunités et de pillages. « Nous avons retiré notre croix pour mettre notre gri-gri. Quand le travail sera terminé nous remettrons notre croix », répondront d'un ton arrogant quelques jeunes membres des anti-bakala à l'archevêque de Bangui qui les exhorte à cesser les violences au nom de l'Évangile. La haine antimusulmane est fomentée par de nombreux hommes politiques centrafricains désireux d'utiliser politiquement le ressentiment à l'égard de la Seleka en le dirigeant contre la communauté musulmane. La pratique dévastatrice des représailles qui entendent venger les exactions de la Seleka illustre en permanence l'équation qui assimile « musulman » à « étranger » et « ennemi ». En janvier 2014, Djotodia démissionne face aux pressions d'Idriss Déby et celles de la communauté internationale, permettant la nomination d'une femme, Catherine Samba-Panza, au sommet de l'État ainsi que la marginalisation des bandes armées de la Seleka, en attendant une stabilisation de la situation et la fin des violences.

Au final, la Centrafrique souffre du fait que l'État et ses garanties n'aient pas su voir le jour. L'armée, la police, la magistrature, la bureaucratie, tous les rouages de l'État ont représenté pendant des années non pas des instruments au service de la nation et de ses citoyens, mais des bandes soumises à un chef au pouvoir. Le vide institutionnel et étatique centrafricain a produit au cœur de l'Afrique un *no man's land* en mesure d'accueillir des éléments terroristes et extrémistes de toutes sortes. Les chrétiens victimes d'extrémistes islamistes et les musulmans victimes de milices fanatiques illustrent à eux tous une situation qui exige une réaction vigoureuse de la communauté internationale. L'intervention française de décembre 2013 et l'intervention d'une force de l'ONU prévue pour le mois de septembre 2014 montrent qu'il existe une possibilité de faire cesser les violences. Pour autant, c'est aux Centrafricains qu'il incombera de se donner les moyens de reconstruire un véritable pacte national qui puisse être à la hauteur des ambitions et de la vision de Boganda ainsi que des dramatiques nécessités actuelles.

Traduit de l'italien par Marc Lesage

P. Angelo Romano est né à Rome où il vit actuellement. Il enseigne l'histoire contemporaine à l'université pontificale urbanienne au Vatican. Prêtre catholique depuis 1994, il est actuellement recteur de la basilique Saint-Barthélemy de Rome, l'Église commémorative pour les nouveaux martyrs chrétiens. Il est aussi membre de la communauté Sant'Egidio à Rome, où il est en charge des relations internationales, notamment envers les communautés de l'Afrique occidentale.

Reportage

Rendez-nous nos frères !

Samuel Lieven et Philippe Demenet

À l'été 2014, on était toujours sans nouvelles des trois religieux de la paroisse Notre-Dame-des-Pauvres à Mbau, dans le nord-est de la République démocratique du Congo (RDC), mystérieusement enlevés le 19 octobre 2012. Les missionnaires, qui n'hésitent pas à s'installer dans les zones les plus dangereuses, sont devenus les cibles des groupes armés qui sillonnent la région.

La nuit est tombée sur Mbau, petite localité en bordure de la savane et de la forêt dans le nord-est de la République démocratique du Congo (RDC). Chez les augustins de l'Assomption, vendredi 19 octobre 2012, trois prêtres – Anselme, Joseph et Jean-Pierre – discutent à bâtons rompus dans le salon. En raison du climat de violence qui sévit dans le secteur ces derniers mois (agressions, meurtres, enlèvements), les trois pasteurs de l'église Notre-Dame-des-Pauvres se demandent comment se rendre en brousse afin de prier pour les morts, le 2 novembre suivant, jour de la fête des Défunts. Il est aussi question de la construction d'une salle paroissiale, une affaire qui traîne depuis cinq ans. Edmond, un quatrième prêtre, étend son linge sur le balcon.

Anselme et Jean-Pierre coupent le groupe électrogène et continuent leur discussion tandis que Joseph se retire dans sa chambre. Il ferme sa porte à clé et tire les rideaux. Soudain, des bruits de voix lui parviennent. Quelqu'un ébranle sa porte. La serrure résiste. Il entend Jean-Pierre répéter : « Ici, nous n'avons pas d'argent, nous n'avons pas d'argent ! » Puis, le silence. Il est 21 h 30. Joseph tente de sortir mais le pêne s'est coincé sous le choc… À 5 h 40, quand il parvient enfin à se libérer, les chambres sont vides, les portes grandes ouvertes. Les ravisseurs ont enlevé ses trois frères, sans rien voler.

Les augustins de l'Assomption ont bâti l'église Notre-Dame-des-Pauvres, de Mbau, en 1952. Ils sont, depuis lors, les pasteurs de ce pays fertile, densément peuplé, où poussent le haricot, le café, les arachides. À Mbau, ils gèrent un établissement secondaire, l'Institut Moéra, le plus important de la région, qui scolarise 450 garçons et filles jusqu'au « diplôme ». Ils exploitent aussi une grande palmeraie, où une centaine d'ouvriers produisent de l'huile et du savon, dont les revenus permettent de financer l'ensemble des œuvres de la congrégation. À côté de la paroisse, huit sœurs diocésaines, des Petites Sœurs de la Présentation, animent l'hôpital de Mbau. Là comme ailleurs, dans ce pays aux immenses ressources naturelles livré à la violence et à la corruption, l'Église apparaît comme la seule institution en état de fonctionner. Dans le diocèse de Butembo-Béni – auquel l'Assomption donna son premier évêque en 1934 – la congrégation fondée par Emmanuel d'Alzon compte aujourd'hui pas moins de treize communautés : à Béni, une ville dotée d'une petite industrie et d'un aéroport ; à Oïcha ; à Mbau ; ou encore à Butembo, un centre de commerce important où se trouve la maison provinciale. Les mines d'or de l'Ituri, plus au nord, ou les mines d'étain et de coltan du Nord-Kivu, plus au sud, tout comme la proximité des frontières avec le Soudan du Sud, l'Ouganda et le Rwanda, attisent les convoitises et les trafics en tout genre. Depuis plus de quinze ans, de multiples milices, les forces armées congolaises, et des armées venues des pays voisins s'y livrent une guerre sans fin.

Quelques mois avant l'enlèvement des religieux, en février 2012, le P. Jean-Marie Mwamba, curé à Mbau entre 1996 et 1998, effectue une « visite éclair » aux communautés du diocèse. Il prend soin de rouler de jour sur la piste qui relie Butembo à Béni, puis sur la route couverte de macadam, qui sépare Mbau d'Oïcha. La nuit, tout peut arriver. À Mbau, il est accueilli par Edmond Kisughu, l'aîné des trois prêtres enlevés, de retour de l'Institut Moéra où il enseigne le français. En dehors de l'école, cet éducateur passionné, de cinquante-trois ans, un grand taciturne, passe le plus clair de son temps en brousse auprès de ses paroissiens. Ordonné en 1986, il appartient à la première génération des assomptionnistes du cru, nés et formés au Congo.

À table, la conversation tourne naturellement autour de la sécurité. Les frères connaissent le terrain mieux que quiconque. Chaque mois, ils reçoivent les rapports qu'établissent les catéchistes vivant dans les zones les plus reculées. Les derniers en date font état du climat de terreur semé par les rebelles de l'ADF-Nalu (l'Alliance des forces démocratiques-Armée nationale de libération d'Ouganda), une guérilla qui a ravagé le nord de l'Ouganda avant d'en être chassée. Pillages, viols, enlèvements… Les assomptionnistes ont fondé, à Oïcha, une radio locale, Radio Moto (« feu » en swahili), qui signale toutes les exactions, qu'elles viennent de l'Armée de résistance du Seigneur, un groupe ougandais d'une cruauté inouïe, des Mau-Mau, sorte de milice d'autodéfense, des rebelles congolais du « M23 », ou encore des brigands, des déserteurs… Ces groupuscules incontrôlables contractent des alliances ou se battent les uns contre les autres. Ils n'ont qu'un adversaire commun : une armée congolaise en grande partie constituée d'anciens rebelles, qui s'en prend, elle aussi, aux populations.

L'évêque du diocèse de Butembo, Mgr Sikuli Melchisedech, est le premier à fustiger publiquement cette insécurité permanente. Chaque année, au mois de mai, il fait le tour des paroisses à Béni, Oïcha et Mbau pour le sacrement de confirmation. L'occasion de dénoncer en chaire la violence et l'impunité dont les cultivateurs sont les premières victimes.

Dans l'est de la République démocratique du Congo, l'Église catholique est le porte-parole des sans-voix. C'est aussi pour cela qu'elle est respectée.

Depuis que Jean-Marie Mwamba a quitté le Nord-Kivu, la situation s'est encore dégradée. En août 2012, un ami intime du P. Edmond, Faustin Wavirire, préfet des études de l'Institut Moéra, père de six enfants, est assassiné chez lui, à trois heures du matin, par des inconnus en uniforme. Dans la matinée du 26 septembre, à Butembo, des soldats de l'armée congolaise sautent la clôture de l'évêché, passent à tabac les prêtres et laïques qui se trouvent là. Ils prétendent réquisitionner de force un camion du diocèse ! Finalement, ils repartiront avec de l'argent et des téléphones portables…

Entre-temps, l'équipe pastorale de la paroisse Notre-Dame-des-Pauvres a été renouvelée. Edmond demeure le seul « ancien ». Il est rejoint par Jean-Pierre Ndulani, cinquante ans, ordonné prêtre en 1994, qui arrive d'Irlande, où il vient de boucler une licence en management. Auparavant, il a contribué à la création de l'Institut supérieur Emmanuel-d'Alzon, à Butembo, un centre de formation ouvert à la population. Passionné par les questions de développement, ce footballeur amateur – qui passe pour un excellent gardien de but – a participé à la fondation de la première communauté assomptionniste à Quito (Équateur). Quant à Anselme Kakule Wasukundi, quarante et un ans, il est le plus jeune des trois prêtres enlevés. Ordonné en 2004, il vient d'obtenir une licence d'histoire à Butembo, où il a enseigné jusqu'à son arrivée à Mbau, comme curé. Quelques mois plus tôt, Joseph Paluku, quarante-cinq ans (le seul rescapé) est venu lui aussi de Butembo. Il est licencié en catéchèse. Son expérience fait de lui un référent en matière de pastorale. Tous les quatre sont originaires du Nord-Kivu.

Samedi 20 octobre 2012, à l'aube, Joseph a prévenu les gendarmes qui ont fait les constatations d'usage. La nouvelle de l'enlèvement sème le désarroi et la consternation. Le P. Protais Kabila, provincial de la Province d'Afrique, accompagné de son économe, parcourt au plus vite la piste entre Butembo et Mbau pour soutenir le P. Joseph. Le lendemain, il préside une messe à Notre-Dame-des-Pauvres, au cours de laquelle il invite la population à coopérer. L'évêque, à la cathédrale de Butembo, appelle de son côté les fidèles à la prière « pour que Dieu touche l'esprit de leurs ravisseurs ». L'appel de l'Église est relayé, dès le lundi matin, par le bulletin d'information de Radio Moto.

Officiellement, l'armée et la police sont mobilisées mais l'Église sait ne pouvoir compter que sur ses réseaux. La maison mère de l'Assomption, à Rome, est en alerte. Le mercredi suivant, 24 octobre, à Mbau, le provincial et les pères assomptionnistes envisagent d'organiser une marche pacifique, dans la prière, vers le siège de « l'administrateur des territoires », à Oïcha et auprès de la Monusco (Mission des Nations Unies pour la stabilisation du Congo), dont les 20 000 hommes sont censés garantir la sécurité de la population. « Leur rôle est quand même de redonner espoir aux gens ! » fait remarquer Joseph au provincial. Malgré ses moyens considérables, les hommes de la Monusco s'avèrent incapables de remplir leur mission, suscitant la colère et le découragement. Deux jours plus tard, les prêtres doivent renoncer à leur projet sous la pression des autorités.

Reste l'espoir « que nos frères, comme le dit Joseph, aient été enlevés par des ravisseurs qui ont besoin d'obtenir quelque chose et qu'ils ne leur feront pas de mal. Notre esprit est fatigué, même si l'on garde la confiance. Nos frères appartiennent à l'Église universelle. Fasse le ciel que vous, en France, puissiez parler plus fort que nous, en notre nom. Et soyez avec nous en prière… »

Article paru dans *Le Pèlerin* n° 6779 du 1er novembre 2012

Philippe Demenet est grand reporter « étranger » dès 1982 à l'hebdomadaire *La Vie* ; il a couvert particulièrement l'Europe, le Proche-Orient et l'Afrique. Après avoir collaboré au *Courrier de l'Unesco* et au *Monde diplomatique*, il est aujourd'hui responsable des « Récits » à l'hebdomadaire *Le Pèlerin*. Il est l'auteur d'un livre sur l'aventure missionnaire et de plusieurs documentaires.

Somalie, Érythrée, Éthiopie
Entre tensions religieuses et répression politique

Terre d'affrontements parmi les plus instables au monde, la Corne de l'Afrique présente un panorama politico-religieux explosif. En Somalie, pays fragmenté en trois régions où domine un islam radical avec la charia comme source du droit, les chrétiens, ultraminoritaires, subissent par endroits une véritable chasse à l'homme. Dans une Éthiopie pourtant laïque, l'ingérence du pouvoir politique dans les affaires religieuses a fini par attiser les tensions entre chrétiens et musulmans. Enfin, dans une Érythrée gouvernée par un régime militaire totalitariste, toutes les religions, en particulier les Églises évangéliques, sont considérées comme subversives et réprimées en conséquence.

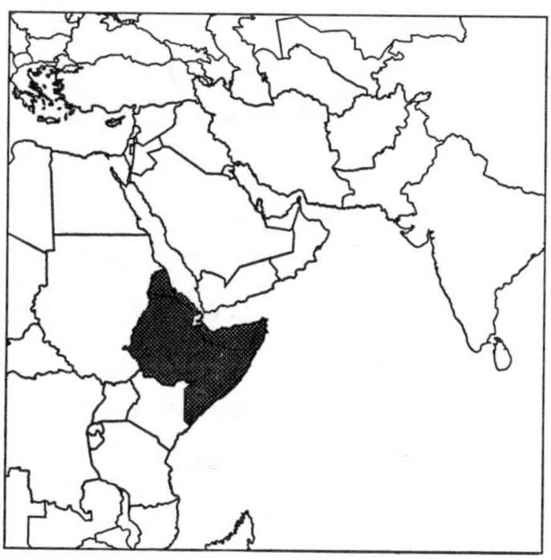

❑ **SOMALIE**

■ Population = 9 358 602

■ Musulmans = 99,8 %
Chrétiens = 0,1 %

■ Autres = 0,1 %

❑ **ÉRYTHRÉE**

■ Population = 5 223 994

■ Musulmans = 49,2 %
Chrétiens = 47,3 %
Autres = 3,5 %

❑ **ÉTHIOPIE**

■ Population = 82 101 998

■ **Chrétiens = 56,6 %**
Musulmans = 34,7 %
Aministes = 8,4 %
Autres = 0,3 %

Analyse

Être chrétien dans la Corne de l'Afrique

Federica Guazzini

Historienne spécialiste de la Corne de l'Afrique, Federica Guazzini rappelle que le christianisme, particulièrement menacé dans cette région du monde, y est implanté depuis les premiers siècles. Comme les coptes d'Égypte, ces Églises orthodoxes ont développé un rite, une culture et une spiritualité autonomes qui ont résisté au temps. Un héritage aujourd'hui fragilisé par les tensions politiques et l'émergence d'un islam radical, particulièrement en Somalie.

Dans la Corne de l'Afrique, les identités religieuses ont toujours été déterminantes, y compris pour modeler les développements politico-institutionnels, résistant même aux élans sécularisateurs des années 1970. Elles le sont encore davantage aujourd'hui, alors que leur dynamisme s'est de nouveau imposé comme le protagoniste incontournable, au sein de la sphère publique, de dialectiques complexes qui témoignent, au niveau mondial, d'une recomposition religieuse à partir des réseaux culturels locaux[1].

Impossible de comprendre la signification des atteintes portées en ce moment même à la liberté religieuse des chrétiens dans ces terres d'Afrique sans rappeler les prémices historiques de l'institutionnalisation du christianisme. La Corne de l'Afrique est en effet l'une des régions d'Afrique subsaharienne où le christianisme s'est

1. S. Ellis, G. ter Haar, *Worlds of Power. Religious Thought and Political Practice in Africa*, Hurst, 2004.

développé très tôt dans l'Histoire. C'est au IVe siècle, par le biais de prédicateurs syriens, qu'il fut introduit dans l'Empire d'Aksoum, qui dominait les plateaux de l'Éthiopie et de l'Érythrée actuelles. Adopté comme religion officielle, le christianisme orthodoxe, rejetant le concile de Chalcédoine de 451, resta canoniquement tributaire du patriarcat d'Alexandrie. Il modela alors la culture politique et sociale avec une liturgie, un calendrier, une langue, un art sacré et une tradition monastique propres. Même éloignées de la Méditerranée, ces régions eurent vent de l'évolution doctrinale de la chrétienté, ce qui n'empêcha pas leur Église locale de se montrer moins ouvertes aux influences extérieures, au point d'apparaître farouchement conservatrice. En réalité, elle se développa théologiquement en nouant des liens avec un ensemble de croyances particulièrement diversifié. À cette myriade de cultes s'ajouta une autre religion révélée lorsque, en 615, les premiers disciples du prophète Mahomet, fuyant les persécutions de La Mecque, trouvèrent refuge au sein de l'empire chrétien d'Aksoum, avec la garantie de pouvoir y pratiquer librement leur foi[1]. Parti de la péninsule Arabique, et toujours par voie maritime, l'islam se propagea jusqu'à devenir la religion dominante des habitants des terres somalies et de l'actuel État de Djibouti, rangés parmi les premiers musulmans d'Afrique subsaharienne.

Depuis cette époque, la Corne de l'Afrique est devenue une ligne de démarcation entre deux religions monothéistes qui se confrontent et s'affrontent depuis des siècles, mais aussi à travers elles, des systèmes politiques divergents (les royaumes chrétiens, d'une part, et les principats islamiques, d'autre part), luttant pour gagner les fidèles et s'arroger l'hégémonie sur la région. L'apogée de ce bras de fer eut lieu en Éthiopie, où l'identification avec le christianisme orthodoxe (religion d'État jusqu'en 1974) eut pour expression un caractère de domination, renforcé dès le XIIIe siècle par une forme de mythification de la dynastie impériale. Ses leaders furent décrits comme les héritiers du roi Salomon et de la reine de Saba tandis que le pays fut, lui, comparé à un « nouvel Israël ». Cette théologie

1. « L'Éthiopie chrétienne », dossier dirigé par Daniel Assefa, in *Histoire et missions chrétiennes*, 24, 2013.

politique originale accorda des privilèges et des concessions foncières à l'Église, l'Ethiopian Orthodox Tewahedo Church (EOTC), l'adjectif *tewahedo* (unitaire) rappelant l'unicité de la nature divine et humaine du Christ. Fondée sur les principes chrétiens, cette échelle hiérarchique sociale marginalisa l'islam et les autres cultes[1]. Conséquence de quoi, entre 1529 et 1543, les peuples somalis, les Oromos, les Sahos, les Afars et les Gouragués, participèrent au djihad lancé par Ahmed Ibn Ibrahim al-Ghazi, imam de Harar, ville-symbole de l'islam dans la région, interdite aux infidèles. Si l'on se souvient de lui encore aujourd'hui de différentes façons – les musulmans l'appellent « le Conquérant », les Éthiopiens, « le Manchot » –, c'est parce qu'il parvint à contrôler les plateaux du centre et du nord de la région. Les monastères et les hauts lieux de la civilisation chrétienne furent détruits et les fidèles contraints de se convertir à l'islam. La guerre finit tout de même par se résoudre, grâce, entre autres, aux renforts du royaume catholique du Portugal, déterminé à ne pas laisser disparaître le dernier rempart du christianisme en Afrique.

Dès lors, l'islam cessa de représenter une force politique en Éthiopie. Il n'empêche : le souvenir de cette violence resta vivace dans la mémoire collective, envenimant le dialogue déjà houleux entre chrétiens et musulmans. Pour de nombreux Éthiopiens, les Somaliens restent les descendants d'al-Ghazi, toujours susceptibles de représenter une menace déstabilisatrice pour la sécurité nationale. À l'inverse, l'Éthiopie est pour les Somaliens l'envahisseur qui, dès la fin du XIXe siècle, a occupé l'Ogaden, la région qu'habitaient les musulmans somaliens et que Mogadiscio tenta vainement de récupérer lors de la guerre de 1977[2]. L'EOTC a donc contribué à la légitimité étatique de l'Éthiopie en accompagnant son expansion à partir des plateaux, tandis que les sociétés assujetties témoignaient d'une religiosité plurielle, tournée vers le syncrétisme – une religiosité aux frontières perméables, ouverte à d'autres formes d'expériences. Parler d'une dichotomie entre les cultivateurs sédentaires chrétiens des plateaux et les musulmans sunnites des plaines, consacrées aux acti-

1. T. Tamrat, *Church and State in Ethiopia, 1270-1527*, Clarendon Press, 1972.
2. H. Erlich, *Islam and Christianity in the Horn of Africa. Somalia, Ethiopia, Sudan*, Lynne Rienner, 2010.

vités agropastorales, serait cependant abusif : au cours des siècles, les appartenances religieuses ont coupé de façon transversale les zones régionales (et parfois les communautés ethno-culturelles) pour en faire des terres de cohabitation[1]. Il s'agit là d'un processus toujours *in fieri* qui, ces dernières décennies, a pâti des cicatrices des guerres civiles et des conflits entre les différents États. La Corne de l'Afrique est aujourd'hui une terre d'affrontements, l'une des plus instables au monde. Les partitions ethno-religieuses y sont bien visibles : coupée en deux par la frontière entre l'Éthiopie et le Somaliland, la petite ville de Wajale, dont les quartiers ont été rebaptisés Jésus et Mahomet, en est un exemple éloquent.

Au XIXe siècle, les rapports interreligieux se sont enrichis et diversifiés à travers l'action des missionnaires catholiques et protestants. Celle-ci s'est traduite par une évangélisation et par la création de services sociaux. Ainsi, les différentes congrégations ont décliné le christianisme avec des nuances distinctes. Néanmoins, la complexité historique du rapport entre missions et impérialisme colonial est telle qu'il convient d'éviter les simplifications qui voient les deux parties se soutenir et se servir l'une de l'autre. Leur relation fut, en revanche, articulée, changeante, et placée sous le signe de l'enculturation. Les puissances européennes qui, à la fin du XIXe siècle, occupèrent les terres de la région (la France à Djibouti, la Grande-Bretagne au Somaliland ainsi que l'Italie, en Érythrée et en Somalie) freinèrent cependant l'apostolat chrétien dans les zones musulmanes, préférant recourir à l'islam comme interlocuteur dans le maintien du *statu quo*. L'identification de la modernité occidentale avec le christianisme a acquis, dans la Corne de l'Afrique, différentes significations au fil du temps, jusqu'à ce que les rhétoriques vénéneuses du prosélytisme des militants évangélistes et pentecôtistes (d'un côté) et celui des activistes de l'islam politique (de l'autre) ne s'affrontent dans l'arène sociopolitique – et ce, avec une virulence accrue depuis le lancement de la Global

1. A. Hussein, « Co-existence and/or Confrontation. Towards a Reappraisal of Christian-Muslim Encounter in Contemporary Ethiopia », in *Journal of Religion in Africa*, 36, 1, 2006.

War on Terror, en 2001[1]. Il apparaît donc nécessaire d'analyser la condition des chrétiens État par État, en partant des pays confessionnels (comme la Somalie et Djibouti) pour ensuite s'intéresser à ceux qui ont adopté le principe de laïcité (comme l'Éthiopie et l'Érythrée), où, malgré la neutralité de l'État, les clivages religieux acquièrent de nouvelles significations. Les voilà devenus les gardiens des identités collectives, les nouveaux garants de la communauté moderne des fidèles.

L'oppression des chrétiens en Somalie

En Somalie, le terrain confessionnel est monopolisé par l'islam sunnite, auquel s'ajoute une forte tradition de congrégations soufies. 99,9 % des habitants partagent une même foi, une même langue et une même articulation sociale reposant sur une base clanique. Ces données sont néanmoins sujettes à caution, dans la mesure où le dernier recensement remonte à 1975. Partagée, à l'époque coloniale, entre la Grande-Bretagne (Somaliland), la France (Côte française des Somalis) et l'Italie (Somalie), la péninsule somalie vit s'implanter des communautés réduites d'expatriés européens ainsi que des missionnaires (dans des proportions tout aussi restreintes). Ces derniers se rapprochèrent des populations somalies par le biais d'un intense apostolat social. De 1895 à 1921, la contestation de la domination étrangère et chrétienne (aussi bien celle des puissances coloniales que celle de l'Éthiopie) fut menée – en pure perte – par le mollah Mohammed Abdullah Hassan, pourtant encore présent dans l'esprit des Somaliens en tant qu'héritier d'Ahmed Ibn Ibrahim al-Ghazi dans la lutte au nom de l'islam[2].

C'est dans cet environnement difficilement réceptif que la petite communauté de chrétiens somalis, divisée sur le plan confessionnel, vit arriver, en 1953-1954, différentes missions protestantes : la mission luthérienne suédoise, la mission mennonite et la Sudan Interior Mission. Si, à partir de 1960, la constitution de la République de

1. O. Kalu, *African Pentecostalism. An introduction*, Oxford University Press, 2008 ; T. Østebø, *Islamism in the Horn of Africa. Assessing Ideology, Actors and Objectives*, International Law and Policy Institute, 2010.

2. A. Sheik-Abdi, *Divine Madness. Mohammed Abdulle Hassan of Somalia (1856-1920)*, Zed Books, 1992.

Somalie garantit la liberté de culte, le coup d'État de Mohamed Siyaad Barre, en 1969, dégrada les conditions de vie des chrétiens somaliens. La laïcité socialiste du régime conduisit à la nationalisation des propriétés des missions en 1972 avant d'en décréter l'expulsion, quatre ans plus tard[1]. En 1989, l'évêque catholique Salvatore Colombo fut tué devant la cathédrale de Mogadiscio. Après la chute de Siyaad Barre, en 1991, la Somalie plongea dans une spirale d'affrontement entre factions politico-militaires reposant sur un système clanique. Conséquence de quoi, de plus en plus de Somaliens se mirent à fréquenter les mosquées, refuges spirituels face à ce chaos galopant. La radicalisation religieuse représenta ainsi une réaction à la dissolution des institutions, qu'ont partiellement palliée les organisations caritatives islamiques et les soutiens wahhabites en dissociant la croyance de la matrice socioculturelle nationale. Des groupes militants comme l'al-Ittihad al-Islami se sont battus dans le sud-ouest, envahissant même la région de l'Ogaden pour y réaliser un projet islamiste et pansomaliste. L'Éthiopie les défit dans la moitié des années 1990, ravivant l'hostilité antichrétienne[2].

Sous l'effet de ces poussées centrifuges s'est produite une fragmentation du pays en trois entités politiques – la Somalie, le Somaliland et le Pount –, où l'islam est la religion d'État et la charia la source du droit, combinée aux codes coutumiers, eux-mêmes interprétés de manière à déposséder de leurs droits les non-musulmans. Ces derniers n'ont pas de lieux de culte, l'apostolat est réprimé, l'action missionnaire chrétienne sanctionnée, et les conversions punies. La condition de ceux qui souhaiteraient adopter une religion autre que l'islam est devenue tragique. S'ils sont découverts, ceux-ci se voient non seulement privés de leurs droits sociaux, mais risquent aussi leur vie. Les sources des réfugiés chrétiens de Somalie parlent de centaines de victimes mortes à cause de leur foi. Hélas, le danger dans la zone est tel qu'aucune enquête de terrain ne saurait aller vérifier la fiabilité de ces données. Rares sont les chrétiens à être restés : tous ont subi cette dérive, qu'ils ont payée de leur vie. À ce titre, le

1. A. I. Samatar, *Socialist Somalia. Rhetoric or Reality ?*, Zed Books, 1988.
2. R. Marchal, *Islamic Political Dynamics in the Somali Civil War*, *in* A. De Waal (éd.), *Islamism and Its Ennemies in the Horn of Africa*, Indiana University Press, 2004, p. 114-145.

cas de la catholique Annalena Tonelli est tout à fait éloquent. Cette femme, qui voua son existence aux Somaliens, fut tuée en 2003 dans le dispensaire qu'elle avait fondé aux environs de Borama. Quelques jours plus tard, deux enseignants britanniques subirent le même sort[1]. Cette même année, les cheiks et les alems somaliens s'exprimèrent publiquement contre toute présence chrétienne en Somalie et dans toute la Corne de l'Afrique. Dès lors, la xénophobie a pris pour cible les *kuffār* – les mécréants.

Au Somaliland, qui s'est autoproclamé indépendant en 1991, comme dans la région autonome du Pount, la liberté de croyance est certes officiellement garantie, mais se convertir à une religion autre que l'islam est considéré comme un crime. La situation est encore plus précaire au sud-est de la péninsule, où les Tribunaux islamiques (2004-2006) ont imposé une juridiction et une gouvernance proche d'une forme radicale d'islamisation. Cette parenthèse s'est conclue par l'intervention de l'armée éthiopienne en Somalie (2006-2008), visant à soutenir le Gouvernement fédéral de transition (GFT), qui avait été péniblement instauré à Mogadiscio sous la protection de la mission internationale pour le maintien de la paix. La Transitional Federal Charter proclame l'islam religion nationale tout en reconnaissant la liberté de conscience et de culte. Cependant, l'application de ce droit est contrariée par un faible contrôle de la part de l'exécutif qui considère ce sujet comme la dernière de ses priorités. Pour ces mêmes raisons, le recensement obligatoire des groupes confessionnels auprès du ministère des Affaires religieuses n'a, jusqu'ici, toujours pas été effectué[2].

Depuis 2009, l'interprétation constitutionnelle de la charia par le GFT prévoit toutefois la peine capitale pour les convertis, même si elle n'est pas appliquée. Pourquoi ce dernier a-t-il été poussé à légaliser la persécution ? Pour la raison qu'étant soutenu par les forces chrétiennes, le GFT a été accusé d'apostasie par les mouvements armés liés à l'islam radical, à l'image d'Hizbul Islam et d'al-Shabaab, deux héritiers de l'al-Ittihad qui se financent grâce à la piraterie, aux

1. A. Tonelli, *Un Silenzio che grida. Dieci anni dopo*, Pimedit, 2013.
2. U.S. Department of State, *International Religious Freedom Report for 2011*, Washington D.C., 2012.

trafics de drogue et d'armes, ainsi qu'aux enlèvements d'Occidentaux. Avec Boko Haram, au Nigeria, et les autres réseaux d'al-Qaida au Maghreb islamique, ces organisations sont considérées comme les vecteurs du terrorisme transnational. Al-Shabaab combat pour un État islamique de type théocratique dont le programme politique vise à combattre toute forme d'occidentalisation de la société. Ce mouvement recourt à la rhétorique djihadiste dans les mosquées et parmi les Somaliens de la diaspora pour gagner des soutiens et lutter contre les troupes non-musulmanes qui occupent le pays. Depuis 2007, il attaque les forces de maintien de la paix et perpètre des attentats-suicides à Mogadiscio. Dans les zones qu'il contrôle dans le sud de la Somalie, al-Shabaab nie aux chrétiens le droit de vivre leur foi. En charge de la justice, ses membres imposent des peines allant de la flagellation à l'amputation et la lapidation. Ils sont par ailleurs accusés d'incarcérer les non-musulmans – bien que la réalité du phénomène soit difficile à préciser – comme étant des hérétiques et des renégats, mais également de menacer de la peine capitale la faible minorité de Somaliens convertis au catholicisme, obligés de choisir la clandestinité ou de se réfugier hors des frontières du pays[1].

En 2010, dans la citadelle de Jowhar, al-Shabaab a même interdit qu'on sonne les cloches des écoles au motif (risible) qu'il s'agissait là d'une prérogative des églises. Néanmoins, ce mouvement terroriste ne se contente pas d'accuser systématiquement de prosélytisme toutes les organisations humanitaires, qu'elle rackette et dont elle menace les personnels. Depuis 2008, ces travailleurs sont d'ailleurs devenus une cible privilégiée, après la diffusion, sur Internet, de la décapitation, à Baidoa du jeune Mansour Mohammed, vingt-cinq ans, coupable d'avoir embrassé la foi chrétienne trois ans plus tôt. D'autres ont subi le même sort brutal depuis[2]. En 2011, al-Shabaab a décrété l'expulsion de seize ONG et agences de l'ONU, alors que celles-ci font tout leur possible pour venir en aide aux Somaliens qui souffrent, depuis 2007, des privations causées par une famine dévastatrice à l'origine d'une véritable catastrophe humanitaire. Pourtant

1. S. J. Hansen, *Al-Shabaab in Somalia. The History and Ideology of a Militant Islamist Group, 2005-2012*, Hurst, 2013.

2. J. Pontifex, J. Newton (éds.), *Persecuted and Forgotten ? A Report on Christians oppressed for their Faith, 2011-2013*, Aid to the Church in Need, 2013 ; Z. Meral, *No Place of Call Home. Experiences of Apostates from Islam*, Christian Solidarity Worldwide, 2008.

jugées « nocives pour la création d'un État islamique ou engagées dans des activités différentes de celles qu'elles ont officiellement déclarées[1] », les ONG chrétiennes ont décidé de continuer à œuvrer avec la plus grande discrétion. Dans le même temps, le Kenya fut le théâtre d'innombrables agressions, obligeant Nairobi à intervenir *manu militari* contre al-Shabaab en octobre 2011. L'instabilité politique oblige encore maintenant les chrétiens à se cacher pour échapper aux persécutions.

La politisation de la foi en Éthiopie

Non content de rencontrer des difficultés en matière de vivre ensemble et de dialogue interreligieux, l'Éthiopie actuelle est le théâtre d'une politisation de la foi qui, au XIXe et au XXe siècle, a déjà vu la condition des chrétiens se fragiliser. Deux moments se révélèrent particulièrement graves. En 1878, face aux menaces de l'impérialisme colonial et aux nombreuses dissensions avec les potentats islamiques limitrophes, l'empereur Yohannes IV tenta d'imposer l'abjuration aux musulmans. Ces derniers se révoltèrent dans les régions du Wello et du Wolqait, saccageant les églises et massacrant les chrétiens[2]. Quelques décennies plus tard, au cours de la conquête militaire italienne (1936-1941), le clergé éthiopien, accusé de collaborer avec la résistance, vit ses lieux de culte profanés et subit le martyre. Sa souveraineté rétablie, l'empereur Haïlé Sélassié Ier, *defensor fidei*, négocia l'autonomie de l'EOTC, qu'il assujettit à l'État. Il favorisa l'œcuménisme par le biais des congrégations orthodoxes et accorda l'autorisation aux missions catholiques et protestantes – contrôlées par l'exécutif depuis 1944 – de faire du prosélytisme, mais parmi les non-chrétiens uniquement[3]. S'enracinèrent dès lors la luthérienne Ethiopian Evangelical Church Mekane Yesus (EECMY), la baptiste Kale Heywet (KHC) ainsi que le pentecôtisme, introduit par les missionnaires scandi-

1. M. Guglielmo, *Unravelling the Islamist Insurgency in Somalia. The Case of Harakat al-Shabaab Mujahideen*, in R. Sharamo, B. Mesfin (dir.), *Regional Security in the post-Cold War Horn of Africa*, Institute for Security Studies, 2011, p. 119-146.
2. H. Ahmed, *Islam in Nineteenth Century Wallo Ethiopia*, Brill, 2001.
3. P. Borruso, *L'Ultimo Impero Cristiano. Politica e religione nell'Etiopia contemporanea (1916-1974)*, Guerini e Associati, 2002, p. 247-262.

naves dans les années 1950. Ce dernier se développa surtout dans la capitale, où fut fondée, en 1967, l'Ethiopian Full Gospel Believers' Church (EFGBC). Reste que ces chrétiens éthiopiens (des jeunes instruits et issus de minorités marginalisées pour la plupart) furent mal vus dans la sphère publique et observés d'un œil soupçonneux par l'EOTC qui a toujours considéré les autres formes d'apostolat chrétien à la fois comme un appui et comme une menace[1]. La citoyenneté restait en effet perçue comme synonyme d'identité religieuse, bien qu'environ 50 % des Éthiopiens soient musulmans. Il manquait cependant les bases nécessaires à la liberté religieuse : les premières dispositions visant à la garantir figurèrent dans la Constitution de 1930, révisée en 1955. Cinq ans plus tard, toute discrimination pour raisons religieuses devint illégale. On autorisa l'existence d'associations religieuses en dehors de l'EOTC – source de contestation dans la mesure où elle était fiscalement assujettie à l'État et socialement perçue comme immobiliste. Reste qu'il fallut des années pour la mettre en œuvre. L'EFGBC, à l'avant-garde des revendications de liberté, fut mise au ban de la société en 1971 ; ses biens furent confisqués et ses membres, arrêtés[2].

En 1974, la révolution mit fin à la dynastie impériale, réduisant au silence l'EOTC qui fut immédiatement délégitimée. Pour la première fois dans l'histoire du pays, on proclama la liberté de culte, synonyme d'une même dignité pour tous. Outre l'idéologie marxiste-léniniste, l'équation foi-retard de développement s'abattit sur la profonde religiosité de la société éthiopienne sans pour autant la vider de sa substance. Le régime coopta par la violence l'EOTC et l'islam tout en persécutant les autres groupes religieux. Il accapara leurs biens, jeta en prison leurs fidèles et martyrisa le pasteur évangélique Gudina Tumsa. Tous les protestants du EECMY étaient péjorativement appelés les *Pente*[3]. Contraints à la clandestinité, les charismatiques pratiquèrent la désobéissance

1. T. Eshete, *The Evangelical Movement in Ethiopia. Resistance and Resilience*, Baylor University Press, 2009, p. 48 et sqq.
2. J. Haustein, *Theorizing Pentecostal Historiography. Persecution and Historical Memory in Ethiopia*, in « PentecoStudies », 11, 2, 2012, p. 171-191.
3. D. Donham, *Marxist Modern. An Ethnographic History of the Ethiopian Revolution*, University of California Press, 1999, p. 144 et sqq.

civile[1], acquérant une envergure politique au niveau national. La solidarité œcuménique entre toutes les croyances se renforça au moment d'affronter les épreuves infligées par la dictature, les famines et les mouvements insurrectionnels.

En 1991, après la chute de la dictature, la réforme institutionnelle de 1994 fit de l'Éthiopie une République fédérale composée d'États régionaux. Étant donné la mobilité sociale historique du pays, aucun d'eux ne saurait regrouper de façon homogène les quelque quatre-vingts groupes ethno-culturels. Si le nouvel État est laïc, la Constitution contient de nombreuses garanties des droits religieux: le « développement égalitaire des diverses cultures et religions » est la condition *sine qua non* pour la paix, la démocratie et le développement durable, indique son Préambule. Elle assure la séparation de l'Église et de l'État et leur non-interférence réciproque (art. 11) tout en reconnaissant aux citoyens la liberté de culte, de pensée (art. 27 et 29) et d'association (art. 31). La Constitution reconnaît aussi celui de se convertir à une autre religion, de l'exprimer et de l'inculquer à ses enfants. Conformément à tout cela, le gouvernement a accordé aux confessions religieuses de pratiquer leur foi sans poser de contraintes au prosélytisme. Selon le recensement de 2007, la population se partage entre les chrétiens (62,8 %), les musulmans (33,9 %) et les autres cultes. L'augmentation des conversions se manifeste au travers des taux de croissance de toutes les Églises chrétiennes – à l'exception de l'EOTC, dont la part est passée de 50 % à 43,5 % depuis le recensement de 1994 (soit 32 millions de fidèles). Quant à l'évangélisation catholique (0,7 %, soit un demi-million de personnes), celle-ci est très importante dans les régions du Sud. Dans le même temps, le pourcentage de protestants est passé de 5,5 % (soit 2 100 000 personnes environ) à 18,6 % (soit 13 700 000 personnes), pour l'essentiel dans les villes et les États régionaux comme le Gambela et la Région des nations, nationalités et peuples du Sud. Cette croissance exponentielle dépasse celle de toutes les autres croyances. Les Églises

1. T. Eshete, « Evangelical Christians and Indirect Resistance to the Religious Persecution in Ethiopia », in *The Review of Faith and International Affairs*, 8, 1, 2010, p. 13-21.

protestantes – y compris les deux plus grandes Églises évangélistes, la KHC et l'EECMY – ont trouvé un arrangement théologico-liturgique avec le mouvement charismatique et les pentecôtistes[1]. C'est d'ailleurs au prosélytisme de ces églises que l'EOTC attribue la baisse vertigineuse du nombre de ses fidèles, laquelle, combinée à la visibilité accrue de l'islam, pousse les chrétiens orthodoxes à s'enfermer dans un esprit d'autodéfense.

L'Éthiopie se distingue par son panorama confessionnel hautement pluraliste. Pour s'en convaincre, il suffit de parcourir la liste des 291 associations religieuses enregistrées auprès du ministère de la Justice. La liberté d'expression a favorisé la compétition entre croyances, déjà encouragée par la radicalisation doctrinaire héritée des influences « globales », qu'il s'agisse du wahhabisme, du salafisme, et du néopentecôtisme – autant de mouvements véhiculés par des prédicateurs et des ONG étrangères à l'Éthiopie. Des autorisations pour construire de nouveaux lieux de culte à l'autoreprésentation dans les médias (où l'on dénigre la croyance d'autrui) en passant par les cérémonies publiques, on s'affronte pour et dans l'espace public. La moindre forme de communication moderne (DVD, VCD, fichier mp3), de la musique aux sermons, diffuse le sacré aussi bien hors des églises et des mosquées que dans les lieux de pèlerinage : ce sont de véritables « guerres acoustiques[2] » auxquelles on assiste.

Outre le poids démographique attribué par les institutions à chaque religion, la question des constructions religieuses est aujourd'hui source de tensions. La terre étant propriété de l'État, celui-ci est tenu de donner son accord. L'EOTC a rejeté le projet (intolérable, selon elle) d'ériger des minarets à Aksoum, berceau de la chrétienté éthiopienne, au motif qu'il est impossible de bâtir des temples protestants dans un rayon de 18 km de la ville d'Aksoum. À deux reprises, le monument à Ahmed Ibn Ibrahim al-Ghazi,

1. J. Haustein, *Pentecostal and Charismatic Churches in Ethiopia*, 2009, in http://www.glopenet.net/Members/jhaustein/ethiopia/pentecostal-charismatic-churches-in-ethiopia

2. J. Abbink, "Religion in Public Spaces. Emerging Muslim - Christian polemics in Ethiopia", *in African Affairs*, 110,439, 2011, p. 253-274.

dont l'héritage a été associé (dans la mémoire chrétienne) à la violence djihadiste du XVIe siècle, a été saboté[1].

La réappropriation du langage religieux dans le discours politique a donc alimenté différentes formes de rivalité. Celles-ci se sont accentuées au fur et à mesure que l'arène politique devenait de moins en moins libérale jusqu'à prendre l'apparence de véritables stratégies de délégitimation qui dépassent le cadre du sermon/*meeting* pour verser dans le révisionnisme historique. L'agressivité théologique et sociologique des prédicateurs musulmans a poussé les prêtres de l'EOTC à réagir. Verbalement, d'abord, puis par la violence physique. Des affrontements entre fidèles se produisent occasionnellement. La proximité entre les lieux de culte, qui, bien souvent, est à l'origine de ces incidents, est d'ailleurs telle que les processions sont interprétées comme l'occasion de donner libre cours à ses convictions religieuses au détriment des autres sensibilités. Se sont ensuivis des actes de vandalisme, des incendies d'églises et des assassinats, de la capitale Addis-Abeba aux villes-symboles Harar et Gondar en passant par des zones périphériques comme Begi, Agaro et Wolenkomi. Même s'ils restent rares, les affrontements qui se sont produits à Kemise en 2001 et à Gore en 2006 sont inquiétants parce qu'ils sont en augmentation. Au cours de la seule année 2011, cinquante-cinq églises ont été incendiées et des centaines de chrétiens ont été chassés dans la région de Jimma et de Wallega pour de présumés blasphèmes au Coran. La KHC et l'EECMY se sont également plaintes d'avoir été prises pour cibles par les musulmans et les adeptes de l'EOTC dans la région d'Oromia – et ce, dans l'indifférence des autorités. Précisons cependant que ces heurts se surajoutent à des rapports de force inhérents au fédéralisme ethnique qu'accentue l'exclusion des rôles politico-institutionnels, ce qui rend ces questions encore plus épineuses[2].

On ne s'étonnera donc pas que l'Ethiopian People Revolutionary Democratic Front, un mouvement toujours très représenté au sein

1. J. Abbink, « Religion in Public Spaces. Emerging Muslim-Christian Polemics in Ethiopia », in *African Affairs*, 110, 439, 2011, p. 253-274.
2. M. Girma, *Understanding Religion and Social Change in Ethiopia*, Palgrave, 2012.

du gouvernement depuis 1991, brigue un large contrôle de la société et des institutions au nom de la stabilité et du développement en alternant l'ouverture et la coercition vis-à-vis des mouvements religieux[1]. Les normes constitutionnelles ont ainsi cessé d'être appliquées au niveau sous-fédéral, tandis que les organisations religieuses (qui ont accepté la laïcité) sont de nouveau contrôlées. Depuis 2009, celles-ci doivent s'enregistrer auprès du ministère de la Justice afin d'obtenir une personnalité juridique. Toujours surveillée de très près depuis 1992 (date à laquelle le gouvernement a enfreint ses préceptes canoniques et démis de ses fonctions son patriarche, accusé de collusion avec le régime précédent), l'EOTC a vu son lent déclin se poursuivre. De leur côté, les musulmans ont revu leurs revendications à la hausse : ils demandent aujourd'hui la réforme des tribunaux islamiques, le droit de prier dans l'espace public et de redéfinir les paramètres de l'identité nationale en donnant plus d'importance à l'héritage historique de l'islam en Éthiopie[2].

Après les élections controversées de 2005, le déficit démocratique a rendu de plus en plus criante non seulement la façon dont les mouvements religieux sont devenus un vecteur de mobilisation, mais également celle dont la réduction des libertés sociales a frappé de plein fouet les associations confessionnelles et les ONG. L'État éthiopien put ainsi contenir les menaces d'ingérence dans la sphère publique (terrorisme compris). Non content de rappeler la place de la laïcité comme fondement de l'instruction publique et de l'assistanat, il a fait de la diffamation et de l'incitation à la violence religieuse des délits pénaux depuis 2008[3]. Les affrontements interreligieux préoccupent en effet l'exécutif, décidé à multiplier les initiatives pour favoriser le dialogue et une coexistence pacifique. Au cours de la conférence nationale d'août 2013, à laquelle ont assisté les plus hauts responsables de l'État et l'Inter-Religious

1. J. Haustein, T. Østebø, « EPRDF's Revolutionary Democracy and Religious Plurality. Islam and Christianity in post-Derg Ethiopia », in *Journal of Eastern African Studies*, 5, 4, 2011, p. 755-772.

2. T. Østebø, « The Question of Becoming. Islamic Reform Movement in Contemporary Ethiopia », in *Journal of Religion in Africa*, 38, 2008, p. 416-446.

3. L. Aalen, K. Tronvoll, « The End of Democracy? Curtailing Political and Civil Rights in Ethiopia », in *Review of African Political Economy*, 36, 1, 2009.

Council of Ethiopia (organe indépendant institué en 2010 par les six croyances les plus représentées), tous les participants ont réaffirmé leur désir de coopérer pour promouvoir la paix dans l'œcuménisme.

Les chrétiens dans l'Érythrée autoritaire

L'Érythrée est un pays composé de neuf principales communautés ethno-culturelles. Le pluralisme démo-religieux s'y est enraciné au fil du temps sur le mode d'une tolérance réciproque. À l'image des fêtes religieuses, qui sont le reflet de cette polyphonie, les Érythréens partagent les mêmes tables et les mêmes quartiers sans barrières confessionnelles. Dès la deuxième moitié du XIXe siècle, une telle coexistence pacifique frappa les évangélisateurs chrétiens, les missionnaires catholiques et protestants, mais aussi les colonisateurs italiens qui nationalisèrent l'apostolat. Les Érythréens fidèles à l'EOTC en suivirent le destin, tout spécialement après 1952, quand le pays entra dans l'orbite politique éthiopienne. Durant la longue guerre de libération (1961-1991), les leaders de l'Érythrée indépendante fourbirent leurs armes dans la clandestinité de la guérilla, qui entendait transformer la société par la lutte des classes tout en maintenant une attitude ambivalente à l'égard de la religion, utilisée comme soutien à la cause indépendantiste, sortie victorieuse du conflit en 1991.

En l'absence de données statistiques, le nombre de fidèles est aujourd'hui devenu un objet de communication politique. Issu du seul parti autorisé, le People's Front for Democracy and Justice (PFDJ), le gouvernement d'Asmara (qui professe la laïcité depuis son instauration en 1993) préfère mettre à peu près à égalité islam et christianisme. Dans les faits, la moitié des Érythréens sont musulmans. Les chrétiens orthodoxes représentent 30 % des fidèles, tandis que les catholiques et les protestants ne dépassent pas 14 % du total. Quant aux pentecôtistes, qui semblent connaître une croissance significative, on ne dispose pas de données à leur sujet[1]. Tous les dispositifs légaux, y compris la Charte constitu-

1. H. Becky, *Eritrea*, *in* W. C. Roof, M. Juergensmeyer (éd.), *Encyclopaedia of Global Religion*, Sage, 2012.

tionnelle (jamais ratifiée), affirment la séparation de l'Église et de l'État tout en garantissant la liberté de croyance et de culte, pourtant démentis dans l'exercice de la pratique politique. Depuis 1995, l'État, qui a imposé aux Églises de se limiter aux activités de culte, ne reconnaît légalement que l'Église orthodoxe érythréenne Tewahedo (l'EOET, qui s'est détachée de l'Église-mère éthiopienne au nom du nationalisme et qui est subordonnée hiérarchiquement à Alexandrie), l'Église catholique, l'Église évangélique luthérienne d'Érythrée et l'islam. Le PFDJ a choisi de s'arroger le monopole de l'assistanat[1]. Reste que les besoins engendrés par la guerre entre l'Érythrée et l'Éthiopie (1998-2000) ont ralenti ce processus, permettant la survie de l'apostolat social catholique qui, depuis 2005, a été de plus en plus drastiquement contrôlé jusqu'à se voir intimer l'ordre de remplacer les non-Érythréens par des autochtones dans les instituts missionnaires.

À la fin de la guerre, l'opposition a été bannie et la société civile mise sous coupe réglée. Dans le même temps, les entraves à la liberté religieuse ont été durcies. Depuis 2002, chaque congrégation est dans l'obligation de s'enregistrer auprès de l'Office des affaires religieuses et de fournir des informations sur sa conformité avec la « culture locale », sur les bénéfices apportés à la nation – sans compter la liste détaillée de leurs fidèles, mais aussi celle de leurs biens et de toutes leurs sources de financement. Le but recherché ? Empêcher l'arrivée d'aides de l'étranger. Rien de surprenant, quand on connaît le choix de *self-reliance* du gouvernement et son intention de recueillir toutes les informations possibles. Les organisations internationales de défense des droits de l'homme rapportent d'ailleurs que sans l'aval préalable du pouvoir en place, toute activité religieuse est hors la loi – des fonctions collectives aux prières individuelles, en passant par la construction de lieux de cultes et les visas de sortie qui imposent l'identité confessionnelle. Les fidèles des quatre Églises reconnues depuis 1995 sont moins concernés par cette surveillance, encore qu'ils restent sous contrôle et tenus

1. K. Tronvoll, *The Lasting Struggle for Freedom in Eritrea. Human Rights and Political Development, 1991-2009*, The Oslo Center for Peace and Human Rights, 2009, p. 95-96.

de rendre compte tous les six mois de leurs activités. Étant donné la réticence des Érythréens, il est difficile de vérifier l'ampleur du phénomène[1].

D'autres organisations internationales d'inspiration ouvertement religieuse, comme Christian Solidarity Worldwide, affirment que des congrégations évangéliques récemment implantées en Érythrée, comme la Mehrete Yesus Evangelical Presbyterian Church, l'Église adventiste du septième jour et la Faith Mission Church ont été déclarées illégales dans la mesure où leur situation n'était pas en règle après l'audit sur les financements externes. Conséquence de quoi, elles ont été accusées d'être des instruments d'infiltration occidentale. L'Église baptiste Kale Heywet, la Full Gospel Church ainsi que l'Église mennonite Meserete Kristos n'ont pas répondu aux demandes d'enregistrement, tandis que les charismatiques de la Rema Church ont rendu les documents vierges. Depuis 2002, le gouvernement a donc banni celles qu'il appelle les « nouvelles Églises » en leur interdisant de se réunir pour prier, y compris chez les particuliers. Les contrevenants ont été arrêtés (des prêtres et des fidèles, soit environ 3 000 personnes, dont des femmes enceintes ou âgées), tenus à l'isolement, maltraités et parfois torturés pour les forcer à abjurer leur foi ou, dans certains cas, adhérer à l'EOET. Voilà ce que rapportent les plaintes présentées par les ONG évangéliques comme la Strategic World Impact américaine[2].

L'hostilité vis-à-vis des « dissidents religieux » a une origine entièrement politique. Du fait qu'ils refusent les hiérarchies traditionnelles et l'autorité, les pentecôtistes offrent aux jeunes des valeurs qui transcendent les liens identitaires tout en leur conseillant de se montrer plus travailleurs, plus entreprenants. Ce lien entre charisme et succès a attiré la classe moyenne la plus instruite.

1. International Crisis Group, *Eritrea. The Siege State*, Africa Report n° 163, 2010 ; Amnesty International, *Eritrea. 20 Years of Independence, But Still no Freedom*, 2013 ; R. Reid, « The Politics of Silence. Interpreting Stasis in Contemporary Eritrea », in *Review of African Political Economy*, 120, 2009, p. 209-221.

2. U.S. Department of State, *International Religious Freedom Report for 2012*, Washington D.C., 2013 ; D. R. Mekonnen, M. van Reisen, *Religious Persecution in Eritrea and the Role of the European Union in Tackling the Challenge,* communication donnée durant l'ESF-LIU Conference on Religion, Gender and Human Rights, et publiée dans : *Challenges for Multicultural and Democratic Societies*, 2011.

Après la guerre avec l'Éthiopie, ce groupe confessionnel a connu une augmentation du nombre de conversions tellement vertigineuse qu'elle a « d'une certaine façon révolutionné la chrétienté en Érythrée[1] ». Perçu comme une forme d'opposition et d'antipatriotisme par le PFDJ, ce phénomène semble, d'après les enquêtes menées sur le terrain, également inquiéter les orthodoxes et les chrétiens.

Qu'il s'agisse des chercheurs[2], des *think thank* et des organismes de défense des droits de l'homme, le régime érythréen compte parmi les plus répressifs au monde. On l'accuse d'avoir plongé le pays dans une crise économique et politique qui nie les droits civils pour maintenir une mobilisation permanente, l'Érythrée étant assiégée par ses voisins. Depuis 2002, l'État a imposé à ses citoyens, hommes et femmes âgés de dix-huit à quarante-cinq ans, un service militaire à durée indéterminée. Les objecteurs de conscience et les religieux n'en sont pas exemptés : on leur interdit même de passer la frontière pour perfectionner leurs études théologiques. Amnesty International et Human Rights Watch ont d'ailleurs recueilli des témoignages attestant que la prière est prohibée dans les camps militaires. Ceux qui transgressent cette règle subissent des châtiments corporels. Partout, le droit à la catéchèse est contrarié[3].

L'opacité du régime, qui a par ailleurs la mainmise sur les médias, empêche de vérifier l'ampleur de cette persécution. Après une intense campagne de dénonciation et de sensibilisation, les groupes d'action chrétiens qui classent l'Érythrée parmi les États

1. A. Kifleyesus, « Cosmologies in Collision. Pentecostal Conversion and Christian Cults in Asmara », in *African Studies Review*, 49, 1, 2006, p. 75-92.

2. Nous renvoyons entre autres à : N. Hirt et A. Saleh, « Dreams Don't Come True in Eritrea. Anomie and Family Disintegration Due to the Structural Militarisation of Society », in *Journal of Modern African Studies*, 51, 1 2013, p. 139-168 ; P. Ogbazghi, « Personal Rule in Africa : The Case of Eritrea », in *African Studies Quarterly*, 12, 2, 2011, p. 1-25 ; T. Redeker Hepner, D. O'Kane (éd.), *Biopolitics, Militarism, and Development. Eritrea in the Twenty-First Century*, Berghahn Books, 2009 ; G. Kibreab, *Critical Reflections on the Eritrean War of Independence. Social Capital, Associational Life, Religion, Ethnicity and Sowing the Seeds of Dictatorship*, The Red Sea Press, 2008.

3. Amnesty International, *Eritrea. 20 Years of Independence, but still no Freedom, op. cit.* ; Human Rights Watch, *Ten Long Years. A Briefing on Eritrea's Missing Political Prisoners*, 2011 ; Human Rights Watch, *Service for Life. State Repression and Indefinite Conscription in Eritrea*, 2009 ; G. Kibreab, « Forced Labour in Eritrea », *Journal of Modern African Studies*, 47, 2009, p. 41-72.

où la persécution antichrétienne est la plus dure (comme Strategic World Impact, International Christian Concern, mais aussi le Pew Forum on Religion and Public Life et Open Doors) ont poussé l'IFRA à laisser l'Érythrée parmi les pays « of Particular Concern ». Les rapports IFRA estiment que des milliers de chrétiens ont été emprisonnés sur la base de leur seule appartenance religieuse, certains étant même morts avant leur procès. Tous s'insurgent contre la fermeture de leurs lieux de culte, vidés par la conscription obligatoire qui n'épargne ni les ecclésiastiques, ni les paroissiens[1]. Ces restrictions à la liberté religieuse sont (entre autres) à l'origine de l'embargo de l'ONU qui, depuis 2009, accuse l'Érythrée de soutenir les islamistes somaliens d'al-Shabaab. Le régime d'Asmara nie en bloc ces accusations, répétant qu'il ne partage aucune idéologie fondée sur des critères religieux et qu'il surveille les musulmans wahhabites, eux aussi considérés comme des éléments subversifs politiquement. Le ministre de l'Information, Ali Abdu, a d'ailleurs mis un terme à la discussion en déclarant que chaque arrestation correspondait à un délit. Et d'ajouter : « Si quelqu'un est arrêté, qu'est-ce que sa religion a à voir là-dedans[2] ? »

La méfiance vis-à-vis des groupes religieux, perçus comme les instruments d'États étrangers, s'est accentuée. Après avoir poussé les ONG à quitter l'Érythrée[3], le gouvernement garde des rapports tendus avec toutes les Églises, y compris celles qu'il reconnaît légalement. Accusé d'intimider le clergé pour l'empêcher de s'exprimer publiquement, il est également accusé de s'arroger le droit de remplacer les opposants supposés, y compris dans la principale institution religieuse, l'EOET, dont les biens sont administrés par un gestionnaire choisi par le gouvernement. Vivement contesté par le patriarche abouna Antoine Ier, le régime a arrêté l'ecclésiastique et l'a mis à l'isolement avant de mettre à sa place, en 2007, un abouna plus complaisant, peu concerné par les attaques subies par

1. U.S. Department of State, *International Religious Freedom Report for 2011*, Washington D.C., 2012.
2. U.N. Security Concil, *Report of the Monitoring Group on Somalia and Eritrea*, 2012, S/2012/545 ; Ministry of Foreign Affairs of the State of Eritrea, *Eritrea's Response to the Report of the Somalia Eritrea Monitoring Group Report*, 17th October 2011 ; Global Eritrean Movement against Unjust Sanctions, *Human Rights and Eritrea's Reality. Context is Everything*, 6-4-2013.
3. U.S. Department of State, *Eritrea Human Rights Report 2012*, Washington D.C., 2013.

les fidèles et les Églises orthodoxes. En juillet 2012, Antoine Ier a entamé une grève de la faim[1] – en vain. De la même façon, on estime que le chef de l'Église évangélique luthérienne d'Érythrée a été nommé au terme de consultations informelles avec le gouvernement et le cheik al-Amin Osman, imposé comme mufti. Seul le Saint-Siège continue de choisir de façon autonome sa hiérarchie locale. Le gouvernement a même été contraint de renoncer à sa volonté d'imposer le service militaire à tous les religieux catholiques de moins de trente ans, hommes et femmes. Reste que les catholiques ne sont pas libres, eux non plus, d'exprimer leurs opinions. En avril 2011, la commémoration organisée dans l'Église catholique de Segeniti en hommage aux personnes qui avaient péri en tentant de traverser la Méditerranée s'est traduite par une arrestation de masse[2]. Aujourd'hui encore, de plus en plus de réfugiés avancent leur incapacité à pratiquer leur religion parmi les raisons qui les poussent vers l'exode.

Traduit de l'italien par Marc Lesage

Née en 1969, Federica Guazzini enseigne l'histoire et les institutions de l'Afrique à l'Università per Stravieri de Pérouse. Elle est l'auteur de nombreux articles et ouvrages sur l'histoire contemporaine de la Corne de l'Afrique.

1. G. Kibreab, *Eritrea, A Dream Deferred*, Currey, 2009, p. 92.
2. Aiuto alla Chiesa che soffre, *Rapporto 2012 sulla libertà religiosa nel mondo*, Roma, 2012 ; D. Connell, *Escaping Eritrea. Why They Flee and What They Face*, in « Middle East Report », 264, 2012, p. 2-8.

Témoignage

Trente mois dans un conteneur

Helen Berhane

Membre d'une communauté chrétienne évangélique, Helen Berhane a été arrêtée et emprisonnée le 13 mai 2004 dans des conditions inhumaines pendant trente mois par le régime d'Asmara. Torturée, elle refuse d'abjurer sa foi et finit par user ses propres bourreaux. Helen Berhane vit aujourd'hui au Danemark avec sa fille où elle poursuit une carrière de chanteuse de gospel.

Un jour, un des chefs de la prison nous a remis un document qui disait : « Je continuerai à prêcher et à croire. » C'était une déclaration inversée par rapport au dernier papier qu'ils nous avaient demandé de signer.

« C'est votre dernière chance, a dit le fonctionnaire. Si vous signez cette feuille, vous devrez rester en prison et nous vous enverrons dans un centre de détention tenu secret où vous serez emprisonnés à vie. Si vous ne la signez pas, nous vous laisserons partir. Si vous signez, je m'en lave les mains ; vous aurez vous-même décidé de votre sort. Je ne serai pas responsable de ce qu'il adviendra de vous ensuite. »

Il me semblait que, chaque fois qu'on nous appelait au bureau, les choses empiraient. Ils avaient toujours une idée malveillante en tête. Et quand j'entendais dire à la radio que l'Érythrée faisait partie des dix pays les moins respectueux des droits de l'homme, je pensais toujours que ce devait être certainement le premier de la liste. Il y a en permanence environ 10 % des chrétiens emprisonnés en Érythrée. Mais en réalité, plus de 50 % d'entre eux ont été enfermés à un moment de leur vie. L'emprisonnement est, je pense, pire qu'une condamnation à mort. Il serait plus gentil de leur part de nous tuer. Car en étant détenus dans de telles conditions, nous sommes comme des « morts vivants ». C'est même pire, car on nous enlève notre dignité, nos espoirs, nos rêves. Cela me rappelle un musulman[1] que j'ai rencontré en prison : il avait été frappé si sévèrement à la tête qu'il a eu de graves séquelles ensuite. Il ne vivait pas, il existait juste, comme nous tous qui étions enfermés dans les geôles érythréennes.

Avant que nous n'obtenions notre indépendance, quand le pays était dirigé par le dictateur éthiopien Mengistu, mon père avait été arrêté pour avoir soutenu le gouvernement précédent. Il avait été emprisonné plus d'une année, mais il n'avait été torturé qu'au début, durant les semaines d'interrogatoires. Et il avait été détenu dans une prison correcte, aux équipements modernes. Ensuite, une fois la période d'interrogatoires passée, nous avions été autorisés à lui rendre visite. Aujourd'hui, en revanche, plus le temps passé en prison est long, plus la torture s'intensifie et moins vous voyez votre famille. Durant tous ces mois, je n'ai vu ma fille qu'une seule fois.

Mais je refusais toujours de céder.

« Je ne peux pas abandonner ma foi, ai-je dit au chef. Si vous percez un sac de grain, il n'en sort pas autre chose que du grain, car c'est ce qui se trouve dedans. Avec moi, c'est pareil : je ne peux pas vous dire autre chose que ce qu'il y a à l'intérieur de moi ; tout ce que j'ai sur le cœur doit s'exprimer par ma bouche. Donc donnez-moi ce papier, je vais le signer, puis vous pourrez m'envoyer où vous voulez. »

Il m'a alors dit d'attendre et de réfléchir aux conséquences d'une telle décision. Cela m'a semblé cruel, car pour moi, il n'y avait vraiment pas d'autre choix.

« Plus vous me punirez, plus je serai forte, ai-je répliqué. Si vous continuez à taper sur un clou avec un marteau, il devient plus difficile de le retirer du mur. Alors donnez-moi ce papier ! »

Je l'ai signé, puis je suis retournée à mon conteneur.

[...]

1. En Érythrée, si l'islam sunnite est une des religions reconnues officiellement par le gouvernement, ceux qui appartiennent à des courants islamistes sont arrêtés. *[N.d.E.]*

Dans mon pays, les gens ne sont pas libres de vivre leur foi en Dieu. Les chrétiens sont souvent appelés « pentes » (de « pentecôtistes »). C'est un terme péjoratif et déshonorant pour quiconque est sérieux dans sa foi. Les croyants, en Érythrée, ne jurent pas, bien qu'un langage grossier fasse partie de la culture. Et parce que nous ne jurons pas, on nous appelle des « pentes inutiles ».

Peu après, j'ai préparé une étude biblique pour un des surveillants. Je la tenais prête pour lui aux alentours de midi, car c'était un moment calme à la prison, et il pouvait donc plus facilement venir la chercher. Mais par hasard, un de ses supérieurs l'a vu. Il lui a alors demandé ce qu'était ce papier et il a dû le lui remettre.

Comme cela faisait un moment que j'écrivais des enseignements bibliques pour cet homme, j'avais noté, en haut de la feuille : « Suite de la leçon précédente. » Ils ont donc compris que ces études étaient quelque chose de sérieux. J'ai été contrainte de sortir du conteneur, et ils m'ont menottée à côté de mon « élève », avec le gardien de service. Ils m'ont aussi attaché les chevilles, mais ils ont trop serré les menottes, ce qui m'a provoqué une douleur atroce. Nous avons dû rester ainsi toute la nuit, et je n'ai pas pu dormir, car je souffrais trop. À ce moment-là, un texte de la Bible que je lisais continuellement durant cette période m'est revenu à l'esprit. Il se trouve en Esaïe 53,2 : « Il n'avait ni beauté ni splendeur. »

Étendue dehors, souffrant de douleurs lancinantes dans les jambes, je regardais les étoiles apparaître dans le ciel. Et devant l'immensité de la voûte céleste, j'ai eu soudain le sentiment d'être vraiment très petite. Toutefois, lorsque j'ai repensé à la majesté de Dieu, le pouvoir qu'avaient les gardiens ne m'est plus apparu aussi grand. J'ai concentré mon attention sur les étoiles, car lorsque je la portais sur mes jambes, la douleur devenait insupportable. J'avais peur de perdre l'usage de mes membres si la circulation était coupée pendant trop longtemps. Je ne pourrais alors plus ni marcher, ni travailler.

Presque tous les surveillants sont passés à côté de nous au cours de la nuit, lors de leur changement de garde, et beaucoup se sont moqués de nous.

Quand le matin est venu, la douleur me faisait presque délirer. Je me souviens toutefois avoir vu les autres prisonniers aller aux toilettes : beaucoup d'entre eux étaient compatissants. J'ai vu aussi mon amie Ester; lorsqu'elle m'a regardée, des larmes ont commencé à couler sur ses joues.

[...]

Cependant, l'affaire n'était pas close pour autant.

Un nouveau détenu qui, comme bien d'autres, avait été pris en tentant de fuir le pays, avait été enfermé dans le conteneur situé en face du mien, réservé aux personnes souffrant de diarrhée. C'était une punition. Les conditions y étaient très désagréables, et cet homme était prêt à tout pour réduire sa peine. Il a donc accepté d'être recruté comme espion par les gardiens, et sa première tâche a été de me prendre au piège.

Il est venu me voir et m'a demandé de lui écrire quelques enseignements au sujet de la Bible. J'ai accepté, mais comme je rédigeais des courriers pour de nombreux prisonniers, je n'ai pas pu commencer immédiatement. Il est donc revenu un peu plus tard et a réitéré sa demande. Désolée pour lui, j'ai recopié une des études que j'avais écrites avec Liya, et Ester a illustré le tout. Puis, j'ai plié la feuille et je l'ai cachée dans une boîte d'allumettes.

Alors qu'il se tenait à l'arrière du conteneur, j'ai chuchoté, à travers la petite fenêtre :

« Personne en vue ? »

Il a répondu par l'affirmative, mais en réalité, il mentait. Car non loin de là, le gardien observait la scène. Je lui ai donc lancé la boîte d'allumettes, qu'il a attrapée et apportée directement au surveillant.

Celui-ci s'est approché et a demandé :

« Qui a jeté cela ? »

J'ai ouvert la bouche pour répondre, mais Ester m'a devancée, disant :

« C'est moi ! »

Comme j'avais été tellement torturée, elle ne voulait pas que j'aie à nouveau des ennuis. Cependant, lorsque le gardien a regardé l'écriture sur la feuille, il a su que c'était moi.

[...]

Instinctivement, j'ai porté mes mains à mon visage, car j'étais sûre qu'il allait me gifler moi aussi. Et effectivement, il n'a pas manqué de me frapper. De loin, on aurait pu croire que nous faisions de la boxe, car je tentais d'esquiver ses coups et, ce faisant, je me baissais subitement et faisais de drôles de mouvements. Je craignais qu'il veuille continuer jusqu'à ce que je sois défigurée.

Puis, mes jambes ont commencé à ne plus me porter, et je me suis lentement affaissée sur le sol.

« Où sont tous vos écrits, Helen ? »

Il pensait manifestement que je tirais mes enseignements bibliques de livres que j'aurais introduits en cachette dans la prison.

« Ils sont tous là-dedans, lui ai-je répondu en montrant ma tête.

– Alors, il sera facile de les détruire ! »

Puis, j'ai eu l'impression que quelque chose avait explosé contre ma tête, sur le côté. Il me frappait maintenant avec son pied. L'un après l'autre, les coups pleuvaient sur tout mon corps.

[...]

Le lendemain matin, j'ai réussi à boitiller jusqu'au champ des toilettes, mais à peine étions-nous de retour au conteneur que le gardien nous a appelées à nouveau. J'étais tellement meurtrie, suite à la correction qu'il m'avait infligée la veille, que je pensais ne pas être appelée pendant un certain temps. Pourtant, ils m'ont menottée dehors avec Ester et, ensuite, un autre gardien est venu me dire qu'un des chefs voulait me voir.

Nous avons longé les allées étroites séparant les conteneurs, puis, passant devant le bâtiment principal, nous sommes arrivés au bureau. Il y avait deux chefs, dans cette prison. L'un était un homme issu d'une famille orthodoxe, comme moi, et l'autre était un musulman du nom de Suleiman. C'était lui qui se trouvait en cet instant face à moi, prêt à m'administrer une correction. Tenant dans ses mains un gros paquet de mes écrits, il les a posés avec violence sur le bureau, à côté d'une matraque. Horrifiée, je ne pouvais détourner mes yeux de cet objet. Il me rappelait ce que m'avait raconté une codétenue un jour : accusée de vol, elle avait été cruellement battue par Suleiman. Et, un mois auparavant, un chrétien emprisonné depuis longtemps avait lui aussi été frappé par ce chef. Il m'avait rapporté la scène par écrit. Suleiman, qui était quelqu'un de méthodique, avait commencé par son cou, puis il avait continué par les épaules, les bras et le dos, pour finir par les jambes. Ainsi, je savais à quoi m'attendre et, malgré ma foi, j'avais peur.

Lorsqu'il a commencé à me parler, il était furieux. J'ai donc essayé de le calmer.

« Suleiman, les choses ne sont pas ainsi… », répétais-je.

Mais il semblait ne pas m'entendre. Il était déterminé à passer sa colère sur moi.

Juste avant que je ne reçoive le premier coup, un verset d'Esaïe m'est revenu : « Il a été maltraité, il s'est humilié et n'a pas ouvert la bouche » (Esaïe 53,7). Je me suis accrochée à cette parole, et cela m'a fortifiée. Si Jésus n'avait pas crié, je ne crierais pas non plus.

Suleiman a continué à me frapper.

« Laissez-nous tranquilles, Helen ! » hurlait-il à chaque coup.

Mais tandis qu'il criait, je restais silencieuse. Pourtant, c'était plutôt l'inverse qui aurait dû se produire…

Il n'avait pas pris la peine de m'enchaîner, car de même que tous les gardiens, il savait que les chrétiens ne ripostaient pas. Comme je ne disais toujours rien, il a dû penser qu'il ne me frappait pas assez fort, car les coups ont redoublé de violence. Finalement, fatigué par l'effort, il a dit :

« Nous allons faire une pause pour que vous puissiez réfléchir à vos actions. »

Tous mes muscles ont commencé à se contracter convulsivement, tandis que je gisais par terre. Alors, appuyé sur son bureau, il a posé la matraque à côté de lui et m'a regardée en disant :

« Helen, vous devez cesser de croire. »

Comment pouvait-il penser que j'abandonnerais ma foi, après tout ce que j'avais supporté ? Croyait-il vraiment que des coups allaient me faire abjurer ?

« Suleiman, vous pouvez me faire ce que vous voulez, mais je continuerai à croire et je resterai fidèle à mon Dieu… même si vous me tuez. »

Il a pris une feuille sur son bureau et l'a agitée devant moi.

« Vous devez signer pour promettre que vous n'enseignerez plus les membres du personnel. Vous enseignez tout le monde ; vos écrits sont partout !

– Suleiman, je ne signerai pas, ai-je répété en levant les yeux vers lui, depuis l'endroit où j'étais étendue. Je n'ai qu'une seule pensée en tête : annoncer le salut à mes compatriotes, où que je sois. »

À ces mots, il a empoigné à nouveau sa matraque et a recommencé à s'acharner sur moi. Chaque centimètre de mon corps y est passé, depuis la tête jusqu'aux pieds. Je n'ai jamais autant souffert. Chacun de ses coups me provoquait une sensation de brûlure et, très rapidement, j'ai eu l'impression que tout mon corps était en feu. Mais je m'accrochais aux paroles d'Esaïe. Puis, finalement, il s'est assis et m'a fixée d'un air stupéfait. À mon avis, il avait peine à croire que je n'aie pas crié une seule fois ou que je ne l'aie pas supplié d'arrêter.

« Bon, vous avez quelque chose à dire ? a-t-il demandé.

– Non, ai-je répliqué. Vous faites votre travail, je fais le mien. »

Il était troublé.

« Que voulez-vous dire ?

– En me frappant, vous atteignez l'objectif que vous vous êtes fixé, et moi, j'atteins le mien », ai-je expliqué.

[…]

Un gardien, appelé Dawit, est venu nous dire d'aller manger dans le conteneur et de revenir aussitôt dehors. Mais la chaleur avait fait gonfler mes blessures, et j'étais incapable de tenir debout. J'ai fait quelques pas en titubant, avant de m'effondrer à nouveau sur le sol.

« Pourquoi dormez-vous ? a-t-il crié. Levez-vous !

– S'il vous plaît, Dawit, ai-je supplié, je suis vraiment mal ! Laissez-moi allongée ici. »

Toutefois, ne me croyant pas, il m'a donné à son tour des coups de pied. Il pensait que cela me ferait lever. Puis, comme il m'était impossible de tenir debout, il m'a traînée dans le conteneur. Ester a apporté un linge mouillé pour nettoyer mes plaies.

[…]

J'ai commencé à répéter en boucle dans ma tête les paroles d'un ancien cantique : « Seigneur, sois avec moi ; Seigneur, sois avec moi ; Seigneur, sois avec moi. » Des larmes coulaient le long de mes joues, car j'imaginais ma fille et le reste de ma famille venant me voir pour s'entendre dire que j'étais morte. Je n'avais pas peur de mourir, mais je ne voulais pas laisser Eva.

Ester criait toujours à Dawit de nous laisser, mais il l'a frappée et l'a poussée dehors. Puis, alors qu'il me traînait à l'extérieur moi aussi, elle a mis sa main sur mon bras et a dit :

« Elle souffre. Comment pouvez-vous lui faire ça ? »

Ne voulant pas qu'elle s'attire des ennuis, je lui ai dit :

« C'est fini, je meurs. Donc ne t'en fais pas. Ce n'est pas la peine de lui dire d'arrêter, parce que, bientôt, il ne pourra plus me faire de mal… »

Il nous a enchaînées toutes les deux en plein soleil, mais comme il m'était impossible de me tenir droite, je me suis à nouveau écroulée par terre.

« Je meurs, Ester », ai-je répété.

Et cette fois, j'ai vu qu'elle me croyait.

« Qu'est-ce que je peux faire pour toi ? a-t-elle demandé en se mettant à pleurer.

– Dis à Dawit de m'ôter mes chaînes pour que je puisse mourir plus confortablement. »

Quelques gardiens s'étaient regroupés près de nous, et un des plus âgés, qui était bienveillant, s'est agenouillé à côté de moi.

« Helen, que voulez-vous que nous fassions pour vous ? a-t-il demandé avec gentillesse.

– Détachez mes mains… », ai-je murmuré.

Puis, tout est devenu noir.

Traduit de l'anglais par Dorcas Poget

http://www.maisonbible.net/our1072/

Asie
Entre décombres totalitaires et montée de l'intolérance religieuse

Républiques d'Asie centrale et d'ex-Union soviétique
Corée du Nord
Chine
Pakistan
Inde
Vietnam
Sri Lanka

Introduction

Michael Kelly

En tant que région géographique, l'Asie est une invention européenne. Pour certains, elle s'étend depuis les rives orientales de la Méditerranée jusqu'au large de la côte Est des Philippines. L'Asie Mineure, quant à elle, était une appellation européenne qui faisait référence à ce que l'on appelle aujourd'hui le Moyen-Orient. Mineure par rapport à quoi ? L'Europe bien sûr !

L'Asie fait communément référence à ces pays limitrophes du Pakistan à l'ouest, des Philippines à l'est, de l'Indonésie au sud, et du Japon, de la Chine, ainsi que de la péninsule coréenne, au nord.

Quelle que soit la définition adoptée, l'Asie regroupe davantage de populations, de cultures, de langues, de religions, de configurations politiques et de prouesses économiques que n'importe quel autre continent sur Terre. Et à voir comment le développement économique dans la région est en avance sur le reste du monde, l'on comprend que le XXIe siècle soit souvent décrit comme le siècle asiatique. Il en va de même pour la chrétienté.

Mais si l'on se réfère au continent dans sa globalité, comme s'il était cohérent d'une quelconque manière, cela n'aide pas beaucoup à comprendre ce qu'est vraiment la vie dans les sociétés asiatiques. Car qu'est-ce que les Sri-Lankais et les Coréens ont en commun, à part le fait d'être étiquetés asiatiques ? Rien, si ce n'est leur humanité. Que partagent les Népalais et les Timorais ? À peu près autant que les Chinois et les Indiens.

La région asiatique est le berceau de deux des grandes traditions religieuses du monde, le bouddhisme et l'hindouisme, et des deux traditions religieuses et philosophiques de la Chine, le taoïsme et le confucianisme. Si l'on appliquait l'ancienne définition de l'Asie, qui comprenait alors le Moyen-Orient, et que l'on y ajoute le judaïsme, l'islam et le christianisme, l'Asie deviendrait alors le berceau d'où ont jailli les plus grandes religions du monde.

Étant donné sa diversité religieuse, culturelle, politique et économique, les formes prises par les persécutions en Asie varient grandement : cela va de la suppression violente et catégorique à l'exclusion systématique de la vie professionnelle et publique, en passant par les préjugés enfouis qui engendrent toutes sortes de jugements personnels négatifs. Tout cela a d'ailleurs lieu dans l'un ou l'autre pays d'Asie, parfois dans plusieurs d'entre eux. En dehors des Philippines et du Timor oriental, où les chrétiens sont majoritaires, la plupart des chrétiens asiatiques constituent des groupes minoritaires détenteurs de trop peu de ressources pour pouvoir se protéger lorsque les préjugés tournent à la persécution.

Au cœur des sociétés asiatiques, les persécutions ont une histoire particulière en fonction des nationalités concernées. La première arrivée du christianisme en Asie est visible en Chine, encore aujourd'hui. C'était à Xi'an en 635. Leur credo est inscrit sur des tablettes que l'on peut encore voir dans cette ville de Chine occidentale, qui fut la capitale du pays durant la dynastie Tang (618-907).

Il y a aussi eu les nestoriens, arrivés en Asie après que leur dirigeant Nestorius a été condamné comme hérétique lors du concile d'Éphèse (431)[1]. Mais, ainsi que cela a eu lieu par trois fois dans l'histoire chinoise, cette période chrétienne a pris fin avec les persécutions perpétrées par les autorités impériales à la fin du xe siècle.

En Asie, la plus grande période d'expansion a débuté dès le xve siècle avec l'arrivée des marchands européens. En même temps que les commerçants, sont arrivés les missionnaires, que ce soit en Inde, en Chine, au Japon, en Indonésie, en Thaïlande ou dans la péninsule malaise. Les commerçants portugais, espagnols, français, néerlandais et anglais furent parmi les premiers. Et tous ont amené leurs aumôniers. Leur monarque, leurs entrepreneurs, leurs administrateurs et leurs armées se percevaient non seulement comme

1. Nestorius (380 - 431) était le patriarche de Constantinople (Istanbul), et après qu'il a été démis de ses fonctions vers 431, ses disciples ont fui de plus en plus loin vers l'est, jusqu'à leur arrivée en Chine.

les porteurs d'opportunités commerciales, mais aussi du message de salut de Jésus-Christ à ceux dont ils craignaient que, sans le baptême, ils ne soient bannis au regard de Dieu.

C'est lors de la période la plus florissante de l'expansion colonialiste européenne, aux XVIIIe et XIXe siècles, que la diffusion autorisée de l'Évangile a connu un essor. Au vu des moyens qui étaient les leurs à cette époque, armées coloniales et administrateurs protégeaient les chrétiens, dont la persécution a fini par chuter, avec pour exceptions notables la Corée, le Japon et le Vietnam, où devenir martyr fut le destin de beaucoup d'entre eux jusqu'au milieu du XIXe.

Quoi qu'il en soit, avec la fin du colonialisme au cours du XXe, les Églises chrétiennes se sont implantées dans les cultures et milieux asiatiques. Et cela s'est accompagné de conséquences notables qu'ont dû gérer les Églises locales.

La réalité des persécutions des chrétiens en Asie – aujourd'hui et tout au long de l'Histoire – offre un vaste tableau qui va de la discrimination persistante excluant les chrétiens du monde du travail, de l'enseignement, des soins de santé et du développement humain, au traitement systématique, impitoyable et violent qui engendre des martyrs de la foi dans les diverses confessions.

Le tableau est si vaste que, dans les limites de cette introduction, seuls quelques exemples peuvent être donnés afin d'offrir une idée des formes qu'ont prises les persécutions sur un continent riche en traditions religieuses, mais également expert en mauvais traitements abusifs de croyants refusant de se conformer à une norme sociale.

Prenons deux pays qui illustrent chacun différents aspects d'un contexte varié, la Chine en Asie de l'Est, et le Pakistan dans le sous-continent.

Les persécutions en Chine

Les persécutions prennent toutes les formes en Chine, et ce, depuis longtemps : des pogroms meurtriers de grande ampleur contre les chrétiens et autres groupes religieux, jusqu'à la lente torture par l'eau, perfectionnée par les Chinois comme méthode apte à obtenir de l'information et à forcer l'allégeance. Elle possède encore ses variantes, même si la torture à l'ancienne a progressivement cédé le pas à des techniques pointues d'espionnage dans le cyberespace.

Aucun chrétien reconnu publiquement comme tel, ou encore membre d'une quelconque association religieuse, n'a le loisir d'agir de manière indépendante. Chaque mot et chaque action sont observés de près. Mgr Louis Jin Luxian, décédé en 2013, se plaisait à dire : « Rien ne peut avoir lieu en Chine sans que deux groupes soient au courant – la Sainte-Trinité et le parti communiste. » Pour cette raison, il était favorable à une ouverture complète. Toute tentative de secret serait de toute façon déjouée d'avance.

L'administration bureaucratique de la Chine supervisant le « mode de vie rangé » a doublé de taille en vingt ans. Depuis l'appel à la démocratie place Tian'anmen, en 1989, aussi prévisible que profondément perturbant (pour le parti communiste), le nombre de surveillants du peuple chinois est passé de 20 à 40 millions.

Juste avant Pâques 2014, Xi Jinping, le président chinois, a présidé la première réunion d'un nouveau comité aux pouvoirs plénipotentiaires, chargé de maintenir la sécurité interne et externe et transmettant ses rapports non par le biais des canaux gouvernementaux, mais directement auprès du président et du petit comité au sein du Politburo.

Ce dernier autorise ce même président à exercer un pouvoir direct et sans précédent sur tous les aspects de la vie, à l'intérieur de la Chine comme sur ses relations extérieures. Par ce biais-là, et par d'autres encore, il a autant d'influence que le créateur de la Chine contemporaine, Deng Xiaoping. Et il semble à présent tenir les gens en son pouvoir avec les mêmes leviers de commande que le fondateur de la Chine moderne, Mao Tsé-toung.

Au sein d'un environnement déjà bien contrôlé, ces contraintes vont croissant. Même dans une métropole cosmopolite comme Shanghai, les contrôles du Parti vont des arrestations à domicile de l'évêque local à l'interdiction pour des catholiques ordinaires d'assister à des rassemblements catholiques internationaux parce que « fichés » par le Bureau local des Affaires religieuses. Le moindre mouvement est noté et rapporté, et les passeports sont octroyés seulement en cas de conduite acceptable, sinon ils sont retirés.

Cela fait penser à l'image de ce garçon hollandais essayant d'empêcher l'inondation en pressant son doigt sur un trou de la digue :

combien de temps encore l'appareil de surveillance pourra-t-il être maintenu ?

Il ne manque pas de signes pour démontrer que ce système, fissuré, peine à se maintenir en l'état. Des milliers de chrétiens de l'est de la Chine se sont par exemple rassemblés début 2014 pour empêcher des fonctionnaires gouvernementaux, inquiets de la progression trop rapide et « intenable » du christianisme en Chine, d'envahir et de détruire leurs églises. Dans un cas précis, des communautés ont même campé dehors toute une nuit afin de protéger la leur, craignant qu'en leur absence les bulldozers ne profitent de l'obscurité pour faire leur apparition.

Qu'il s'agisse des officielles ou des « officieuses », les communautés protestantes sont constamment la cible d'inspections poussées, surtout à Pékin. Le gouvernement chinois supprime systématiquement l'information sur les communautés protestantes non répertoriées. En 2011, il a délogé l'Église Shouwang, une Église clandestine et influente de la capitale.

Le gouvernement chinois a de bonnes raisons de craindre ces communautés chrétiennes non réglementées puisqu'elles sont également associées à des mouvements visant l'introduction de la démocratie pluripartite. Selon nombre d'observateurs, le christianisme représente le plus grand mouvement social dans le pays aujourd'hui, et la Chine pourrait même avoir la plus grande population de protestants au monde d'ici à 2030.

Mais le mouvement social est loin d'être cohérent, que ce soit dans ses stratégies ou dans ses approches. En Chine du Nord, les communautés protestantes défendent presque toutes la réforme démocratique. En Chine du Sud, l'on préfère une alternative, à savoir la création d'espaces permettant aux croyants de se réunir, de célébrer leur foi et d'élargir le nombre de leurs adhérents par la création et l'utilisation d'institutions sans but politique direct au sein de la société civile.

L'agitation parmi les chrétiens reflète un malaise grandissant. Le mécontentement populaire quant à la manière dont la Chine est gouvernée s'est rapidement amplifié aux quatre coins du pays, au point où même les chiffres officiels rapportés par les fonctionnaires de la sécurité publique faisaient état de plus de 128 000 cas de mouvements de masse en 2012, alors qu'il n'y en avait que quelques milliers au milieu des années 1990. Dès qu'elles comprennent plus de trente participants, les émeutes font l'objet d'un rapport.

Pour répondre aux plaintes récurrentes de ses citoyens, Pékin a institué un formulaire, grâce auquel les citoyens mécontents peuvent déposer plainte de manière formelle.

Pourtant, cette approche est récemment devenue problématique dans la province du Henan, lorsque des fonctionnaires locaux ont bloqué l'accès à des protestataires qui cherchaient à pénétrer dans l'hôtel où étaient installés les employés chargés de recevoir lesdites pétitions.

En fait, ce qui a toujours eu cours en Chine continue d'être valable : Pékin est très loin de tout, et ce qui est promulgué dans la capitale pourrait bien n'avoir aucune influence ailleurs, quand on sait qu'un fonctionnaire local peut parfaitement ne pas en tenir compte, ou encore purement et simplement procéder à une annulation.

L'histoire de la persécution des chrétiens a vu la disparition des fidèles à deux reprises – lors de la suppression violente des chrétiens nestoriens et la fuite des survivants aux Xe et XIe siècles, et au moment de l'expulsion des missionnaires par la direction impériale tout au long du XVIIIe siècle, conjointement avec l'éradication des jésuites par les Portugais, et pour finir par le pape.

À partir des années 1840, les missionnaires chrétiens sont revenus (en même temps qu'une nouvelle vague de négociants européens), lorsque l'empereur chinois fut obligé de faire des « concessions » commerciales et territoriales au sein des « traités » notoirement « injustes » de l'époque.

Mgr Jin Luxian, évêque de Shanghai, a eu l'occasion d'expliquer sa stratégie d'acceptation de la direction du gouvernement chinois par les communistes, ce qui lui a valu des attaques pour coopération avec le Parti.

Feu l'évêque a dit avoir adapté son approche après vingt-sept années passées à subir diverses formes d'emprisonnement (1955-1982) parce que « la chrétienté a connu trois débuts en Chine. Et je ne veux pas qu'il y en ait un quatrième ».

Mais peu de temps avant sa mort, Mgr Jin Luxian a vu son successeur poser un acte qui a fait reculer le plan du nouvel évêque et les autres avec lui : après son ordination épiscopale, Mgr Ma Daqin a annoncé qu'il démissionnerait de son poste à l'Association patriotique des catholiques chinois (APCC), soutenue par le gouvernement, afin de se concentrer sur son travail pastoral d'évêque.

Cela n'aurait pas eu lieu si le Bureau des Affaires religieuses avait eu son mot à dire. Le nouvel évêque s'est alors vu retirer ses pouvoirs par le gouvernement. Depuis, il se retrouve assigné à résidence avec seulement quelques visites autorisées, dans le bâtiment du séminaire de Shanghai fermé en guise de mesure de rétorsion, tandis que les séminaristes ont été renvoyés à leurs diocèses d'origine ou dans d'autres séminaires.

En tant que groupe déjà divisé – entre ceux qui partagent la vie du diocèse de Shanghai officiellement reconnu et opérant publiquement, et ceux qui croient qu'un bon catholique est sans concessions vis-à-vis du gouvernement –, les catholiques de Shanghai ont été confrontés à une nouvelle énigme : un évêque approuvé par le Vatican et par le gouvernement, mais interdit dans ses fonctions par ce même gouvernement.

Shanghai n'a qu'un seul évêque à demeure, avec un évêque « officieux » appointé par le Vatican et décédé début 2014. Ces derniers mois, les relations entre le Vatican et Pékin semblent s'être assouplies, amenant certains à conjecturer que le gouvernement pourrait, en signe de bonne volonté, réhabiliter Mgr Ma Daqin.

À cause de sa décision de quitter l'APCC, ainsi que du traitement qui s'est ensuivi et qu'il a enduré dans la réclusion, Mgr Ma Daqin est aujourd'hui une figure admirée par la plupart des catholiques des deux communautés à Shanghai.

L'ironie suprême, c'est que le traitement répressif adopté par le gouvernement à son encontre pourrait bien être le catalyseur qui contribue à faire de lui le symbole tant attendu qui pourrait unifier les catholiques de Shanghai.

Chrétiens au Pakistan

Une façon de comprendre ce qui arrive aux chrétiens du Pakistan, où ils ne sont qu'un petit groupe en grande partie pauvre et analphabète, est d'observer la colère internationale qu'a suscitée leur persécution, et remonter ainsi jusqu'à la source.

La capitale de la Thaïlande, Bangkok, a atteint un point de rupture dans sa capacité à gérer l'afflux de réfugiés et de demandeurs d'asile venus du Pakistan. Ils sont près de 8000 demandeurs à Bangkok avec, depuis fin 2013, un flux qui a peu de chances de décliner alors que la violence augmente dans tout le pays. Le gouvernement pakistanais, corrompu, ne contrôle qu'un tiers du territoire.

D'après les employés des agences chargées des arrivées, une grande majorité des demandeurs débarqués en Thaïlande avec des visas de touristes et requérant l'asile sont des chrétiens pakistanais. Ces derniers mois, des demandeurs d'asile venus de Syrie les ont rejoints.

Ceux qui ont fui le Pakistan disent y avoir été persécutés par des militants islamiques libres de faire subir ce que bon leur semble aux « infidèles ».

Les agences thaïes locales – ONG séculaires et agences liées à l'Église – sont dépassées dans leurs tentatives d'offrir de l'aide sous forme de nourriture, de logement, d'enseignement primaire, de soins médicaux aux malades et d'emplois là où il est possible d'en trouver.

Les demandeurs d'asile venus du Pakistan sont entendus avec compassion par le Haut-Commissariat des Nations Unies pour les réfugiés (UNHCR), parce que ses membres savent bien à quoi les chrétiens pakistanais sont exposés dans leur pays.

Mais les ressources du Haut-Commissariat sont en passe d'être épuisées. Avec une demande excessive auprès de l'agence des Nations Unies afin de relever le défi posé par la guerre civile en Syrie, il reste peu de moyens susceptibles de combler les besoins en Thaïlande. Depuis octobre 2013, les périodes d'attente pour les réfugiés sont passées de dix-huit mois, à dater de leur arrivée à Bangkok, à trois ans et demi ou quatre ans pour que leur histoire soit écoutée et leur statut évalué.

Pendant ce temps, le Pakistan continue de générer des demandeurs d'asile craignant que ce qui s'est passé durant la Semaine sainte 2014 ne se reproduise. Le mercredi 16 avril, un gardien de vingt-deux ans, un chrétien vivant à Lahore et ayant refusé de se convertir à l'islam, a reçu une balle dans la tête tirée par un collègue, un garde musulman chargé de la sécurité.

Haroon, connu aussi sous le nom de Sunny, était employé là depuis peu et son agresseur, Umer Farooq, avait fait pression sur lui pour le convertir à l'islam, ce qu'Haroon avait refusé. Un refus qui a causé sa mort par balle.

D'après Simon, demandeur d'asile de Karachi vivant à Bangkok, abus quotidiens, coups occasionnels sur le lieu de travail ou lors de sorties, ainsi que des meurtres réguliers constituent le lot des chrétiens du Pakistan.

« Ils sont raillés, on s'évertue à leur dire : "Vous êtes chrétiens, donc vous n'êtes pas des patriotes pakistanais puisqu'en fait vous êtes du côté des Américains, des Britanniques ou des gens de Gora qui tuent nos frères et nos sœurs musulmans" », a expliqué Simon.

Pour ces chrétiens, le cœur du problème, ce sont les célèbres lois contre le blasphème introduites en 1988 par le président et homme fort militaire, le général Zia ul-Haq, qui sera ultérieurement assassiné. Au regard de ces lois, n'importe quel agresseur musulman peut tout bonnement prétendre que quelqu'un a insulté le Prophète, sans le moindre témoignage nécessaire, ni preuve autre que l'accusation elle-même, ce qui autorise alors l'individu à exécuter l'« infidèle » qui l'a offensé. Pire, la police et les tribunaux du Pakistan ne peuvent punir quiconque, arguant que la violence meurtrière est motivée par la foi musulmane et que les criminels ne peuvent donc être traduits en justice.

« Nous, chrétiens pakistanais, où pouvons-nous nous réfugier dans ce monde ? » demande Simon. « Pour les États musulmans nous sommes chrétiens, et donc nous ne sommes pas bienvenus chez eux. Aux yeux des autres pays nous sommes des Pakistanais, et donc nous ne sommes pas bienvenus chez eux non plus. Où serons-nous donc bien accueillis ? »

Schémas de persécutions en Asie

La situation des chrétiens et leur vécu dans les pays asiatiques sont amplement développés dans les pages qui suivent au travers de témoignages, de récits et d'analyses par des universitaires pointus. Mais, en règle générale, la façon dont les chrétiens sont traités est tributaire de rapports de forces qui les dépassent. Cela combine la politique minoritaire prévalente, quelle qu'elle soit, et l'approche des minorités historiquement fondée qui prévaut dans certains pays.

Cela dit, le tableau des communautés chrétiennes d'Asie n'offre pas un ensemble cohérent à l'observateur extérieur. Le mode opératoire des persécutions de ces mêmes chrétiens est variable d'un pays à l'autre, et il est difficile de généraliser à ce sujet, si ce n'est à l'intérieur des frontières nationales.

Certains pays divergent dans leurs structurations religieuses (voir les pays dotés d'un pluralisme religieux, comme la Malaisie, la Birmanie et même l'Inde qui, et c'est étonnant, accueille davantage de musulmans à l'intérieur de ses frontières que son voisin à majorité musulmane, le Pakistan). D'autres connaissent des divisions au sein de la religion dominante : c'est le cas de l'islam au Pakistan, au Bangladesh et en Indonésie. C'est aussi le cas du christianisme en Chine, par exemple, où le protestantisme croît bien plus vite que le catholicisme, et où les stratégies et tendances des différentes communautés protestantes sont loin de présenter un tableau cohérent.

Les contextes politiques, mais aussi les facteurs économiques, tribaux et ethniques au sein de chaque pays sont porteurs de conséquences pour les chrétiens et les persécutions que nombre d'entre eux endurent. Dans certains pays (la Chine, la Birmanie, l'Indonésie et le Sri Lanka), les religions sont gérées par le gouvernement sous la rubrique « politiques des minorités ». Chacun de ces pays possède des communautés chrétiennes notoires, importantes dans l'absolu (en Chine, cela se chiffre en dizaines de millions de citoyens), mais relativement petites dans les faits : la population chrétienne de l'Indonésie, par exemple, correspond à environ 5 % de la population du pays.

Il arrive que les droits des chrétiens soient protégés par la Constitution, comme c'est le cas en Indonésie. Mais, dans l'ensemble, la façon dont les agences gouvernementales – forces de police et de sécurité pour l'essentiel – les traitent intègre les chrétiens aux autres groupes ethniques, religieux ou tribaux. Les persécutions qu'ils sont susceptibles de subir sont donc souvent le résultat de politiques et d'approches de la part des gouvernements nationaux qui ne sont pas dirigées contre les chrétiens en tant que tels, mais motivées par leur appartenance à un groupe tribal bien particulier. C'est le cas en Birmanie, où d'importants groupes tribaux (les Karènes et les Chins en particulier) comptent des populations chrétiennes considérables.

Selon les cas, ils peuvent représenter une menace pour les organismes de contrôle du gouvernement central.

Au Sri Lanka, les chrétiens tamouls souffrent parce qu'ils sont tamouls. Les chrétiens karènes de Birmanie se retrouvent pris dans des conflits avec la police d'État et les militaires à cause de l'indépendance à laquelle ils aspirent, plutôt qu'à cause de leur foi. En Birmanie, les militants bouddhistes ciblent les musulmans plutôt que les chrétiens, bien que ces derniers puissent se retrouver pris dans certains conflits menés au nom de la « culture nationale bouddhiste ».

Quant aux chrétiens du Pakistan, ils sont avant tout victimes de l'inaptitude d'un État en faillite à gouverner deux tiers de son territoire, laissant des musulmans militants et fanatiques persécuter les minorités.

Dans les grands pays, les facteurs régionaux contribuent également à expliquer la situation des chrétiens. En Inde, la population chrétienne en expansion subit le comportement des hindouistes plus ou moins extrémistes dans différents endroits du sous-continent. Pour mémoire, l'Inde telle qu'elle existe de nos jours est l'invention du colonialisme britannique au XIXe siècle

Le pays d'aujourd'hui était autrefois un territoire dont le contrôle était divisé en principautés dirigées par des maharajas, des nawabs et autres aristocrates. C'est seulement après la révolte des cipayes (1857) que le sous-continent s'est unifié sous la férule impériale britannique, et la situation a perduré ainsi pendant quatre-vingt-dix ans, jusqu'à l'indépendance qui a vu la séparation du Pakistan et de l'Inde.

Mais la scission indo-pakistanaise a été effectuée afin d'offrir aux musulmans minoritaires un bastion national au Pakistan. Cette évolution ne reflétait que la division religieuse la plus évidente en Inde. Remarquable par son unité nationale en dépit de l'immense diversité religieuse, l'Inde est ce pays où ont lieu des conflits se résumant à des affrontements dans lesquels un groupe religieux en persécute un autre.

C'est peut-être en Chine, au Vietnam et en Corée du Nord qu'a eu lieu l'intrusion la plus soutenue et la plus prolongée dans la vie des chrétiens. L'Asie a hébergé trois des quatre grands gouvernements communistes au monde (Cuba étant le quatrième), et les méthodes de contrôle étatique, développées au départ par Lénine en Union soviétique, y demeurent opérationnelles.

La Corée du Nord est la plus impitoyable : les chrétiens n'ont pas le droit d'exister, excepté dans des communautés de « façade » développées pour que les quelques visiteurs occidentaux se sentent chez eux. C'est au Vietnam et en Chine que les principes léninistes, soutenus par la cybersurveillance la plus développée au monde, sont déployés pour que les chrétiens soient enfermés et contrôlés.

Ainsi qu'évoqué plus haut, la Chine surveille tous les croyants, mais pour d'excellentes raisons historiques. Un survol informel de l'histoire chinoise montre que les forces à l'œuvre en vue d'un changement de dynastie se sont, au départ, toujours rassemblées au sein des communautés religieuses. Face à la contribution vigoureuse des chrétiens du nord de la Chine aux appels à la démocratisation, surtout dans Pékin et alentour, un observateur extérieur pourrait facilement en conclure que les peurs des dirigeants chinois fondées sur l'histoire ont tout lieu d'exister.

En Chine et au Vietnam, le schéma est le même : création de réseaux d'informateurs et d'espions au cœur des communautés, contrôle des e-mails et des conversations téléphoniques, ainsi que surveillance constante des séances des membres du Bureau religieux principal par les fonctionnaires gouvernementaux. De temps à autre, les individus sont accusés et punis pour des « crimes » qui les rendent passibles de peines de prison destinées autant à réformer le « criminel » détenu qu'à insuffler la peur dans le cœur des chrétiens. En Chine comme au Vietnam, il est dangereux d'être croyant.

Pour ce qui est des chrétiens en Asie, une chose est sûre, c'est que personne ne dit la vérité à propos de leur nombre dans la plupart des pays. Les seules exceptions sont les Philippines et le Timor oriental, où les chrétiens représentent la population majoritaire et n'ont donc rien à craindre en se dévoilant.

Une explication partielle du nombre imprécis de chrétiens est le manque de fiabilité des recensements nationaux dans la plupart des pays asiatiques. Mais plus significatif encore est le fait que ceux qui pourraient donner des chiffres exacts – comme les Églises chrétiennes, qui possèdent des registres de baptêmes – s'y refusent à cause des ennuis que cela pourrait leur occasionner, à elles comme à leurs communautés, les gouvernements et des groupes extrémistes étant préoccupés par la montée du christianisme dans les sociétés asiatiques.

Il ressort donc que le nombre des catholiques en Chine ces trois dernières décennies a été évalué à 12 millions ; le nombre des catholiques en Inde est estimé entre 17 et 30 millions, et même dans la Thaïlande, apparemment sereine et pacifique, le chiffre demeure 300 000. Il y a dix ans c'était le même, et d'après le cardinal archevêque à la retraite de Bangkok, ce sera toujours le même dans dix ans.

Le spectre des persécutions, et les comportements défensifs que produit la peur sont une donnée de base des sociétés asiatiques. Qu'il y ait des forces opérantes qui contribuent à la montée de la chrétienté dans les cultures des sociétés asiatiques (que de nombreux chrétiens verraient comme l'œuvre de l'Esprit saint) est indéniable. Mais ce qui est précisément en marche, et ce que ces forces produisent précisément dans les sociétés asiatiques, est toujours ambigu et incertain.

La chrétienté a par exemple crû de manière exponentielle durant les quatre dernières décennies en Corée du Sud, contredisant l'idée communément répandue selon laquelle la modernisation abolira les croyances religieuses quelles qu'elles soient.

Et il y a d'autres pays d'Asie où la croissance des populations chrétiennes est telle qu'elle y est susceptible d'éclipser la chrétienté comme phénomène uniquement européen. En Inde, la croissance des chrétiens parmi les communautés tribales et dalits (appelées autrefois « intouchables ») est considérable.

Mais quoi que révèle le contexte actuel des sociétés asiatiques, ainsi que les politiques à l'œuvre en leur sein, on peut supposer que les persécutions des minorités chrétiennes en expansion, qui déstabilisent les arrangements sociaux et politiques, se poursuivront.

Traduit de l'anglais par Édith Soonkindt

Né en 1952 en Australie, Michael Kelly est jésuite et vit à Bangkok où il dirige UCA News, l'agence de presse catholique de référence en Asie. Durant trente ans, il a travaillé comme journaliste, éditeur, documentariste et présentateur en Australie et en Asie. Son agence produit de nombreuses enquêtes sur la persécution des croyants à travers toute l'Asie.

Corée du Nord
Rayés de la carte

Pays le plus fermé au monde, la Corée du Nord est un espace où aucune religion n'a droit de cité malgré les faux-semblants agités par le régime communiste. À Pyongyang, terre de mission surnommée la « Jérusalem de l'Est » jusqu'à la Seconde Guerre mondiale, le culte rendu à la famille régnante est désormais exigé de tous les Coréens du Nord. Aucune donnée statistique n'est disponible. Mais de nombreux réfugiés témoignent du sort fait aux chrétiens, réprimés et enfermés dans des camps, dans des conditions souvent plus dures que les autres prisonniers.

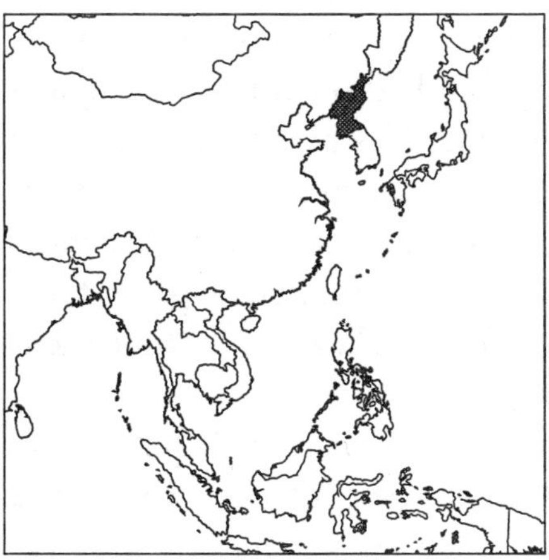

■ Population = 24 900 000

Reportage

La grande mascarade du pouvoir

Benedict Rogers

Ben Rogers, responsable du département Asie de l'ONG Christian Solidarity Worldwide, fait partie des rares Occidentaux à avoir pu se rendre en Corée du Nord à l'occasion d'un voyage strictement encadré par les autorités. Derrière les discours de façade et les églises fantoches exhibées par les sbires du régime, il met en évidence l'absence totale de liberté religieuse au pays de Kim Jong-un.

Faire un voyage en Corée du Nord est une véritable plongée dans *1984* de George Orwell. En octobre 2010, je me suis rendu dans ce pays surnommé le « royaume ermite » – la nation la plus fermée du monde et qui a la pire réputation en matière de droits de l'homme. J'y suis allé avec deux parlementaires, Lord Alton et Baroness Caroline Cox, deux des défenseurs britanniques les plus actifs des droits de l'homme et de la liberté religieuse en particulier[1]. Nous sommes partis là-bas en sachant que nous verrions seulement ce que le régime voudrait nous laisser voir, mais dans la ferme intention de parler franchement aux dirigeants, pour les confronter à la vérité du traitement atroce qu'ils infligent à leur peuple[2].

La Corée du Nord est largement considérée comme la pire nation du monde pour les chrétiens. Là-bas, être de confession chrétienne – ou de quelque religion que ce soit – est en général un crime car

1. http://www.scribd.com/doc/40523738/Building-Bridges-Not-Walls-Final-Report
2. http://www.conservativehome.com/platform/2010/11/benedict-rogers-north-korea-time-for-action-time-for-dialogue-time-for-peace.html

les Nord-Coréens sont tenus de vouer un culte exclusif à la dynastie régnante des Kim, et aucun écart ni contestation n'est toléré. Dans son récent *Livre blanc sur la liberté religieuse en Corée du Nord* (2013), le centre de base de données sur les droits de l'homme en RPDC[1] déclare que, selon 99,7 % des transfuges interrogés, « il n'y a pas de liberté religieuse dans ce pays[2] ». De plus, rapporte la commission d'enquête de l'ONU sur les violations des droits de l'homme en Corée du Nord, « il règne un déni quasi total du droit à la liberté de pensée, de conscience et de religion, ainsi que des droits à la liberté d'opinion, d'expression, d'information et d'association ». Le régime « considère la propagation du christianisme comme une menace particulièrement grave », conclut cette commission et, par suite, « les chrétiens n'ont pas le droit de pratiquer leur foi et sont persécutés[3] ». Des châtiments graves sont infligés aux « personnes surprises à pratiquer le christianisme ». D'après les témoignages de dizaines de transfuges, nous savons que posséder une bible peut valoir le camp d'internement, voire l'exécution capitale. Les Nord-Coréens qui s'échappent par la frontière chinoise et sont rapatriés de force s'exposent à un sort terrible si on les soupçonne de s'être convertis au christianisme ou d'avoir eu des contacts avec des missionnaires sud-coréens.

Au cours de nos rencontres avec de hauts fonctionnaires du régime, nous avons exprimé nos inquiétudes à ce sujet. Nous avons cité des cas précis comme l'exécution d'au moins deux chrétiennes, Ryi Hyuk Ok et So Keum Ok, en 2009 et, l'année suivante, la mise à mort de trois responsables d'églises clandestines et l'internement d'au moins 20 chrétiens dans le camp n° 15 de Yodok, le goulag tristement célèbre. Nous sommes arrivés à chaque réunion armés de piles de rapports de l'ONU et d'organisations non gouvernementales, comme Amnesty International, Human Rights Watch – et de ma propre ONG, Christian Solidarity Worldwide, qui a publié en 2007 un des premiers rapports complets sur les crimes contre l'humanité commis dans ce pays : *North Korea. A Case to Answer, A call*

1. République populaire démocratique de Corée. *[N.d.E.]*
2. http://nkdb.org/2012/main.php
3. http://www.ohchr.org/en/hrbodies/hrc/coidprk/pages/commissioninquiryonhrindprk.aspx

to Act[1]. Nous nous sommes heurtés à des fonctionnaires impassibles, qui ont qualifié ces rapports de « mensonges » et traité l'exécution de chrétiens d'« impossible ».

« Qui vous a parlé de ces camps ? »

Une conversation impromptue a dégénéré en violente querelle. Nous visitions la Cour suprême nord-coréenne – un bâtiment tout droit sorti d'*Alice au pays des merveilles* – quand le haut magistrat qui nous servait de guide nous a conduits dans la salle d'audience. Là, Baroness Cox a fait observer la disposition nettement inconfortable des sièges des accusés comparés à ceux des juges. « Que peut-on en penser auregard du principe que nous avons dans notre pays, qui veut que l'on soit présumé innocent jusqu'à ce qu'on ait été déclaré coupable ? » a-t-elle demandé. « Ici, quand une personne comparaît devant le tribunal, on ne la croit pas innocente », a-t-il répondu, ce qui avait au moins le mérite d'être honnête. Cette entrée en matière nous a conduits à aborder toutes les violations majeures des droits de l'homme – torture, exécutions, camps d'internement – et le haut magistrat a nié l'existence même de ces camps. Nous avons cité des exemples précis, qu'il a réfutés. Nous avons mis en avant Yodok, le camp de concentration le plus connu, et il a prétendu que c'était juste un village. Puis il s'est énervé.

« Qui vous a parlé de ces camps ? Les Américains ?

— Non, avons-nous répondu.

— Les Sud-Coréens ?

— Non plus. Nous savons qu'ils existent car nous avons rencontré des dizaines de rescapés qui se sont enfuis de votre pays. »

Là, le masque est tombé. « Ah, ces gens… Ce sont des criminels et des menteurs qui se sont évadés des camps d'internement », a-t-il dit – en admettant ainsi par mégarde l'existence des camps qu'il avait niée quelques secondes plus tôt. Lord Alton lui a alors lancé, les yeux dans les yeux, d'un ton résolu et passionné : « Comment pouvez-vous dire que ces gens sont des criminels ? Nous connaissons par exemple le cas de Shin Dong-hyuk, qui est né dans un camp d'internement, dont la

1. Soit « La Corée du Nord : des comptes à rendre, un appel à l'action ». http://dynamic.csw.org.uk/article.asp?t=report&id=35

mère et le frère ont été exécutés sous ses yeux, et qui a passé ses vingt premières années dans un camp avant de s'évader. Comment peut-on être criminel de naissance ? » L'homme n'a su quoi répondre. Il est resté figé. Pendant quelques secondes qui nous ont paru une éternité, a plané un silence chargé d'électricité. Aucun de nous ne savait ce qui allait se passer. Puis, tranquillement, il a grommelé : « Voulez-vous continuer la visite ? »

Chaque aspect de la vie quotidienne est dominé par le culte des Kim. Un soir, on nous a invités à un concert. La première partie était très agréable, on aurait pu se croire n'importe où dans le monde. Mais au milieu du spectacle, sur un grand écran derrière l'orchestre, une vidéo de Kim Jong-il a été projetée, montrant le dictateur en visite dans des fermes et des usines. Vinrent ensuite des séquences de soldats qui marchaient au pas, de défilés de tanks et de lancements de missiles. Chaque fois qu'un missile fusait, tout le public de la salle de concert – sauf nous trois – applaudissait frénétiquement. Le fait que ces images nous aient laissés froids n'a pas échappé à nos gardes du corps.

« Vous n'avez pas applaudi le film, a dit l'un d'eux.

— Non, nous ne trouvons pas bien de lancer des missiles au milieu d'un concert, ni en aucune autre circonstance », a répliqué Lord Alton.

Nous avons saisi toutes les occasions de signifier fermement, mais poliment, notre rejet de leur système, tout en nous montrant respectueux de la position de nos interlocuteurs. Nous avons peut-être semé ainsi de petites graines dans leur esprit. Peu d'entre eux avaient jamais entendu autre chose que leur propagande, si bien qu'entendre au moins une autre perspective les a peut-être fait réfléchir.

Mais, comme pour démentir les rapports que nous avions présentés au régime, un dimanche matin, on nous a fait visiter trois des quatre établissements religieux de Pyongyang. La capitale possède une cathédrale catholique, deux temples protestants et une église russe orthodoxe. Dans cette dernière, nous avons rencontré un prêtre nord-coréen, et nous avons noté que l'assemblée des fidèles comprenait surtout des diplomates russes. Au temple protestant de Bongsu, bâti en 1988, on nous a déclaré que 20 000 bibles et livres de cantiques avaient été imprimés dans le pays et que la RPDC compte 13 000 protestants. Nous n'avons aucun moyen de vérifier ces chiffres, mais nous savons que la Bible est interdite en Corée du Nord et nous croyons qu'il s'y trouve peut-être cinq fois plus de chrétiens clandestins.

La Fédération chrétienne nord-coréenne – une vitrine du régime – nous a dit qu'il existe 500 églises clandestines. À côté du temple de Bongsu se tient un séminaire tout neuf, où travaillent dix enseignants et douze étudiants. Au terme d'un cursus de cinq ans, les élèves sont admis dans la Fédération à titre de « pasteurs ». Deux versets sont affichés sur le mur de leur classe : « Comme le corps sans âme est mort, de même la foi sans les œuvres est morte » (Épître de Jacques, II, 26) ; « Le commencement de la sagesse, c'est la crainte de l'Éternel. La science des saints, c'est l'intelligence » (Livre des Proverbes, IX,10).

Des lieux de culte en trompe-l'œil

Au premier abord, on pourrait facilement se laisser prendre par l'étalage public de ces signes de foi chrétienne. Pourtant, ces lieux de culte sont des bâtiments en trompe-l'œil, créés pour les visiteurs internationaux. Le verset des Proverbes voisine avec des slogans du parti qui visent à inspirer la peur, non de Dieu mais du régime et de son appareil intrusif. L'activité religieuse – dans la mesure où elle existe – est strictement contrôlée par le Département du Front uni du Parti nord-coréen des travailleurs, comme l'a dit récemment dans son livre *Cher Leader* un ancien grand propagandiste du régime, Jang Jin-sung.

Le masque, porté de façon assez convaincante au temple de Bongsu, est tombé à l'église catholique de Jangchung. Là, il n'y a pas de prêtre et partant, pas de messe. À la place, trois officiants célèbrent une simple liturgie. Nous avons été accueillis par le président du conseil des « religionistes » coréens, autre façade du régime. Avec son sourire impénétrable et son costume Mao traditionnel, c'était un cadre du parti tout droit sorti d'un casting. Et pourtant, même ici, on nous a donné une occasion surprenante en nous invitant à prendre la parole devant la congrégation. Malgré son isolement et sa place de « paria », le régime est capable de finesse dans ses relations avec ses visiteurs.

Les trois édifices religieux étaient pleins. Certains commentateurs prétendent que les foules de ces assemblées sont simplement formées de membres loyaux du parti ou de citoyens craintifs et soumis, amenés en cars pour être montrés aux visiteurs étrangers. Certes, il était impossible de discuter personnellement avec les fidèles. Mais ce n'est pas à nous de juger de l'intimité de leur cœur et il ne faut pas écarter la possibilité, même lointaine, que certains nourrissaient une foi sincère, ou qu'ils l'ont acquise par leur rencontre, si artificielle fût-elle, avec ce qui était présenté comme un office chrétien.

Nul ne doit pourtant se laisser tromper par cette mascarade. En dehors de ces sanctuaires factices étroitement contrôlés, les chrétiens pratiquent leur foi dans le plus grand secret. La dynastie des Kim est déifiée – certains disent modelée sur le concept de la Sainte-Trinité – un culte faisant de Kim Il-sung le Père, de Kim Jong-il le Fils et de la croyance en le *Juche* (l'« autosuffisance »), le Saint-Esprit. Dans le cadre du *songbun*, le système de castes nord-coréen qui divise la population en catégories définies par degrés de loyauté, les chrétiens sont considérés comme les pires membres de la classe « hostile ». Chaque Nord-Coréen est né dans une « classe » – grosso modo « loyale », « instable » ou « hostile » – déterminée par la filiation, l'histoire politique, la profession ou la « croyance supposée ». Les chrétiens, et toute personne soupçonnée d'avoir la moindre ascendance sud-coréenne, tombent automatiquement dans la classe hostile et leur sort est scellé. Dans cette structure qui rappelle l'apartheid en Afrique du Sud ou le système de castes en Inde, les perspectives d'éducation, d'emploi, de soins de santé et même d'accès aux rations alimentaires sont toutes dictées par le *songbun*.

L'Alliance citoyenne pour les droits de l'homme en Corée du Nord rapporte que certains lieux de détention sont spécifiquement destinés aux chrétiens – comme le Centre d'« Édification » Suseong de Chongjin, conçu pour « les chefs religieux et leurs familles », et le camp de prisonniers politiques n° 18, réservé aux « hommes de foi ». En 2014, en réaction à l'examen périodique universel (EPU) – une étude menée par les Nations Unies dans chaque pays tous les quatre ans et demi pour y évaluer la situation des droits de l'homme –, l'ambassadeur de Corée du Nord à l'ONU a déclaré : « Il y a, dans la partie nord-est de la Chine, de soi-disant prêtres et églises qui se livrent exclusivement à des actes hostiles contre la RPDC. Ils endoctrinent ceux qui franchissent illégalement la frontière en leur insufflant une idéologie anti-nord-coréenne et les renvoient chez nous chargés de missions de subversion, de destruction, de trafic d'êtres humains et même d'actes terroristes. » Traiter les chrétiens de terroristes est un signe alarmant de l'hostilité du régime.

L'imbroglio de la liberté religieuse

Et pourtant, des contradictions persistent. L'article 68 de la Constitution nord-coréenne garantit la liberté de religion ou de croyance, tout en stipulant que « nul ne peut prétexter de sa foi pour mêler des étrangers aux affaires intérieures, ou pour nuire à l'État et à l'ordre social ». Kim Jong-il a, paraît-il, visité une église catholique dans la province chinoise de Jilin en 2010, et le bruit court que l'église orthodoxe de Pyongyang aurait été construite parce qu'en remarquant la beauté de l'architecture religieuse lors de ses voyages en Russie, il a voulu en avoir une à lui. Pendant notre séjour, le régime a lancé une invitation à l'archevêque de Canterbury et, en 2014, le cardinal de Séoul a fait une visite historique de l'autre côté de la frontière. Au fil des ans, des chrétiens célèbres, dont l'évangéliste américain Billy Graham et son fils Franklin Graham, président de l'ONG Samaritan's Purse, sont venus en Corée du Nord. Une organisation chrétienne américaine, Christian Friends of Korea, dirigée par Heidi Linton, se rend régulièrement en RPDC, où elle soutient plusieurs cliniques. La fondation catholique Caritas a travaillé dans ce pays et un missionnaire de Maryknoll, l'Américain Gerard Hammond, s'y rend souvent pour superviser des programmes d'aide. Pendant leurs visites précédentes, Baroness Cox et Lord Alton avaient offert des bibles à de hauts fonctionnaires du régime – un acte de traîtrise – et durant notre séjour, l'un d'eux nous a confié qu'il l'avait lue. Il n'a rien ajouté et nous ne lui avons pas demandé ce qu'il en avait pensé, mais cet aveu spontané était, en soi, extraordinaire.

L'existence de l'université des sciences et des technologies de Pyongyang, fondée par un remarquable chrétien sud-coréen, James Kim, témoigne elle aussi de l'imbroglio de la liberté religieuse en Corée du Nord. Le seul établissement d'enseignement privé dans un pays qui n'a pas d'« économie de marché » possède une faculté d'enseignants chrétiens venus d'Amérique, de Grande-Bretagne et d'ailleurs, dans une nation qui traite les chrétiens comme des ennemis de l'État. De plus, elle est bâtie sur un terrain où le missionnaire gallois Robert Jermain Thomas a été martyrisé et où une église a été édifiée à sa mémoire. Nous avons visité cette université en 2010 et Lord Alton y a pris la parole en 2011, aux côtés d'un astronaute américain et d'un lauréat du prix Nobel, au cours d'un congrès international sur l'éthique et la science. Ce genre d'occasions sont des exceptions qui viennent braver la règle, de petites lueurs dans une situation par ailleurs profondément sombre.

Il ne faudrait pas oublier que Kim Il-sung, souvent nommé le « Grand Leader » de la Corée du Nord, a été élevé dans une famille chrétienne. Son grand-père était pasteur presbytérien et sa mère, membre actif du temple protestant de Pyongyang, qui existe encore aujourd'hui. Certains pensent qu'au cœur de la dynastie des Kim se trouve une interprétation fausse, tordue et profondément abjecte de la théologie chrétienne, qui remplace Dieu par Kim.

La dure réalité, pour la vaste majorité des Nord-Coréens qui veulent conserver leur foi chrétienne ou toute autre croyance que l'absolue loyauté à la dynastie des Kim, réside en ce qu'ils doivent le faire en secret, au péril de leur vie. C'est le coin le plus sombre du monde, un pays qui n'a que trop tardé à recevoir la lumière de l'attention internationale.

Traduit de l'anglais par Aline Weil

Benedict Rogers est responsable du département Asie de l'ONG internationale pour les droits de l'homme Christian Solidarity Worldwide. Spécialiste de la Birmanie, de l'Indonésie et de la Corée du Nord, il a cofondé un comité international de lutte contre les crimes en Corée du Nord (ICNK). Il est l'auteur de cinq livres parmi lesquels : *Burma: A Nation at the Crossroads* et *The Very Stones Cry Out: The Persecuted Church – Pain, Passion, Praise*, coécrit avec Caroline Cox.

Témoignage

« Le jour où j'ai compris que ma mère était chrétienne »

Hea Woo

Hea Woo se souvient qu'enfant, dans une Corée du Nord devenue communiste, sa mère préparait le repas en susurrant des paroles inaudibles. Soixante ans plus tard, réfugiée en Corée du Sud où elle s'est convertie au christianisme évangélique, elle réalise enfin que sa mère était chrétienne.

Je m'appelle Hea Woo et je suis née en Corée du Nord. Dès la petite enfance, j'ai été confrontée à la guerre et à la mort. En 1950, lorsque la guerre de Corée a éclaté, nous vivions dans un village situé à la frontière entre le Nord et le Sud, c'est-à-dire juste sur la ligne de front. Les soldats nord-coréens sont très vite arrivés et ont ordonné à tous les villageois de partir. C'est ce que nous avons fait, ma mère, ma sœur et moi. Mon père avait déjà été enrôlé comme médecin militaire. Nous ne l'avons jamais revu. Il est mort durant la guerre.

Nous avons marché jusqu'à la frontière chinoise. En réalité, nous aurions voulu aller dans l'autre direction. Ma famille avait depuis longtemps des projets de fuite en Corée du Sud. Peut-être parce que mes parents étaient de confession chrétienne et que Kim Il-sung avait fait comprendre dès les années 1940 qu'il s'opposait au christianisme. Je suppose qu'ils ne se sentaient pas en sécurité. En fait, je ne sais pas. Ma mère m'a toujours caché sa foi.

Mais finalement nous n'avons jamais tenté de rallier le Sud. Ma mère était trop malade. Et quand la guerre a éclaté, nous n'avions plus le choix. Malgré sa mauvaise santé, ma mère a dû marcher comme nous jusqu'à la frontière chinoise.

Les bombardements

Et nous voici cheminant toutes les trois vers la frontière chinoise, cernées par les violences de la guerre. Nous marchions essentiellement la nuit. Le jour, nous nous cachions pour ne pas être prises pour cibles par les bombardiers américains. Je vois encore ces avions. Je ne comprends toujours pas pourquoi ils larguaient leurs bombes sur des civils innocents.

Il nous a fallu deux mois pour atteindre la frontière. Le voyage fut un enfer. Tant de gens sont morts autour de nous ! Certains ont été tués par les bombes, d'autres sont morts de faim ou d'épuisement. J'avais une peur atroce.

Un jour, j'ai remarqué que ma mère portait au cou une chaîne à laquelle pendait une petite croix.

« Qu'est-ce que c'est, maman ? ai-je demandé.

– Chut ! a-t-elle répondu en cachant son bijou. Tu ne dois en parler à personne ! »

J'ai tenu parole. Je n'en ai jamais parlé, mais je m'en suis toujours souvenue. Ce n'est que de nombreuses années plus tard que j'ai compris que ma mère était chrétienne.

Lorsque nous sommes arrivées à la frontière, on nous a distribué à chacune un permis qui nous donnait droit à une ration quotidienne de nourriture. Nous restions à l'extérieur durant la journée, mais nous avions l'autorisation de passer la nuit chez des gens et de dormir chez eux.

Nous avions gardé de la famille en Chine : ma grand-mère. Elle venait nous voir régulièrement. Un jour, elle nous a dit de rentrer avec elle. Ma mère a refusé : « J'attends papa ici », a-t-elle dit. C'est ainsi que ma sœur et moi, nous avons accompagné notre grand-mère en Chine tandis que notre mère restait en Corée du Nord.

Nous avons passé le reste de la guerre en Chine, ma sœur et moi, et nous n'avons plus assisté à aucune violence. Durant les premières années qui ont suivi la guerre, nous sommes restées en Chine. Mao Tsé-toung, qui avait alors déjà pris le pouvoir, a proposé à Kim Il-sung qu'un grand nombre d'orphelins coréens puissent bénéficier d'une instruction en Chine. Notre Leader a accepté. Ma sœur et moi, nous avons figuré parmi les enfants sélectionnés pour ce programme.

C'est ainsi que j'ai passé une grande partie de mon enfance éloignée de ma mère, jusqu'au jour où l'ordre fut donné à tous les enfants nord-coréens de rentrer au pays. À l'époque, j'étais en Chine depuis sept ans.

Les veuves et les orphelins

Petit à petit, j'ai fini par mieux connaître ma mère. Elle ne m'a jamais dit qu'elle était chrétienne, mais je savais qu'elle était différente des autres gens. Elle prenait soin de veuves et d'orphelins, alors que nous avions nous-mêmes très peu de chose pour vivre.

Elle est morte en 1990. Je suis devenue chrétienne sept ans plus tard. Ce n'est qu'à ce moment-là que j'ai pris conscience de la foi qui avait été la sienne durant toutes ces années. En préparant le petit déjeuner, elle marmonnait des paroles quasi inaudibles. Maintenant, je sais qu'elle priait. Jusqu'à aujourd'hui, mon plus grand regret est de n'avoir jamais pu parler de Dieu avec elle. J'ignore pourquoi elle ne s'est jamais confiée à moi. Peut-être parce que j'étais très bavarde. Je n'ai jamais su garder les secrets. Nous aurions pu finir dans un camp [de rééducation] si je n'avais pas réussi à tenir ma langue.

J'ai donc été élevée comme une vraie communiste. Quand je suis rentrée en Corée du Nord, on m'a dit que des missionnaires chrétiens essayaient d'infiltrer notre nation et de convertir les gens. Incapables d'« actes révolutionnaires », les chrétiens étaient considérés comme des ennemis du peuple. Toute forme de religion, en particulier la religion chrétienne, était considérée comme l'opium: une drogue addictive et destructrice. D'après les anecdotes qui circulaient, les chrétiens se rendaient dans les hôpitaux pour attirer les patients dans les caves, les tuer et les vider de leur sang, qu'ils revendaient ensuite. Cette pensée m'horrifiait.

Ma vie était centrée sur Kim Il-sung. Toute la nourriture que nous recevions venait de lui. Maintenant, je peux en rire, mais à l'époque, je le considérais comme un dieu. Il n'avait pas besoin de manger ni de dormir. Ma mère essayait parfois de m'ouvrir les yeux, en me disant que Kim Il-sung était humain, mais ce qu'elle disait alors n'avait aucun sens pour moi. Parfois elle disait de ces choses étranges…

Elle travaillait comme sage-femme dans un hôpital. Elle encourageait les femmes qu'elle y rencontrait en leur disant des choses comme : « Le Ciel prend soin de nous ! » À moi, elle disait : « Sois une gentille fille. Le Ciel te regarde et voit ce que tu fais. Souviens-toi de cela ! » Elle expliquait aux veuves que le Ciel veillait sur elles. Je pense qu'elle faisait un travail d'évangélisation, mais que je ne m'en rendais pas compte. À ma connaissance, elle ne possédait pas de bible. En tout cas, je n'en ai jamais vu à la maison.

Dans les années 1950 et 1960, tous les citoyens nord-coréens ont été passés au crible et répartis en trois classes : celle des masses du noyau central, qui regroupait l'élite de la nation, celle des masses extérieures au noyau et, enfin, celle des classes mélangées, qui regroupait les ennemis aux deux premières classes. Toutes les familles ayant une ascendance chrétienne étaient rangées dans la troisième classe. La foi chrétienne de ma mère est restée cachée et n'a pas été découverte. Du fait que mon père avait fait don de sa vie durant la guerre de Libération de la Patrie, comme les Nord-Coréens appelaient la guerre de Corée, nous avons été rangés dans la première classe. J'ai cependant épousé un homme de la classe ennemie, un musicien sud-coréen qui avait été fait prisonnier de guerre. Interdit de retour en Corée du Sud après la guerre, il avait trouvé du travail dans le Nord. Il a été arrêté alors qu'il tentait de fuir le pays et envoyé dans un camp pendant deux ans. Ensuite, il s'est retrouvé à travailler dans les mines.

Je l'ai rencontré et je l'ai aimé. En fait, j'éprouvais de la compassion pour lui. Je l'ai épousé, mais nous ne sommes restés mariés que quelques années. Un jour, il n'est pas rentré à la maison. Les autorités l'avaient arrêté et envoyé une nouvelle fois dans un camp pour prisonniers politiques. Je n'en ai jamais appris la raison, mais je suppose que, simplement, on ne lui faisait pas confiance. Je suis restée seule avec nos deux petites filles. Concrètement, j'étais comme une veuve.

À l'époque, je voyais beaucoup un ami de mon mari. Je l'ai épousé en 1970. Cela a été très facile d'arranger les papiers du divorce. Je n'avais plus jamais eu de nouvelles de mon premier mari. Je crois qu'il est mort au camp.

Mon deuxième mari et moi, nous avons eu une autre petite fille et un petit garçon. Nous vivions relativement bien, jusqu'au moment où la famine a frappé notre pays, au début des années 1990. En 1997, ma fille aînée est morte. C'est la chose la plus triste qui me soit arrivée dans ma vie. Elle travaillait dans les mines de sel, mais elle avait réussi à créer un petit magasin. Un jour, elle a été victime de voleurs, qui l'ont laissée sans argent.

Elle vivait loin de chez moi, à ce moment-là. Pendant un mois, elle a remué ciel et terre pour rassembler suffisamment d'argent afin de rentrer à la maison. Elle y est parvenue, mais elle était gravement affaiblie car elle mangeait très peu. Elle avait perdu toutes ses forces. Mon mari et moi, nous étions présents quand elle a rendu son dernier souffle. Ses dernières paroles ont été : « Si vous voulez survivre, allez en Corée du Sud ! »

« Pardonne ! »

Aujourd'hui, plus de quinze années ont passé. Je vis en Corée du Sud et je me rappelle souvent ces derniers mots. Mes autres enfants sont avec moi, mais ma fille et mon [deuxième] mari me manquent. Il a tenté de fuir la Corée du Nord après la mort de ma fille. Il était censé se rendre en Chine et, de là, rallier la Corée du Sud. Nous devions le rejoindre plus tard.

La première partie du plan a bien fonctionné. Il est arrivé en Chine sans encombre. Là-bas, des chrétiens l'ont aidé. Ils lui ont parlé de Dieu, de la Bible et du sacrifice de Jésus sur la Croix. De son côté, mon mari leur a raconté sa vie. Ce faisant, il a découvert qu'il avait une ascendance chrétienne. Il s'est souvenu d'un épisode qui s'était passé durant la guerre de Corée, lorsqu'il avait sept ans. Il était allé rendre visite à son grand-père. En arrivant chez lui, il a vu des soldats de Kim Il-sung quitter la maison. Il savait que ce n'était pas bon signe, alors il s'est précipité à l'intérieur. Son grand-père gisait sur le sol, dans son sang. Il essayait de dire quelque chose. Il répétait sans cesse ce mot : « Pardonne ! »

De nombreuses années plus tard, lors de son étape chinoise dans son exode vers la Corée du Sud, mon mari a ainsi compris que son grand-père était chrétien : il demandait à Dieu de pardonner à ses meurtriers. Sa curiosité éveillée, mon mari s'est mis à étudier la Bible avec avidité. Puis le destin a frappé. Quelqu'un avait dû comprendre qu'il était nord-coréen et avait dû informer la police chinoise. Il a été arrêté et renvoyé en Corée du Nord, où il a été jeté en prison.

Malheureusement, je n'ai pas pu lui rendre visite, mais mes enfants, oui. Ils sont revenus de là assez ébranlés. « Que se passe-t-il ? » leur ai-je demandé. Alors, ils m'ont tendu chacun une main : mon mari y avait écrit en secret ces trois mots : « Croyez » / « en » / « Jésus ». J'étais perplexe. Mon mari était-il devenu chrétien ? Je savais qu'il avait appris dans son enfance des chansons qui parlaient d'un certain Jésus, mais il n'en parlait jamais avant de se rendre en Chine. Quelque chose avait dû se passer là-bas, mais quoi ?

Je n'ai jamais eu la possibilité de poser la question à mon mari, car il est mort six mois plus tard en prison. Mais, un beau jour, un homme s'est présenté à ma porte. Il m'a dit qu'il avait partagé la cellule de mon mari. Au fil du temps, d'autres hommes sont venus pareillement me rendre visite. Tous avaient été en prison avec mon mari et tous m'ont dit la même chose : que mon mari avait été bon pour eux en prison. Il s'était occupé d'eux et leur avait parlé de l'Évangile. Il leur avait expliqué qu'il avait découvert Jésus-Christ en Chine et qu'il avait alors passé de nombreuses heures à pleurer, à chanter et à demander pardon. En entendant les témoignages de ces hommes, j'ai subitement pris conscience que Kim Il-sung n'était pas un dieu. J'avais fondé toute ma vie sur un mensonge ! Il fallait que je parte. Je voulais connaître la vérité.

Alors, j'ai commencé à vendre tout ce que j'avais qui possédait un peu de valeur. Je suis allée dans le Nord et j'ai essayé de joindre ma famille chinoise par téléphone. En vain. Ils étaient partis. J'ai fait la connaissance d'autres personnes qui, comme moi, souhaitaient fuir pour la Chine. Nous avons décidé d'unir nos forces.

Une nuit, nous nous sommes cachés sous un pont. Quand il n'y a plus eu de soldats en vue, nous avons traversé la rivière : nous étions en Chine. Cela s'est avéré facile de passer la frontière. Une fois arrivés sains et saufs de l'autre côté, nous nous sommes dispersés.

Je voulais toujours rejoindre les membres de ma famille. Je suis allée à l'adresse que je connaissais. Quand personne ne m'a ouvert la porte, j'ai compris qu'ils ne vivaient plus là. Je me suis demandé quelle autre possibilité j'avais à ma disposition. Je me suis souvenue que mon mari avait été aidé par des chrétiens. On m'avait toujours dit que c'était des êtres dangereux, mais, à cause du témoignage de mon mari, j'avais cessé d'avoir peur.

L'église coréenne

J'avais vu une église coréenne non loin de la maison des membres de ma famille. J'y suis allée. Les gens de cette église étaient disposés à m'aider. Ils se sont occupés de moi. Ils m'ont expliqué l'Évangile. Au début, je n'y comprenais rien. Peu à peu, les choses sont devenues claires pour moi : Dieu existait, il avait envoyé son Fils mourir sur la Croix pour moi et Il m'aimait. Comment ai-je pu croire que ce qui m'est d'abord apparu comme une légende incroyable était la Vérité ? Je ne vois qu'une seule explication : ma mère et mon mari avaient prié pour moi. J'en suis persuadée.

Je me sentais submergée par l'amour de Dieu. Au cours des années qui ont suivi, j'ai étudié la Bible et j'en ai recopié de longs passages. Une église coréenne a conservé ma bible manuscrite. Dieu a aussi ouvert mon cœur à l'évangélisation. J'ai enseigné l'Évangile à des Coréens, mais aussi à des Chinois. J'ai économisé l'argent que je gagnais et je l'ai employé à acheter des bibles en chinois, que je distribuais autour de moi.

Grâces soient rendues à Dieu, mes enfants ont réussi à quitter le pays l'un après l'autre. Nous avons commencé à forger le projet de nous installer en Corée du Sud.

À cette époque, je vivais dans un foyer avec de nombreux autres Coréens du Nord. Un soir, après le travail, deux d'entre eux se sont saoulés dans un bar. La police les a arrêtés pour trouble de l'ordre public et, bien sûr, elle a découvert qu'il s'agissait d'immigrés nord-coréens illégaux. Il y a eu un interrogatoire, et ces deux hommes ont fini par donner leur adresse, c'est-à-dire celle de notre foyer.

Le lendemain, la police a fait une descente au foyer dans l'intention d'arrêter tous les réfugiés. Il n'y avait personne, à part moi. J'ai été emmenée. Les deux hommes et moi, nous avons été déportés en Corée du Nord.

Les deux premiers jours, on m'a interrogée pendant des heures et des heures. Les inspecteurs hurlaient, mais, heureusement, ils ne me touchaient pas. Les choses ont vite changé. Les deux hommes ont commencé à dire que je leur avais enseigné la religion chrétienne. Ils pensaient sans doute que cet aveu leur permettrait de s'en sortir plus facilement.

On m'a ramenée dans la salle d'interrogatoire. Les gardes hurlaient :

« Qu'est-ce que tu leur as enseigné ? »

J'ai essayé de rester calme.

« Je ne leur ai rien enseigné, ai-je répondu. Je leur ai juste parlé de ma foi. »

Les gardes étaient impitoyables. Ils m'ont donné des coups de pied et m'ont battue avec des bâtons. On m'a ramenée dans ma cellule. Il y avait douze autres personnes dans ce trou, mais je me suis sentie totalement seule.

Il arrive qu'on tue les chrétiens ou qu'on les enferme dans un camp de concentration pour le reste de leur vie. J'ai juste été condamnée pour « traversée illégale de la frontière ». Le juge n'a pas tenu compte de ma foi chrétienne, parce que je ne l'avais pas pratiquée en Corée du Nord. J'ai été condamnée à plusieurs années de travaux forcés dans un camp.

Mais il a été question de me transférer car, après cinq mois de prison, j'étais tombée terriblement malade. J'avais mal à la gorge et au dos. J'étais incapable de garder le peu de nourriture que j'avalais. Et j'avais de nombreuses plaies ouvertes.

Les gardes m'ont finalement emmenée à l'hôpital. J'ai entendu le médecin dire à l'un d'eux : « Elle n'en a plus que pour trois jours à vivre. »

Malgré les conditions atroces qui m'étaient réservées, je ne voulais pas mourir. J'ai prié : « Seigneur, je t'en supplie, ne me laisse pas mourir avant d'avoir pu parler au monde de ce qui est arrivé à mon mari et à mon pays. »

Sept gardes m'avaient accompagnée à l'hôpital. Ils ont été atroces avec moi, mais j'ai demandé à Dieu de faire en sorte que ma guérison passe par eux.

Ils m'ont ramenée au camp. Ils devaient avoir un peu pitié de moi, car j'ai reçu un peu plus à manger qu'auparavant. Certains détenus avaient des parents qui leur apportaient parfois un peu de vivres. Ils ont été contraints de les partager avec moi. Et miracle de tous les miracles, j'ai réussi à cesser de vomir. Les jours passaient. Je restais très faible. Je ne pouvais rester debout qu'en m'adossant à un mur. La nuit, je dormais sur le sol gelé. Il n'y avait pas de chauffage dans la cellule et il faisait tellement froid que je n'arrivais pratiquement pas à fermer l'œil. J'avais souvent l'impression d'avoir les mains et les pieds gelés. Nous partagions notre cellule avec les rats et la vermine.

Malgré tout, j'ai commencé à me rétablir. Cinq mois après ma maladie, on a déclaré que mon état s'améliorait. Je n'avais pas encore pris le moindre médicament. Dieu avait entendu ma prière. Il m'avait maintenue en vie.

Un jour, on m'a sortie de prison et on m'a conduite dans un camp aux vastes dimensions. À mon arrivée, j'ai vu cet avertissement écrit en grand sur un haut mur :

N'ESSAIE PAS DE T'ÉCHAPPER
ON TE TUERAIT

On m'a conduite dans un baraquement où cinquante femmes dormaient sur une fine paillasse à même le sol. Les paillasses étaient serrées les unes contre les autres.

Si vous me demandez quelle fut la pire chose que j'ai vécue dans ce camp, je serais incapable de vous répondre. Chaque journée était pure torture.

Des gens mouraient constamment. La mort faisait partie intégrante de notre quotidien. Les corps étaient généralement incinérés ; les gardes dispersaient ensuite les cendres sur le sentier. Tous les jours, nous marchions sur ce sentier, et je me répétais : « Un jour, les autres prisonniers marcheront sur moi. »

Tous les jours, le même rythme terrible et monotone. À 5 heures, on nous réveillait et on nous comptait. Après le petit déjeuner, qui se composait de deux ou trois cuillers de riz, à 8 heures, nous quittions le camp à pied pour travailler aux champs, sans interruption jusqu'à midi. De retour au camp, on nous donnait de nouveau quelques cuillerées de nourriture, après quoi nous retournions travailler aux champs jusqu'à 18 heures. Le soir, il y avait une séance de critique et d'autocritique : nous devions nous asseoir devant le groupe et nous accuser nous-mêmes et accuser d'autres personnes de délits. Après quelques nouvelles cuillerées de nourriture, nous recevions une « formation idéologique ». C'était la partie la plus difficile de la journée. Nos yeux se fermaient d'épuisement, mais nous devions rester attentives et apprendre les paroles des leaders par cœur. Sinon, nous encourions des punitions. Après un dernier appel, à 22 heures, nous avions enfin le droit d'aller dormir.

Malgré tout, je suis restée fidèle à Dieu. J'ai gardé la foi et Dieu m'a aidée à survivre. Chaque jour, les autres détenues se tenaient au bord de l'abysse. Chaque jour pouvait être leur dernier. Les versets de la Bible que j'avais appris par cœur leur donnaient de l'espoir. Elles voyaient l'Esprit à l'œuvre en moi. On me distinguait des autres détenues parce que je les aidais. Parfois, je partageais mon riz avec les malades. Parfois, je lavais leurs vêtements.

Dieu m'a conduite à donner la foi à cinq personnes. J'ai essayé de leur enseigner ce que je savais. Ce n'était sans doute pas grand-chose, et je n'avais pas de bible à ma disposition, mais le dimanche et à Noël, nous nous réunissions en cachette des gardes. C'était souvent aux toilettes. Nous organisions une brève messe. Je leur enseignais des versets de la Bible et quelques chansons, que nous chantions de manière quasi inaudible.

Nous avons survécu au camp toutes les six, car chacune veillait sur les cinq autres. Malgré nos rencontres secrètes, nous n'avons jamais été inquiétées. À l'exception d'une fois. C'était peu avant la date prévue de ma libération. On m'avait assignée à un travail qui faisait que j'avais le droit de rester près de la barrière. Comme je devais travailler seule, c'était l'occasion pour moi de fredonner presque silencieusement. Mais, dans mon enthousiasme, je me suis mise à chanter de plus en plus fort. Subitement, un garde s'est dressé devant moi. J'ai immédiatement cessé de chanter. Il m'a donné l'ordre de le rejoindre.

J'ai obéi. Puis il m'a obligée à aller dans le baraquement des gardes. Il était hors de lui, et je ne savais pas du tout comment les choses allaient se terminer.

« Que chantais-tu ? a-t-il hurlé.

– Un chant politique, ai-je répondu.

– Tu mens ! J'ai entendu autre chose ! Qu'est-ce que tu chantais ? »

J'ai continué à dire qu'il n'avait pas bien entendu et que je chantais un chant à teneur politique. Il m'a laissée partir, mais il m'a dit qu'il m'aurait à l'œil. En guise de punition, je n'ai pas reçu de nourriture ce jour-là, ce qui était une peine habituelle pour les détenues coupables d'un délit.

L'homme a tenu parole. Chaque fois que je m'approchais de la barrière, je le voyais me regarder. Un peu après, j'ai appris qu'il allait devoir être hospitalisé deux mois. Il ne m'ennuierait plus. Quelques jours plus tard, j'ai été libérée.

Enfin « rééduquée » !

Je n'ai jamais été aussi heureuse de toute ma vie. Je me tenais à l'extérieur de la barrière du camp où j'avais été internée plusieurs années plus tôt. J'avais regardé la mort et la destruction en face et j'étais presque morte moi-même. J'avais quitté le camp tant de fois pour aller travailler aux champs et y revenir le soir, mais là, je ne devrais plus jamais y revenir ! L'État me considérait comme « rééduquée » !

Les barrières électriques se sont lentement ouvertes. Normalement, les détenus attendaient qu'elles le soient totalement avant de sortir. Chaque fois que j'avais quitté le camp pour aller travailler aux champs, j'avais attendu. Mais là, j'ai pris mes jambes à mon cou dès qu'elles ont commencé à s'actionner. Je me suis faufilée par l'étroite fente et je suis partie en courant. Je n'ai pas arrêté ma course et je n'ai pas jeté un seul regard en arrière. Je n'ai jamais voulu revoir cet horrible endroit.

J'avais de nouveau l'autorisation de vivre dans un village. Malheureusement, je ne peux pas en dire grand-chose, car je ne veux pas mettre en danger les chrétiens qui y vivent.

Mais je continuais à me languir de la liberté. Le dernier Noël que j'ai passé au camp, j'ai pleuré toutes les larmes de mon corps. En

Chine, j'avais souvent célébré Noël à l'église, mais, au camp, cela avait été impossible. Même dehors, il n'y avait pas moyen. En Corée du Nord, il n'existe pas d'église où les vrais chrétiens puissent s'assembler. Il n'existe que quelques églises de façade à Pyongyang.

J'ai demandé à Dieu de m'envoyer en Terre promise. Pour moi, il s'agissait de la Corée du Sud. Là-bas, on était libre. Mes enfants y vivaient déjà. Je voulais rencontrer mes frères et mes sœurs en liberté.

Grâce à des réseaux secrets, mon fils m'a fait savoir qu'il y avait des gens tout au long de mon trajet prêts à m'accueillir et à me conduire jusqu'au point suivant. Il leur avait demandé de m'aider et les avait payés pour cela. J'ai traversé la frontière chinoise et je me suis adressée au premier passeur. Deux semaines plus tard, après avoir traversé le Laos, j'arrivais en Thaïlande. Là, on m'a mise dans un avion à destination de la Corée du Sud. J'étais enfin libre.

Je suis immédiatement tombée amoureuse de ce pays. Je me sens toujours en période de lune de miel. Bien sûr, il y a un tas de choses qui ne vont pas, et certaines personnes pensent que la Corée du Sud est trop matérialiste – mais que savent-elles de la liberté ? Qui sait ce qu'est la liberté ? Je l'ai appris, moi, au camp.

Témoignage recueilli par l'ONG Portes ouvertes

Traduit de l'anglais par Emmanuèle Sandron

Chine
Les chrétiens, combien de divisions ?

Si la terrible répression de l'ère Mao appartient au passé, la Chine communiste maintient les Églises sous haute surveillance. Intimidations, arrestations et emprisonnements sont toujours d'actualité dans un pays où le christianisme connaît une croissance exponentielle. Au côté de catholiques tiraillés entre leur fidélité au pape et l'allégeance au pouvoir, les communautés évangéliques séduisent de plus en plus de Chinois et s'organisent de manière clandestine pour échapper au contrôle de l'État.

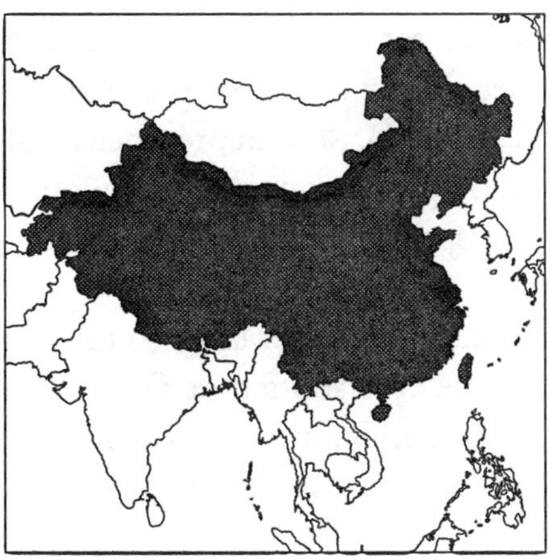

- Population = 1 339 724 852
- Agnostiques/Athées = de 35 à 40 %
  Religion traditionnelle chinoise = environ 30 %
  Bouddhistes = de 20 à 30 %
  Chrétiens = de 5 à 7 %
  Musulmans = 1,6 %

Reportage

Bras de fer avec le Saint-Siège

Dorian Malovic

La nomination des évêques cristallise toutes les tensions entre le régime communiste et l'Église catholique, considérée par Pékin comme une puissance étrangère infiltrée sur le sol chinois.

L'ambiance est électrique dans la cathédrale Xiujiahui de Shanghai, en cette journée chaude et humide de juillet 2012. Le cadre néo-gothique est solennel. La nef peut à peine contenir les 2 000 fidèles venus assister à un événement majeur pour le diocèse de Shanghai : la consécration de Ma Daqin, qui va devenir le nouvel évêque de la plus grande ville de Chine. En Occident, ce serait un jour de fête. Mais ici, la présence de représentants du parti communiste pèse sur les esprits. Dans le chœur, les évêques licites, reconnus par le Vatican, côtoient d'autres évêques, illicites ceux-là, dont la présence a été imposée par la très politique Association patriotique des catholiques chinois (APCC). Même si rien ne transparaît sur les visages, la tension est palpable dans la nef.

Le jeune Ma Daqin, quarante-trois ans, arbore un large sourire. Il sait pouvoir compter sur l'appui de Rome et le soutien de fidèles qui voient en lui une forte personnalité. En Chine, un évêque doit être capable de résister à une pression politique inconnue en Occident. De son charisme et de sa personnalité dépend la sérénité du troupeau. La cérémonie d'installation se déroule sans incident jusqu'au moment où Mgr Ma Daqin prend la parole : « À la lumière de ce que nous a enseigné l'Église, j'entends consacrer toute mon énergie au ministère épiscopal et à l'évangélisation. Il est donc gênant pour moi d'être membre de l'Association patriotique des catholiques chinois, de laquelle je démissionne. » L'annonce fait aussitôt l'effet d'une bombe. Murmures, chuchotements dans l'assistance… puis applaudissements à tout rompre. Les représentants du Parti se regardent, interloqués. Ils saisissent très vite la portée de ce qui vient d'être dit : le jeune évêque foule aux pieds leur légitimité et rejette publiquement leur tutelle. Ce camouflet, Mgr Ma Daqin ne va pas tarder à le payer au prix fort. Quelques jours plus tard, le voilà révoqué de ses fonctions d'évêque par l'Association patriotique des catholiques chinois et placé en résidence surveillée au séminaire de Sheshan, à plus de 50 km de Shanghai. Le plus grand diocèse de Chine est décapité.

Pudong, un quartier ultramoderne de Shanghai hérissé de gratte-ciel. Wang[1] nous a donné rendez-vous dans un lounge bar aménagé au dernier étage de l'hôtel. Dès les premiers mots, la gorge se serre, la voix se brise, les larmes montent aux yeux. « Voilà plus d'un an que nous sommes orphelins… Nous n'avons plus d'évêque… Nous vivons une nouvelle période de persécution… » Devant sa tasse de thé, notre interlocuteur baisse pudiquement la tête. Issu d'une longue lignée d'intellectuels catholiques chinois, Wang, la soixantaine, n'aurait jamais imaginé vivre un tel calvaire dans ce diocèse historique qui a déjà tant souffert. « La situation est grave, poursuit-il. Ne plus avoir d'évêque en Chine n'a pas la même portée qu'en Occident. Ici, les enjeux politiques et les relations avec le Vatican sont déterminants. » L'homme désigne la vue à couper le souffle sur Shanghai. « Regardez cette puissance économique, cet argent qui coule à flots ! La misère sous l'ère Mao, la répression généralisée… Tout cela est loin derrière nous. Et pourtant, le parti communiste chinois continue de contrôler l'Église catholique ! »

Wang connaît bien son sujet. Sa propre famille incarne les déchirements de l'Église catholique de la Chine postmaoïste. À la mort de Mao, en 1976, son successeur Deng Xiaoping entame des réformes

1. Tous les noms des prêtres, des laïcs et de la religieuse cités dans cet article sont des pseudonymes afin que les autorités chinoises ne puissent pas les identifier et les localiser. En revanche, l'évêque de Shanghai, Mgr Ma Daqin, son prédécesseur, Mgr Jin Luxian, et le cardinal Zen Ze-kiun Hong Kong ont été cités ouvertement, étant des personnalités publiques connues des autorités chinoises et du Vatican.

et libéralise l'économie. La société suit le mouvement et l'Église sort de trois décennies de répression. Si de nombreux fidèles, prêtres et évêques sortent de prison, les stigmates de l'oppression n'ont pas totalement disparu. Dans la nouvelle Chine qui s'affirme à la face du monde, chacun est sommé de prendre position : accepter l'Église officielle sous la coupe de l'Association patriotique fondée en 1957, ou bien refuser et entrer dans la clandestinité. C'est l'époque des « deux Églises », l'une souterraine et invisible, fidèle à Rome ; l'autre officielle et visible, fidèle au Parti.

La famille de Wang, qui a donné à l'Église plusieurs prêtres et un évêque décédé en prison sous Mao, se déchire. Une moitié tente l'expérience proposée par la nouvelle Chine, l'autre ne peut oublier les persécutions maoïstes et choisit de rester clandestine. Progressivement pourtant, la situation de l'Église se consolide, le Vatican reconnaît de nouveaux évêques et Pékin accepte le compromis. Les fidèles rejoignent petit à petit l'Église « officielle ouverte », avec laquelle le Vatican négocie au cas par cas, tandis que d'autres persistent dans leur fidélité totale à Rome, sans aucun compromis avec le régime. Les séminaires ouvrent à nouveau leurs portes, les églises se reconstruisent, la pratique religieuse se libéralise et les catholiques ne sont plus marginalisés à cause de leur foi.

Catholique officiel et fidèle à Rome ? Dans le microcosme catholique chinois, où tout le monde se connaît et où l'ambiguïté fait partie du quotidien, certains ont du mal à y croire. Pourtant, bon an mal an, l'Église se réunifie et une majorité d'évêques finit par être reconnue par le Vatican. De plus en plus de fidèles rejoignent les Églises officielles dites « ouvertes ». Durant les années 1990, l'heure est à l'apaisement entre Pékin et Rome. On évoque même un voyage de Jean-Paul II en Chine, tant la situation semble s'être améliorée. Mais c'est compter sans la détermination des fonctionnaires de l'Association patriotique, qui ont tout à y perdre. Une reprise en main progressive se met alors en place.

Parallèlement, les relations diplomatiques entre Pékin et le Saint-Siège passent au second plan. La Chine triomphante n'a en effet plus besoin d'une reconnaissance de Rome pour montrer au reste du monde qu'elle respecte la liberté religieuse. « Le dossier avec le Saint-Siège est dans une impasse », confirme une haute responsable du ministère chinois des Affaires étrangères. Rome n'est plus une priorité et l'Église de Chine doit retourner sous la coupe du régime sans « ingérence extérieure », selon l'expression consacrée à Pékin. Depuis 2010, l'Association patriotique pousse ses pions. Elle a imposé les consécrations illicites de plusieurs évêques sans l'accord de Rome, qui y voit la volonté du régime de contrôler l'Église. Le dialogue est rompu et la situation semble brusquement revenue en arrière, au grand désarroi des 8 millions de catholiques chinois.

Résister au Parti

C'est dans ce contexte tendu qu'intervient la révocation officielle de Mgr Ma Daqin. Pour Wang, le diocèse de Shanghai est entré en résistance. Par son geste spectaculaire, son évêque en a pris la tête. L'objectif de Mgr Ma Daqin est de montrer aux 40 diocèses toujours vacants – sur une petite centaine au total – qu'il est possible de tenir tête aux exigences du PCC. « La nouvelle génération d'évêques et de prêtres va devoir apprendre à résister au Parti », prévient Wang.

À 2 000 km de Shanghai, dans une province à l'ouest du pays, le P. Chen, quarante-cinq ans, file à bord d'un caboteur sur le fleuve Yang-Tsé. Il est attendu dans un village isolé pour y célébrer la messe. « Il y a six ans, la mort de notre vieil évêque – reconnu par Rome – a ouvert une terrible crise de succession. Le gouvernement a tenté de nous imposer un évêque entièrement à sa botte. Mais devant notre refus, l'Association patriotique a fait marche arrière. Nous ne sommes plus aujourd'hui que cinq prêtres à administrer le diocèse. » Issu d'une famille catholique du Sud, le jeune Chen fait partie de cette génération qui a pu étudier dans des séminaires bien fournis en livres et en professeurs, loin des pressions exercées par le régime. Son évêque ayant perçu ses facultés exceptionnelles, Chen a été envoyé parfaire ses études et exercer son ministère durant quatre ans dans une paroisse aux États-Unis. « Une chance immense, réalise-t-il aujourd'hui dans l'adversité. J'ai découvert une autre langue, une autre culture, mais aussi l'histoire véritable de mon pays en ayant accès à des lectures interdites en Chine. J'ai aussi compris ce que signifie l'universalité de l'Église, loin des clichés nationalistes et de l'idéologie enseignés dans les écoles chinoises. »

À la descente du bateau, l'accueil des fidèles réchauffe le P. Chen. Les familles qui l'attendaient lui offrent des fruits, des pains vapeur et s'enquièrent de son état de fatigue après un voyage de plus de huit heures. « C'est ici que je me ressource, confie-t-il, les fidèles me donnent de l'énergie. » Loin des graves problèmes du diocèse, la ferveur et la fidélité sans faille des villageois sont le signe, à ses yeux, d'une Église de Chine qui respire et avance. Loin des manœuvres politiciennes, ces hommes et ces femmes prient, enseignent et font baptiser leur progéniture sans redouter l'avenir. Le chef du village, un paysan père de cinq enfants, se mêle à la conversation. Il est parfaitement informé de la situation à la tête du diocèse. Dépité, il insiste : « Chez nous, il n'y a ni Association patriotique, ni contrôle sur les catholiques. Nous contribuons à notre manière à la bonne santé de l'Église. Nous faisons beaucoup d'enfants car personne ne vient jusqu'ici s'assurer du respect de la politique de l'enfant unique. Nous envoyons aussi chaque année des jeunes étudier au séminaire, car l'Église a besoin de prêtres. » Des paroles simples qui font sourire le P. Chen. « Ces paysans catholiques ont une foi profondément enracinée. Malgré un exode rural massif, les enseignements sont assurés et permettent d'envisager l'avenir sur des bases solides. »

Le temps où un catholique était considéré comme un « traître » à la patrie semble révolu. Fidèle à Rome ou à la Chine ? Durant des siècles, l'équation était simple. Elle a fait couler beaucoup de sang et de larmes. Mais aujourd'hui, une nouvelle forme d'Inquisition sévit. « Les prêtres et les communautés paroissiales ont proposé aux autorités leur propre candidat à l'épiscopat, mais l'Association patriotique a refusé », explique le P. Chen, occupé à confesser les villageois dans la petite église. « Le Vatican a accepté sa nomination mais la situation est bloquée du côté des responsables politiques. » Face à cette situation apparemment inextricable, notre prêtre ne manque pas d'imagination. C'est qu'il en a fallu à l'Église de Chine pour survivre depuis le VIIIe siècle ! Le P. Chen a entamé des discussions avec le Vatican afin que son candidat-évêque puisse assumer sa charge épiscopale… sans avoir le titre officiel.

Ce scénario atypique n'est pas sans rappeler l'époque des « deux Églises », lorsque Rome consacrait des évêques clandestins en secret afin d'assurer la continuité de l'Église en Chine. « Le régime craint de voir l'Église devenir un contre-pouvoir, comme dans les anciens pays de l'Est où elle a contribué à faire chuter le communisme, explique le P. Chen. Mais notre Église n'est qu'un petit radeau sur l'océan communiste. Nous sommes bien trop petits pour renverser le régime ! Seulement, Pékin tient à garder le contrôle sur la moindre organisation, religieuse, sociale, civile... C'est notre lien indéfectible avec le Saint-Siège qui demeure inacceptable à ses yeux. N'étant liés à aucune entité extérieure, les protestants n'ont pas ce problème. »

Pour autant, le P. Chen n'hésite pas à mettre en cause l'attitude « parfois troublante » du Vatican vis-à-vis des catholiques chinois. Si ces derniers constituent un sujet de préoccupation majeure à Rome depuis Jean-Paul II, le dossier a souffert d'approches contradictoires souvent dictées par l'idéologie. Partisans de l'ouverture et anticommunistes farouches ont tour à tour orienté la diplomatie vaticane, qui n'a pas toujours eu sous les yeux un tableau réaliste et équilibré de la situation en Chine. Ses errements ont plus d'une fois dérouté le P. Chen. « Rome nous demande depuis quelques années de nous défendre face aux pressions et aux manipulations du régime. Mais quand nous engageons la bataille sur le terrain, il n'y a plus personne au Vatican pour nous soutenir ! C'est à se demander si Rome ne préfère pas nous voir souffrir en martyrs, comme dans le passé, plutôt que de s'engager plus fermement dans le rapport de forces. »

Comme en écho à ces paroles, le cardinal Zen Ze-kiun, évêque émérite de Hong Kong, interpelle ouvertement les dirigeants chinois. « Quelle gloire peut-on retirer de la réduction en esclavage d'évêques et de prêtres qui sont avant tout des citoyens chinois ? C'est une honte ! En dépit du pouvoir que confère à notre pays sa nouvelle prospérité financière, cette politique déshonore notre nation. » Le cardinal Zen, qui a l'oreille de Rome depuis de nombreuses années, est interdit de séjour en Chine. Dans sa résidence de Hong Kong, où la liberté religieuse est garantie depuis la colonisation britannique, il décrit une situation où le pouvoir pékinois semble n'avoir pour seul objectif que de « forcer nos évêques et nos prêtres à trahir leur conscience et la foi qui les anime ». S'il reconnaît le travail entamé par le nouveau secrétaire général du PCC, Xi Jinping, dans la lutte contre la corruption, ce cardinal au franc-parler déplore toujours autant l'absence d'ouverture en matière religieuse.

Ruser pour exister

Sur le terrain, en dépit des pressions de l'appareil, l'ingéniosité des fidèles ne connaît pas de limites. Les catholiques chinois n'ont pas leur pareil pour exploiter les failles du système. Au volant de sa petite voiture japonaise rouge, sœur Marie, la cinquantaine, raconte avec humour un improbable projet lancé voilà plusieurs années. Au cœur d'une grande province du Nord, devenue catholique au contact des premiers missionnaires occidentaux, la voiture chargée de matériel électrique et de maçonnerie saute sur les nids-de-poule. Parmi les champs de maïs et de millet, à plus de deux heures de la capitale provinciale, s'élève une petite église dont la construction remonte au XVIIe siècle, époque des premières conversions. Devant l'édifice en réfection, la religieuse est rejointe par deux autres sœurs, vêtues de salopettes et de grosses bottes en caoutchouc. « Il y a quelques années, le gouvernement local nous a rendu les terres qui appartenaient à la paroisse et finance même une partie de la rénovation », rapporte sœur Marie qui, dans une autre vie, fut d'abord électricienne puis infirmière.

À quinze minutes de marche de l'église, sur une petite colline boisée, se dessine les contours d'un édifice monumental d'architecture italienne classique en brique rouge, surmonté d'une grande croix. « Voici le premier monastère pour religieuses contemplatives en Chine, où c'est totalement interdit. Les 6000 religieuses chinoises du pays sont en grande majorité diocésaines et font un travail social formidable mais je ressentais le besoin et la nécessité de créer un lieu de contemplation, d'offrir un espace spirituel nouveau pour méditer. » Interdit et pourtant bien réel ! Ce bâtiment incarne toutes les contradictions du catholicisme chinois. « Nous vivons loin du monde communiste pur et dur, poursuit sœur Marie. Ici, la vie des paysans est difficile et les autorités sont plus pragmatiques qu'ailleurs. Lorsque vous agissez pour le bien de la société, les politiques y voient aussi leur intérêt et n'hésitent pas à vous soutenir dans ce que vous entreprenez. »

Pour obtenir les autorisations officielles, sœur Marie a su ruser. « Il n'était pas question de déclarer officiellement la construction d'un monastère, éclate-t-elle de rire. J'ai donc annoncé la construction d'une maison de retraite pour personnes âgées. » L'œuvre sociale par excellence, dans une Chine confrontée à un vieillissement rapide de sa population... « Voilà le genre de manœuvres auxquelles il faut consentir si l'on veut avancer dans ce pays ! » Son père, architecte à la retraite, l'a ensuite aidée à concrétiser son œuvre.

Le soir, à table, un jeune prêtre clandestin parle de son sacerdoce un peu particulier. « Je parcours plusieurs provinces de Chine au service des communautés catholiques souterraines qui refusent de faire allégeance au régime », confie-t-il, non sans s'être renseigné sur mon compte auprès de sœur Marie. Un autre prêtre, « officiel » celui-là, ajoute : « Souterrains ou officiels, nous faisons partie de la même Église. J'ai invité mon confrère ici afin qu'il célèbre pour les clandestins du diocèse. Ils ne veulent pas venir à ma messe, ce que je comprends et respecte. Mais leur foi est sincère et avec l'accord de notre évêque, nous nous arrangeons pour que personne ne soit privé de célébrations. » Évaluer le nombre de catholiques clandestins s'avère très difficile. À Hong Kong, des observateurs avancent des chiffres pouvant aller de 30 à 50 % mais ce ne sont là que des estimations. À la lumière d'une bougie vacillante, dans son grand bureau où trônent des photos de Jean-Paul II et de Benoît XVI, le vieil évêque lâche quelques mots en latin. Représentant d'une ancienne génération formée aux humanités classiques, cet évêque respecté a passé près de vingt ans en prison à l'époque de la répression maoïste. Ordonné prêtre avant l'arrivée des communistes, en 1949, il a été consacré en secret par Rome au début des années 1980, avant d'être accepté par les autorités politiques locales. Il a traversé le long et sanglant XXe siècle chinois, connu l'humiliation, les camps, la torture. Sans même parler des tentatives du régime communiste de le marier de force pour le discréditer aux yeux des catholiques. Pour lui, l'enfer maoïste est bel et bien révolu. « Nous vivons mieux, assure-t-il, on a pu reconstruire et rouvrir nos églises, relancer les séminaires, former des jeunes prêtres, mais la menace politique a pris une nouvelle forme en ce début de XXIe siècle. » Bien sûr, des prêtres clandestins sont actuellement emprisonnés en Chine, des arrestations ont toujours lieu ici ou là et les autorités continuent de montrer leur force. Mais on ne peut plus parler de répression religieuse généralisée. « Le régime a une autre stratégie de contrôle, poursuit le vieux prélat. Plus ciblée, méthodique, elle consiste à placer progressivement ses propres évêques et à faire ainsi pression sur les autres (reconnus par Rome) afin qu'ils participent aux consécrations et de les compromettre. C'est dur de résister. Il faut une grande force de caractère et le soutien des fidèles pour oser affronter l'Association patriotique. » Fort de son expérience, le vieil évêque s'entretient régulièrement avec ses prêtres et ses religieuses afin de leur inculquer un esprit de résistance. « Ces jeunes générations n'ont pas la même expérience politique que nous autres, les anciens : ils sont nés avec la télévision, Internet, le téléphone portable et ont vécu dans un grand confort... Les nouvelles technologies permettent aux catholiques de mieux communiquer, tant au niveau des diocèses qu'au plan national. Pour autant, il leur faut être plus prudents et rusés que jamais, forts spirituellement et déterminés à suivre le chemin de l'Évangile. » Un défi d'autant plus crucial que les vieux évêques disparaissent et avec eux, la mémoire d'un passé qu'il leur faut aujourd'hui transmettre. « Pour préserver leur liberté, les catholiques chinois doivent encore se battre. » Dans la pénombre, le vieil évêque marque un temps de silence. « Le peuple chinois a besoin de connaître Jésus. »

Né en 1960, **Dorian Malovic** est journaliste, spécialiste du monde chinois depuis près de trente ans. Ancien correspondant de presse à Hong Kong, il est responsable de la rubrique Asie au quotidien *La Croix*. Passionné par l'histoire religieuse chinoise, il a publié plusieurs ouvrages de référence sur les catholiques de Chine, dont *Le Pape jaune* (Perrin, 2007) et *Mgr Zen, un homme en colère. Entretiens avec le cardinal de Hong Kong* (Bayard).

Témoignage

Une nébuleuse protestante sous haute surveillance

Chan Kim-Kwong

Les 50 à 100 millions d'évangéliques chinois, selon les estimations, se retrouvent le plus souvent dans des maisons ou des appartements pour célébrer leur culte. Une nébuleuse ingérable pour le pouvoir chinois.

La présence protestante massive en Chine pose d'immenses problèmes au gouvernement de Pékin. Face à l'explosion du nombre de protestants et en raison de la structure même des Églises protestantes sur tout le territoire chinois, le régime communiste a énormément de mal à gérer et à contrôler cette diversité humaine et spirituelle.

Officiellement, en 1949, il y avait près d'un million de protestants – pour 3 millions de catholiques. Après trente ans de maoïsme, en 1980, on estimait le nombre de protestants à près de 3 millions, un calcul fondé uniquement sur la base de l'augmentation générale de la démographie chinoise. À partir des années 1980, la politique d'ouverture et de réformes lancée par le leader Deng Xiaoping a entraîné de profonds bouleversements dans la société chinoise, dont la liberté religieuse a d'une certaine façon profité. Avec la disparition de l'idéologie communiste et l'émergence d'un capitalisme aux caractéristiques chinoises, l'argent est devenu le nouveau dieu que le peuple entier vénère aujourd'hui. Pour autant, avec l'amélioration générale du niveau de vie et en dépit de grandes disparités sociales, la société est en quête de nouvelles sources de sens. Cette quête spirituelle se traduit par un accroissement massif de la religion bouddhiste, mais aussi par une explosion numérique du protestantisme. Les années 1990 ont ainsi été celles d'un boum sans précédent de la construction d'églises et de temples dans tout le pays, d'abord dans les campagnes puis dans les grands centres urbains de chaque province. Cet appétit spirituel s'est progressivement étendu à tous les milieux sociaux : paysans, artisans, intellectuels, professeurs, employés, ouvriers et même étudiants.

Officiellement, le prosélytisme reste interdit. Dans les années 1950, le régime communiste patriotique a contraint les chrétiens à s'enregistrer au sein du Mouvement des trois autonomies, une structure politique chargée de les contrôler et surtout de les couper des liens originels avec les Églises protestantes américaines, jugées « impérialistes ». Aujourd'hui, malgré tout, j'estime le nombre total de protestants à près de 50 millions. Certaines sources avancent le chiffre de 100 millions mais je pense que ces statistiques sont très exagérées. Cette guerre des chiffres ne mène nulle part et certaines Églises protestantes chinoises gonflent sciemment leurs effectifs pour impressionner les donateurs étrangers et recevoir encore plus de financements. Je tiens à préciser que sur ces 50 millions de protestants chinois, près de la moitié n'est pas enregistrée officiellement auprès du Mouvement des trois autonomies et vivent en rupture totale avec le système officiel d'enregistrement des religions. D'où la grande difficulté, pour le gouvernement, de garder un œil sur ces Églises sans existence officielle, éclatées sur l'ensemble du territoire.

Une quête insatiable de valeurs et d'authenticité

L'ascendance occidentale du christianisme est associée dans l'esprit de nombreux jeunes à la modernité et à l'innovation. La charité et la justice, deux notions qui collent au christianisme, séduisent dans les campus universitaires comme chez les hommes d'affaires. Ces derniers se sont d'ailleurs constitués en « groupes exclusifs », hors du Mouvement des trois autonomies et des « Églises domestiques ». Il s'agit d'un courant récent qui aspire à se dissocier d'un monde du business à la réputation sulfureuse, corrompue et mafieuse. Ces

« clubs de chrétiens hommes d'affaires » louent pour un week-end un hôtel tout entier, y invitent les autorités locales et y rassemblent des centaines de fidèles. En assistant à l'une de ces rencontres, j'ai observé que c'était devenu un label, d'être chrétien, un gage d'honnêteté. Je demeure toutefois prudent quant à la pérennité de tels mouvements.

Le récent passé religieux en Chine a des conséquences inattendues sur la pratique des fidèles. Chacun développe une lecture très singulière de la Bible en Chine en fonction de ses origines religieuses récentes ou plus anciennes. Pour le Chinois moyen, il n'existe pas une compréhension véritable des textes mais une auto-interprétation en fonction de ses antécédents. Cela peut donner des approches très individuelles, la naissance de mouvements chrétiens localisés, sans liens avec d'autres. Comme n'importe qui peut porter le message, le phénomène protestant peut paraître décousu ou anarchique mais le message de la Bible se répand partout.

En outre, au fond de toute croyance chinoise sommeillent les religions traditionnelles des campagnes, nourries de magie ou de superstition. Si un nouveau dieu apparaît dans le panorama général, même si je crois en Bouddha, cela vaut peut-être la peine de regarder si ce nouveau dieu apporte de bonnes choses, pour peu que je lui adresse mes prières. Le Chinois est un être volontiers multireligieux qui ne met pas tous ses œufs dans le même panier. Il démultiplie ses chances de bien-être. Il existe également des « chrétiens culturels », souvent dans les milieux intellectuels. Ils peuvent ne pas aller à l'Église mais défendre les valeurs chrétiennes. Ils peuvent aussi ne pas être baptisés. Enfin d'autres ne se revendiquent pas forcément chrétien, mais respectent profondément ce qu'ils qualifient de « culture ». J'en connais beaucoup au sein même du parti communiste, des cadres, des soldats, des policiers ou même des généraux, qui ne sont pas et ne peuvent pas s'enregistrer aujourd'hui dans une Église locale mais sont chrétiens sans avoir été baptisés. Une fois à la retraite, ils s'engageront plus ouvertement mais en attendant, ils préfèrent jouer la sécurité.

En dépit de ce syncrétisme quelque peu déroutant pour un observateur extérieur, les Chinois sont bel et bien en quête de valeurs et de spiritualité. De grandes figures, tels Martin Luther King, Desmond Tutu ou Mère Teresa, incarnent quelque chose de satisfaisant pour l'âme et la conscience personnelle, dans un univers où l'individu s'émancipe de plus en plus des contraintes collectives. En ce sens, la décrédibilisation du parti communiste a favorisé cette recherche de plus d'authenticité et de transparence. Dans un monde où chacun ne pense qu'à soi, à mentir, à tricher, à tromper, à l'instar des leaders locaux du parti communiste, la quête spirituelle des fidèles devient plus profonde.

Le nombre de protestants s'est d'ailleurs stabilisé depuis deux ans. Une nouvelle étape est en train d'être franchie : celle de l'approfondissement. Les croyants se demandent aujourd'hui comment mettre leur croyance en pratique dans la vie quotidienne. Aux authentiques chercheurs de foi, il ne suffit plus seulement de croire mais de vivre leur foi.

Véritable nébuleuse pour laquelle il n'existe pas de définition claire, l'identité protestante est par essence en opposition, sinon incompatible, avec la nature même du régime communiste chinois dont l'objectif est d'unifier et de contrôler. La diversité protestante représente ainsi un défi majeur pour le gouvernement. Le monde protestant chinois est un univers de diversité, de divisions, de rivalités, de ruptures. Cette nébuleuse dynamique, mouvante, intense, non centralisée par un leader unique à l'étranger, à l'image des catholiques et du pape à Rome, pose un défi au gouvernement qui ne supporte pas l'éclatement et la division. En ce sens, je dirais que le régime chinois vit dans un monde prémoderne alors que la société tout entière aujourd'hui et en particulier le monde protestant vit dans un monde postmoderne. Il faudra bien que le gouvernement s'adapte un jour ou l'autre à cette réalité postmoderne, dans tous les secteurs de la société d'ailleurs, mais il fonctionne toujours, en dépit des apparences, selon un modèle soviétique. En ce qui concerne les protestants enregistrés au sein du Mouvement des trois autonomies, les choses sont claires : les lieux de culte sont enregistrés, le nombre de fidèles également, les pasteurs sortent des séminaires officiels, l'argent qui circule est relativement bien contrôlé. Pour autant, la famille chrétienne chinoise dépasse largement le Mouvement des trois autonomies, et là le gouvernement, qui veut jouer le rôle de parent afin d'unir tous les frères et sœurs de la famille chrétienne, se trouve confronté à une réalité qui le dépasse. Le régime ne peut comprendre que l'essence même du protestantisme, c'est la « désobéissance » depuis la Réforme. Les protestants acceptent l'unité dans la spiritualité mais pas l'uniformité. En Chine l'unité est impossible. C'est le défi du monde protestant sur la planète, mais en Chine ce n'est pas possible. Dans le protestantisme, je dirais qu'il y a un seul Dieu mais plusieurs managers. Il y a plusieurs interprétations, compréhensions, théologies, liturgies, pratiques, rituels... une gamme immense qui fait la richesse du monde protestant. Face à un gouvernement uniforme, une religion de la diversité comme le protestantisme, qui se voit contraint de rejoindre un seul et unique groupe bien identifié et enregistré, provoque de profondes tensions et de nombreuses divisions.

Répression et contrôle

Peut-on parler de répression religieuse contre les protestants en Chine ? Oui et non. Il est clair que des mesures très strictes sont prises contre certains groupes protestants. Partout en Chine les gouvernements locaux abusent de leur autorité et de leur pouvoir contre les protestants, mais bien souvent, la religion n'est qu'un prétexte alors que les raisons réelles sont souvent d'ordre administratif, légal, judiciaire. On ne peut parler de haine à l'égard des protestants. Certes, ils sont sous surveillance, comme tous les groupes sociaux ou religions en Chine. Le temps de l'éradication de la période maoïste n'est plus. Aujourd'hui, le gouvernement essaie plutôt de collaborer avec les religions et de les utiliser pour favoriser l'équilibre moral de la société. Aux yeux du régime, les religions doivent se mettre au service de la société. Puisqu'elles existent et prospèrent, alors autant leur faire jouer un rôle positif. Dans certains endroits où je me suis rendu, les autorités locales favorisent même les activités sociales des communautés protestantes et en tirent le bénéfice. Il existe des accords entre les chefs de communauté et les leaders locaux afin que tout se passe dans l'harmonie. Tant que les fidèles ne dépassent pas les limites imposées par le gouvernement, une marge de manœuvre continue d'exister.

Des épisodes de répression n'en sont pas moins rapportés par les médias internationaux. Ils sont le plus souvent l'œuvre de gouvernements locaux qui ne connaissent rien à la religion et veulent soutirer de l'argent en avançant des prétextes immobiliers, par exemple : terrains, constructions, immeubles, locations... Certes, on recense dans le pays une augmentation de 50 % des incidents entre autorités locales et communautés protestantes. Mais ce chiffre est à replacer dans un contexte de forte augmentation des communautés protestantes depuis plus d'une dizaine d'années. Le nombre de fidèles a tellement augmenté qu'il n'y a pas assez d'églises pour accueillir tout le monde ! Le phénomène des *House Churches*, ces rassemblements communautaires dans un appartement ou un local spécialement loué à cette fin, n'a fait que s'accentuer ces dernières années par manque de lieux de culte. Par ailleurs, la vingtaine de séminaires protestants officiels est loin de couvrir tous les besoins. Le régime croit pouvoir contenir l'expansion protestante en limitant le nombre de ces séminaires. Résultat, des séminaires souterrains se sont multipliés, bien souvent avec l'approbation des pouvoirs locaux... Nous touchons là à un sujet délicat : l'argent.

Un véritable marché de la religion

Officiellement, en Chine, il n'existe pas de dénomination religieuse depuis 1950. Mais en réalité, de nombreuses communautés, ouvertes ou souterraines, sont affiliées à des Églises protestantes basées à l'étranger comme les baptistes, presbytériens, anglicans et bien d'autres Églises évangéliques venant des États-Unis, de Taïwan ou de Corée du Sud, pour ne citer que les plus importantes. Cette diversité donne des maux de tête au régime de Pékin et complique encore plus la situation. Certains officiels que je rencontre souvent me disent : « Ils croient tous au même Dieu, pourquoi ne peuvent-ils pas se rassembler dans une même église, ensemble, au lieu de se disperser un peu partout. On ne comprend pas cette logique. » Dans certaines provinces, on peut voir des églises majestueuses, immenses, modernes. Certains groupes protestants reçoivent des fonds de l'étranger et se paient des édifices pouvant accueillir entre 8 000 et 10 000 fidèles ! Dans des endroits pauvres et reculés, vous pouvez voir sortir de terre de magnifiques églises où les fidèles affluent. « Un Dieu si flamboyant doit accomplir des merveilles ! » se disent les nouveaux convertis.

Parmi les Églises protestantes les plus agressives, les coréennes s'installent un peu partout, surtout dans le nord de la Chine, près de la frontière nord-coréenne. Aux yeux du gouvernement chinois, ces communautés sont dangereuses car elles diffusent des concepts très nationalistes auprès des Coréens de Chine. Le régime ne veut pas de revendications territoriales dans ces provinces que les Coréens pourraient un jour revendiquer. Sur place, tant qu'il n'y a pas de « provocations » et que les règles sont respectées, tout va bien. Mais si la situation dérape, pour des raisons financières, religieuses ou idéologiques, Pékin serre la vis.

Ailleurs, vous trouvez aussi des professeurs américains qui enseignent, mais distribuent également des bibles aux étudiants ou à d'autres professeurs dans le but affiché de les convertir. Derrière cette approche très prosélyte se profile l'idée que la Chine doit se christianiser et faire alliance avec les États-Unis contre les musulmans. Aux yeux de certains groupes fondamentalistes protestants à l'étranger, la Chine est un eldorado communiste athée qu'il faut impérativement christianiser. En réalité, la Chine est devenue un véritable marché de la religion où certaines Églises étrangères s'affrontent, investissent et se livrent une concurrence sans merci.

Témoignage recueilli par Dorian Malovic

Le pasteur Chan Kim-Kwong est vice-secrétaire du Conseil des chrétiens de Hong Kong.

Analyse

Les chrétiens chinois entre répression et ouvertures

Michel Chambon

Pour les Églises évangéliques, victimes de leur succès, la question n'est plus tant la survie face à l'État communiste que la concurrence des sectes et des religions populaires.

Après un siècle et demi de guerres coloniales et civiles, de révolution communiste et culturelle, l'empire du Milieu s'est concentré sur son développement économique. Plus de trente ans après les réformes de Deng Xiaoping en 1979, la vie en Chine a radicalement changé, aussi bien sur le plan économique, sociétal, que religieux. Pourtant, les médias occidentaux continuent de pointer du doigt la pression constante de l'État communiste sur les chrétiens locaux, et autres minorités religieuses, parlant parfois même de persécutions religieuses. En avril 2014, divers médias à travers le monde présentaient la résistance de milliers de protestants à Wenzhou contre la destruction arbitraire de leur église Sanjiang par les autorités locales[1]. Il semblerait donc que peu de chose ait changé en matière religieuse mais loin s'en faut. Cette contribution présente l'histoire du protestantisme en Chine communiste, de 1949

1. Voir l'article « Main dans la main, les protestants défendent leur temple » dans *La Vie*, 9 avril 2014 ; China Aid, 3 avril 2014 ; *New York Time*, 4 avril 2014 ; « Église d'Asie », *China South Morning Post*, 7 avril 2014 ; *Christianisme aujourd'hui*, 9 avril 2014.

à nos jours, pour mieux comprendre le contexte politico-social et les ambiguïtés d'aujourd'hui[1].

Un nouveau dieu pour la Chine : l'ère Mao Tsé-toung (1949-1976)

Après la Deuxième Guerre mondiale et la défaite du Japon, la Chine retrouve sa pleine souveraineté. Mais le parti communiste a entretemps étendu son influence sur l'ensemble du pays, et la guerre civile entre le parti nationaliste au pouvoir et le parti communiste reprend. En octobre 1949, Mao Tsé-toung est capable de repousser les nationalistes à Taïwan (République de Chine) et d'inaugurer la République populaire de Chine sur l'ensemble du territoire à l'exception de Taïwan. Ce changement politique majeur ouvre une nouvelle page des relations entre les chrétiens chinois et l'État.

Le parti communiste chinois, pour appliquer sa politique religieuse, crée le Bureau des Affaires religieuses pour prendre le contrôle des clergés et lutter contre les « superstitions ». Une théorie développée depuis la fin du XIXe siècle par des missionnaires protestants occidentaux va connaître un nouvel avenir : la théorie des trois autonomies promeut « l'autofinancement, l'autogouvernance, l'auto-évangélisation » des Églises afin d'éviter que les jeunes Églises de mission restent sous la coupe des Églises mères. En juillet 1950, le nouveau pouvoir recycle cette théorie pour imposer aux clergés catholique et protestant le « Mouvement des trois autonomies ». En surface, ce mouvement encourage l'inculturation du christianisme chinois, et son autonomie vis-à-vis des Occidentaux, mais en pratique cela oblige à rompre tout lien avec les Églises étrangères et renforce l'influence du Parti sur toutes les institutions chrétiennes. Sur le million de protestants chinois, nombreux sont ceux qui tentent de passer dans la clandestinité, refusant de collaborer avec le Bureau des Affaires religieuses, au risque d'être accusés d'illégalité et de non-patriotisme. La guerre de Corée (1950-1953) donne

1. Le catholicisme n'est pas couvert par cet article quoique quelques comparaisons soient faites. Dans son ensemble, le catholicisme en Chine aujourd'hui est dans une situation plus complexe du fait de son lien au Saint-Siège. Le Saint-Siège a proposé de négocier ce lien ecclésial mais pour l'heure Pékin refuse d'ouvrir tout pourparler officiel. Pour une approche pluridimensionnelle de la question, *cf.* Henriettta Harrison, *The Missionary's Curse and Other Tales from a Chinese Catholic Village*, Universty of California Press, 2013.

un prétexte supplémentaire aux communistes pour expulser tous les missionnaires étrangers. Le Parti ayant les mains libres, la majorité des dirigeants religieux sont emprisonnés dès la fin de l'année 1950. De nouveaux représentants chrétiens sont « démocratiquement élus » dans chaque Église locale reconnue par l'État et une première assemblée générale du Mouvement patriotique des trois autonomies peut se tenir en 1954. La pression imposée à tous les délégués les oblige cependant à la neutralité politique et à la soumission au Parti. Les délégués ne sont guère plus que des agents de l'État et le protestantisme chinois devient une Église du silence.

Durant toute la période 1950-1960, d'intenses politiques de diabolisation des missionnaires sont orchestrées. Les chrétiens qui refusent de soutenir le Mouvement patriotique des trois autonomies sont envoyés à des sessions de rééducation politique, ou à la campagne pour une rééducation par le travail. En milieu rural, la prise de contrôle des Églises se fait par la réforme agraire qui permet de déstructurer et de stopper le fonctionnement des communautés. Tous les biens étant nationalisés, les bâtiments religieux deviennent école, caserne militaire, unité de production, etc. (ce qui crée encore aujourd'hui des tensions pour gérer les restitutions). La période de persécution la plus intense a cependant lieu durant le Mouvement d'éducation socialiste (1962-1965), qui s'attaque à éradiquer toute pratique « superstitieuse ». Les protestants tout comme les autres groupes religieux chinois disparaissent du paysage. La Révolution culturelle (1966-1976) voit même la disparition pure et simple du Bureau des Affaires religieuses puisque les religions sont tout simplement considérées comme relevant du passé.

Mais l'histoire de la Chine ne peut se réduire à l'histoire des chrétiens en Chine. Durant la période maoïste (1949-1976), c'est toute la population qui subit les expérimentations politiques et les querelles intestines du Parti. La course effrénée à plus d'égalité conduit à une organisation méthodique de lutte entre les classes sociales : chaque groupe, chaque individu est affecté, les anciens propriétaires terriens, marchands, éducateurs, etc., sont livrés à la haine populaire, et souffrent prioritairement de la raréfaction des produits alimentaires. Lors de la campagne du « Grand Bond en avant » (1958-1960), qui se solde par une première grande famine, plus de 30 millions de Chinois meurent.

Dans ce contexte tourmenté, les protestants chinois développèrent diverses stratégies de survie. Ceux qui le purent, surtout les jeunes, émigrèrent clandestinement vers Hong Kong, créant et renforçant un riche réseau de liens avec l'Asie du Sud-Est. Vingt ans plus tard, ces réseaux seront cruciaux pour la résurrection du protestantisme chinois. Pour les autres chrétiens, la vie religieuse quitta l'espace public pour se vivre en secret dans les familles, sans signe visible, faisant du protestantisme une religion familiale, telle une nouvelle forme de lignage ancestral. Une surprenante stratégie de survie fut le prosélytisme en milieu rural, avec l'évangélisation ciblée des victimes du maoïsme. Durant cette intense période maoïste, la persécution des chrétiens comme l'un des groupes ennemis de la révolution prolétarienne conduisit à la mort non naturelle d'environ 500 000 d'entre eux (catholiques et protestants). Quand bien même nombreux furent ceux exécutés, déportés, ou suicidés, nombreux aussi moururent à cause des famines que connut la Chine. Les chrétiens – parias politiques – étaient de fait plus exposés aux restrictions. Le paradoxe toutefois est que le nombre de protestants demeura sensiblement le même entre 1949 et 1980 quoique proportionnellement moins important.

De la réouverture de Deng au développement rapide (1978-2000)

La mort de Mao Tsé-toung en 1976, et l'élimination de rivaux politiques, permet à Deng Xiaoping d'imposer une politique d'ouverture économique à partir de 1978. Constatant la non-disparition des religions en Chine et considérant celles-ci comme potentielle contribution au « développement harmonieux de la Chine », le Parti réactive le Bureau des Affaires religieuses sous le nom d'Administration d'État pour les Affaires religieuses (AEAR). De nombreux pasteurs furent relâchés de prison et les visites de chrétiens chinois basés à l'étranger reprirent (Hong Kong, Taïwan, Indonésie, Occident).

En 1980, l'AEAR ordonna à l'évêque protestant K.H. Ting de revivifier le Mouvement patriotique des trois autonomies (MPTA), ainsi que de créer un conseil autonome, le « Conseil chrétien chinois » (CCC), pour coordonner et contrôler les affaires intérieures des

Églises protestantes comme par exemple la formation des pasteurs. Mais un grand nombre de communautés « souterraines » refusèrent de rejoindre ces deux structures officielles, ce qui dans un premier temps accentua la division entre Églises protestantes : les souterraines d'un côté (communautés non déclarées et appelées « Églises domestiques ») et les officielles de l'autre (communautés ayant fait l'option d'une certaine collaboration avec l'État, et appelées « patriotiques »). Toutefois, cette scission se révélera seulement de surface et une dynamique complexe d'entraide apparut de plus en plus nettement. Loin de s'exclure systématiquement ou de s'opposer frontalement, les chrétiens naviguaient entre communautés protestantes souterraines et officielles, organisant un certain nombre d'activités déclarées et reconnues, d'autres demeurant plus « officieuses ». Des prédicateurs plus indépendants décidaient de rester officiellement de simples « *businessmen* », sans se déclarer « pasteurs », mais recevaient soutien et formation de la part d'Églises reconnues par l'État. Inversement, les Églises officielles bénéficiaient parfois de plus de largesses de la part des autorités locales du fait qu'elles leur faisaient activement remarquer que sans « douceur et largesse », les « souterraines » refuseraient de sortir de l'ombre.

Cette période est marquée par une forte croissance du protestantisme en Chine. En 1985, l'empire du Milieu recense officiellement 3 millions de protestants ; ils sont 4,5 millions en 1988. En 1993, le gouvernement annonce 5 millions de protestants, mais les experts parlent de 20 millions. De plus en plus de protestants s'engagent dans un ministère d'évangélisation directe, démultipliant les lieux et les occasions de rencontre (groupe d'étude biblique, soirée de prières, partage d'expériences personnelles, etc.). Pour éviter les pressions et contrôles, un grand nombre de ces activités « informelles » ne sont pas déclarées, elles se font dans la discrétion mais cherchent à répondre au nouvel engouement populaire pour le christianisme. Pour de plus en plus de Chinois, riches ou pauvres, le christianisme apparaît comme un nouveau système moral, plus moderne et rationnel, qui permet de répondre à la crise identitaire que la Chine traverse. En outre, le protestantisme souterrain de l'époque maoïste a développé des pratiques rituelles qui se révèlent plus signifiantes pour répondre aux aspirations de bien-être et de santé des Chinois.

Dans les réseaux protestants qui émergent, l'appartenance exclusive à une tradition protestante unique n'est plus la norme, la période maoïste a fait disparaître les confessions spécifiques (anglicanisme, baptisme, méthodisme, etc.) et le protestantisme chinois s'inspire librement des unes et des autres.

Incapable de stopper cette croissance et soucieux de la paix sociale, le gouvernement central pousse progressivement pour une sorte de *statu quo* implicite. Dès lors que les Églises respectent le pouvoir en place, les gouvernements locaux tolèrent au cas par cas une certaine visibilité de celles-ci. Le temps des persécutions n'est plus, quoiqu'un rapport ambigu au pouvoir en place et que des répressions arbitraires subsistent. Le problème de l'État n'est plus les protestants en soi, ni les religions, mais l'émergence d'une société civile autonome militant pour un État de droit. Tout groupe autonome qui ose élever la voix contre le Parti est sujet à répression. Naviguant dans cette incapacité de forger un cadre légal plus favorable à l'indépendance du religieux, le protestantisme chinois des années 1990 se montre collaboratif, laïc et diversifié. Du fait du niveau de christianisation très varié d'une province à une autre (certaines Églises comptent des milliers de personnes, d'autres ne sont qu'un petit groupe d'étude biblique ou de prière charismatique), les Églises arrivent à négocier plus ou moins d'avantages suivant les régions, soulignant combien la politique du *statu quo* n'a rien d'uniforme. En général, les villes demeurent les lieux d'une plus forte oppression (Xi'an, Pékin, Shanghai), mais en certains endroits où les protestants sont nombreux, les autorités ferment les yeux ou même collaborent avec les Églises. Par exemple, à Wenzhou, où un tiers de la population locale serait chrétienne, le christianisme devient un outil pour construire un réseau international en soutien à l'économie locale. Dans un contexte de compétition économique féroce entre les différentes régions de la Chine, les autorités de Wenzhou font preuve d'une large bienveillance vis-à-vis de ces Églises dites « souterraines » mais économiquement très fertiles.

La « fièvre religieuse » et ses risques (2000-2010)

Le rapide développement du protestantisme en Chine durant les années 1980-1990 s'enracine dans un contexte social spécifique.

À partir du milieu des années 1980, la société chinoise développe un nouvel engouement pour la chose religieuse en général. Ce mouvement s'intensifie durant toute la période au point de devenir une véritable « fièvre religieuse ». De nouveaux groupes religieux synthétisant des aspirations religieuses traditionnelles, telles que la quête de guérison et de santé physique, avec des accents millénaristes, émergent partout dans le pays. Le Falun Gong et le tai-chi sont deux mouvements emblématiques de cette dynamique.

Cette « fièvre religieuse » alliée à un intérêt nouveau pour le christianisme engendre une appropriation de plus en plus massive d'éléments chrétiens (personne de Jésus, récits bibliques, etc.) dans la religion populaire. Des prophètes créent de nouveaux groupes se présentant comme chrétiens, mais rejetant la Trinité, réécrivant la Bible, ou proclamant l'incarnation du Saint-Esprit. Certains de ces groupes prennent des accents très ésotériques, poussant à des pratiques ascétiques extrêmes ou proclamant une fin du monde imminente. Ces sectes jouissent d'une forte popularité car dans un pays où la Révolution culturelle a fait table rase du passé, tous les groupes religieux bénéficient de la même légitimité, et aux yeux de la population le protestantisme apparaît comme égal à la secte Moon. Mais le pouvoir en place n'a pas oublié que l'histoire chinoise est semée de groupes messianiques suscitant de sanglants soulèvements populaires (les Taiping, les Boxers, le Lotus blanc). Ainsi, si ces nouvelles sectes se structurent au niveau supraprovincial, si elles rassemblent publiquement de grandes foules difficilement contrôlables, ou si elles commencent à s'opposer frontalement au Parti, le Parti les considère comme dangereuses et les classe comme « sectes perverses ».

Le Falun Gong est l'exemple le plus médiatique des groupes religieux récemment bannis. Après avoir émergé durant les années 1980 comme groupe de méditation bouddhique et de pratiques corporelles, il organise à plusieurs reprises durant la fin des années 1990 des grands rassemblements publics, jusqu'à oser susciter une manifestation à caractère politique. Déclaré « secte perverse », il est interdit en 1999 et durement réprimé (emprisonnement et torture de ses leaders). Une douzaine d'autres sectes qui se présentent comme chrétiennes mais qui sont surtout syncrétiques sont aussi condamnées à partir de la fin des années 1990 (l'Église de l'Esprit, l'Éclair de l'Est, l'Église des Disciples de la Foi, etc.). Si le pouvoir sait être conciliant avec les Églises protestantes qui respectent la subtile logique du *statu quo*, les « sectes perverses », qui défient l'ordre établi, sont l'objet de répression massive et leurs leaders sont considérés comme criminels. Deux responsables de l'Église fondamentaliste l'« Église du Sud de la Chine » furent exécutés en décembre 2001, et un businessman transportant 33 000 bibles via la frontière de Hong Kong fut emprisonné.

Protestants chinois en 2014

Malgré le renforcement du contrôle étatique sur les nouveaux groupes religieux au tournant de l'an 2000, la reconnaissance des cinq religions établies[1] n'est nullement remise en cause et les groupes religieux qui témoignent de leur soumission officielle ou d'une obédience officieuse peuvent se développer sereinement. Le bouddhisme apparaît comme la religion la plus activement promue par l'État et le taoïsme refleurit en bien des endroits. Le protestantisme, quant à lui, bénéficie d'une situation globalement positive : d'une part il ne cesse de croître, d'autre part il a appris à négocier le *statu quo* que le gouvernement central lui accorde pour adapter sa visibilité suivant les dynamiques locales. Le parent pauvre demeure le catholicisme : quoiqu'il soit en plein développement, les tensions entre le Saint-Siège et Pékin quant à la nomination des évêques demeurent handicapantes[2].

En 2014, 4 à 6 % de la population chinoise serait chrétienne. Malgré l'imprécision des statistiques, une chose est certaine : le protestantisme en Chine est dynamique. Le christianisme reste pour les Chinois une séduisante ressource de sens pour répondre à la quête d'éthique et de justice sociale qu'exacerbe la course à la richesse imposée par le gouvernement. Le statut ambigu que le christianisme entretient avec l'État chinois renforce paradoxalement son pouvoir

1. Catholicisme, bouddhisme, islam, protestantisme et taoïsme.

2. Le 7 juillet 2012, le nouvel évêque de Shanghai, Mgr Ma Daqin, à la fin de son ordination – approuvée par Pékin et Rome –, a osé démissionner de ses responsabilités dans l'Association patriotique. Les autorités l'ont depuis placé en résidence surveillée au séminaire de Sheshan, démis de son titre d'évêque et interdit de tout ministère.

d'attraction : il incarne une certaine résistance aux idéologies dominantes, que ce soit celles du Parti ou celles du marché.

Au niveau théologique, les protestants chinois insistent sur le salut dès aujourd'hui. Pour eux, le salut est un don concret (incluant la santé physique) offert à tous par l'enseignement du Christ. Toutefois les pasteurs chinois luttent contre l'idée d'un *sola scriptura* car en culture païenne, la Bible ne suffit pas à rendre chrétien, ni même la seule notion d'Esprit saint. Puisque ces Églises incorporent beaucoup de nouveaux convertis, la tentation de demeurer dans une cosmologie chinoise cyclique, tolérant d'autres dieux, reste forte. Les pasteurs insistent donc fortement sur le besoin de formation des laïcs, des ministres, des communautés en général. Cette formation n'est pas que rationnelle, il s'agit véritablement d'une lutte spirituelle pour former, laisser émerger la chair et le corps de l'Église, corps du Christ, distinct de l'héritage chinois.

Ce problème de « formation » théologique révèle à contre-jour que les difficultés pour les protestants en Chine aujourd'hui ne sont plus celles d'hier. Le problème crucial n'est plus tant la survie face à l'État communiste que la distinction du christianisme face à la religion populaire. Le succès des sectes hérétiques révèle le risque d'absorption du christianisme dans la religion populaire chinoise. Pour les protestants chinois, il importe donc de se distinguer de ces nouveaux « parvenus » syncrétiques, tout en répondant aux besoins de la population (demande de guérison et d'eschatologie). D'une part les protestants chinois empruntent de plus en plus au pentecôtisme, sans pour autant devenir « pentecôtistes » (car en contexte païen l'initiation chrétienne ne peut pas commencer par l'Esprit saint). D'autre part, sur le plan politique, de nombreuses communautés protestantes se rapprochent de l'État. Lorsque des membres de sectes interdites viennent faire du prosélytisme aux portes des Églises protestantes, il n'est plus rare de voir les responsables protestants appeler la police. Dennis Balcombe, célèbre et influant missionnaire américain pentecôtiste en Chine, est un fervent promoteur de la collaboration avec l'État pour la lutte contre les sectes.

Du côté de l'État chinois, le débat politique sur la place de la religion dans la société se poursuit, quand bien même cela ne se fait pas nécessairement « sur la place publique ». Le cadre législatif des années 1950 – et ses adaptations des années 1980 – ne permet plus d'encadrer les réalités actuelles : d'une part certaines traditions religieuses (juifs et Églises orthodoxes) réclament une reconnaissance officielle, d'autre part certains cadres du Parti soutiennent activement des groupes religieux (principalement bouddhistes) alors que l'État se définit toujours comme athée. De nombreuses voix, dont des politiciens influents, militent donc pour une redéfinition de la politique religieuse en Chine. Vincent Goossaert et David Palmer, dans *La Question religieuse en Chine*, dénombrent trois scénarios possibles. Un premier scénario « occidental » – peu probable – serait celui où l'État chinois se déciderait à la liberté religieuse et donnerait une réelle autonomie aux religions. Une deuxième option serait un quasi-retour à une vision impériale où l'État deviendrait explicitement gardien du religieux (en définissant les pratiques acceptables, mais non pas tant les doctrines, ce qui est assez proche de la situation actuelle). Enfin la troisième alternative serait celle où l'État réactiverait une vision civilisatrice de sa mission pour créer une sorte de religion « civile » plus conforme à l'athéisme officiel du Parti. Peu d'auteurs se risquent cependant à prédire lequel des trois scénarios l'emportera.

Ainsi aujourd'hui, et certainement encore pour quelques années, la condition des chrétiens en Chine est paradoxalement sûre mais sous pression étatique. Contrairement à de nombreux pays où ce sont des groupes religieux extrémistes qui sont la principale source de danger pour les chrétiens, en Chine l'État est le garant plein et entier de la sécurité des citoyens protestants et sait même se montrer bienveillant en divers endroits. Cependant, certains domaines sont sujets à une politique de restriction plus stricte : les questions politiques et sociétales demeurent un domaine réservé au Parti, le prosélytisme religieux est combattu à l'intérieur des universités, etc. Si les Églises locales dénoncent trop bruyamment la corruption, ou si elles tentent d'être entièrement indépendantes de l'État, elles risquent des arrestations arbitraires, incluant menace ou intimidation de la part des autorités locales (provinces du Henan ou du Hebei). En cela les protestants sont au même rang que toute association civile en Chine. Les gouvernements locaux ont cependant la liberté d'apprécier la variété des contextes pour définir leur action, ce qui produit une grande disparité des situations.

Finalement, dans le cas mentionné des protestants de Wenzhou, manifestant contre la destruction de leur église en avril 2014, les médias internationaux ont oublié de présenter le contexte et laissent penser que le gouvernement chinois s'acharne contre les chrétiens. Ce conflit local s'inscrit en fait dans une politique de la province du Zhejiang de réaffirmation du contrôle gouvernemental sur les questions religieuses. Durant les mois de février et mars 2014, le gouvernement provincial a détruit plus de 4000 temples de la religion populaire locale, tous construits illégalement. Alors que le christianisme compte des milliers d'églises dans cette province, seule deux furent détruites. L'Église qui fut médiatisée a été construite huit fois plus grande que ce qui était initialement défini par les permis de construire (elle atteint presque 10000 m^2). Le gouvernement de Wenzhou, qui utilise l'argument du droit, a donc demandé de couper les flèches du bâtiment, mais les pasteurs ont refusé ce compromis. Dès lors, les autorités ont ordonné la destruction du bâtiment mais l'exécution reste en suspens du fait de la campagne médiatique. En Chine comme ailleurs, la meilleure stratégie pour un groupe en tension avec les autorités locales est de se présenter sur la scène internationale comme chrétiens persécutés dans leur foi. Toutefois, si cela a pu exister en Chine, le cas de cette église à Wenzhou était différent, et les médias devraient aborder le sujet plus prudemment.

Né en 1981, **Michel Chambon** effectue son doctorat en anthropologie à Boston (États-Unis). Ses recherches portent sur les rituels de guérison parmi les chrétiens protestants de Chine. Sa maîtrise en théologie a porté sur l'attitude des catholiques de Taïwan face à la croyance diffuse dans les esprits-fantômes chinois.

Reportage

Dans le secret d'une communauté clandestine

Douglas Burn

Pour un journaliste occidental, partir à la rencontre d'une communauté évangélique clandestine est un véritable défi. Où l'on découvre que la répression policière ne fait que renforcer la foi de ces nouveaux chrétiens.

Le premier rendez-vous a dû être annulé à la dernière minute. « Danger. Impossible. Vous recontacte », prévenait ce court texto envoyé une heure avant la rencontre prévue avec le pasteur Wang dans un lieu tenu secret jusqu'au dernier moment. Cloîtré dans ma petite chambre d'un hôtel bas de gamme de la banlieue d'une grande métropole du sud de la Chine, cité industrielle sortie de terre il y a une dizaine d'années, je n'avais plus qu'à patienter. Un coup de téléphone semblait improbable. Le jeune Chen, issu d'une famille chrétienne protestante depuis deux générations et confident du pasteur Wang, m'avait prévenu : « Nous sommes heureux de pouvoir vous rencontrer pour vous parler de la vie de la communauté du pasteur Wang mais les conditions politiques actuelles rendent votre visite très délicate et cela demandera de la patience. » Dès le départ, j'avais conscience que l'organisation logistique d'une telle rencontre avec les chrétiens protestants clandestins qu'on appelle en Chine les « Églises domestiques » demanderait de solides intermédiaires de confiance capables de convaincre la communauté de me rencontrer.

« Il faut montrer patte blanche, m'avait prévenu un pasteur protestant de Hong Kong, car ces communautés clandestines vivent dans l'angoisse permanente d'être repérées et réprimées par la police locale. » Le fait d'être un Occidental me donnait un avantage dans la confiance qu'ils pouvaient me faire mais représentait également un danger supplémentaire pour la communauté car j'étais facilement repérable dans les rues de ce quartier où se rassemblaient des milliers de paysans venus de la campagne lointaine pour y trouver un travail dans les centaines d'usines de la région.

À réception du texto d'avertissement, les scénarios les plus inquiétants se multipliaient dans mon esprit. Certains de nos messages précédents avaient-ils été interceptés ? Le jeune Chen avait-il été arrêté par la police et questionné sur l'identité de cet étranger arrivé la veille en ville ? Allais-je entendre frapper à ma porte dans la soirée et voir apparaître des agents de la sécurité publique en uniforme me demandant de les suivre au commissariat pour un interrogatoire ? Les programmes de divertissement diffusés par la chaîne de télévision provinciale n'arrivaient pas à apaiser mon inquiétude quand un bref coup de sonnette à ma porte me fit sursauter. Rien à voir avec une descente de police en force mais plutôt un appel timide et discret. Je vis un petit papier soigneusement plié qui venait d'être glissé sous la porte. À l'heure d'Internet et des téléphones portables, ce moyen de communication ancestral me sembla des plus incongrus et en même temps symbolisait le niveau de surveillance auquel étaient soumises ces communautés protestantes clandestines sur tout le territoire chinois. « Rendez-vous au coin de la rue de votre hôtel dans une heure. Un petit van gris vous attendra. Je serai là. » Signé *Chen*. Improbable rebondissement. Réelle volonté du pasteur Wang de parler de sa vie, de sa communauté et de la répression dont elle est victime. Courage d'une personnalité déterminée à faire face aux intimidations les plus macabres. Il était déjà plus de 22 heures et la nuit était tombée depuis longtemps. Tout pouvait encore capoter. Tout pouvait se dérouler sans encombre mais dans une atmosphère de très forte tension. Digne d'un véritable roman d'espionnage, cette rencontre avait une allure dramatique. Les fidèles protestants prenaient de grands risques. En tant que journaliste occidental, je risquais au pire une expulsion à la frontière. Eux risquaient une arrestation, d'interminables interrogatoires, une forte amende au mieux, une condamnation à plusieurs années de prison au pire. Si la Constitution chinoise assure la « liberté religieuse » dans le texte, il n'en est rien dans la réalité pour ceux qui ne se conforment pas à la loi, qui veut que toute communauté chrétienne ait l'obligation de se faire enregistrer auprès du Mouvement des trois autonomies chargée de les contrôler politiquement.

À l'heure dite, au coin de la rue, le van gris attend, feux éteints. La portière s'ouvre et le jeune Chen m'accueille d'un large sourire : « Bienvenue, montez, on a changé les plans mais tout va bien ! » annonce-t-il dans un anglais très correct. Le véhicule démarre pour un périple d'un peu plus d'une heure dans la lointaine banlieue. « Notre communauté s'étend d'année en année, explique Chen en se présentant comme le bras droit du pasteur Wang, les fidèles se retrouvent régulièrement dans des appartements privés car nous refusons de nous soumettre aux pressions du Mouvement des trois autonomies qui veut nous contrôler. » En quelques mots, tout est dit. Chen lui-même a reçu une formation avancée en lecture biblique dans des « écoles clandestines » où enseignent le pasteur Wang et d'autres professeurs formés aussi bien dans des séminaires officiels que dans des séminaires clandestins. « Certains ont eu la chance d'aller à Hong Kong ou à Taïwan pour suivre des cours très avancés de théologie ou de liturgie, ajoute Chen qui va lui-même partir d'ici à quelques mois pour Hong Kong. Certaines Églises protestantes à l'étranger avec lesquelles nous sommes en lien financent nos études, heureusement », sourit Chen tout en indiquant au chauffeur le chemin dans un dédale d'avenues et de rues de moins en moins éclairées. Le van s'arrête finalement devant un immeuble construit il y a une vingtaine d'années, nous dépose et disparaît rapidement dans la nuit. Au huitième étage une porte s'ouvre et nous entrons discrètement. Dans un grand salon vidé de ses meubles prie en silence un groupe d'une trentaine de personnes, en majorité des jeunes, à dominante féminine. Les yeux fermés, se tenant tous la main, les fidèles commencent à chanter à voix basse, lèvent la tête vers le ciel et prennent une bible dans la main. Le pasteur Wang, homme d'âge mûr au crâne dégarni, commence la lecture, toujours à voix basse. L'ambiance de recueillement ramène à des temps anciens où les chrétiens se réunissaient clandestinement, partageant le pain et le vin, priant intensément. Quelques bougies vacillantes éclairent faiblement des visages aux traits fatigués mais sereins. La célébration touche à sa fin et il se fait tard mais les fidèles se regroupent, assis par terre, pour encore parler et échanger. Toujours à voix basse.

« La plupart des croyants ici ont migré de la campagne il y a déjà quelques années », explique avec un grand sourire le pasteur Wang qui offre au visiteur un thé vert bien chaud. « Ils ont vécu un déracinement violent en venant trouver un meilleur travail dans les milliers d'usines de la province. Les racines villageoises ont été distendues au fil des années, ils travaillent du matin au soir sans s'arrêter, beaucoup ont laissé leur enfant chez les grands-parents au village et envoient de l'argent tous les mois… Leur vie se limite au travail, à l'usine, au dortoir, à la cantine. La ferveur de leur prière, même dans des conditions dangereuses pour nous tous, s'en ressent. C'est l'appartement d'un de nos chrétiens, ici, mais nous devons changer d'endroit régulièrement car les autorités nous surveillent et peuvent interrompre nos célébrations à tout moment, nous emmener au commissariat, nous faire la leçon ou bien nous menacer de prison. » Une situation qui renvoie à un passé pas si lointain, lorsque son père et sa mère devaient eux aussi se cacher pour pratiquer leur foi. Le pasteur vient d'une lointaine province du Nord où il n'y avait plus de travail. Son père dirigeait une communauté chrétienne très unie, en rupture avec les autorités politiques. Formé avant l'arrivée des communistes en 1949 par des pasteurs baptistes occidentaux, son père a été arrêté dans les années 1950 et a passé plusieurs années en prison avant d'entrer dans une totale clandestinité pour échapper à la répression des communistes pendant les terribles années de la Révolution culturelle (1966-1976). Né après la mort de Mao en 1976, le jeune Wang a été formé directement par son père et sa mère, fervents pratiquants dans ce nord de la Chine balayé par la crise industrielle des années 1980. « À l'époque mon père a vu sa communauté croître progressivement à mesure que la politique de réforme s'intensifiait, raconte aujourd'hui le pasteur Wang, mais les limites à la liberté religieuse restaient très fortes, surtout au niveau local où les autorités pouvaient faire ce qu'elles voulaient pour nous empêcher de pratiquer, de prier, de convertir. » Il était bien jeune à l'époque mais il se souvient toujours des longues absences de son père, « parti prêcher » dans toutes les provinces du nord du pays, répondant aux appels de chrétiens isolés, sans prédicateur, « en manque de guide ». Sa mère craignait en permanence de ne pas le voir revenir ou bien d'apprendre qu'il avait été arrêté. Finalement la famille a dû migrer vers le Sud prospère, « et de nombreux fidèles nous ont suivis, ils ont formé le cœur de notre nouvelle communauté il y a une vingtaine d'années maintenant et demeurent soudés face aux difficultés actuelles ». Les conditions matérielles de chacun se sont améliorées ces dernières années mais la liberté religieuse reste un défi de tous les jours pour cette communauté.

Assise discrètement près de Wang, une jeune infirmière de vingt-cinq ans, récemment convertie, raconte comment elle a trouvé au sein de cette communauté un équilibre bienfaiteur. « Je suis née dans une famille communiste athée et la religion a toujours été considérée comme une superstition », explique la jeune fille mariée il y a deux ans et mère d'une petite fille baptisée par le pasteur Wang. « À l'hôpital une collègue me parlait souvent de sa communauté, de leurs réunions, de Jésus et de la Bible, mais j'étais très méfiante sur cette religion d'origine étrangère jusqu'au décès de ma mère. J'étais bouleversée et j'ai accepté de passer une soirée avec un groupe, accompagnée de ma collègue. » Comme elles, plusieurs centaines de fidèles à l'origine totalement athées ont été séduits par l'atmosphère chaleureuse de la communauté, en dépit de la dimension clandestine et de la peur de participer à une activité religieuse illégale. « J'y ai trouvé une nouvelle famille, un réconfort, une écoute, insiste une amie de l'infirmière convertie il y a un an. La présence de Jésus dans ma vie m'a transformée personnellement et dans mon travail également. Une force nouvelle s'est emparée de moi. Je ne suis plus la même. Je me sens bien dans ma vie grâce à Jésus. » Le pasteur Wang intervient sur le sujet : « On ne peut pas seulement penser au bien-être matériel et à l'argent comme la Chine le vit en ce moment. Il n'y a plus de repères, plus de valeurs, plus de morale, tout le monde trompe, trahit, triche pour gagner plus d'argent, les gens ne se font plus confiance. Il faut retrouver un équilibre spirituel dans sa vie et la lecture approfondie de la Bible nous apporte une autre dimension de la vie. » Et l'infirmière d'assurer : « C'est une forme de décadence générale que nourrit le parti communiste chinois avec sa corruption généralisée. Même mes parents, communistes convaincus, ne supportent plus cette gangrène et ils comprennent ma conversion au christianisme tout en me conjurant d'être prudente et d'éviter les problèmes avec la police… »

Dans le quartier où se retrouve une petite partie de la communauté du pasteur Wang, qui l'évalue à plusieurs milliers sans donner de chiffre précis « pour des raisons de sécurité », il existe un autre temple protestant officiellement déclaré auprès des autorités. « La loi stipule clairement qu'il ne peut y avoir qu'un certain nombre de lieux de culte officiels sur une aire géographique donnée », explique le vieux Li, ancien professeur de lycée et chrétien depuis son enfance dans l'ouest de la Chine. « Au-delà de la religion et de la croyance, auxquelles les autorités ne comprennent rien, ces lois et règlements très contraignants obligent des centaines de communautés comme la nôtre à entrer dans la clandestinité car on ne peut pas construire un lieu de culte bien à nous. Le nombre de chrétiens ne cesse d'augmenter ces dernières années mais une grande majorité refuse de se faire enregistrer officiellement car ils ne font pas confiance aux communistes, ou bien certains entrent en dissidence d'une Église officielle dans laquelle ils ne se sentent plus à l'aise. Le régime fait tout pour restreindre notre pratique. Nous sommes obligés de changer de lieu régulièrement car nous nous faisons repérer très vite lors de nos réunions, qui voient des dizaines de fidèles entrer dans un immeuble. Parfois nous chantons et les voisins nous dénoncent à la police qui les récompense avec des enveloppes rouges pleines d'argent. » Un jeune ouvrier d'une usine textile voisine raconte que dans sa province du centre de la Chine, sa communauté a été victime de policiers en civil qui ont interrompu leur office, un soir. « C'était il y a deux ans, avant de migrer dans le sud, j'étais dans ce groupe de chrétiens car le pasteur était un homme extraordinaire, plein de charisme et à l'écoute. Il nous donnait à tous une énergie formidable et nous étions tous très soudés, mais sa popularité faisait de l'ombre à un autre pasteur dans un quartier voisin, officiellement enregistré auprès du Mouvement des trois autonomies. Un soir, dans un appartement, la police est venue arrêter le pasteur et plusieurs fidèles. Nous étions tous sous le choc, sans aucun recours, car illégaux. Nous avons fait appel à des avocats sensibles à notre cause mais ils ont eu du mal à rencontrer le pasteur. Il aura fallu insister et commencer de se rassembler devant le commissariat pour que les autorités décident de ne pas les condamner à la prison mais seulement leur infliger une amende de 1000 yuans (125 euros) à chacun… » Et plusieurs chrétiens restés ce soir dans l'appartement ont une histoire du même genre à raconter. Surveillance, contrôle, pressions, intimidations sont les mots qui reviennent le plus souvent dans la bouche de ces fidèles, ouvriers, professeurs, comptables, commerçants… mais rien ne les empêchera de pratiquer. « Ma conscience est à moi, elle est libre de croire et de prier comme l'enseigne Jésus », lâche soudain un homme d'une soixantaine d'années resté silencieux jusque-là, serrant la Bible contre son cœur.

La prospérité de la communauté du pasteur Wang ne va pas sans créer des jalousies dans l'Église officielle voisine dont certains membres ont fait sécession pour le rejoindre. « Nous croyons au même Dieu mais le parti communiste continue à nous diviser les uns les autres, déplore le pasteur qui se dit souvent suivi dans la rue par des policiers en civil. Je les sens derrière moi, assure-t-il, ils ne se cachent même pas tellement ils sont sûrs d'eux. Ils veulent que je les voie et font en sorte de m'empêcher de rencontrer mes fidèles. » La police lui téléphone régulièrement, « plusieurs fois par mois, et m'invite à “prendre le thé” au commissariat ». Une expression poétique qui fait référence à des interrogatoires polis suivis d'amicales pressions pour ne pas violer la loi, respecter les procédures, éviter les réunions interdites. « La sécurité publique me connaît et sait très bien ce que je fais, les autorités religieuses également, c'est un jeu du chat et de la souris car elles tolèrent notre existence, elles ne peuvent plus nous envoyer en camp de travail aujourd'hui comme par le passé », soupire le pasteur. « Quand l'atmosphère politique générale du pays est bonne, on nous laisse nous réunir sans trop de difficultés mais lorsque la situation se tend, l'étau se resserre et là, on est revenu cinquante ans en arrière lorsque toute religion était interdite. »

À cette heure avancée de la nuit, tous les fidèles sont rentrés chez eux, qui en bus, qui à pied, d'autres en taxi. La famille chez qui la célébration de prière a eu lieu a préparé un sac de victuailles pour le pasteur qui va partir très tôt le lendemain matin rendre visite à une autre communauté dans le nord de la province. Il partira discrètement le dernier avec un fidèle chez qui il ira passer la fin de la nuit. Le jeune Chen, fidèle guide et interprète, attend à la porte pour me raccompagner dans le van gris garé à deux rues de l'immeuble. « Regardez tout ce que nous devons prendre comme précautions afin d'échapper à la police ! » lâche-t-il dans l'escalier. « Dites bien en Europe que les libertés religieuses en Chine ne sont pas garanties et qu'il faut toujours se battre pour préserver le peu d'espace que nous avons. Dites surtout que les chrétiens chinois ont la foi enracinée dans leur cœur et que le régime communiste n'arrivera jamais à nous décourager, au contraire. Plus il nous réprime, plus nous serons forts… »

Né en 1959, Douglas Burn est un journaliste britannique indépendant spécialiste de la Chine. Il travaille pour plusieurs grands médias européens.

Vietnam
La résistance s'organise

À l'instar des derniers régimes communistes de la planète, le Vietnam réprime son importante minorité chrétienne (8,5 % de la population). Confiscation de biens, emprisonnement d'opposants, agressions de fidèles et destruction de lieux de culte sont le quotidien des communautés catholiques et évangéliques depuis un demi-siècle. Toutefois, ces dernières années, l'Église catholique oppose au régime vietnamien une résistance de plus en plus efficace, contraignant celui-ci à lâcher du lest. La paroisse de Thai Ha, au nord du pays, cristallise ce mouvement populaire sans précédent dans un pays communiste.

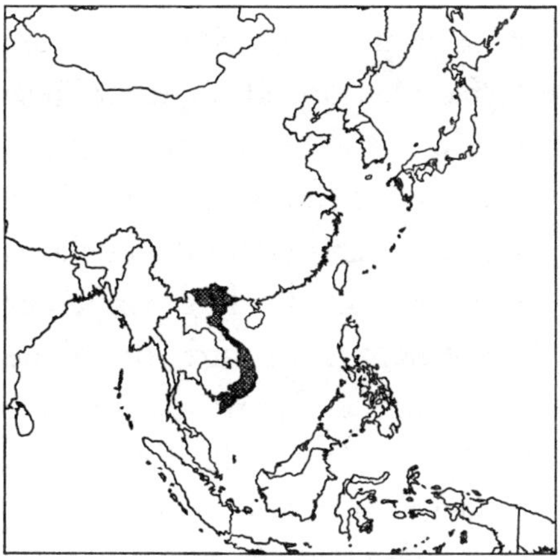

- Population = 86 927 700
- Bouddhistes = 49,2 %
  Agnostiques/Athées = 19,3 %
  Nouvelles religions = 11,1 %
  Animistes = 10,4 %
  Chrétiens = 8,5 %
  Autres = 1,5 %

Reportage

Le face-à-face de Thai Ha

Koenraad De Wolf

Le journaliste et essayiste belge Koenraad De Wolf s'est rendu en octobre 2013 à Thai Ha, paroisse catholique au cœur de la capitale vietnamienne. Entre descentes de police et manifestations de masse, fidèles et gouvernement se livrent, depuis 2008, un véritable bras de fer.

Sur le plan religieux, le Vietnam est un « melting pot ». Le courant le plus important est le bouddhisme, puis le taoïsme, le confucianisme ; les « esprits » et la vénération des ancêtres jouent un rôle primordial. Le pays a depuis le XVIIe siècle une minorité catholique qui, aujourd'hui, représente près de 8 % de la population, dont l'histoire est littéralement baignée de sang. En raison de la répression des empereurs vietnamiens au cours de la première moitié du XIXe siècle, les communautés catholiques très unies se retirèrent dans des enclaves fortifiées. Le génocide de 100 000 catholiques incita alors l'empereur français Napoléon III à coloniser le Vietnam. Plus tard, lors d'une insurrection populaire, encore 40 000 catholiques furent assassinés.

Sous le régime colonial, les catholiques, bien qu'ils fussent en premier lieu vietnamiens, étaient souvent considérés comme une « cinquième colonne » envoyée par les Français. Aussi étaient-ils fréquemment attaqués par le Viêt-minh, le mouvement de résistance communiste créé par Hô Chi Minh pour contrer l'occupant français en vue de l'indépendance du Vietnam.

En 1954, la défaite de Diên Biên Phu mit fin à la colonisation française, suivi de la conférence de Genève qui assura la division du territoire. Au nord du 17e parallèle fut instauré un régime communiste, tandis que le Sud resta dans une sphère d'influence occidentale. Un million de personnes, catholiques pour la plupart, profitèrent de la possibilité de s'installer dans le sud. Mais les catholiques demeurés dans le nord devinrent les victimes d'une répression inédite. L'Église fut décimée.

Le Thai Ha de Hanoi renaît tel un phénix de ses cendres

Des 100 pères du monastère rédemptoriste de Thai Ha situé dans la capitale Hanoi, cinq seulement restèrent sur place en 1955. Deux frères étrangers furent expulsés. Un troisième, le frère Van, fut condamné à quinze ans de travaux forcés, et mourut quatre ans plus tard de la tuberculose après des séances de torture et de lavage de cerveau dans une cellule disciplinaire. En 1970, un quatrième, P. Pham Van Dat, mourut à son tour dans une cellule.

Un seul père continua à habiter le domaine monacal de 6,1 hectares. À l'exception de l'église et du bâtiment attenant, tout fut confisqué. On transforma le monastère en clinique et derrière celle-ci s'érigea une usine. Dans les années 1970, les hectares furent morcelés en lots avant d'être vendus à des particuliers pour la somme de 90 milliards de dôngs.

Mais ces dernières années, la situation a évolué et aujourd'hui, 12 pères y résident, aux côtés d'une vingtaine de jeunes qui, en parallèle de leurs études, se préparent au séminaire. Aucun d'eux n'a souhaité s'exprimer publiquement, par peur d'être renvoyé de l'université où ils étudient.

« Le nombre des paroissiens tripla les dernières années jusqu'à atteindre les 2500 », raconte le père Matthew Vu Khoi Phung (soixante-treize ans). « Il nous arrive de nombreux croyants originaires d'autres paroisses, ainsi que des milliers de personnes venant de la campagne qui résident ici temporairement. Chaque week-end, jusqu'à 10000 fidèles assistent aux messes. Le dimanche, il faut compter le double. » D'autre part, les pères s'occupent de plusieurs centaines d'étudiants et recueillent au sein de deux foyers quarante mères enceintes qui tiennent à garder leur enfant. Celles-ci aussi ont la possibilité de poursuivre des études.

Thai Ha est une paroisse vivante. Voilà ce que nous constatons, au cours de la demi-heure précédant la messe où à peu près la moitié des 450 places sont prises d'assaut. Les fidèles écoutent attentivement le prêche. Quand, à 18 h 30, sept officiants se dirigent en procession vers l'autel, l'église est déjà bien remplie. Les chants des cinquante choristes accompagnés par des violonistes emplissent l'église. Et tout le monde prend part aux chants communs. C'est avec une grande intensité que les croyants s'imprègnent de cette eucharistie authentique.

Une lutte pacifique afin de recouvrer les biens de l'Église

Dans une tentative de freiner le dynamisme de Thai Ha, les autorités bloquent tous les sites Internet renvoyant au monastère. « Cette paroisse n'existe plus », prétend également le concierge à la réception de notre hôtel à Hanoi. Mais les yeux de la réceptionniste qui se trouve à ses côtés brillent. Elle note l'adresse et me montre la localité sur le plan de la ville.

Comme les numéros de téléphone communiqués par l'archevêché de Hanoi sont erronés, nous finissons par prendre un taxi. Dans l'église et devant une reproduction de la grotte de Lourdes au milieu de la cour intérieure, on constate un va-et-vient intense.

« En 2008, notre lutte pacifique pour recouvrer notre propriété s'est accélérée », nous dit le père Joseph Nguyen Van Phuong (quarante-cinq ans).

Le 15 août, un premier affrontement eut lieu. Pour empêcher la construction d'un nouveau centre administratif, les paroissiens démolirent un pan de mur d'une usine déserte, pour y placer une statue de la Sainte Vierge. Des veillées de prière mobilisaient chaque soir des milliers de fidèles. À son tour, Joseph Ngo Quang Kiet, l'archevêque de Hanoi, donna son soutien à cette action. Cependant, jour après jour la police employait la manière forte. Les participants étaient filmés et on faisait la chasse aux reporters qui écrivaient des articles et diffusaient des photos sur Internet. Huit personnes furent arrêtées. L'usine céda la place à un jardin public, mais les prévenus furent condamnés et l'archevêque dut donner sa démission.

À propos de son successeur, Pierre Nguyen Van Nhon, le père Matthew Phung s'exprime sans enthousiasme : « Il se tait et ne nous donne son soutien que quand il n'y a pas moyen de faire autrement pour lui. »

En 2011, des projets visant la construction d'une station d'épuration au sein de l'hôpital qui jouxte l'église déclenchèrent à nouveau la lutte. Après un assaut donné le 3 novembre, la police battit en retraite quand la sonnerie des cloches mobilisa des milliers de fidèles. La station d'épuration ne fut pas construite. Et en septembre 2013, des projets de construction sur un terrain situé au bord du lac Ba Giam, également une des propriétés des rédemptoristes, provoquèrent de nouvelles manifestations. « Nous continuerons jusqu'à ce que justice soit faite », déclare le père Joseph Van Phuong d'un ton combatif.

« Notre paroisse est une communauté religieuse, souligne Matthew Phung. Aussi les prêches ne sont-ils pas teintés de politique. » Il rit. « Pourtant ceux-ci cachent entre les lignes pas mal de critiques vis-à-vis du régime. » Thai Ha est un pôle d'attraction pour les intellectuels catholiques et un centre important de résistance aux communistes. Le porte-parole de ce mouvement est l'avocat et militant pour les droits de l'homme Le Quoc Quan (quarante et un ans). Il a été arrêté pour la troisième fois le 27 septembre 2012, officiellement pour évasion fiscale. Encore que son épouse, Nguyen Thu Hien (quarante-deux ans), soit constamment suivie par la police, nous la rencontrons à Thai Ha.

« Ici vous êtes en sécurité », nous rassure le père Phung. « Depuis l'installation d'un système de télésurveillance, plus aucun policier ni agent secret ne met les pieds chez nous. En revanche, ils surveillent tout de l'extérieur. » Hien a une année affreuse derrière elle. « Mon mari a été accusé de fraude fiscale, mais la vraie raison de cette accusation est sa lutte pour le respect des droits de l'homme », se défend-elle.

Le 20 octobre 2013, il fut condamné à trente mois de prison. C'est seulement une semaine plus tard, un an après son arrestation, qu'elle l'a revu pour la première fois. « Cette rencontre a duré à peine une demi-heure et chaque parole a été enregistrée. » Elle est au bord des larmes. « Il n'a pas le droit de lire des livres. Même après une grève de la faim de dix jours, il n'a pas reçu la bible que j'étais venue lui porter. » Hien n'a d'autre choix que de travailler à plein temps et elle est seule à prendre soin de l'éducation de ses trois filles. Ce n'est pas chose facile parce que sa fille cadette et âgée de un an et demi, est souvent malade. « Il ne sera remis en liberté que dans vingt mois », soupire-t-elle. « Et qu'est-ce qui nous attend alors ? Depuis 2007, mon mari n'est plus autorisé à exercer le métier d'avocat. »

Émue, elle nous montre le poème de son mari, sorti clandestinement de la prison :

Au cœur de la violence stridente qui domine le monde
Je médite en silence ma volonté et mon esprit.
Alors j'entends la paix, qui touche chaque fibre en moi
Et tout mon être déborde d'amour et de compassion[1].

Hien n'est pas seule dans sa lutte. Le 30 juin et le 1er octobre, des milliers de croyants marchèrent depuis Thai Ha avec des bougies et des torches le long des rues de Hanoi. « Il n'abandonnera jamais sa lutte », nous dit-elle avec détermination.

Mais le Vietnam est toujours régi par la règle des trois générations. Celui qui se tourne contre le régime compromet non seulement son avenir personnel, mais encore celui de ses parents, de sa femme et de ses enfants. Ceux-ci perdent leur travail, sont renvoyés de l'école, l'accès aux services d'hygiène publique leur est interdit.

La lutte à Vinh sur le fil du rasoir

À Hanoi, nous prenons le train de nuit pour la ville de Huê, l'ancienne capitale impériale. Au petit matin, le train entre en gare de Vinh. Cette ville est l'archevêché le plus militant. Ici aussi, depuis de nombreuses années, un combat acharné est mené par la communauté catholique pour recouvrer les biens confisqués à l'Église.

1. *« Amid this world's clamor of violence/ I meditate my will and mind in silence/ I hear a peace that shatters each fiber in my body/ Flooding my being with love and compassion. »*

Lorsque des fidèles, en réaction aux projets de démolition de la tour de l'ancienne cathédrale de la ville de Dông Hoi, dressèrent une croix et un autel, on les attaqua avec du gaz lacrymogène et des matraques. 11 personnes furent envoyées derrière les barreaux après cette répression violente. Pour protester, un demi-million de croyants marchèrent le 26 juillet 2009, en priant, à travers les rues de Vinh, chef-lieu de la province. Mais après la plus grande manifestation populaire de l'histoire du Vietnam selon certains observateurs, la police matraqua deux prêtres avec une telle violence que ceux-ci se retrouvèrent dans le coma.

Depuis lors, la paix n'est pas revenue. En mars 2012, deux catholiques furent envoyés en prison ; et deux mois plus tard, on condamna quatre autres fidèles. Les images de l'intervention policière brutale du 4 septembre 2013 dans la paroisse de My Yen, au cours de laquelle trente manifestants furent grièvement blessés, provoquèrent une indignation générale. Les manifestants n'avaient demandé que la libération des deux paroissiens arrêtés. « La situation reste tendue, nous dit aussi le père Phung. La police est dans son plus haut état d'alerte, tandis que la communauté catholique ne cède pas d'un pouce. » Toutefois, l'évêque de Vinh, Paul Nguyen Thai Hop (soixante-huit ans), également président du Comité vietnamien pour la justice et la paix, continue à dialoguer avec les autorités.

Une association de prêtres dissidents à Huê

En 2001, le prêtre dissident Nguyen Van Ly fonda, avec le rédemptoriste Stephan Chan Tin et les prêtres Nguyen Huu Giai et Peter Phan Van Loi, l'Association de Prêtres Nguyen Kim Dien. Celle-ci empruntait son nom à l'ancien archevêque Van Huê, empoisonné par les communistes en 1988.

À présent que Van Ly (soixante-six ans) se trouve dans un des camps et que Chan Tin est décédé au cours de cette année, Giai (soixante-dix ans) et Van Loi (soixante et un ans) poursuivent le travail. « L'autre jour, nous nous sommes opposés au projet d'une nouvelle Constitution qui piétine de plus en plus nos droits et renforce le monopole du parti communiste et de l'armée », relate Van Loi. Ce dernier a passé sept ans dans les camps et se trouve toujours en résidence surveillée. Il n'a jamais été nommé à la tête d'une paroisse.

Son collègue Giai est curé à An Bang, un village isolé au bord de la mer de Chine méridionale. Tous deux rient chaque fois qu'ils prononcent le mot « communiste ». « Toutes les paroisses sont soumises à une kyrielle de règles et de décrets », nous dit Van Loi. « Regardez-moi ce papier. Je dois y inscrire toutes les activités de l'année prochaine. Quelle idiotie ! » La feuille disparaît froissée en boule dans la corbeille à papier. « Jamais rempli un seul document », s'esclaffe Giai.

« En raison de la persécution croissante, le nombre des séminaristes ne cesse d'augmenter », nous explique Van Loi. « Mais c'est une arme à double tranchant, car les contrôles augmentent aussi. Saviez-vous que dans la formation des prêtres l'étude du marxisme-léninisme occupe une place centrale ? » Il éclate de rire, avec néanmoins un fond d'amertume. « Beaucoup de prêtres et d'évêques se taisent et nous évitent pour ne pas être compromis. » Giai confirme les dires de son collègue. « Faut-il que nous approuvions les crimes de ce régime ? Nous avons été persécutés toute notre vie. Mes téléphones sont sur écoute et mon courrier est surveillé. Mais mon attention, je la consacre prioritairement au soin des pauvres, car leur nombre ne fait que s'accroître à cause de la politique gouvernementale catastrophique. »

La paroisse de Ky Dong à Saigon

À Hô Chi Minh-Ville, l'ancienne capitale du Vietnam du Sud, on peut comparer le fonctionnement de la paroisse de Ky Dong à celui de Thai Ha. Ici aussi, une paroisse prospère est affiliée au monastère rédemptoriste. Plusieurs milliers de fidèles assistent chaque week-end aux messes. Le site est plus grand que celui de Hanoi et ici aussi, la grotte de Lourdes est populaire. De nos propres yeux, nous constatons que beaucoup de croyants viennent se confesser à Ky. Pendant notre visite du 31 octobre, une file d'attente interminable se trouve devant chaque confessionnal. Une ambiance ouverte séduit tout particulièrement les jeunes et un grand nombre de mariages mixtes y sont consacrés.

Ky Dong est également le centre de la résistance catholique au sud du pays. Le père Vincente Pham Trung Thanh (cinquante ans) est un publiciste connu qui, chaque semaine, envoie ses prêches par courrier électronique à des milliers d'adresses. À cause de la présence massive de la police et des services secrets autour du domaine, de nombreux fidèles redoutent des représailles, ce qui les empêche de s'engager publiquement. Les croyants ordinaires n'ont pas grand-chose à craindre, mais les laïques qui prennent des responsabilités se mettent en péril. Cette peur est profondément enracinée dans les esprits depuis qu'en 2011, quinze coopérateurs des rédemptoristes de Ky Dong et de Thai Ha furent arrêtés à trois reprises.

À Hô Chi Minh-Ville, le gouvernement bloque le site Internet des rédemptoristes[1]. Seuls ceux qui savent contourner les pare-feux[2] peuvent le consulter.

Les restrictions incessantes dans la navigation sur Internet freinent l'Église catholique dans son développement. « Comme tous les médias se trouvent entre les mains du régime, la diffusion d'une information correcte ne va pas de soi », affirme un informaticien avec qui nous avons une rencontre secrète à Huê. « Les sites officiels des évêchés ne fournissent que des renseignements neutres. Mais pour transmettre une information correcte sur ce qui se passe dans le pays, nous avons une solution depuis avril 2013 », nous dit cet homme avec un malin plaisir. « Des bénévoles placent le texte sur un endroit sécurisé d'Internet, après quoi les services du jésuite Mico Kally, le responsable international de l'agence de presse Ucanews – la source d'information catholique la plus fiable traitant de l'Asie du Sud-Est –, le placent sur leur propre site Internet[3].

« Cette "section vietnamienne" de Ucanews est consultée de plus en plus, nous raconte notre informateur. Elle passe sous le radar de la censure vietnamienne parce que nos articles ne font qu'informer. Nous donnons des faits et ne portons aucun jugement de valeur. »

1. http://www.chuacuute.com
2. Un pare-feu, ou *firewall*, est un logiciel et/ou un matériel permettant de faire respecter la politique de sécurité du réseau.
3. http://www.ucanews.com

D'une part, il tente – sans grand succès – de mettre sur pied un Comité vietnamien de solidarité, une organisation communiste apparemment autonome. Mais celui-ci, malgré l'attention que lui portent les médias, a une portée obscure et limitée. Même si, d'après les sources officielles, 500 prêtres, des religieux et des laïques, auraient assisté au congrès « Les catholiques et la nation » qui s'est tenu le 26 septembre 2013.

D'autre part, le régime aspire à une amélioration de ses relations diplomatiques avec le Vatican. Mais cela est surtout un artifice, comme l'illustre le fait suivant : le 11 décembre 2009, jour où le président Nguyen Minh Triet rencontra à Rome le pape Benoît XVI, un prêtre dissident, Nguyen Van Ly, fut, après une troisième attaque d'apoplexie, reconduit de l'hôpital au camp de concentration de Nam Ha. Le régime n'en est pas à une provocation près. D'autant qu'aucun progrès n'est réalisé dans les dossiers délicats concernant la restitution des biens de l'Église et la nomination des évêques.

Un long chemin à faire

Au Vietnam, tout ce qui n'est pas conforme à l'idéologie communiste est écrasé selon les principes doctrinaires de la province de Cao Bang. Ces dernières années, tous les dissidents politiques furent mis derrière les barreaux, et au moins quarante blogueurs furent condamnés en 2012. Et au cours des six premiers mois de 2013, on en condamna quarante-six, le nombre le plus important depuis des années. La plupart sont catholiques, bouddhistes et adeptes des sectes de Hao Hao et Cao Dai. En outre, des restrictions inédites dans la navigation Internet sont en vigueur depuis le 1er septembre 2013 : Twitter et Facebook ne sont autorisés qu'à diffuser des messages personnels.

Par ailleurs, le soutien occidental est en train de s'effriter, alors que l'impact de la Chine, qui fait peu de cas des droits de l'homme, s'accroît à vue d'œil. Après le Laos et le Cambodge, le Vietnam sent à son tour se resserrer l'étau du grand voisin septentrional autour de lui. Et les pays occidentaux détournent le regard lorsque leurs intérêts commerciaux sont en jeu. Ce n'est pas un hasard si la BBC britannique et Radio France internationale ont supprimé leurs émissions en langue vietnamienne.

Sur le plan international, l'opposition est chaque jour plus isolée. Mais est-ce là un désavantage ? Quiconque connaît l'histoire de ce pays sait que les Vietnamiens ont réussi, tout au long de deux millénaires, à battre les intrus étrangers : les Chinois, les Français et les Américains. « Les communistes seront les suivants dans cette lignée », dit Phan Van Loi. C'est sans sourciller que l'Economist Intelligence Unit (EIU), le service de presse du quotidien éponyme, argue dans son rapport du 8 août 2013 que la stabilité politique est garantie pour les cinq prochaines années. Mais est-ce bien le cas ? À cause de conflits internes entre autres, le régime est plus que jamais un colosse aux pieds d'argile.

« Le jour viendra où nous vivrons dans un pays libre et démocratique », écrit Le Quoc Quan dans sa lettre la plus récente, sortie clandestinement de la prison. Bien qu'au Vietnam, l'Église militante occupe d'une manière de plus en plus manifeste le devant de la scène, nous avons constaté de nos propres yeux qu'il y a encore un long chemin à faire dans la lutte pour la liberté de religion, comme pour toute autre liberté.

Né en 1956, Koenraad De Wolf est un historien et journaliste belge. Ses nombreux ouvrages portent sur l'histoire des pays communistes et l'art religieux contemporain. Récemment, il a écrit le manifeste critique *Utopia revisited* et publie des romans historiques.

Reportage

L'étendard de la liberté

Koenraad De Wolf

Figure de la résistance pacifique au régime, le P. Nguyen Van Ly n'a pas hésité à hisser, en 2000, ce slogan au sommet de son église : « La liberté religieuse ou la mort. »

Le slogan « la liberté religieuse ou la mort », qu'accrocha l'abbé Nguyen Van Ly en l'an 2000 au haut de la tour de son église paroissiale, illustre la radicalisation de sa lutte pour la liberté de religion au Vietnam. Aujourd'hui, cette icône de la résistance pacifique, à moitié paralysée par suite de quatre attaques d'apoplexie, dépérit petit à petit dans un camp de concentration.

Nguyen Van Ly (né en 1947) a grandi dans l'enclave fortifiée catholique de Ba Nguet. Lors de la division du Vietnam en 1955, sa paroisse déménage au Vietnam du Sud. Fils cadet d'une famille de cinq enfants, il développe au séminaire de Huê un esprit de réflexion critique. Il s'épanouit pleinement pendant son stage dans les bidonvilles de Saigon. Sur la demande de son archevêque Nguyen Kim Dien, Van Ly, dont l'ordination eut lieu en 1974, retourna à Huê au moment de la dernière offensive communiste en 1975. Secrétaire assidu de celui-ci, Van Ly sera condamné à vingt ans de travaux forcés en 1977. Mais au bout de quatre mois, il est remis en liberté et se retrouve en résidence surveillée dans la paroisse de Doc So, loin de tout, et où il lui est dorénavant interdit de célébrer la messe et de prêcher. Malgré cela, c'est à Doc So qu'il va écrire ses premiers manifestes critiques, mais à la suite de l'organisation de pèlerinages illégaux à destination de La Vang, il est condamné à dix ans de prison. Amnesty International l'a classé en 1983 parmi les « prisonniers de conscience ». Malgré les travaux forcés, une diminution physique due aux difficultés de bénéficier d'une alimentation régulière, l'absence d'accès aux soins et un endoctrinement ininterrompu, il réussit à tenir ferme grâce à une vie intérieure intense associée à son dévouement envers les autres prisonniers.

En 1994, Van Ly est une nouvelle fois placé en résidence surveillée quand, dans son *Programme à dix points*, il brosse un tableau douloureux de la situation où se trouve l'Église vietnamienne. En 1995, il est muté dans la paroisse lointaine de Nguyet Bieu. Fort de ses capacités techniques, Van Ly s'y initie en autodidacte à l'usage de l'ordinateur et d'Internet. Outils qui joueront un rôle clé dans son combat. Et lorsqu'en 1999, sa paroisse est durement touchée par des inondations, il aide prioritairement les habitants les plus pauvres.

À partir de l'année 2000, les points de vue de Van Ly se radicalisent. Dans un flot de lettres, de manifestes et d'appels sur Internet, il œuvre pour la liberté de toutes les religions et exige qu'un terme soit mis au monopole dictatorial du parti communiste. Il organise une première rencontre interreligieuse et, avec trois prêtres, il fonde l'Association de Prêtres Nguyen Kim Dien. Après sa mutation à la paroisse isolée d'An Truyen, il écrira pour le Congrès américain deux témoignages sur la situation religieuse du Vietnam, doublés de dix-neuf plaintes déposées à l'encontre du gouvernement, du jamais-vu dans un pays communiste. En octobre 2001, il est de nouveau condamné à quinze ans pour ses activités en faveur de la liberté d'expression. Mais sous une pression internationale continuelle, on lui accordera à deux reprises une réduction de peine, et le 31 janvier 2005, il retrouvera une nouvelle fois sa liberté.

Tout en restant en résidence surveillée, Van Ly continue d'écrire pour appeler au respect des droits de l'homme. Il participe au mouvement du Bloc 8406 dont il est signataire, au magazine clandestin *Liberté de parole*, au Parti vietnamien pour le progrès (VNPP) et à la Coalition Lac Hong, quand, le 30 mars 2007, il est encore une fois condamné à huit ans de réclusion criminelle.

Dans la solitude de sa cellule disciplinaire du camp de Nam Ha, il aura, entre mai et novembre 2009, trois attaques d'apoplexie. Il est à moitié paralysé et les médecins découvrent une tumeur dans son hémisphère cérébral gauche. Grâce à une forte pression internationale, Van Ly pourra, pour des raisons humanitaires, se rétablir temporairement de sa maladie à partir du 15 mars 2010 dans un lieu de repos pour prêtres de l'archevêché de Huê, où il poursuit sa lutte pacifique. Après une campagne mondiale de Human Rights Watch visant sa libération définitive, il se trouve, depuis le 15 mars 2011, de nouveau au camp de Nam Ha. Là l'attendent encore cinq années de réclusion solitaire. Mais existe-t-il une différence entre un Nguyen Van Ly prisonnier dans un camp de concentration et un Nguyen Van Ly placé en résidence surveillée ? Comme le gouvernement veut éviter qu'il ne décède lors de sa détention, il est parfaitement soigné et jouit d'une liberté relative. Aux dernières nouvelles de la part de sa famille, son état de santé est stable. Mais dépérissant progressivement dans sa solitude, Van Ly ne se sent pas compris : ni par la communauté internationale ni par un grand nombre de ses confrères, ce qui l'affecte peut-être le plus profondément. L'histoire nous apprend que celui qui déblaie le terrain des changements ne marchera pas sur le tapis rouge le jour où la victoire sera remportée. Van Ly vivra-t-il encore ce jour-là ?

Traduit du néerlandais par Paul Gellings

Inde
Face à la fièvre nationaliste

Dans un subcontinent indien à très forte majorité hindoue, les chrétiens, héritiers d'une tradition qui les fait remonter à l'apôtre Thomas au Ier siècle, totalisent, avec seulement 2 % de la population, pas moins de 23 millions d'individus. Particulièrement investis dans la société indienne au travers d'un important réseau éducatif et sanitaire, ils suscitent la crainte et la jalousie des nationalistes hindous qui multiplient, depuis plusieurs années, profanations d'églises, assassinats et pogroms. Avec l'accession au pouvoir, en mai 2014, du BJP, le parti nationaliste hindou, l'inquiétude grandit chez les chrétiens.

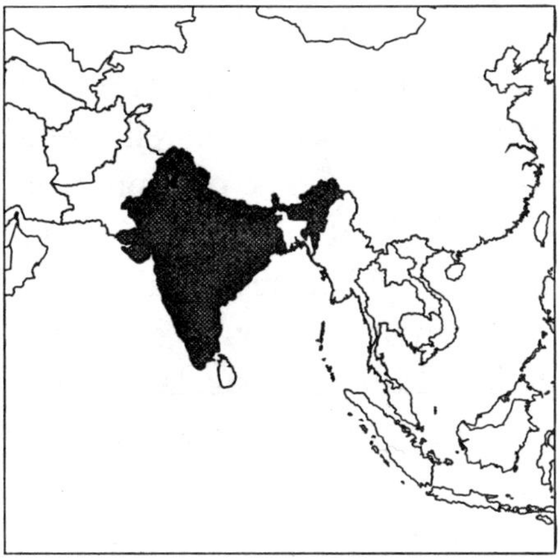

■ Population = 1 210 193 422

■ Hindous = 73,1 %
Musulmans = 13,7 %
Autres = 7 %
Animistes = 4,1 %
Chrétiens = 2,1 %

Analyse

Indésirables

Vincent Kundukulam

Anthropologue et prêtre indien, Vincent Kundukulam analyse les ressorts du sentiment antichrétien chez les nationalistes hindous. À l'idéologie xénophobe qui imprègne le discours hindouiste, s'ajoutent une série de ressentiments profondément ancrés. Les chrétiens bénéficieraient de richesses excessives, leur prosélytisme entraînerait des conversions massives chez les hindous, enfin, leur combat en faveur des pauvres remettrait dangereusement en cause les bases du système indien des castes.

La religion n'a pas perdu son poids dans la société contemporaine, comme les philosophes modernes l'avaient prédit dans les siècles passés. L'homme a besoin de Dieu et de la religion pour affronter les crises de la vie. Par conséquent, les expressions sociales de religiosité augmentent dans toutes les régions du monde. En ce qui concerne l'Inde, les temples, les mosquées et les églises sont toujours pleines, et les centres de pèlerinage nationaux sont plus visités que jamais.

Dans l'Inde postindépendante, les tentatives pour construire l'identité de la nation par le biais de la culture hindoue, la religion majoritaire du pays, ont ouvert la voie à l'extrémisme religieux qui est connu sous le nom d'*hindutva*.

Les chrétiens en Inde sont surtout menacés par les communalistes[1] hindous, dont le leader est le Rashtriya Swayamsevak Sangh

1. Mot d'origine anglaise, le communalisme désigne en Inde l'idéologie qui promeut l'attachement aveugle et étroit des personnes à leur communauté de religion, de caste, de langue, de région, etc., en vue de parvenir à leurs propres intérêts politiques, scoiaux et économiques, contre ceux des autres communautés, ce qui provoque des conflits intercommunautaires violents.

(RSS). Ce mouvement fondateur de l'*hindutva* est né en 1925, et aujourd'hui il y a plus de cinquante associations rattachées au Sangh Parivar, comme le BJP (parti politique), le VHP (front religieux). Le mot « *parivar* » veut dire : la famille. Le terme Sangh Parivar désigne l'ensemble des associations qui croient à l'idéologie de l'*hindutva*.

La présence chrétienne en Inde

Selon les statistiques de 2011, la population indienne atteint 1,2 milliard et l'Inde est le deuxième pays le plus peuplé du monde après la Chine. Presque 17,5 % de la population du monde habite en Inde. Parmi ces 1,2 milliard d'habitants, 18,47 % appartiennent à des « religions se disant minoritaires en Inde » : musulmans, chrétiens, sikhs, bouddhistes et jaïns. Ainsi y a-t-il environ 830 millions d'hindous, 140 millions de musulmans, 24 millions de chrétiens, 19 millions de sikhs, 8 millions de bouddhistes et 4 millions de jaïns[1].

La présence chrétienne n'est pas uniforme mais fortement concentrée dans certaines régions. Catherine Clémentin-Ojha, l'une des spécialistes de l'anthropologie indienne, divise la chrétienté en Inde en trois zones selon la présence numérique des fidèles. La première zone est constituée du sud et du nord-est du pays où se trouvent 50 % des chrétiens. Elle couvre au Sud les États de Goa, du Kerala, du Tamil Nadu, de l'Andhra Pradesh et du Karnataka ; au Nord-Est les États d'Assam, d'Arunachal Pradesh, du Meghalaya et du Manipur. La deuxième zone est celle de l'Inde du Nord où se répartissent très inégalement 42 % des chrétiens, issus de toutes les couches sociales. La troisième est la zone tribale du Chota Nagpur, à cheval sur plusieurs États du centre et du nord du pays, qui regroupe 8 % des chrétiens. Ce panorama montre bien que les deux tiers des chrétiens indiens vivent sur un territoire relativement petit, alors qu'un tiers est éparpillé sur la grande superficie du pays. Autrement dit, les chrétiens sont moins nombreux dans la partie la plus peuplée du pays[2].

1. *Manorama Yearbook 2014*, p. 665. 672-673.
2. Catherine Clémentin-Ojha, *Les Chrétiens de l'Inde : Entre castes et Églises*, Albin Michel, 2008, p. 22-23.

En ce qui concerne le statut social, les chrétiens de l'Inde appartiennent à des classes économiques assez diverses. La majeure partie de la chrétienté indienne est relativement pauvre. Elle provient des classes intouchables, des tribus et des basses castes. Les chrétiens syriens, anglo-indiens et ceux convertis par les premiers missionnaires européens appartiennent aux hautes castes. Ce sont des communautés influentes, qui mènent une vie aisée. Cette deuxième catégorie de chrétiens est plus éduquée que les hindous de classe et d'origine géographique similaires.

On peut classifier les chrétiens d'Inde en trois grandes sections selon leur appartenance confessionnelle : catholiques, chrétiens syriens non catholiques et protestants. Les catholiques incluent les chrétiens de l'Église syro-malabare qui sont restés fidèles à Rome après le synode de Diamper (1599), les chrétiens latins qui se sont convertis dès le XVIe siècle, et les chrétiens de l'Église syro-malankare qui se sont unis à Rome en 1930. Par chrétiens syriens non catholiques, on désigne ceux qui sont restés détachés de Rome après le synode de Diamper. Le dernier groupe comprend les fidèles des multiples dénominations chrétiennes créées par les œuvres missionnaires protestantes[1]. Quand il s'agit de l'attitude nationaliste des hindous vis-à-vis des chrétiens, les différences confessionnelles de ces derniers n'ont pas grand poids.

Des attaques subies par les chrétiens

Depuis l'indépendance, les communalistes hindous avaient commencé à créer des problèmes au sujet des activités missionnaires. Leur insatisfaction s'est exprimée de différentes manières : expulsion des missionnaires étrangers, contrôle des flux d'argent pour la mission en Inde, promulgation de la « loi de la liberté religieuse », etc. Pourtant, à cette époque-là, leur premier adversaire était la communauté musulmane. Ce qui est nouveau dans les deux dernières décennies, c'est que non seulement les musulmans, mais aussi les chrétiens sont devenus leurs cibles d'attaques principales.

1. *Ibid.*, p. 24-27.

L'agression vis-à-vis des minorités a augmenté dans l'État du Gujarat, dès que le BJP est monté en puissance. Au premier semestre 1998, sont apparues des bannières dans de nombreux villages du Gujarat disant : « Vishwa Hindu Parishad (VHP) vous accueille au village d'Hindu-Rashtra (nation hindoue). » Puis ont commencé les attaques isolées ici et là dans la zone tribale. Le 20 juin 1998, une école centenaire de filles dirigée par des chrétiens a été attaquée par des fanatiques qui proclamaient le slogan « Jai Shri Ram » (victoire au dieu Ram). La foule a déchiré les bibles qu'ils ont trouvées sur des étudiantes et plusieurs exemplaires ont été brûlés. Le 8 juillet, le corps de Samuel Christian a été exhumé du cimetière de Kapadvanj et a été jeté hors de l'église méthodiste. Trente-trois incidents de ce type se sont produits dans les mois suivants dans diverses parties de l'État. En réaction à ces attaques, les chrétiens ont organisé, à l'échelle nationale, une manifestation pacifique le 4 décembre en fermant leurs écoles. En réponse, entre le 25 décembre et le 3 janvier, vingt-quatre églises, trois écoles et six maisons ont été assaillies par les militants du Sangh Parivar. Certaines ont été brûlées, d'autres détruites et d'autres endommagées. Neuf tribus chrétiennes ont également subi de graves dommages.

Des incidents similaires ont touché d'autres États du pays. Le 23 septembre 1988, a eu lieu le viol de quatre religieuses à Jabua dans l'État du Madhya Pradesh. B.L. Sharma, l'un des anciens députés du BJP, a affirmé que cet événement montre la colère de la jeunesse contre les forces antinationales ; c'est la réponse à la conversion des hindous au christianisme qui a été conduite par des prêtres chrétiens. Dans la dernière semaine de janvier 1999, le médecin australien Graham Staines et deux de ses enfants ont été brûlés à Monoharpur, dans l'État d'Orissa, au milieu de slogans de « Jai Shri Ram ». Staines avait été au service des lépreux depuis quarante ans dans ce village isolé. Les leaders des mouvements fanatiques ont essayé d'interpréter la violence par l'argument traditionnel de la conversion. Mais il n'était pas convaincant pour les gens, car Staines n'était pas un prêtre ordonné et il n'a baptisé personne. La délégation des dirigeants de diverses religions qui est allée à Monoharpur n'a pas trouvé un seul chrétien parmi les quatre-vingts patients de la léproserie de Staines. Quelques mois après, en septembre 1999, le père Aruldass a été tué dans le même État.

À côté de ce type de violence, le RSS a usé de moyens moins extrêmes tels que dissuader les chrétiens de développer leurs œuvres caritatives en les menaçant. Par exemple, après le tremblement de terre dans l'État du Gujarat, un groupe de 138 personnes, comprenant des étudiants et des enseignants de l'école chrétienne Nirmala Niketan de Mumbai, a passé dix jours (du 9 février au 20 février 2001) à participer à des œuvres de reconstruction. Il semble que partout où ils sont allés, ils ont été interrogés sur leur identité religieuse par des responsables du Sangh Parivar. Les vingt étudiants qui ont campé à Rapar étaient constamment suivis et harcelés par des militants du Bajrang Dal, un groupe sous le contrôle du VHP pour conduire des violences. Ils ont vérifié que ces élèves connaissaient bien les divinités hindoues et ils leur ont demandé s'ils étaient venus pour convertir les enfants au christianisme. La seule raison de ce harcèlement était qu'il y avait des chrétiens dans le groupe. Le Sangh Parivar a osé créer ce type de provocations même dans des régions où la chrétienté est puissante. Par exemple, au Kerala, l'État dans l'extrême sud-ouest du pays qui compte 19 % de chrétiens de bon statut social, des sœurs de Mère Teresa à l'Olavanna Panchayat ont été attaquées le 25 septembre 2004.

La dernière vague importante de persécution massive des chrétiens par les forces d'*hindutva* s'est produite à Kandhamal, en Orissa, dans le dernier trimestre 2007 et au troisième trimestre 2008. Quelques semaines avant Noël 2007, des militants du Sangh ont organisé des marches à travers le département de Kandhamal en demandant aux chrétiens de renoncer à leur foi ou de partir. L'Inde étant pour eux un pays réservé seulement aux hindous. Pendant ce temps, il y a eu une altercation entre un chauffeur de bus chrétien et des amis du *swami*[1] à Dasingabadi concernant un droit de passage sur une route étroite. L'affaire a été signalée comme une attaque contre le *swami* et une foule immense est venue et a assailli des propriétés chrétiennes. Plus

1. *Swami* est un mot sanskrit qui signifie littéralement « celui qui sait, celui qui est maître de lui-même ». Il est généralement attribué aux maîtres et aux enseignants spirituels, des traditions, des philosophies ou des ordres de différentes religions, en particulier dans l'hindouisme.

de 100 églises ont été profanées, des centaines de maisons éventrées, et d'autres institutions chrétiennes ont été pillées et détruites.

L'explication donnée officiellement par les leaders communalistes est qu'il s'agissait d'une réaction spontanée à l'agression du *swami*. Mais plusieurs faits laissent penser que la violence avait été clairement planifiée et soigneusement exécutée par les assaillants du Sangh Parivar. Avant le déclenchement de la violence, les lignes téléphoniques avaient été endommagées, l'électricité a été coupée et les routes bloquées, afin que les forces de sécurité ne puissent pas intervenir rapidement sur le site. Le crime prémédité peut être aussi attribué à l'attitude de Manish Kumar Verma, le contrôleur de police à Kandhamal, qui a interdit le travail de secours que les diverses ONG, y compris les associations chrétiennes de charité, faisaient auprès des victimes[1].

Une seconde série d'atrocités a commencé avec l'assassinat de Swami Lakshmanananda dans la nuit du 23 août 2008 dans son ashram à Jalespata. Bien que les rebelles maoïstes aient revendiqué la responsabilité du crime, les fanatiques hindous ont allégué que l'assassinat était un complot chrétien étant donné que Swami faisait campagne contre les chrétiens. Des bandes hindoues ont continué à détruire les institutions chrétiennes, alors que la police et d'autres organismes de l'État n'ont rien fait pour endiguer la violence. Les chrétiens de Kandhamal pouvaient renier leur foi avant d'être agressés. Ceux qui n'ont pas cédé à cette injonction ont été brûlés vifs, écrasés sous un rocher ou enterrés vivants. Plus de quatre-vingt-dix chrétiens ont sacrifié leur vie. Plus de 350 églises et 6000 maisons chrétiennes ont été endommagées. Plus de 54000 chrétiens ont été déportés en tant que réfugiés, leurs maisons étaient pillées et incendiées. Des milliers de chrétiens ont été chassés et ont été forcés de subir la cérémonie de reconversion. Certains d'entre eux ont été obligés de boire de l'eau mélangée à de la bouse de vache comme une preuve de purification tandis que d'autres ont été contraints de brûler des bibles et profaner des églises pour

1. Anto Akkara, *Shining Faith in Kandhamal*, ATC Publications, p. 130-133.

prouver qu'ils avaient abandonné la foi chrétienne. À d'autres, il a été demandé de détruire les maisons d'autres chrétiens[1].

Une base idéologique

On peut distinguer deux sortes de facteurs qui déclenchent les violences intercommunautaires en Inde : *macro-level* et *micro-level*. Les facteurs *micro-level* se développent autour des problèmes locaux, évoqués précédemment. Ce type de conflits émerge d'une base idéologique. Les exégèses suivantes mettront en lumière des facteurs majeurs qui motivent les militants du Sangh à persécuter les chrétiens.

La violence contre les chrétiens découle de la perspective xénophobe de la nation hindoue. Les avant-gardes de l'idéologie de l'*hindutva* pensent promouvoir la culture nationale, la fondant uniquement sur le dharma hindou : « Car ce sont les ancêtres du peuple hindou qui ont mis en place des normes et des traditions de dévotion pour la patrie… Ce sont eux qui ont versé leur sang pour la défense de la sainteté et de l'intégrité du pays. Cela est un fait dont notre histoire de milliers d'années témoigne. Cela signifie que seul l'hindou a vécu ici comme l'enfant de cette terre[2]. »

Le Sangh exclut les personnes en dehors du *Varnashrama dharma*, les quatre grandes castes qui proviennent du *Virat Purusha* – brahmanes, kshatriya, vaishya et shudra –, de la société hindoue. Il élimine également les religions d'origine étrangère à l'Hindu-Rashtra. V.D. Savarkar, dans son livre *Hindutva : qui est un hindou ?*, souligne certaines caractéristiques pour définir l'identité d'un hindou : a) l'hindou est celui qui considère l'Inde comme sa patrie ; b) il est celui qui participe de la lignée de la race hindoue ; c) l'hindou est celui qui respecte l'histoire, les héros, l'art, la littérature, les coutumes et les fêtes qui ont prévalu en Inde comme sa propre culture. Ensuite, Savarkar donne une quatrième condition pour devenir hindou : d) il est celui qui considère Bharat non seulement comme la patrie, mais aussi comme la Terre sainte. Par cela, il exclut tous ceux qui

1. *Ibid.*, p. 127-129.
2. M.S. Golwalkar, *Bunch of Thoughts*, Jagarana Prakashana, 1980 (1966), p. 162.

sont convertis à l'islam et au christianisme, car ils ne peuvent jamais voir l'Inde comme leur Terre sainte. Il écrit : « C'est pourquoi nos compatriotes chrétiens et musulmans, qui avaient autrefois hérité, avec les hindous, d'une grande partie de la richesse de la culture commune de l'Inde et qui ont été plus tard convertis à des religions non hindoues, ne peuvent pas être reconnus comme hindous. Même si l'Hindustan représente pour eux, comme pour tout autre hindou, la patrie, ce n'est pas une Terre sainte. Leur Terre sainte est loin, en Arabie ou en Palestine[1]. »

Un autre facteur important qui se cache derrière les attaques contre les chrétiens est financier. Asghar Ali Engineer montre comment le développement inégal est à l'origine de la crise identitaire d'une communauté : « Lorsqu'une certaine communauté gagne le progrès économique, cela crée chez ses homologues moins développés un fort sentiment de rivalité vis-à-vis d'elle. Dans une telle situation, afin de gagner le soutien des masses de leurs communautés, ceux qui ressentent l'infériorité s'appuient davantage sur les valeurs spécifiques de leurs propres communautés contre celles de la communauté en progrès[2]. »

Il existe chez les hindous le sentiment que les musulmans et les chrétiens possèdent plus de poids politique et économique que leur nombre pourrait le justifier dans le pays. Une étude sur le développement des chrétiens dans certaines régions du pays comme le Kerala, Goa et Chhattisgarh montre qu'ils sont dans une meilleure position que leurs compatriotes hindous dans le domaine de l'éducation et de l'emploi. La plupart des écoles, collèges et hôpitaux qui sont gérés par les religions minoritaires fonctionnent bien. Ils sont des symboles de puissance et de prestige et deviennent en effet des sources d'envie pour les autres.

L'émeute au Gujarat en 2002 montre l'évidence des intérêts économiques qui existent derrière les attaques communalistes. La manière dont la violence a été conduite indique qu'une longue période de préparation a précédé la destruction des bâtiments musulmans dans

1. V.D. Savarkar, *Hindutva: Who is a hindu ?*, Veer Savarkar Prakshan, 1969 (1923), p.110-113.
2. A.A. Engineer, « A Theory of Communal Riots », *in Seminar*, nov. 1983, p. 14-19.

la ville d'Ahmedabad. Les centres commerciaux que les musulmans possédaient sur la rive ouest de la rivière Sabarmathi étaient une affaire de jalousie chez des partisans de l'*hindutva*. Ces derniers ont utilisé l'expertise d'une agence professionnelle pour préparer la liste des établissements commerciaux musulmans de la ville, ce qui a aidé les gangs à détruire systématiquement leurs propriétés. Sur le chemin de l'aéroport à la ville, des centaines d'hôtels appartenant aux musulmans chelliya ont été détruits. Au marché de fruits à Naroda, dix-sept magasins de musulmans ont été vidés. Plus de 1000 camions aux mains des musulmans ont été endommagés et incendiés[1].

Les militants hindous organisent parfois la violence contre les chrétiens comme une stratégie pour gagner l'unité entre les différentes sectes hindoues. La stratégie de « construire contre l'autre » consiste à identifier les ennemis et les amis d'un groupe et à inviter ses membres à s'organiser contre ces ennemis imaginaires. Le processus de « construction contre l'autre » est réalisé en imitant les traits qui donnent la suprématie à l'ennemi. Le plus drôle est qu'il finit par imiter ce qu'ils reprochaient à l'ennemi[2].

M.S. Golwalkar, dans le chapitre 16 de son livre *Bunch of Thoughts*, explique les trois menaces internes de l'Inde. Elles visent les musulmans, les chrétiens et les communistes : « En ce qui concerne les chrétiens, ils apparaissent tout à fait inoffensifs pour un observateur superficiel. Leurs discours sont la compassion et l'amour pour toute l'humanité ! Ils se présentent comme s'ils étaient spécialement délégués par le Tout-Puissant pour élever l'humanité ! Ils dirigent les écoles, les collèges, les hôpitaux et les orphelinats. Les habitants de notre pays, simples et innocents comme ils sont, sont stupéfaits par toutes ces choses. Mais quel est le motif réel des chrétiens à verser des millions de roupies dans toutes ces activités ?... Tant que les chrétiens agissent comme des agents du mouvement international pour la propagation du christianisme, et refusent de se comporter comme de vrais enfants de l'héritage et de la culture de leurs

1. K.N. Panikkar, *Before the Night Falls*, Books for Change, 2002, p. 137-138.
2. C. Jaffrelot, *Les Nationalistes hindous*, Presses de la Fondation nationale des sciences politiques, 1993, p. 23.

ancêtres, ils seront considérés comme des ennemis et devront être traités comme tels[1]. »

Les leaders du Sangh faisaient souvent allusion au phénomène de la conversion comme celui qui incite à la colère et à la violence chez leurs militants. Il est donc nécessaire de regarder de plus près les controverses au sujet de la conversion, afin de mieux comprendre la propagation antichrétienne en Inde. Comment les militants du Sangh comprennent-ils le fait de la conversion ? Pourquoi la conversion devient-elle cruciale dans le rapport entre les religions ? Est-ce que les chrétiens peuvent céder aux arguments du Sangh Parivar et renoncer aux œuvres missionnaires ? Autant de questions qui permettent de comprendre la situation.

Il y a différentes tendances en ce qui concerne l'attitude du RSS et de ses alliés à propos des conversions. Quelques-uns sont violemment contre la conversion, tandis que d'autres autorisent cette possibilité sous certaines conditions. Les raisons qu'ils énoncent sont diverses[2].

a) La conversion peut être autorisée si la personne concernée a une connaissance suffisante aussi bien de la religion qu'elle a pratiquée que de celle qu'elle veut embrasser. Le terme *matham* (voie religieuse) signifie une idée ou opinion particulière dans le contexte indien. La formation d'une opinion est principalement une activité intellectuelle, et elle doit être menée à bien après une réflexion suffisante.

b) La conversion individuelle peut être permise, mais non la conversion de masse. Le droit de changer de religion est un droit individuel. En cas de conversion de masse, un individu n'est pas en capacité d'exercer sa liberté personnelle.

c) Une conversion due à l'ignorance, à la séduction ou à la force doit être condamnée. Le Sangh Parivar se plaint de ce que les missionnaires manipulent l'ignorance des pauvres analphabètes : « Les missionnaires mettent les statues des dieux tribaux dans un récipient plein d'eau et ces statues sont englouties. Puis ils mettent dans

1. M.S. Golwalkar, *Bunch of Thoughts*, *op. cit.*, p. 248-256.
2. V. Kundukulam, *RSSum Christava Sabhayum*, *Aluva*, S.H.League, 2000, p. 31-40.

le même récipient une croix de bambou. Quand la croix surnage à la surface de l'eau, ils disent: "Le Christ est plus puissant que les dieux tribaux." Les autochtones (*tribals*) analphabètes sont convertis au christianisme[1]. » « Les missionnaires offrent aux pauvres des possibilités de travail et un meilleur traitement dans les hôpitaux chrétiens s'ils rejoignent la communauté chrétienne[2]. »

Une opposition absolue à la conversion

Alors que certains leaders du RSS permettent en principe la conversion, d'autres s'y opposent catégoriquement pour plusieurs raisons.

a) Le concept de conversion d'une religion à une autre est contraire à la nature même de la religion. La religion est ce qui montre le chemin vers Dieu. Si toutes les religions conduisent l'homme vers le même Dieu, pourquoi changerait-on de religion[3] ?

b) L'Inde (Bharat) a suffisamment de religions adaptées à sa culture et par conséquent n'a pas besoin de religions supplémentaires : « Les Indiens sont déjà religieux. Il y a diverses religions dans le pays aptes à répondre à leurs besoins religieux. Même les autochtones, qui n'ont pas de religions instituées, mènent une vie vertueuse et en ce sens ils sont religieux. Il n'y a pas besoin de les convertir à une autre religion[4]. »

c) Les conversions créent des conflits dans la société. Quand les chrétiens revendiquent la supériorité de leur religion et gagnent des adhérents provenant d'autres religions, celles-ci se sentent désolées d'avoir perdu leurs adeptes. Cela augmente les possibilités que surgissent des conflits entre les religions. Pour maintenir la paix dans un pays multi-religieux comme l'Inde, les conversions doivent être interdites.

Plus que les raisons susdites, ce sont les facteurs culturel et politique qui font que le Sangh Parivar se retourne contre les conversions chrétiennes.

1. *Janmabhumi*, 10 mars 1999.
2. Interview réalisée par l'auteur avec U. Issrani, *Pranta Sanghchalack* de *Madhya Bharat*, Bhopal, en décembre 1993.
3. D.N. Mishra, *The RSS – Myth and Reality*, Vikas Publishing House, 1980, p. 118-121.
4. Interview réalisée par l'auteur avec R.R. Mishra, président du *Vanavasi Kalyan Ashram* à Surguja, Madhya Pradesh, en janvier 1994.

d) La conversion de l'hindouisme au christianisme crée une aliénation culturelle ou « déculturation » des gens convertis. Quand quelqu'un devient membre de l'Église, il laisse de côté les coutumes, fêtes et rituels hindous, et souvent il se met à dénigrer les dieux et les pratiques hindous. Arun Shourie, l'un des militants du BJP, écrit, dans l'introduction à *La Moisson de nos âmes*: « La conversion même d'une seule personne cause une grave perturbation. Sa famille est mise à part. Des tensions surgissent dans la communauté. On va ainsi au pire parce que les personnes converties font et disent des choses qui offensent gravement la communauté dont elle provient. Cette seule personne est conduite non seulement à répudier mais à dénoncer les dieux et les rituels dans lesquels elle a grandi, jusqu'à faire des choses qui sont interdites dans sa religion ou communauté d'origine – par exemple, de manger de la viande qui est prohibée[1]. »

e) Le point principal est que la conversion est devenue une affaire de nombre et qu'elle a des conséquences politiques. L'augmentation du nombre affecte le scénario politique du pays. En démocratie, le nombre compte: il signifie pouvoir, argent et bien d'autres fins désirées. Si la conversion est permise, cela réduira le pouvoir « hindou » dans le pays. Deoras, qui était le *Sarsanghchalak* (le dirigeant suprême) du RSS entre 1973 et 1994, explique cela avec l'exemple du Kerala: « Aujourd'hui, il y a 25 % de chrétiens et 20 % de musulmans au Kerala[2]. C'est pourquoi leurs votes deviennent importants, très importants au moment des élections. Il y a deux groupes politiques principaux: le Congrès et les communistes. Les deux ont à faire des compromis en raison de ces bulletins de vote[3]. » Le séparatisme augmente dans d'autres États à majorité chrétienne comme le Nagaland, le Mizoram, etc., et c'est pourquoi les conversions doivent être stoppées. Pour reprendre les mots de Golwalkar, le *Sarsanghchalak* entre 1940 et 1973, la conversion subvertit la loyauté. « La conversion des hindous à d'autres religions revient à faire mourir le

1. Arun Shourie, *Harvesting Our Souls*, ASA, 2000, p. 1-2.
2. Il faut ici souligner que le pourcentage de la présence chrétienne et musulmane au Kerala est à présent inversé. Actuellement il y a environ 24 % de musulmans et 19 % des chrétiens dans l'État du Kerala.
3. B.S. Deoras, *Country's Unity a Must*, Suruchi Prakashan, 1985, p. 12.

pays en proie à une loyauté divisée, au lieu d'avoir une loyauté indivise et absolue envers la nation. C'est dangereux pour la sécurité de la nation et du pays[1]. »

Une perspective chrétienne

Face aux arguments mis en avant par les idéologues du Sangh contre la conversion, on observe que le problème de la conversion existe aussi dans la perspective chrétienne.

Il est vrai que la connaissance joue un rôle vital dans la poursuite de la vérité. La personne convertie doit acquérir une connaissance certaine de la religion qu'elle a embrassée. En même temps, il faut se demander si nous pouvons restreindre la découverte de la vérité à une recherche purement intellectuelle. Parce que l'expérience personnelle, les intuitions, la foi, etc., jouent aussi un rôle essentiel dans la compréhension de la vérité.

De la même manière, la possibilité d'une conversion de masse ne peut être complètement exclue. L'homme est un être social. Un groupe de gens qui vivaient sous l'oppression peuvent réfléchir ensemble à propos de leur état d'opprimés, et peuvent faire collectivement un sérieux pas sur le chemin d'une libération religieuse et sociale.

En ce qui concerne la conversion par la séduction et par la force, il est vrai que dans le passé des milliers de pauvres gens ont été convertis durant la famine. Mais aujourd'hui, les missionnaires en Inde ne favorisent pas ce type de conversion, parce que cela peut créer des tensions interreligieuses. Bien entendu, l'Église développe des œuvres caritatives parmi les gens pauvres, car c'est un moyen puissant pour elle de rendre témoignage de l'Évangile. Pourtant les missionnaires n'incitent pas actuellement à convertir des gens, même quand ils demandent le baptême.

Le facteur le plus important qui dérange les communalistes hindous et dont ils évitent délibérément de parler, c'est le travail de conscientisation mené par les groupes chrétiens. À la fin du siècle dernier, les missionnaires se contentaient principalement de diriger des écoles, des collèges, des hôpitaux, des cliniques, des orpheli-

1. M.S. Golwalkar, *Bunch of Thoughts*, *op. cit.*, p. 225.

nats, des petites industries, etc., pour améliorer la santé, l'éducation et l'emploi dans le pays. Lentement, ils ont réalisé que les œuvres sociales apporteraient seulement un soulagement immédiat aux pauvres. Tant que les structures n'étaient pas détruites, les pauvres resteraient toujours pauvres. Les missionnaires ont ressenti le besoin d'éduquer les classes opprimées, de les informer de leurs droits et de leur donner les moyens de se battre pour la justice. Ces combats contre les structures injustes se sont retournés contre les intérêts des hindous de hautes castes. Les programmes d'auto-assistance, qui ont développé des banques coopératives, ont donné une certaine autonomie aux villageois. Les pauvres ont arrêté d'emprunter de l'argent aux personnes de hautes castes et ils ont demandé un juste salaire pour leur travail. Résultat du travail de conscientisation des missionnaires, les hautes castes sont obligées de partager leurs droits politiques et sociaux avec les pauvres. Comme ils ne peuvent pas accuser les missionnaires pour leurs œuvres libératrices, ils interprètent leur service comme une nouvelle méthode de prosélytisme. Les représailles contre les missionnaires ne sont rien d'autre que la réaction de riches propriétaires envers les efforts de l'Église pour le développement des pauvres en Inde.

Avant de conclure, il faut également dire un mot sur la question : pourquoi le RSS désigne-t-il maintenant les chrétiens plus que les musulmans comme ennemis ? La réponse est simple. Elle vient de la prise de conscience que la communauté musulmane est un ennemi dangereux à ménager. La destruction de la mosquée Babri Masjid en 1992 a suivi les affrontements entre hindous et musulmans. À la suite des attentats à la bombe dans différentes parties du pays, des milliers de gens ont été tués. Les musulmans constituent plus de 12 % de la population indienne. L'hostilité à leur égard détruira l'harmonie du pays, et affectera la prospérité économique de l'Inde. Les conflits interreligieux rendent les industriels étrangers réticents à investir de l'argent en Inde. De la même façon, le Sangh Parivar sait que l'opposition aux musulmans irritera les pays du Golfe, desquels l'Inde dépend beaucoup pour sa croissance économique. L'Inde exporte quotidiennement d'énormes quantités d'épices et de légumes vers les pays du Golfe et importe de l'huile, dont elle a un grand besoin. Une attaque grave envers les musulmans affaiblira la situation financière de l'Inde.

De l'autre côté, le RSS sait que le christianisme est un ennemi moins dangereux que l'islam. Puisque l'Évangile ne favorise pas le terrorisme, lorsque les chrétiens sont persécutés, ils n'expriment leurs ressentiments que par des moyens pacifiques tels que la prière, les processions, le jeûne, etc. Pour mieux construire l'unité entre hindous, la communauté chrétienne est l'ennemi tout indiqué parce qu'elle est largement répandue dans le pays et son affiliation avec les pays étrangers en fait un symbole de la suspicion et de la peur chez les hindous.

Voilà la situation délicate des chrétiens en Inde.

Né en 1962 dans le Kerala (Inde), Vincent Kundukulam est prêtre et anthropologue, docteur en histoire des religions de l'université Paris-IV (Sorbonne). Sa thèse a porté sur les rapports entre nationalisme hindou et christianisme en Inde. Enseignant, auteur de nombreux articles et ouvrages, il est membre du Comité pour le dialogue interreligieux de la Conférence des évêques catholiques de l'Inde.

Reportage

« On ne pouvait faire confiance à personne »

Christine Nayagam

La reporter franco-indienne Christine Nayagam a recueilli, dans plusieurs régions du subcontinent (Orissa, Pendjab, Nord-Est, Tamil Nadu), des témoignages sur les violences et les exactions commises contre les chrétiens.

Shashi, un chrétien d'une trentaine d'années, est assis sur les marches d'une petite église de fortune à Kandhamal dans l'Odisha. Ce lieu a été le théâtre de violences entre chrétiens et hindous en 2008. Il se souvient de sa maison qui a été mise à feu et de ses parents qui ont été battus par des hommes inconnus. Leur crime : s'être convertis au christianisme. Depuis cet incident, les choses sont revenues à la normale mais Shashi, lui, n'a pas oublié, il porte sur son corps les cicatrices de cette nuit d'horreur, et malgré la peur et les menaces il a continué à pratiquer sa religion.

Selon le Catholic Secular Forum, l'année 2013 en Inde a vu sept chrétiens tués (dont un enfant de sept ans). Quelque 4 000 chrétiens auraient subi des attaques diverses dont près de 400 prêtres/religieuses. Au total, près d'une centaine d'églises ont été saccagées ou brûlées par des groupes extrémistes.

L'Inde est un pays à majorité hindoue, la deuxième religion est l'islam. Les origines du christianisme en Inde sont encore floues. Certains historiens affirment que la religion est arrivée bien avant la colonisation avec saint Thomas au Ier siècle. Aujourd'hui, l'Inde compte à peu près 24 millions de chrétiens, soit 2,1 % de la population totale du pays. Les zones à majorité chrétienne se situent dans le sud et le nord-est de l'Inde. Certains centres urbains comme Bangalore et Chennai comptent également de nombreux chrétiens (environs 6 % à Bangalore et 5 % à Chennai).

« Comprendre le christianisme en Inde n'est pas une mince affaire, explique Roopinder Bhatia, professeur d'université à Delhi. Dans un pays-continent marqué par un système de castes bien ancré, la religion chrétienne a pris une forme très particulière et se pratique de façon très différente selon la région où l'on se trouve. »

La communauté chrétienne est très disparate et se divise en multiples catégories : catholiques, protestants, orthodoxes, méthodistes... Il y a ceux qui se définissent comme « chrétiens dalits (basses castes) » ou « chrétiens de classes supérieures », les « chrétiens tribaux », les « chrétiens urbains », etc. Il faut également noter qu'une grande partie des chrétiens de l'Inde ont été convertis au cours des trente dernières années seulement.

Alors que les violences contre les chrétiens vont crescendo, comment ces derniers vivent-ils leur foi au quotidien ? Se sentent-ils menacés ? Comment et pourquoi attisent-ils la haine du gouvernement indien et des groupes extrémistes ? Pour répondre à ces questions, nous nous pencherons sur la situation des chrétiens dans différentes régions de l'Inde.

Odisha (Est), le théâtre des pogroms antichrétiens

Cinq ans après les massacres de chrétiens dans l'État d'Odisha (Est), le calme semble être revenu, mais la peur règne toujours et les victimes attendent que justice soit rendue.

Jacinthia emmène ses enfants à l'école dans le petit village de Raika dans le district de Kandhamal, dans l'Odisha. Elle sourit et demande à ses enfants qui la tiennent par la main de bien travailler à l'école. La cloche sonne, elle embrasse ses deux bambins de huit et cinq ans et elle repart cette fois-ci avec la voisine qui la ramène à la maison en la prenant par le bras.

Jacinthia est aveugle, elle a perdu la vue pendant les pogroms antichrétiens qui ont ravagé la région et son village en 2008. Elle s'était alors réfugiée dans l'église avec sa fille de trois ans. « L'église a été entièrement brûlée, ma fille a pu être sortie à temps et indemne. Mais moi je n'ai pas eu cette chance... Mais au moins je suis en vie. Mes enfants et mon mari également. » Lorsqu'on lui parle de cette nuit d'horreur, Jacinthia a l'air impassible : « Je n'ai aucune haine, j'ai pardonné à ceux qui ont fait ça. »

« Après ces événements, nous avons dû nous cacher et pratiquer notre religion à l'abri des regards. On ne pouvait faire confiance à personne, pas même à la police », ajoute-t-elle. Et aujourd'hui ? « Nous retournons à l'église. Les choses se sont apaisées... », dit-elle en prenant son chapelet dans les mains. « Mais on ne sait jamais. Un rien peut tout déclencher à nouveau ! »

Brûlés vifs

Le 23 août 2008, Swami Lakshmanananda Saraswati, un prêtre et leader hindou, connu pour véhiculer des messages extrémistes contre les autres religions, se fait assassiner. Bien que la guérilla maoïste (communiste) qui sévit dans la région ait aussitôt revendiqué le meurtre du prêtre, les fanatiques hindous sous la direction du Bajrang Dal, une branche du mouvement extrémiste hindou Rashtriya Swayamsevak Sangh (RSS), prennent immédiatement les chrétiens pour cibles. S'ensuivent des jours d'émeutes et de massacres dans le district de Kandhamal puis partout dans l'Odisha et à travers l'Inde. Les maisons et églises sont incendiées, les femmes violées ; des milliers de chrétiens sont battus, d'autres sont brûlés vifs ou tués à l'aide de machettes, de couteaux et de haches.

À ce jour, le bilan des pogroms est estimé à plus de 120 morts, près de 60 000 personnes déplacées, et des milliers d'habitations, de lieux de culte et d'institutions détruits. Des chiffres qui sont « largement sous-estimés » selon les associations des droits de l'homme.

La police, arrivée tard sur les lieux, met fin aux émeutes et arrête sept chrétiens soupçonnés d'avoir assassiné Swami Lakshmanananda. Ces derniers seront jugés coupables et condamnés à la prison à vie alors que les responsables des pogroms antichrétiens circulent toujours librement. Pour Sajan George, président du Global Council of Indian Christians, les extrémistes hindous poursuivent encore, avec la complicité des autorités, « leur programme de destruction totale des communautés chrétiennes ».

Si le gouvernement a envoyé des forces armées ainsi que des aides financières pour les victimes, celles-ci étaient loin de suffire à la reconstruction. « Les compensations qui nous ont été accordées ne suffisent pas… Nous nous sommes plaints à la police mais ils ne sont jamais revenus vers nous », dit Suresh, un habitant de Kandhamal qui vit de l'agriculture.

Les raisons de ces attaques ? Elles sont encore floues. Certains évoquent la haine grandissante des hindous face aux conversions et au nombre accru de chrétiens dans la région. D'autres parlent « d'opposition sociale, plus que d'opposition religieuse ». « Les villages de l'Odisha sont dominés par des tribus. À Kandhamal, il y a les Pana (chrétiens) et les Kandha (hindous). Les premiers ont été christianisés par les missionnaires. Ils ont ainsi eu accès à l'éducation moderne, à des emplois et autres opportunités grâce à l'argent envoyé par les missions étrangères, alors que les autres n'ont pas évolué. Cela a entraîné des jalousies et les affrontements ont commencé dès le début des années 1990 », explique Sandeep Sahoo, le correspondant de la BBC dans l'Odisha.

Libres d'être chrétiens mais sous condition…

Aujourd'hui, la totalité des chrétiens interrogés dans l'Odisha répondent qu'ils peuvent « plus ou moins » pratiquer leur religion librement à condition qu'ils ne soient « pas trop visibles » et qu'ils « restent dans leur coin ». D'autres accusent également l'amalgame fait entre chrétiens catholiques et chrétiens protestants. « Les catholiques ne convertissent pas en masse. Nous n'avons pas de programmes de conversion comme les protestants obligeant nos croyants à rapporter un nombre précis de "cibles potentielles" pour augmenter le nombre de fidèles. Nous sommes souvent attaqués par les hindous pour ces raisons alors que nous ne sommes pas responsables », explique le père de la paroisse catholique de Bhubaneswar, la capitale de l'Odisha. « Oui, c'est vrai, nous avons des "programmes de conversion". Nous obligeons nos fidèles à acheter cinq paniers dans lesquels nous offrons une bible protestante, des chocolats, etc., pour qu'ils les offrent à leurs amis non chrétiens et les invitent à venir dans notre Église. Qu'ils viennent ou pas n'est pas de notre ressort mais au moins nous aurons fait notre devoir de chrétiens et je ne vois pas de mal à cela », se défend le pasteur de l'Église de Bhubaneswar.

Loin de la capitale, dans le district de Kandhamal, beaucoup de victimes réclament toujours que justice soit rendue et que les pogroms antichrétiens de 2008 soient officiellement reconnus.

Les victimes manifestent de temps à autre pour dénoncer leurs plaintes non enregistrées par la police locale et les autres discriminations qu'ils subissent. « À Midiaka, dans le district de Kandhamal, un pasteur a été tué en 2011, mais la police a vite classé l'affaire et personne n'a été arrêté malgré les preuves… », confie Shamyal, un journaliste chrétien à Bhubaneswar.

Au total, seules 452 personnes ont été inculpées par la police pour les milliers de crimes commis en 2008 et moins de la moitié ont été retenues. « Malheureusement, la plupart des témoins se sont désistés. Ils ont reçu des menaces de mort contre eux et leur famille. Être chrétien ici, c'est vivre dans le silence et subir », note Shamyal.

Nord-Est, la « reconquête » menée par les hindous dans une zone à majorité chrétienne

Les principaux États de la région nord-est de l'Inde (le Meghalaya, le Mizoram et le Nagaland) ont une population à majorité chrétienne. Le quatrième État, le Manipur, a un taux substantiel de chrétiens avec 34 %. Le christianisme est profondément ancré dans ces quatre États et les organisations hindoues ne sont donc pas à leur avantage puisque leur réseau n'est pas aussi répandu ici qu'il ne l'est dans d'autres parties du pays. Dès lors, depuis la fin des années 1980, des groupes radicaux hindous se sont donné pour mission de « reconquérir cette région ».

La présence des chrétiens dans le nord-est de l'Inde remonte à avant l'arrivée des colons britanniques. La première visite des missionnaires chrétiens au Nord-Est a été consignée en 1626 par deux missionnaires jésuites qui cherchaient probablement un passage vers le Tibet et la Chine.

Il est intéressant de noter qu'au XVIIe siècle, quand les autres parties de l'Inde subissaient un changement politique radical sous l'Empire moghol, le Nord-Est, peuplé majoritairement de populations tribales, s'est ouvert au christianisme qui s'est alors propagé dans toute la région.

Des tribus en quête d'identité

Le christianisme, là où il a été embrassé, est toujours réinterprété en fonction des croyances et des pratiques locales. Les communautés indigènes converties ont conservé leur foi dans les clans et autres systèmes d'organisation sociale.

La plupart de ces tribus avaient jusqu'alors vécu au sein de leurs propres communautés, respectant l'espace de chacun, les coutumes, la terre, etc. N'importe quelle transgression menait à des conflits sanglants. « Les actions des missionnaires ont eu deux impacts différents sur les tribus : rassembler des tribus qui avaient vécu séparément jusqu'alors, comme les Naga, et unir des tribus qui étaient contre les missionnaires et ont refusé de se convertir, comme les Bodo d'Assam. L'intervention des missionnaires avait à l'époque facilité la progression d'une identité ethnique. Leur conversion elle-même était un résultat de leurs efforts afin de protéger leur identité », explique A.K. Sanyal, professeur à Calcutta.

Très vite, les baptistes américains et les méthodistes sont arrivés dans le nord-est, divisant à nouveau les communautés chrétiennes. Dans le Mizoram, la création de la Birmanie a divisé les tribus chins. La partition de l'Inde en 1947 les a fractionnées de nouveau. Dans cette myriade de groupes, ceux qui sont restés en Inde ont donc dû trouver une nouvelle identité et se sont pour la plupart convertis au christianisme.

« Dans le Manipur, les vingt-neuf tribus sont divisées entre Naga (chrétiens), Kuki (chrétiens) et Meitei (hindous). Quant aux tribus de l'État du Tripura, qui ne se sont pas converties au christianisme sous la colonisation britannique, elles ont commencé à changer de religion à partir des années 1980 pour exprimer leur refus de la domination des hindous », ajoute A.K. Sanyal.

Depuis 1972, quand l'Inde a lancé un programme social à destination des peuples tribaux, les contours des conversions ont changé. Beaucoup d'organisations hindoues ont reçu des subventions du gouvernement afin de gérer des écoles et des foyers pour les tribus et les castes répertoriées. Ces organisations religieuses hindoues ont adopté les méthodes des missionnaires chrétiens : comme le don de nourriture, l'accès aux soins, au logement, à l'éducation, etc.

Dans le même temps et tout particulièrement à la fin des années 1980, se propagent dans la région des organisations hindoues extrêmement violentes comme le Bodoland et le Front uni de libération d'Assam, ou ULFA, et le Vishwa Hindu Parishad.

Plusieurs conflits violents ont éclaté au cours des trois dernières décennies entre ces groupes hindous radicaux et les chrétiens du Nord-Est. « Nous nous inquiétons du ton agressif de plus en plus utilisé par les leaders du Vishwa Hindu Parishad lorsqu'ils critiquent la communauté chrétienne. Cela pollue l'atmosphère et crée des tensions inutiles parmi la population », explique l'archevêque de Guwahati, Thomas Menamperampil.

« Les organisations hindoues accusent les missionnaires chrétiens d'avoir pour mission secrète de faire du Nord-Est un État théocratique avec des fonds provenant de l'étranger utilisés pour convertir les autochtones crédules au christianisme », poursuit l'archevêque.

Arvind Bhattacharyya, secrétaire du VHP dans la région nord-est, réplique : « Nous sommes opposés aux méthodes de conversion par la force ou l'incitation adoptées par les chrétiens, particulièrement parmi les tribus hindoues pauvres. Dans la plupart des cas, les ecclésiastiques les séduisent par une aide financière, l'éducation gratuite, etc., en échange de leur conversion. »

« Les missionnaires chrétiens aident les forces sécessionnistes et antinationales comme les organisations militantes de la région », poursuit-il. Les leaders de Vanavasi Kalyan Ashram, une organisation œuvrant pour les tribus, affirment même que plusieurs tribus du Nord-Est subissent des tortures et des humiliations lorsqu'elles refusent d'adopter le christianisme.

Le VHP, qui selon les dires de Bhattacharyya compte seulement environ 400 travailleurs à temps plein dans le nord-est contre

4000 missionnaires chrétiens, a clairement pour objectif de « reconquérir » la région.

Les organisations chrétiennes de la zone observent avec suspicion les plans du VHP. « Nous ne serons pas des spectateurs silencieux de programmes de conversions forcées », se défend le révérend V.K. Nuh, secrétaire général du Conseil d'Églises baptistes dans le Nagaland.

Au Manipur, la situation est d'autant plus difficile que la région est sensible et que la loi militaire (Armed Forces Special Powers Act ou AFSPA) permet à l'armée d'arrêter, d'emprisonner et d'exécuter sans procès toute personne considérée comme ayant « porté atteinte à l'intégrité de l'État ». Selon un rapport d'Église d'Asie, Nobo Urikhimbam, secrétaire de l'UNMM (United NGO Mission-Manipur), a affirmé que plus de 4000 personnes depuis 2004 ont été tuées dans l'État, et un plus grand nombre encore ont été jetées en prison et torturées par les Forces spéciales indiennes en vertu de l'application de cette loi.

Pendjab (Nord), l'opposition entre conventionnels et non-conventionnels

Depuis une dizaine d'années, le nombre de chrétiens au Pendjab a considérablement augmenté de par les conversions et le rôle à caractère social occupé par les associations chrétiennes. Si les divisions au sein des chrétiens sont ici également visibles (comme dans les zones tribales), les attaques, elles, sont moins nombreuses. Toutefois, face aux critiques virulentes de plusieurs groupes radicaux hindous et sikhs, l'État est sur le point d'y mettre en place une loi anticonversion.

L'église de la Porte ouverte est l'un des plus grands bâtiments du petit hameau de Khojewala. Coiffée d'une grande croix, elle s'impose avec audace dans un État du Pendjab où la majorité des habitants est sikhe[1]. Sur la porte, on peut lire « Dieu soit loué ». À l'intérieur, on trouve des villageois assis en tailleur sur des draps en coton recouvrant le sol en ciment du hall principal. Les cloches sonnent, ils se lèvent et

1. Le sikhisme a été fondé par le guru Nanak Dev au XVe siècle et s'est inspiré de l'hindouisme, de la branche mystique du soufisme de l'islam et en partie du bouddhisme et du jaïnisme.

chantent « Alléluia, Alléluia ! ». Tous les dimanches, ils sont plusieurs centaines à venir des quatre coins de l'État jusqu'à cette église, nichée au milieu de terres pastorales vertes et dorées. Elle a été construite en 1991 par le pasteur Harbhajan Singh, un ancien propriétaire foncier de cinquante-deux ans.

Harbhajan affirme qu'il était un alcoolique avant d'être sauvé par le Christ. Ancien sikh, il s'est converti au catholicisme en 1986. « Les gens viennent ici car ils y trouvent la paix intérieure », dit Harbhajan. « C'est grâce à Dieu, nous seuls en sommes incapables. Leur foi profonde en Dieu les aide à soigner les maladies et à trouver la paix intérieure. » L'église compte 2 800 adeptes baptisés et de nombreux autres qui attendent d'être baptisés.

Mais le chemin a été semé d'embûches pour Harbhajan Singh. Le comité du village a dans un premier temps interdit à Harbhajan de construire son église. Lorsqu'il a commencé à le faire, il a même reçu plusieurs menaces de mort. « Vous ne pouvez pas accomplir l'œuvre de Dieu si vous avez peur, affirme-t-il. Je n'ai pas renoncé car Dieu sauve et protège. »

À Wanjawala, près d'Amritsar, Prakash Messi, un ancien opérateur de puits reconverti en prêtre, récite la prière du dimanche dans le salon de l'un de ses paroissiens. Il demande à un groupe de vingt-cinq hommes : « L'alcool est un péché. Par quoi est puni un péché ? » Ils répondent en chœur : « La mort. »

De la salle de prières de Messi, la route tourne et croise un champ de blé. On aperçoit au loin l'église catholique de St James. Ouverte en 1994 par l'ancien évêque de Jalandhar, Syphorian Keeroath, réputé pour avoir construit de nombreuses écoles et des hôpitaux catholiques dans la région, l'église est désormais fermée. La plupart de ses paroissiens ont rejoint l'église de Messi et les autres vont à la ville voisine d'Ajnala pour la messe du dimanche.

« Prêcheurs non conventionnels »

Le développement du christianisme au Pendjab a ouvert la voie à un grand nombre de « prêcheurs non conventionnels ». Comme Messi, Karnail Singh fait partie de la première génération de sikhs convertis. « Depuis un an, j'ai commencé à attirer plus de monde vers mon église. En une année, j'ai baptisé plus de trente-quatre sikhs et hindous », explique Singh. L'ancien ouvrier agricole de cinquante-huit ans prêche accompagné de musique. « Je dirige ma propre église, je ne veux pas avoir de comptes à rendre à une Église traditionnelle. Je rends seulement compte à Dieu », dit Singh.

Contre lui, les Églises traditionnelles catholiques, les hindous et les sikhs s'accordent à dénoncer ses pratiques. « Singh est l'un des milliers de prêtres qui ont surgi dans tout le pays, changeant les manières de répandre l'Évangile et de convertir les populations. Ces autodidactes de Dieu montent en puissance tandis que l'Église traditionnelle voit s'affaiblir les actions de ses missionnaires », explique Maria, une catholique d'une cinquantaine d'années originaire d'Amritsar.

À un kilomètre seulement de l'église de Singh se trouve « l'église des Croyants » de Gurala, créée en décembre 2013. C'est l'une des plus récentes branches du mouvement « d'implantation d'églises », un procédé qui consiste à créer de nouvelles églises sous l'égide d'un prêtre avec l'adhésion de dix à vingt croyants. La plupart du temps, ces églises ne reçoivent pas d'aide des missions traditionnelles mais restent connectées à leur réseau.

« Ces prêtres ne sont pas formés à la théologie. Ils jouent souvent sur les sentiments des gens et les appâtent avec des leurres, créant des tensions dans la communauté. Nous sommes blâmés pour les dérives de leur prêche », se plaint sœur Annie, la sœur supérieure du couvent de All Saint's à Ajnala, qui travaille au Pendjab depuis 1984.

De son côté, Messi rétorque : « Si vous fermez vos portes, votre église fermera elle aussi. Nous nous déplaçons vers les gens et passons chez nos paroissiens régulièrement. Les missionnaires catholiques n'ont pas de temps à consacrer aux pauvres et aux nécessiteux. » La plupart des nouveaux pasteurs travaillent parmi les dalits (basses castes) de la région.

« Le Pendjab a eu du mal à s'adapter aux changements sociaux et aux problèmes auxquels la société fait désormais face. Le gouvernement et les institutions sikhes n'ont pas su trouver le moyen de sensibiliser efficacement la population sur la consommation de drogues et d'alcool, le sida, l'infanticide féminin et autres problèmes de société, là où les chrétiens ont été plus efficaces », confie un membre du gouvernement du Pendjab.

Par ailleurs, malgré les fondements de la religion sikhe qui interdit et rejette le système de castes, les discriminations contre les dalits sont bien enracinées. « Les sikhs dalits doivent souvent prier dans leurs propres lieux de culte. Ainsi, au cours des vingt dernières années, plusieurs milliers de sikhs, dont beaucoup de dalits, ont quitté le sikhisme pour le christianisme », ajoute une source au gouvernement du Pendjab.

En réponse aux conversions, la branche fédérale locale du parti nationaliste hindou, Bharatiya Janata Party (BJP), soutenu par des partis radicaux comme le Bajrang Dal et Vishwa Hindu Parishad, est vite montée au créneau en exigeant l'interdiction immédiate des conversions.

En avril 2014, un ministre fédéral sikh a proposé une loi interdisant les conversions dans le Pendjab, comme c'est le cas dans d'autres États de l'Inde. « Nous sommes sous tension », a affirmé Harbeant Singh, secrétaire de l'organisme mondial qui gère la religion sikhe. « On rapporte que les chrétiens amènent les sikhs au christianisme en leur faisant miroiter des emplois et de l'argent. Nous avons créé un comité spécial pour traiter des conversions. Les chrétiens ont le droit de prêcher, mais nous sommes contre la séduction et la force. »

Pour P.K. Samantaroy, l'évêque d'Amritsar de l'Église de l'Inde du Nord (CNI), « nous sommes des boucs émissaires. Si l'on ne nous permet pas de construire des églises et de prêcher, que ferons-nous ? Advienne que pourra, nous n'accepterons pas de compromis. Nous n'arrêterons pas de prêcher l'Évangile. Personne ne peut nous arrêter ».

Malkiat Singh, un agriculteur de trente-neuf ans issu d'une caste supérieure de Jalandhar, a été confronté à l'ostracisme mais a maintenu sa position. Sa femme, Gurbax Kaur, a aussi embrassé la foi chrétienne et l'a soutenu. « Quand je suis devenu chrétien, nos proches ont boycotté ma famille, explique Malkiat. Je me suis battu pour ce qui me rend heureux et en paix. Jésus entend nos prières et nous emplit de joie et de force. »

Tamil Nadu (Sud) : polémiques autour des conversions

En 2001, le nombre de chrétiens de l'État du Tamil Nadu (Sud) a atteint 3,79 millions soit 6,1 % du total des 62,41 millions d'habitants de l'État. Il a pour la première fois dépassé le nombre de musulmans, qui représentent 5,6 % du total des habitants.

La parution de ces chiffres recensés par le gouvernement a aussitôt entraîné une tempête de protestations parmi les groupes extrémistes hindous, qui se sont sentis menacés par la hausse fulgurante du nombre de chrétiens. La pression était telle qu'elle a poussé le gouvernement à passer une loi régulant les conversions dans le Tamil Nadu. Cette loi considère les conversions par incitation, pression ou par la force comme des délits punissables de sanctions. Elle oblige les chrétiens à passer devant une commission avec des témoins pour pouvoir changer de religion. S'ensuit une enquête et une validation des autorités.

Ainsi, dans la pratique, sans preuves tangibles de conversion par la force, cette loi n'empêchait pas vraiment les conversions qui se poursuivaient et même augmentaient.

Dès lors, des groupes extrémistes se sont mis à faire la loi eux-mêmes en attaquant directement missionnaires, prêtres, pasteurs et églises chrétiennes. « Certains extrémistes hindous portent régulièrement de fausses plaintes auprès de la police pour empêcher les missionnaires de faire leur travail », dit Sofia, une jeune mère de famille à Chennai, la capitale du Tamil Nadu. « Récemment, un pasteur pentecôtiste du Tamil Nadu a été emprisonné pour avoir converti – avec son consentement – une femme de trente ans. C'est absurde ! » s'exclame-t-elle avant de poursuivre : « Des membres du groupe nationaliste hindou Rashtriya Swayamsevak Sangh (RSS) ont accusé l'homme d'avoir pratiqué des conversions sous la contrainte et l'ont dénoncé à la police locale. Ces mêmes personnes ont dit à la police que la rivière Cauvery où la croyante a été baptisée avait été contaminée par le pasteur. »

Pour comprendre le problème posé par les conversions en Inde, il faut comprendre la mentalité et la religion hindoues. « Cette dernière ne pousse pas au prosélytisme et laisse aux hommes et aux femmes le droit ou non de pratiquer une religion. Lorsque les chrétiens sont arrivés avec les missionnaires, dans le cadre de la colonisation puis avec les associations et ONG chrétiennes, les hindous ont vu débarquer des groupes religieux plus motivés, plus agressifs vis-à-vis de la religion, venus précisément dans le but de convertir », explique Roopinder Bhatia, professeur d'université à Delhi. « Les hindous ont alors vu les leurs embrasser cette nouvelle religion qui avait plus de moyens et d'argent venus des pays occidentaux pour aider la population. Ils se sont sentis lésés. Ajoutez à cela les "faux prêtres" qui ont trouvé dans la religion chrétienne une façon de faire fortune ou de se donner un statut social, et le sentiment de haine est vite attisé », ajoute-t-elle.

Selon Vikram, un *swami* hindou de Chennai, « les groupes de conversions ont utilisé des tactiques similaires à celles employées dans d'autres États pour convertir. Notamment l'exploitation des points faibles : financiers, sociaux ou politiques. Et aujourd'hui, comme aucun parti politique ne peut faire l'impasse sur les votes des chrétiens, le gouvernement ne peut fermer les yeux sur ces "conversions forcées" ».

La journaliste indienne Shobha Warrier affirme même que « certains chrétiens peu scrupuleux se sont servis du tsunami qui a dévasté le Tamil Nadu en 2006 », détruisant des centaines de villages sur la côte et laissant des centaines de milliers de gens, principalement des pêcheurs, sans argent et sans logement : « Lorsque je me suis rendue sur les lieux de la tragédie, dans des villages de la région de Nagappattinam, certaines associations chrétiennes étaient prêtes à aider seulement ceux qui acceptaient de se convertir. »

« Ils veulent christianiser la population à tout prix et par tous les moyens. S'ils construisent des écoles, des centres de soins et distribuent de l'argent ou de la nourriture, ils le font car leur but est de convertir les gens », ajoute Sunderrajan, un activiste social de cette même région côtière.

« La chrétienté karaoké » : une sonnette d'alarme pour l'Église catholique ?

Un livre publié en 2008 évoque la question des conversions au Tamil Nadu. *Strong Religion, Zealous Media* a été écrit par Pradip Ninan Thomas et publié par Sage Publications. Ce livre est le résultat d'une étude de deux ans réalisée à Chennai par Thomas, un professeur associé de l'école de journalisme de l'université du Queensland. « Cette étude et ce livre m'ont ouvert les yeux sur le fondamentalisme qui s'ancre au sein du christianisme dans le monde entier, du Brésil à la Corée du Sud en passant par l'Afrique et l'Inde. Aujourd'hui, Chennai est considérée comme le foyer de chrétienté qui croît le plus vite en Asie du Sud », explique-t-il. Son étude fait suite à celle de Lionel Caplan en 1987 : *Le fondamentalisme comme contre-culture : Les protestants dans les villes du sud de l'Inde*, ainsi que celle de Susan Bayly en 1994 : *Les chrétiens et la Concurrence fondamentaliste dans la société de l'Inde du Sud.*

Selon Thomas, les « fondamentalistes chrétiens », comme les fondamentalistes islamiques, « font partie d'un ordre global qui porte des désirs réels et peut-être imaginaires pour faire de tout le peuple de Dieu des chrétiens ». Thomas dit lui-même qu'il est un chrétien pratiquant, mais encourage les Églises traditionnelles à se soucier de la chrétienté en Inde pour empêcher l'émergence de ce qu'il appelle « la chrétienté karaoké ».

Le livre observe de près les mouvements pentecôtistes et néo-pentecôtistes en Inde, leur usage de la radio et de la télévision, rendant l'Église présente dans l'espace multimédia. « Ce livre est une sonnette d'alarme pour l'Église traditionnelle en Inde, qui doit se rendre compte du danger de l'incursion du fondamentalisme dans une religion généralement vue comme paisible, ayant survécu depuis des milliers d'années dans un sous-continent indien multiculturel et multireligieux », conclut-il.

Vers une recrudescence des discriminations contre les chrétiens ?

L'arrivée au pouvoir de Narendra Modi, connu pour ses positions nationalistes hindoues, est-elle une menace pour les chrétiens de l'Inde ? S'il est encore trop tôt pour porter un jugement, il est clair que le nouveau Premier ministre devra contrôler la frange extrémiste de son parti, le BJP.

« Depuis la victoire de Modi, les extrémistes hindous se croient tout permis. Ils pensent que le pouvoir leur appartient. J'ai bien peur qu'ils ne profitent de la situation pour attaquer plus d'églises et des membres de la communauté chrétienne », explique David, un chrétien de Delhi qui a fait campagne pour le parti du Congrès, qui a perdu les élections.

Narendra Modi lui-même est controversé. Il est accusé d'avoir participé à des pogroms antimusulmans dans l'État du Gujarat en 2002, qu'il dirigeait alors. Près de 1 300 personnes sont mortes dans ces affrontements entre hindous et musulmans. Des extrémistes hindous avaient lancé de véritables pogroms contre les musulmans après que ces derniers eurent mis le feu au train Sabarmati Express à Godhra, tuant 59 hindous de retour d'un pèlerinage à Ayodhya, dans l'Uttar Pradesh (Nord).

Même s'il a été blanchi par la Cour suprême de toute responsabilité, cette tragédie continue de hanter Modi. Pour ses opposants et plusieurs organisations de défense des droits de l'homme, il est toujours le grand responsable.

Bien que le BJP n'ait pas clairement présenté ses demandes pendant la campagne, le parti souhaite que les constructions d'églises soient davantage contrôlées et qu'une loi anticonversion, soit votée au niveau national.

« Il va y avoir des lois et autres législations qui vont être mises en place pour empêcher les chrétiens de pratiquer librement leur foi », craint C.A. Daniel, le président du National Congress of Indian Christians.

« Nous devons trouver un moyen de pouvoir communiquer au nouveau gouvernement nos problèmes, nos peurs et nos attentes d'un gouvernement fort et séculier », a affirmé le docteur John Dayal, le secrétaire général du All India Christian Council.

Basée à New Delhi, Christine Nayagam est une journaliste franco-tamoule, correspondante pour des médias français (*Le Figaro*) et indien (*Media India Group*). Entrepreneur et travailleur social, elle est engagée dans de nombreux projets en Inde et au Sri Lanka dans les secteurs de l'agriculture, de l'éducation, de l'écotourisme et de l'artisanat.

Sri Lanka

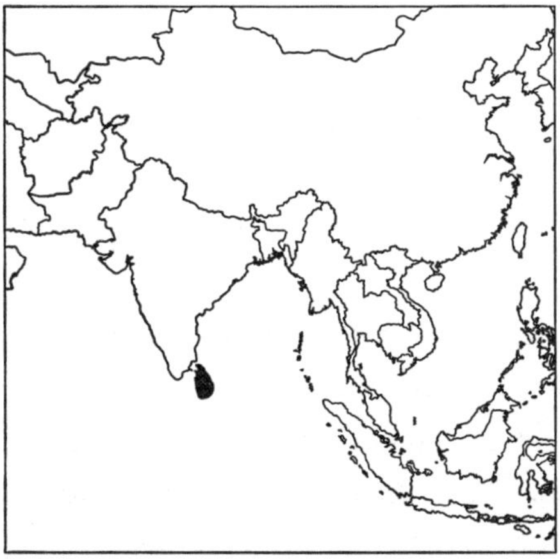

- **Population = 20 653 000**
- **Bouddhistes = 68 %**
  Hindous = 13,1 %
  Musulmans = 9,6 %
  Chrétiens = 8,08 %
  Autres = 0,5 %

Reportage

Un bouddhisme pas si « zen »

Christine Nayagam

Personne n'aurait pu imaginer qu'au Sri Lanka, les bouddhistes, à la sagesse légendaire et qui cohabitent pacifiquement avec les autres religions depuis des siècles, puissent verser dans la violence. Depuis une décennie, des hordes de bonzes en robe safran s'en prennent régulièrement à des églises, mais aussi à des mosquées. Dans ce pays où le nationalisme gagne sans cesse du terrain, l'identité sri-lankaise se confond de plus en plus avec le bouddhisme.

Antony Pillai se tient devant l'église où il avait l'habitude de se rendre à Kilinochchi, ancien théâtre de guerre dans le nord de l'île. Le soleil tape déjà fort, un silence entoure les lieux. Seul un mur peint en bleu où les impacts de balles sont encore visibles tient debout.

Les ruines de ce lieu de culte autrefois vivant forment un amas de gravats. Autour, plus rien, que des champs où les cratères d'obus ont détruit la flore et un camp militaire d'où se distingue un énorme stupa (lieu de culte bouddhiste) blanc, flambant neuf.

Vingt ans qu'Antony Pillai n'était rentré au pays, ce chrétien sri-lankais a fui la guerre civile, laissant tout derrière lui : sa maison, ses amis, ses biens… Il a trouvé refuge en France dans les années 1980 grâce à un missionnaire qui l'a hébergé en région parisienne puis l'a aidé à trouver un travail.

« Je me souviens de cette église où nous avions l'habitude de nous rendre tous les dimanches, nous jouions derrière les palmiers », dit-il en nous montrant une zone désormais déserte. Les larmes aux yeux, il fouille à travers les ruines. Il arrive à dégager un reste de statue coincé entre deux grosses pierres. Ce sont deux mains jointes, certainement celles de la Vierge Marie. Antony Pillai ne peut plus retenir ses larmes, il tombe à genoux et murmure : « Madave, Madave[1], pourquoi nous ? Pourquoi ? »

Soudain, un groupe de quatre militaires débarque avec des armes visibles, le doigt sur la détente, prêts à ouvrir le feu. L'air grave, ils nous demandent sèchement ce que nous faisons là. Antony Pillai se relève vite, essuie ses larmes et explique qu'il habitait la région. Il a à peine le temps de faire son deuil, les militaires attendent que nous évacuions les lieux. Antony Pillai baisse la tête, se mord les lèvres et se résigne à partir.

À quelques centaines de kilomètres de là, à Colombo, la capitale du Sri Lanka, Esther, une religieuse cinghalaise, se rend à l'église. Comme tous les matins elle traverse son quartier natal où les habitants sont majoritairement bouddhistes. Mais aujourd'hui, un groupe d'hommes et de moines en robe couleur safran la prennent pour cible et lui bloquent le passage. Ils tirent sur son voile et, après une salve d'insultes comme « prostituée de Jésus » ou « démon envoyé par son Dieu », la laissent s'enfuir lorsqu'elle commence à crier. Pétrifiée, Esther court jusqu'à l'église ; elle arrive essoufflée

1. « Sainte Marie. » *[N.d.E.]*

et en larmes. C'est la trente-sixième agression contre des chrétiens dans cette paroisse de la capitale depuis le début d'année.

Cela fait six ans que la guerre civile a pris fin au Sri Lanka. Elle a opposé les Tamoul aux Cinghalais dans une lutte armée depuis l'indépendance du pays en 1948. Une période où l'arrivée au pouvoir des Cinghalais (principalement bouddhistes), qui étaient alors majoritaires, a entraîné des discriminations envers la minorité tamoule, qui avait été favorisée par les colons.

Si la reconstruction bat son plein dans le nord de l'île et que les Tamoul bénéficient désormais d'un semblant de paix sous la menace de représailles de l'armée, les chrétiens, eux, qu'ils soient tamouls ou cinghalais, ne sont toujours pas épargnés.

« Au Sri Lanka, le gouvernement pense qu'il doit avoir un contrôle absolu sur la population. Il a toujours pratiqué une politique de suppression des dissidents dès qu'il se sent menacé. Le gouvernement a terrorisé les Tamoul de peur qu'ils ne deviennent trop importants et menacent le pouvoir des Cinghalais bouddhistes. Désormais les Tamoul sont sous leur contrôle, mais les chrétiens et les musulmans représentent une "nouvelle menace" car ils tendent à renier la "culture" ou le mode de vie bouddhiste... », explique Antony Pillai.

Des attaques qui vont crescendo : « brûler les croix »

Le christianisme est arrivé au Sri Lanka avec la colonisation, lorsque les Portugais puis les Néerlandais ont débarqué aux XVIe et XVIIe siècles. Aujourd'hui les chrétiens représentent environ 8 % des 21 millions d'habitants du pays et la population comprend 68 % de bouddhistes, 9,6 % de musulmans et 12,6 % d'hindous. La majorité des chrétiens est catholique, les protestants représentent 1,3 % du total des chrétiens. Ces derniers possèdent environ 200 lieux de culte tandis que les catholiques gèrent onze diocèses à travers l'île.

« Ces trois dernières années, on compte près de 400 agressions contre les chrétiens dont des meurtres, et cela va crescendo », confie un prêtre de Colombo qui préfère garder l'anonymat de peur des représailles. Cette recrudescence de violence oblige les chrétiens à ne pas « exposer » leur foi, certains d'entre eux avouent par exemple rester cloîtrés chez eux pendant les fêtes chrétiennes. « Je ne sors pas trop avec les enfants pendant Noël ou Pâques. L'an dernier, à Noël, des jeunes bouddhistes nous ont jeté des pierres et insultés. Il vaut mieux rester dans son coin et ne pas être trop visible », se lamente Jaya, une mère catholique de trois enfants. Maria Vasantha, une jeune femme d'une trentaine d'années originaire de la ville de Kandy, où un pasteur et sa femme ont été battus pendant plusieurs heures par un groupe extrémiste bouddhiste en mars dernier, avoue que, depuis, elle cache la croix de sa chaîne lorsqu'elle est en public : « C'est vraiment dur de vivre sa foi surtout quand on est en société, et en même temps rien ne pourra me faire changer de religion. Je prie tous les jours pour que ces horreurs cessent. »

Depuis 2012, les attaques contre les chrétiens sont de plus en plus exacerbées. Le 12 janvier 2014, un groupe de moines menant une foule déchaînée a attaqué les églises protestantes Calvary Free Church et l'Assembly of God Church à Hikkaduwa, une ville de la côte méridionale de l'île, près de Galle.

Au même moment, dans les environs de Colombo, le centre de prière de la Church of the Foursquare Gospel, à Pitipana, était incendié par des émeutiers, parmi lesquels se trouvaient de nombreux bonzes.

Si le feu a pu être maîtrisé avant que tout le centre chrétien de Pitipana soit brûlé, les attaques des deux églises d'Hikkaduwa ont été un véritable désastre. Le mobilier liturgique et les vitraux ont été entièrement cassés à coups de pierres, avant d'être incendiés par les assaillants.

L'attaque de ces deux églises a été rondement menée. Tout commence par une manifestation qui semble plutôt pacifique… Des enfants brandissent des drapeaux, des moines marchent et derrière eux d'autres hommes et femmes scandent des slogans anticonversions. Seuls trois policiers se trouvent alors devant les portes de l'église (Assembly of God) pour la protéger. Soudain les manifestants se dispersent, les moines défoncent le portail de l'église tandis que les policiers, pris de panique, se replient prudemment. Les émeutiers lancent des pierres sur l'église puis brûlent livres de messe, bibles, croix et peintures religieuses. Pendant ce temps, la police regarde tranquillement les chrétiens se faire frapper et humilier. Ces derniers pleurent et supplient leurs agresseurs de les laisser tranquilles alors que femmes et enfants courent pour trouver refuge quelque part.

Ce lieu de culte protestant avait déjà subi des attaques l'an dernier et son pasteur reçu plusieurs lettres de menace. Malgré de nombreuses plaintes déposées, le gouvernement n'a pas su ou voulu assurer sa protection. « Le gouvernement a été capable d'envoyer plusieurs milliers de soldats pour éliminer les Tamoul du nord de l'île et procéder à un véritable génocide, mais envoyer des policiers pour nous protéger ? Jamais ! Tout ce qui est différent doit être éliminé car c'est une source de problèmes. La liberté de culte promise par la Constitution du pays… pff, ça n'existe pas », gronde John, un chrétien de Hikkaduwa qui s'est réfugié dans une maison lors des attaques.

« Être sri-lankais, c'est être bouddhiste »

Mais qui sont ces bonzes dont le visage se déforme lorsqu'ils hurlent des messages de haine ? Pourquoi le culte bouddhiste, pourtant connu pour sa « zénitude », s'est-il transformé en véritable « outil nationaliste » ?

Au Sri Lanka, les liens entre la violence et le bouddhisme remontent loin dans l'histoire. La majorité bouddhiste d'origine cinghalaise domine le milieu politique et économique du pays. « Les chrétiens, musulmans ou Tamoul ont toujours été perçus comme des envahisseurs par la majorité cinghalaise bouddhiste », explique un professeur d'histoire de l'université de Colombo. « Être sri-lankais aujourd'hui, c'est être bouddhiste, appartenir à une même religion, entrer dans un moule. Il n'y a pas de place pour la diversité, pour la différence. Le bouddhisme, c'est l'identité nationale, comme en atteste le nombre incroyable de lieux de culte bouddhistes qui sont aujourd'hui construits à travers le pays même dans les zones à majorité hindoue ou chrétienne comme dans le nord du pays », poursuit le professeur.

Dès lors le Sri Lanka a vu émerger nombre d'organisations extrémistes bouddhistes. Parmi celles-ci on trouve le Bodu Bala Sena (BBS), le Sinhala Ravaya et le Ravana Balaya.

Le principal objectif de ces organisations extrémistes est la sauvegarde de la culture cinghalaise bouddhiste. Des milliers de Sri-Lankais se rassemblent à chacune de leurs réunions au cours desquelles ils véhiculent des messages de haine envers les autres minorités non bouddhistes.

La méthode du BBS, par exemple, consiste à diaboliser les autres religions en propageant des rumeurs à leur sujet. « Le nombre de chrétiens a explosé dans le pays… Les églises qui se construisent sont illégales. Les Américains et autres Occidentaux convertissent notre peuple et déguisent leur véritable objectif qui est de nous envahir et de nous dominer pour mieux nous asservir », s'exclame un jeune membre du BBS au crâne rasé qui matraque les insultes à l'égard de l'Occident puis poursuit : « Le christianisme et l'islam convertissent en masse les populations les plus pauvres en échange d'argent et de nourriture ! Cela menace fortement notre culture bouddhiste et nos traditions ancestrales, qui s'effacent peu à peu. »

Un autre militant portant un tee-shirt *no-beef* (« pas de bœuf ») s'exclame : « Vous pensez vraiment que les Occidentaux accepteraient qu'on vienne construire des stupas partout dans leurs pays et que nos moines tentent de convertir tous les chrétiens au bouddhisme en leur faisant un lavage de cerveau et en leur expliquant qu'ils auront une meilleure vie après ? On nous manipule et cela doit prendre fin. »

Selon le secrétaire général de l'organisation, le Vénérable Galaboda Aththe Gnanasara, « seuls les moines peuvent sauver la race cinghalaise ». Il ajoute que ces derniers doivent être prêts à se battre : « Notre pays est un pays cinghalais et nous en sommes la police non officielle. »

Pour Amit, un chauffeur de taxi cinghalais et bouddhiste, « ces extrémistes ne sont ni bouddhistes ni moines. Ils portent juste l'habit pour faire peur ». Plus qu'une revendication religieuse, l'extrémisme bouddhiste au Sri Lanka s'apparente ainsi davantage à un mouvement conservateur basé sur la préservation de la race cinghalaise. « C'est l'outil principal dont se sert le Bodu Bala Sena pour faire régner la terreur car rares sont les bouddhistes qui auraient le courage de critiquer la parole d'un moine », ajoute Amit.

Le gouvernement complice de crime

Comme en Inde, le problème des conversions et des campagnes menées par les évangélistes depuis quelques années est venu accroître ce sentiment de haine des bouddhistes envers les chrétiens.

Depuis quelques mois, les chrétiens tentent de faire pression sur le gouvernement pour qu'il prenne des mesures strictes contre ces attaques. En janvier dernier, plus de 2000 personnes de toutes confessions se sont rassemblées à Colombo pour protester contre l'absence de liberté de religion au Sri Lanka et la recrudescence des attaques antichrétiennes.

Leur marche pacifique a été largement relayée par les médias. Leurs banderoles et pancartes faisaient état des dernières et violentes attaques de bouddhistes extrémistes. Les manifestants ont scandé des slogans rappelant à l'État de respecter sa Constitution, dans laquelle est inscrite la liberté de religion.

« Dans un État de droit, il ne peut y avoir de tels discours de haine tenus à l'encontre des minorités religieuses. Les chrétiens affrontent de grandes difficultés pour éduquer leurs enfants en accord avec les principes de leur foi. Beaucoup d'entre eux sont contraints d'étudier le bouddhisme, ce qui représente une totale violation de leurs droits religieux », avait évoqué l'évêque anglican Dhiloraj Canagasabey, parlant aux fidèles dans sa cathédrale du Christ-Sauveur à Colombo en janvier dernier.

En mars, les Nations Unies ont également voté une résolution pour contraindre Colombo à accepter une enquête sur les crimes de guerre qui se sont déroulés durant la « guerre ultime » – la dernière phase du conflit menée par le président sri-lankais, Rajapakse, en 2009. Selon un rapport de l'ONU et d'ONG œuvrant pour les droits de l'homme, l'armée sri-lankaise aurait tué plusieurs milliers de civils appartenant à la minorité tamoule dans la zone qui était tenue par les rebelles du LTTE (Tigres de libération de l'Eelam tamoul). Le secrétaire général des Nations Unies, Ban Ki-moon, a estimé que l'armée avait commis des abus à grande échelle et que 40000 civils avaient péri dans les derniers mois du conflit. L'ONU a également demandé au Sri Lanka de répondre des agressions qui se poursuivent à l'heure actuelle contre des civils tels que « des journalistes, des défenseurs des droits de l'homme, des membres des minorités religieuses [...] », ainsi que des attaques contre « les temples, les mosquées et les églises ».

Le ministre des Affaires étrangères, Gamini Lakshman Peiris, a aussitôt réaffirmé au cours d'une conférence de presse suivant la résolution qu'il n'y aurait aucune coopération du Sri Lanka avec les Nations Unies et que le gouvernement « niait fermement toute accusation calomnieuse sur l'attitude des forces armées envers les civils ».

À l'heure actuelle, chaque famille du Sri Lanka compte au moins un mort à cause de la guerre. Pourtant, malgré près de trente années de souffrance, le gouvernement ne semble toujours pas avoir réglé son problème d'intégration des minorités. Sa priorité est de redorer l'image de l'île pour attirer des investissements.

Outre les chrétiens, les musulmans sont aussi victimes des agressions bouddhistes menées par des bonzes extrémistes. Après les attaques des églises de Hikkaduwa en janvier, des vidéos amateurs montrant les violences ont fait le tour du monde. Dès lors, le gouvernement fut contraint de réagir pour prouver sa « bonne volonté » et a inculpé dix-huit personnes dont cinq moines.

« Mais ces organisations extrémistes sont des alliées du gouvernement qui s'en sert délibérément pour réaffirmer son autorité nationale. Toutes ces agressions pourraient être arrêtées mais elles se déroulent en toute impunité parce que le gouvernement le veut », explique Joseph, un Tamoul chrétien à Colombo.

Pour Athulasiri Kumara Samarakoon, un professeur cinghalais de sciences politiques à Colombo, « c'est une stratégie politique qui veut diviser la population. Pourquoi ? Pour des votes ! Leur objectif est d'empocher les votes de la majorité rurale cinghalaise en divisant l'opposition et les groupes ethniques ».

Le frère du président sri-lankais et ministre de la Défense, Gotabhaya Rajapaksa, a avoué être proche de l'idéologie du Bodu Bala Sena. Il déclarait dans un entretien au quotidien national *Daily Mirror* : « C'est vrai, j'entretiens des relations cordiales avec des membres haut placés du Bodu Bala Sena mais je ne l'ai pas créé ! L'organisation a été mise en place en réaction à ce qui se passait dans notre pays. » En avril, la Haute Cour de Colombo a déclaré non coupables treize membres du BBS comparaissant pour l'attaque d'une église chrétienne et de deux pasteurs il y a six ans.

Depuis 2013 les extrémistes bouddhistes font aussi pression sur le gouvernement pour qu'il mette en place des lois anticonversions et sanctionne toute publication qui « porterait atteinte aux enseignements et aux traditions de la religion dominante ». Selon un haut fonctionnaire du gouvernement, leurs demandes vont certainement aboutir : « L'an dernier ils ont réussi à obtenir le retrait de la certification halal dans le pays pendant plusieurs mois, leur pouvoir n'est pas négligeable. »

Le sort des chrétiens sri-lankais s'assombrit de jour en jour. Les attaques n'ont pas cessé malgré les pressions internationales et cette année, le Sri Lanka est pour la première fois apparu en vingt-neuvième position dans le classement des cinquante pays où les chrétiens sont en danger, publié par l'ONG de défense des chrétiens Open Doors International. Jasantha, une jeune chrétienne tamoule de Jaffna, dans le nord du pays, tente malgré tout de se rassurer : « J'ai perdu mes parents et ma sœur dans la guerre. Ils ont été tués par l'armée qui a bombardé tous les lieux de culte où se réfugiaient les civils. Si Dieu veut nous faire subir une nouvelle épreuve, il le fera. Nous n'avons rien pu faire, l'ONU elle-même n'a rien pu faire. Le gouvernement et les extrémistes ne céderont pas si facilement et il faudra du temps pour que les mentalités changent… » Elle lève les yeux au ciel et sourit : « Prions et gardons espoir. »

Pakistan
La double peine

Deuxième pays musulman au monde avec quasiment 200 millions d'habitants, puissance régionale dotée de l'arme nucléaire, le Pakistan, issu en 1947 de la partition avec l'Inde voisine, est en proie depuis les années 1980 à la montée en puissance d'un islam radical et aux attaques sanglantes des groupes talibans. Touchés de plein fouet par cette violence, au même titre que les autres minorités ethniques et religieuses du pays, les 2 % de chrétiens pakistanais endurent de surcroît une marginalisation extrême. Pauvres, parqués dans des bidonvilles, privés de tout soutien à l'exception de quelques ONG, ces populations issues des plus basses castes de l'ancienne société indienne se battent aujourd'hui pour leur foi et leur survie.

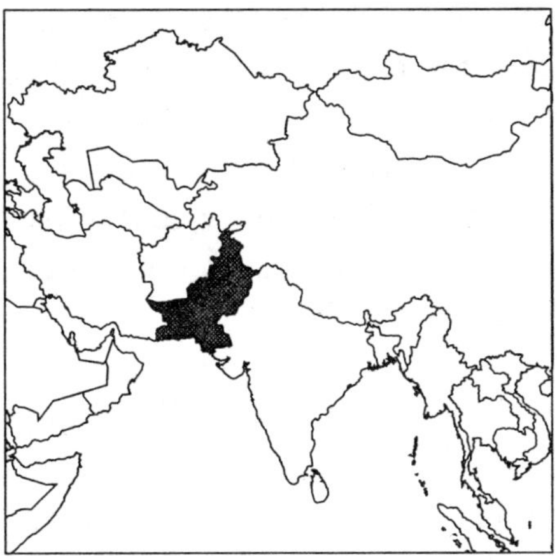

- Population = 184 753 300
- Musulmans = 96,2 %
  Chrétiens = 2,2 %
  Autres = 1,6 %

Reportage

« Traumatisés, les enfants ne reviennent plus au catéchisme »

Lucie Peytermann

Correspondante du journal *Libération* à Islamabad, Lucie Peytermann est allée à la rencontre des familles des victimes de l'attentat qui a tué près de 100 personnes sur le parvis de l'église de Peshawar, le dimanche 22 septembre 2013. Dans les « colonies » où sont parqués les chrétiens à la périphérie des grandes villes, elle témoigne également des conditions indignes dans lesquelles ces familles survivent.

« Après l'attentat, les gens étaient entassés les uns sur les autres par terre, des morceaux de corps partout autour d'eux, comme des pétales de fleurs dispersés... » Secouée de tremblements, la voix déchirée par l'émotion, Rubina Fayaz fait une pause dans son récit, serrant plus fort la main de sa fille Milka, six ans. La fillette lui décoche un sourire innocent, comme un encouragement. « Les gens étaient endimanchés, habillés de couleurs vives ; ils étaient tous étalés, oui, comme des pétales », renchérit la mère en secouant la tête. C'est ainsi que Rubina se souviendra à jamais du pire massacre qu'ait connu la communauté chrétienne depuis la création du Pakistan en 1947.

Ce dimanche 22 septembre 2013, l'horreur a frappé juste après la sortie de la messe à l'église anglicane de Tous-les-Saints de Peshawar, grande ville du nord-ouest instable du Pakistan et régulièrement ensanglantée par le terrorisme. Alors que 500 à 600 personnes étaient regroupées dans la grande cour extérieure, deux kamikazes talibans sont entrés et se sont fait exploser. Au total, quatre-vingt-dix-neuf personnes ont péri et 113 ont été blessées. Dans cette République islamique, les quelque 3 ou 4 millions de chrétiens (environ 2 % de la population) font face à de graves discriminations et injustices sociales et à des incidents ponctuellement violents. Mais jamais un tel attentat n'avait frappé cette minorité. « En trente-deux ans au service de l'Église, je n'ai jamais vu un tel déchaînement de violence », confirme le révérend Ejas Gill qui officiait le jour de l'attaque. « Nous avons toujours coexisté en paix avec les habitants de la région, mais le problème, ce sont les fondamentalistes, et les chrétiens se sentent aujourd'hui menacés comme d'autres minorités », explique-t-il. Le « pays des purs », à plus de 95 % musulman et à majorité sunnite, a subi à la fin des années 1970 un processus d'islamisation sous la main de fer du général Zia ul-Haq. Le pays lutte depuis des années contre les extrémistes et contre un islam radical infiltrant la société. Il vient d'être classé pire pays au monde concernant le niveau de violences liées à la religion par un institut américain ayant enquêté dans 198 pays, notamment à cause de la fameuse loi sur le blasphème contre l'islam. Cette loi, passible de la peine de mort au Pakistan, est accusée d'être instrumentalisée par certains musulmans pour servir leurs intérêts (rivalités pour l'accès à la terre, querelles entre voisins, etc.).

Autour de l'église de Tous-les-Saints, tout un monde chaotique et poussiéreux s'agite, typique de l'atmosphère survoltée de cette ville à la gestion anarchique. Des charrettes tirées par des ânes manquent de rentrer dans des rickshaws aux conducteurs impatients, bloquant inextricablement les ruelles étroites du vieux Peshawar ou frôlant des femmes en burqa qui progressent timidement. Des stands de viande fraîche assaillis par les mouches y côtoient des épices aux odeurs enivrantes, des cages empilées de poulets vivants ou des fabricants de cercueils… Mais en entrant dans la cour de Tous-les-Saints, le calme règne autour du majestueux bâtiment, d'un blanc immaculé tranchant avec le ciel bleu. Plusieurs mois après, les stigmates de la violence de l'attaque sont partout, à l'image du traumatisme de la communauté : la façade est grevée d'impacts. D'une architecture unique faite de minarets et d'un dôme, l'église a été construite en 1882, et a été modifiée au fil du temps pour la faire ressembler… à une mosquée.

Du jour de l'attentat, Milka, touchée par des éclats, garde une vilaine cicatrice au cou. Elle est une miraculée : sa tante, qui attendait près d'elle dans la cour, est morte sur le coup. Malgré les risques et les terrifiants souvenirs, Rubina, quarante-cinq ans, continue à assister à la messe les dimanches, en compagnie de Milka, yeux noirs et teint diaphane, qui se tortille dans son manteau rouge sang. « On ne peut pas laisser cette église vide, tant de gens ont été sacrifiés, c'est aussi en leur hommage qu'il faut continuer à venir », plaide Rubina. Mais quelque 150 à 200 personnes seulement assistent désormais à la messe. « Certains fidèles ne sont toujours pas remis de leurs blessures et les enfants sont trop traumatisés pour revenir au catéchisme », déplore-t-elle.

Entrée « bunkerisée » avec des sacs de sable, mur d'enceinte rehaussé de barbelés, gardes en renfort le dimanche, la sécurité a bien été renforcée. Mais le système de reconnaissance digitale des fidèles et le détecteur de métaux nouvellement installés n'ont toujours pas été branchés... À l'intérieur de l'église, surplombant l'autel, une inscription en lettres rouge vif à la résonance terrible : « Je les rendrai heureux dans ma maison de prière. » Pendant la messe, hommes et femmes voilées séparés par l'allée, l'émotion et le recueillement sont palpables. Certaines femmes se plient en deux pour se prosterner au sol de longues minutes devant l'autel. D'autres étouffent des sanglots dans les rangs.

« J'ai même pas pu voir qui était ma mère ou mon père »

Natasha Nazir, dix-sept ans, ses sœurs Sunakha, quinze ans, Seemran, sept ans, et ses frères Sheroz, treize ans, et Shehab, onze ans, ne figurent pas parmi les fidèles ce dimanche. Ils ont réchappé par miracle à l'attentat, mais pas leurs parents. « Leurs corps étaient en pièces, leurs visages défigurés, j'ai même pas pu voir qui était ma mère ou mon père... », nous avait raconté Natasha peu après le carnage. Les orphelins sont agglutinés sur un lit remplissant une bonne partie du deux-pièces de la famille, dans le quartier chrétien pauvre de Dab Gari, désormais décoré de portraits kitsch de leurs parents. Grâce à la solidarité d'un cousin, les orphelins ont pu rester dans leur logement et continuer d'aller à l'école.

De l'autre côté de cette cour, la famille Victor est elle aussi rongée par la douleur depuis la mort dans l'attentat du fils aîné de vingt-trois ans. Visage doux rehaussé d'un « pakol », le chapeau traditionnel, John Victor, travailleur sanitaire de cinquante-trois ans, raconte pudiquement le « vide de sa vie ». « À chaque fois que ma femme retourne à l'église, elle va embrasser le sol où gisait le corps d'Elie », lâche-t-il. La famille s'est beaucoup endettée pour les études d'informaticien d'Elie, en espérant qu'il pourrait construire un avenir meilleur pour sa famille, qui vivote depuis soixante-cinq ans dans ce quartier… Ils expliquent n'avoir jamais eu de problèmes avec leurs voisins musulmans, ni à vivre dans cette région conservatrice. « Mais depuis l'attentat, on ne se sent plus en sécurité et on essaie de rester à la maison le plus possible », soupire le père. « Avant, on allait parfois se coucher sans avoir mangé, mais au moins, on n'était pas stressés », déplore Sikander, le désormais fils aîné. Car personne n'est en mesure de dire si les chrétiens vont être, ou non, à l'avenir frappés plus souvent par le terrorisme sectaire comme d'autres minorités.

Nous quittons ces paysages montagneux voisins de l'Afghanistan pour rejoindre, à plus de 150 km, les plaines agricoles du Pendjab (Est), et la capitale du pays, la diplomatique et policée Islamabad, et sa grande ville jumelle Rawalpindi. C'est dans cette région frontalière de l'Inde que vit une grande partie des chrétiens du Pakistan, qui sont en majorité issus de la classe des intouchables de l'ancien empire des Indes. Au XIXe siècle, ces derniers ont été aidés puis convertis massivement au christianisme par des missionnaires. Avec l'espoir de sortir d'une vie de parias. À l'indépendance, toujours considérés comme des basses castes au Pakistan, les chrétiens ont été cantonnés aux tâches impures. Aujourd'hui, ils sont souvent employés pour l'entretien des égouts, le balayage des routes, la collecte des ordures. Ceux qui ne font pas le ménage chez les particuliers sont souvent ouvriers agricoles. Au quotidien, ils font face à la même litanie de problèmes qu'une majorité de Pakistanais : coupures d'électricité et de gaz récurrentes, inflation, terrorisme… Et si cette minorité n'est pas défavorisée pour l'accès à l'éducation, décrocher un emploi correspondant à ses qualifications est souvent impossible. Même si une classe moyenne chrétienne se consolide, notamment dans la capitale économique Karachi, accédant à des emplois de comptables, d'enseignants, d'infirmiers, ou créant leurs entreprises dans la construction. Mais les chrétiens restent sous-représentés dans les instances dirigeantes du pays, alors même que l'élite musulmane a souvent été formée dans les établissements privés chrétiens bien plus cotés que les écoles publiques.

À Islamabad, un grand nombre de chrétiens vivent dans des bidonvilles. Des ghettos caractérisés par un agglomérat anarchique de maisons de brique biscornues et exiguës, où les conditions de vie restent déplorables. Près d'un cours d'eau à l'odeur écœurante débordant de détritus, deux abris faits de bâches et de rondins sont adossés au mur du voisin, dans un bidonville du quartier G/7 : c'est là que s'entassent les onze membres de la famille de Gul Baz et de son frère, par les plus de 40 °C de l'été, les pluies de mousson ou les 0 °C de l'hiver. Dans la cour étroite, un miroir et une brosse à cheveux côtoient le brasier servant à cuisiner, du linge et une lampe à huile. La trentaine, Gul survit en vendant des ballons à 5 roupies (0,034 euro). Il gagne entre 1,70 et 3 euros par jour, en poussant une charrette chargée d'une bonbonne de gaz à travers les ruelles. Les traits tirés, il a du mal à faire taire ses trois enfants en bas âge. « Je ne gagne pas assez ma vie pour les envoyer à l'école », souffle-t-il. Les grands-parents de Gul fabriquaient des briques artisanales, activité rude et peu payée souvent exercée par des chrétiens. Gul a dû quitter l'école jeune pour travailler dans une usine de tapis puis comme ouvrier. « Je suis venu m'installer à Islamabad il y a quatorze ans et j'espérais mieux m'en sortir que mes parents, regrette-t-il. Mais la situation économique devient de plus en plus difficile et les chances pour les chrétiens d'obtenir de meilleurs emplois se réduisent », explique Gul. Il a bien tenté d'obtenir un emploi de manutentionnaire dans une école, en empruntant les 30 000 roupies (206 euros) de pots-de-vin réclamés par la personne attribuant le poste, une pratique répandue dans le pays. « Le gars a finalement donné la place à un musulman et ne m'a jamais rendu la somme... », lâche-t-il. Mais au-delà de cette discrimination sociale, Gul ne se sent pas opprimé. « J'ai des amis musulmans ; nous pouvons aussi aller à l'église ouvertement à Islamabad », relève-t-il.

De sa terrasse située au dernier étage de son modeste logement, Asif Masih, trente-deux ans, surplombe le taudis de Gul, cruel miroir de l'avancée sociale qui lui a permis de sortir de cette misère. Depuis six ans, Asif gagne près de 100 euros par mois en travaillant comme balayeur pour la ville d'Islamabad (CDA). Sa famille vit correctement et ses enfants vont à l'école. Il fait partie des 2 000 employés

– tous chrétiens sauf rares exceptions – de la CDA qui nettoient la capitale. Depuis des dizaines d'années, les chrétiens ont utilisé leur religion et la connotation impure collée à leur origine pour transformer cette position sociale inférieure en un avantage pour accéder à ces postes municipaux convoités. Asif dit tout de même se sentir « plus vulnérable depuis l'attentat de Peshawar ». « Nous avons organisé depuis peu une police de quartier pour surveiller ce qui se passe dans le bidonville », confie-t-il.

Soufis, chiites, hindous et ahmadis également attaqués

« Vous êtes libres d'aller dans vos temples, dans vos mosquées ou dans tout autre lieu de culte, vous pouvez appartenir à n'importe quelle religion, caste ou croyance ; cela n'a rien à voir avec les affaires de l'État. » Les promesses du fondateur du Pakistan, Muhammad Ali Jinnah, lors d'un de ses discours à l'indépendance, paraissent bien loin… Et malgré les discriminations et l'attentat de Peshawar, les chrétiens ne sont pas les plus attaqués. Ces dernières années, des groupes sectaires alliés aux talibans ont multiplié les attentats contre la minorité musulmane chiite (20 à 25 % de la population), faisant des centaines de victimes, mais aussi contre des temples soufis, hindous et contre la secte musulmane des ahmadis, déclarés « infidèles ». La loi controversée sur le blasphème, de plus en plus utilisée et instrumentalisée par les extrémistes pour terroriser les minorités, est aussi une véritable épée de Damoclès planant sur les chrétiens. Selon Human Rights Watch, au moins seize personnes sont dans le couloir de la mort pour blasphème (même si le Pakistan n'a jusqu'ici exécuté personne en vertu de cette loi) et vingt autres ont été emprisonnées à vie. En 2014, plusieurs chrétiens ont été condamnés à mort alors que les accusations étaient manifestement fabriquées : ainsi un couple, très pauvre et illettré, a été condamné en avril pour avoir envoyé un SMS blasphématoire en anglais… et avec un portable qu'ils avaient pourtant perdu des mois auparavant. Le couple, qui a quatre enfants, a toujours clamé son innocence, et accusé des voisins avec qui ils étaient en différend d'avoir monté toute l'affaire. Il faudra très probablement des années avant un procès en appel. Dans ces affaires de blasphème, policiers et juges locaux, qui subissent des pressions intenables des extrémistes, expédient souvent les enquêtes et les procédures, et condamnent quasi systématiquement les accusés, de peur d'être eux-mêmes attaqués voire assassinés par ces éléments extrémistes. Même si un juge décide d'acquitter un accusé finalement blanchi, sa propre vie et celle de l'accusé libéré sont menacées, et la clandestinité ou l'exil sont souvent les seules solutions.

Christine Amjad-Ali dirige un centre d'études sur les chrétiens au Pakistan, sorte de havre de paix niché dans Rawalpindi. Cette spécialiste explique « qu'à cause d'années de propagande, les affaires de blasphème déclenchent des réactions incontrôlables d'émotion et de colère des foules ». « Il n'y a aucune échappatoire, toute la communauté sera prise à partie et même si l'accusation de blasphème est levée, la famille devra fuir », poursuit-elle. Ainsi en 2009, sept chrétiens ont été brûlés vifs et soixante-dix-sept maisons incendiées par une foule déchaînée dans la ville de Gojra (Pendjab), qui abrite 35 000 chrétiens, à cause d'une rumeur affirmant qu'un coran avait été profané lors d'un mariage chrétien. Les meurtriers n'ont jamais été arrêtés. En mars 2013, quelque 3 000 personnes avaient saccagé et mis le feu à une centaine de maisons dans le quartier chrétien de Joseph Colony à Lahore, après une banale dispute de fin de soirée arrosée entre un chrétien, Sawan Masih, et l'un de ses amis musulmans de longue date. Cette altercation aurait dû rester sans conséquence mais des propriétaires musulmans locaux – apparemment en litige avec des familles de chrétiens à propos de terrains – l'ont ensuite utilisée pour lancer une procédure contre Sawan, l'accusant d'avoir tenu des propos blasphématoires, ce qui n'a jamais été prouvé. L'ami incriminé dans la dispute a fui dans une autre région du pays. Après avoir passé un an en détention préventive, Sawan, père de trois enfants, a été condamné à mort en mars dernier.

Pour avoir osé prôner une réforme de cette loi, des responsables politiques ont été abattus en plein jour à Islamabad en 2011, dont le ministre chrétien des Minorités Shahbaz Bhatti, militant catholique très engagé, dont la communauté ne s'est toujours pas remise de la perte. Des témoins clés dans le procès pour meurtre du leader chrétien ont dû entrer dans la clandestinité après des menaces de mort émanant d'extrémistes, et le frère de Shahbaz, Paul Bhatti, qui l'avait remplacé un temps en tant que ministre des Minorités, a aussi été menacé.

La plus emblématique des affaires est celle d'Asia Bibi, cette paysanne illettrée mère de cinq enfants, condamnée à mort pour blasphème fin 2010 et toujours détenue après avoir été accusée par des voisines d'avoir manqué de respect au prophète Mahomet, à la suite d'une dispute. Elle est la première femme de l'histoire du pays à avoir été condamnée à mort pour blasphème. « Au vu de l'extrême sensibilité de cette affaire, aucun juge n'est prêt à rouvrir le procès en appel, et la procédure est sans cesse retardée… », déplore l'un des avocats d'Asia Bibi, rencontré dans son bureau de Lahore.

Cet emballement est également flagrant dans le cas Rimsha Masih, survenu en août 2012 dans le quartier pauvre de Mehrabad, à la périphérie d'Islamabad. Cette chrétienne analphabète, qui avait quatorze ans environ à l'époque mais avec un retard mental, a fait des semaines de prison après avoir été accusée par l'imam de la mosquée du quartier d'avoir brûlé des pages du Coran. Mais dans un retournement spectaculaire de l'affaire, l'imam a ensuite été arrêté, accusé d'avoir lui-même rajouté des pages du Coran à des feuilles brûlées par Rimsha pour l'incriminer… Tous deux ont été blanchis et libérés par la suite. Mais la famille de Rimsha a dû fuir au Canada. L'imam aurait échafaudé ce coup monté après la dégradation des relations de voisinage entre les deux communautés, et parce que des musulmans souhaitaient récupérer des terrains où vivaient des chrétiens… Néanmoins, l'appel du Conseil des oulémas à faire toute la lumière sur l'affaire, doublé de l'arrestation de l'imam traduisent une volonté d'apaisement des autorités face à ce sujet explosif.

Pour comprendre la panique qui peut saisir une communauté, nous sommes retournés dans ce quartier. Silhouette vieillie prématurément par une vie de labeur, Yusuf Masih, nettoyeur sanitaire de soixante-huit ans, fait la sieste sous de doux rayons de soleil, allongé sur un « charpoy », dans une cour poussiéreuse. « Le soir où on a appris pour Rimsha, on a fermé nos maisons à double tour et on s'est réfugiés dans l'église d'un bidonville voisin, raconte Yusuf. Des voisins disaient qu'ils allaient donner une bonne leçon aux chrétiens : alors on y est restés plus d'un mois avant de revenir chez nous, comme des dizaines d'autres familles », poursuit Yusuf. Aujourd'hui, le logement de la famille de Rimsha n'abrite plus de chrétiens, mais de jeunes mariés musulmans qui nous ont affirmé ne rien savoir sur l'affaire. Encore plus révélateur, la modeste église du quartier – installée dans les deux pièces d'une maison – a depuis été récupérée par son propriétaire et louée à deux familles musulmanes. Officiellement, le propriétaire ne souhaite pas aggraver les tensions. Les terrains, eux, ont bien été récupérés par des musulmans. « On n'a pas insisté pour ne pas créer plus de problèmes ; depuis, on prie chez nous », lâche Yusuf. Une barrière invisible semble s'être tracée dans le quartier. « On ne va plus du côté de la rue de Rimsha et de la mosquée ; on n'a pas spécialement peur mais on fait profil bas quand on rencontre nos voisins musulmans pour ne pas réenflammer les choses », explique sans détour Salim Naim, seize ans, voisin de Yusuf.

La tendance des chrétiens au fatalisme

Tout en s'allumant une cigarette, Yusuf confie que la vie dans les campagnes, où la pression pour l'accès à la terre et à l'irrigation est problématique, n'est pas forcément plus enviable. Il a lui-même dû fuir sa région de Faisalabad à la suite d'une querelle foncière. Son récit est bientôt recouvert par l'appel à la prière de la mosquée, retransmis par des haut-parleurs puissants à travers le quartier. Le nouveau mollah, Safiullah Madni, trente-quatre ans, ne semble pas beaucoup plus ouvert : il est originaire de Kohat (Nord-Ouest), réputé pour son terreau extrémiste. Longue barbe noire et yeux surlignés de khôl, tenue religieuse stricte imprégnée d'une odeur d'encens, l'homme ne s'adressera jamais à la journaliste étrangère qui pourtant l'interroge. Il prétend ne pas être au courant de l'affaire Rimsha, ni savoir que l'église a été transformée en logement. « C'est au gouvernement de s'occuper de tout ça, moi je ne suis là que pour officier à la prière », dit-il en mettant fin à la conversation.

Du côté des commerçants, on réfute tout repli sur soi des voisins chrétiens. « Ce n'était qu'un malentendu et c'est la faute aux médias si ça s'est enflammé ; ici, les chrétiens peuvent fêter Noël comme ils veulent et je leur fais régulièrement crédit », tente Malick Shaukat, boutiquier de quarante et un ans.

Au final, ces pressions accentuent la tendance de la minorité chrétienne au fatalisme et à faire profil bas, au lieu de s'unir et d'engager des actions qui pourraient aider la communauté à sortir peu à peu de cette marginalisation.

Retour dans le nord-ouest du pays, dans la périphérie de Peshawar, au cœur d'un quartier exclusivement chrétien fraîchement construit, fait de maisons de brique rappelant les anciens logements ouvriers du nord de la France. C'est là que vit Samson Sharif, trente-cinq ans, fine moustache brune et teint buriné, qui sidère par son énergie malgré le drame qui a frappé sa famille. Le jour de l'attaque à Tous-les-Saints devait être un jour de fête : son père et quatre de ses frères et sœurs s'étaient rendus à l'église annoncer les fiançailles de Samson et offrir des gâteaux aux fidèles comme le veut la tradition. Superviseur de balayeurs pour le gouvernement local, Samson était en retard pour la messe. À son arrivée, les corps sans vie de ses cinq proches étaient déjà alignés à la morgue… Par peur de nouvelles attaques, il n'est jamais revenu à Tous-les-Saints. Il estime cependant que la loi sur le blasphème « n'est pas un problème » dans sa province et qu'hormis la discrimination à l'emploi, il ne subit pas de « pression particulière ». L'homme a ainsi refusé les invitations à l'exil de parents installés à l'étranger. « Ma famille vit ici depuis des générations. Je suis un fils de cette terre et je préfère mourir ici, avec mes parents. » Il nous raccompagne au fil de la longue rue de terre boueuse, semblant soulagé d'avoir pu raconter ce terrible destin. Des bruits de travaux en contrebas et l'affairement d'ouvriers près d'un bâtiment en construction interpellent. « Ah oui, j'ai oublié de vous dire : on a décidé de construire une église », lance Samson, un franc sourire illuminant son visage.

Journaliste franco-suisse, **Lucie Peytermann** vit au Pakistan depuis 2010, où elle est correspondante du quotidien *Libération* et d'autres médias français et suisses. Avant l'Asie du Sud, elle a travaillé au service politique de l'Agence France-Presse (AFP), puis a sillonné l'Afrique de l'Est de 2005 à 2009 comme reporter AFP. Ses reportages s'attachent en particulier à donner une voix aux victimes oubliées des violences et des injustices.

Reportage

Au nom du frère

Roberto Zuccolini

Il était le seul ministre chrétien du gouvernement pakistanais, en charge des minorités. Shahbaz Bhatti est mort le 2 mars 2011 sous les balles des talibans. Au risque de sa vie, son frère Paul Bhatti l'a aussitôt remplacé. Le journaliste et enquêteur italien Roberto Zuccolini retrace l'histoire de cette famille devenue un symbole pour les chrétiens du Pakistan.

Les dernières heures de Shahbaz

« Il priait. Comme chaque matin, il s'arrêtait une demi-heure pour lire la Bible chez sa mère, à Islamabad, avant d'aller au travail. C'est pour ça que Shahbaz n'avait pas répondu au téléphone quelques minutes plus tôt. Courtois et disponible, comme toujours, il m'avait rappelé juste après. Je ne pouvais pas m'imaginer que ce serait pour la dernière fois. Je me rappelle encore le ton de sa voix. Ces derniers temps, elle était devenue joyeuse et sereine, malgré la tempête où il vivait depuis qu'il avait été nommé ministre des Minorités religieuses. Il était fier de cette charge, lui, le représentant de la petite minorité catholique pakistanaise. Nous avons parlé de l'entretien que nous avions eu la veille au soir avec d'autres amis de la communauté de Sant'Egidio. Il était plein de projets. Il souhaitait que nous rencontrions les personnes qu'il considérait importantes pour le dialogue, les compagnons de route de sa bataille en faveur des plus faibles. Il voulait que nous commencions par un musulman qu'il fréquentait depuis des années, l'imam de la mosquée Badshahi de Lahore. Il m'a promis de m'envoyer tout de suite un SMS avec le numéro pour le contact et m'a salué d'un cordial "À bientôt". C'est la dernière fois que j'ai entendu sa voix[1]. »

Quinze minutes plus tard, à 11 heures, le 2 mars 2011, Shahbaz Bhatti, quarante-deux ans, était assassiné par un commando de six personnes tout près de Tipu Sultan Road, au cœur d'Islamabad. Un crime barbare. Il venait de monter dans sa voiture pour se rendre à une réunion du gouvernement fédéral. La cible était trop facile : Shahbaz Bhatti voyageait sans escorte. Après avoir été reconduit dans ses fonctions de ministre des Minorités, celle-ci lui avait été retirée. Un groupe taliban du Pendjab, Tehrik-e-Taliban, a revendiqué l'attentat en laissant dans sa voiture quelques tracts appelant à la mort de toute personne favorable, comme lui, à la modification de la loi sur le blasphème. Bhatti s'était battu jusqu'à la fin pour protéger les minorités – et pas seulement la sienne – mais aussi pour encourager le dialogue. À la différence de ses assassins, il croyait en un Pakistan uni, terre de coexistence ethnique et religieuse. Il en était convaincu, malgré tout. Et il a donné sa vie pour cet idéal.

Victime d'un attentat qui a choqué et indigné de nombreuses personnes dans le monde, Shahbaz Bhatti est aujourd'hui un symbole pour les minorités du Pakistan. Pour les chrétiens, bien sûr, mais aussi pour les hindouistes, les sikhs, les ahmadis[2] et pour bien des musulmans de ce grand pays né en 1947 de la partition avec l'Inde. Des manifestations ont régulièrement eu lieu en sa mémoire, des chansons ont été composées en son honneur et des comités créés dans le sillage de son engagement politique, social et religieux. Preuve du respect qu'inspire l'héritage qu'il nous a laissé, sa mort n'a pas suscité d'affrontement ni de violence – laquelle serait en quelque sorte la « légitime défense » de ceux qui sont l'objet de graves discriminations ou victimes d'interprétations de la loi sur le blasphème pouvant facilement conduire en prison, voire à une condamnation à mort. Au contraire, Shahbaz est devenu, au Pakistan et dans le

1. R. Zuccolini et R. Pietrolucci, *Shahbaz Bhatti. Vita e martirio di un cristiano in Pakistan*, Paoline editoriale libri, 2012 [traduction française : *Shahbaz Bhatti. Chrétien et pakistanais jusqu'au dernier souffle*, Éditions de l'Emmanuel, 2013].

2. Le mouvement islamique ahmadi, d'origine sunnite, est né dans le Pendjab indien en 1889, sous l'impulsion de Mirza Ghulam Ahmad. Il fut immédiatement considéré comme hérétique, son fondateur affirmant être un nouveau messie de l'islam. Selon les ahmadis, c'est Jésus lui-même qui aurait annoncé la venue de Mahomet, le nouveau prophète.

monde, un symbole pour tous ceux qui croient dans les batailles pacifiques en faveur des minorités et d'une société plurielle. Si Bhatti n'a pas cherché la mort, il n'a pas voulu renoncer à son combat auprès des faibles et des opprimés. Il était convaincu que le Pakistan devait retrouver ses racines, sur le modèle dessiné par le fondateur du pays, Ali Jinnah[1], chantre d'un État laïc au développement duquel les religions contribuent pacifiquement.

Testament spirituel

Le message adressé au monde par Shahbaz Bhatti se résume en quelques mots, un texte bref mais touchant, quelques phrases écrites à la première personne à différents moments de sa vie et rassemblées au moment de sa mort. Un « testament spirituel » où transparaît sa profonde foi chrétienne mais qui transmet en même temps un discours universel :

« Mon nom est Shahbaz Bhatti. Je suis né dans une famille catholique. Mon père, professeur à la retraite, et ma mère, femme au foyer, m'ont éduqué dans les valeurs chrétiennes et les enseignements de la Bible, qui ont influencé mon enfance. Dès mon plus jeune âge, j'avais l'habitude de me rendre à l'église et de trouver une profonde inspiration dans les enseignements, dans le sacrifice et dans la crucifixion de Jésus. C'est l'amour de Jésus qui m'a conduit à offrir mes services à l'Église. Les conditions terribles où se trouvaient les chrétiens du Pakistan m'ont bouleversé. Je me souviens d'un vendredi de Pâques alors que je n'avais que treize ans : j'ai écouté un sermon sur le sacrifice de Jésus pour notre rédemption et pour le salut du monde. Je me suis alors dit que je rendrais cet amour en aimant nos frères et nos sœurs, en me mettant au service des chrétiens – en particulier des pauvres, des nécessiteux et des persécutés qui vivent

1. Né à Karachi en 1876 dans une famille de commerçants nantis, le fondateur du Pakistan, Muhammad Ali Jinnah, fait ses études en Angleterre. À tout juste trente-trois ans, il est élu au Conseil législatif indien. Quelque temps plus tard, il intègre la Ligue musulmane. Ses positions politiques sont aux antipodes de celles de Gandhi, fortement opposé à la partition. De par sa formation culturelle et son appartenance à une minorité comme celle des ahmadis, Jinnah croit, quant à lui, que le Pakistan doit se développer en tant qu'État « pluriel », laïquement respectueux des autres religions présentes sur le territoire national. Il meurt le 11 septembre 1948, avant de pouvoir marquer jusqu'au bout le pays de son empreinte (Voir L. Ziring, *Pakistan in the Twentieth Century. A Political History*, Oxford University Press, 1997).

dans ce pays islamique. On m'a demandé de mettre un terme à mon combat, mais j'ai toujours refusé, quitte à mettre ma vie en danger. Ma réponse a toujours été la même. Je ne veux pas être populaire, je ne veux pas de positions de pouvoir. Je veux juste une place aux pieds de Jésus. Je veux que ma vie, mon caractère, mes actes parlent pour moi et disent que je suis Jésus-Christ. Ce désir est si fort en moi que je me sentirais privilégié si d'aventure – au cours de ma lutte acharnée en faveur des nécessiteux, des pauvres, des chrétiens persécutés du Pakistan – Jésus voulait bien accepter le sacrifice de ma vie. Je veux vivre pour le Christ, pour lui je veux mourir. Je n'éprouve aucune peur dans ce pays. Plusieurs fois, les extrémistes ont souhaité me tuer, m'emprisonner ; ils m'ont menacé, persécuté et ils ont terrorisé ma famille.

« Je ne dirai qu'une chose : tant que je vivrai, jusqu'à mon dernier souffle, je continuerai à servir Jésus et cette humanité déshéritée, celle qui souffre, les chrétiens, les nécessiteux, les pauvres. Je pense que les chrétiens du monde, qui ont tendu la main aux musulmans frappés par la tragédie du tremblement de terre de 2005, ont construit des ponts de solidarité, d'amour, de compréhension et de tolérance entre les deux religions. Si de tels efforts se poursuivent, je suis convaincu que nous réussirons à vaincre les cœurs et les esprits des extrémistes. La situation évoluera, pour le meilleur : les gens ne se haïront plus, ils ne tueront plus au nom de la religion mais ils s'aimeront les uns les autres, ils apporteront l'harmonie, ils cultiveront la paix et la compréhension dans cette région. Je pense que les nécessiteux, les pauvres, les orphelins, quelle que soit leur religion, doivent être considérés avant tout comme des êtres humains. Je suis convaincu que ces personnes font partie de mon corps en Christ, qu'ils sont la partie persécutée et nécessiteuse du corps du Christ. Si nous menons à bien cette mission, alors nous nous serons gagné une place aux pieds de Jésus et je pourrai le regarder sans éprouver de honte[1]. »

1. *Shahbaz Bhatti, Cristiani in Pakistan. Nelle prove la speranza*, Marcianum Press, 2008. C'est à partir de ce livre-entretien, édité par Mgr Dino Pistolato, directeur de la fondation Caritas de Venise, qu'a été composé, après la mort de Bhatti, son « testament spirituel » à partir des passages les plus beaux et les plus touchants.

Le village de Khushpur

Clement Shahbaz Bhatti est né le 9 septembre 1968 à Lahore dans une famille chrétienne. Tout comme ses frères Paul, Peter, Gerard, Sikander et sa sœur Jacqueline, il est éduqué depuis son plus jeune âge dans la foi catholique, par sa mère, Martha, et, en particulier, par son père, Jacob. Il passe les premières années de sa vie à Khushpur (« Île heureuse », en ourdou), une petite agglomération de 50 000 habitants, dans le district de Faisalabad, qui a pour particularité d'avoir une population majoritairement chrétienne – chose extrêmement rare au Pakistan, un pays à 95 % musulman.

Pour Shahbaz, la figure de son père a joué un rôle déterminant dans son éducation. Jacob Bhatti, mort à quatre-vingt-huit ans, quelques jours avant l'assassinat de son fils, fut une éminente personnalité de la communauté catholique de Khushpur. Officier dans la marine anglaise, il abandonne sa carrière dans l'armée à la fin de la Seconde Guerre mondiale pour se consacrer à l'enseignement. Aidé par un missionnaire italien, le père Paolo Andreotti, futur évêque de Faisalabad, Jacob ouvre un pensionnat appelé à héberger gratuitement les chrétiens les plus pauvres qui souhaitaient étudier et recevoir une formation. Auteur de publications en ourdou sur les droits des femmes et sur les ouvriers du Pendjab, Jacob Bhatti a voué sa vie entière à l'éducation et à la scolarisation, convaincu que le développement culturel était l'instrument le plus adéquat pour rompre l'isolement de la minorité chrétienne, l'une des communautés les plus démunies et les plus marginalisées du pays[1].

Comme on le lit dans son « testament spirituel », la vocation de Shahbaz à mettre sa vie au service des autres remonte à ce Vendredi saint durant lequel il a écouté un prêche sur la Passion de Jésus. À tout juste treize ans, il voulait défendre les chrétiens et, plus large-

1. L'un des premiers à deviner l'importance de la sécularisation et du développement culturel de la minorité chrétienne dans les dernières décennies du XXe siècle fut Mgr Anthony Theodore Lobo (1937-2013), figure intéressante du panorama ecclésial pakistanais. Quant à Joseph Cordeiro, évêque d'Islamabad-Rawalpindi et ancien collaborateur du cardinal de Karachi, celui-ci se rendit compte, dès le début de son sacerdoce, du cercle vicieux engendré au Pakistan par l'ignorance, qui ne permettait pas à la minorité chrétienne de sortir de la pauvreté et d'une condition de marginalisation sociale généralisée.

ment, tous « les pauvres et les persécutés[1] ». Et c'est encore très jeune, pendant ses années de lycée, qu'il mène son premier combat citoyen, contre l'introduction d'une nouvelle carte d'identité d'une couleur différente selon la religion d'appartenance. C'étaient les années noires de la dictature du général Mohamaed Zia ul-Haq (1977-1988). Par sa protestation, Shahbaz, qui, à à peine dix-sept ans, avait déjà fondé le Christian Liberation Front, contribua (de façon non négligeable) à bloquer la proposition de loi[2]. Ces années-là sont celles d'un militantisme acharné. C'est à l'université qu'il reçoit ses premières menaces de mort. Mais il refuse de courber l'échine. En 1992, encouragé par l'activiste catholique Cecil Chaudry, héros de la guerre contre l'Inde, il lance une campagne nationale contre la loi sur le blasphème, qui permet de mettre n'importe qui en accusation sur un simple soupçon. Ce dispositif a créé jusqu'à aujourd'hui un nombre incalculable de procédures judiciaires touchant à la fois les membres des minorités et – détail peu connu à l'étranger – la majorité musulmane : bien souvent il s'agit de règlements de comptes déguisés entre familles.

Bhatti choisit pourtant dès le début de ne pas se restreindre à la communauté catholique locale. De façon presque naturelle, son Christian Liberation Front se transforme, en 2002, en un mouvement qui parvient à fédérer toutes les minorités pakistanaises, l'APMA (All Pakistani Minorities Alliance). C'est grâce à cette association qu'il réussit à se faire connaître dans tout le pays, sans compter l'aide apportée aux populations frappées par le terrible tremblement de terre de 2005. À cette occasion, son association choisit, significativement, de secourir l'ensemble des victimes, sans distinctions, et par conséquent un grand nombre de musulmans privés de leur toit, ce qui lui vaudra les remerciements officiels des autorités[3].

1. Voir le « testament spirituel » de Shahbaz Bhatti in *Shahbaz Bhatti. Vita e martirio di un cristiano in Pakistan*, *op. cit.*, p. 18-20.

2. Shahbaz proteste énergiquement contre l'introduction de cette nouvelle carte d'identité, considérée comme hautement discriminatoire, en arrivant à manifester avec un groupe d'amis (très jeunes, comme lui) devant le Parlement. *Ibid.*, p. 40-43.

3. L'aide apportée aux victimes vaudra à l'APMA de recevoir une attestation de reconnaissance de la part de l'armée pakistanaise. Fut tout autant apprécié par les autorités centrales de l'État son choix de reconstruire certaines écoles dans les zones sinistrées. Celles-ci furent ouvertes aux enfants de toutes confessions religieuses. « Ces enfants, commenta Bhatti, se feront les porteurs de notre message d'unité et d'amour », *ibid.*, p. 64-68, et *Cristiani in Pakistan*, *op. cit.*, p. 51.

Parlementaire et ministre

Dès l'an 2000, Shahbaz Bhatti avait refusé d'entrer en politique comme on le lui avait proposé. Cela ne rentrait pas dans le choix – pourtant militant – qu'il avait fait. Devoir se chercher des alliés pour ses combats le convainc finalement de se rapprocher du PPP de Benazir Bhutto[1]. Après l'assassinat de cette dernière, Bhatti accepte de se présenter aux élections législatives et obtient des garanties précises pour les minorités, inscrites dans le programme. Il est élu à la Chambre basse de l'Assemblée nationale en février 2008. Sa nouvelle charge parlementaire ne change en rien son style de vie, comme le raconte son frère Paul : « Il continuait d'aller à la rencontre de tout le monde : les pauvres, les chercheurs islamiques, les leaders politiques et religieux, les petites gens. Son bureau était continuellement envahi par des personnes qui venaient même le voir pour parler ou lui demander un ou deux conseils. Mais il n'envoyait promener personne. »

Le 2 novembre 2008, après l'élection d'Asif Ali Zardari, mari de Benazir Bhutto, au poste de président, le leader de l'APMA se voit offrir le ministère en charge des Minorités qui n'existait pas jusqu'ici[2]. Lors de sa prise de fonctions, Shahbaz Bhatti prononce un discours passionné : « J'ai décidé de devenir ministre pour soutenir la cause des opprimés et des communautés marginalisées du Pakistan. J'ai dédié ma vie à la lutte pour l'égalité entre les hommes, la justice sociale, la liberté religieuse. Jésus est le centre de ma vie. Je veux suivre son exemple à travers mes actes en partageant l'amour de Dieu avec les pauvres, les opprimés, les persécutés, les nécessiteux et tous ceux qui souffrent au Pakistan[3]. » Commence alors un combat intense qui, en un peu plus de deux ans, conduira à des avancées considérables pour les minorités. Bhatti suit personnellement de nombreux cas individuels. Parmi eux, celui de la chrétienne Asia Bibi, condamnée à mort pour blasphème, dont il parvient à amé-

1. Shahbaz Bhatti, qui a connu personnellement Benazir Bhutto, a été légèrement blessé au cours de l'attentat d'octobre 2007 dont l'ancienne Premier ministre sortit indemne mais qui fit 138 morts. Deux mois plus tard, le 27 décembre, au terme d'un meeting à Rawalpindi, Bhutto fut tuée dans un second attentat qui tua 30 personnes.

2. Précédemment, la défense des minorités était confiée à un ministre d'État, dépendant du ministre fédéral en charge des Affaires religieuses, une charge toujours occupée par un musulman.

3. Voir *Assist News Service*, 3 novembre 2008.

liorer les conditions de détention[1]. Son activité de ministre l'amène surtout à remporter une longue liste de victoires, tant au niveau législatif qu'au niveau des droits en général.

Les frontières du dialogue et de la paix

Sur certaines frontières qui lui tenaient à cœur, comme celle du dialogue et de la paix, Shahbaz Bhatti cherche à élargir son réseau de relations au-delà des frontières du Pakistan. Il tisse ainsi de nombreux liens au niveau international. Il voyage aux États-Unis, où il est reçu par la secrétaire d'État Hillary Clinton, et au Canada, où il avait déjà reçu un prix prestigieux en 1999, pour rencontrer le Premier ministre Stephen Harper. Il cultive des contacts un peu partout dans le monde : en Asie, avec une association coréenne, en Italie, avec le patriarche de Venise qui avait contribué aux aides pendant le tremblement de terre de 2005, tout en continuant de nouer des relations avec les organisations religieuses. Voit le jour à cette époque une profonde amitié avec la communauté de Sant'Egidio, auprès de laquelle se sont engagés, depuis son implantation dans le pays, en l'an 2000, des centaines de Pakistanais, jeunes ou moins jeunes, de différentes villes. Après une première visite à Rome, en octobre 2009, et une collaboration efficace dans le cadre de l'aide apportée – sans distinctions entre les musulmans et les minorités, une fois encore[2] – aux populations frappées par des inondations dévastatrices, Shahbaz Bhatti se rend de nouveau en Italie, au mois de septembre 2010. Le 11 septembre, c'est à l'invitation de la communauté de Sant'Egidio qu'il participe en la basilique de Santa Maria in Trastevere, à Rome, à une prière en mémoire des victimes de l'attentat du World Trade Center, en présence de l'ambassadeur des États-Unis auprès du Saint-Siège, Miguel Díaz, et de nombreux autres représentants diplomatiques. Il met un point d'honneur à être présent en tant que

1. L'histoire d'Asia Bibi a fait le tour du monde jusqu'à devenir un symbole des conditions de vie difficiles de nombreux chrétiens dans des pays comme le Pakistan. Bhatti, qui s'est plusieurs fois rendu auprès d'elle après son entrée au gouvernement, est parvenu à la faire transférer dans une nouvelle cellule, où l'on a installé une caméra pour éviter à Asia Bibi d'être l'objet de violences. Voir *Shahbaz Bhatti. Vita e martirio di un cristiano in Pakistan*, *op. cit.*, p. 99, et, plus largement, A. Bibi, A. I. Tollet, *Blasphème*, Oh ! Éditions, 2011.

2. Bhatti était particulièrement heureux qu'à cette occasion on vienne en aide à tout le monde, sans faire de distinctions entre musulmans et chrétiens. « De cette façon, commenta-t-il, les gens ne se haïront plus et, surtout, ne se tueront plus au nom de la religion. »

ministre d'un État comme le sien, accusé plusieurs fois de complicité avec le terrorisme. Il prononce à cette occasion une phrase qu'il répétera à maintes reprises les mois suivants, y compris la veille de sa mort : « Considérez-moi comme l'un des vôtres, je fais moi aussi partie de la communauté. » Le lendemain, Shahbaz Bhatti est reçu au Vatican où il remet au pape Benoît XVI un message important dans lequel le président Zardari exprime la volonté de son gouvernement de garantir l'harmonie entre les différentes religions et les différentes cultures du pays. Le pape l'assure quant à lui de sa sympathie envers les victimes des inondations du mois précédent et de son soutien avec tout le peuple pakistanais.

La nomination de Shahbaz Bhatti au poste de ministre s'accompagne d'une recrudescence des menaces de mort. Peu de temps après l'assassinat du gouverneur musulman du Pendjab, Salman Taseer[1], qui avait pris la défense d'Asia Bibi, Bhatti est instamment sommé de démissionner. Le maintien de son ministère, pourtant loin d'être évident, à la mi-février 2011, ravive l'espoir. Une victoire à laquelle les encouragements du réseau interreligieux qu'il avait bâti en faveur des minorités n'étaient pas étrangers. Mais à peine quelques jours plus tard, le 2 mars au matin, un commando d'hommes armés bloque la voiture de Bhatti, tout juste sorti de chez sa mère, et le tue en plein jour, au cœur d'Islamabad. Une exécution préparée de longue date, soigneusement, et – surtout – menée le plus facilement du monde. Faute de protection, la condamnation à mort allait tôt ou tard devenir réalité, ce que nul ne pouvait ignorer, à commencer par Bhatti lui-même. Pas un instant, pourtant, il ne songea à baisser les bras et à abandonner à leur sort ses amis, les pauvres et les opprimés, ces hommes et ces femmes « hors caste[2] ». Ce n'était ni un héros, ni un politicien irréductible. C'était avant tout un chrétien, qui a vécu et péri en chrétien.

1. De confession musulmane, le gouverneur du Pendjab, la région dont Shahbaz Bhatti était originaire, avait mené de nombreux combats aux côtés du ministre des Minorités et avait lancé un appel fort contre la violence, adressé directement au président Zardari, après l'attaque du quartier chrétien de Gojra, où neuf personnes avaient trouvé la mort.

2. La mention des « hors caste » revient souvent dans les nombreux discours publics prononcés par Shahbaz Bhatti au cours de sa vie. Il s'agit en effet d'une catégorie sociale et hiérarchique qui a en partie survécu au Pakistan, en dépit de la partition avec l'Inde et l'islamisation. Elle indique aujourd'hui les couches les plus pauvres de la population, lesquelles coïncident en grande partie avec les chrétiens.

L'adieu

La mort de Shahbaz Bhatti suscite une vive émotion dans le monde entier. Le président des États-Unis, Barack Obama, est parmi les premiers à réagir; Benoît XVI, lui, évoque son souvenir au cours de l'Angelus dominical[1]. Au Pakistan, de nombreuses autorités islamiques s'associent aux plus hauts responsables de l'État pour lui rendre hommage. Chez sa mère Martha, on assiste à un pèlerinage ininterrompu de chrétiens, de musulmans, de sikhs et d'hindouistes, rassemblés autour d'elle pour prier, en témoignage de cette amitié entre les religions qui avait été la force de Shahbaz Bhatti.

Le 4 mars, deux cérémonies sont prévues. La première, l'« officielle », se tient le matin à Islamabad, avec une célébration liturgique en présence de plusieurs politiciens, du Premier ministre Gilani et de différents ambassadeurs. Entre les fidèles et les autorités, la cathédrale est pleine à craquer. Tous parlent de Bhatti comme d'un « martyr[2] ». Des membres de sa famille ont même fait le déplacement depuis l'étranger. Résident canadien depuis 1997, son frère Peter, fondateur de l'International Christian Voice, est convaincu que les chrétiens de son pays ne se laisseront pas intimider: « Des milliers de Shahbaz Bhatti vont maintenant se lever et ils ne s'arrêteront pas tant qu'ils n'auront pas vaincu les forces obscures du mal[3]. » Quant à Paul Bhatti, venu d'Italie où il travaillait comme médecin, celui-ci reprendra par la suite le poste de son frère au gouvernement – de façon différente cependant.

Les funérailles « populaires », elles, se déroulent à Khushpur, où l'on transfère par hélicoptère la dépouille de Shahbaz Bhatti. C'est une étroite proximité avec le peuple qui s'exprime: un mélange de colère et d'émotion de la part de tous ceux qui avaient cru en lui et qui

1. Le 6 mars 2011, sur la place Saint-Pierre, au cours de l'Angelus, Benoît XVI rappelle l'attentat et invoque la protection des minorités menacées au Pakistan: « Je demande au Seigneur Jésus-Christ que l'émouvant sacrifice de la vie du ministre pakistanais Shahbaz Bhatti éveille dans les consciences le courage et la volonté de défendre la liberté religieuse de tous les hommes, de façon à promouvoir leur égale dignité. »

2. Dès les premières heures suivant l'attentat d'Islamabad, des voix de premier plan se lèvent pour invoquer la reconnaissance du martyre, rejoignant en cela un sentiment largement partagé au sein de la population. À la fin du mois de mars 2011, les évêques pakistanais, réunis en assemblée, demandèrent officiellement au Saint-Siège de proclamer Bhatti « martyr et patron de la liberté religieuse ».

3. Interview de Peter Bhatti sur NDTV, le 4 mars 2011.

se retrouvent soudainement orphelins. Des centaines d'adultes et de jeunes, vêtus de noir, hurlent des slogans contre le gouvernement et les fondamentalistes islamiques. Un groupe de femmes, agitant des drapeaux noirs, rend hommage au ministre assassiné: « Bhatti, ton sang est le début d'une nouvelle révolution », crient-elles. Les rues sont tapissées de banderoles et de panneaux avec la photo du leader. Certains portent l'inscription: « Shahbaz Bhatti, enfant de la patrie, tu nous manqueras. » D'autres: « Bhatti, nous poursuivrons ta mission. » Sur la scène dressée près de l'église du village montent des prêtres catholiques mais aussi nombre de leaders des minorités hindouistes et sikhs ainsi que des représentants de la majorité musulmane.

Sur l'esplanade se masse de plus en plus de monde. Au final, ils sont 10000 à chanter et à crier des slogans en demandant justice pour la mort du ministre. À l'arrivée du cercueil, au milieu d'un tumulte indescriptible, l'évêque de Faisalabad, Joseph Coutts, prononce, à grand-peine, son homélie: « Shahbaz Bhatti luttait pour libérer le Pakistan des préjugés et de la haine, pour planter les racines d'une culture du respect réciproque et de la tolérance. » Après la bénédiction de la dépouille, le corps, accompagné par la foule, est transféré dans la cour d'une école: c'est là, devant le cercueil, qu'on hisse le drapeau pakistanais et qu'on chante l'hymne national. Au cimetière où doit avoir lieu la mise en terre s'ouvre une tombe vide, à côté de celle du père de Shahbaz, Jacob Bhatti: deux mois plus tôt, à son enterrement, Shahbaz avait dit à son frère Paul: « Cet endroit est le mien, mais il ne le sera qu'au moment où je me serai battu pour la vérité et la justice. Quand cela se produira, ne pleurez pas pour moi. » La triste prophétie est désormais devenue réalité, le drame d'un peuple qui le suit, fidèle, jusqu'au bout. Il règne une grande agitation: tout le monde se serre autour de la famille Bhatti, tout le monde veut toucher pour la dernière fois le cercueil de Shahbaz, tout le monde répète avec insistance, comme une litanie: « C'est un martyr, c'est un saint. »

L'héritage de Shahbaz

Shahbaz Bhatti a laissé un précieux héritage spirituel qui, non content de dépasser les frontières du Pakistan, a pris une dimension universelle. Pour autant, gardons-nous de négliger ses conquêtes sociales et politiques qui en constituent un autre aspect. La liste de ces résultats est longue. Petits ou grands, ils ont marqué de leur empreinte la société pakistanaise en y renforçant la démocratie et le respect pour toutes les formes de diversité qu'elle abrite. N'en rappelons que quelques-uns parmi les plus importants que Shahbaz Bhatti aura obtenus durant son mandat de parlementaire et sa brève activité de ministre, qui aura duré deux ans et quatre mois :

- la loi nationale qui fixe pour tous les services publics l'obligation d'embaucher au moins 5 % de son personnel parmi les minorités religieuses ;
- l'assignation aux minorités religieuses de quatre postes au Sénat (il était jusqu'alors impossible pour un chrétien ou un hindouiste d'être élu dans cette assemblée) ;
- la création, auprès du ministère des Minorités, d'une ligne téléphonique permettant de signaler d'éventuels abus commis à l'égard de citoyens non musulmans ;
- l'institution de la Journée des minorités, le 11 août, jour anniversaire du discours historique d'Ali Jinnah à la nation pakistanaise, qui accorda les mêmes droits à tous les citoyens, sans distinctions ethniques ou religieuses ;
- l'ouverture de lieux de prière pour les non-musulmans dans les prisons pakistanaises ;
- la création d'un réseau de « comités de districts pour l'harmonie et le dialogue interreligieux », y compris au niveau des villages et des communautés rurales, qui étaient souvent le théâtre de fortes discriminations ;
- l'adhésion, grâce à ses relations, d'un grand nombre de leaders musulmans pakistanais à un texte dénonçant toute forme de terrorisme – un document déterminant rédigé en juillet 2010.

Reste qu'avant même d'être élu au Parlement, Bhatti et l'APMA avaient déjà remporté des victoires décisives. Parmi les plus importantes, mentionnons :

- son opposition au projet d'une carte d'identité spécifiquement réservée aux non-musulmans, finalement retiré par le gouvernement dictatorial de Zia ;

- son combat pour mettre sérieusement en crise le système électoral séparé pour les minorités (en 2000);
- sa lutte (victorieuse) visant à empêcher l'approbation du décret islamique qui voulait introduire la figure du *muhtasib* (un garant religieux sur le modèle taliban) dans la région frontalière (en 2005).

Shahbaz s'était par ailleurs lancé, dès son plus jeune âge, dans une bataille acharnée pour obtenir la modification de la loi sur le blasphème. Il est cependant intéressant de remarquer à ce sujet que son entrée au gouvernement l'avait amené à tester une autre méthode, plus discrète et peut-être plus efficace que la simple dénonciation publique. Sans pour autant renoncer à la protestation, Shahbaz s'était rendu compte que débloquer la situation nécessitait de lancer différentes négociations à partir des milieux musulmans les plus sensibles au changement. À peine entamé au moment de sa mort, ce travail, comme dans tant de cas (y compris celui d'Asia Bibi), commençait à porter ses fruits[1].

Profondément chrétien, sincèrement pakistanais, Bhatti n'a jamais inspiré de vengeances et d'affrontements. Autour de son souvenir s'est créé un mouvement non violent qui lutte avec force pour les droits des minorités mais aussi, avec tout autant de conviction, pour la cohabitation avec la majorité des mille visages qui existent dans le pays. Cela peut certes paraître risqué si l'on pense au Pakistan que nous connaissons aujourd'hui et à la violence qui domine encore nombre de ses régions. Reste qu'il s'agit là d'une grande vision, y compris politique, pour le futur de cette nation.

Le combat de Paul Bhatti

C'est en Italie, sa seconde patrie, que Paul Bhatti apprend la nouvelle de l'attentat dont est victime son frère. Né à Khushpur en 1957, il est parti en Europe pour y faire des études de médecine. Resté là-bas, il exerce son activité dans différentes structures italiennes – et

1. En 2010, à la demande du président Zardari, qui le nomme à la tête d'une commission d'investigation, Bhatti lance une enquête qui innocente Asia Bibi tout en demandant la grâce pour la détenue. Se prononce également en ce sens le gouverneur du Pendjab, Salman Taseer, qu'on ne manque pas d'accuser une fois encore de faire partie d'une « conspiration internationale » destinée à abolir la loi. Grâce à son extrême discrétion dans cette affaire, Bhatti parvient même à ouvrir la voie à une ordonnance de grâce de la part du président Zardari.

notamment dans la ville de Trévise, à partir de 2005. Il était fier de l'engagement de son frère, qu'il avait toujours soutenu même s'il l'avait mis en garde – en bon frère aîné – des dangers qu'il courait. Bien des fois Paul était resté stupéfait et ébloui par la foi qu'il avait en sa mission, dès le début de son activité militante. Malgré la distance, inévitable, Shahbaz avait toujours pu compter sur son soutien.

L'attentat bouleverse brutalement la donne. Paul se précipite au Pakistan pour participer aux funérailles. Il parle alors, à chaud, de l'héritage laissé par son frère : « Pour lui, le dialogue voulait dire travailler ensemble, avec les musulmans et les autres minorités, en cherchant des valeurs communes. Il ne voulait convertir personne, il avait le plus grand respect de toutes les religions. » Plus tard, c'est lui qui aura à cœur de pardonner, au nom de toute la famille : « C'est ce que nous enseigne la foi chrétienne et c'est ce qu'aurait fait Shahbaz[1]. »

Malgré ses liens étroits avec son frère, Paul n'avait jamais songé à s'engager comme il l'avait fait. C'est après la mort que mûrit en lui la nécessité de reprendre le flambeau. Il choisit alors de rentrer au Pakistan où, à la demande du président Zardari, il devient conseiller spécial du Premier ministre Gilani. Il est en charge des Minorités religieuses, faute de pouvoir être pleinement ministre, n'étant pas élu au Parlement. En réalité, ce poste lui confère des responsabilités, des fonctions et un portefeuille identiques à celui qu'avait son frère en tant que ministre fédéral, s'ajoutant à cela le droit de pouvoir siéger au Conseil des ministres.

Pour autant, le maintien d'une autorité visant à protéger les minorités est loin d'être évident. En marge de sa charge, Paul se bat d'emblée pour garantir l'existence d'une structure ministérielle. Il n'empêche : à la fin du mois de juin 2011, le gouvernement pakistanais décrète l'abolition du ministère des Minorités religieuses, déclassé au rang de structure régionale.

Grâce aux vives protestations venues de l'intérieur du pays comme de l'étranger, le ministère fédéral est rétabli à la fin du mois de juillet 2011 mais avec une nouvelle dénomination : il fait désormais

1. Voir l'intervention de Paul Bhatti au congrès « Shahbaz Bhatti. Une vie pour le dialogue et la coexistence au Pakistan » (Rome, 5 avril 2011).

partie du ministère de l'« Harmonie nationale ». Si le catholique Akram Gill est nommé ministre d'État, Paul Bhatti reste malgré tout la figure de proue de la défense des minorités en étant reconduit dans sa charge de conseiller du Premier ministre. Il s'agit là d'un résultat important, salué (y compris hors des frontières du pays) comme un signe fort d'ouverture de la part de l'État pakistanais. Le 11 août 2011, cinq mois après la mort de Bhatti, la Journée des minorités[1] pour laquelle Shahbaz s'était tant battu se déroule dans un climat serein. À cette occasion, le président Zardari rappelle que les chrétiens, les hindouistes et tous les Pakistanais d'une religion autre que l'islam « ont apporté une contribution fondamentale à la construction de la nation ». Et d'ajouter : « L'État a le devoir de les protéger : ce sont des citoyens pakistanais[2]. » Lors de cette fête, la première sans Shahbaz, une délégation – formée de représentants de toutes les minorités et guidée par Paul Bhatti – se rend au palais présidentiel pour offrir symboliquement aux parlementaires, en plein ramadan, l'*iftar*, le grand repas qui suspend le jeûne à la tombée de la nuit.

L'engagement de Paul s'inscrit dans la lignée de celui de Shahbaz : s'il défend passionnément les minorités, il a en même temps confiance dans le dialogue avec la majorité musulmane et les institutions, y compris pour obtenir des résultats concrets. Sans surprise, il observe la même conduite que son frère ministre vis-à-vis d'Asia Bibi : en octobre 2011, il finira par demander à tous les organismes de presse un silence médiatique absolu[3]. Avec autant d'acharnement que Shahbaz, il s'efforce également de sauver ceux qu'on persécute injustement. On le voit ainsi en première ligne le 16 août 2012, lors des manifestations contre l'arrestation d'une jeune chrétienne han-

1. La date du 11 août revient souvent dans la vie de Shahbaz Bhatti. S'il y attachait plus d'importance qu'à celle du 14 août (jour anniversaire de la création de l'État pakistanais), c'est qu'à cette même date, en 1947, Ali Jinnah prononça devant le Parlement son célèbre discours sur les fondements de la nouvelle nation qui s'apprêtait à naître : un programme qui accordait une même dignité à chaque minorité présente dans le pays. Shahbaz Bhatti en fit un tel symbole d'unité qu'il convainquit le président Zardari de la déclarer Journée nationale des minorités, en août 2009.

2. Voir *Zardari : i non islamici sono pakistani come gli altri*, in *Avvenire*, 12 août 2011.

3. « C'est une nécessité, affirme à cette occasion Paul Bhatti. Il ne s'agit pas de vouloir cacher la vérité ou de museler les moyens d'information mais de pouvoir agir réellement pour sauver cette jeune femme, loin des projecteurs et de l'attention des groupes fondamentalistes. Je m'adresse à la conscience et à la responsabilité de tous » (Voir *Agence Fides*, 26 octobre 2011).

dicapée mentale, Rimsha Masih, accusée de blasphème. Même si cette histoire fait le tour du monde, Paul Bhatti décide de mener ce nouveau combat sans se fier à la seule indignation de la communauté internationale. Bien au contraire, il mise sur le réseau d'amitiés interreligieux tissé par Shahbaz au Pakistan. Un grand nombre d'imams se mobilise aussitôt pour demander la libération de la jeune fille. Grâce à leur aide, cette campagne se conclut victorieusement sur une sentence d'acquittement prononcée par la Haute Cour d'Islamabad. Paul Bhatti dédie ce succès à son frère Shahbaz et en profite pour demander l'institution d'une « commission mixte » composée de leaders chrétiens et musulmans, d'experts et d'avocats, capable d'examiner au préalable les cas de blasphème supposé[1].

Les élections législatives pakistanaises du 11 mai 2013 marquent le déclin du PPP, le parti de Benazir Bhutto auquel était lié d'abord Shahbaz puis Paul Bhatti. Le panorama politique se transforme, avec le retour au pouvoir de Nawaz Sharif, le leader de la Pakistan Muslim League-Nawaz. Il n'est cependant pas question pour Paul d'abandonner son engagement citoyen. Juste après le vote, celui-ci annonce son intention de poursuivre ses combats : « Il faut un système électoral différent (*dual vote*) pour permettre la pleine intégration des minorités[2]. » Il demande alors au nouveau gouvernement d'affronter trois priorités : la sécurité, l'économie et la crise de l'énergie. Depuis cette date, Paul Bhatti n'occupe plus de charges institutionnelles mais poursuit son engagement à la tête de l'APMA, l'association créée par Shahbaz afin de fédérer toutes les minorités. Celle-ci s'est d'ailleurs transformée en un véritable parti, doté d'une structure implantée dans toutes les régions du Pakistan, avec des conseillers chrétiens, hindouistes, sikhs et ahmadis.

Parallèlement, Paul Bhatti continue de cultiver le réseau d'amitiés tissé au fil des ans par son frère aux quatre coins du globe. À l'étranger – où on lui demande souvent d'apporter son témoignage – comme au Pakistan, il est désormais pour tout un chacun « l'héritier de Shahbaz », la voix des chrétiens et des autres minorités dans un

1. Voir *Agence Fides*, 20 novembre 2012.
2. Voir *Asia News*, 13 mai 2013.

pays qui continue d'enregistrer un taux vertigineux de violence et de terrorisme. Dans ce contexte (l'un des plus difficiles au monde), Paul Bhatti ne baisse pourtant pas les bras. Bien au contraire, il poursuit avec acharnement sa bataille : « Je suis contre l'extrémisme et le fanatisme, d'où qu'ils viennent. Je souhaite uniquement offrir mon aide aux chrétiens et à toutes les minorités de mon pays. Je crois profondément dans le dialogue entre les religions, je pense qu'il est la base pour endiguer la violence. Il faut une alliance, un comité composé de personnalités de premier plan, toutes confessions confondues, prêt à intervenir pour arrêter la violence dès son apparition. Je suis convaincu que la bataille pour la paix finira par être gagnée, pour le bien de tous et pour le salut du Pakistan[1]. »

Traduit de l'italien par Marc Lesage

Roberto Zuccolini, journaliste pour le quotidien italien *Corriere della Sera*, vit et travaille à Rome. Après avoir publié, depuis la fin des années 1980, des articles sur les questions d'immigration, sur le monde catholique et la politique étrangère, il dirige aujourd'hui le service politique du journal. Les thématiques relatives à la cohabitation interethnique et interreligieuse, et notamment celles qui concernent les minorités chrétiennes ou d'autres religions, ainsi que l'histoire et les sociétés des pays africains et asiatiques, sont au cœur de ses intérêts personnels. Il a récemment fait paraître *Shahbaz Bhatti. Vita e martirio di un cristiano in Pakistan* (Éd. Paoline, 2012), traduit en français et en portugais.

1. Témoignage de Paul Bhatti, recueilli le 15 février 2014.

Républiques d'Asie centrale et d'ex-Union soviétique

Les évangéliques à l'index

La chute de l'Union soviétique en 1991 n'a pas mis définitivement fin aux persécutions antichrétiennes. Alors que l'Église orthodoxe opère un retour spectaculaire en Russie, souvent au détriment d'Églises ou de minorités non reconnues par l'État, les autres républiques émancipées de l'ex-URSS ont à leur tête des régimes autoritaires qui s'accommodent mal de la liberté religieuse. Les chrétiens évangéliques, en particulier, y sont considérés comme des éléments incontrôlables.

Analyse

Le règne controversé de l'orthodoxie russe

Antoine Arjakovsky

Pour l'historien Antoine Arjakovsky, spécialiste de la Russie, seule l'Église orthodoxe jouit d'une totale liberté dans l'espace russe. Les autres Églises et associations religieuses ne bénéficient pas des mêmes garanties, créant un débat parfois houleux dans les cercles médiatiques et intellectuels russes.

L'histoire des chrétiens en ex-URSS est très ancienne. Les Actes des Apôtres font état de communautés chrétiennes dans la région du Pont (en mer Noire). Le pape Clément de Rome fut déporté vers 99 après Jésus-Christ par l'empereur romain Trajan dans une communauté chrétienne en Crimée. On considère que les disciples de l'apôtre Thomas ont établi des missions chrétiennes dès les premiers siècles de notre ère depuis l'actuelle Tbilissi, capitale de la Géorgie, jusqu'en Inde. L'Arménie, dans le Caucase, devint dès 301, avant même l'Empire byzantin, le premier État chrétien. On trouve au ve siècle des chrétiens en Bactriane (nord de l'Afghanistan) et en Margiane (Turkménistan actuel). Mais la conquête musulmane aux viiie-ixe siècles en Asie centrale dans les régions turcophones transforma de nombreuses églises en mosquées. Jean-Paul Roux, directeur de recherches au CNRS, considère que la principale mosquée de Boukhara, en Ouzbékistan, est une ancienne église sur laquelle ont été appliqués des porches à décor islamique. Aujourd'hui la plupart des États d'Asie centrale, l'Ouzbékistan, le Kazakhstan, le Turkménistan, le Tadjikistan, le Kirghizstan, marqués par leur appartenance à l'Union soviétique, ont adopté des Constitutions séparant l'État des principales religions traditionnelles reconnues (islam, judaïsme, christianisme). Mais dans la pratique, comme l'attestent les rapports sur la liberté de religion du département d'État américain, ces États autoritaires font preuve de très nombreuses discriminations à l'égard des minorités religieuses, à commencer par les chrétiens. Au Tadjikistan il n'y a que 150 000 chrétiens sur plus de 7,7 millions d'habitants. Cette faible présence est due aux difficultés administratives que rencontrent les communautés catholiques ou baptistes à faire enregistrer leurs communautés nouvelles. Les autorités de ces régions craignent en premier lieu le prosélytisme venant de communautés religieuses appartenant à des États étrangers. Ainsi au Kirghizstan, le 3 juillet 2014, l'évêque orthodoxe Théodose de Bichkek, qui relève du patriarcat de Moscou, s'est vu refuser le renouvellement de son visa. Au Kazakhstan, pays de 17 millions d'habitants qui comporte une majorité de 65 % de musulmans, les chrétiens orthodoxes représentent près de 25 %. Cette minorité russophone pourrait facilement demander protection de la part du gouvernement russe et susciter une intervention militaire du Kremlin, ce qui inquiète Astana. Aussi l'équilibre politico-religieux est-il fragile en Asie centrale comme l'atteste dans ce volume la contribution de Vincent Gelot sur la situation des chrétiens en Ouzbékistan.

Le christianisme en terre slave fut protégé par la conversion du prince Vladimir en 988 à Chersonèse, en Crimée, et la double affiliation par voie matrimoniale de la dynastie rurikide au christianisme grec et latin. À partir de la conquête des Tatars de Mongolie au XIIIe siècle, les Slaves du Nord (actuelle Russie) durent supporter le joug musulman jusqu'au XVIe siècle tandis que les Slaves du Sud et de l'Ouest (actuelles Ukraine et Biélorussie) purent maintenir jusqu'au XVIIe siècle une foi chrétienne fidèle à la fois à l'héritage de Byzance et de Rome. Mais la longue coupure civilisationnelle entre les chrétiens du Nord sous domination tatare et les chrétiens du Sud se paya par la création en retour de l'Empire russe, certes proeuropéen, mais ne sachant pas distinguer entre le pouvoir de Dieu et le pouvoir de César. La révolution communiste chercha à réintroduire le principe évangélique de la séparation entre les deux cités. Mais l'actuel pouvoir politique et religieux en Russie refuse d'adhérer à l'idéal moderne de gouvernance séculière.

La condition des chrétiens en URSS dépend aujourd'hui pour une bonne part de l'évolution de la politique russe. La population russe est de 143,2 millions de personnes. Selon l'agence d'informations RIA Novosti, la Russie compte 83 % de croyants, 7 % d'indécis et 10 % d'athées. *L'Atlas des religions de Russie* estime que 41 % de la population est chrétienne orthodoxe (58 712 000 fidèles), et 6,5 % (9 300 000 fidèles) est musulmane. On estime à 11 % la population chrétienne orthodoxe pratiquante (soit environ 6 millions de fidèles). L'Église orthodoxe russe est la seule institution à pouvoir assurer une continuité avec la période présoviétique. Entre 1988 et 2008 sa croissance est exponentielle. Elle est passée de 6 893 à 29 263 paroisses, de 6 674 à 27 216 prêtres, de 22 à 804 monastères. Les groupes religieux suivants représentent moins de 5 % de la population : bouddhistes (2 %), protestants (1,6 %), catholiques romains (1 %), juifs, mormons, témoins de Jéhovah, hindous, etc.[1].

Il n'existe pas d'opinion consensuelle en Russie au sujet du concept de « liberté de religion ». Un grand débat sur cette question agite la société russe depuis qu'en 2008 a été adopté le document intitulé « Les fondements de l'enseignement de l'Église orthodoxe russe sur la dignité, la liberté et les droits de l'homme[2] ». Des experts ont montré que l'Église orthodoxe russe privilégiait les libertés communautaires sur les droits individuels, la liberté comprise comme participation personnelle à un projet global plutôt que comme choix individuel à un moment donné[3]. De ce choix civilisationnel dépend en bonne partie l'analyse que les uns et les autres font du concept de liberté religieuse en Russie. En fonction de cette divergence de

1. Il n'existe pas de données précises en matière de populations immigrées en Russie. En revanche, avant l'ouverture des Jeux olympiques de Sotchi en 2014, l'ONG Human Rights Watch a condamné la violation par la Russie des droits des travailleurs immigrés. http://www.hrw.org/fr/news/2013/10/28/russie-les-violations-des-droits-humains-ternissent-la-preparation-des-jo-de-sotchi

2. https://mospat. ru/fr/documents/dignity-freedom-rights/

3. Antoine Arjakovsky, « Essai de théologie du politique en Russie, Ukraine et Bélarus », *in Perspectives et Réflexions, Œuvre d'Orient*, n° 1, 2013, p. 85-97. *Cf.* aussi : http://portal.unesco.org/shs/en/files/5020/10853909191IJMS_2-2_Rousselet_fr.pdf/IJMS%2B2-2%2BRousselet%2Bfr.pdf

point de vue au sein même de la société russe, mais aussi chez les observateurs extérieurs, le constat est nécessairement contrasté.

Le débat sur la législation russe en matière de liberté de religion

Pour les uns, principalement pour les représentants de l'Église orthodoxe russe, la liberté de religion en Russie est totale. L'Église russe se félicite en particulier des lois qui ont été adoptées à l'époque de la présidence de Dmitri Medvedev en juillet 2009 sur l'enseignement des fondements de la culture orthodoxe et sur les chapelains militaires. La loi sur l'enseignement de la culture religieuse prévoit que les parents aient le choix entre l'une des quatre religions traditionnelles ou un cours d'éthique. En 2010 une entente a été conclue entre l'Église orthodoxe russe et le gouvernement favorisant l'engagement social du patriarcat de Moscou (comme dans le cas de la coopération avec le comité contre les narcotiques). Un décret présidentiel de 2012 prévoit également que les conscrits qui sont déjà diacres ou prêtres puissent échapper au service militaire. La loi sur les chapelains militaires garantit à un groupe formant au moins 10 % d'un contingent qu'il peut bénéficier d'un accompagnement spirituel de son choix parmi les quatre traditions religieuses reconnues.

Pour les autres, c'est-à-dire pour le courant dit libéral de l'Église orthodoxe russe[1] et pour les représentants des autres traditions religieuses et organisations non gouvernementales[2], la Russie n'est pas un pays libre. Cette absence de liberté tient selon eux à la trop grande collusion entre le patriarche orthodoxe Kirill Gundyaev et le président Vladimir Poutine. L'affaire des Pussy Riot, ce groupe punk qui a proféré un chant contre Poutine dans la cathédrale du Christ-Sauveur à Moscou, en est l'exemple emblématique. Deux des membres de ce groupe (Maria Alekhina et Nadejda Tolokonnikova) ont écopé,

1. Ce courant de l'Église orthodoxe russe est marginalisé par le patriarcat de Moscou mais jouit d'un grand prestige auprès de l'intelligentsia grâce à des figures comme le père Alexandre Men et le père Paul Adelgheim. Deux figures qui ont toutes deux été assassinées en 1990 et 2013 par des déséquilibrés. http://www.paris.catholique.fr/a-la-memoire-lumineuse-du-pere.html

2. http://www.state.gov/j/drl/rls/irf/religiousfreedom/index.htm?year=2012&dlid=208360

le 17 août 2012, de deux années de camp pénitentiaire[1]. Alors que la majorité de la population a regretté que la profanation accomplie aboutisse à une peine de prison, le porte-parole du patriarche Kirill (Gundyaev), le père Vsevolod Tchapline, a affirmé que ce blasphème était un « crime pire qu'un meurtre » devant être sévèrement puni.

Réalité des discriminations antireligieuses en Russie

La Constitution russe du 12 décembre 1993 affirme que l'État est aconfessionnel et garantit la liberté de religion. Elle autorise chacun à professer la religion de son choix dès lors qu'elle ne remet pas en cause l'ordre public. Mais elle la restreint sévèrement par d'autres lois et politiques publiques. L'État reconnaît depuis le 26 septembre 1997 dans sa loi sur la liberté de conscience comme religions traditionnelles seulement le christianisme orthodoxe, le judaïsme, l'islam et le bouddhisme. Il néglige par conséquent le rôle historique de l'Église catholique et des Églises protestantes en Russie depuis le XVIe siècle. Cela conduit à donner à l'Église orthodoxe russe une situation d'interlocutrice privilégiée vis-à-vis des pouvoirs publics. Et cela fragilise la position des groupements religieux qui, n'étant pas reconnus par la Constitution, ne peuvent s'enregistrer auprès du ministère de la Justice et ainsi ouvrir des comptes en banque, acheter des lieux de culte, publier de la littérature religieuse, ou assurer des activités de formation. Elles sont qui plus est la cible de la loi « anti-extrémisme » de 2002.

Il existe en Russie 25 705 associations religieuses enregistrées. Les « groupes religieux » ne peuvent avoir de reconnaissance juridique officielle à la différence des organisations religieuses locales et des organisations religieuses centralisées. Les associations religieuses n'ont pas le droit de participer à des activités politiques. La possession de matériaux « extrémistes » peut conduire à quinze jours de prison. La liste de tels ouvrages est passée en 2012 à 1 589 titres. Le code criminel prévoit également que toute action incitant à la haine

1. « On assiste en Russie à une dégradation sauvage de la situation des droits humains. » C'est par ces mots que Shaïba, membre du groupe Pussy Riot en visite confidentielle en France fin juin 2013, commence un long entretien vidéo avec Amnesty International France et Russie-Libertés. http://russie-libertes.org/category/free-pussy-riot/

ainsi qu'à « l'humiliation d'une ou d'un groupe de personnes » sur la base d'une attitude religieuse publique peut être condamnée à une amende allant de 3 000 à 9 000 euros, à un emprisonnement jusqu'à trois ans ou au travail forcé pendant deux ans. La loi est également en mesure d'exiger des associations religieuses qu'elles fournissent les noms et numéros de passeport de ses membres. Elles peuvent être fermées dans le cas où elles ne fournissent pas ces documents. Une loi de juin 2012 impose de nouvelles restrictions à l'égard des associations religieuses. Des pénalités pouvant aller jusqu'à 30 000 euros sont prévues pour les organisateurs de manifestations non autorisées par la loi. Les ONG internationales comme Religious Freedom Watch se montrent très critiques à l'égard du travail du spécialiste de la lutte contre les sectes Alexander Dvorkin[1]. Elles lui reprochent d'assimiler à des sectes des organisations religieuses disposant d'une reconnaissance internationale. La plupart des traditions religieuses condamnent également la loi signée par le président Medvedev le 27 décembre 2010 interdisant les associations religieuses d'inviter et d'associer à leurs activités des experts étrangers[2].

Le département d'État américain fait état de persécutions à l'égard des minorités religieuses en Russie mais aussi de la dégradation du respect des droits de l'homme dans les tribunaux et les prisons[3]. En juillet 2012 la Douma a adopté une loi imposant de nouvelles restrictions aux ONG recevant des soutiens financiers de l'extérieur du pays et considérées désormais comme « agents étrangers ». En décembre 2013 le président Poutine a remplacé l'agence de presse RIA Novosti par l'agence La Russie confirmant un peu plus la perte d'indépendance des médias en Russie. Geraldine Fagan a publié un ouvrage en 2013 énumérant une longue série de discriminations à l'égard des communautés protestantes en Russie[4]. Elle donne le cas d'Alexei Fedorin, témoin de Jéhovah, condamné par la justice en 2010 pour avoir distribué des matériaux jugés « extrémistes », et de huit autres cas similaires ayant eu lieu en 2011-2013.

1. http://religiousfreedomwatch-ru.org/religious-extremists/alexander-dvorkin/religious-extremism-of-alexander-dvorkin
2. http://www.portal-credo.ru/site/?act=news&id=81634
3. http://www.state.gov/j/drl/rls/irf/religiousfreedom/index.htm?year=2012&dlid=208360
4. Geraldine Fagan, *Believing in Russia – Religious Policy after Communism*, Routledge, 2013.

Le nationalisme religieux à l'origine des persécutions antichrétiennes

La devise de l'État russe dans les années 1830, « Orthodoxie, Autocratie, Peuple », fut pensée comme un antidote à la devise républicaine française « Liberté, Égalité, Fraternité ». Aujourd'hui le patriarche Kirill Gundyaev et le président Poutine s'appuient sur cette devise tsariste pour lutter contre toute tentative qu'ils jugent « pseudo-chrétienne » de formation d'États-nations pluralistes aux frontières de la Russie.

Au nom de l'unité de civilisation du « monde russe », le patriarche s'est déplacé une trentaine de fois en Ukraine depuis son élection en 2008 et s'y est prononcé en faveur de l'intégration politique et religieuse de l'Ukraine à l'Union eurasiatique. Le patriarche a refusé de condamner l'annexion de la Crimée par la Russie le 18 mars 2014, bien que l'Église orthodoxe ukrainienne, qui relève de son autorité, ait fustigé toute violation de l'intégrité du territoire ukrainien. En mai 2014 le patriarche Kirill a été placé sur la liste des personnes interdites de territoire en Ukraine en raison de son soutien avéré au colonel Guirkine, un agent des services secrets de l'armée russe, ayant préparé l'annexion de la Crimée et la déstabilisation de l'Ukraine orientale[1]. Le patriarcat de Kiev a de son côté fait état de persécutions contre les orthodoxes de Crimée en raison de la non-reconnaissance par la Russie de cette Église qui compte pourtant plus de 12 millions de fidèles.

Des discriminations opérées par l'Église orthodoxe russe en son propre sein ont également été relevées. Un spécialiste russe du patriarcat de Moscou, Nicolas Mitrokhin, explique que celui-ci est partagé en deux courants[2]. L'un, majoritaire, conservateur, animé par des personnalités telles que le père Valentin Asmus, discrimine de façon constante un courant plus libéral, mais moins bien organisé, conduit par des figures telles que le père Georges Kotchetkov. De même l'Église des Vieux Croyants, qui provient d'un schisme avec le patriarcat de Moscou en 1666, ne parvient toujours pas en 2013 à obtenir des pouvoirs publics la restitution des églises qui

1. http://vlasti.net/news/194218
2. N. Mitrokhin, *Russkaja Pravoslavnaja Tserkov, Sovremmenoie sostoianie I aktualnye problemy*, NLO, 2006.

lui ont été confisquées à l'époque soviétique. Ajoutons que l'Église grecque-catholique affirme que des pressions ont été exercées sur l'Église catholique romaine afin que ne soit pas reconnu l'exarchat dont elle disposait en Russie avant la Deuxième Guerre mondiale. Elle continue à soutenir que plusieurs millions d'Ukrainiens grecs-catholiques vivant en Russie ne disposent pas des structures de base qui leur permettraient de s'organiser ecclésialement[1]. Ces courants dénoncent le soutien du patriarcat de Moscou, et notamment de Konstantin Malofeev et du père Tikhon Shevkounov, tous deux responsables du Fonds orthodoxe Saint-Basile-le-Grand, à des groupes nationalistes néo-fascistes. Un proche de ces deux hommes, Pavel Goubarev, l'actuel chef de la République autoproclamée de Donetsk, est un croyant orthodoxe ayant milité en Russie au sein du journal ultranationaliste *Zavtra*[2].

Il se pourrait donc bien que l'issue de l'actuelle guerre entre la Russie et l'Ukraine soit déterminante pour l'avenir des chrétiens dans l'espace de l'URSS.

Antoine Arjakovsky est docteur en histoire. Il est le codirecteur du département de recherche « Société, Liberté, Paix » au collège des Bernardins. Il a vécu près de vingt ans en Russie, où il a dirigé le Collège universitaire français de Moscou, l'Institut français d'Ukraine et l'Institut d'études œcuméniques de Lviv. Son dernier ouvrage s'intitule *Russie-Ukraine, de la guerre à la paix?* (Parole et Silence, 2014).

1. www.risu.org.ua
2. Le site penserlarussie.org donne quelques indications au sujet de ces courants racistes : « Le meurtre d'un jeune Russe, commis en octobre 2013 à Biriouliovo, un quartier populaire de Moscou, et attribué à un homme au "faciès non slave" », a déclenché d'abord une vague de mécontentement des riverains, puis de véritables pogroms. Sova, une ONG de lutte contre la discrimination, rapporte une croissance du nombre de crimes de haine : 20 personnes blessées en octobre, 25 en novembre et 3 personnes tuées, contre 168 personnes blessées et 19 homicides au total depuis le début de l'année 2013. » http://penserlarussie.org/

Reportage

Sous la botte de la milice ouzbek

Vincent Gelot

Parti seul à la rencontre des chrétiens dans une quarantaine de pays du Proche-Orient, de l'Asie et de la Corne de l'Afrique, Vincent Gelot a passé deux mois dans une paroisse clandestine d'Ouzbékistan, une des seules communautés catholiques souterraines de toute l'Asie centrale où les messes se célèbrent à l'abri des regards.

L'existence de l'importante minorité chrétienne d'Ouzbékistan relève d'un équilibre fragile. Dans cet ancien pays membre de l'URSS enfermé au cœur de l'Asie centrale, les chrétiens sont pris en étau entre une société ouzbek de tradition musulmane lentement imprégnée par un islam radical et un régime autoritaire tristement classé au huitième rang des États ne respectant pas la liberté religieuse.

Attachés à leurs origines, les chrétiens d'Ouzbékistan sont surtout de nationalité russe, polonaise ou coréenne, descendants des populations déportées au siècle dernier par Staline pour alimenter les camps de travail aux confins de l'empire soviétique. Ils sont majoritairement russes-orthodoxes, mais aussi de confessions protestante et catholique, et représentent 10 % de la population, soit près d'un demi-million de fidèles. Étrangers au pays des Ouzbeks, ils demeurent citoyens d'une république démocratique fantoche – le même président est au pouvoir depuis 1991 – qui garde les stigmates de la période soviétique, où la religion était sujette au contrôle permanent de l'État. La liberté de religion est soumise à un cadre législatif restrictif et les chrétiens sont sujets à des mesures de répression qui ont peu évolué depuis la chute du mur de Berlin : arrestations dans les églises, perquisitions aux domiciles des fidèles, confiscation de littérature religieuse, amendes astronomiques, intimidations, tracasseries administratives et corruptions. La clandestinité s'avère souvent l'unique recours pour continuer à vivre la foi chrétienne, mais aussi musulmane.

Paradoxalement, la référence du régime à l'islam, symbolisé par le croissant musulman sur le drapeau, est avant tout un facteur de fédération nationale, plus que le signe d'une identité religieuse forte ou l'application d'une quelconque charia. D'ailleurs, la religion du prophète Mahomet fait aussi l'objet d'une surveillance sévère des autorités, qui craignent un afflux d'extrémistes islamistes de l'Afghanistan voisin et aussi une répercussion des révoltes antigouvernementales du « Printemps arabe » au Moyen-Orient.

Les stigmates de l'histoire

Les chrétiens actuels d'Ouzbékistan portent encore les contrecoups de l'histoire douloureuse qui les a vus naître. Si la tradition orale et plusieurs hypothèses historiques font remonter la présence du christianisme parmi les tribus nomades ouzbeks à partir de l'arrivée des missionnaires venus de Syrie, les nestoriens, entre le VIIe et le XIIIe siècle, il reste aujourd'hui peu de traces de ce passé chrétien dans la population locale. Le christianisme prit véritablement pied en Asie centrale à la suite de l'arrivée de migrants russes venus à la fin du XIXe siècle et des peuples déportés au sein du bloc soviétique après la Seconde Guerre mondiale. « Les autorités soviétiques firent plus que n'importe quel missionnaire pour l'évangélisation des steppes en déportant des masses de chrétiens venant d'Europe en Asie centrale », ironise le P. Andrei fraîchement arrivé de Pologne, vivier du clergé catholique en Asie centrale depuis cette époque. Ces nouveaux arrivants – polonais, russes, allemands et aussi coréens, déplacés par la guerre de Corée – étaient de confession russe-orthodoxe, protestante et catholique. En dépit des persécutions sous l'Union soviétique, quand la croyance était bannie et les activités religieuses interdites, ils gardèrent leur identité nationale et transmirent leur foi chrétienne. Yadviga, une jeune chrétienne de Boukhara, se le rappelle en ces termes : « Ma grand-mère fut déportée de Pologne. Le soir, nous lisions la Bible en cachette, c'est grâce à elle que je suis catholique. »

À l'inverse, le règne soviétique imposa un vide spirituel dans les mentalités que la société ouzbeke actuelle est incapable de combler. De nombreuses familles sont restées athées ou ont tout simplement arrêté de pratiquer leur culte. « Beaucoup se disent orthodoxes, mais peu viennent à la messe », regrette ainsi une vendeuse d'icônes à l'entrée de l'église russe-orthodoxe d'Ourguentch. D'ailleurs, la pastorale du P. Francis, le prêtre catholique de Samarkand, consiste encore à ramener vers la foi des familles, souvent pauvres et isolées, qui ont oublié leurs racines chrétiennes. « Au fond, la chute du Mur est encore récente, la possibilité de vivre son culte librement est donc quelque chose de neuf », résume-t-il. La dislocation de l'URSS entraîna le retour massif de ces peuples vers leurs patries d'origine, produisant par voie de conséquence une chute du nombre de chrétiens. Les barres d'immeubles à l'abandon qui hantent encore le paysage ouzbek sont la triste empreinte visible de cet exode, vécu comme un drame par ceux qui restent. « Le quartier s'est vidé de ses habitants en quelques mois. Les maisons sont tombées à l'abandon ou ont été immédiatement récupérées par des musulmans », regrette Nina, la dernière luthérienne d'Almalyk. Depuis l'indépendance de l'Ouzbékistan en 1991, la promotion du nationalisme ouzbek et l'instauration de l'islam comme la religion officielle du pays favorisent les discriminations à l'encontre des autres communautés, dont la minorité chrétienne. Le remplacement de la langue nationale du russe par l'ouzbek en est l'exemple criant, car elle creuse un fossé entre les autochtones qui le parlent et les populations uniquement russophones. Anton, un jeune protestant d'origine coréenne, le dit en ces mots : « Je parle uniquement russe et coréen, mais je ne connais pas la langue ouzbek. Même si je suis citoyen de ce pays, je m'y sens étranger. » Les chrétiens baignent également dans une société où l'islam est la religion officielle et majoritaire, ce qui favorise leur isolement et le repli communautaire. Avec le marasme économique et social post-soviétique et le rêve d'un paradis à l'étranger, l'émigration se poursuit. « Il n'y a pas de travail, pas d'avenir en Ouzbékistan. L'avenir pour nous, c'est la Russie ! » annoncent en chœur des servants de messe d'origine russe, qui ont tous l'ambition de poursuivre leurs études universitaires à Moscou.

Face au tableau noir de l'immigration, les chrétiens d'Ouzbékistan font preuve de dynamisme. Une nouvelle génération de chrétiens voit le jour : les ouzbeks convertis. « Leur chiffre est difficile à estimer, mais leur nombre ne cesse d'augmenter, surtout chez les protestants », confie un pasteur presbytérien de Tachkent. La majorité d'entre eux découvrent la foi chrétienne en entrant pour la première fois dans une église, en accompagnant un ami ou en cherchant à combler un vide spirituel. Chez les micro-communautés chrétiennes, la paroisse n'est pas seulement vécue comme un lieu de prière, c'est un espace social. Elle se traduit par la présence quotidienne de fidèles pour assister le prêtre, par l'implication sans faille des jeunes au service de la messe ou par les belles foules réunies sur le parvis de la cathédrale catholique pour assister aux messes dominicales célébrées en russe, en anglais et en coréen.

Des chrétiens en butte au système législatif et policier

A priori, rien ne surprend dans la belle assemblée de fidèles réunis en procession sur le parvis de la cathédrale catholique de Tachkent pour fêter Pâques, si ce n'est le nombre impressionnant d'uniformes verts de la milice ouzbek présents dans la foule, les voitures de police postées dans les rues adjacentes et les contrôles d'identité interminables des frères franciscains par des officiers zélés. Une présence policière justifiée au nom de la lutte contre « l'extrémisme et le terrorisme », une formule couramment utilisée par le gouvernement afin de stigmatiser les groupes qu'il juge indésirables. Ce tableau orwellien illustre la source des maux pour les chrétiens d'Ouzbékistan : la paranoïa de l'État envers la religion, et l'ensemble des institutions qui pourraient échapper à sa mainmise, agir sur les esprits et faire vaciller le pouvoir en place. Pourtant, le décor plaisant des imposantes cathédrales orthodoxes de Tachkent, la capitale ouzbek, et la popularité des lieux de culte chrétiens, une centaine de toutes dénominations répartis sur le territoire, pourraient laisser croire que la liberté religieuse est un acquis en Ouzbékistan.

La réalité est moins évidente. Les institutions chrétiennes sont soumises à un cadre législatif restrictif qui fait que la moindre initiative missionnaire est illégale. La loi prohibe notamment la production et la distribution de publications chrétiennes non autorisées et interdit aux mineurs d'appartenir à des organisations religieuses. Sortir des églises pour évangéliser, comme l'annonce le pape François, s'avère compliqué, commente Mgr Jerzy Maculewicz, l'évêque catholique d'Ouzbékistan : « Même si notre Église est officiellement reconnue, nous sommes pieds et poings liés car la loi interdit toute activité missionnaire. Nous accueillons et catéchisons les gens qui viennent à nous, mais nous n'avons pas le droit d'annoncer l'Évangile en public. » La loi introduit surtout un système redoutable d'enregistrement des lieux de culte, seule alternative légale pour un groupe supérieur à dix personnes de se réunir pour prier. Un moyen de contrôle qui a fait ses preuves en Union soviétique et qui est encore en usage dans les républiques d'Asie centrale. Le processus d'enregistrement est coûteux et démesurément long. « Des années d'attente et de bakchichs », résume un pasteur protestant, qui voit dans cette mesure une réaction des autorités face à l'essor fulgurant des minorités évangélistes. D'ailleurs, depuis 2005, le régime serre la vis et les enregistrements sont délivrés au compte-gouttes. En conséquence, des communautés sans existence légale fleurissent au point de dépasser souvent le nombre de paroisses autorisées. Ainsi, pour la seule Église pentecôtiste, une communauté sur cinq possède une existence légale. « Le système est tellement restrictif que, quoi que nous fassions, nous tombons dans l'illégalité », accuse un membre de l'Église baptiste.

Afin de décourager les rassemblements illégaux de chrétiens, les autorités font usage de la force. Les violences exercées prennent le visage de descentes musclées effectuées par la milice locale aux domiciles des chrétiens, lieux de réunion informels des groupes cachés. La punition tombe d'abord sur le chef de la communauté, arrêté et condamné à des peines d'emprisonnement lourdes, comme en fit l'expérience le pasteur pentecôtiste Dmitry Shestakov, détenu dans un camp de rééducation pendant quatre ans. « La chasse à la littérature religieuse et aux communautés non enregistrées entraîne des perquisitions sans alibi », regrette un protestant d'origine coréenne dont la maison a été vandalisée par la police. Les fidèles hors la loi doivent s'acquitter d'amendes colossales qu'ils sont souvent incapables de payer.

Le cas de la communauté souterraine d'Angren

Dans ce climat de chasse aux sorcières, le quotidien des communautés chrétiennes non enregistrées est celui de la clandestinité. À ce titre, la paroisse catholique d'Angren constitue un exemple éclairant.

Son prêtre diocésain, le P. Jaros Ieroslaw, en est l'homme fort incontournable. Surnommé le « Prêtre des Gitans » en référence à sa barbe de trois jours, ce vieux briscard d'origine polonaise fit ses premières armes dans le Caucase, puis dans les steppes de Sibérie orientale dans les années 1990. Il en a été expulsé, ainsi qu'une poignée de journalistes et d'ONG, par les services secrets russes dirigés par Vladimir Poutine. Il est, depuis 2008, en charge de cette paroisse non enregistrée qui réunit une cinquantaine de fidèles autour de la localité d'Angren. Avant son arrivée, les paroissiens avaient entrepris de leur propre chef de faire enregistrer la salle communautaire, qui fait office d'église, auprès des autorités locales. Devant le silence persistant des institutions étatiques, le P. Ieroslaw avait pris la décision de réunir ses fidèles de manière informelle pour prier. « Mes paroissiens sont des gens pauvres qui vivent isolés les uns des autres dans un environnement peu porté à la spiritualité. Si je ne les rassemble pas, leur foi s'éteindra », justifie-t-il. Une audace qui entraîna un contrôle de police le soir de Noël de l'année 2011. La porte de la salle fut scellée sur-le-champ et la petite assemblée, réunie pour célébrer la naissance du Christ, dispersée. Désormais, au terme d'un marathon quotidien dans les transports en commun, il se déplace au domicile de ses paroissiens. Ces barres d'immeubles vétustes héritées de l'époque soviétique où il officie désormais, le P. Ieroslaw les nomme « ses cathédrales ».

Quand il veut rassembler ses fidèles, les montagnes constituent le meilleur refuge pour la petite communauté. À l'abri des regards, ils prient, chantent, célèbrent la messe ou improvisent un chemin de croix.

Le P. Ieroslaw a été expulsé d'Ouzbékistan en mai 2014 et la communauté d'Angren demeure sans prêtre.

Après des études d'histoire et de géopolitique, **Vincent Gelot** se lance en 2012 dans un périple au long cours dans le but de partager le quotidien et de recueillir les témoignages des communautés chrétiennes d'Orient les plus isolées ou menacées : Proche-Orient, Asie centrale, Corne de l'Afrique...

Analyse

Balkans : les chrétiens otages des nationalismes

Roberto Morozzo della Rocca

Dans les Balkans, les musulmans présents depuis les conquêtes ottomanes du XVe siècle ont longtemps coexisté pacifiquement avec les populations catholiques et orthodoxes, jusqu'à ce que les nationalismes transforment cette région en poudrière et déclenchent la Première Guerre mondiale. La dernière décennie du XXe siècle a été marquée par deux guerres successives où le facteur religieux s'est retrouvé au cœur des logiques nationalistes. En Bosnie, aujourd'hui essentiellement partagée entre Croates musulmans et Serbes orthodoxes, la fragile minorité catholique a été divisée par deux et endure de graves discriminations. Au Kosovo, la minorité serbe orthodoxe, en particulier les communautés religieuses, est continuellement la cible de violences de la part de groupes musulmans albanais.

Toute évocation du martyre des chrétiens dans les Balkans se doit de rappeler certains événements décisifs intervenus ces dernières décennies dans le cadre de la désagrégation de la Yougoslavie. Mais pas seulement. Elle se doit aussi de souligner la cause principale de la tragédie qui s'y est jouée – à savoir : les formes diverses et variées de nationalisme qui ont animé les conflits, de 1991 à 1999, puis les (chaotiques) années d'après-guerre, en Bosnie-Herzégovine et au Kosovo notamment.

Si les catholiques ont été persécutés dans les Balkans, c'est avant tout en raison de leur faiblesse numérique. En 1991, à la veille de la guerre engendrée par le processus de dissolution de la Yougoslavie, les catholiques de Bosnie-Herzégovine – lesquels correspondent à l'élément croate – étaient 820000, soit 17 % de la population totale. À peine 400000 aujourd'hui, ils n'en représentent plus que 8 %. Dans le même temps, la proportion de Serbes est passée de 33 % à 37 % tandis que les musulmans (qu'on appelle désormais les Bosniaques) ont fini par représenter plus de la moitié de la population. C'était en 2005.

Comment en est-on arrivé là ? Conformément aux accords de Dayton, signés en 1995, la Bosnie-Herzégovine est aujourd'hui un État unique mais partagé en deux entités : la Fédération croato-musulmane et la République serbe. Dans chacune d'elles, les catholiques ont été persécutés. Au final, leur nombre a diminué de moitié. Dans les zones serbes, on a assisté, de 1992 à 1995, à un nettoyage ethnique brutal qui n'a pas été compensé par des retours – ou quasiment pas. Quant à la Fédération croato-musulmane, on a observé partout – sauf en Herzégovine occidentale, où les Croates forment une majorité compacte – un exode des catholiques. À sa source, des conditions de vie rendues difficiles, la frange musulmane étant devenue nettement majoritaire lorsque les Serbes et les chrétiens orthodoxes se sont concentrés au sein de leur entité territoriale – la République serbe, précisément.

Toutes les composantes de la population bosniaque – musulmans, Serbes, Croates – se sont battues les unes contre les autres pendant la guerre. Celle-ci fit environ 100000 morts, diversement répartis entre les trois entités citées. Cependant, les victimes du conflit n'ont pas été les cibles d'une persécution religieuse, mais de nationalismes qui entendaient s'attaquer à la croyance d'autrui en tant que fondement de la nationalité, en vertu de l'axiome qui, en Europe orientale et balkanique, identifie religion et nation. Nombreux sont les cas où les victimes chrétiennes ont été l'objet d'une violence religieuse fanatique. Précisons qu'on dénombra lors des conflits plusieurs milliers de *moudjahidin* particulièrement sanguinaires, enrôlés parmi les troupes bosniaques-musulmanes du gouvernement de Sarajevo (l'Armija BiH) pour affronter les Serbes, mais aussi les Croates lors d'une certaine phase du conflit. Difficile d'en donner une estimation précise dans la mesure où les informations à leur sujet sont restées confidentielles : on parle cependant d'environ 4000 hommes au total. Une bonne partie d'entre eux formèrent une unité à part, la brigade « El Mudžahedin », une sorte de féroce « Légion étrangère » islamique qui, au nom d'Allah, s'est battue en considérant ses adversaires ni plus ni moins comme des « croisés » chrétiens à anéantir. Issus de la galaxie composite de l'islam fondamentaliste international, ces *moudjahidin* se sont distingués par leur témérité, leurs incursions intrépides derrière les lignes ennemies mais aussi par leur volonté de ne jamais faire de prisonniers et parfois de couper les têtes de leurs victimes après avoir semé la terreur parmi les civils du camp adverse.

Aux victimes de la guerre proprement dite, les Croates catholiques ont dû ajouter celles des sanglants nettoyages ethniques perpétrés contre eux par les musulmans et surtout par les Serbes. Rappelons ici que cette opération consiste à brutaliser, à tuer et à terroriser la masse des individus indésirables jusqu'à ce qu'ils prennent la fuite.

Un clergé agressé, des églises vandalisées

À la fin de la guerre, en 1995, les catholiques n'ont guère représenté qu'une faible minorité tant dans la partie serbe de la Bosnie-Herzégovine que dans la Fédération croato-musulmane – bien que cette appellation n'ait rien d'officiel. Les Serbes ont fait obstacle au retour des réfugiés croates catholiques tandis que les musulmans de ladite Fédération ont activement cherché à rendre la vie difficile aux catholiques croates, de manière à les faire émigrer.

Aucun droit au travail, aucune assistance sanitaire : voilà les conditions que doivent affronter au quotidien les catholiques dans cette région de la Bosnie-Herzégovine, où l'on agresse le clergé, où l'on vandalise les églises et où les aides publiques, l'assistance sociale, la justice et la sécurité sont réservées à la frange musulmane de la population. Sarajevo, vitrine historique et symbolique de la multiethnicité, du multiculturalisme et du multiconfessionnalisme, où, en 1991, les catholiques représentaient 15 % de la population et les orthodoxes 33 %, est aujourd'hui devenue une ville à 90 % musulmane. Le Sarajevo d'aujourd'hui n'est plus du tout celui d'hier : c'est une réalité islamique. Au sein de la Fédération croato-musulmane s'est engagé depuis des années un nettoyage ethnique certes sans victimes mais qui n'en est pas moins efficace que celui mené par les Serbes pendant la guerre dans les territoires devenus la République serbe. Chaque année, les catholiques s'en vont par milliers – en Croatie, en Allemagne, aux États-Unis.

Les statistiques relatives aux pertes subies par l'Église catholique en Bosnie-Herzégovine pendant la guerre de 1991-1995 parlent de l'assassinat de huit prêtres, de quelques religieuses et d'un nombre indéterminé de fidèles. Difficile en effet de discerner l'*odium fidei* dans la mort violente de personnes de nationalité croate, encore que les décès liés aux attaques et aux destructions de bâtiments sacrés soient déjà un indicateur. Sans compter que ces mêmes statistiques mettent en évidence l'anéantissement systématique de lieux de culte et de paroisses. On a en effet recensé dans toute la Bosnie-Herzégovine 133 églises catholiques entièrement détruites, 113 gravement endommagées – par les forces militaires aussi bien serbes que musulmanes. Ont été entièrement détruits cinq monastères, tous frappés par les forces serbes, et huit cimetières, tous dévastés par les forces musulmanes. Signalons que même les églises et les monastères orthodoxes ont subi des actes de destruction et de vandalisme, mais dans une moindre mesure que les bâtiments sacrés catholiques. Rien de surprenant, d'ailleurs, dans la mesure où pendant une grande partie du conflit, les Serbes ont contrôlé plus de la moitié du territoire de Bosnie-Herzégovine. Parallèlement, ces derniers ont également détruit des mosquées.

Les chrétiens orthodoxes du Kosovo ont, eux, subi une forme particulière de persécution. Liés à l'élément ethnique serbe, ceux-ci représentaient, selon différentes estimations, entre 10 % et 15 % de la population totale jusqu'au conflit de mars-juin 1999, qui entraîna l'exode de la majorité d'entre eux. Vainqueurs de la guerre grâce au soutien de l'OTAN, les Albanais ont fait durement payer aux Serbes d'avoir longtemps dominé la région en opprimant les natifs. Environ 1300 Serbes ont été tués ou ont disparu sans jamais redonner signe de vie. Des centaines de civils serbes auraient même été enlevés puis transférés dans des structures paramédicales où on préleva leurs organes avant de les supprimer. De lourdes accusations sur lesquelles des enquêtes internationales sont actuellement chargées de faire toute la lumière.

Au Kosovo, la violence anti-serbe s'est tout spécialement concentrée sur les symboles religieux orthodoxes. Les Albanais du Kosovo sont à 96 % musulmans et à 4 % catholiques, tandis que les Serbes sont largement de confession orthodoxe. Durant les mois qui ont immédiatement suivi la fin des hostilités, entre juin et octobre 1999, 76 lieux de culte orthodoxes ont été attaqués, détruits ou ont subi des dégâts irréversibles. Près d'un quart d'entre eux avaient été construits avant le XIXe siècle. À ce titre, le sort de l'église de la Vierge Hodigitria de Mušutište est tout à fait éloquent. Datant du début du XIVe siècle, ce lieu de culte a été vandalisé au mois de juin 1999 puis définitivement détruit à coups d'explosifs le mois suivant. À la même époque, d'autres églises ont été dynamitées ou incendiées. Par la suite, la succession d'attentats contre les églises et les monastères se poursuivit – de loin en loin cependant – jusqu'à la flambée de violence des « pogroms » du mois de mars 2004. À son origine, la noyade de deux enfants dans un fleuve dont on accusa, à tort, les Serbes. Les médias albanais enflammèrent les esprits, provoquant un soulèvement populaire anti-serbe au demeurant fort bien préparé et organisé. En plus d'une vingtaine de morts, cette émeute conduisit à la destruction systématique de milliers d'habitations et de biens appartenant à la minorité tant haïe. Ce que signale un rapport de Kofi Annan du 30 avril 2004 :

> Lors d'attaques contre le patrimoine culturel et religieux du Kosovo, 36 églises orthodoxes, monastères et autres sites religieux et culturels ont été endommagés ou détruits. Les lieux de culte qui ont été attaqués remontent jusqu'au XIVe siècle. Deux d'entre eux ont été classés par l'Unesco comme sites de valeur universelle et un troisième est classé comme site de valeur régionale. Par ailleurs, des biens de l'UNMIK et de la KFOR ont été endommagés ou détruits.

Comme en atteste leur classement au patrimoine mondial de l'Unesco, certains des bâtiments sacrés frappés au mois de mars 2004 constituent de véritables chefs-d'œuvre artistiques. Nous pensons ici à deux bâtiments de la ville de Prizren, l'église de la Vierge de Leviša (XIIe siècle), ainsi qu'au monastère des Saints-Archanges (XIVe siècle). Pourquoi les troupes allemandes de la KFOR, pourtant censées protéger de tels bâtiments, et qui stationnaient dans la région, ont-elles fait preuve d'une telle inertie ? Mystère. À Dakovica, le monastère de l'Assomption-de-la-Vierge-Marie fut attaqué par des milliers de personnes et entièrement rasé – on veilla même à détruire jusqu'à ses fondations pour en faire un parking. Ce déferlement de violence frappa également des églises orthodoxes au-delà des frontières du Kosovo, comme celle du monastère de Dlesok, en Macédoine, où vit une forte minorité albanaise.

Haine envers la religion de l'ennemi

Parallèlement à la destruction des lieux de culte chrétiens de leurs ennemis serbes, les Albanais du Kosovo se sont activement lancés dans la construction de mosquées pour marquer le territoire de l'empreinte de leur foi, prédominante. Il s'agit d'ailleurs là d'une caractéristique commune à toutes les crises balkaniques des vingt-cinq dernières années : l'hostilité ethnique s'est accompagnée, pour les belligérants, d'une haine envers la religion de l'ennemi et d'une affirmation de leurs propres symboles religieux. La destruction et la dégradation de bâtiments sacrés ont toujours été une constante, depuis la guerre en Croatie, amorcée en 1991, jusqu'à la crise en Macédoine, lors de la brève mais violente période d'affrontement entre les Albanais et les Slaves orthodoxes macédoniens, en 2001. Cette année-là, même si le conflit ne déboucha pas sur une véritable guerre civile assortie d'un grand nombre de victimes, plusieurs églises orthodoxes furent détruites ou endommagées. En 2012, toujours en Macédoine, la présence de masques représentant des cochons dans un cortège populaire au moment du carnaval fut considérée comme une attaque contre l'islam. En conséquence de quoi les Albanais incendièrent des églises et des croix dans diverses localités tandis que des défilés de protestation scandaient des slogans comme : « Mort aux chrétiens ! »

De fait, l'attaque des lieux de culte de l'adversaire a été systématiquement pratiquée lors des guerres en Yougoslavie – et ce, quel que soit le théâtre du conflit. Églises catholiques, églises orthodoxes, mosquées, édifices et symboles des différentes communautés religieuses, cimetières ornés de croix ou de croissants islamiques : tout ce qui avait un rapport avec la croyance de l'adversaire fut brûlé, dynamité, violé, détruit, anéanti. Impossible de ne pas y voir la conséquence du lien étroit entre religion et nation. Les Croates sont catholiques, les Serbes, orthodoxes, et les Bosniaques, musulmans. Ces derniers ont même directement fondé leur nationalité sur leur appartenance religieuse puisque rien ne les séparait ethniquement ou linguistiquement des Croates et des Serbes – il est d'ailleurs étonnant de voir, à notre époque, un peuple se constituer en tant que tel sur une base exclusivement religieuse. À la différence de la population d'Albanie, en grande partie de confession chrétienne (il existe une frange musulmane, assez modérée cependant), les Albanais du Kosovo et de Macédoine sont, eux, presque exclusivement musulmans. Par ailleurs, ils vivent leur appartenance en marquant nettement leur différence vis-à-vis du christianisme orthodoxe des Serbes et des Macédoniens slaves, leurs adversaires.

Mais ne nous méprenons pas : les guerres et les crises dans les Balkans, de 1991 jusqu'à aujourd'hui, ne sont pas des conflits religieux. Les croyances furent inévitablement partie intégrante de l'affrontement né de la désintégration de la Yougoslavie sans pour autant en être la cause. Celles-ci furent en revanche utilisées par ceux qui menaient et alimentaient la guerre. Ce n'est qu'à ce titre qu'elles ont été, de façon secondaire, un facteur de conflit. Si d'aventure les clergés chrétien et musulman ont invoqué Dieu pour soutenir leurs armées respectives, c'est qu'ils furent conquis, comme tant d'autres, par les sirènes nationalistes – et non parce que le message authentique de leur religion les y aurait autorisés. Dans un texte du 2 septembre 2006 évoquant les religions et « l'esprit d'Assise » interreligieux comme source de paix, Benoît XVI fit remarquer que les religieux pouvaient afficher des « limites culturelles » – néanmoins tout à fait étrangères à la foi qu'ils professent :

> Malgré les différences qui caractérisent les chemins en religion, la reconnaissance de l'existence de Dieu, à laquelle les hommes peuvent parvenir en partant uniquement de l'expérience de la création, ne peut que disposer les croyants à

> considérer les autres êtres humains comme des frères. Nul n'est donc autorisé à élire le motif de la différence religieuse comme présupposé ou comme prétexte à une attitude belliqueuse envers d'autres êtres humains.
> On pourrait objecter que l'histoire connaît le triste phénomène des *guerres de religion.* Nous savons toutefois que de telles manifestations de violence ne peuvent être attribuées à la religion en tant que telle, mais aux limites culturelles avec lesquelles elle est vécue et se développe dans le temps. Pourtant, une fois que le sens religieux a atteint sa maturité, elle engendre chez le croyant la conscience que *la foi en Dieu, Créateur de l'univers et Père de tous, ne peut que promouvoir entre les hommes des relations de fraternité universelle.* De fait, on observe les preuves du lien intime existant entre le rapport avec Dieu et l'éthique de l'amour dans chacune des grandes traditions religieuses. Nous, chrétiens, nous nous sentons en cela confirmés et éclairés encore davantage par la Parole de Dieu...

Si de nombreuses personnes ont été victimes des massacres récemment perpétrés dans les Balkans parce qu'elles étaient de confession chrétienne, si des symboles et des lieux de culte ont régulièrement été pris pour cibles, c'est que le fondement de l'identité des peuples balkaniques réside dans leurs fois religieuses respectives. Qu'est-ce qui différencient les Serbes et les Croates à part leur confession chrétienne divergente? Ni leur origine ethnique (les uns et les autres sont des Slaves), ni leur langue (qui était la même il y a encore quelques années de cela). Il n'empêche : les religions sont confisquées, instrumentalisées, manipulées à des fins d'affirmation ethnique à partir du moment où leur lien profond avec chaque peuple peut facilement s'y prêter.

Le nationalisme, premier responsable des deuils

Si, au Kosovo comme en Macédoine ou en Bosnie-Herzégovine, les étincelantes mosquées et les monastères anciens sont investis d'une valeur symbolique dans la lutte entre les peuples, c'est qu'ils représentent leur culture et leur identité. À Pristina, au cours des années 1990, l'affrontement entre Serbes et Albanais était visible jusqu'au sein du grand campus universitaire : d'un bord, la grande église orthodoxe en construction à côté de la bibliothèque, de l'autre, non loin de celles des bains turcs balkaniques, les innombrables petites coupoles de style islamique – reflets de la croyance majoritaire parmi les Albanais. Quant aux cimetières, où les drapeaux nationaux sont placés tout près des tombes ornées de croix ou des sépultures musulmanes, ils témoignent eux aussi du rapprochement entre nation et religion.

Les guerres balkaniques des années 1990 sont des guerres civiles où l'on a tenté d'instrumentaliser les religions. Rappelons par ailleurs que le lien entre nation et religion, en Europe orientale et balkanique, ne valorise pas les religions en tant que telles mais qu'il en fait une dimension culturelle de la nation. La conscience nationale se greffe sur l'appartenance confessionnelle sans s'identifier avec la foi religieuse personnelle. Chaque individu a la possibilité d'adhérer à cette alliance entre nation et religion sans que son identité de croyant n'entre en jeu. On peut ne pas avoir de croyance personnelle mais, dans le même temps, appartenir à une religion dans la mesure où l'on est membre d'une nation. Le lien entre les individus est alors établi avec une communauté culturelle transmise de génération en génération et formée à la fois par la nation et par la religion.

En définitive, dans les guerres comme dans les crises, c'est le nationalisme qui guide les esprits. Les religions et les appartenances confessionnelles y sont volontiers dressées les unes contre les autres. On en arrive parfois jusqu'au martyre, à être tué pour des raisons religieuses. Mais le premier et le dernier responsable des deuils, des persécutions, des martyres des croyants, comme ce fut le cas lors des dernières décennies, c'est bien le nationalisme, alimenté par les politiciens et les médias. Rien d'autre.

Traduit de l'italien par Marc Lesage

Né en 1955, Roberto Morozzo della Rocca est un historien italien, spécialiste de l'Europe orientale et des Balkans, particulièrement des rapports entre nations et religions. Professeur à l'université de Roma La Sapienza, il a récemment publié *Passaggio a Oriente. La modernità e l'Europa ortodossa* (2012) et *Tra Est e Ovest. Agostino Casaroli diplomatico vaticano* (2014).

Amérique latine
Le prix de la résistance

Mexique
Cuba
Colombi
Brésil

Introduction

Jean Meyer

Depuis l'évangélisation du XVIe siècle, l'Église catholique est une des institutions centrales en Amérique latine, antérieure à l'État moderne qui, au cours de sa difficile gestation, a plus d'une fois mal supporté son rôle fondamental dans l'organisation et le fonctionnement de la société. Pendant près de quatre siècles, elle a joui d'un monopole religieux presque complet, à la différence de l'Europe. Cette stabilité générale fut remise en question au XIXe siècle par les libéraux, sans que la situation en fût fondamentalement changée. Au XXe siècle, l'anticléricalisme agressif du gouvernement révolutionnaire mexicain, entre 1926 et 1938, échoua de la même manière.

La nouveauté survint dans le champ religieux avec l'apparition, au début du XXe siècle, au Chili et en Argentine, du mouvement pentecôtiste ; de là, il s'étendit au Brésil, puis en Amérique centrale dans les années 1950, pour finalement atteindre le Mexique. Comme dans le reste du monde, les très dynamiques Églises évangéliques connaissent une croissance remarquable, alors que les Églises historiques protestantes n'avaient jamais véritablement pris racine en Amérique latine ; ainsi, on évalue qu'entre un quart et un tiers la population brésilienne ou guatémaltèque appartient à une communauté évangélique. Au Mexique : autour de 8 %, mais dans l'État du Chiapas, qui est à la frontière du Guatemala, les évangéliques représentent un tiers de la population. Il faut donc savoir que si l'Église catholique est largement majoritaire et massivement implantée dans le continent, elle ne jouit plus de son monopole séculaire.

Cela peut expliquer que l'Église catholique, défiée sur ce qu'elle considérait comme son territoire, ait pris conscience des conséquences d'un développement économique irrégulier et déséquilibré, entretenant ou engendrant de graves inégalités sociales et régionales. Ce n'est pas un hasard si la « théologie de la libération » est née en milieu catholique et en Amérique latine, à l'heure du concile Vatican II. Le néoprotestantisme des Assemblées de Dieu – généralement conservateur et soutenu aussi bien par les régimes autoritaires que par les États-Unis – a contribué à radicaliser certains catholiques.

En 1969, le Rapport Rockefeller notait : « L'Église catholique en Amérique latine est aujourd'hui en effervescence comme elle ne l'a jamais été… L'Église, avec un profond idéalisme – mais de ce fait, parfois vulnérable à la pénétration subversive – est prête, si cela était nécessaire, à mener une révolution pour mettre fin à l'injustice, mais sans voir clair quant à la nature ultime de cette révolution, c'est-à-dire du système de gouvernement qui permettrait de réaliser la justice qu'elle recherche. » Dix ans plus tard, en 1979, le président Jimmy Carter ordonnait à la CIA de suivre de près le mouvement catholique en Amérique latine, pour éviter d'amères surprises, comme celle que les États-Unis venaient de connaître en Iran.

Depuis le concile et la ratification, en 1968, de l'engagement en faveur des pauvres à la Conférence des évêques d'Amérique latine (CELAM) de Medellín (Colombie), l'Église assumait une position critique contre les dictatures et la situation de « péché structurel » des sociétés latino-américaines, tandis que se diffusait la théologie de la libération – mieux vaut dire « les » théologies – et le mouvement des communautés de base. À partir de 1971, Gustavo Gutiérrez Merino en tête, puis Hugo Assmann, Frei Betto, Leonardo Boff, Pablo Richard Guzmáir, Jon Sobrino, Ignacio Ellacuría S.J. (assassiné par les militaires, en novembre 1989, en compagnie de ses collègues jésuites de l'université du Salvador) et d'autres encore, développent la théorie qui s'incarne dans toute une gamme d'activités : pastorales populaires, de la culture (« fais-toi indien avec l'Indien »), de la terre (pour une réforme agraire et, en ville, un logement pour tous), du travail (syndicalisme de combat à l'usine, à la mine, dans les plantations), de la femme. Communautés ecclésiales de base, groupes de quartier, comités de défense des droits de l'homme, commissions Justice et Paix se forment à partir du réseau traditionnel de l'Action catholique.

Le tribut de l'engagement chrétien en faveur des pauvres

Ce sont ces catholiques, soutenus par des prêtres et des évêques, qui créent un puissant mouvement ouvrier et paysan au Brésil et, à un degré moindre, un peu partout. La riposte ne se fait pas attendre : répression massive et appui à une contre-révolution religieuse qui manipule les évangélistes contre les militants catholiques, jusqu'à les enrôler dans la contre-guérilla, comme celle du général et président du Guatemela, le « frère » Gómez Mont, à l'heure des massacres massifs frisant le génocide. Du coup, ces catholiques se radicalisent encore davantage et, parfois, passent à la lutte armée, comme en Amérique centrale, où ils jouent un rôle prépondérant dans la révolution qui triomphe au Nicaragua et dans la terrible guerre civile du Salvador avec un archevêque martyr, Óscar Romero, assassiné dans sa cathédrale, en mars 1980.

L'éthique chrétienne de la fraternité ne fut pas remise en question par la Conférence des évêques d'Amérique latine, à Puebla (Mexique) en 1979, même si Jean-Paul II condamnait cette théologie de la libération quand elle allait jusqu'au marivaudage avec le marxisme. Puebla reprit l'expression de Medellín : « option préférentielle pour les pauvres. » Pauvres conçus comme sujets de leur propre histoire, acteurs de leur propre libération politique, économique, sociale. Le risque était et est toujours grand de provoquer la réaction de ceux qui se sentent menacés par cette « option ». Le cardinal brésilien Hélder Câmara, qui s'était engagé dans cette voie avant même le concile, le définit clairement : « Tant que je disais qu'il fallait aider les pauvres, on me considérait comme un saint ; quand j'ai demandé pourquoi il y avait tellement de pauvres, on m'a traité de communiste. » Le coup d'État de 1964, qui instaura pour de longues années un régime militaire très dur au Brésil, fut en bonne part la réaction à l'engagement des catholiques. S'ensuivit une cascade de coups d'État militaires qui établit une véritable Internationale noire sur toute l'Amérique latine – Mexique, Costa Rica et Colombie exceptés.

Les militants du catholicisme de la libération payèrent un lourd tribut : aussi bien les guérilleros et militants politiques, que les acteurs sociaux pacifiques, laïcs, prêtres, religieux et religieuses. Ils ont contribué au reflux des régimes dictatoriaux et au retour de la démocratie politique. En 1994 encore, le mouvement néozapatiste dans l'État du Chiapas, au Mexique, ne se comprend pas sans la théologie de la libération et celle du multiculturalisme ou de « l'inculturation » pratiqué par l'archevêque Samuel Ruiz García, qui rêvait d'une « Église indienne » et ordonnait diacres des hommes mariés, en attendant, qu'un jour, ils puissent devenir prêtres. Don Samuel fut menacé de mort à plusieurs reprises et le gouvernement mexicain, épaulé par le nonce de l'époque (mieux vaut oublier son nom), demanda vainement à Rome de le relever. Cela se passait quelques mois avant le soulèvement de janvier 1994. Il fut ensuite accusé d'être le véritable inspirateur et secret dirigeant du mouvement ; le sous-commandant Marcos aurait été le subordonné du « commandant Sam »...

Aujourd'hui, en Amérique latine, il n'y a plus de dictatures militaires, même si la démocratie politique ne se porte pas très bien et si de nombreux dirigeants politiques réforment les constitutions pour se perpétuer au pouvoir. Malgré la croissance économique, les inégalités sociales restent très grandes, si bien que, dans l'Église catholique, il y a toujours, clercs et laïcs confondus, des gens pour lutter pour le « communisme d'amour fraternel » dont parlait Max Weber lorsqu'il formulait le concept de religion communautaire de salut.

Aujourd'hui, les chrétiens latino-américains ne sont pas persécutés ou discriminés, comme ils peuvent l'être en d'autres parties du monde – encore qu'à Cuba la situation soit loin d'être « normale » et que les critiques formulées par les évêques catholiques contre les gouvernements de Chávez puis de Maduro, au Venezuela, soient très mal prises. Néanmoins, les chrétiens engagés continuent à payer leur « option préférentielle pour les pauvres » au prix fort : enlèvements, séquestrations, tortures, assassinats font rarement la une des journaux et il est impossible de dresser une statistique fiable à l'échelle de la nation, encore moins à celle du continent.

Des prêtres trop gênants

C'est ce qui donne toute leur valeur aux témoignages personnels, comme celui de l'évêque mexicain Raúl Vera, ou celui d'un Français au Brésil, frère Henri Burin des Roziers, avocat des « sans-terre ». « Jamais je n'ai souffert de persécution pour des motifs religieux, mais bien à cause de mon travail pastoral comme évêque », ainsi débute le témoignage du dominicain mexicain, évêque depuis 1988, coadjuteur de monseigneur Samuel Ruiz García en Chiapas et, depuis 2000, évêque de Saltillo, dans le nord du Mexique. Sa défense des mineurs de Monclova, des émigrants venus d'Amérique centrale dans l'espoir de passer aux États-Unis et qui sont les victimes des trafiquants d'hommes, femmes et enfants, et des assassins des cartels de la drogue, en un mot, sa défense des droits de l'homme ne lui rend pas la vie facile et met en danger celle de ses collaborateurs.

Ce n'est pas neuf au Mexique, hélas. Depuis 1938 les relations entre l'Église et l'État sont normalisées et il y a belle lurette que la persécution religieuse, qui a provoqué dans les années 1920 le grand soulèvement des Cristeros, a pris fin. En 1992, les articles constitutionnels qui menaçaient l'indépendance de l'Église ont été supprimés et le Mexique a établi des relations diplomatiques avec le Saint-Siège. Les catholiques, religieux ou laïcs, ne sont donc pas poursuivis, battus, tués, en tant que tels, mais en tant que personnes engagées, de par leur foi, dans un combat juridique, social, économique, politique ou même pour avoir voulu défendre une forêt ou une rivière. C'est ainsi que, bien avant l'arrivée de Mgr Vera à Saltillo, des catholiques menaient le combat aux côtés des ouvriers métallurgiques qui luttaient à la fois contre l'entreprise et contre des dirigeants syndicaux véreux. Ils participaient aussi, quand ils n'en étaient pas les inspirateurs, à la lutte des bidonvilles à la périphérie des grandes villes de Torreón, Durango, Chihuahua, Monterrey, dans le nord du Mexique. Le Secrétariat social du diocèse de Monterrey publiait un mensuel dont le titre était tout un programme : « Foi historique. Toute la foi dans la vie. »

De ce fait, à plusieurs reprises, les gouvernements locaux (le Mexique est une fédération) ont tout fait pour se débarrasser des prêtres trop gênants ; ainsi, des treize prêtres qui accompagnaient les mouvements populaires de la région de Torreón, cinq furent emprisonnés ou assignés à résidence, d'autres furent expulsés de l'État. L'assassinat n'est jamais exclu, tel celui du P. Rodolfo Aguilar, en mars 1977. Dans les dernières années, tout récemment, plusieurs prêtres (cinq ? six ? plus encore ? on ne sait, faute d'informations) ont été assassinés dans l'État du Michoacán, au centre-sud du Mexique. D'autres ont été séquestrés et libérés moyennant rançon. Par qui ? par les gangs qui depuis des années mettent ce malheureux État en coupe réglée, ce qui a provoqué l'an dernier un spectaculaire mouvement d'autodéfense, appuyé dans certains cas par le clergé.

Ce sont ses agents de pastorale qui, depuis la frontière guatémaltèque jusqu'à la frontière américaine, organisent le mieux possible l'assistance aux émigrants tout le long de leur tragique odyssée. Ceux de toutes les villes du Nord, proches de la frontière, sont les plus actifs ; ils se heurtent au grand banditisme organisé qui trafique avec les émigrants mexicains, centraméricains, équatoriens (et les massacre le cas échéant), mais aussi aux autorités mexicaines, à tous les niveaux, et à celles des États-Unis. Ils ont mis en place tout un réseau de Maisons de l'Émigrant et leurs avocats assurent la défense des droits des émigrants. Dans le sud du Mexique, au début de la chaîne, des prêtres ont été menacés de mort et ont échappé par miracle à l'assassinat.

Je me suis étendu sur le cas mexicain parce que je vis dans ce grand pays aussi généreux que terrible, mais ce que dit le dominicain Henri Burin des Roziers de sa situation au nord du Brésil, dans l'État de Pará, est du pareil au même. Comme tous ceux qui travaillent à un peu plus de justice et un peu moins de violence, il est menacé d'assassinat à cause de son engagement en faveur des paysans sans terre et de sa dénonciation du véritable esclavage qui caractérise leurs conditions de travail. Sa tête a été mise à prix en plusieurs occasions et des tueurs à gages ont même été engagés. Il travaillait au sein de la Commission pastorale de la terre, qui défend les droits des sans-terre. Comme Tomás Balduino, décédé à quatre-vingt-douze ans en mai 2014, « l'évêque des sans-terre ». Ce dominicain appartenait à la glorieuse génération du concile Vatican II et avait pris très au sérieux une théologie orthodoxe de la libération, s'engageant à fond dans « l'option préférentielle pour les pauvres », dans un pays qui en compte beaucoup trop. Évêque de Goiás de 1967 à 1999, il défia la dictature militaire, puis les grandes entreprises agricoles et forestières qui dépouillent les communautés indiennes comme les paysans. Lui aussi fut menacé de mort, comme l'évêque du Mato Grosso, P. Casaldáliga, comme le frère Henri Burin des Roziers.

Jean Meyer, historien franco-mexicain au CIDE, Mexico, est notamment l'auteur de *Apocalypse et révolution au Mexique. La guerre des Cristeros,* Gallimard, 1974 ; *Les Chrétiens d'Amérique latine,* Desclée, 1991 ; *La Rébellion des Cristeros,* éditions CLD, 2014 ; *La Cristiada, la guerre du peuple mexicain pour la liberté religieuse,* éditions CLD, 2014.

Cuba

- Population = 11 241 161
- **Chrétiens = 60 %**
  Sans religion = 23 %
  Religion traditionnelle = 17 %

Témoignage

Une ouverture en trompe-l'œil ?

Francisco Olallo

À la suite de l'effondrement du bloc soviétique, le régime communiste de Cuba a entamé une lente transition démocratique. Cette dernière implique pour les chrétiens, sévèrement réprimés depuis les années 1960, un retour officiel à la liberté de culte. Néanmoins, comme en témoigne ce missionnaire en poste à La Havane, le processus reste fragile et n'autorise toujours pas les chrétiens à prendre leur place dans la cité, notamment en matière d'éducation.

Débarqué il y a quelques années à Cuba pour y servir l'Église catholique comme missionnaire et curé, j'ai cru que j'allais être, sinon un des modestes acteurs, du moins témoin de la transition espérée du régime castriste, apparemment essoufflé après plus de cinquante ans de pouvoir sans partage.

En effet, ces quinze dernières années ont soulevé bien des espérances. Lors de la disparition de l'Union soviétique, le régime cubain a été extrêmement fragilisé et le pays est entré dans une crise économique et morale sans précédent. En janvier 1998, le pape Jean-Paul II a visité la « perle des Caraïbes »: le monde a retenu son souffle, dans l'expectative d'un nouvel épisode de la chute de l'idéologie communiste. L'Église semblait renaître de ses cendres, réapparaissant après plus de trente-cinq ans de semi-clandestinité. En juillet 2006, Fidel Castro renonçait, provisoirement puis définitivement, au pouvoir suprême, transmettant à son frère Raúl la présidence de la République et du parti communiste. Depuis, le monde s'est tourné vers Cuba, jetant sur elle un regard d'espérance, qualifiant bien souvent les initiatives et décisions du nouveau président de changement et de transition. En mars 2012, le pape Benoît XVI visitait à son tour l'île, dans un climat apparemment cordial entre l'Église et l'État. Loin des effusions populaires de la visite du pape venu de l'Est, ce voyage sembla sceller la normalisation des relations et la respectabilité du régime.

De fait, la situation de Cuba, et des chrétiens à Cuba, a bien changé en vingt ans. Stigmatisés, intimidés et marginalisés depuis le début des années 1960 (avec l'expulsion massive des prêtres et religieux étrangers en 1961, la confiscation des écoles, hôpitaux, universités catholiques, l'arrestation des laïcs militants et déportation dans les camps de rééducation), les chrétiens ont, depuis le début des années 1990, de nouveau droit de cité à Cuba. On peut dire aujourd'hui que la liberté de culte est complète, il n'y a aucune difficulté à afficher sa chrétienté, aussi bien dans la rue que dans le cadre du travail. Au contraire, dans une société très dégradée moralement, être chrétien représente une garantie de moralité et inspire bien souvent le respect et l'admiration.

Au cours de l'année 2011, la Vierge de la Charité, *la Caridad del Cobre*, s'est faite pèlerine et a pu parcourir toute l'île donnant lieu à des manifestations populaires sans précédent. Par dizaines de milliers dans toutes les villes et villages visités, avec la bénédiction des autorités, les Cubains ont pu exprimer publiquement leur foi et leur dévotion.

D'un point de vue économique, l'étau socialiste s'est aussi relâché, avec le licenciement d'un million de salariés du secteur public et la légalisation d'un certain nombre de services laissés à la libre initiative de microentreprises privées, *a cuenta propia*.

Toutes ces avancées restent cependant limitées et surtout laissent le peuple cubain dans le doute et la peur quant aux intentions réelles du pouvoir en place.

Le jour même du départ de l'île de Benoît XVI, le 28 mars 2012, fleurissaient de nouvelles affiches de propagande le long des artères de la Capitale : « les changements à Cuba sont pour plus de socialisme ! » De fait, de source officielle, il n'est jamais question ni de changement, ni de transition, sinon d'actualisation du modèle cubain.

Économiquement, les timides réformes ne semblent que répondre aux urgences de la situation du moment, tout comme le fut la libéralisation octroyée pendant la période dite « spéciale », au début des années 1990. Dans un cas comme dans l'autre, l'enrichissement de certains a entraîné assez rapidement des retours en arrière... Dernièrement, par exemple, a de nouveau été interdite la vente de vêtements d'importation par des particuliers, alors même que son autorisation faisait partie des mesures de libéralisation économique. Toute nouvelle disposition positive est ainsi reçue avec autant de crainte que d'espoir.

Surtout, les réformes entreprises ne touchent qu'une partie réduite de l'économie réelle du pays. Il s'agit essentiellement de gastronomie, de petit commerce et de services basiques, mais rien pour l'instant qui soit de l'ordre de la production. Dans le domaine agricole, les réformes sont aussi une demi-mesure : octroi de terres mais la propriété reste à l'État, qui reste maître aussi des prix de vente... sans fournir les moyens adaptés à une production autre que vivrière. Dernièrement Raúl Castro a encore affirmé la nécessité de privilégier la traction animale (bœufs et chevaux) dans les travaux agricoles...

Au point de vue ecclésial, la situation peut sembler acceptable au premier abord. Il n'y a aucune restriction au culte, les activités à l'intérieur de l'église ne sont pas réglementées, les demandes de processions extérieures lors des fêtes patronales accordées, l'entrée des missionnaires prêtres et religieux sans quotas, etc. Cependant, la réalité est bien plus complexe : l'Église (et les autres communautés chrétiennes non catholiques) est confinée dans la sphère spirituelle et liturgique. Il n'est pas à l'ordre du jour de restituer les écoles, ni même de permettre à l'Église de jouer son rôle dans l'éducation. Pire, il existe comme un pacte tacite entre l'Église et les autorités du Parti : liberté de culte et d'action intra-ecclésiale en contrepartie d'un silence total sur la doctrine sociale et politique.

Quelques chrétiens valeureux ont tenté de concilier leur foi engagée avec leurs convictions politiques, pour promouvoir pacifiquement les changements nécessaires à Cuba. En particulier Oswaldo Payá, du Mouvement chrétien de libération (MCL), prix Sakharov de l'Union européenne, et Dagoberto Valdés, fondateur du Centre de formation civique et religieux du diocèse de Pinar del Río, et aujourd'hui de la revue *Convivencia*. Les deux se retrouvèrent totalement isolés de tout appui ecclésial, et l'engagement politique est qualifié négativement de la part des fidèles comme de la hiérarchie. Il est en effet bien ancré dans les esprits qu'un chrétien ne se compromet pas en politique. Cela est compréhensible : pour beaucoup, s'occuper de politique, c'est faire allégeance au régime, car l'alternative d'une pensée politique différente n'est même pas mentalement envisagée.

Aujourd'hui la préoccupation du Cubain est celle de la survie, quitte à s'accommoder d'un trafic ou d'une activité illégale, en sachant qu'à n'importe quel moment, il peut être dénoncé par son voisin ou même un membre de sa famille. Par conséquent, la règle implicite est d'éviter de s'exposer politiquement, la répression politique de la part de la Seguridad de Estado suscitant la hantise collective. Il faut ajouter à cela l'isolement, l'absence de liberté de la presse et l'accès très limité à Internet.

Comme dans le même temps personne n'est dupe, le phénomène que nous subissons est celui de l'émigration constante des élites. Ce sont d'abord et surtout les chrétiens bien formés qui, n'entrevoyant pas d'avenir à Cuba, vont peupler le sud de la Floride, le New Jersey, diverses régions d'Espagne. Cette semaine par exemple, j'accompagnerai à l'aéroport un jeune de vingt-quatre ans, universitaire, chrétien engagé dans la pastorale diocésaine de La Havane, membre du MCL, qui quitte définitivement Cuba comme réfugié politique. Ce jeune part tiraillé entre son amour pour son pays et celui pour son Église, et le désir de poursuivre sa carrière (il a été expulsé de l'université pour son activité politique) et surtout de pouvoir être utile un jour à son pays dans sa transition vers la liberté et un développement conforme au plan de Dieu.

Cette transition désirée n'est pour l'instant qu'un vœu pieux, et il n'est pas formulé par les autorités, ni même par le peuple cubain : bien souvent, il semble être la projection d'un regard extérieur et optimiste sur la réalité cubaine. Or la situation réclame plus qu'un coup de fouet optimiste : bien plutôt un changement de paradigme que de nombreux observateurs appellent de leurs vœux. En définitive, les changements ne se réaliseront certainement pas par l'initiative des autorités, et encore moins si le peuple cubain, en particulier les chrétiens, continue de nourrir la peur qui le tenaille et qui est la raison majeure de son immobilisme. Nous vivons, avec une actualité chaque jour renouvelée, la nécessité de crier avec Jésus (et le pape Jean-Paul II à sa suite) : « N'ayez pas peur ! »

Mexique

- Population = 122 000 000
- **Chrétiens = 95,9 %**
  Agnostiques / Athées = 2,7 %
  Autres = 1,4 %

Témoignage

Chronique d'une violence ordinaire

Raúl Vera López
Évêque de Saltillo

Dans un pays où la violence ordinaire figure parmi les plus élevées du continent, le dominicain Raúl Vera témoigne de la difficulté, pour un évêque, de tenir tête aux pressions et menaces de mort émanant de potentats locaux, de paramilitaires et trafiquants sans foi ni loi. Malgré les risques encourus, celui qui a reçu en 2010 le prix Rafto pour les droits de l'homme, poursuit son combat en faveur des indigènes, des prostituées, des homosexuels et de toutes les minorités opprimées.

Le Guerrero

Je n'avais jamais connu de persécutions pour des motifs religieux avant d'exercer mes fonctions épiscopales en 1988 dans l'État de Guerrero. Je les ai subies pour la première fois dans le diocèse d'Altamirano. Au cœur de la Sierra Madre occidentale, dans la municipalité d'Arcelia, commune de Coronilla, se trouve une église paroissiale abritant une icône de l'Immaculée Conception, dont la fête est célébrée le 8 décembre.

En décembre 1988, j'y ai passé une semaine avant la fête de sa sainte patronne. Lors de mes visites dans les communes de la Sierra, des gens ont commencé à me signaler que la famille d'un cacique local s'était emparée sans vergogne du sanctuaire et des aumônes qu'ils donnaient à la Vierge, empochant cyniquement cet argent. Au terme de la fête, le cacique venait récolter les aumônes à bord d'un petit avion de tourisme, en plein jour et à la grande indignation des habitants.

Pour mettre fin à cette situation, j'ai décidé d'organiser une réunion d'officiants et de catéchistes des communes de la paroisse. L'assemblée s'est tenue sur le parvis du sanctuaire, le soir précédant la fête, en présence d'une centaine de participants. Nous nous concertions depuis une demi-heure quand une vingtaine d'hommes armés de pistolets ont encerclé notre groupe et, tournant autour de nous, se sont mis à tirer en l'air.

J'ai ordonné de lever la séance pour la sécurité des assistants, alléguant que nous ne jouissions pas des conditions de tranquillité nécessaires pour prendre nos décisions. Après quoi, je me suis retiré dans la chambre où l'on m'hébergeait. Elle se trouvait dans une annexe du sanctuaire qui disposait de commodités suffisantes – cuisine, salon, chambre et salle à manger – pour le logement du prêtre.

Il devait être 11 heures du soir quand j'ai allumé la lumière. Là, pendant un quart d'heure, j'ai entendu des coups violents contre une baie vitrée de la chambre que m'avait prêtée le curé. Je suis resté immobile dans mon lit à un mètre de la fenêtre, mais très vite, je me suis rappelé que la baie ne comportait qu'un cadre en fer – les vitres n'ayant jamais été posées pour laisser entrer l'air frais. Deux à trois minutes plus tard, non plus à côté de la fenêtre, mais à une dizaine de mètres, dans le sanctuaire, un fracas d'armes à feu a éclaté. En fait, je n'avais pas compris que les premiers bruits, à un mètre du lit, correspondaient aussi à des coups de feu, car je n'en avais jamais entendu d'aussi près. Ils avaient été tirés en l'air, mais bien pour m'effrayer. J'étais devenu *persona non grata* depuis que ces gens avaient senti en moi une menace pour leur trafic juteux.

Pour se livrer à ces magouilles, le cacique et sa famille utilisent des auxiliaires que les gens appellent communément des majordomes. Ces derniers, issus d'une vieille tradition des peuples autochtones, sont chargés de l'administration et de l'entretien des églises. Le lendemain de notre assemblée avortée et de ma mésaventure nocturne, s'est tenue comme prévu la fête de la Vierge. Les majordomes ont alors tenté de m'empêcher de célébrer la messe : ils occupaient l'autel, ils avaient décroché l'icône et distribuaient des morceaux de rubans qui avaient touché la madone. En échange, ils réclamaient une certaine somme à titre d'aumône.

Comme l'église était déjà remplie de fidèles qui attendaient la messe, je les ai exhortés à dire aux majordomes de dégager l'autel. Mais ils ont tenu bon, disant que si je voulais officier, libre à moi – eux ne partiraient pas. Je suis donc entré dans l'église au milieu des fidèles, traversant la nef d'un pas vif sans dissimuler ma colère. J'ai gravi les marches de l'autel et annoncé au micro que je ne pourrais pas célébrer la messe si les majordomes ne quittaient pas l'autel. Là, devant tout le monde, je leur ai ordonné de procéder aux préparatifs de la messe. Je savais qu'ils ne pourraient pas refuser, car le village pouvait se retourner contre eux. Puis, avant d'officier, j'ai réaffirmé aux paroissiens que leurs aumônes ne restaient pas dans le sanctuaire, mais tombaient entre des mains privées.

Quelques jours après ma visite, le curé est venu me confier qu'il ne se sentait pas en sécurité, car il était inquiété par la famille du cacique et les majordomes du sanctuaire, lesquels étaient tous de mèche. Avec son accord, je l'ai relevé de sa charge pour le protéger, sans toutefois le remplacer. La famille du cacique et les majordomes ont alors fait venir un groupe de prêtres schismatiques de l'État de Michoacán – mais ces derniers se sont montrés encore plus rapaces qu'eux, les forçant à les renvoyer.

À la suite de cette avanie, les majordomes ont manœuvré pour me faire nommer un prêtre que leur réclamait le village. J'ai maintenu ma décision de ne pas y laisser d'officiant permanent, mais d'y envoyer un prêtre à la demande, car les habitants tenaient plus à la célébration des messes qu'à un travail pastoral complet. Cette situation a duré un an. Finalement, j'ai affecté un nouveau prêtre à la paroisse dans le but explicite de fortifier les catéchistes et les célébrants et de faire perdre ainsi aux caciques le contrôle du village. Cela a fini par marcher, comme j'ai pu le constater au cours d'une nouvelle visite en 1995.

Le Chiapas

Le deuxième diocèse où j'ai exercé ma charge épiscopale se trouvait dans l'État du Chiapas. Je suis arrivé à San Cristóbal de Las Casas le 4 octobre 1995, au titre de coadjuteur de l'évêque don Samuel Ruiz García. Les autorités ont considéré ma nomination avec une grande méfiance. C'est toujours ainsi qu'elles agissent envers les évêques engagés en faveur des pauvres. De plus, le 1er janvier 1994, un contingent d'indigènes mayas de la région issu de l'armée zapatiste de libération nationale (EZLN) avait pris les armes pour exiger un traitement plus juste des indigènes dans tout le pays.

Depuis 1975, le diocèse avait pris la décision d'accompagner ce peuple indigène dans sa lutte pour défendre son droit à la terre, à mener une vie digne et pouvoir s'intégrer dans la société mexicaine en gardant son identité de groupe autochtone, avec sa culture et sa langue. Dès lors, le gouvernement avait commencé à persécuter le diocèse.

C'est cette agressivité des autorités locales et fédérales à l'encontre de la circonscription ecclésiastique qui m'a permis d'être bien accueilli par les agents pastoraux et le diocèse dans son ensemble. Le premier incident auquel j'ai assisté s'est produit en mars 1996 : deux prêtres jésuites avaient été appréhendés dans le nord du diocèse, accusés d'être à la tête d'un groupe d'indigènes qui avait abattu des policiers venus l'expulser de ses terres. Or, à cette même date, l'un et l'autre assistaient à une assemblée diocésaine avec moi et don Samuel. Une heure après leur arrestation, j'ai lancé des actions, avec l'aide des deux autres dominicains[1] de San Cristóbal de Las Casas – F. Gonzalo Ituarte, le vicaire chargé de la justice et de la paix du diocèse, et F. Pablo Romo, le directeur du centre des droits de l'homme – tant pour localiser leur lieu de détention que pour dénoncer cet emprisonnement. J'ai mené l'action tant au niveau national qu'international. Nous étions en fin de semaine, et dès le lundi, l'État du Mexique

1. L'évêque Raúl Vera est dominicain. *[N.d.T.]*

appuyait la défense juridique de la Compagnie de Jésus, ordre dont les deux prêtres faisaient partie. Le jeudi suivant, ils étaient libres.

Vers les mois de mai et de juin de cette année-là, à l'occasion de mes visites dans la zone desservie par les pères jésuites à Bachajón, commune de Chilón, et dans celle de la paroisse de Tila, au nord du diocèse, j'ai pu constater les problèmes que causaient les groupes paramilitaires – l'instrument majeur de la stratégie contre-insurrectionnelle mise en place par le gouvernement mexicain à l'encontre de l'armée zapatiste depuis le milieu de l'année 1995. Les autorités avaient maintenu cette stratégie bien que les « rebelles » aient suspendu les hostilités trois jours après leur soulèvement, et qu'ils aient accepté de dialoguer en vue de la signature d'un accord pour la paix. La municipalité de Chilón était sous la coupe du groupe paramilitaire dénommé Los Chinchulines.

Le 5 mai, dans l'*ejido* [1] de Bachajón, Los Chinchulines ont lynché un enseignant qui avait mobilisé les exploitants indigènes tzeltales de ces terres afin d'empêcher qu'un commissaire agraire ne leur soit imposé. Ils avaient ainsi pu obtenir le commissaire de leur choix. Les paramilitaires, non contents de lyncher l'enseignant avec une grande cruauté – en le brûlant vif sur la place du village après l'avoir torturé et ligoté avec du barbelé, fourré dans un sac, attaché à une voiture et traîné à travers le village –, ont aussi incendié les maisons et les véhicules de tous ceux qu'ils tenaient pour leurs ennemis.

Ils ont également essayé de mettre le feu à l'église de Bachajón qui abritait des pères jésuites. Comme ils avaient coupé les communications et encerclé le village pour ne laisser personne entrer et sortir, les jésuites de la localité la plus proche, Chilón, étaient sans nouvelles des pères de Bachajón. Ils m'ont alors demandé d'accéder au village en arguant de mon autorité épiscopale, ce que j'ai accepté, d'autant que je devais moi-même passer tout près de cette zone. Nous avons donc décidé que, tôt le lendemain, je tenterais d'entrer à Bachajón. Ce soir-là, je suis allé dormir chez les frères dominicains à Ocosingo pour me rapprocher du village. Le jour suivant, un autre dominicain,

1. Unité de terre cultivée, placée sous le régime de la propriété communale ou collective, mais distribuée en petites exploitations individuelles. *[N.d.T.]*

deux missionnaires et moi avons pris la route avec ma camionnette. Notre plan consistait à nous arrêter deux heures à Bachajón, puis à continuer notre visite, déjà prévue d'avance, à la zone frontière du Chiapas et du Guatemala.

Quand nous avons atteint le carrefour où nous devions bifurquer vers Bachajón, nous avons rencontré un détachement de policiers. J'ai compté soixante hommes, à bord de deux grands camions. Ils étaient arrivés la veille à 23 heures, après que j'ai appelé la police de l'État pour mettre fin au désordre dans le village. Avant même qu'ils nous donnent leur accord pour passer leur barrage, j'étais persuadé qu'ils avaient régularisé la situation là-bas. Aussi avons-nous poursuivi notre route.

En arrivant à l'entrée du village, nous nous sommes trouvés face à de nombreux hommes et à proximité d'un camion en flammes. Nous avons demandé à passer pour aller voir les pères jésuites. Nous ne savions alors rien d'eux. J'ai dû décliner ma fonction d'évêque. À cet instant, nous avons compris que nous étions cernés par des paramilitaires. Ils ont commencé à hurler des insultes et à réclamer un bidon d'essence pour incendier la camionnette – et nous avec. Au beau milieu de cette confusion est arrivé un homme à l'air aimable et serein, qui avait une autorité sur les paramilitaires. Il leur a enjoint de nous ouvrir le passage, ce qui nous a permis d'entrer dans Bachajón. Tous les membres de la communauté jésuite étaient saufs, mais terrorisés. Nous avons pris un café avec eux, ils nous ont mis au courant des événements de la veille et nous ont indiqué un autre chemin pour sortir du village, car nous risquions notre vie en reprenant celui par lequel nous étions entrés. Nous avons fait un tel détour pour gagner la zone frontière qu'au lieu des trois heures que nous aurions mises par la route, il nous en a fallu dix pour y parvenir. La visite pastorale dans les bourgs frontaliers, qui devait commencer à 10 heures du matin, n'a donc débuté qu'à 7 heures du soir.

Comme des policiers avaient été postés toute la nuit à deux kilomètres de Bachajón – alors que les paramilitaires y incendiaient des maisons et des véhicules – et qu'ils nous avaient dit que nous pouvions entrer sans problème dans le village, j'ai commencé à comprendre que la police, l'armée et les paramilitaires formaient un seul et même corps, manipulé par le gouvernement fédéral contre l'armée zapatiste. Les jours suivants, au cours de ma visite dans la paroisse de Tila, je me suis rendu compte que l'Église diocésaine de San Cristóbal de Las Casas entrait dans les objectifs de persécution de cette tactique contre-insurrectionnelle créée par le gouvernement. Pour quelle raison ? Parce que notre diocèse soutenait les revendications de justice des peuples indigènes.

Dans la paroisse de Tila, j'ai découvert l'aberration à laquelle étaient confrontés les catéchistes, les agents pastoraux et les autres habitants de la commune, qui devaient faire de grands détours pour gagner des endroits assez proches afin d'échapper aux paramilitaires. Un appel de grande ampleur à la population avait annoncé cette visite. Près de Tila se trouve un village du nom de Crucero, infesté de paramilitaires du groupe qui se faisait appeler « Paz y Justicia ». Tout le monde savait que si un catéchiste se risquait à traverser Crucero, il n'en sortait pas vivant. Les frères et les sœurs indigènes qui avaient normalement deux ou trois heures de route devaient tellement rallonger leur trajet qu'il leur prenait parfois toute une journée. À Tila, j'ai clairement compris que les persécutions subies par le diocèse n'étaient pas dues aux choix politiques des membres de la paroisse, contrairement à ce qui m'avait été dit quand la nonciature m'avait informé de mon transfert d'Altamirano à San Cristóbal de Las Casas. La menace permanente du gouvernement sur le diocèse était une conséquence de leur foi intègre en l'Évangile, notamment à propos de la conception des dimensions de la structure sociale. Je m'en suis rendu compte après avoir passé un jour entier avec les catéchistes, lors duquel il n'a été question que des valeurs que nous devons porter si nous croyons en l'Évangile de Jésus.

Pendant toute cette soirée de juin 1996, je me suis demandé en conscience si je devais garder le silence au prétexte que je connaissais la réalité du diocèse, ou commencer à dénoncer ce qui s'y passait et exprimer clairement ma solidarité avec les indigènes, pour ne pas laisser se poursuivre les injustices, les mensonges et les assassinats dont ils étaient victimes. Ce soir-là, j'ai pris une décision qui a marqué pour moi un tournant. Le moment était venu de parler, autant en privé qu'en public, devant l'Église comme devant le gouvernement.

L'appel lancé pour cette visite pastorale avait été, je le rappelle, considérable. De plus, il avait rencontré un tel écho qu'il a inquiété les paramilitaires qui voyaient échouer leur stratégie de disperser la base sociale. Les indigènes ne les craignaient pas et arrivaient à se réunir. Aussitôt après ma venue, les paramilitaires ont attaqué neuf des dix communes où je m'étais rendu. Ils ont expulsé les villageois, volé leur bétail et leurs stocks de café, détruit les églises et les dispensaires, et saccagé les coopératives de consommation – bref, ils se sont débarrassés de tous les lieux de réunion, de progrès ou de réception de services et de biens de première nécessité.

Peu après, j'ai reçu un premier avertissement: les dirigeants de l'armée mexicaine m'ont exprimé leur étonnement, assorti de l'observation que je perdais leur confiance. À dater de ce jour, j'ai reçu des menaces téléphoniques assez fréquentes – peut-être trois par semaine. De même, on venait sonner chez moi ; mais quand j'ouvrais la porte, il n'y avait personne. C'était une façon de me signifier qu'on surveillait mes faits et gestes, et même mon sommeil. Puis est venu le jour où un homme, qui s'était fait passer pour un professeur d'anglais pendant des mois, est apparu un soir à ma porte alors que je rentrais. Il a feint d'être ivre et a tenté de pénétrer chez moi avec un gros chien. La personne qui m'avait déposé en voiture s'en est aperçue, a fait marche arrière et m'est venue en aide, sur quoi l'homme s'est aussitôt redressé et a dit que tout allait bien. Il n'est jamais revenu.

Le 4 novembre 1997, je suis allé célébrer des confirmations avec don Samuel dans le village de Jolnopa Guadalupe – une commune située à un kilomètre de Crucero. La cérémonie avait pris du retard à cause d'un incident météorologique nous avions été retenus dans un autre village inondé par de fortes pluies –, si bien que les confirmations ont pris fin vers 19 heures. Le prêtre, très nerveux car il était tard, nous a priés, don Samuel et moi, de quitter rapidement la zone ; il savait que les paramilitaires s'étaient regroupés dans l'après-midi à l'annonce de notre venue. Nous nous déplacions dans des camionnettes qui pouvaient accélérer, mais ce n'était pas le cas de la quarantaine de catéchistes qui nous accompagnaient dans quelques véhicules lourds et détériorés, qui roulaient de ce fait bien moins vite. En chemin, ils ont reçu des rafales de mitraillettes, tirées par des paramilitaires qui s'étaient cachés dans les broussailles. Trois catéchistes ont été blessés, mais aucun grièvement, et nous n'avons eu à déplorer aucune victime. Pourtant, ils avaient été clairement visés. Cette attaque a été dénoncée publiquement le soir même au niveau national et, officiellement, le lendemain devant le ministère public. Nous courions tous un grand risque alors que nous commencions à peine cette visite pastorale, qui comprenait des trajets dans des zones contrôlées par les paramilitaires. Deux jours plus tard, la sœur de l'évêque Samuel, qui vivait avec lui, a été attaquée et frappée à la tête avec un marteau ; le jeune homme qui l'a agressée a avoué plus tard avoir été payé par le gouvernement de l'État du Chiapas.

Le massacre d'Acteal a été commis le 22 décembre 1997. Or, le même jour, je partais à Séville entamer les démarches du procès en béatification de Bartolomé de Las Casas. Arrivé en Espagne, j'ai déclaré à la presse que les assassinats perpétrés dans la région de Los Altos de Chiapas faisaient partie d'une stratégie contre-insurrectionnelle dont les paramilitaires forment des pièces essentielles. La majorité des personnes massacrées étaient des femmes et des enfants. Au couvent des dominicains, j'ai lu un communiqué bien documenté sur les événements, que j'ai remis aux journalistes présents et qui a été envoyé par fax à l'ensemble de la presse espagnole ; plus tard, il a été traduit en plusieurs langues. À mon retour au Mexique, j'ai été convoqué au bureau du Procureur général de la République. Avant d'y comparaître, le 1er janvier 1998, je suis passé déposer mon communiqué à la nonciature. Le nonce lui-même était indigné et m'a demandé de bien me défendre. Deux ans plus tard, c'est lui aussi qui m'a informé, le 13 décembre 1999, que j'avais été nommé évêque de Saltillo – une manœuvre faite pour me retirer le droit de succession implicite dans la charge de coadjuteur qui m'avait été confiée dans le Chiapas. Là, sans que je lui demande aucune explication, il m'a dit : « On [le gouvernement mexicain] ne vous a jamais pardonné Séville. »

Coahuila

Après mon arrivée à Saltillo, dans l'État de Coahuila – c'est-à-dire à partir d'avril 2000 –, j'ai commencé à recevoir des lettres anonymes bourrées de calomnies sur mon compte, destinées à effrayer la population du nord du Mexique. Elles m'accusaient d'avoir organisé des orgies à mon domicile quand je me trouvais dans le Chiapas, pour me discréditer personnellement ; de même, elles inventaient que l'armée zapatiste s'était installée dans la sierra de Múzquiz, se livrant entre autres délits au vol de bétail grâce à mon arrivée à Coahuila – pour diaboliser la fonction pastorale dans le Chiapas et semer la méfiance envers mon travail dans ce diocèse. Qui plus est, ces lettres sont tombées entre les mains d'autres prêtres et de rédacteurs d'un journal de l'État.

Au cours du premier semestre, deux inconnus se sont introduits chez moi ; là, avec des projecteurs très puissants, ils sont arrivés à localiser toutes les pièces depuis la terrasse – et ont ainsi pu faire un plan de la maison. À la télévision locale est apparu un oracle qui, depuis l'année de mon arrivée jusqu'à l'heure actuelle, passe son temps à déformer mes paroles et mes actes. Jusqu'à encore tout récemment, ma photo ou des vidéos de moi s'accompagnaient de flammes dans le bas de l'image, pour que les téléspectateurs associent à des actions négatives chaque déclaration du diocèse – surtout celles en faveur des femmes, des migrants, des familles de disparus, des mineurs, des personnes privées de liberté ou des paysans.

Les références au collectif LGBTTT (lesbiennes, gays, bisexuels, travestis, transgenres, transsexuels), aux personnes qui vivent une migration forcée, aux mineurs de charbon qui meurent du fait de l'insécurité dans laquelle ils sont obligés de travailler parce qu'ils n'ont pas d'autre emploi possible, aux travailleuses du sexe violées par des éléments de l'armée, aux familles de personnes qui ont subi une disparition à cause de la violence générée par le crime organisé et la corruption de l'État mexicain, aux travailleurs de la *candelilla*[1] et des fibres naturelles récoltées dans le semi-désert de Coahuila, reviennent constamment dans mes commentaires de l'Évangile et mes interviews. Tous les membres du collectif LGBTTT gênent les individus impliqués dans ces actions criminelles, comme les catholiques qui pensent que ces questions ne regardent pas l'Église, estimant qu'elle ne doit pas se mêler de politique.

1. Nom vernaculaire de l'*euphorbia cerifera*, plante produisant de la cire qui, mêlée à la paraffine, permet de faire des bougies. *[N.d.T.]*

De plus, à l'intérieur de l'Église, les puritains et les pharisiens croient que les membres de la communauté LGBTTT, les mères prostituées, les migrants, les indigènes, les prisonniers – ou tout autre pauvre ou exclu – se trouvent dans cette situation par leur faute; ces bien-pensants sont convaincus que ces gens-là sont des pécheurs et donc que l'évêque n'a pas à perdre son temps avec eux, car ils considèrent qu'un pécheur, quel qu'il soit, est privé de tous les droits. Les actions de ces personnes qui se disent appartenir à l'Église visent à me destituer. À titre d'exemple, des bons à rien sont venus dans des églises ou dans la cathédrale, réclamant la présence d'un vrai évêque catholique; des tentatives ont été menées pour m'accuser officiellement devant les instances du Saint-Siège; une brochure a été publiée, m'accusant de provoquer la déstabilisation dans les entreprises locales par mon travail dans la pastorale sociale[1]; il a été question, dans certains milieux, de réunir des signatures pour que je sois relevé de mes fonctions dans ce diocèse; j'ai été accusé devant le Vatican de favoriser la promiscuité en organisant un travail pastoral avec des homosexuels.

Des actes de violence ont aussi été commis contre la défense des droits de toutes ces personnes. Des individus ont fait irruption dans le centre des droits de l'homme du diocèse – où ils ont menacé, frappé, jeté à terre et enfermé dans les toilettes la seule personne qui se trouvait dans le bureau: une femme qui était là pour terminer ses études de droit. La Maison du Migrant de Saltillo a subi des menaces constantes, et des tentatives d'invasion de la part de la police et de membres du crime organisé. J'ai eu la preuve, à plusieurs reprises, de persécutions évidentes à mon endroit, alors que je défendais les travailleuses du sexe violentées par les militaires, et à une période critique où nous combattions auprès des veuves de mineurs de charbon. J'ai reçu chez moi des appels téléphoniques de militaires disant que mon travail m'avait fait gagner un « ticket » – une allusion à l'éventualité de ma mort prochaine.

1. Activité de l'Église qui, consciente de sa mission au cœur du monde, prend une option évangélique pour les pauvres et les personnes exclues, et la traduit par des pratiques de solidarité et de libération. Voir: http://beta.ecdq.org/solidarite/pastorale-sociale/ *[N.d.T.]*

Ces derniers mois, alors que nous avons détecté des tortures manifestes dans les prisons de Coahuila, la personne qui travaille sur ce thème au sein de la pastorale sociale a été victime de menaces directes et incessantes de la part des directeurs et des employés des maisons d'arrêt.

Il y a un passage qui dit, dans l'Épître de Paul aux Romains : « Qui nous sépare de l'amour de Christ ? L'adversité, l'angoisse, la persécution, la faim ou la nudité, le péril ou l'épée ? Toutes ces choses, nous les vainquons grâce à Celui qui nous aime » (Rm 8,35-37).

Traduit de l'espagnol par Aline Weil

Né au Mexique en 1945, le F. Raúl Vera est un religieux dominicain, évêque du diocèse de Saltillo. Son quotidien se partage entre les rencontres, la prédication de retraites spirituelles et l'accompagnement des jeunes, des paysans, des indigènes, des ouvriers, des migrants et de toute personne cherchant à faire respecter ses droits ou à participer à la vie de l'Église.

Colombie

- Population = 48 320 000
- **Chrétiens = 95,7 %**
  Autres = 4,3 %

Analyse

Des prêtres dans le viseur

Javier Darío Restrepo

La Colombie détient le triste record du nombre de prêtres, pasteurs, ou autres religieux tués par balle. Leur engagement auprès des plus pauvres en fait la proie des guérillas, des narcotrafiquants et des politiciens corrompus. Le journaliste Javier Darío Restrepo raconte l'histoire de ces hommes de foi qui ont refusé de céder aux pressions.

Mgr Luis Alberto Parra semble trop jeune pour son sévère costume de prélat sur lequel une croix, suspendue à son cou par une simple chaîne argentée, marque sa fonction.

Quand il parle des prêtres de son diocèse de Mocoa-Sibundoy, situé dans une lointaine région minière du sud du pays, là où commence la forêt amazonienne, son visage serein s'attriste. Six paroisses y sont abandonnées depuis que la guérilla, qui interdit toute activité religieuse dans ce secteur, a contraint leurs curés au départ. Au début, les guérilleros autorisaient la messe le samedi et le dimanche, mais uniquement dans l'église paroissiale. Administrer les sacrements ou accomplir tout autre acte religieux dans les zones rurales est qualifié de prosélytisme. Sous ce même motif, ces groupes armés empêchent qu'on construise des chapelles. « Le message chrétien est un message de paix, explique l'évêque, un appel à déposer les armes et non pas à les prendre. Et cela, la guérilla ne le supporte pas. »

En 1998, dans le diocèse de Mgr Parra, le conflit avec la guérilla provoqua la mort violente du père Alcides Jiménez. Son opposition aux FARC, qui obligeaient les paysans à semer de la coca et recrutaient des mineurs pour combattre dans leurs rangs, lui coûta la vie. Ses assassins n'hésitèrent pas à pénétrer dans l'église de Puerto Caicedo (plaine du département du Putumayo). Le père Alcides célébrait l'eucharistie quand les coups de feu éclatèrent. Sur son corps, on releva dix-huit impacts de balle.

Quelques jours plus tard, l'un de ses collaborateurs, Eugenio Mejía, promoteur paysan[1], était assassiné devant toute sa famille par des miliciens qui l'accusaient de collaboration avec la guérilla. Comme au père Alcides, on lui faisait payer son action en faveur des paysans.

Les conflits avec les guérilleros résultent de la carence de l'État dans ces régions excentrées, couvertes de forêt tropicale. La guérilla s'y érige en pouvoir unique et quasi absolu : elle rend la justice, crée de petites entreprises, intervient dans les litiges familiaux. Le prêtre qui, naturellement, refuse une telle situation, adopte un rôle contestataire vis-à-vis de ce pouvoir fondé sur les armes. Les guérilleros voient très vite en lui un contre-pouvoir.

À quelques variantes près, cette histoire est celle du père César Darío Peña, survenue dans l'intérieur du pays. Après dix-sept ans de service sacerdotal, il fut assassiné par les hommes du front 36 des FARC au motif qu'il s'était opposé, depuis sa chaire, au recrutement d'enfants et d'adolescents. Précédemment, les FARC l'avaient poussé à quitter la région rurale d'Ochalí, où il avait mis en place

1. Agriculteur formant d'autres paysans à une méthode essayée avec succès sur son exploitation *[N.d.T.]*

une œuvre sociale d'aide aux paysans les plus démunis. En dépit des avertissements de la guérilla, il avait poursuivi son action, qualifiée de contre-révolutionnaire, car aider les pauvres, c'était retarder l'avènement de la révolution.

Il fut tué en mars 2004, cinq ans après un autre homme d'Église, le père Pedro León Camacho, curé de Cáchira (département de Santander). Le front 19 de l'EPL (*Ejército Popular de Liberación*, Armée populaire de libération) lui avait ordonné de comparaître devant un tribunal révolutionnaire. Ne lui reconnaissant pas la moindre autorité, le père Camacho avait passé outre. Dans ses homélies, il exhortait même les paysans à refuser toute forme de soutien à l'EPL. Sur une piste forestière, alors qu'il se rendait à une manifestation, il fut abattu par ceux qui voulaient le faire taire.

Ce fut non pas leur appartenance au clergé catholique qui coûta la vie à ces prêtres, mais le fait qu'ils croyaient aux droits de l'homme et qu'ils agissaient pour la dignité paysanne et l'indépendance des plus démunis. Perçue comme un défi au pouvoir guérillero, leur attitude suffit à causer leur perte. Pourtant, ces hommes ne faisaient qu'être cohérents dans leur amour des pauvres, qui est une façon de rendre Dieu présent au monde.

Le père Tiberio Fernández, curé de Trujillo, défia un autre pouvoir, celui des narcotrafiquants alliés avec les paramilitaires, les politiciens corrompus et les autorités locales. Des ennemis trop nombreux pour un homme qui avait osé s'opposer à eux parce qu'ils dépouillaient les paysans de leurs terres et se livraient à des actes de persécution politique, d'élimination de témoins et de purification sociale. Pour qu'on lui inflige des tortures d'une cruauté aussi extrême avant de le tuer, il fallait que, par ses prêches et son action pastorale, il ait touché à des intérêts extrêmement puissants. Lors de ses obsèques, son évêque, Mgr Roberto López, eut ses mots : « Il a été la victime innocente d'un meurtre cruel et sans pitié. Ses bourreaux lui ont infligé des sévices qui confinent à la barbarie. Ils ont bafoué sa nature d'homme de bien. Ils ont foulé aux pieds sa dignité humaine. » Ce meurtre se produisit en 1990.

C'est Mgr Isaías Duarte Cancino, archevêque de Cali, qui fit la lecture la plus lucide de ces assassinats et de sa propre mort. Il lui incombait, disait-il, d'agir comme Dieu lui-même aurait agi, en étant bien conscient des risques qu'on court à Le rendre présent dans l'histoire. Deux épisodes éloquents sont attachés à sa mémoire. Lors du premier, il prit la parole à la radio pour soutenir une femme qui avait été enlevée. De sa voix véhémente, il accusa les coupables et les harcela jusqu'à ce qu'ils la remettent en liberté.

Dans l'autre exemple, il se plaça également aux côtés d'une victime. Des agents d'un groupe des forces de sécurité avaient enlevé l'écrivain Gustavo Àlvarez dans le but de l'assassiner. L'archevêque aborda la voiture dans laquelle ils le retenaient et leur déclara, péremptoire : « Si vous le tuez, vous devrez le faire devant moi. »

Toute sa vie, il pratiqua l'accompagnement que Dieu apporte aux plus faibles, dans une société infestée par la violence et par la corruption. Craignant qu'il les dénonce sur la place publique, les politiciens alliés aux narcotrafiquants payèrent des tueurs à gages pour l'éliminer. Mgr Duarte Cancino fut criblé de balles un samedi soir, le 16 mars 2002, à la sortie d'une célébration dans l'église du Buen Pastor, dans un quartier populaire de Cali.

En octobre 1989, les guérilleros de l'ELN (*Ejército de Liberación Nacional*, Armée de libération nationale) assassinèrent l'évêque missionnaire Jesús Emilio Jaramillo après l'avoir torturé dans une région de forêt, dans l'est du pays. Lui aussi trouva la mort pour avoir pris le parti des populations paysannes et indigènes du Sarare, s'opposant en cela aux guérilleros qui faisaient d'eux de la chair à canon et des complices involontaires de leurs actions. « C'est un cas de martyre subi pour avoir prêché et soutenu la vérité, en faveur de la dignité et des droits de l'homme », affirma l'un des membres du presbytère épiscopal.

Le martyre, qui prend des formes différentes d'une époque à l'autre, atteste en Colombie de la présence de Dieu parmi les victimes les plus pauvres, lorsque la violence tente de les priver de leur dignité et de leur humanité.

La violence se manifeste elle aussi sous les formes les plus diverses. La mort des prêtres Bernardo Echeverri et Héctor Fabio Cabrera dans la commune de Roldanillo, le 27 septembre 2013, fut qualifiée par leur évêque, Mgr Alejandro Castaño, de « pertes irréparables, car c'étaient deux prêtres qui avaient gravé dans leur cœur l'image de leurs fidèles ». Les malfaiteurs qui les poignardèrent pour les voler ignoraient qu'ils avaient transformé en martyrs ces deux hommes voués à témoigner de la présence et de l'amour de Dieu parmi les hommes.

La foi chrétienne se vit ainsi en Colombie, parmi les dangers multiples qu'engendre la présence multiforme du mal, incarné dans les guérilleros, miliciens, narcotrafiquants, politiciens corrompus, militaires et policiers aliénés par le pouvoir, ou simples délinquants pour qui rien n'est sacré ni digne de respect.

Traduit de l'espagnol par Marie-Christine Guyon

Né en 1932, Javier Darío Restrepo est un journaliste colombien, directeur de la revue *Vida Nueva Colombia* et professeur d'éthique à la Fondation Gabriel García Márquez pour un nouveau journalisme ibéro-américain. Il a été médiateur des quotidiens *El Tiempo* et *El Colombiano*.

Brésil

■ Population = 200 400 000
■ **Chrétiens = 91 %**
Autres = 9 %

Témoignage

Henri Burin des Roziers face aux puissants

Renaud Leblond

Installé au Brésil depuis 1978, le dominicain Henri Burin des Roziers défend sans relâche les droits des paysans sans terre face au cynisme des grands propriétaires et des multinationales. Menacé de mort, sa tête a été mise à prix.

Renaud Leblond : Dans l'État du Pará où vous habitez, Dom Erwin, l'évêque de Xingu, estime que 200 religieux sont, chaque année, menacés de mort au Brésil...

Henri Burin des Roziers : Au Brésil, tous ceux qui s'engagent pour la défense des petits paysans et des Indiens s'exposent à des représailles parfois violentes. Les grands propriétaires, qu'on appelle ici les *fazendeiros*, n'hésitent pas à faire appel à des hommes de main armés pour expulser les paysans sans terre de leurs domaines. Ils éliminent les meneurs, menacent les gens qui, comme nous, à la Commission pastorale de la terre, soutiennent leur combat. Ma région, le sud de l'État du Pará, est une terre de *far west*. Terre de sang et de mort. Terre de corruption et de honte. Terre où l'argent et le revolver font la loi. En février 2005, le meurtre de sœur Dorothy, le long de la route transamazonienne, nous a profondément marqués. Quelques jours après son assassinat, j'ai été convoqué par le colonel de la région, qui m'a dit : « Frère Henri, à partir de maintenant, vous êtes, par ordre du gouverneur, sous protection de l'État. Deux policiers vont vous escorter jour et nuit. » Le colonel avait été informé de la liste des prochaines victimes, avec les tarifs des tueurs à gages. Ma tête valait environ 20 000 euros.

R. L. : Comme avocat, vous avez été le premier à faire condamner un *fazendeiro*...

H. B. R. : C'était en juin 2000, à la cour d'assises de Belém, la capitale de l'État du Pará. Jeronimo Alves Amorim a été condamné à dix-neuf ans de prison pour avoir commandité l'assassinat du leader syndicaliste paysan et poète Expedito Ribeiro de Souza. Mais il n'est pas resté longtemps derrière les barreaux. Grâce à ses soutiens politiques, il s'est vite retrouvé en liberté conditionnelle, chez lui, dans sa magnifique propriété. Au Brésil, la complicité de la justice avec les puissants est énorme. Les procès sont parfois des parodies. En 2011, un *pistolero* jugé pour meurtre s'est livré à un véritable numéro de comédien. Quand le magistrat, qui appartenait à l'Église évangélique, lui a demandé s'il avait « quelque chose à ajouter », le type s'est mis à genoux, devant le public, et a commencé à faire une prière : « Seigneur, je suis innocent... » Il gémissait, les bras en croix. Une pièce de théâtre ! Jamais le juge n'aurait dû laisser faire. Parce que c'était une façon de conditionner les jurés par les sentiments. Le tueur comme le commanditaire ont été acquittés. Cette complicité des juges avec le milieu des *fazendeiros* est scandaleuse. Mais, heureusement, il y a des exceptions...

R. L. : Lesquelles ?

H. B. R. : Dans un procès très difficile, j'ai défendu deux paysans accusés d'avoir assassiné un responsable de la mairie de Rio Maria.

La police a présenté cette arrestation comme un flagrant délit. Dans les derniers jours du procès, le juge m'a fait venir dans son cabinet. Nous étions seuls, lui et moi. Il m'a dit : « Frère Henri, on a terminé les audiences, j'ai écouté tous les arguments, j'ai vu et bien regardé les accusés, je ne peux pas croire qu'ils soient coupables. Mais je subis des pressions terribles. » Quelques jours plus tôt, pendant la nuit, des coups de feu avaient été tirés sur la façade de sa maison. Il a continué : « J'ai une femme, je viens d'avoir un petit bébé, je ne vous cache pas que j'ai peur. Mais à vous, je voulais le dire : j'ai du mal à croire que ça puisse être eux. » Je lui ai répondu : « Si vous croyez qu'ils sont innocents, n'oubliez pas qu'ils ont charge de famille, vous savez ce que ça veut dire… » Mon argument, soudain, l'a fait réfléchir. Il les a acquittés, puis a demandé à changer de juridiction. Il n'est plus là. Un type honnête. Un cas merveilleux, mais rarissime.

R. L. : Avec la Commission pastorale, vous ne faites pas que défendre les droits des paysans à bénéficier d'une terre, vous dénoncez aussi les « travailleurs esclaves »…

H. B. R. : Chez moi, dans l'État du Pará, au nord du Brésil, les travailleurs esclaves sont une réalité terrible. Dans les *fazendas* de ma région – des propriétés qui s'étendent sur des centaines de kilomètres et comptent parfois plus de 500 000 têtes de bétail – il faut constamment faire ou refaire des clôtures. Les propriétaires ont besoin de beaucoup de main-d'œuvre. Ils recrutent dans des États voisins très pauvres, comme le Maranhão ou le Ceará. À ces gens qui meurent de faim, on promet la lune : tout sera payé, le voyage, l'alimentation. On leur dit qu'ils seront bien logés, bien traités et qu'ils auront un bon salaire. On les emmène en camion. Deux jours de transport. Ils arrivent dans une *fazenda* perdue au milieu de la forêt. Sans aucun repère. Et là, on leur dit : « On va retenir sur votre salaire le voyage et la nourriture qu'on vous a donnée. » Et on leur annonce dans la foulée que leur salaire sera revu à la baisse. La nourriture est épouvantable. Parfois, on leur donne de la viande avariée qui provient de vaches malades. L'eau est puisée dans des petites mares polluées. Ils sont logés sous des bâches. Au bout d'un mois, ces hommes n'ont qu'une envie : s'enfuir. Ils partent dans la forêt, mais se perdent rapidement dans cette immensité inconnue. Certains meurent de faim, d'autres ont peur et reviennent, certains sont capturés, battus et remis au travail. Ils n'ont aucun droit. Ils sont privés de toute liberté, dans un travail dégradant où il n'y a plus une once de dignité humaine. Pour éviter qu'ils partent, les propriétaires utilisent l'arme de l'endettement. Comme ils sont isolés de tout, on leur vend sur place, trois ou quatre fois plus chers qu'en ville, les produits de première nécessité : dentifrice, savonnettes, bottes de travail. Sans argent, ils n'ont pas d'autre choix que de s'endetter auprès de leurs employeurs. Ils sont pieds et poings liés. C'est l'esclavage par l'endettement. Le travailleur brésilien est quelqu'un qui a une éthique forte. Il doit payer ses dettes. Il a une espèce de fierté qui lui dit : « Si j'ai des dettes, je ne peux pas partir... »

R. L. : Les autorités brésiliennes luttent-elles efficacement contre cet esclavagisme moderne ?

H. B. R. : La Commission pastorale de la terre a joué un rôle déterminant dans la dénonciation de ce scandale auprès des autorités et de l'opinion publique. Mais pendant longtemps, elle était comme la voix du prophète dans le désert, personne ne l'écoutait. En 1995, le gouvernement a enfin reconnu l'existence du « travail esclave ». Mais reconnaître est une chose. Lutter contre en est une autre. Aujourd'hui, avec l'aide des inspections du travail mises en place par Lula, nous arrivons, chaque année, à faire libérer plus de 3 000 travailleurs esclaves. Mais il y en a beaucoup d'autres. Et pas seulement dans les *fazendas*. On en trouve aussi dans des fabriques clandestines de charbon de bois. Ces entrepreneurs voyous abattent illégalement des arbres pour en faire du charbon. Ils en tirent une fonte excellente qu'ils vendent aux aciéries. En voulant les combattre, il arrive que des inspecteurs du travail se soient fait tuer.

R. L. : L'Église, ou une partie de l'Église, n'est-elle pas liée aux intérêts des propriétaires terriens et de l'*agrobusiness* ?

H. B. R. : La Commission pastorale est présente dans les diocèses. Comme elle s'attaque concrètement aux puissants, en visant les structures mêmes de la propriété foncière, il arrive qu'elle dérange l'évêque local. Là encore c'est une question d'argent. Les activités caritatives du diocèse dépendent parfois des financements octroyés par les propriétaires terriens et les firmes agricoles. Ce sont eux qui payent les fêtes patronales, ces événements qui rythment la vie du Brésil. Chez moi, dans l'État du Pará, on y organise régulièrement des ventes aux enchères. Chaque fois, ce sont des centaines de bœufs vendus au profit de la paroisse. Les *fazendeiros* aiment ça, tout le peuple aime ça, on boit de la bière, on rit, c'est énorme pour la ville. Si vous cassez un tel système, vous supprimez toute l'influence du diocèse. En 1999, dans ma commune, j'ai fait libérer des travailleurs esclaves. La télévision a montré les images. Le lendemain, l'évêque était chez moi, accompagné du propriétaire. Ce dernier a exigé mon départ. J'ai répondu : « Faites-moi partir si vous voulez, mais je continuerai… comment pensez-vous que je vais pouvoir travailler au nom de l'Évangile ? » Autrement dit : comment pourrais-je renier l'Évangile ? C'est toute l'histoire de notre engagement. Bartolomé de Las Casas, dominicain et grand défenseur des Indiens au XVIe siècle, disait que la souffrance des exploités fait mal dans la chair et dans l'âme. Pendant la dictature, beaucoup de frères ont été persécutés. Plusieurs ont été prisonniers. D'autres ont été obligés de s'exiler en France. Certains ont été torturés et en sont morts. Cet esprit de résistance est en nous. Je suis heureux que ce livre consacre un chapitre aux chrétiens d'Amérique latine. Beaucoup de prêtres français ont été éliminés au Chili, en Argentine, au Brésil et en Uruguay. Leur rôle a été déterminant pour faire gagner la démocratie et la justice.

R. L. : Le pape François peut-il aider la Commission pastorale à travailler davantage encore ?

H. B. R. : Lorsqu'il était archevêque de Buenos Aires, François a donné tout son appui à des commissions proches de la nôtre. Ce n'est pas un hasard s'il a été qualifié de pape rouge. Sa défense des pauvres est une bonne chose pour nous. Mais ce n'est pas parce que le pape agit personnellement que les évêques et les curés suivront au niveau local. Les oppositions et les conservatismes restent très forts en Amérique latine.

R. L. : On vous présente souvent comme l'avocat des « sans-terre ». C'est même le titre d'un livre qui vous a été consacré[1]. Vous reconnaissez-vous dans cette expression ?

H. B. R. : Avocat des « sans-terre », c'est vrai et ce n'est pas vrai. J'ai fait des choses, mais jamais seul. Des paysans ont accepté d'être témoins au risque de leur vie. Certains, pour des procès très graves, ne peuvent plus revenir dans leur région, d'autres ont été tués. Et on va parler de moi ? C'est très ambigu. Les grandes luttes ne sont jamais des luttes individuelles.

R. L. : Où puisez-vous cette force de continuer ?

H. B. R. : J'ai trouvé un sens très profond à mon engagement personnel comme religieux et avocat. Ma seule arme, c'est l'Évangile. Je n'ai pas de famille, pas d'enfant, pas de femme. Cette option, entre autres valeurs, me rend libre. Je n'engage que moi, ça me rend très libre. Si j'avais eu des responsabilités familiales, je crois que je n'aurais pas eu le courage. Mais n'ayant rien à perdre que moi…

R. L. : Quand vous observez l'évolution de la condition des chrétiens dans le monde, ressentez-vous un profond sentiment d'inquiétude ?

H. B. R. : De l'inquiétude et de l'angoisse. Les djihadistes, la situation en Irak : je suis extrêmement préoccupé, atterré par tous ces drames, cette violence, cette brutalité, ce fanatisme qui explose partout. Comment peut-on l'arrêter ? On a l'impression que tout se complique chaque jour un peu plus. Cela me donne une angoisse. On repense à l'Histoire, aux croisades, à la brutalité énorme que le monde a connue à une certaine époque. Mais on voit également des choses admirables qui vous motivent, des expériences humaines fantastiques auxquelles il faut se raccrocher. Je repense souvent à Mandela, à sa force d'espérance pendant toutes ses années de prison. Rien n'est définitif. Des choses se reconstruisent, des moments d'espérance renaissent. La figure de Martin Luther King, aussi, ne me quitte pas. Mandela et lui m'ont donné un idéal. On s'en sortira, il ne faut pas baisser les bras, il faut réfléchir. Maintenir les flammes. Ce n'est pas seulement religieux. Au moment de l'eucharistie, pendant la messe, quand j'évoque

1. *Frère Henri Burin des Roziers, avocat des sans-terre*, par Bernadette Toneto, Éditions du Cerf, 2002.

ce que Jésus-Christ a fait pour nous dans la foi, sa vie donnée pour nous, je marque souvent une pause : « La vie donnée pour la multitude. » La multitude ne s'arrête pas aux chrétiens. La multitude, c'est beaucoup plus que cela. C'est le don total d'une vie pour la multitude des êtres humains, quelle que soit leur religion, quelle que soit la cause qu'ils se sont donnée et qui leur semblait juste, à tort ou à raison. Ce n'est jamais limité aux chrétiens. Martin Luther King était évangélique. Lorsqu'il a prononcé son discours devant la Maison Blanche, à Washington, après la fameuse marche, il l'a fait en chrétien, mais en s'adressant à tous. « Si on pouvait tous s'unir pour que nos enfants marchent la main dans la main... » Ne jamais se fermer dans ses propres convictions, comprendre et respecter l'autre, rester dans le dialogue, toujours. Savez-vous qu'à Tibhirine, en Algérie, les moines accueillent de nouveau les visiteurs ? Des gens viennent d'un peu partout au monastère, y compris des Algériens, un peu comme en pèlerinage. C'est peut-être ça l'espérance. Cette « autre chose », parfois infime, qui se construit quand on ne s'y attend plus.

Henri Burin des Roziers est né le 18 février 1930. Il consacre toute sa vie au combat pour la justice. En mai 1968, au Centre Saint-Yves, aumônerie des étudiants en droit et sciences économiques de Paris, il est aux côtés des étudiants. Dans les années 1970, il dénonce, avec le comité Vérité-Justice de haute Savoie, de graves injustices à l'égard notamment des immigrés nord-africains, des sans-abri et des gens du voyage. De 1979 à 2012, au Brésil, il travaille comme avocat à la Commission pastorale de la terre à défendre les droits des petits paysans face aux propriétaires et aux grandes firmes.

Renaud Leblond est journaliste et éditeur. Diplômé de Sciences-Po Paris, il est l'auteur de plusieurs essais et documents sur des sujets de société. Il enseigne à l'Institut d'Études Politiques de Paris.

Europe
et Amérique du Nord
De l'inquiétude à l'action

Analyse

En France, le désarroi des chrétiens

Henri Tincq

Spécialiste des religions au journal *Le Monde* pendant vingt-cinq ans, Henri Tincq décrit l'inquiétude ressentie en France par de nombreux chrétiens. Alors que les relations entre l'Église et la République sont aujourd'hui apaisées, la montée en puissance de sujets sociétaux majeurs entraîne, chez ces derniers, un sentiment de malaise. L'auteur observe également que la condition des chrétiens dans le reste du monde fait l'objet d'une attention de plus en plus marquée de la part des médias, de toutes sensibilités.

Depuis quelques années en France, des choix politiques et sociétaux, engageant des valeurs fondamentales, font ressurgir des interrogations, voire des crispations, sur la place du christianisme – et des autres religions – dans l'espace public. On a pu le mesurer à propos du statut de l'école confessionnelle privée (très majoritairement catholique) ou des lois libéralisant l'interruption volontaire de grossesse et autorisant le mariage homosexuel. À cette occasion, des manifestations et des débats ont rappelé combien les Français étaient les héritiers d'une histoire complexe et controversée, où la question religieuse resurgit toujours comme une ligne de fracture.

Les historiens en parlent volontiers comme d'« une guerre des deux France » (Émile Poulat) : la France des droits de Dieu et la France des droits de l'homme. D'un côté, la France sacrée et éternelle – celle qui va du roi Clovis à Jeanne d'Arc, qui a édifié les cathédrales, a lutté contre la Réforme et la Révolution, a refusé le « Ralliement » à la République – et, de l'autre côté, la France des Lumières, de la Révolution et des droits de l'homme, de la République et de la séparation Églises-État, de la laïcité et de la démocratie.

Une mémoire chrétienne tragique

Cette situation de fracture religieuse s'explique largement par la mémoire chrétienne de la France qui est, pour partie, tragique. La mémoire, d'abord, de la Réforme, c'est-à-dire d'une minorité protestante persécutée par la monarchie de droit divin et la religion d'État catholique. La Saint-Barthélemy, les « dragonnades », la révocation de l'édit de Nantes restent les épisodes les plus douloureux de ces guerres de religion qui ont ensanglanté le royaume et labouré l'Europe. Avec la Réforme, la vieille chrétienté unie du Moyen Âge a explosé et elle a fait place à des États confessionnels rivaux.

La mémoire, ensuite, de la Révolution de 1789 : celle-ci a le mérite de reconnaître le droit au culte des protestants, d'émanciper les juifs, mais elle reste un événement longtemps maudit par le clergé catholique, déchiré entre les prêtres « jureurs » – qui prêtent serment à la Constitution civile – et les prêtres « réfractaires ». Ces derniers, fidèles au pape, sont poursuivis, arrêtés, victimes sous la Terreur d'exécutions massives. En Vendée, des « martyrs » paient aussi le prix du sang pour leur fidélité chrétienne et leur résistance au nouveau régime. Le souvenir de ces persécutions restera longtemps gravé et commémoré, comme en 1989, lors du bicentenaire de la Révolution française.

Si, à la fin du XIXe siècle, une minorité de catholiques « libéraux » se rallie aux idées révolutionnaires et républicaines – rejoignant les protestants –, la IIIe République se résume à un combat virulent contre l'Église catholique, aiguisé par une franc-maçonnerie triomphante. L'anticléricalisme choisit comme cible principale l'école, jusque-là monopole du clergé, qui devient le lieu d'une morale universelle indépendante de toute religion. Sous l'impulsion de Jules Ferry, ministre de l'Instruction, l'école publique échappe à la tutelle des prêtres. Le personnel enseignant est brutalement « laïcisé », l'enseignement religieux exclu des heures de classe et transféré au seul jour de congé du jeudi.

L'école laïque dépossède ainsi l'Église catholique de son rôle de « socialisation morale », comme dit l'historien protestant Jean

Baubérot. Mais c'est toute la société qui se laïcise : abrogation de l'interdiction du travail le dimanche ; rétablissement du divorce ; suppression des prières dans les chambres parlementaires ; retrait des crucifix dans les écoles publiques et les tribunaux. L'affaire Dreyfus (1894-1906) réactive des haines antisémites que l'Église catholique encourage. Au début du XXe siècle, les congrégations religieuses non autorisées comme « associations » sont interdites d'enseignement et expulsées. Des milliers d'établissements catholiques sont fermés.

La loi de séparation des Églises et de l'État (9 décembre 1905) est d'abord interprétée par les catholiques comme un instrument d'oppression. La République garantit, dans son article 1, « la liberté de conscience et le libre exercice des cultes ». Elle souligne, dans son article 2, qu'elle « ne reconnaît, ne salarie, ni ne subventionne aucun culte ». Applaudie par les protestants, qui y voient un moyen de rompre enfin avec l'hégémonie catholique, cette loi devient le pilier des institutions laïques françaises. Contre Émile Combes, personnalité phare de l'anticléricalisme, des « laïques » comme Jean Jaurès et Aristide Briand ont voulu faire une loi d'apaisement. Plus de 30 000 édifices – églises, temples, synagogues – sont mis gratuitement à la disposition des cultes. Mais l'Église catholique renâcle à participer à leur administration et les « inventaires » des biens d'Église donnent lieu à d'incroyables scènes de violences religieuses, qui s'ajouteront à la mémoire des persécutions.

Le ralliement à la République et à la laïcité

Neutralité stricte de l'État par rapport à la religion, mais garantie de la liberté de conscience et de culte : tels sont donc les deux piliers de la laïcité dite « à la française ». Celle-ci figure dans la Constitution, mais elle constitue dans le monde une sorte d'exception. Le mot « laïcité » n'a, par exemple, pas d'équivalent en anglais ou en allemand. Aux États-Unis, la Constitution sépare la religion de l'État, mais tolère une « religion civile » omniprésente – le président prête serment sur la Bible – qui exclut toute suprématie d'une confession sur une autre. Les pays européens comptent des régimes de séparation stricte ou aménagée (Allemagne), de religion d'État (l'anglicanisme en Grande-Bretagne, l'orthodoxie en Grèce, le luthéranisme en Finlande) ou de « concordat » avec le Saint-Siège (Espagne, Italie, Portugal).

La diversité de ces situations est un legs de l'Histoire. En France, le régime de laïcité agressif des débuts a retardé l'adhésion des catholiques à l'héritage de la Révolution et à la République. Mais, en un siècle, la situation s'est retournée et apaisée. La réconciliation s'est faite avec la guérison du traumatisme que la France a subi entre 1939 et 1945. À l'époque, si une majorité de catholiques, hiérarchie comprise, s'est ralliée au régime de Vichy, nombre de protestants et catholiques se sont élevés contre l'oppression née de l'occupation et de la persécution des juifs. Et c'est dans l'unité nationale retrouvée, avec un oubli généreux des blessures de l'Histoire, que les chrétiens ont pu réintégrer l'idéal républicain.

Depuis, le souvenir des batailles autour de la laïcité s'est largement estompé, faute de combattants. L'idéologie « laïciste » a perdu de son mordant, même si elle reste vigilante devant les interventions répétées des Églises et surtout de l'islam dans l'espace public. De son côté, l'Église catholique a pris son parti des règles de séparation, dont elle mesure mieux aujourd'hui les avantages en termes d'indépendance financière et politique. Elle n'a plus de comptes à rendre aux autorités. Sa hiérarchie et ses militants se font entendre et participent librement à tous les débats de société comme ceux qui concernent l'école, la famille, la fin de vie, la bioéthique, la défense des droits des immigrés, des sans-papiers, des mal-logés, etc.

Revendications communautaires

Dans un contexte apaisé, renaissent pourtant chez certains chrétiens, par épisodes, quelques crispations. Dans les années 1970 et 1980, l'enjeu était l'interruption volontaire de grossesse et le statut de l'école confessionnelle. Depuis, de nouvelles vagues de contestation se sont levées : contre les unions homosexuelles (PACS en 1999, mariage en 2013), contre l'avortement « banalisé », contre les recherches sur les cellules-souches d'embryon, contre l'introduction (en partie fantasmée) de la « théorie du genre » dans les programmes éducatifs, contre les propositions de « suicide assisté » pour les personnes en fin de vie, contre la procréation médicalement assistée pour les femmes homosexuelles et la gestation pour autrui pour les hommes et contre des spectacles de cinéma ou de théâtre jugés comme des atteintes au respect de la foi chrétienne.

Une nouvelle génération de chrétiens, souvent jeune, active, bien intégrée, engagée et majoritairement proche des partis de droite ou des milieux traditionalistes, se montre à cran sur ces sujets qui divisent la société. Ils se mobilisent pour la défense de valeurs morales et culturelles contre la gauche et une pensée dominante qualifiée de « libérale et libertaire ». Pour eux, la religion chrétienne, profondément ancrée dans la culture et l'histoire de la France, fondatrice de ses mœurs, serait en péril, réduite au rang de « communauté » minoritaire parmi d'autres, exclue du débat public au nom d'une laïcité redevenue agressive. Les profanations d'églises et de cimetières (très rares) seraient moins poursuivies que les actes antisémites ou islamophobes. Des administrations et des mairies interdiraient les crèches de Noël, les galettes des rois dans les écoles ou les sonneries de cloches ! Société multiculturelle oblige.

Un tel procès est-il justifié ? Sans doute a-t-on trop longtemps dit, écrit, pensé que les chrétiens pratiquants allaient fondre, se dissoudre dans une société sécularisée, perdre toute influence dans cette vie publique que, pendant des siècles, ils ont contribué à façonner, à modeler, dans des secteurs aussi vitaux que l'éducation, la santé ou l'assistance aux plus pauvres. On ne peut donc plus ignorer le repli identitaire qui existe dans certaines communautés catholiques et protestantes, leur isolement et la naissance d'un nouvel « intransigeantisme ». Mais on ne peut oublier les avantages, qui ne sont pas sérieusement menacés, que les chrétiens tirent, en France, de leur situation historique, de leur présence dans la République, la culture, l'éducation, le militantisme social et les références quotidiennes.

Une situation enviable

À cet égard, la situation de la France reste enviable, comparée à celle de certains pays étrangers. Les enquêtes d'opinion et les reportages des médias l'attestent. La prise de conscience des discriminations frappant les chrétiens dans le monde a augmenté. La dérision antichrétienne, les agressions contre les lieux de culte juifs et musulmans demeurent en France, mais sont le fait de cercles très minoritaires et sont généralement condamnées. La persécution religieuse semble même devenue insupportable à une France qui a gardé la mémoire de ses combats pour la liberté religieuse et les droits de l'homme et a connu de véritables traumatismes nationaux avec l'affaire Dreyfus ou les rafles antijuives sous Vichy.

On en trouve maints exemples. Depuis les... Croisades, la France passe pour être la « protectrice » traditionnelle des chrétiens d'Orient et cela laisse des traces. Les récents épisodes sanglants visant les minorités chrétiennes dans les conflits irakien, syrien et palestinien, et leur marginalisation politique et sociale, suscitent une indignation quasi générale, touchant jusqu'aux milieux laïques les plus éloignés des Églises. De même, les minorités chrétiennes victimes, en Afrique, du terrorisme islamique ou, en Inde, des extrémistes hindous soulèvent, grâce au canal des médias et des ONG humanitaires, des réactions de compassion qui dépassent les frontières habituelles entre croyants et non-croyants.

Il est faux de dire que, compte tenu de son histoire religieuse et de sa laïcisation parfois brutale, la France est devenue un pays indifférent au « fait chrétien », voire « antichrétien », comme le prétendent certains groupuscules intégristes. Mais il est légitime d'affirmer que la perception du christianisme comme facteur d'équilibre et de civilisation, dans un monde menacé par les tensions religieuses et la barbarie, est désormais la plus largement partagée.

Né en 1945, Henri Tincq a été responsable des informations religieuses au *Monde* de 1985 à 2008, après avoir été journaliste à *La Croix* de 1972 à 1985. Il collabore aujourd'hui au site Slate. fr et au *Monde des religions*. Ses derniers ouvrages : *Les Catholiques*, Grasset (2008) ; *Jean-Marie Lustiger, le cardinal prophète*, Grasset (2012). Il a dirigé le *Dictionnaire Larousse des religions* (2005).

Analyse

Les Anglo-Saxons en première ligne

Benedict Rogers

Un ambassadeur, un bureau du département d'État et une commission spécialement dédiée : le journaliste et responsable d'ONG Benedict Rogers dresse l'inventaire du dispositif américain pour promouvoir la liberté religieuse dans le monde. Britannique, il montre aussi comment son propre pays, la Grande-Bretagne, a pris le sujet à bras-le-corps à travers ses travaux parlementaires et les prises de position de ses dirigeants.

Jusqu'à tout récemment, la violation de la liberté religieuse et les persécutions des chrétiens en particulier, laissaient généralement le monde occidental indifférent. D'autres atteintes aux droits de l'homme – trafic d'êtres humains, violences sexuelles, enfants soldats ou torture et emprisonnement de dissidents politiques – ont attiré, quant à elles, une attention assez considérable ; et pourtant, la discrimination, la torture, l'esclavage et même l'exécution capitale pour motifs religieux se sont souvent heurtés à un silence ahurissant. Cela commence enfin à changer.

Depuis plus de quarante ans, un petit nombre d'organisations occidentales a dénoncé les violations de la liberté religieuse, et notamment les persécutions des chrétiens, dans les couloirs du pouvoir comme sur les bancs des églises : par exemple, Christian Solidarity Worldwide (CSW, ma propre ONG), Voice of the Martyrs, Open Doors, Jubilee Campaign et l'association catholique Aide à l'Église en détresse. Une poignée d'hommes politiques – avant tout les membres du Congrès américain Frank Wolf, Christopher Smith, Joe Pitts et Trent Franks, l'ancien sénateur du Texas Sam Brownback et les parlementaires britanniques Lord Alton et Baroness Cox – ont, pendant des années, tenu des séances, présenté des débats, soulevé des questions et défendu la cause dans leurs corps législatifs respectifs.

Plusieurs livres sont parus sur le sujet, en particulier des classiques comme *Tortured for Christ* de Richard Wurmbrand, *God's Smuggler* de Frère Andrew, *Their Blood Cries Out* de Paul Marshall et *In the Lion's Den* de Nina Shea[1]. D'autres ouvrages ont parlé de l'essor de la campagne pour la liberté religieuse et son impact sur la politique aux États-Unis, dont *Freeing God's Children* d'Allen Hertzke et *World of Faith and Freedom : Why International Religious Liberty Is Vital to American National Security*, de Thomas Farr[2]. Enfin, *Cox's Book of Modern Saints and Martyrs* de Baroness Cox et le livre que j'ai écrit avec elle, *The Very Stones Cry Out : The Persecuted Church – Pain, Passion and Praise*[3], racontent les histoires humaines cachées derrière ce thème. Pourtant, jusqu'à une période très récente, tous ces appels n'avaient apparemment pas été entendus.

La liberté religieuse, « premier droit » des citoyens américains

Depuis peu cependant, il semble qu'une digue ait fini par se rompre. Les cercles politiques dominants, et à de hauts niveaux, font davantage cas du problème. Trois nouveaux livres majeurs ont eu un grand retentissement, presque comme s'ils étaient les premiers sur la question : *Christianophobia*, de Rupert Shortt, *Persecuted* de Paul Marshall, Lela Gilbert et Nina Shea, et *The Global War on Christians* de John Allen[4]. Ce livre est la toute dernière – et très précieuse – contribution

1. Soit, respectivement : « Torturés au nom du Christ », « Le Passeur de Dieu », « Leur sang hurle » et « Dans la gueule du loup ». Aucun des livres cités par l'auteur n'a encore été traduit en français. *[N.d.T.]*

2. « Libérer les enfants de Dieu », « Monde de foi et de liberté : pourquoi la liberté religieuse internationale est essentielle pour la sécurité nationale américaine ». *[N.d.T.]*

3. Le « Livre de Cox sur les saints et les martyrs modernes », « Même les pierres crient : L'Église persécutée – peine, passion et panégyrique ». *[N.d.T.]*

4. « Christianophobie », « Persécutés » et « La Guerre mondiale contre les chrétiens ». *[N.d.T.]*

à cette somme de publications, et peut-être enfin, le dur travail d'une poignée de fervents militants commence-t-il à porter ses fruits.

Aux États-Unis, la liberté religieuse a toujours suscité un plus grand intérêt qu'en Europe, en raison de la nature et de l'influence plus marquées du christianisme américain, et de la reconnaissance dont elle jouit dans la Constitution du pays : elle est considérée comme le « premier droit » des citoyens. En 1998, le Congrès des États-Unis a voté une loi sur la liberté religieuse dans le monde (l'« IRF Act »), qui a mis en place trois instances pour mieux attirer l'attention internationale sur les atteintes qu'elle subit : un ambassadeur itinérant, qui dirige un bureau du département d'État affecté à l'IRF, lequel bureau est contrôlé par une commission semi-indépendante du Congrès, l'USCIRF. En vertu des prescriptions de l'IRF Act, le bureau du département d'État et l'USCIRF publient chacun des rapports annuels sur la liberté religieuse partout dans le monde[1]. Les nations jugées coupables des violations des droits de l'homme les plus graves, les plus flagrantes et les plus générales peuvent être qualifiées de « pays particulièrement préoccupants » (CPC), un statut passible de sanctions.

Plus récemment, le Canada et l'Union européenne ont accordé une plus grande reconnaissance à la liberté religieuse dans leur politique étrangère. Les Canadiens ont créé un Bureau de la liberté de religion, avec un ambassadeur à sa tête[2] et, en 2013, l'Union européenne a publié ses *Lignes directrices pour la promotion et la protection de la liberté de religion ou de croyance*[3], un sujet sur lequel l'ONU possédait depuis 1986 un rapporteur spécial[4].

De son côté, le Royaume-Uni a fait preuve depuis 2010 d'un intérêt croissant pour le problème. Alistair Burt, l'ancien sous-secrétaire d'État des Affaires étrangères et du Commonwealth initialement chargé de ce thème, a pris les devants en lançant le débat sur une meilleure promotion de la liberté religieuse dans le cadre de la poli-

1. Voir http://www.state.gov/j/drl/irf/ and http://www.uscirf.gov/
2. http://www.international.gc.ca/religious_freedom-liberte_de_religion/index.aspx?lang=eng
3. https://www.consilium.europa.eu/uedocs/cms_data/docs/pressdata/EN/foraff/137585.pdf
4. http://www.ohchr.org/en/issues/freedomreligion/pages/freedomreligionindex.aspx

tique étrangère. Sa mission a été poursuivie en 2012 par Baroness Warsi, la première femme musulmane membre d'un cabinet ministériel, laquelle a défendu la cause avec une ardeur remarquable. En novembre 2013, elle a prononcé un discours à l'université de Georgetown, Washington DC[1], qui a assis sa position de leader d'opinion dans la communauté internationale sur la question[2]. Ce qui a singulièrement frappé l'assistance était son intérêt, en tant que musulmane, pour la persécution des chrétiens. Après avoir parlé de la liberté religieuse pour tous, elle a déclaré :

> Aujourd'hui, cependant, je veux me concentrer sur une religion qui souffre particulièrement par suite des changements survenus au Moyen-Orient : le christianisme. Les catholiques, les protestants, les orthodoxes et les chrétiens d'autres confessions sont les victimes de ce type de sectarisme militant. Leurs communautés ont vécu dans ces régions depuis des siècles, dans des endroits qui ont vu naître leur foi. Pourtant, certains sont présentés comme des nouveaux venus. Beaucoup sont ancrés dans ces sociétés, dont ils adoptent et même façonnent les coutumes locales. Pourtant, ils sont de plus en plus traités comme des étrangers. Ces populations minoritaires ont coexisté avec la majorité pendant des générations. Pourtant, un exode massif se produit, à une échelle biblique. Dans certains pays, le christianisme court un vrai danger d'extinction. Un des voyages qui m'a le plus démoralisée a été ma visite en Terre sainte, où j'ai vu Bethléem désertée.

Un mois plus tard, Son Altesse Royale le prince de Galles a prononcé à son tour une allocution pour sensibiliser l'opinion à la persécution des chrétiens :

> Je suis, depuis un certain temps déjà, profondément troublé par les problèmes croissants qui menacent les communautés

1. http://berkleycenter.georgetown.edu/events/an-international-response-to-a-global-crisis-a-conversation-with-baroness-warsi-on-religious-freedom
2. http://repository.berkleycenter.georgetown.edu/131115WarsiInternationalResponseGlobalCrisis.pdf

> chrétiennes dans diverses parties du Moyen-Orient. Il me semble que nous ne pouvons pas ignorer le fait que les chrétiens de cette région du monde sont volontairement visés par des militants islamistes fondamentalistes. Les chrétiens sont, littéralement, nés au Moyen-Orient, et nous ne devons pas oublier nos frères et nos sœurs moyen-orientaux. Leurs communautés ecclésiastiques nous relient directement à l'Église originelle, comme me l'ont rappelé les paroles et les chants en araméen – la langue même de Notre Seigneur – que j'ai entendus il y a quelques heures.

Et pourtant, aujourd'hui, le Moyen-Orient et l'Afrique du Nord ont la plus faible densité de chrétiens au monde – seulement 4 % de la population –, et il est clair que leur nombre a dramatiquement chuté au Moyen-Orient au siècle dernier et qu'il continue encore à baisser.

Cela a un effet sur nous tous – à commencer, bien sûr, par les chrétiens qui ne peuvent plus continuer à vivre au Moyen-Orient : nous perdons tous quelque chose d'infiniment précieux et irremplaçable quand une tradition aussi riche, qui remonte à deux millénaires, commence à disparaître. Il est donc particulièrement merveilleux de voir une telle diversité d'Églises ici aujourd'hui : les Églises orthodoxes grecque, d'Antioche, syrienne, copte et arménienne, les Églises catholiques melkite, maronite, syriaque et chaldéenne, l'Église « catholique romaine » et l'Église d'Orient, ainsi que des Églises établies, si j'ose m'exprimer ainsi, un peu plus récemment, dont l'Église anglicane !

Un coup majeur porté à la paix au Proche-Orient

En disant tout cela sur les problèmes qui menacent les Églises chrétiennes au Moyen-Orient, je suis bien sûr conscient qu'elles ne sont pas les seules communautés religieuses de cette région à souffrir en ce moment, et que le Moyen-Orient n'est pas la seule partie du monde où les chrétiens souffrent – mais, vu les circonstances particulièrement critiques auxquelles les communautés ecclésiales de ces pays sont confrontées actuellement, il m'a paru utile d'attirer l'attention sur leur sort. Il importe avant tout de noter que le déclin des chrétiens dans cette région porte un coup majeur à la paix, car ils appartiennent à la structure de la société, en servant souvent de médiateurs entre d'autres communautés. Ce rôle crucial dans tout le Moyen-Orient est reconnu par de nombreux musulmans (non extrémistes), chiites comme sunnites, qui témoignent que les chrétiens sont leurs amis et que leurs communautés sont nécessaires[1].

Peu après le discours du prince de Galles, l'éminent travailliste Douglas Alexander, secrétaire d'État aux Affaires étrangères du « cabinet fantôme », a écrit un article décisif. Désavouant entre les lignes la fameuse apostrophe : « Nous ne nous occupons pas de Dieu », lancée par le conseiller en communication de son parti à un journaliste qui interviewait Tony Blair, alors Premier ministre, il a appelé l'opinion à s'intéresser davantage au sort des chrétiens persécutés dans le monde entier[2].

Le même mois, des parlementaires ont tenu un débat – peut-être pour la première fois de l'Histoire – sur cette persécution internationale[3]. La motion disait :

> Notre Chambre est préoccupée par l'augmentation des persécutions des chrétiens au XXIe siècle ; elle tient compte des rapports dévoilant qu'un chrétien est tué pour sa foi toutes les onze minutes quelque part sur la terre ; elle note que le christianisme est la religion la plus persécutée à l'échelle planétaire ; elle n'oublie pas que le droit à la liberté de pensée, de conscience et de religion est un droit humain affirmé dans la Déclaration universelle des droits de l'homme ; et elle demande instamment au gouvernement d'agir davantage, tant dans sa politique étrangère que par son travail humanitaire, pour défendre et soutenir les personnes de religion chrétienne.

Chose remarquable, un conservateur musulman d'origine pakistanaise, Rehman Chishti, a prononcé alors un discours passionné sur la persécution des chrétiens dans son pays natal[4].

1. http://www.princeofwales.gov.uk/media/speeches/speech-the-prince-of-wales-advent-reception-christians-the-middle-east
2. http://www.telegraph.co.uk/news/politics/labour/10532775/Labour-We-must-do-God-to-fight-anti-Christian-persecution.html
3. http://www.publications.parliament.uk/pa/cm201314/cmhansrd/cm131203/debtext/131203-0003.ht
4. http://www.publications.parliament.uk/pa/cm201314/cmhansrd/cm131203/debtext/131203-0003.htm

Le 9 avril 2014, à une réception au 10 Downing Street à l'occasion des fêtes de Pâques, le Premier ministre David Cameron a déclaré[1] :

> « J'espère que nous pourrons agir davantage pour augmenter la visibilité des persécutions des chrétiens dans le monde entier. Il est vrai qu'aujourd'hui, notre religion est la plus universellement persécutée. Je pense que la Grande-Bretagne peut jouer un rôle prépondérant à cet égard [...] Il nous faut nous dresser contre les persécutions des chrétiens et des autres groupes religieux partout et chaque fois que nous le pouvons, et nous ne devons pas avoir honte de le faire. »

Mais ce n'est pas seulement dans l'anglosphère que la liberté religieuse connaît un intérêt accru. En 2012, dans un discours prononcé devant le synode de l'Église luthérienne, la chancelière Angela Merkel s'est étendue sur les persécutions des chrétiens, et l'Allemagne a érigé la liberté de religion en priorité de sa politique étrangère.

Un intérêt croissant pour la liberté religieuse en Europe

Deux autres tendances méritent d'être notées. Alors que les décideurs européens accordent une attention croissante à la question, beaucoup de gens ont prétendu qu'elle était devenue moins prioritaire aux États-Unis sous l'administration Obama. Le président américain a mis plus de deux ans à nommer un nouvel ambassadeur itinérant pour la liberté religieuse dans le monde et, quand il a fini par le faire, il a choisi un pasteur afro-américain sans expérience en politique étrangère, le docteur Suzan Johnson Cook. Apparemment, celle-ci a vu sa charge rétrogradée au département d'État, et la création d'un Bureau des Initiatives confessionnelles communautaires risque de créer la confusion et de reléguer encore plus la liberté religieuse à l'arrière-plan. Suzan Johnson Cook a démissionné à peine deux ans et demi après son entrée en fonction et, actuellement, personne n'a été nommé pour la remplacer. Certes, le président Obama, Hillary Clinton et John Kerry, son successeur au poste de secrétaire

1. https://www.gov.uk/government/speeches/easter-reception-at-downing-street-2014

d'État, ont donné des discours sur la liberté de religion, mais ces derniers n'ont pas été suivis d'actions politiques, ni de mesures prioritaires.

Par contre, non seulement l'intérêt pour le sujet gagne du terrain en Europe, mais ce continent a vu naître un large mouvement qui tend à se centrer sur la liberté de religion ou de croyance – y compris sur le droit à ne pas croire. Cela a abouti à la création d'une rare alliance de chrétiens et de musulmans (et, en particulier, de sectes minoritaires comme les chiites et les ahmadis, qui risquent des persécutions graves dans de nombreuses parties du monde), auxquels s'ajoutent des bouddhistes, des bahaïs et d'autres croyants, même des athées et des humanistes laïques. La campagne de Christian Solidarity Worldwide pour Alexander Aan, un athée incarcéré en Indonésie à qui j'ai rendu deux visites en prison[1], et nos plaidoyers en faveur de divers musulmans – chiites et ahmadis au Pakistan et en Indonésie, rohingyas et autres en Birmanie, ouïghours en Chine –, et pour la défense de bahaïs en Iran, ont obtenu un soutien considérable dans ces communautés et dans plusieurs autres, et ont fait naître une vaste ligue pour la liberté religieuse où la persécution internationale des chrétiens est mise en exergue. La création de la plate-forme européenne contre l'intolérance et la discrimination religieuse[2], et la fondation d'associations nationales similaires au Royaume-Uni et ailleurs renforcent cette idée de coalition dont les membres ne parlent pas seulement au nom de leurs coreligionnaires, mais du droit de l'homme universel à la liberté de religion et de croyance.

La constitution d'un groupe multipartite sur la liberté internationale de religion ou de croyance au parlement du Royaume-Uni[3], présidé par Baroness Elizabeth Berridge et la formation, au Parlement européen, d'un groupe de travail consacré au même thème[4], se fondent sur ces alliances. En Grande-Bretagne, le groupe multipartite a publié un rapport intitulé *Article 18 : un droit orphelin*, pour

1. http://www.huffingtonpost.co.uk/ben/hitchens-jesus-and-freedom_b_1543415.html
2. http://www.eprid.eu/website/
3. http://www.publications.parliament.uk/pa/cm/cmallparty/register/religious-freedom-or-belief.htm
4. https://www.facebook.com/epwgonforb

souligner les violations du dix-huitième article de la Déclaration universelle des droits de l'homme[1] ; et la commission des droits de l'homme du parti conservateur a publié un texte analogue, *La Liberté de croire : protéger et promouvoir l'article 18*[2].

L'Union internationale humaniste et éthique, et ses filiales comme l'Association humaniste britannique sont entrées dans le débat en publiant un rapport annuel sur les violations de la liberté de pensée, de conscience et de religion partout dans le monde, et en partageant des tribunes avec des organisations comme Christian Solidarity Worldwide pour sensibiliser les esprits aux violations de cet article. De grandes associations laïques telles qu'Amnesty International, Human Rights Watch et la Fédération internationale des ligues des droits de l'homme, basée à Paris, font preuve d'un plus grand intérêt pour la liberté religieuse et les exactions commises sur les adeptes du christianisme.

La route est encore longue. Les persécutions des chrétiens partout dans le monde, et les violations de la liberté de religion affectant d'autres confessions, ne reçoivent pas toujours l'attention qu'elles méritent de la part des médias ou des décideurs ni, d'ailleurs, des autres croyants. Pourtant, cela commence à changer, comme la présente contribution l'a exposé. Le pape François, l'archevêque de Canterbury Justin Welby et d'autres dirigeants religieux se sont montrés plus sensibles au problème. Au sein de l'Église catholique, un mouvement visant à introduire, dans la liturgie courante de la messe, une prière réservée aux hommes persécutés pour leur foi gagne du terrain – et elle représenterait un grand pas vers l'éveil des consciences des chrétiens occidentaux qui jouissent des libertés élémentaires refusées à tant de nos frères et sœurs partout sur la terre. Il nous appartient de veiller à ce que l'élan né ces dernières années se change en actions concrètes bénéficiant aux hommes persécutés pour leur religion.

Traduit de l'anglais par Aline Weil

1. http://anorphanedright.net/
2. http://conservativehumanrights.com/pdf/CPHRC_The_Freedom_to_Believe.pdf

Témoignages

Les réseaux d'Église sur le front de l'information

Parmi les organisations présentes aux côtés des chrétiens discriminés et persécutés, trois sont particulièrement actives : Aide à l'Église en détresse (AED), Portes Ouvertes et l'Œuvre d'Orient. Leurs représentants témoignent de leur rôle de vigie et de soutien.

Aide à l'Église en détresse

Marc Fromager
Directeur de l'AED

Irak, 2003. Cela fait douze ans, depuis la première guerre du Golfe, que le pays est sous embargo anglo-américain. On estime que plus de 500 000 Irakiens sont morts, dont beaucoup d'enfants, faute d'alimentation et de soins suffisants. Cela ne semble déranger personne. L'occupation du pays par l'armée américaine commence.

À partir de cette date, les médias vont commencer à évoquer, d'abord timidement puis, avec la dégradation de la situation, avec plus de régularité, les exactions commises à l'encontre des chrétiens. C'est quelque chose de nouveau, non pas la réalité de la persécution des chrétiens, mais la fin d'un tabou. Jusqu'alors, on ne parlait pas de ces choses. L'année 2003 est donc une année charnière, où le sujet de la persécution des chrétiens devient médiatique.

Une décennie plus tard paraît donc ce *Livre noir de la condition des chrétiens*. Comment ne pas s'en réjouir ? Tout d'abord, ce livre est en quelque sorte un mémorial pour toutes ces victimes. Chaque année, l'AED organise une veillée de prière qui s'appelle la « Nuit des témoins » et qui consiste justement à rendre hommage aux martyrs chrétiens de notre temps. Il nous semble que c'est tout de même la moindre des choses que de leur payer ce tribut au moins une fois par an.

Ce livre est aussi, du moins nous l'espérons, un geste fort pour atténuer cette persécution qui est un scandale. En levant le voile sur cette réalité trop souvent occultée, on peut imaginer qu'il y aura une plus grande prise de conscience du drame vécu par tant de personnes et que cela produira une réaction. Dans le contexte de mondialisation accélérée que nous connaissons, les pays sont davantage attentifs à leur image et les persécutions de plus en plus considérées négativement. Leur dénonciation n'en est que plus pertinente. Tous les deux ans, l'AED publie un rapport sur la liberté religieuse dans le monde et à notre modeste niveau, nous voyons bien que cela n'est pas anodin.

Informer sur ce que les chrétiens vivent dans le monde, appeler à la prière pour ceux qui souffrent et enfin faire appel à la générosité pour nous permettre de soutenir plus de 5000 projets par an dans 150 pays, c'est la triple mission de l'AED.

Fondée en 1947 par le père Werenfried van Straaten, religieux prémontré néerlandais, l'AED est aujourd'hui une fondation pontificale, c'est-à-dire directement rattachée au Vatican. Présente dans vingt pays, essentiellement en Europe de l'Ouest et en Amérique du Nord, l'Œuvre soutient l'Église catholique un petit peu partout dans le monde avec plus ou moins le quart de son budget (90 millions d'euros) respectivement en Afrique, en Amérique du Sud, en Asie (Moyen-Orient compris) et en Europe de l'Est (Russie comprise).

Les projets soutenus sont de nature pastorale, c'est-à-dire au service de la mission propre de l'Église : formation des séminaristes, construction d'églises, de couvents, de séminaires, moyens de transport pour la mission, radios chrétiennes, diffusion de bibles et enfin offrandes de messes qui sont un soutien indispensable pour les prêtres les plus pauvres.

Irak, 2014. Le pays est plongé dans une violence chaotique dont on ne voit pas très bien le bout du tunnel, la tumeur de l'EIIL compliquant encore davantage une situation déjà sans issue. Là comme en Syrie, la situation pour les chrétiens n'a cessé de se dégrader ces dernières années. Dans beaucoup d'autres pays, le sort des chrétiens tend également à se détériorer. Que ce *Livre noir* soit pour eux un message de réconfort et d'espérance.

Pour plus d'informations : www.aed-france.org

Portes ouvertes

Michel Varton
Directeur de Portes ouvertes France

« André, ta présence parmi nous vaut mieux que dix sermons. » Dès 1955, Anne van der Bijl (dont le pseudonyme est Frère André), fondateur de l'association Portes ouvertes a très vite compris l'importance d'être aux côtés des chrétiens persécutés. À cette époque, les États marxistes-léninistes du bloc de l'Est mettaient une terrible pression sur l'Église, par la violence et la censure. C'est pourquoi Anne van der Bijl a mis sa vie en jeu pour leur apporter de la littérature chrétienne en contrebande. Son objectif ? Visiter les chrétiens des pays les plus fermés, avec la foi que Dieu lui ouvrirait les portes. Voilà les débuts de Portes ouvertes. Aujourd'hui, la persécution à l'encontre des chrétiens est encore plus généralisée. Et les besoins de soutien sont grandissants. Il faut être sur place avec eux et ici, ensemble, pour les aider à tenir ferme dans leur foi.

Depuis soixante ans

C'est exactement ce que l'association essaie de faire depuis soixante ans. Les équipiers de Portes ouvertes sont présents dans plus de soixante pays, de la Chine à l'Afrique du Nord en passant par l'Asie du Sud-Est et le Moyen-Orient. Ainsi, l'association intervient auprès de toutes celles et tous ceux qui souffrent en raison de leur appartenance au christianisme, sans distinction aucune. Par exemple, en 2013, 257000 chrétiens ont été bénéficiaires de projets socio-économiques, 57700 chrétiens en grande détresse ont reçu une aide médicale et de la nourriture, 2,3 millions de bibles et de livres chrétiens ont été apportés.

Apporter de l'aide humanitaire et un soutien moral ne suffit pas à la survie de l'Église, et les chrétiens persécutés veulent aussi être entendus. Ils se sentent parfois seuls et oubliés dans certains points du monde. Le service plaidoyer de Portes ouvertes œuvre donc auprès des instances nationales et internationales pour que leur cause soit relayée le plus largement possible. Portes ouvertes a utilisé son expérience de terrain pour élaborer un *Index mondial de persécution* ; celui-ci est le seul outil d'analyse qui permet de mesurer l'étendue et l'intensité de la persécution des chrétiens dans le monde. Chaque année, l'index présente un classement des cinquante pays où les chrétiens sont le plus persécutés. Ce classement est effectué par des chercheurs spécialisés de Portes ouvertes, mais aussi par des experts externes. L'objectif est de connaître le plus précisément possible la situation de l'Église de par le monde afin d'élaborer de meilleures stratégies pour lui venir en aide. Ce document n'est donc pas une collecte de chiffres, mais se veut un document humain, qui reflète la vie de millions de personnes. Des chrétiens qui nous rappellent l'importance de notre présence lorsque l'épreuve les afflige.

Plus d'informations : www.portesouvertes.fr

Œuvres d'Orient

Mgr Pascal Gollnisch
Directeur général

En 1856, des professeurs de la Sorbonne décidèrent de fonder une Œuvre pour soutenir les établissements scolaires des communautés religieuses catholiques au Liban. Ainsi naquit l'Œuvre des écoles d'Orient.

Après des massacres de chrétiens maronites par les druzes en 1860, le premier directeur de l'Œuvre, le futur cardinal Lavigerie, a commencé une première aide d'urgence et l'action de l'Œuvre s'est étendue aux dispensaires et hôpitaux, ainsi qu'au soutien de la vie des Églises. Reconnue Œuvre d'Église en 1858 par Pie IX, elle devient Œuvre d'Orient. Elle est placée sous la protection de l'archevêque de Paris, participe au Conseil de la solidarité de l'épiscopat français, et travaille avec la curie romaine, spécialement la Congrégation pour les Églises orientales.

En effet, l'Œuvre agit au service des catholiques orientaux: catholiques, ils sont en communion avec le pape. Orientaux, ils ont conservé la structure synodale, la liturgie, la tradition spirituelle qu'ils partagent avec les Églises orthodoxes. Aussi, logiquement, l'Œuvre agit dans tous les pays où, historiquement, est née une Église orientale: Arménie, Égypte, Éthiopie, Jordanie, Israël, Palestine, Syrie, Irak, Liban, Turquie, Iran, Ukraine, Roumanie, et au sud de l'Inde. Seule Œuvre française au service exclusif des chrétiens d'Orient, elle décide elle-même des soutiens qu'elle apporte sur demande des chrétiens d'Orient qui sont en quelque sorte ses correspondants locaux. Elle aide ainsi les évêques, les prêtres et les institutions religieuses à accomplir leur mission auprès de tous ceux qui en ont besoin dans trois secteurs: éducation, santé et action sociale et pastorale. Elle tisse ainsi des liens ecclésiaux permettant une véritable confiance au service de relations spirituelles mutuelles.

L'Œuvre s'appuie sur un réseau de 50000 donateurs qui lui assurent un budget de plus de dix millions d'euros. Elle s'efforce également de faire connaître la vie des chrétiens d'Orient à travers des publications, des expositions, des actions culturelles, des interventions dans la presse.

La vocation de l'Œuvre est d'aider les chrétiens à rester sur place, dans leur pays, s'ils le désirent ; elle ne travaille donc pas dans les territoires de diaspora et n'agit pas pour les aider à quitter leur région.

Avec les patriarches et les évêques, elle croit à un avenir possible des chrétiens au Proche-Orient. Beaucoup de musulmans le souhaitent également, même si, malheureusement, les plus violents monopolisent l'attention des médias.

Les pays du Proche-Orient avancent vers plus de modernité ; ils n'ont aucun avenir dans un repli identitaire sur le groupe religieux majoritaire. De plus en plus d'habitants en prennent conscience à travers, malheureusement, des événements dramatiques que nous connaissons. L'apport des chrétiens dans leurs pays respectifs, où ils sont – ou devraient être – des citoyens à part entière est considérable dans le domaine social, culturel et civique. Leur disparition serait un drame pour l'Église, mais aussi une perte majeure pour les pays concernés et pour les équilibres méditerranéens. En agissant pour que se rencontrent et se reconnaissent les hommes de bonne volonté, l'Œuvre d'Orient agit donc aussi pour la paix dans nos pays d'Europe. Le conflit israélo-palestinien montre que nous ne pouvons pas être des spectateurs passifs des souffrances des chrétiens d'Orient.

L'Œuvre d'Orient qui déploie son action vers les Églises Orientales est également confrontée au drame de la violence fondamentaliste et cruelle du « Califat de la haine » (*Da'ash*). C'est un devoir particulier pour elle d'être au plus proche de ceux qui sont le plus éprouvés. Les populations d'Irak et de Syrie sont victimes de la cruauté barbare d'un groupe autoproclamé « émirat », puis « État islamique », puis « Califat ». En réalité un groupe terroriste qui a perdu tout sens du respect de la dignité humaine et condamné par toutes les autorités musulmanes, en France et hors de France.

Les responsables de l'Église catholique, en particulier les Évêques, ont ouvert la voie pour mobiliser l'opinion publique. Des hommes et femmes politiques au plus haut niveau de l'État ont fait le courageux déplacement dans ce pays en guerre pour assurer du soutien de la

France et aider à la constitution d'un gouvernement irakien d'unité nationale.

Les chrétiens, et les yézidis, ont été obligés de fuir dans des conditions épouvantables ; ils sont toujours à la rue et traumatisés, gagnés par un désespoir qui les conduit à vouloir quitter leur pays. Accueillons et accompagnons ceux qui peuvent nous rejoindre, mais ne soyons pas complices de ceux qui veulent vider l'Irak de ses minorités. Les chrétiens ont le droit de vivre dans leur pays. Plus que jamais, nous devons les aider ; cette situation nous renvoie à notre propre responsabilité spirituelle et politique. Mais l'avenir de l'Orient dépend avant tout des orientaux. Ils doivent avoir les moyens de s'exprimer et de décider.

La région est marquée par le conflit israélo-palestinien, par les interventions américaines en Irak, mais aussi par les questions économiques. Si les moyens existent, ils sont mal répartis, une richesse indécente côtoie une misère indécente.

Le monde arabe n'est qu'une composante, certes symbolique, du monde musulman. Nous devons entendre davantage le monde indien et le monde extrême-oriental, tandis qu'une autre crise fait rage en Afrique. Le monde musulman se doit d'élaborer les instruments d'un vivre ensemble compatible avec la modernité, pour jouer son propre rôle dans le concert des nations.

Nous devons aussi prendre conscience de l'unité du monde méditerranéen dont nous nous sommes parfois détournés au profit d'autres solidarités. Ce qui se passe au sud de la Méditerranée nous concerne au premier chef. Notre avenir commun se joue aujourd'hui en Syrie et en Irak. Les chrétiens d'Orient sont notre espérance.

Plus d'informations : http://www.œuvre-orient.fr/

Conclusion

Timothy Radcliffe

Frère dominicain de la communauté d'Oxford

Ce livre a montré qu'il existe bel et bien, pour reprendre les termes de John Allen, une « guerre mondiale faite aux chrétiens[1] ». Point n'est besoin de reprendre ici tous les arguments qu'il avance pour étayer l'existence de ce qu'il présente comme le « problème religieux le plus urgent et le moins reconnu de ce début de XXIe siècle ».

Pourquoi les chrétiens font-ils l'objet de discriminations, voire de persécutions dans 139 pays, selon le Pew Forum on Religion and Public Life ? Et que pouvons-nous faire pour enrayer cette violence au quotidien ?

Les chrétiens ont souvent persécuté les autres, c'est un fait historique dont nous n'avons pas à être fiers. Force est cependant de reconnaître qu'on est aujourd'hui souvent persécuté parce qu'on suit le Christ. C'est même un signe de fidélité. Jésus ne dit-il pas : « Si le monde vous hait, sachez que moi, il m'a pris en haine avant vous » (Jn 15,18) ? Et, dans l'Évangile selon saint Matthieu, ne proclame-t-il pas : « Heureux êtes-vous quand on vous insultera, qu'on vous persécutera et qu'on dira faussement contre vous toute sorte d'infamie à cause de moi » (Mt 5,11) ?

Cela étant, il serait scandaleux pour nous chrétiens qui vivons dans le confort et la sécurité de nos foyers occidentaux de nous réjouir du massacre de nos frères et de nos sœurs en d'autres endroits de la planète. Nulle mort, nulle forme de violence n'est pour nous acceptable. En revanche, nous reconnaissons le témoignage de la foi chrétienne par le martyre chaque fois que des chrétiens s'opposent à des régimes pervertis. Ainsi, nous sommes particulièrement fiers du martyre de saint Maximilien Kolbe mort à Auschwitz pour s'être opposé au nazisme et de celui de Mgr Óscar Romero assassiné, au moment

1. John Allen Jr, *The Global War on Christians: Dispatches from the Front Lines*, 2013.

où il célébrait l'eucharistie, pour avoir lutté contre l'oppression au Salvador.

De nombreux chrétiens sont tués aujourd'hui non par des dictatures ou au nom d'idéologies viles, mais par des personnes d'apparence banale – souvent leurs voisins – qui nourrissent une véritable haine de notre foi, alors que nous croyons comme eux en un Dieu unique. Comment mettre fin à un tel massacre ?

En janvier 2014, je roulais vers le Sahara algérien avec l'un de mes frères, l'évêque d'Oran, lorsque notre voiture s'est trouvée prise au milieu d'une manifestation. J'ignore contre quoi les gens s'insurgeaient – cela n'avait sans doute rien à voir avec la religion. Mais je n'oublierai jamais le visage du jeune homme qui s'est soudain tenu devant notre véhicule, une pierre à la main. J'ai craint qu'il ne lance son projectile à travers notre pare-brise. J'ai essayé de capter son regard. Si je parvenais à le fixer dans les yeux, pensais-je, tout pourrait s'arranger. Mais il essayait d'éviter les miens. Son visage était déformé par la haine. Sous la haine, j'ai senti suinter la peur. Ce face-à-face inattendu avec deux Européens l'effrayait. Et sous la peur, j'ai vu un jeune homme bien qui s'était trouvé enrôlé dans une manifestation et qui allait perpétrer des actes de violence qu'il regretterait sans doute par la suite.

Comment capter le regard de qui nous déteste ? Si nous voulons désarmer l'autre de sa colère, nous devons commencer par en comprendre l'origine.

La persécution des chrétiens est un phénomène universel. Le christianisme est la religion qui fait l'objet de la haine la plus partagée dans le monde, sans doute parce qu'elle est la plus présente aux quatre coins de la planète. Un tiers des êtres humains sont chrétiens, et la moitié d'entre eux sont catholiques romains. Il n'y a dès lors rien de surprenant à ce qu'ils soient victimes du plus grand nombre de persécutions. Mais la religion chrétienne ne tire pas seulement son universalité du fait qu'elle est la plus répandue dans le monde : sa nature même aspire à l'universalité. Quelques années à peine après la résurrection du Christ, quand il n'y avait encore qu'un très petit nombre de chrétiens disséminés dans quelques villes de la Méditerranée, ce qui fait l'essence même du christianisme le poussait déjà jusqu'aux confins du monde connu.

Rappelez-vous les dernières paroles du Christ dans l'Évangile de saint Matthieu : « Allez donc, de toutes les nations faites des disciples, les baptisant au nom du Père et du Fils et du Saint-Esprit, et leur apprenant à observer tout ce que je vous ai prescrit. Et voici que je suis avec vous pour toujours jusqu'à la fin du monde » (Mt 28,19).

La plupart des religions ont planté leurs racines dans des cultures particulières : le judaïsme, assurément, dans la communauté juive, l'islam, dans la communauté arabe, l'hindouisme, dans la culture indienne, etc. Mais, dès le début ou presque, la religion chrétienne a transcendé les identités ethniques. Il ne devait s'être écoulé qu'environ vingt-cinq ans après la résurrection du Christ lorsque saint Paul écrivit : « Il n'y a ni Juif ni Grec, il n'y a ni esclave ni homme libre, il n'y a ni homme ni femme ; car tous vous ne faites qu'un dans le Christ Jésus » (Ga 3,28). D'ailleurs, le Nouveau Testament n'a pas été rédigé dans la langue parlée par Jésus, l'araméen, mais dans le grec populaire qui servait alors de *koinè* ou de *lingua franca* en Méditerranée. En l'espace de quelques années, le christianisme est sorti de son bassin culturel et linguistique d'origine. C'était une religion mondiale avant la lettre, avant qu'on ne parle de mondialisation. En ce sens, l'Occident chrétien n'a pas servi de base à la découverte du monde par hasard, jusqu'au stade du village planétaire : au cœur de la foi chrétienne, il y a toujours eu une aspiration à l'universalité.

La mondialisation est à la fois une bénédiction et une malédiction. Elle a sorti des millions d'hommes et de femmes de la pauvreté, surtout en Chine et en Inde. Pour la première fois, nous pouvons communiquer les uns avec les autres instantanément, où que nous nous trouvions. Nous sommes aussi en mesure de réagir dans l'instant aux crises humanitaires. Le tsunami qui a frappé l'océan Indien et le typhon Haiyan qui a dévasté les Philippines ont éveillé la compassion dans le monde entier. Après le tremblement de terre qui a ravagé Haïti, une sœur dominicaine m'a écrit ce courriel : « Le monde entier est ici, même le Croissant-Rouge d'Iran ! » Aujourd'hui, tous les jeunes de la planète écoutent les mêmes chansons et ont des amis étrangers. Bref, nous assistons à l'émergence d'une nouvelle communauté humaine qui aurait encore été inimaginable il y a seulement trente ans, et nous considérons des êtres qui vivent très loin de chez nous et qui parlent des langues que nous ne connaissons pas comme nos voisins : c'est magnifique ! Si la religion chrétienne se répand si vite de par le monde, c'est notamment parce qu'elle exprime le *zeitgeist*, l'esprit du temps.

Mais, je l'annonçais, la mondialisation a aussi une face sombre. Les chiffres mis en avant par Thomas Piketty[1] sont peut-être à assortir d'un point d'interrogation, mais il est indéniable que la famille humaine est déchirée par des inégalités criantes. Chaque jour, les pauvres sont confrontés aux images d'un paradis dont ils sont exclus. « La publicité pour le Coca-Cola glacé, évocateur de jeunesse, de vitalité, de bonheur et de toute l'opulence des États-Unis, témoigne d'un mépris pour les sociétés où seuls les riches ont accès à l'eau potable[2]. » La corruption est elle aussi mondialisée. « Nous traversons une période de l'histoire du monde marquée par une corruption sans précédent. Certes, elle a toujours existé, mais jamais à cette échelle[3]. » Pensons au Qatar, dont on murmure qu'il n'a obtenu l'organisation de la Coupe du monde de football de 2022 que grâce à des pots-de-vin. Pensons au Nigeria, où des contrats de fourniture de pétrole et de gaz ont donné lieu à des commissions occultes qui ont transité par des comptes bancaires suisses avant de revenir à de hauts responsables de l'administration nigériane…

L'argent circule, pas les gens. Les capitaux vont là où ils génèrent le plus de profit et partent lorsqu'il est plus intéressant d'investir ailleurs, et peu importe si c'est au détriment des populations locales. Le consumérisme du marché mondial détruit les cultures ancestrales, tout comme l'individualisme exacerbé qui a cours en Occident érode les identités locales. Les liens traditionnels s'affaiblissent, au profit de ceux qui se créent sur la Toile, sans plus aucune attache concrète.

Il n'y a dès lors rien d'étonnant à ce que la mondialisation soit à la fois portée aux nues et détestée, et que l'Amérique soit consi-

1. T. Piketty, *Le Capital au xxie siècle*, Paris, 2013.
2. Ian Linden, *A New Map of the World*, Darton Longman et Todd Ltd, 2003, p. 95.
3. Zoe Cormack, « Everyone's at it », dans *Times Literary Supplement*, 27 septembre 2013, sur l'essai de Laurence Cockcroft intitulé *Global Corruption : Money, Power and Ethics in the Modern World*, I.B. Tauris, 2012.

dérée aussi bien comme le paradis sur terre que comme le grand ennemi. Une part de cette haine est dirigée contre le christianisme. Mgr Casmoussa a été enlevé en Irak, pays où vit pourtant l'une des communautés chrétiennes les plus anciennes au monde, en raison de sa qualité de chrétien, qui lui a valu d'être considéré comme un intrus. « Tu collabores avec les Américains ! lui a-t-on dit. Tu dois mourir ! Voici le couteau qui va t'égorger et le bassin dans lequel va s'écouler ton sang ! »

Le christianisme est profondément attrayant, car il tire sa source dans une croyance en l'unité ultime de l'humanité dans le Christ ; nous avons un avant-goût de cette unité dans la façon dont le village planétaire est interconnecté. Le christianisme est aussi abhorré par d'honnêtes citoyens qui ne sont pas plus assoiffés de sang que nous ne le sommes, mais qui expérimentent la mondialisation comme une terrible violence faite à leur pays et à leur identité. Cette violence-là est le ferment de la persécution des chrétiens en de nombreux endroits de la planète.

Comment réagir à la guerre mondiale faite aux chrétiens ? D'abord, donc, en comprenant qu'elle est intrinsèquement liée à la mondialisation. En ce point de l'histoire de l'humanité, qu'est-ce qui exprime le royaume de Dieu et que nous pourrions approfondir ? Et qu'est-ce qui oppresse le bien commun et doit dès lors être combattu ? Si le christianisme peut développer une relation saine et distanciée avec la mondialisation, la haine qui nous est portée diminuera à mesure, et les gens dont nous croiserons le chemin accepteront de nous regarder dans les yeux et d'échanger avec nous.

Je commencerai ici par examiner les façons dont la mondialisation est perçue comme violente par tant de personnes, car cette violence alimente la persécution des chrétiens. Je me pencherai ensuite rapidement sur la question de la défense des droits de l'homme, qui s'avère complexe à de nombreux égards car, même si elle vise à construire une communauté humaine, elle est perçue par d'aucuns comme une violation de leur intégrité culturelle. Enfin, je dirai quelques mots de la façon dont le christianisme doit approfondir sa dimension de foi universelle et chercher à atteindre l'unité de l'humanité.

Lutter contre la violence de la mondialisation

Benjamin Barber est l'auteur d'un livre intitulé *Djihad versus McWorld*[1]. Certains musulmans voient l'islam comme la seule force capable d'enrayer l'américanisation du monde. L'État-nation n'est pas suffisamment fort pour résister aux multinationales qui imposent leurs *desiderata* aux petits États. Les politiciens se sentent désemparés face aux forces du marché. Pour reprendre l'image frappante de Zygmunt Bauman, le capitalisme contemporain est considéré comme un avion sans pilote, qui ne sait pas où il va, ni pourquoi[2].

Le djihad constitue la réaction compréhensible d'une minorité de personnes désireuses de prendre le contrôle de cet avion. Seule la foi est capable de résister aux forces aveugles du capitalisme américain et de deux de ses composantes : le consumérisme ravageur et une impression d'immoralité. Les convertis à l'islam sont attirés par son rejet total de la culture mondialisée et de sa vacuité. De nombreux Occidentaux s'en tiennent à une image inversée de ce conflit, convaincus que le monde est pris dans une guerre « entre les valeurs libérales et le totalitarisme[3] ». Mais chaque présentation du conflit ne fait que renforcer l'autre, et *vice versa* – autrement dit, la température monte, et les chrétiens sont souvent ceux qui en pâtissent, même s'il convient de noter que les combattants du djihad tuent plus de musulmans n'appartenant pas à leur mouvance de l'islam que des fidèles d'autres religions.

L'islam n'est pas la seule force à résister à l'Occident. De nombreuses nations puissantes tentent de se protéger de ce qu'elles considèrent comme le vent desséchant de la mondialisation, à un coût terrible pour leurs citoyens. L'exemple le plus extrême est celui de la Corée du Nord, le « royaume ermite », qui essaie de rester étanche à tout ce qui vient du monde extérieur et qui est en réalité devenu un immense camp de concentration. Pendant des décennies, la Birmanie était postée aux barricades, et la Chine aussi, dans une certaine mesure. Il peut arriver que la religion soit mal utilisée à des

1. B. Barber, *Djihad Versus Mc World*, Desclée de Brouwer, 1996.
2. Z. Bauman, *Liquid Modernity*, Polity Press, 2000, p. 58.
3. Voir Michael Grove, l'actuel ministre britannique de l'Éducation, *Celsius 7/7*, Londres, 2006.

fins elles-mêmes religieuses, par exemple pour s'attirer des alliés ou entretenir la résistance vis-à-vis des ennemis.

Les chrétiens du monde entier sont embrigadés dans ce conflit à l'encontre de la mondialisation, à la fois persécutés par ceux qui s'y opposent et ignorés par ceux qui la soutiennent. Nous devons comprendre ce rejet de la culture occidentale et nous attaquer à ce qu'il a de destructeur si nous voulons atténuer sa violence et donner une chance de s'épanouir à nos frères et nos sœurs chrétiens qui vivent dans les pays en développement.

Reconnaître l'autre

Charles Taylor, le philosophe et historien des idées canadien, écrit: « Un certain nombre d'écueils en politique contemporaine tournent autour du besoin de reconnaissance, voire de son exigence pressante. On peut dire que le besoin de reconnaissance est l'un des moteurs qui propulsent les mouvements nationalistes en politique. Quant à l'exigence pressante d'une reconnaissance, elle vient à l'avant-plan de différentes manières dans la politique actuelle, au nom des minorités, de certains sous-groupes, du féminisme et du multiculturalisme[1]. »

La majeure partie de la violence – des batailles entre gangs de rue à la guerre entre nations – s'enracine dans cette exigence pressante de reconnaissance. Quiconque se sent invisible le vit comme une violence faite à son humanité. Dans la rue, ce qui est demandé, c'est le « respect », comme le chantent les chanteurs populaires. Comment se fait-il que tant de gens se sentent aujourd'hui « transparents »? L'anthropologue français Pierre Bourdieu estime que toute société a sa carte cognitive qui impose le silence à certaines catégories de personnes. Chaque société a ainsi des « silences sociaux[2] ». Nous lisons chaque jour des articles sur les pauvres et les déshérités, et pourtant leur voix continue à ne pas être suffisamment entendue. Pour David Graeber, « l'argent a cette capacité de transformer la moralité en une question d'arithmétique pure » qui justifie « des choses qui, autrement, paraîtraient outrageantes ou obscènes[3] ».

1. C. Taylor, *« The politics of Recognition » and Intercultural Tensions*, 2009, p. 25.
2. Gillian Tett, *Icebergs and Ideology, Anthropology News*, 28 septembre 2009.
3. D. Graeber, *Debt, The First 5 000 Years*, Melville House, 2011, p. 14.

Ce sont surtout les pauvres qui manquent de reconnaissance et qui dès lors ne comptent pas. Citons Étienne Grieu S.J.: « Un monde dominé par la concurrence s'embarque dans une terrible tâche de classification, non seulement des performances, mais aussi des gens. Ceux qui ne sont pas assez productifs se trouvent tout en bas de l'échelle. Ils en deviennent invisibles pour les autres, car ils ne parviennent à démontrer leur utilité dans aucun des échanges auxquels nous participons... Ils se sentent en outre humiliés car ils sont presque totalement démunis pour dire qui ils sont ou pour montrer aux autres le trésor unique qu'ils portent en eux[1]. »

Cela étant, parmi ceux qui s'engagent dans la persécution des chrétiens, beaucoup ne sont pas pauvres. Oussama ben Laden était originaire d'une famille opulente; de nombreux combattants du djihad ont fait des études supérieures et sont issus de la classe moyenne. Mais ils vibrent d'une colère qui s'alimente au feu de leur sentiment de non-reconnaissance. Leur pays a été humilié, ils ont l'impression que leur culture est bafouée et leur foi dénigrée. Tant que ce sentiment d'humiliation se perpétuera, les chrétiens resteront victimes de violences. Les kamikazes qui se font sauter avec une charge d'explosifs et qui ne cherchent rien d'autre que la destruction sont des exemples de ce que Marie-Françoise Baslez appelle des « martyrs du désespoir ». Tant qu'ils ne se sentiront pas vus et entendus, ils feront subir le poids de leur colère et de leurs frustrations aux chrétiens.

Donner la priorité à l'échelon local

La mondialisation corrompt l'identité locale. L'instauration du village planétaire est symbolisée par le grand « M » jaune de McDonald's. Les cultures locales ne sont pas suffisamment puissantes pour résister au rouleau compresseur de la monoculture moderne. Les nomades financiers qui dirigent désormais le monde peuvent déplacer leur argent à leur gré. Ils ne se sentent engagés vis-à-vis d'aucuns travailleurs d'aucun pays. Si la main-d'œuvre devient trop coûteuse en Angleterre, ils délocalisent leur entreprise à Mexico et, de là, en Indonésie, le cœur léger. Zygmunt Bauman écrit à ce propos: « Les brèves rencontres remplacent les engagements durables.

1. É. Grieu, *Discovering who God is in Caritas*, Óscar Rodríguez, Maradiaga, *in Caritas: Love Received and Given*, 2011.

On ne plante pas un citronnier pour presser un citron[1]. » L'homme moderne a « un cerveau sans attaches[2] ». Cela génère un terrible sentiment d'insécurité parmi ceux qui sont incapables de se montrer mobiles et qui se sentent abandonnés.

En tant que chrétiens, nous pouvons exprimer notre empathie avec l'échelon local et nous en faire les défenseurs. Notre foi est enracinée dans le judaïsme, qui entretient le culte du lieu. « Yahvé la chérit, préférant les portes de Sion à toute demeure de Jacob (Ps 87,2) ». La Pentecôte est la fête anniversaire de l'Église : elle était universelle dès sa conception, mais l'Esprit donna aux hommes la possibilité de parler en d'autres langues. « Ces gens qui parlent ne sont-ils pas tous Galiléens ? [...] Comment les entendons-nous parler dans nos langues des merveilles de Dieu ? » (Ac 2,7-11) La descente de l'Esprit-Saint, et donc la création de l'Église, « s'est produite dans un maelström de langues, et pourtant chacun a compris son voisin et a pu se réjouir avec tous des merveilles divines[3] ». Dès l'origine, le christianisme s'est donc montré à la fois universel et local, témoignant un intérêt profond pour la singularité, pour les différences linguistiques et culturelles, pour les multiples façons qu'il y a d'être un être humain.

L'une des manières dont le christianisme incarne l'Évangile est de planter profondément ses racines en des lieux précis et d'y demeurer. Une parole d'un missionnaire américain au Pakistan, Chrys McVey, illustre bien cette idée : « Un missionnaire n'est pas quelqu'un qui se contente de vider ses bagages ; il les jette. » Le film *Des hommes et des dieux*, réalisé par Xavier Beauvois, raconte l'histoire vraie d'une communauté de moines trappistes installée dans le haut Atlas algérien qui sentent monter la violence dans le conflit entre l'armée et les terroristes. Les moines décident de ne pas quitter leur monastère, car ils ne peuvent se résoudre à abandonner leurs amis musulmans. « Nous sommes comme les oiseaux sur la branche », dit un moine. Et une villageoise de répondre : « Nous sommes les oiseaux. Vous êtes la branche. » La plupart des membres de la communauté ont été enlevés en mai 1996. On a retrouvé leurs têtes, emballées dans des

1. Z. Bauman, *Liquid Modernity*, *op. cit.*, p. 122.
2. D. Lyon, *Jesus in Disneyland : Religion in Postmodern Times*, Polity Press with Blackwell Publishers, 2000, p. 31.
3. F. Kerr, sur www.torch.op.org

sacs en plastique, pendues aux eucalyptus juste sous le monastère. Ils sont morts parce qu'ils avaient été fidèles au lieu où ils s'étaient installés et aux personnes qui y vivaient.

Le dominicain Pierre Claverie, l'évêque d'Oran, a lui aussi reçu des menaces de mort. Ses amis et ses prêtres l'ont supplié de rentrer en France. Quelques semaines avant d'être lui aussi assassiné, il déclara dans une homélie : « Depuis le début du drame algérien, on m'a souvent demandé : "Que faites-vous là-bas ? Pourquoi restez-vous ? Secouez donc la poussière de vos sandales ! Rentrez chez vous !" Chez vous… Où sommes-nous chez nous ?… Nous sommes là-bas à cause de ce Messie crucifié. Nous n'avons aucun pouvoir, mais nous sommes là comme au chevet d'un ami, d'un frère malade, en silence, en lui serrant la main, en lui épongeant le front. À cause de Jésus parce que c'est lui qui souffre là, dans cette violence qui n'épargne personne, crucifié à nouveau dans la chair de milliers d'innocents. Comme Marie, sa mère, et saint Jean, nous sommes là au pied de la Croix, où Jésus meurt abandonné des siens et raillé par la foule[1]. »

Dans ce que Bauman appelle la « modernité liquide », l'argent passe les frontières, les riches vont où bon leur semble. Les pauvres essaient d'émigrer, mais des barrières ont été érigées pour les en empêcher. L'une des manières dont nous chrétiens pouvons témoigner du royaume de Dieu est de demeurer où nous sommes chaque fois que possible. Le Moyen-Orient est le berceau du christianisme. De nombreux contributeurs au présent ouvrage disent comment nos frères et nos sœurs sont chassés de leur patrie, qui est la terre où bat le cœur de notre foi. Ils n'ont parfois pas d'autre choix que de partir, mais nous devons entreprendre tout ce qui est en notre pouvoir pour venir en aide à ceux qui désirent rester chez eux.

Le fondamentalisme

Une grande partie de la violence faite aux chrétiens provient de groupes que l'on qualifie de fondamentalistes : des musulmans, des hindous, des bouddhistes ou des communistes. Les fondamentalistes chrétiens ont leur propre histoire de violence à l'encontre des fidèles d'autres religions ou de leurs coreligionnaires. C'est d'ailleurs

1. J.J. Pérennès, P. Claverie, *Un Algérien par alliance*, chap. 13, « Le témoignage du plus grand amour », Cerf, 2000, p. 364-365. *[N.d.T.]*

un préjugé courant en Occident de poser la religion comme fondamentaliste dans son essence et reposant sur une doctrine intolérante qui ferme l'esprit de ses adeptes, forcément naïfs, aux autres religions et à l'ouverture et à la sophistication des cultures occidentales. On pense ainsi qu'il est hautement prévisible que les adeptes de telle religion massacrent ceux de telle autre.

Mais l'Histoire nous apprend que la plupart des religions se sont montrées tolérantes et sophistiquées, et qu'elles ont souvent cohabité dans la paix et l'harmonie. La Turquie ottomane, la Pologne catholique d'après la Réforme et, jusqu'il y a peu, l'Indonésie majoritairement musulmane sont connues pour avoir été des sociétés profondément tolérantes. Le fondamentalisme religieux est un phénomène relativement neuf, qui a fait son apparition à la fin du XIXe siècle aux États-Unis, les protestants réagissant à la modernité par une théologie libérale et un fondamentalisme scientifique. Aucune des religions anciennes n'est fondamentaliste par essence. Elles ne le sont devenues, je pense, qu'en réaction aux scientifiques qui prétendaient détenir la vérité absolue et aux ardents défenseurs du marché mondial qui réduit tout au rang de marchandises qui s'achètent et se vendent.

Le fondamentalisme est une déformation de la religion, dont la nature profonde aspire au mystère du divin qu'on ne peut saisir, mais qui peut nous saisir, nous. Le Père Humblot raconte l'attrait des jeunes Iraniens à la poésie de Roumi et au mysticisme soufi. Les grandes doctrines chrétiennes certainement et les grandes doctrines des autres religions aussi, sans doute, ne sont pas doctrinaires au sens péjoratif, ni réductrices. Ce qu'on appelle la doctrine religieuse, au sens noble, pousse le croyant au-delà des mots, vers le mystère du divin, et nous ouvre au divin accessible par les autres religions. Un dominicain italien, Alberto Ambrosio, qui vit à Istanbul, décrit ainsi son expérience religieuse devant la danse des derviches tourneurs: « J'ai eu le sentiment que Dieu voulait me parler à travers ces sons, ces mélodies, reflets du Mystère divin. Me forcer à participer à ces séances pour des raisons de recherche m'a appris que la communion entre croyants de différentes confessions est réelle[1]. »

1. A.F. Ambrosio, *Petite mystique du dialogue*, Cerf, p. 99.

On sait que Karl Rahner a déclaré que les chrétiens du XXIe siècle seraient mystiques ou rien. Nous devons considérer les adeptes des autres religions comme des personnes qui, comme nous, cherchent la vérité, une vérité qui transcende les mots. Cette ouverture ne doit pas être l'apanage des universitaires et des clercs, elle doit être aussi l'attitude des croyants ordinaires – car ils savent que nous sommes des pèlerins sur le chemin de la vérité. Fréderic Pichon décrit la Syrie d'avant la guerre civile comme un pays où chrétiens et musulmans vivaient souvent leur foi en commun, allant prier ensemble à Saydet es-Salam, Notre-Dame-de-la-Paix. Ce n'est pas seulement les chrétiens, « mais aussi l'islam traditionnel, avec ses saints et ses saintes et ses pratiques de dévotion que rejettent violemment les islamistes ».

La différence et le dialogue

L'Occident se présente souvent comme le triomphe de la tolérance, en contraste au monde en développement où, croit-on, prédominent les préjugés et l'ignorance. Mais la modernité est-elle réellement si tolérante ?

Internet nous permet d'entrer en relation avec des personnes qui ont des affinités communes avec nous dans le monde entier. Que survienne un point de désaccord, et nous nous désengageons de la relation en une seconde. Bauman considère que la mobilité de la société moderne encourage « l'impulsion de se retirer de toute complexité porteuse de risques au profit de l'abri de l'uniformité[1] ». Face au radicalement autre, notre tendance est de partir, d'éteindre la lumière ou l'ordinateur, d'hiberner. On se recroqueville dans sa coquille comme une tortue.

Faire preuve de tolérance, c'est accepter la différence de l'autre et nouer le dialogue avec lui sur cette base. Cela implique de se montrer attentif à la singularité de l'autre et même d'apprécier ce qui fait qu'il ou elle est différent(e) de moi, dans sa foi, dans son ethnie, etc. Lorsque Aung San Suu Kyi est venue à Oxford pour recevoir son doctorat *honoris causa*, elle a parlé de la découverte fascinante qu'elle venait de faire, assise dans le bus à côté d'une amie européenne :

1. Z. Bauman, *Liquid Modernity*, *op. cit.*, p. 179.

l'une avait les genoux pointus, et l'autre les genoux ronds ! Quel monde merveilleux où nous sommes différents les uns des autres… jusqu'à nos genoux !

Or, dans son dernier ouvrage, *Together. The Rituals, Pleasures and Politics of Cooperation*, le sociologue Richard Sennett dit que nous avons désormais peur de la différence. Nous sommes hautement « tribalisés ». « Le tribalisme, écrit-il, associe la solidarité avec ceux qui sont semblables à soi à l'agressivité à l'égard de ceux qui sont différents de soi[1]. »

Une tolérance accommodante de qui vit côte à côte sans grande curiosité ne suffit pas. Nous devons retrouver foi en la raison. Pas seulement en une raison scientifique et empirique, qui convient bien sûr pour une fin limitée, mais une raison empathique et imaginative qui nous engage vis-à-vis des autres, qui nous aide à surmonter les barrières et qui nous fasse accéder à une vaste perception de la vérité pour y vivre ensemble. Le pape Benoît XVI a dit à cet égard que nous devions recouvrer « la grandeur de la raison ». Tel est le paradoxe : que l'Église soit appelée à croire à la raison, alors que notre culture croit en la force de notre désir. La croyance en la raison sous-tend tout notre dialogue avec ceux qui sont différents. Sans elle, le débat sombre soit dans un simple échange d'opinions, peu concluant, soit dans des tentatives agressives d'écraser l'autre.

Le dialogue est la seule manière pour les chrétiens de proclamer leur foi, car la révélation est dialogue de Dieu avec l'humanité. Le pape Benoît a écrit : « La nouveauté de la révélation biblique vient du fait que Dieu se fait connaître dans le dialogue qu'il désire instaurer avec nous[2]. »

La vie de Dieu est le dialogue éternel du Père et du Fils dans l'Esprit. La révélation est l'invitation que Dieu nous fait de nous accueillir dans cette conversation éternelle d'amour réciproque. Dès lors, le dialogue avec les autres religions ne passe pas par la recherche du plus petit dénominateur commun. Ce n'est pas le rejet des doctrines centrales à notre foi, ni la négociation d'un territoire neutre.

1. R. Sennett, *Together. The Rituals, Pleasures and Politics of Cooperation*, Roc Penguin, 2013.
2. Exhortation apostolique post-synodale *Verbum Domini* du pape Benoît XVI, *Verbum Dei*, 30 septembre 2010. *[N.d.T.]*

C'est la façon dont nous partageons le cœur de notre foi, l'amour trinitaire qui est Dieu. En fin de compte, nous avons à choisir entre le dialogue sous-tendu par la raison et la violence brute.

Peut-être plus encore que de raison, nous avons besoin d'imagination, c'est-à-dire de la capacité à transcender notre monde et à trouver des traces de Dieu dans d'autres façons d'être humains, autrement dit en faisant un bond intuitif par-delà les barrières de la croyance. Nous voici au cœur de l'amitié.

Dès lors, les chrétiens, et essentiellement ceux qui vivent dans des pays riches et puissants, doivent prendre conscience des aspects dévastateurs de la mondialisation, des inégalités qui entredéchirent la famille humaine, des humiliations que vivent les peuples d'autres cultures et, enfin, de leur sentiment d'être invisibles et de ne pas compter, qui constituent les ferments de la haine de l'Occident. Nous n'amoindrirons ces effets pervers et, espérons-le, nous ne libérerons nos amis chrétiens de cette haine, que si nous comprenons à quel point le christianisme est appelé à faire preuve de courage et à nager à contre-courant. Les chrétiens doivent s'opposer au consumérisme et à la vacuité de la modernité. Alors, seulement, nous pourrons peut-être croiser le regard de ceux qui nous avaient d'abord pris pour leurs ennemis.

Les droits de l'homme : un discours contesté

Maintenant, intéressons-nous brièvement au très complexe domaine des droits de l'homme. Les questions posées sont trop profondes pour que nous puissions leur rendre justice en quelques lignes, mais nous nous devons de les évoquer, car elles sont capitales pour qui s'intéresse aux tensions qui secouent le village planétaire et qui produisent une telle férocité.

Les Nations Unies ont adopté la Déclaration universelle des droits de l'homme en 1948, à la suite des atrocités vécues durant la Seconde Guerre mondiale. L'idée était clairement de mettre un terme à la violence, de garantir la dignité de tous et d'aider l'humanité à vivre en paix et en harmonie. Malgré cela, la défense des droits de l'homme se heurte souvent à une résistance, comme si elle était le fait de l'Occident qui cherchait à imposer ses valeurs au reste du monde. Cette accusation surgit fréquemment lorsqu'il est question des droits des homosexuels : on nous dit qu'ils sont contraires aux valeurs africaines. Nous sommes généralement démunis pour répondre à ce type de critique.

Il est vrai que le discours sur les droits de l'homme est devenu très individualiste, reflétant en cela la conception occidentale de l'être humain. Cela devient alors « mes droits » contre « vos droits », car la concurrence vaut pour tout, même dans ce domaine. Le besoin le plus trivial peut mener à la revendication d'un droit.

Mais la tradition catholique de Salamanque, si l'on remonte au dominicain Francisco de Vitoria, au début du XVIe siècle, témoigne d'une compréhension plus saine des droits de l'homme. Nous avons des droits précisément parce que nous sommes des individus membres d'une communauté, et les droits sont liés à des obligations. Ian Linden, l'ancien directeur du Catholic Institute for International Relations, a affirmé que les droits n'étaient pas « des choses qu'on "a" au même titre qu'un foie, par exemple, mais des choses reconnues socialement et dont le membre d'une société peut faire usage comme le produit d'une forme particulière de connexion à la collectivité humaine. C'est ce qui est reconnu comme un dû des individus en fonction de leurs besoins ou de leur nature[1] ».

Le discours sur les droits de l'homme devrait être un défi pour tout un chacun. Il l'est dans un premier lieu pour les Églises car les droits de l'homme ne sont pas toujours respectés en leur sein même. Il l'est aussi pour l'individualisme exacerbé qui se développe en Occident, avec son culte de la liberté individuelle, car nous avons aussi des devoirs envers la société. Nous n'avons des droits que parce que nous sommes des êtres qui vivons en communauté. Enfin, le discours sur les droits de l'homme est un défi car il remet en question la communautarisation des sociétés traditionnelles par l'affirmation des libertés et des droits individuels. Les seules communautés où nous pouvons nous développer harmonieusement sont celles où les droits individuels sont reconnus, de même que le seul moyen pour

1. I. Linden, *A New Map of the World*, *op. cit*, p. 18.

des individus de se développer harmonieusement est en tant que membres de communautés.

Actuellement, la liberté de religion et de conviction (article 18 de la Déclaration des Nations Unies) et les droits des femmes constituent deux *points chauds*[1] en termes de droits de l'homme. Tous deux peuvent être illustrés par le cas de Meriam Yahia Ibrahim Ishag, cette jeune femme de vingt-sept ans qui a été condamnée à mort au Soudan après avoir été jugée coupable d'apostasie de l'islam.

La liberté de religion et de conviction peut apparaître comme une banalisation typiquement occidentale de la foi. On peut choisir de croire en ce qu'on veut… Le terme « religion » devient un mot comme les autres sur le marché de la consommation. On choisit ce qui nous attire, on picore en fonction de ce qui convient le mieux à nos besoins du jour… Dans un monde où la religion est banalisée, on pourra bientôt adorer un poisson rouge ou un Martien sans que personne ne s'en émeuve…

Dans la tradition catholique, il faut poser clairement que la liberté de religion n'est pas une liberté de consommation, ce qui aurait en effet des conséquences de banalisation, mais un engagement vis-à-vis de la dignité de l'être humain comme ouvert à la vérité. On lit dans le texte du concile Vatican II : « En vertu de leur dignité, tous les hommes, parce qu'ils sont des personnes, c'est-à-dire doués de raison et de volonté libre, et, par suite, pourvus d'une responsabilité personnelle, sont pressés, par leur nature même, et tenus, par obligation morale, à chercher la vérité, celle tout d'abord qui concerne la religion. Ils sont tenus aussi à adhérer à la vérité dès qu'ils la connaissent et à régler toute leur vie selon les exigences de cette vérité[2]. »

Nous devons défendre le droit de Meriam Yahia Ibrahim Ishag à rester fidèle à sa foi chrétienne car, comme tout être humain, il en est de sa dignité de pouvoir vivre en accord avec la vérité telle qu'elle la conçoit. Cela n'a rien à voir avec une éventuelle relativisation de la religion, mais, au contraire, avec la reconnaissance de la vérité objective de sa dignité humaine dotée de conscience et de raison.

1. En français dans le texte. *[N.d.T.]*

2. Déclaration du concile Vatican II sur la liberté religieuse, II.2.

Cela peut s'avérer difficile à accepter pour la communauté ethnique dont elle est originaire, mais une communauté qui ne soutiendrait pas la poursuite de la vérité n'est pas destinée à survivre. Saint Augustin n'a-t-il pas appelé l'humanité « la communauté de vérité » ? Les frictions, les débats et les désaccords sur la vérité, la foi ou l'absence de foi sont ce qui sous-tend les communautés, reliées comme elles sont par notre quête de la vérité.

Nous en serons des témoins convaincants si on nous voit prendre position en faveur de la liberté de religion de tous les peuples et des fidèles de toutes les confessions, notamment dans le cadre de la montée de l'antisémitisme en Europe. En mai 2014, quatre personnes ont été tuées à l'intérieur du musée juif de Bruxelles. Voici le témoignage d'Emmy Wybrana, rentrée en Israël l'année dernière : « Mon père a survécu à Auschwitz et ma mère a fui le ghetto de Varsovie. Ils ont trouvé refuge en Belgique et nous y avons très bien vécu, mais les choses changent. Ce qui s'est passé au musée de Bruxelles n'est en rien surprenant. La situation ne va pas s'améliorer. À mon avis, elle ne va faire qu'aller de mal en pis[1]. » Le Secrétaire général du Congrès juif mondial, Serge Cwajgenbaum, a déclaré : « Les juifs se posent des questions au sujet de leur avenir non seulement en France mais aussi en Europe, car ils craignent pour leur sécurité. » La dernière fois que les juifs ont été persécutés en Europe, les chrétiens ont grandement failli à leur devoir de se tenir auprès d'eux, pour notre honte éternelle. Cette fois-ci, si c'est nécessaire, serons-nous là ? Et nous tiendrons-nous auprès du peuple rohingya musulman, qui est persécuté par la majorité bouddhiste en Birmanie ? Ferons-nous comme Benedict Rogers, de Christian Solidarity Worldwide, qui a accordé tout le soutien possible à Alexander Aan, emprisonné en Indonésie pour son athéisme, et qui a fait campagne pour sa libération ? Au nom de la liberté de culte, nous devons défendre le droit de tous les êtres humains à chercher la vérité car c'est un élément de leur dignité.

Meriam Yahia Ibrahim Ishag n'est pas seulement adepte de la foi chrétienne, elle est aussi femme, et les femmes subissent souvent

1. *The Sunday Times*, 31 mai 2014.

dans leur chair les attaques adressées au christianisme. Même si c'est d'un pas lent et hésitant, l'Église doit pleinement reconnaître la voix et l'autorité des femmes dans l'Église, partout en Afrique, en Asie et en Amérique latine. Il n'y a pas de groupe humain qui défende aussi ardemment les droits et la dignité des femmes que les religieuses. Dans ce livre, Lucetta Scaraffia décrit la façon dont des chrétiennes vivant au Congo ont été violées parce qu'elles incarnaient aux yeux de leurs tortionnaires la reconnaissance des droits de la femme, et que certains hommes voient là une profonde menace. « Là où vient l'Évangile, vient aussi la possibilité pour les femmes de s'alphabétiser, de mieux être considérées et de croire en leurs droits. » Des religieuses sont violées par des hommes qui veulent ainsi protester contre le rôle qu'elles jouent dans l'émancipation des femmes. Au Pakistan, par exemple, les corps de femmes violées et mutilées symbolisent désormais le conflit entre l'islam et le christianisme. Les chrétiens doivent montrer que ce qui est en jeu ici, ce n'est pas un éventuel conflit entre le féminisme individualiste qui aurait cours en Occident et une communauté de foi, mais bien le rapport d'échange profond entre hommes et femmes, considérés comme des êtres différents mais égaux, comme condition fondamentale à la dignité de chacun.

D'un autre côté, montrons que nous comprenons les musulmans et que nous les soutenons lorsqu'ils remettent en question des aspects de la culture occidentale qui semblent dégrader les femmes. Quand on se promène à deux heures du matin dans une ville occidentale et qu'on y croise des femmes peu vêtues qui tombent dans la rue parce qu'elles ont abusé de l'alcool, on peut comprendre l'indignation des musulmans. À l'inverse, nous devons oser nous élever contre les traitements dégradants que les musulmans réservent aux femmes, comme les mutilations génitales, les mariages forcés et les vendettas. Si nous nous écoutons les uns les autres, nous pourrons aboutir à une société où les hommes et les femmes sont reconnus dans leurs différences et dans une dignité commune.

Bref, la question, je crois, n'est pas de savoir si nous sommes pour ou contre la Déclaration universelle des droits de l'homme, mais si des personnes de religions différentes peuvent travailler de concert à fonder les droits de l'homme sur une compréhension profonde de ce que cela signifie qu'être un être humain s'épanouissant comme individu au sein d'une communauté donnée.

Une foi véritablement universelle

J'ai commencé par étudier la façon dont la violence inhérente à la mondialisation alimentait la persécution des chrétiens. Nos frères et nos sœurs des quatre coins de la planète supportent les conséquences de la haine d'une culture qui est considérée comme occidentale et donc d'origine chrétienne. Nous avons examiné le discours controversé des droits de l'homme, qui constitue un défi pour tout un chacun. Mais nous devons aussi considérer la mondialisation comme un point positif dont il faut se réjouir. Les chrétiens doivent réagir en revendiquant et en approfondissant leur identité d'adeptes d'une religion réellement universelle. Il ne me reste pas grand-chose à dire sur cet aspect des choses, puisque d'autres auteurs participant à cet ouvrage, comme John Allen Jr et Benedict Rogers, l'ont fait avant moi. Nul besoin de répéter ici leurs arguments.

Les chrétiens proclament l'unité ultime de l'humanité en Dieu. Le concile Vatican II a décrit l'Église comme « le signe de l'union avec Dieu et de l'unité de tout le genre humain[1] ». Comment en témoigner si nos Églises se font concurrence, voire pire ? Au XIXe siècle, les Maoris de Nouvelle-Zélande étaient stupéfaits de voir les missionnaires chrétiens se dénoncer mutuellement au nom du Dieu de l'amour et aller jusqu'à brûler réciproquement leurs églises. À l'inverse, sœur Suzanne Aubert a refusé d'interroger sur leur foi les patients admis dans ses hôpitaux sur leur foi. Quand on l'enterra, un passant demanda quelle était la religion de cette personne dont le cercueil était accompagné par une foule si compacte. Un homme qui réparait la route leva la tête et répondit : « C'est une question qu'elle n'aurait jamais posée, ni à vous, ni à moi[2] ! » Si les congrégations chrétiennes sont en concurrence les unes avec les autres comme si elles vendaient des produits de marques différentes sur le marché de la religion, alors elles ne sont pas de véritables témoins de la volonté

1. Constitution dogmatique sur l'Église, *Lumen Gentium*, chapitre premier, paragraphe 1. *[N.d.T.]*
2. Jessie Munro, *The Story of Suzanne Aubert*, Auckland University Press, 2009, p. 394.

du Père de « ramener toutes choses sous un seul chef, le Christ, les êtres célestes comme les terrestres » (Ep. 1,10). Au lieu de se présenter en rivales, les religions chrétiennes doivent exprimer l'unité organique du Christ.

La beauté du christianisme, au moins en partie, est qu'il rassemble tout un chacun au sein d'une communauté qui transcende les barrières du temps et de l'espace. Mais combien de chrétiens sont-ils ne fût-ce que conscients qu'ailleurs, nos frères et nos sœurs endurent des discriminations, voire des persécutions ? « Souvenez-vous des prisonniers, comme si vous étiez emprisonnés avec eux, et de ceux qui sont maltraités, comme étant vous aussi dans un corps » (He 13,3). Nous devrions être reliés entre nous par la conscience commune du fait qu'aujourd'hui, le corps du Christ est en souffrance, et nous devrions prier régulièrement au nom des chrétiens du monde, comme nous l'a rappelé le pape François en déclarant : « Lorsque j'entends que de nombreux chrétiens dans le monde souffrent, suis-je indifférent, ou est-ce comme si l'un des membres de ma famille souffrait[1] ? »

C'est aussi notre vocation universelle de nous préoccuper de ceux qui souffrent, quelle que soit leur foi. Le premier déplacement du pape François en dehors de Rome a été pour se rendre sur la petite île de Lampedusa, au large de la Sicile. Des milliers de migrants se sont noyés dans ces eaux en essayant d'atteindre le port, qui est pour eux la porte d'entrée de l'Europe, pour accéder à une vie meilleure. Célébrant la messe dans une petite embarcation, le pape a eu ces mots très forts durant son homélie : « Qui a pleuré pour la mort de ces frères et sœurs ? Qui a pleuré pour ces personnes qui étaient sur le bateau ? Pour les jeunes mamans qui portaient leurs enfants ? Pour ces hommes qui désiraient quelque chose pour soutenir leurs propres familles ? Nous sommes une société qui a oublié l'expérience des pleurs, du "souffrir avec" : la mondialisation de l'indifférence nous a ôté la capacité de pleurer ![2] »

1. http://w2.vatican.va/content/francesco/fr/audiences/2013/documents/papa-francesco_20130925_udienza-generale.html *[N.d.T.]*

2. http://w2.vatican.va/content/francesco/fr/homilies/2013/documents/papa-francesco_20130708_omelia-lampedusa.html *[N.d.T.]*

Jusqu'il y a peu, les gouvernements occidentaux, surtout européens, avaient tendance à méconnaître les persécutions faites aux chrétiens. L'Europe laïque considère généralement la religion comme un reliquat du passé que l'humanité avait à dépasser. Les gouvernements définissent leur politique étrangère en fonction de considérations d'ordre politique, militaire ou économique, sans se soucier du sort des chrétiens. Or, la plupart des chrétiens qui subissent des discriminations appartiennent à des minorités ethniques ou à des peuples peu importants sur l'échiquier politique. Ainsi, 60 à 75 % des catholiques indiens sont des dalits. Lorsque le père Dominique Rézeau s'est plaint auprès de l'ambassadeur français en Lybie qu'un de ses prêtres franciscains avait failli être tué, l'ambassadeur lui a dit qu'il s'agissait d'un « problème intérieur » et qu'il préférait dès lors ne pas intervenir.

Mais la religion a fait un retour spectaculaire au centre de la scène qu'aucun politicien ne peut plus se permettre aujourd'hui d'ignorer. Nous devons veiller à ce que les hommes et les femmes politiques prennent en considération la situation vécue par les minorités chrétiennes lorsqu'ils prennent des décisions politiques. Les chrétiens sont opprimés dans de nombreux pays du Moyen-Orient, surtout les travailleurs migrants originaires d'Asie, mais les gouvernements occidentaux préfèrent se taire, craignant de les offenser et de perdre des contrats valant plusieurs milliards de dollars. Quelle sorte de *leadership* moral est-ce donc là, d'accorder la priorité à l'argent au détriment des gens ?

Une des raisons pour lesquelles nous entendons si peu parler de la souffrance des chrétiens dans le monde tient au fait qu'elle est généralement silencieuse. Dans la plupart des cas, voire tous – pensez, par exemple, au Nigeria –, elle ne donne lieu qu'à peu de violence en contrepartie. Si cette non-violence tranquille est un témoignage extraordinaire de notre foi en Jésus, elle apporte peu d'éléments intéressants pour les médias, de sorte qu'ils négligent d'en parler, alors que, par-delà la violence, elle nous lance un appel.

À côté de cela, il y a la profonde violence de la culture occidentale. Selon une étude de l'American Academy of Pediatrics, les adolescents américains auront assisté, parvenus à l'âge de dix-huit ans, à 200 000 actes de violence dans les médias, généralement présentés comme divertissants ou glorieux[1]. Mais la violence est de toute façon présente dans toutes les cultures. En conséquence, la non-violence est si à contre-courant que les chrétiens ne font qu'entrevoir sa beauté sauvage avant de la laisser s'échapper. Un jour que je prêchais dans une adorable paroisse située près de Los Angeles, j'ai été surpris de voir, non loin de l'église, le sanctuaire du Prince de la Paix, un signe promettant « une réponse armée ». Quelle autre réponse y a-t-il que le message d'espoir de Jésus face à la mort ? Rappelez-vous, il prit le pain, le bénit, le rompit et le distribua à ses disciples en disant : « Cela est mon corps, livré pour vous. » Cette souffrance a donné vie à une nouvelle alliance de paix. Puisse Jésus bénir ceux qui subissent des persécutions encore aujourd'hui et ceux qui les leur font subir, afin qu'un jour advienne un temps de paix !

Peu de temps avant sa mort, Christian de Chergé, le prieur des trappistes de l'Atlas, écrivit son testament. Il savait sa mort proche, et il pria pour tous ceux qui avaient enduré et perpétré cette violence : « S'il m'arrivait un jour – et ça pourrait être aujourd'hui – d'être victime du terrorisme qui semble vouloir englober maintenant tous les étrangers vivant en Algérie, j'aimerais que ma communauté, mon Église, ma famille, se souviennent que ma vie était DONNÉE à Dieu et à ce pays.

« Qu'ils acceptent que le Maître unique de toute vie ne saurait être étranger à ce départ brutal. Qu'ils prient pour moi : comment serais-je trouvé digne d'une telle offrande ? [...] Cette vie perdue, totalement mienne, et totalement leur, je rends grâce à Dieu qui semble l'avoir voulue tout entière pour cette JOIE-là, envers et malgré tout.

« Dans ce MERCI où tout est dit, désormais, de ma vie, je vous inclus bien sûr, amis d'hier et d'aujourd'hui, et vous, ô amis d'ici, aux côtés de ma mère et de mon père, de mes sœurs et de mes frères et des leurs, centuple accordé comme il était promis !

« Et toi aussi, l'ami de la dernière minute, qui n'auras pas su ce que tu faisais. Oui, pour toi aussi je le veux, ce MERCI, et cet "À-DIEU" envisagé de toi. Et qu'il nous soit donné de nous retrouver, larrons

1. *Media Violence, Pediatrics : The Official Journal of the American Academy of Pediatrics*, 19 octobre 2009, p. 1496.

heureux, en paradis, s'il plaît à Dieu, notre Père à tous deux. AMEN ! Inch Allah ! »

Une vérité scandaleuse réside au cœur du christianisme : Jésus a embrassé la mort que lui réservait des hommes violents, et de là est né un fruit d'une gratuité absolue, une nouvelle alliance de paix. Les chrétiens doivent faire tout ce qui est en leur pouvoir pour résister aux violences de la mondialisation et se tenir fermement aux côtés de ceux qui en souffrent et qui sont souvent eux-mêmes des chrétiens. Aucune violence n'est acceptable. Les martyrs ne cherchent jamais la mort. Mais nous prions pour que toutes ces morts de chrétiens, plus nombreuses qu'à aucun autre moment de notre histoire, portent en elles un fruit inattendu : par la destruction des barrières entre les individus, et en ouvrant nos yeux à la présence de Dieu en chaque être humain et à la manifestation de sa sagesse dans toute grande foi.

Traduit de l'anglais par Emmanuèle Sandron

Un grand merci à Bernard Fixot qui m'a accordé toute sa confiance pour coordonner cet ouvrage. Dès ma première rencontre avec lui, j'ai mesuré l'inquiétude qui était la sienne devant l'aggravation du sort des chrétiens dans le monde. Celui qui avait édité en 1997 le *Livre noir du communisme* ne me parlait pas en croyant, mais en observateur atterré de la disparition d'une culture et d'une civilisation, notamment en Afrique et au Proche-Orient. Ce livre, il y pense depuis longtemps. Il l'a voulu pour que le monde sache et réagisse. L'enlèvement, en avril 2013, de trois missionnaires en RDC nous a décidés à démarrer l'aventure. Depuis, il y a eu l'Irak et les djihadistes du califat islamiste marquant d'une lettre « N » les maisons des chrétiens et détruisant la tombe de Jonas, à Mossoul, prophète reconnu aussi bien par les juifs et les chrétiens que par les musulmans.

Ce *Livre noir* a mobilisé plus de soixante-dix experts, journalistes et grands témoins. Un immense merci à eux. Il n'a été possible que grâce à l'investissement, le soutien et l'enthousiasme de toutes les équipes des Éditions XO. Merci en particulier à Édith Leblond, Renaud Leblond, Caroline Ripoll, Isabelle de Charon, Catherine de Larouzière, Valérie Taillefer, Bruno Barbette, Jean-Paul Campos, Marie-Noëlle Chevalier, Virginie Baron, Elsa Misson et Sylvie Denis, qui, en dix-huit mois, ont fait de cet ambitieux projet une réalité.

Samuel Lieven

Conception et réalisation

Sylvie Denis

Cet ouvrage a été imprimé par

CPI
BRODARD & TAUPIN

La Flèche (Sarthe)
en octobre 2014

N° d'édition : 2761/01 – N° d'impression : 3007257
Dépôt légal : octobre 2014

Imprimé en France